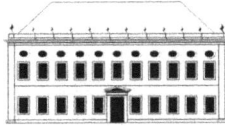

D   O   C   U   M   E   N   T   O   S

IMPRENSA DA UNIVERSIDADE DE COIMBRA
COIMBRA UNIVERSITY PRESS

Coordenação editorial
Imprensa da Universidade de Coimbra
Email: imprensa@uc.pt
URL: http://www.uc.pt/imprensa_uc
Vendas online: http://livrariadaimprensa.uc.pt

Concepção gráfica
António Barros

Infografia da Capa
Carlos Costa

Pré-Impressão
PMP

Revisão
Carolina Farinha

Print By
CreateSpace

ISBN
978-989-26-1112-9

ISBN DIGITAL
978-989-26-1113-6

DOI
http://dx.doi.org/10.14195/978-989-26-1113-6

Depósito legal
405719/16

DTEXTOS DE IREITO DA FAMÍLIA

PARA FRANCISCO PEREIRA COELHO

Guilherme de Oliveira

COORDENAÇÃO

IMPRENSA DA UNIVERSIDADE DE COIMBRA
2016

SUMÁRIO

NOTA PRÉVIA

Por decisão do conselho científico da FDUC, as atas das comemorações dos 35 anos do código civil e dos 25 anos da reforma de 1977, que começaram a ser publicadas em 2004, vieram a ser dedicadas aos professores que ainda não tinham recebido a homenagem de um livro. O Doutor Francisco Pereira Coelho entrou neste grupo e, portanto, a Faculdade fez-lhe a sua homenagem.

Agora, eu e o Doutor Rui Moura Ramos lembrámo-nos de juntar um pequeno grupo de colegas que se dedicaram ou dedicam muito ao Direito da Família, no ensino ou na investigação. Na verdade, todos nos sentimos devedores. Alguns tiveram o privilégio de conviver com Francisco Pereira Coelho na Faculdade de Direito de Coimbra, outros beneficiaram da sua orientação em trabalhos académicos, e todos veneram o Curso de Direito da Família de 1965, que abriu a era moderna desta nossa área científica. Todos apreciámos a independência académica e a serenidade com que traçou o caminho no sentido da liberdade e da igualdade dos cônjuges, embora o ano da reforma de 1977 ainda estivesse longe. Recordamos como rejeitou a desvalorização que se fazia do princípio da liberdade dos cônjuges, que o Decreto n.º 1 introduzira – "... a afirmação dum princípio de liberdade tem sentido, e o sentido é este: as normas que impõem obrigações aos cônjuges, em consequência do casamento, são *excepcionais*, e não podem estender-se ou ampliar-se"; como afirmou a relevância do princípio da igualdade – "... a mulher já não deve, jurìdicamente, obediência ao marido"; e como lamentava que o projeto de código civil acolhesse o poder marital ao arrepio de vários documentos internacionais e das leis de outros países civilizados – "...inovação contrária aos sinais dos tempos...".

Os artigos que escrevemos são os que os ventos do ano nos trouxeram. Reunidos, nasceu este volume – apenas uma lembrança que, sabemos bem, não abate em nada a dívida académica e científica que nos onera.

Como um cartãozinho que se junta a uma prenda, a dizer quem a dá, por que dá e o que oferece, assim junto estas linhas. E como tantas vezes acontece com as prendas, também esta não tem outra serventia que não seja exprimir os laços de respeito e de amizade que nos unem ao nosso mestre, e a recordação calorosa que guardaremos para sempre.

Em nome do grupo de autores

Guilherme de Oliveira

A COMUNIDADE FAMILIAR

Diogo Leite de Campos
Professor Catedrático da Faculdade de Direito de Coimbra (Jubilado)
e da Universidade Autónoma de Lisboa

Mónica Martínez de Campos
Professora Associada do Departamento de Direito da Universidade Portucalense

1. A família[1]

A família em sentido jurídico é integrada pelas pessoas que se encontram ligadas pelo casamento, pelo parentesco, pela afinidade e pela adopção (artigo 1576.º do Código Civil). A este âmbito jurídico corresponde um idêntico âmbito social. Embora as relações jurídicas familiares tenham um âmbito mais restrito do que as relações familiares, que se podem estender a primos afastados e a outros parentes. Queremos deixar desde já claro que a família não é em si uma pessoa jurídica, colectiva, portadora de interesses diferentes da comunidade dos seus membros. Quando a lei fala de *"bem da família"* (artigo 1671.º do Código Civil) ou de *"interesses morais da família"* (artigo 1677.º - C, n.º1, do Código Civil) está a referir-se ao bem ou aos interesses de todos e de cada um dos seus membros.

---

[1] Este texto tem como ponto de partida a terceira edição (em elaboração por Mónica Martínez de Campos) das nossas Lições de Direito da Família e das Sucessões, Almedina, Coimbra.

DOI: http://dx.doi.org/10.14195/978-989-26-1113-6_1

A família é uma comunidade particularmente propícia à realização pessoal das pessoas, mas não uma identidade diferente destas e muito menos superior ou soberana. A família enquanto comunidade visa o bem de todos e cada um dos indivíduos que a integram. Se bem que a atribuição de personalidade jurídica à família seja defendida por alguns autores[2], admitir que a comunidade familiar é uma entidade distinta dos membros que a compõem, sobrepondo-se a eles, que é sujeito de direitos, seria negar a sua existência.

Mas não se pense que o interesse da comunidade familiar levará a que sejam sacrificados os interesses de um ou mais dos seus membros. Não há sacrifício quando a pessoa perspectiva-se no grupo e quando se atende aos interesses de cada um e de todos. Se a família servisse os interesses individuais de cada um dos seus membros então a atribuição de personalidade jurídica seria uma pura ficção para mascarar uma realidade não-familiar. O individualismo é pois incompatível com a noção de comunidade familiar, e nem pelo artefacto da personalidade jurídica da família se estabeleceria uma família.

2. A família como entidade social

O ser humano, sendo ser em si mas também com os outros e para os outros é ser familiar. A família não é uma criação da sociedade e muito menos do direito, mas é ela que segrega, no seu campo específico, um certo tipo de sociedade e um certo tipo de direito. É a família que humaniza o ser humano, que permite a sua sobrevivência, fazendo a ponte para o ser com os outros através

---

[2] Savatier, René, Les métamorphoses économiques et sociales du droit civil d´aujourd´hui, Paris, Dalloz, 1948, pág. 89 e seguintes. Ver também, à proposito da comunidade conjugal e dos regimes de comunhão, a tese de Jean Carbonnier, Le régime Matrimonial, Bordeaux, 1932.

da demonstração do Amor. O modo de ser específico da família, a sua génese e a sua justificação, estão na capacidade de amor de todos os seus membros, amor que determina uma comunidade de vida. Comunidade bem mais estreita do que a mera comunidade social, também assente em grande parte no Amor mas com este menos presente e muitas vezes menos visível. A vida em conjunto é reconhecida como boa, amada e sobre este amor forma-se uma comunidade de vida. Em que as pessoas são vistas muito para além da sua utilidade, dos serviços que podem prestar aos outros, como valores em si mesmos. Para além do Direito, sempre necessário, a família assenta na primazia do amor e da solidariedade como seu fruto, da misericórdia como a sua última consequência, como fundamento da experiência conjugal e familiar. A família, como grupo global de indivíduos, comunidade ética substancial, é contemporânea da norma jurídica, segregando estas através do amor e solidariedade que constituem a sua razão de ser.

O Amor na família é um constante estar presente, ver, dar-se. Cada um, sendo completamente ele, vê em cada um dos outros o que precisa para ser completamente humano. Tenta ser um com os outros de tal modo os outros se tornam elementos constitutivos do seu ser sem deixarem de ser outros. No início do ser da família está a relação. A relação interpessoal exprime mais completamente na família a estrutura originária do ser. Em que o ser só se realiza no acolhimento do outro. É por isso que na família é particularmente fácil, mas necessário, conjugar todos os verbos em *nós*. Sendo estranho à família o eu e incompleto o eu-tu. Isto é uma realidade superior à realidade das funções da família. As funções da família derivam do amor solidariedade entre os seus membros. E são animadas por este amor e solidariedade que não permitem que as funções da família possam ser substituídas por outras, dado que em qualidade são, ou são vocacionadas para ser, superiores às funções sociais que nada mais serão um seu complemento, se necessário. Passemos à maneira como esta comunidade segrega um Direito que a reconhece e apoia.

3. A comunhão de vida: os cônjuges

O casamento, enquanto estado, é uma comunhão plena de vida. Ou seja: é um constante viver de cada cônjuge, não só com o outro, mas para o outro; enriquecendo e afirmando cada uma das pessoas.

Partimos de uma antropologia aberta. Em que o ser humano seja, antes de tudo, auto possessão, irredutível subjectividade; pessoa subsistente em todos os momentos; recusa de objectivação do sujeito, com uma dignidade que recusa qualquer exteriorização ou massificação; ser livre e auto-responsável, determinando os seus fins e os meios para os atingir. Aqui, o sujeito começa a perceber que o afirmar-se é comunicar: o sujeito afirma-se na relação com os outros. Através de uma circularidade ética que, assente na liberdade, é hermenêutica (conhecendo os outros).

O ser estabelece, pois, pontes com os outros. Esta abertura verifica-se ser constitutiva do próprio ser, num círculo de êxodo e regresso a si mesmo que constitui a vida pessoal. A vida de uma pessoa é para os outros: amar, para ser amado; dar, para receber; comunicar para humanizar; transmitir para conhecer. A comunicação, *"o ser para"*, é a própria vida do ser pessoal. Sem comunicação com os outros, a *"humanização"* é barbárie. Quando a comunicação se interrompe, sobrevem a morte. O ser para os outros não é um mais que se junta à pessoa humana; é constitutivo desta.

Finalmente, o ser com os outros exprime a realização plena da personalidade através da solidariedade plena com os outros. A comunicação leva a ter uma relação de reciprocidade total que se torna em plena solidariedade.

A pessoa humana é, assim, sede de valores, unidade vivente de relações inter-subjectivas, de solidariedade constitutiva: perdendo-se, para se reencontrar; dando-se para enriquecer; negando-se, para se afirmar; morrendo para viver.

Vida de cada um, liturgia do amor.

Há quadros da vida humana particularmente adequados para esta solidariedade. Um deles, é o da comunidade familiar.

O matrimónio-comunhão de vida está no oposto do egoísmo. Cada um dos cônjuges dá-se inteiramente ao outro para receber este; dá-se, para receber; quer deixar de ser (só) um para passar a ser dois em um. Fusão impossível. Assim, cada um, ao retirar-se dessa ânsia de fusão sempre renovada, verifica que trouxe o melhor do outro, humanizando-se mais.

Este amor (necessariamente doação) pelo outro, torna cada um aberto a todos os outros. Antes de mais, aos filhos, objectivação da sempre desejada mas impossível fusão. Mas também a todos os outros que cada um dos cônjuges, habituado à comunicação com o outro, está mais disposto e é mais capaz de reconhecer e amar como um outro eu.

É este amor-solidariedade, muitas vezes só amizade-solidariedade, em último caso, dever/solidariedade que anima a comunhão da vida.

Tentou o legislador aprofundar o conceito de comunhão da vida, decompondo-a correctamente entendidos devam estar sempre em diálogo com o amor (em todos os seus graus de realização).

O legislador civil, muito correctamente, ao ocupar-se da comunhão de vida conjugal, específica deveres, não direitos. É certo que a denominação de *"direitos"* da personalidade é aceitável no plano das relações inter-individuais em geral, nomeadamente na defesa da pessoa contra as organizações mais poderosas como o Estado.

Mas no interior da comunhão de vida, seria inadequado partes de *"direito"*: A quê? A ser amado? A exigir, com pouca eficácia, um comportamento do outro?

No âmbito da comunhão de vida conjugal o primeiro movimento é *"ver"* o outro, o dar(-se).

Há que desvalorizar, também nesta matéria, o caracter autoritário do *"direito"* subjectivo. A família é animada por imperativos éticos e sociais, transformados em deveres. E não por uma lógica autoritária de conexões obrigação/direito – coação – sanções. São aqueles imperativos éticos e sociais que organizam e dinamizam a família. Os indivíduos estruturam-se em comunidade com base em referências comuns de carácter ético-social. A sanção vem depois e noutro plano, verificando o incumprimento e reparando o dano[3].

4. Dever de coabitação

O conceito de coabitação em Direito matrimonial, mas também em linguagem vulgar, significa comunhão de leito, de mesa e de habitação.

Segundo o artigo 1673.º do Código Civil, os cônjuges devem fixar, de comum acordo, a residência da família. Nesta fixação devem levar-se em conta os interesses de todos os membros da família, de cada um dos cônjuges e dos filhos, não sendo possível descortinar o interesse próprio da família enquanto conjunto. Será atendendo às necessidades de cada um dos membros da família que se poderá chegar a uma composição em termos de fixação de uma residência comum.

4.1 Dever de Fidelidade

Os cônjuges têm obrigação de guardar mutuamente fidelidade conjugal. A violação mais grave desta obrigação, traduzida na manutenção de relações sexuais consumadas entre um dos cônjuges e

---

[3] Leite de Campos, Diogo, Relações de associação, o Direito sem direitos, Coimbra, Almedina, 2012.

terceira pessoa, tem o nome de adultério. Contudo, outras violações menos graves do dever de fidelidade, não pressupondo as relações sexuais entre o cônjuge e terceiro, também constituem violação do dever de fidelidade, por se traduzirem numa negação da comunhão de vida em que se traduz o casamento.

4.2 Cooperação

A comunhão de vida pressupõe que cada um dos cônjuges esteja permanentemente disponível para dialogar com o outro, auxiliá-lo em todos os aspectos morais e materiais da existência, colaborar na educação dos filhos, etc. Trata-se, ao lado do débito conjugal (o nome inadequado para algo que numa comunhão de vida deve ser, e é, tão espontâneo) de um dos núcleos da comunhão de vida. E também, um dos aspectos mais difíceis de controlar de fora, de mais difícil apreciação a nível da prova pelo Juiz; isto quando o divórcio litigioso assentava na culpa ou quando um dos cônjuges pretende ser indemnizado pelos danos sofridos causados pelo não cumprimento do dever de cooperação.

Talvez seja este dever que esteja mais no centro da comunhão de vida. Estendendo-se à assistência e ao respeito, e encontrando as suas raízes próximas no amor.

O amor/solidariedade na família assume radicalmente a característica do dar(-se). Cada um, sem renunciar a si mesmo, mais, sendo completamente e cada vez mais *"amorosamente"* ele mesmo, vê em cada um dos outros o que precisa para ser completamente. Dá e recebe; ama e é amado; perdoa e é perdoado; disponibiliza-se e vive em comunhão; tenta, de tal maneira, ser um com os outros, que os outros se tornam elementos constitutivos do seu ser sem deixarem de ser outro.

É na família que cada um primeiro se apercebe da sua incompletude e se humaniza no intercâmbio constante com os outros. Completando-se. Ninguém existe sem os outros.

15

Na família cada um descobre que o eu é os outros, os outros fazem parte do eu.

Na família (re)descobre-se o amor (como doação original, como vida encarnada na Vida).

Os humanos recebem antes de dar, no ventre da mãe, nos primeiros anos da vida familiar, na aprendizagem. Os seus primeiros actos de amor são pedir e receber. No início está a relação. O Tu é inato. A relação interpessoal exprime a estrutura originária do ser. Em que o ser só se realiza no acolhimento do outro.

O ser não é pois alteridade inalcançável, mas êxodo imanente. O Eu-Tu(-Eles) são *"palavras-base"* expressivas de realidade. Não são palavras isoladas, mas um casal de termos, recolhendo a realidade como encontro[4].

Quando um ser humano diz ao outro: amo-te para sempre, significa que precisa do outro radicalmente. Prometendo dar-se completamente para receber o outro até serem um só (sem deixarem de ser dois).

Nunca conseguindo ou sequer querendo ser totalmente um, nunca sendo uma só carne (uma só carne significa, uma só realidade, corpo e espírito), tentam unificar os seus seres e o seu amor nos filhos. Amando-se um ao outro nos filhos, dando-se um ao outro na recriação de si mesmos – outros, ao reconhecerem os filhos como bons.

Daqui que procriação esteja naturalmente presente no casamento como um dos seus elementos constitutivos[5]. Amar só um ao outro, pode ter um sabor de incompletude se não existirem filhos, se os filhos foram afastados deliberadamente. Esta incompletude deveria

---

[4] Buber, Martin, Eu e Tu, trad. N. A Von Zuben, S. Paulo-S.P, Cortez & Moraes, 1977.

[5] Contra, Castro Mendes ("Família e casamento" in Estudos sobre a Constituição, vol. I, 1977, p. 372) e Antunes Varela, (Código Civil anotado, vol. V, p. 622) para quem o direito de celebrar casamento e o direito de constituir família (artigo 36 nº1 da CRP) reduzem-se a um só direito, o de casar. A constituição da família seria um efeito deste direito.

ser A razão, e não uma das razões, que levaria os casais que não podem, naturalmente ou com recurso às actuais técnicas de procriação conceber um filho, a adoptar. As relações de adopção, à semelhança da filiação natural, estabelecem-se entre o ou os cônjuges (adoptantes) e o adoptado (artigo 1586.º do Código Civil). E tanto a filiação natural como a adoptiva são relações de afectos. Só é pai aquele que se relaciona com o filho. Tanto é que a legitimidade do poder-dever dos pais em relação aos filhos, as responsabilidades parentais[6], assenta no amor.

A partir da concepção/criação dos filhos e durante a sua vida, cada um dos cônjuges revive a vida do outro desde o início, desde a concepção, sendo um com ele desde a concepção, unificando-se e revivendo na memória. As duas vidas conhecem-se e unem-se na sua totalidade. Superando a ardente aspiração de amor de Santo Agostinho por Deus: "Tarde te amei, Beleza tão antiga como nova. Tarde te amei"[7], os cônjuges amam-se desde o início.

Poderia dizer, neste momento, que o amor significa fidelidade, que o amor significa constância, disponibilidade e doação. Os esquimós têm quarenta e nove nomes para designar o gelo, em todos os seus estados, aspectos e utilidades. Os nomes para designar o amor dentro da família são tantos quanto os actos da vida quotidiana ou os estados de espírito.

A pessoa, para ser, edifica uma comunidade de próximos e reencontra-se nos outros, na universalidade da pessoa. Existe, comunicando.

---

[6] A Lei 61/2008 substituiu a terminologia "poder paternal" por "responsabilidades parentais". Assim, para Clara Sottomayor, in Temas de Direito das Crianças, Almedina 2014, pág. 50: "Na relação com os pais, a criança deixa de estar sujeita ao poder paternal, como um conjunto de direitos-deveres, em que a componente dos direitos era acentuada, para ser uma pessoa numa posição de igual dignidade à dos pais, pela qual estes assumem responsabilidades e deveres de cuidado e de educação, respeitando as suas aptidões físicas e intelectuais, assim como os seus afectos".

[7] Confissões (X, 27, 38).

E é neste momento que a pessoa é particularmente intensa no âmbito da família, leva à natural comunidade de dois ou mais seres. Ao dar-se para receber, ao ser co-autor de todos os outros e obra de todos os outros, cada membro da família vai-se transformando e amoldando ao conjunto em sucessivos actos de amor.

Para se chegar à totalidade do amor, há que reconhecer, antes, o outro. É preciso que o eu esteja em relação com o outro que me cria e me põe em causa. O outro não pode ser reduzido ao mesmo. Só o acolhimento do outro, na sua diversidade irredutível, constrói o ser e abre caminho ao amor que é alteridade, não domínio.

4.3 Dever de Assistência

O dever de assistência, ao contrário do dever de cooperação, tem carácter marcadamente económico: compreende a prestação de alimentos e a contribuição para os encargos da vida familiar (artigo 1675.º, 1, do Código Civil).

Este dever bifacetado incumbe a ambos os cônjuges, nos mesmos termos, de harmonia com as possibilidades de cada um. Pode, porém, ser cumprido por qualquer deles, se o outro não quiser ou não estiver em condições de o fazer. No caso de um dos cônjuges não cumprir o seu dever de assistência, resultam daqui duas consequências principais:

Mais uma vez aqui será difícil precisar mais pois tudo dependerá da situação concreta. E, mais uma vez aqui, se nota a dificuldade da penetração do Juiz nesta matéria, salvo em casos de violação extremamente graves deste dever. Difícil será apreciar a medida em que um dos cônjuges poderia cumprir o seu dever de assistência, e a medida das necessidades dos outros.

O dever de assistência compreende, não só o necessário para que os restantes membros da família se alimentem, se vistam e abriguem e satisfaçam as suas necessidades de educação, como também o necessário para as actividades culturais desportivas e de lazer deles.

Tudo isto atendendo aos hábitos correntes no meio social da família, e às efectivas possibilidades económicas do obrigado.

Isto, sem prejuízo de uma planificação da vida económica da família, que leva, em algumas circunstâncias, a sacrificar despesas de consumo, por muito legítimas que estas sejam, em benefício de despesas de investimento. Assim, se um dos cônjuges decidir comprar uma casa como investimento, com os seus bens próprios, isto poderá levar a sacrificar legitimamente uma parte das férias, certas despesas com vestuário, etc.

4.4 Dever de Respeito

O dever de respeito é fundamentalmente o dever de aceitar o outro cônjuge como a pessoa que ele é.

No momento em que os cônjuges se casaram, celebraram um contrato com uma certa outra pessoa, com os seus defeitos, as suas virtudes, etc. Será esta pessoa que eles terão de aceitar, de respeitar, no decurso da sua vida conjugal.

Enunciado este princípio geral, em si pouco significativo, haverá que lhe introduzir precisões.

Existe aqui uma tensão entre dois interesses. Por um lado, o interesse de cada um dos cônjuges a ser, e a continuar a ser, aquilo que era. Por outro lado, a necessidade de cada um dos cônjuges se adaptar àquilo que o outro é, ou venha a ser. Assim, cada um dos cônjuges poderá ter, e manter, as suas opções ideológicas, religiosas, a sua actividade profissional, política, social, o seu círculo de amigos, os seus hábitos pessoais, sem que o outro cônjuge deva interferir neles. Mas deverá também, de algum modo contraditoriamente, adaptar, conformar ou restringir, os seus hábitos, a sua maneira de pensar, de maneira a não ferir os sentimentos do cônjuge. A comunhão de vida, é isto mesmo: cada um dos cônjuges, sendo o que é, adapta-se àquilo que o outro é, numa interacção mútua, de maneira a passarem a constituir uma unidade, esta completa, enquanto cada uma das metades era incompleta.

Queremos chamar a atenção para mais dois pontos. Um deles, é o facto de a maior proximidade dos cônjuges no seio da família, levar a que cada um deles deva ser particularmente respeitoso, particularmente cuidadoso, da personalidade do outro. Na medida em que está em condições de mais facilmente ofender os seus direitos ou perturbar a realização pessoal do outro.

O outro aspecto a salientar é o seguinte.

O natural desejo de felicidade dos cônjuges deve ser temperado pela sua responsabilidade. É difícil, a prática tem-no demonstrado, contrariar a vontade expressa por um dos cônjuges no sentido de divorciar[8]. Mas, só causas graves deveriam levar ao divórcio, tais como a ruptura definitiva do casamento (artigo 781.º al. d) do Código Civil).

5. Comunidade familiar patrimonial

A comunhão de vida, que é o casamento enquanto estado, deve existir no duplo plano pessoal e patrimonial. A disponibilidade de

---

[8] Veja-se, a título de exemplo, o sumário do acórdão do STJ, de 09/02/2012 (Processo 819/09.7TMPRT.P1.S1 in www.dgsi.pt), onde se pode ler:

"I - A adesão ao conceito-modelo do "divórcio-constatação da ruptura conjugal" representa uma nova realidade destinada a ser o instrumento para a obtenção da felicidade de ambos os cônjuges, conduzindo à concepção do divórcio unilateral e potestativo, em que qualquer um dos cônjuges pode pôr termo ao casamento, com fundamento mínimo na existência de factos que, independentemente da culpa dos cônjuges, mostrem a ruptura definitiva do matrimónio, por simples declaração singular, ainda que a responsabilidade pela falência do casamento lhe possa ser imputada, em exclusivo ...

V - A família transforma-se num espaço privado, de exercício da liberdade própria de cada um dos seus membros, na prossecução da sua felicidade pessoal, livremente, entendida e obtida, deixando o casamento de assumir, progressivamente, um carácter institucional, *maxime*, sacramental, sobretudo na componente da afirmação jurídico-estadual da sua perpetuidade e indissolubilidade, para passar a constituir uma simples associação de duas pessoas, que buscam, através dela, uma e outra, a sua felicidade e realização pessoal, e em que a dissolução jurídica do vínculo matrimonial se verifica quando, independentemente da culpa de qualquer dos cônjuges, se haja já dissolvido de facto, por se haver perdido, definitivamente, e sem esperança de retorno, a possibilidade de vida em comum."

cada um dos cônjuges perante o outro, que é o reflexo do amor e que consubstancia a comunhão de vida, deve ser uma disponibilidade da pessoa e dos bens de cada um dos cônjuges. Mal se compreenderia que houvesse uma comunhão de vida quando cada um dos cônjuges não gozasse como se fossem seus, os bens do outro. Contudo, o aspecto patrimonial nada mais é do que o reflexo do aspecto pessoal. Pode não haver bens, mas havendo pessoas, a comunhão de vida é possível, totalmente. Suponha-se que um jovem casal vive em casa dos pais de um dos cônjuges, sendo alimentado por eles. Neste caso, não havendo interesses patrimoniais dos cônjuges, há, seguramente, ou deve haver, uma completa comunhão pessoal.

É perfeitamente possível imaginar uma completa comunhão de vida entre duas pessoas, tanto no aspecto pessoal como no aspecto patrimonial, mas que não implique entre elas relações *jurídicas* patrimoniais diferentes daquelas que se estabelecem entre duas pessoas estranhas. Os bens continuarão a pertencer a cada um dos cônjuges; adquiridos serão do seu adquirente, ou então adquiridos em compropriedade; cada um dos cônjuges administrará livremente os seus bens; etc. Parece ser aliás, esta, a situação «natural», na medida em que, sendo a comunhão pessoal a base, a comunhão patrimonial derivará automática e flexivelmente dela. Um perfeito entendimento dos cônjuges transformará qualquer regime de separação de bens em comunhão; enquanto que os desentendimentos dos cônjuges converterão um regime de comunhão numa fonte de conflitos.

Não esquecemos que a comunhão de vida introduz necessariamente nas relações patrimoniais ingredientes que não existiriam entre duas pessoas absolutamente estranhas. É natural que um dos cônjuges, o mais habilitado, se ocupe da administração dos bens do outro; como ambos gozarão, indiscriminadamente, do conjunto dos bens. Contudo, não se nos afigura que estas circunstâncias exijam a criação de um especial estatuto patrimonial das relações entre os cônjuges. Deverão ser consideradas como resultantes necessárias da comunhão de vida, sem relevância jurídica autónoma. Quando muito, e para casos de particularmente intensa colaboração económica entre os cônjuges, com resultados muito significativos para um deles, haverá que estatuir expressamente o recurso a algum dos institutos consagrados do direito das obrigações ou dos direitos reais, como o enriquecimento sem causa, as benfeitorias, etc.

É a ingerência do direito nas relações patrimoniais entre cônjuges que pode levar a sentimentos de posse, transformando o eu em nós num eu em si, os deveres familiares em direitos do indivíduo, a comunidade familiar numa colectividade. Ou seja, o dever ser com o outro no direito a ser e a ter contra o outro. O que mais se coaduna com a comunidade familiar patrimonial ainda é a norma prevista no artigo 1678.º nº 2 al. a) do Código Civil. Efectivamente, neste caso, a administração e disposição dos proventos que cada cônjuge recebe pelo seu trabalho, embora os bens sejam próprios ou comuns por força do regime de bens que vigora no casamento, cabe a cada um. O que satisfaz a comunidade conjugal, pois deixa à consciência dos interessados a solução para prosseguir com o interesse da família.

6. A comunidade familiar e os filhos

A família contemporânea é sobretudo um grupo fechado de pais e filhos (e também de avós). Os filhos saem da *"rua"* para regressaram a casa; de onde vão saindo os trabalhadores da empresa doméstica, os criados, os dependentes de toda a ordem. Surge o sentimento da casa (lar, "home", "chez soi", etc.) como espaço de convívio íntimo defendido dos outros.

Até ao século XVIII o estreito relacionamento das pessoas não deixava espaço para a individualidade familiar. Todos os acontecimentos familiares – o casamento, o nascimento, a morte, etc. – eram largamente partilhados.

A família, até ao século XVIII, era também uma organização patrimonial, de poder, de suporte de um estatuto social e, só depois, de sentimento.

A partir do século XIX, a família é, antes de mais, um espaço de sentimentos, portador de valores.

À medida que o homem deixava de estar-no-mundo, passava a estar-na-família. A família substituía o evanescente relacionamento social fundado dos tempos antigos.

A actividade da família deixa de estar centrada na sua perpetuação enquanto organização no tempo; visando aumentar o seu património, o seu estatuto social, o seu poder, à custa do "sacrifício" dos seus membros. A família contemporânea deixa de ser uma organização, para se representar como um conjunto de indivíduos.

Os pais concentram-se no destino dos filhos, já não no destino do grupo – que passa, necessariamente, por cada um dos seus membros. A preocupação educativa surge no centro de cada família que assume decisivamente no século XIX uma função moral e intelectual, formando os espíritos e os intelectos.

Mas esta nova preocupação é contemporânea do início do regresso das crianças à "rua". Com a intensificação da divisão social do trabalho, a transmissão da ciência e das técnicas passa a ser assumida por organizações especializadas, exteriores à família: o mestre particular, o pequeno colégio, a escola pública, a Universidade, etc. E acaba por fugir ao controlo da família que tende a tornar-se simples família-dormitório. Enquanto que a "rua" dos tempos antigos era um espaço dominado pelas famílias – centros de poder, a rua actual é vazia, estando as famílias fechadas em casa.

A sociabilização das crianças é feita na "rua" por organizações não-familiares ou por indivíduos.

A esta evolução tem correspondido idêntica alteração das relações entre pais e filhos, sem destruir a inserção dos filhos na comunidade familiar, tanto a nível dos sentimentos como no que se refere ao património.

7. Deveres de pais e filhos

Os pais e filhos devem-se mutuamente respeito, auxílio e assistência (artigo 1874° do Código Civil), compreendendo o dever de assistência a obrigação de prestar alimentos e a de contribuir durante a vida em comum, de acordo com os recursos próprios, para os encargos da vida familiar. Estando os filhos sujeitos às responsabilidades parentais até à maioridade ou emancipação (artigo 1877° do Código Civil).

Acrescente-se a administração pelos pais de parte dos bens dos filhos (artigo 1888° do Código Civil).

Está aqui definida a estrutura jurídica da comunidade familiar no que se refere às relações pais/filhos.

Sublinhe-se que, se o dever de prestar alimentos, a cargo dos pais e de contribuir, quanto aos filhos, para os encargos da vida familiar, dura em princípio até à maioridade ou emancipação, a relação pais /filhos, deveres de respeito e auxílio, não termina (artigo 1874° do Código Civil).

Como nos parece não terminar o dever de assistência mútua dentro dos quadros dos valores sociais e das possibilidades de cada um.

8. O Direito das Sucessões e a comunidade familiar

Tanto na Germânia, como em Roma, o testamento começou por não existir: a propriedade era familiar.

Comparando o direito germânico com o direito romano, pode descobrir-se a razão deste desconhecimento: os germanos não tinham, no seu direito, o instituto da *"patria potestas"*, um poder absoluto e unitário, pessoal e patrimonial, concentrado nas mãos do *"pater"* e com base no qual este podia dispor, por morte, dos bens da família.

Era a unidade familiar a proprietária dos bens; as alterações na composição *"interna"* dessa unidade não implicavam qualquer fenómeno sucessório, pois a unidade familiar era sempre a família, não eram comproprietários ou titulares de quotas ideais.

Em Roma, foi com a afirmação da *"patria potestas"* que o património familiar se transformou em património do *"pater"*, e este passou a poder dispor dele também *"mortis causa."*

É a *"propriedade familiar"* indo-europeia e germânica que acaba por determinar a sucessão nos quadros do grupo familiar. O *"direito"* dos parentes próximos esbate-se; já não é um direito *"sobre"* os bens, mas *"aos"* bens deixados sem titular por morte.

O interesse, social e juridicamente relevante, dos familiares mais próximos, levou, no Direito da Alta Idade Média, a limitar o poder de dispor.

Desde logo, o testamento medieval diferençava-se do testamento romano por se limitar a estabelecer a sorte do património – e já não, com a instituição de herdeiro, a criar um sucessor no poder sobre a família.

Enquanto se restringiam, por influência do direito germânico e do cristianismo, de acordo sobre a regra *"solus Deus heredem facere potest"*, os poderes de disposição patrimonial do testador. Por influência do cristianismo, a família, fundada nos laços do sangue, passou a invocar o direito a uma parte importante de herança (ao lado, eventualmente, das partes dos pobres e da Igreja). A figura de filho e de herdeiro passaram a coincidir naturalmente.

Continuando o direito contemporâneo ligado directamente ao direito romano no que se refere à figura de herdeiro, entendido como sucessor universal (*"hereditas nihil est quam sucessio in universum ius quod defunctus habuit – Dig. 4, 16, 24*).

Enquanto que o direito germânico transmitia a norma de que "o morto empossa o vivo" ("*le mort saisit le vif*", em direito francês): os bens seriam adquiridos "*ipso iure*", sem necessidade de aceitação. Com base na circunstância de que tais bens se mantinham no círculo de parentes próximos, como recordação da comunhão germânica; não haveria uma verdadeira transmissão ou translação dos bens para outrem.

A conciliação entre a tradição germânica da propriedade familiar e a sucessão testamentária romana, levou a separar o património do "*de cuius*" em duas massas, uma de livre disposição, outra de devolução forçada aos parentes próximos. Estes últimos bens seriam os "*bens de avoenga*", os herdados dos antepassados, que teriam de ser transmitidos "*mortis causa*" aos descendentes, enquanto que os bens adquiridos podiam ser objecto de disposição testamentária.

Esta distinção entre bens "*vinculados*" e os outros, só desapareceu em Portugal com a extinção dos morgadios[9], em pleno século XIX. E no Reino Unido ainda hoje subsiste, embora com reduzido alcance prático dada a diminuição dos bens vinculados, com o desaparecimento do regime feudal.

9. O fundamento do quadro familiar do fenómeno sucessório

A sucessão legal – legítima ou legitimária – opera-se nos quadros de família: uma certa parte da herança é devolvida necessariamente a familiares mais próximos (descendentes, ascendentes e cônjuge sobrevivo); outra parte é entregue aos familiares mais próximos (os referidos anteriormente, mais os irmãos e os sobrinhos, os adoptados e adoptantes restritamente, e ainda colaterais até ao quarto grau

---

[9] Manuel de Almeida e Sousa Lobão, Tratado Pratico dos Morgados, Lisboa, 2.ª ed., 1814.

que não sejam irmãos e sobrinhos do autor da sucessão) na falta de disposição do *"de cuius"*. A sucessão dos familiares justifica-se pelo facto de a propriedade continuar a ser, ainda hoje, largamente familiar: usufruída (quando não constituída) pelo conjunto dos familiares mais próximos; que têm, assim, uma expectativa e recebê-la por morte do seu titular (formal). Sendo, aliás, os mais idóneos, em princípio, para a administração desses bens.

Porém, os bens que pertencem à comunidade familiar, independentemente do seu titular formal, estão ao serviço de todos e assim deveria continuar a ser depois da morte do *"de cuius"*. Assim, a devolução dos bens não deveria ser vista numa perspectiva individualista, de um para o outro, mas sim do "de cuius" a favor da família. O Direito das sucessões português – como o da generalidade dos países europeus – ignora largamente esta necessidade. Embora alguns institutos haja que podem ser utilizados para evitar a divisão do património[10].

10. Os avós e outros ascendentes

Ignora o Direito escrito, quase completamente, a figura dos avós e outros ascendentes na comunidade familiar. Indo contra valores sociais (ainda presentes em Portugal) e uma realidade constante. Haverá que fazer aqui um trabalho muito vasto e importante.

Na verdade, com o aumento da esperança de vida, os avós e outros ascendentes estão ainda mais presentes do que no passado na comunidade familiar e têm um papel importante a desempenhar no regresso da família "à casa".

---

[10] Campos, Mónica Martinez de "O Trust como instrumento de preservação da propriedade familiar, pp 51-83 in Revista do Instituto dos Advogados de Minas Gerais – nº 19- 2013.

Não se poderia falar em comunidade familiar sem ter bem presente não apenas as suas diferentes configurações, mas também as relações que mais directamente lhe dão forma e organização: as que se estabelecem entre as gerações. A família é uma comunidade intergeracional e os avós são o seu pilar e o seu motor[11].

"A solidariedade social e familiar intergeracional e a qualidade dos vínculos afetivos, relacionais e comunicacionais entre as gerações, favorecem o sentimento de segurança e de pertença, a saúde e a qualidade de vida individual e familiar, contribuem para a produção de novas relações papéis e representações, reforçam a coesão e integração do grupo, promovem diferentes formas de solidariedade intergeracional"[12].

Legalmente presume-se que os avós, segundo o artigo 1887.º/A do Código Civil, concorrem para o equilíbrio e o desenvolvimento da personalidade dos netos, pois "os pais não podem injustificadamente privar os filhos do convívio com os irmãos e ascendentes". O que significa que caberá aos pais, presumindo a lei que esta ligação intergeracional entre avós e netos[13], ou bisavós e bisnetos, é benéfica para estes últimos, provar o contrário[14]. "É certo que o amor e a criação de laços afectivos não se pode impor por decisão do Tribunal, mas não é menos certo que, sem conhecimento e convívio entre as pessoas, esses sentimentos também não se poderão desen-

---

[11] Não será por acaso que foi determinado o dia 26 de Julho como o dia dos Avós (dia de Santa Ana e São Joaquim, pais de Nossa Senhora e portanto avós de Jesus Cristo).

[12] Ramos, Natália, "Relações e solidariedades intergeracionais na família – Dos avós aos netos". Revista Portuguesa de Pedagogia 2005. Ano 39, nº 1, pág. 196.

[13] Cfr. MARTINS, Rosa; VITOR, Paula Távora, O Direito dos Avós às relações Pessoais com os Netos na Jurisprudência Recente, in Revista Julgar, n.º 10, Janeiro-Abril 2010.

[14] STJ, 03/03/1998, CJ/STJ de 1998, I, pág. 119 e BMJ 475, 1998, pág. 705. No mesmo sentido dispõe o art.º 9.º, n.º 3, da Convenção sobre os Direitos da Criança: "podendo as suas relações pessoais e contactos directos ser com outras pessoas, salvo se tal se mostrar também contrário ao interesse da criança...".

volver. Há que criar oportunidades e deixar que os relacionamentos sigam o seu destino"[15].

O Supremo Tribunal de Justiça, chamado a clarificar a aplicação do artigo 1887.º/A do Código Civil, proferiu em 1998 um acórdão[16] onde se lê que "Reconhecendo que as relações com os avós são da maior importância para os netos, ao menos em princípio, quer pela afectividade que recebem, quer pelo desenvolvimento do espírito familiar que proporcionam, o legislador consagrou "um direito de o menor se relacionar" com os avós, que poderá ser designado por "direito de visita". Com este "direito de visita", genericamente entendido como o estabelecimento de relações pessoais entre quem está unido por estreitos laços familiares, pretendeu-se tutelar a ligação de amor, de afecto, de carinho e de solidariedade existente entre os membros mais chegados da família".

Por outro lado, os avós contribuem decisivamente para a construção da identidade da comunidade familiar e a sua ligação com os netos é determinante na construção e preservação da identidade da família. A nossa identidade vai sendo construída com a ajuda dos que nos rodeiam e cuidam, e os avós são o vector privilegiado das raízes e da história da família. Conhecemos, entendemos, somos e reconhecemos ser com os outros, na comunidade familiar, através do amor e da história. É também através das memórias que o eu é mais intenso e comunga com os outros[17].

Na sociedade as pessoas vivem lado a lado, mesmo que separadas na essência, enquanto que na comunidade familiar permanecem unidas apesar de todas as separações.

---

[15] TRL de 01/06/2010, Proc. 5893/06.5TBVFX.L1-7, in www.dgsi.pt e o comentário no "Direito da Família", n.º 27, 5.ª Bienal de Jurisprudência", pág. 94.

[16] STJ, 03-03-1998, BMJ 475, 1998, pág. 705.

[17] Para Daniel Sampaio, in A razão dos Avós, 3ª ed. Lisboa, Caminho 2008, pág. 79: "A transmissão de valores familiares é feita mais por comportamentos do que por palavras: o sentido da passagem transgeracional encontra-se sobretudo em acontecimentos vividos, mais do que em regras prescritas por adultos".

SOBRE A SEPARAÇÃO DE FACTO COMO FUNDAMENTO DO DIVÓRCIO, E ALGO MAIS

Nuno de Salter Cid
Professor da Universidade de Évora
Escola de Ciências Sociais – Dep. de Economia

1. É relativamente fácil escolher o tema de um estudo de Direito da Família para oferecer ao Senhor Professor Doutor Francisco Manuel Pereira Coelho, sobretudo em matéria de "Direito Matrimonial", tantas são as hipóteses que se abrem a quem consulta a sua obra. Escolhi *a separação de facto como fundamento do divórcio,* problema sobre o qual teceu reflexões importantes[1].

Conheci pessoalmente o Doutor Pereira Coelho na tarde do dia 10 de Novembro de 1992, em Coimbra, na Faculdade de Direito. Satisfazendo o pedido de antigo aluno seu, aceitara receber-me e ponderar a hipótese de me orientar na elaboração do «trabalho de síntese» que deveria apresentar e discutir no âmbito das «provas de aptidão pedagógica de capacidade científica» a que pretendia candidatar-me na Universidade de Évora, onde então desempenhava funções de assistente estagiário com serviço distribuído na área das

---

[1] Cf. sobretudo PEREIRA COELHO: *Curso de Direito de Família...,* 1965, pp. 493-499; *Anotação* ao Ac. STJ de 14-03-1979, in *RLJ,* Ano 112.º, pp. 341-350; *Divórcio e separação...,* pp. 35-39; e, ultimamente, in *Curso de Direito da Família...,* 4.ª ed., pp. 636-642.

DOI: http://dx.doi.org/10.14195/978-989-26-1113-6_2

Ciências Jurídicas. Tratar-se-ia sobretudo da escolha de tema adequado para aquele trabalho, que deveria ser uma dissertação compatível com o padrão de exigência usual nos mestrados em Direito.

De Pereira Coelho conhecia apenas lições e um par de estudos que lera com interesse e proveito[2], a sua escrita límpida, ponderada, a solidez e o requinte da sua argumentação, o claro propósito de as pôr ao serviço da solução equilibrada de problemas que a vida e a morte colocam ao Direito; não ignorava a importância por isso reconhecida à sua doutrina pelos tribunais[3]; e fora advertido: sábio, prudente, generoso, de trato sempre delicado e afável, não é contudo Professor pouco exigente. Naquela tarde de Novembro ouviu pacientemente as ideias desajustadas que levava comigo; sem apoucar nenhuma sugeriu-me temas alternativos, sumariamente estruturados quanto ao que de essencial reclamaria o respectivo tratamento para o efeito pretendido; e, ante a minha inclinação para um deles, logo me deu nota de estudos nos quais poderia encontrar pistas a explorar[4]. Três ou quatro meses mais tarde, depois de investigar, ler e sobretudo meditar, deveria enviar-lhe o que tivesse conseguido escrever. A 10 de Fevereiro de 1993, em papel timbrado da Faculdade de Direito, assumiu formalmente a orientação na verdade iniciada em Novembro. Lera com atenção e benevolência as páginas que entretanto lhe enviara, tecera observações críticas,

---

[2] Naquele tempo estava longe de conhecer bem a sua obra, mas tinha já consultado estes títulos: *Filiação – Apontamentos das lições...* (1978); *Divórcio e separação...* (1981); *Curso de Direito da Família* (1986); *Casamento e família...* (1986); *Arrendamento – Direito substantivo e processual – Lições...* (1988); *Direito das Sucessões – Lições...* (1992).

[3] Hoje é possível verificá-lo facilmente: in http://www.dgsi.pt/ (IGFEJ), colocar *Pereira Coelho* em «Pesquisa Livre» referente a acórdãos do Supremo Tribunal de Justiça ou das relações e consultar os resultados. E cf. *infra* nota 61.

[4] O tema era o da *protecção da casa de morada da família* e a sua *Anotação* ao Ac. STJ de 02-04-1987, in *RLJ,* Ano 122.º, a que aludiu discretamente, continha o *essencial* sobre a matéria (cf. *maxime* pp. 136 ss.); entre os estudos que apontou nem sequer se contava a sua também essencial *Anotação* ao Ac. STJ de 10-05-1988, in *RLJ,* Ano 123.º, pp. 369 ss.

dera-me sugestões de melhoramento, ideias para desenvolver, e incentivara-me a prosseguir. Foi sempre assim, do princípio ao fim: com disponibilidade permanente e paciência infinita, discutia comigo problemas e pontos de vista, aconselhava-me cuidado especial na fundamentação ou clarificação do que poderia ser questionável ou parecer obscuro, e prestava-se a ler versões melhoradas; sempre, sempre, sempre revelando as qualidades humanas e científicas que me haviam sido antecipadas e que, viria a constar, lhe foram e são sobejamente reconhecidas por todos quantos tiveram ou têm ainda a sorte de o conhecer. Prestadas as provas — nas quais formulou críticas profundas ao trabalho apresentado, todas construtivas, todas merecidas —, incentivou-me a actualizar e completar alguns pontos, a introduzir índices pormenorizados e a tudo rever cuidadosamente com vista à publicação, que sugeriu e prometeu apadrinhar. Apesar de entretanto aposentado, acompanhou-me igualmente nessa tarefa. No fim, ofereceu-me o generoso *prefácio* que figura no livro publicado[5] e prometeu depositar em boas mãos a minha orientação académica futura. Anos mais tarde aceitaria integrar o júri da prova de doutoramento que prestei na Universidade de Évora. Até aceitar essa tarefa e depois da prova concedeu-me a honra de com ele trocar impressões sobre diversos assuntos e de permitir que lhe enviasse esta ou aquela informação potencialmente útil para estudos que quisesse escrever ou actualizar. Mas os meus préstimos, sobremaneira valorizados nas alusões inesperadas que lhes fez[6], não foram amiúde mais do que intenção, pois muito poucas novidades eram para ele tal. Nunca deixei de beneficiar dos seus ensinamentos, mesmo quando apenas leio e releio estudos seus ou quando tenho o privilégio de com ele conversar sobre temas que podem nada ter de

---

[5] Cf. Francisco PEREIRA COELHO, *Prefácio*, in *A protecção da casa...*, pp. VII-XI.

[6] Cf. PEREIRA COELHO, *Curso...*, *Prefácio da 2.ª edição* (de 2001) e a *Nota à 4.ª edição* (2008).

jurídico. O Doutor Pereira Coelho é uma lição permanente! Perdi há muito a esperança de encontrar palavras para exprimir com justeza a admiração e a estima que tenho por ele, o quanto lhe devo sem poder retribuir, como é para mim valiosa a sua amizade genuína.

2. O Código Civil, desde a «Reforma de 1977»[7], estabelece quando há separação de facto, não para todos os efeitos, mas para ser considerada fundamento do divórcio ou da separação de pessoas e bens por «ruptura do casamento», se verificada por certo período de tempo, sucessivamente encurtado pelo legislador até à expressão actual de 1 ano consecutivo. Sob epígrafe «separação de facto», o artigo 1782.º preceitua:

> «Entende-se que há separação de facto, para os efeitos da alínea *a*) do artigo anterior, quando não existe comunhão de vida entre os cônjuges e há da parte de ambos, ou de um deles, o propósito de não a restabelecer»[8].

Não é esta a primeira nem a última norma do Código a atribuir relevância à separação de facto[9], sendo no entanto a única a oferecer uma noção legal desta separação, que declara valer para os efeitos aludidos.

---

[7] Operada pelo Decreto-Lei (DL) n.º 496/77, de 25-11.

[8] Art. 1782, n.º 1 (hoje na verdade número único); «Ruptura do casamento» é a epígrafe actual do art. 1781.º, que desde a Reforma de 1977 tinha por epígrafe «Ruptura da vida em comum». Estas modificações resultaram da Lei n.º 61/2008, de 31-10. São do Código Civil (CC) todos os artigos citados no texto e nas notas sem indicação do diploma legal a que pertencem.

[9] Hoje, cf. arts. 143.º, n.º 1, *a*), 1675.º, n.os 2 e 3, 1781.º, *a*), 1785.º, n.º 1, 1789.º, n.º 2, 1909.º, 1920.º-B, *c*), 1979.º, n.º 1, 2015.º e 2196.º, n.º 2, *a*). A separação de facto pode, contudo, ter relevância para outros efeitos previstos no CC, como aqueles a que se referem os arts. 1106.º, n.º 1, *a*), 1605.º, n.º 4, 1672.º, 1829.º, n.º 1 e n.º 2, *b*), e 1839.º, n.º 2.

Circunscrito pelo título o tema do estudo, impõe-se antes do mais simplificar o texto, evitando referências dispensáveis à separação de pessoas e bens. E para tanto é suficiente invocar agora o disposto no artigo 1794.º, inalterado desde a Reforma de 1977, segundo o qual os artigos 1781.º e 1782.º, bem como a generalidade das normas respeitantes ao divórcio, são aplicáveis à separação de pessoas e bens com as necessárias adaptações. De resto, desde 1910, o legislador apenas adoptou "remissão inversa" entre 1966 e 1977[10].

Voltando naturalmente ao ponto de partida, começo por salientar o óbvio: os artigos 1781.º e 1782.º dizem respeito ao divórcio litigioso, designado «sem consentimento de um dos cônjuges» na terminologia actual da lei[11]. Na verdade, não apenas estão sistematicamente inse-

---

[10] Cf. arts. 1792.º (1.ª hipótese) e 1795.º (1.ª parte), ambos da versão original do CC de 1966. A alusão a 1966 e 1977 reporta-se obviamente a anos de publicação do CC e do DL n.º 496/77 e não a anos de vigência, pois o Código entrou em vigor 01-06-1967 (salvo um conjunto de normas relativas à filiação, com vigência iniciada a 01-01-1968) e o DL n.º 496/77 entrou em vigor a 01-04-1978, não sendo porém aplicável às acções pendentes (cf. arts. 176.º e 177.º). A expressão "remissão inversa" traduz uma simplificação pouco rigorosa, apenas compreensível no domínio da modalidade litigiosa: cf. PEREIRA COELHO, Curso... (1970), T. 2.º, pp. 203 ss. (quanto ao aqui especialmente em foco, pp. 209 s.). Em relação ao art. 1795.º com a redacção dada pelo DL n.º 261/75, de 27-05, não cabe naturalmente falar em 1.ª parte, pois ficou reduzido a esta; cumpre somente notar que a disposição reduzida passou para o art. 1794.º por força do DL n.º 605/76, de 24-07, e aí foi mantida até à Reforma de 1977; no tocante ao 1792.º, com as redacções que teve até esta Reforma (a de 1966 e a de 1975), justifica-se aludir apenas à 1.ª hipótese.

[11] Resultante da Lei n.º 61/2008. «Sem consentimento de um dos cônjuges» é desde então a terminologia adoptada nos arts. 1773.º, n.ºs 1 e 3, 1778.º-A, n.º 3, 1779.º, epígrafe e n.º 1, e 1781.º, corpo, e o art. 1795.º-D, n.º 1, refere-se à «separação judicial de pessoas e bens sem consentimento do outro cônjuge», mas permaneceram na letra do CC referências à modalidade litigiosa do divórcio ou da separação de pessoas e bens: no Livro IV, Título II, Capítulo XII, Secção I, não foi expressamente modificada a epígrafe da Subsecção III «Divórcio litigioso»; e não foi alterada a letra do art. 1829.º, n.º 2, b), que continua a mencionar a «acção de divórcio ou separação litigiosa», não querendo obviamente aludir à «simples separação judicial de bens» (cujo «carácter litigioso» é assumido na epígrafe do art. 1768.º). Pelo art. 4.º, n.º 1, da lei de 2008 foi expressamente alterada, sim, a epígrafe do Capítulo XVII do Título IV do Livro III do então vigente Código de Processo Civil (CPC): onde antes se lia «Do divórcio e separação litigiosos» passou a ler-se «Do divórcio e separação sem consentimento do outro cônjuge». De resto, em 2008 também não foram expressamente modificadas 4 disposições do mesmo CPC com referências à modalidade litigiosa do divórcio ou da separação de pessoas e bens (arts. 222.º,

ridos em subsecção do Código respeitante a tal modalidade, sendo expresso o corpo do primeiro na referência aos fundamentos «do divórcio sem consentimento de um dos cônjuges», como é sabido que na modalidade do mútuo consentimento não é revelada a causa do divórcio[12]. Pode hoje quando muito dizer-se: tratando-se de divórcio instaurado com fundamento na separação de facto, também não se justifica revelar a causa primeira da «ruptura do casamento», aquela que motivou a separação, mas tão-somente alegar e provar que esta se verificou, com as características legalmente definidas e pelo prazo mínimo legalmente fixado para o efeito pretendido, porque a Lei n.º 61/2008, de 31-10, além de suprimir o divórcio com base na «violação culposa dos deveres conjugais», eliminou as disposições que, no âmbito do divórcio fundado naquela ruptura,

---

5.ª, 470.º, n.º 2, 1413.º, n.º 4, e 1423.º-A, n.º 1). Não assim no novo CPC (aprovado pela Lei n.º 41/2013, de 26-06), onde apenas sobreviveu a expressão «divórcio ou separação litigiosa» no art. 998.º, n.º 1 (sucedeu ao anterior art. 1423.º-A, n.º 1).

[12] No dizer clássico de PEREIRA COELHO, «Mais do que um divórcio sem causa (ou cuja causa seja pura e simplesmente o mútuo consentimento dos cônjuges), o divórcio por mútuo consentimento é verdadeiramente um *divórcio por causa não revelada,* por causa que a lei permite aos cônjuges manter secreta». Sempre foi este o seu ensinamento sobre o fundamento ou espírito do instituto (cf., *v.g., Curso...,* 1965, pp. 447 e 511-512; *Divórcio e separação...,* p. 29; *Curso...,* 1986, pp. 561-562; e *Curso...,* 4.ª ed., p. 601, de onde citei), um ensinamento conforme ao entendimento "clássico" do próprio legislador. De facto, em 1918, quando se introduziu na lei a possibilidade de separação de pessoas e bens por mútuo consentimento, escreveu-se no preâmbulo do diploma: «(...) tendo o decreto com força de lei de 3 de Novembro de 1910 estabelecido o divórcio por mútuo consentimento, com o fim (...) de conservar ocultas as causas que o determinam (...), iguais fundamentos justificam a permissão da separação (...)» (cf. Decreto n.º 4:343, de 30-05-1918, que saiu incompleto e foi substituído pelo Decreto n.º 4:431, também de 30-05-1918). E era clara a letra do art. 1775.º, n.º 2, do CC na versão da Reforma de 1977, quando relativamente ao divórcio por mútuo consentimento dispunha: «Os cônjuges não têm de revelar a causa do divórcio (...)». No entanto, PEREIRA COELHO cedo esclarecera: «O mútuo consentimento, nesta concepção, não é a causa do divórcio, mas a *revelação,* o *sinal* de que há outra causa que os cônjuges não querem revelar, e que a lei *acredita* que seja uma daquelas que lhes permitiriam, a um deles ou aos dois, requerer o divórcio litigioso»; todavia, «Quando a lei *acredita* ou faz de conta que essa causa existe, só porque os cônjuges acordaram em pedir o divórcio (...), tem de reconhecer-se que é muito ingénua a suposição ou crença da lei» (*Curso...,* 1965, pp. 511 s.). Com referência à modificação do art. 1775, n.º 1, pela Lei n.º 47/98, de 10-08, cf. porém *infra* nota 56 *in fine.*

permitiam claramente a prova dos motivos da separação de facto, impunham ao juiz o dever de declarar a culpa do divórcio, havendo-a, e previam diversas consequências desfavoráveis para o cônjuge declarado único ou principal culpado[13]. É o regresso a um passado remoto? Não propriamente.

3. O Decreto de 3 de Novembro de 1910, ao instituir entre nós o divórcio, incluiu a separação de facto na sua longa lista de «causas legítimas do divórcio litigioso». Fê-lo, segundo parece, com carácter

---

[13] Antes da Lei n.º 61/2008 e no tocante ao divórcio fundado em separação de facto, cf. sobretudo arts. 1782.º, n.º 2, e 1787.º; para uma percepção mais completa acerca da relevância da culpa em sede de divórcio ou de separação de pessoas e bens (obviamente na modalidade litigiosa) e, bem assim, das consequências desfavoráveis antes previstas no Código para o cônjuge declarado único ou principal culpado, cf. arts. 1760.º, n.º 1, b), e n.º 2, 1766.º, n.º 1, c), 1773.º, n.º 3, 1779.º, 1780.º, a), 1782.º, n.º 2, 1783.º, 1785.º, n.º 1, 1787.º, 1789.º, n.º 2, 1790.º, 1791.º, 1792.º, 1795.º-D, n.º 4, 1933.º, n.º 1, f), e 2016.º, n.º 1, a) e c), e n.º 4. A lei de 2008 não alterou, manifestamente por lapso, os arts. 1760.º, 1766.º e 1933.º, mas o intérprete não pode deixar de considerar tacitamente revogado (arts. 7.º, n.º 2, 2.ª hipótese, e 9.º, n.º 1) o que ficou na letra dos arts. 1760.º, n.º 1, b), e n.º 2, 1766.º, n.º 1, c), e 1933.º, n.º 1, f). De facto, o actual art. 1781.º, d), alude à culpa apenas para a dar por irrelevante, foi eliminada a solução antes contida no art. 1779.º e foram entre outros expressamente revogados o n.º 2 do art. 1782.º, e os arts. 1783.º e 1787.º (cf. art. 8.º da Lei n.º 61/2008). Sem apuramento e declaração da culpa do divórcio, como poderiam ser aplicadas as disposições por lapso mantidas incólumes? De resto, no processo legislativo a ter em conta foi claramente revelado o propósito do legislador; basta ler a *Exposição de motivos* do Projecto de lei n.º 509/X (3.ª), publicado no *Diário da Assembleia da República* (*DAR*), II Série-A, N.º 81, de 14-04-2008, onde está escrito: «Elimina-se a modalidade de divórcio por violação culposa dos deveres conjugais (...). E nesta modalidade de divórcio [sem o consentimento de um dos cônjuges] (...) o juiz nunca procurará determinar e graduar a culpa para aplicar sanções patrimoniais; afastam-se agora também as sanções patrimoniais acessórias. As discussões sobre culpa (...) ficam alheias ao processo de divórcio» (cf. p 72). Cf., porém, o actual art. 1792.º, n.º 1, e, na falta de divórcio (ou de separação de pessoas e bens), cf. art. 1675.º, n.ºs 2 e 3. Não aponto a este propósito o art. 143.º, n.º 1, a), na parte em que ainda menciona o cônjuge «separado de facto por culpa sua», pois o interesse que a disposição visa salvaguardar devia e deve, creio, ser acautelado independentemente da eventual culpa da separação, que apenas devia e deve ser ponderada como «razão ponderosa» (cf. 143.º, n.º 3) para considerar desaconselhável o deferimento da tutela (ou a curatela – cf. art. 156.º) ao cônjuge do incapaz. Com esta prosa prejudico o que, com menor ponderação quanto aos arts. 143.º e 1675.º, escrevi em *A atribuição da casa...*, p. 230, nota 6; além disso, quanto a estes, cf. *infra* nota 52.

absolutamente inédito: tal causa não fora prevista no "Projecto de lei" que servira de base ao Decreto e não faltou quem sublinhasse não haver, ao tempo, legislação que a tivesse estabelecido[14]. Então, em disposições que suscitaram dissensões profundas, cedo verificadas e persistentes, a lei determinou ser causa legítima do divórcio litigioso «a separação de facto, livremente consentida, por dez anos consecutivos, qualquer que seja o motivo da separação» e ditou que, nesse caso, a prova a produzir na acção judicial seria «restrita ao facto da separação, sua continuidade e duração»[15]. PEREIRA COELHO salientou e explicou os três pressupostos substantivos legalmente exigidos para a procedência da acção: haver separação de facto entre os cônjuges; ter esta separação sido livremente consentida; e terem decorrido dez anos consecutivos sobre a data em que, livremente consentida, a separação teve início. Deixando por ora de lado o problema de saber o que deveria entender-se por «separação de facto», conceito ao tempo legalmente não definido, sequer para efeitos de divórcio, direi de forma sucinta: PEREIRA COELHO sustentou ser livremente consentida tanto «a separação livremente *acordada* entre os cônjuges», por forma expressa ou tácita e sem vontade viciada por erro ou coacção, como a determinada pelo comportamento de um dos cônjuges «mas na qual o outro livremente *consentiu,* no sentido de que a aceitou ou se *conformou* com ela», não bastando para concluir isto o facto de se ter abstido de reagir contra ela pelos meios ao tempo legalmente previstos; e defendeu que, sendo embora apenas relevante a separação de facto *livremente consentida,* e não

---

[14] As aspas no texto devem-se ao facto de o aludido projecto não ter sido verdadeira iniciativa legislativa: fora apenas publicado em forma de livro, da autoria de L. de MESQUITA, *Projecto...* Quanto à falta de precedentes legislativos cf., *v.g.,* VAZ FERREIRA, *Comentário à Lei...,* p. 46, SÁ NOGUEIRA, *Do Divórcio...,* p. 80, e o próprio MESQUITA, in *Diário da Câmara dos Deputados (DCD),* Sessão N.º 91, de 01-06-1920, pp. 29 s., e Sessão N.º 98, de 17-06-1920, p. 27.

[15] Art. 4.º, n.º 8.º e § 3.º, do Decreto de 03-11-1910, aplicáveis à hipótese de separação de pessoas e bens litigiosa (única possível até 1918) por força do art. 43.º do mesmo diploma.

a separação de facto *tout court,* «*a prova do livre consentimento*» não poderia implicar «*a prova dos motivos da separação*»; assim, sendo o divórcio requerido e decretado com base neste fundamento, e neste somente, não apenas era desnecessária como estava vedada a prova do motivo da separação de facto e, portanto, não caberia falar de cônjuge culpado e inocente nem tinham aplicação as consequências negativas que então poderiam recair sobre aquele[16]. Perante a acção,

---

[16] Com desenvolvimento, cf. PEREIRA COELHO, *Curso...,* 1965, pp. 418, nota 2, 493-499 e 528-529. Quanto à *possível* reacção contra a separação de facto *não livremente consentida* (verificada por abandono, recusa em acompanhar ou em receber em casa) citou os então vigentes arts. 1416.º e 1417.º do CPC de 1961 (versão original); no domínio do CPC de 1939 importaria atender aos arts. 1470.º e 1471.º (com referência a estes e alusão à legislação anterior, cf. ALBERTO DOS REIS, *Processos Especiais,* Vol. II, reimp. 1982, pp. 431-444). Em relação a alguns aspectos Pereira Coelho dissentiu de doutrina autorizada e da jurisprudência dominante, mas não é isso o que parece pertinente sublinhar aqui. Agora é boa ocasião para salientar que citou no seu *Curso* as contribuições anteriores mais relevantes sobre a matéria, a partir das quais poderiam encontrar-se outras (cf. *v.g. infra*). Tratando-se de um *Curso* terá considerado, bem, não se justificar a citação de mais. É ainda assim impressionante a quantidade de fontes de que deu nota acerca do assunto, como de resto acerca da generalidade das matérias tratadas, e o modo claro e consistente com que expôs a sua doutrina sobre este e os demais problemas analisados. Compreende-se, pois, o acolhimento ímpar que a obra mereceu de imediato, como tive ocasião de sublinhar in *Economia e Sociologia, cit.,* pp. 216-217, com citação de revistas jurídicas onde lhe foram feitas, com inteira justiça, as melhores referências (*Justiça Portuguesa,* Ano 32.º – 1965, p. 128; *O Direito,* Ano XCVII – 1965, p. 328; *Revista dos Tribunais,* Ano 84.º – 1966, p. 95; e *RLJ,* Ano 98.º – 1965-1966, pp. 227 s.). O *exemplo* acima prometido: sobre a questão em apreço, Pereira Coelho não citou o *Projecto* de lei n.º 338-A, de 27-01-1920, do Deputado Xavier da Silva, e o *Parecer* n.º 384, de 20-02-1920, da Comissão de Legislação Civil e Comercial sobre aquele projecto. Citou, porém, BARBOSA DE MAGALHÃES, *A separação de facto como fundamento...,* onde o A. (em Abril de 1920), além de mencionar doutrina e jurisprudência, aludiu ao *Projecto* (apresentado na Câmara dos Deputados «em fins de Janeiro») e ao *Parecer* favorável (de «20 de Fevereiro») emitido pela Comissão, criticando severamente este. O investigador curioso teria sabido procurar e constatar: o *Projecto de lei* fora «mandado para a Mesa» da Câmara dos Deputados durante a Sessão N.º 33, realizada a 02-02 (cf. *DCD,* p. 26); da emissão do *Parecer* dera conta o *DCD* relativo à Sessão N.º 45, de 24-02 (p. 25); o *Parecer* e o *Projecto* foram publicados mais tarde, nos *DCD* relativos às Sessões N.ºs 88 e 89 de 26 e 27-05 (respectivamente pp. 21-26 e 42-47), em que teve início a discussão e foram apresentadas propostas de emenda pelos Deputados Álvaro de Castro e Sampaio Maia; a discussão continuou conforme dão conta os *DCD* referentes às Sessões N.º 90, de 28-05 (pp. 10-14), N.º 91, de 01-06 (pp. 28-30), N.º 98, de 17-06 (pp. 27-30), N.º 100, de 21-06 (pp. 13-28) e N.º 101, de 22-06 (pp. 8-10), data em que, aprovando Moção do Deputado Mesquita Carvalho, de 03-06, «mandada para a Mesa» a 21-06, a Câmara reconheceu «a inoportunidade

o cônjuge réu podia no entanto contestar e reconvir, não estando prejudicado o que poderia advir da reconvenção deduzida com base em causa(s) não objectiva(s) de divórcio, sendo ademais certo que até ao Código de 1966 a lei não fixava qualquer prazo de caducidade do direito ao divórcio[17].

---

do projecto de lei em discussão». Desta discussão saliento o interesse especial das intervenções reprovadoras de Mesquita Carvalho publicadas nos *DCD* N.ᵒˢ 91, 98 e 100. Trata-se de Luís Augusto Pinto de Mesquita Carvalho, ou simplesmente Luís de Mesquita, Autor do projecto que serviu de base ao Decreto de 03-11-1910 (cf. *supra*, nota 15; sobre o A. e textos seus escrevi algumas linhas em *O divórcio em Portugal: antecedentes e 1.ᵃ República*, notas 13, 28, 31 e 39).

[17] Quanto à não caducidade, depois M. ANDRADE, *Algumas questões...*, in *RLJ*, Ano 88.º, p. 330 (mas sem prescindir de pp. 331 s., 342-347 e 356-362), cf. PEREIRA COELHO, *Curso...*, 1965, p. 452 (sem prescindir de pp. 453-458), e sobretudo ID., *Caducidade do direito ao divórcio...*, in *RLJ*, Ano 104.º (*maxime* pp. 51 s.). Quanto à reconvenção cf. *v.g.*: na sequência do Decreto de 1910, VAZ FERREIRA, *Comentário à Lei...*, pp. 65-67 e 109-110; em 1933, L. da CUNHA GONÇALVES, *Tratado...*, Vol. VII, pp. 72-73; em 1946, J. ALBERTO DOS REIS, *Comentário ao Código...*, Vol. 3.º, pp. 110-113; e no CPC de 1961, art. 501.º (com referência ao processo de divórcio, cf. PEREIRA COELHO, *Curso...*, 1965, pp. 502-506). O cônjuge réu e reconvinte não poderia propriamente alegar e provar o motivo da «separação de facto livremente consentida», enquanto tal, se a separação tivesse sido, na verdade, «livremente consentida». Todavia, se aquele motivo constituísse causa de divórcio autónoma e culposa — *v.g.* adultério (porventura reiterado), sevícias (eventualmente seguidas de ameaça de mais) ou abandono continuado (3 ou mais anos) por parte do outro — que até então se abstivera de trazer a juízo, pese embora sem ter perdoado o autor, ou tendo-o perdoado sem inequívoco *animus conciliandi*, julgo que poderia invocá-lo para evitar a procedência da acção (demonstrando não ter a separação de facto sido «livremente consentida», ao menos pelos 10 anos consecutivos exigíveis) e conseguir a procedência da reconvenção (sem *venire contra factum proprium*). Se o § 3.º do art. 4.º do Decreto de 1910 — ao determinar que a prova do fundamento previsto no n.º 8 do mesmo artigo seria «restrita ao facto da separação, sua continuidade e duração» — não excluía a prova de que a separação de facto fora «livremente consentida», sendo antes de considerar exigível tal prova, isto é, a prova de facto ou factos concludentes disso, porque excluiria a defesa e o "contra-ataque" em apreço? Se a *ratio legis* era afinal a de evitar que os cônjuges fossem obrigados a tornar público(s) o(s) motivo(s) da separação de facto, não seria propriamente a de impedir totalmente um deles (o réu e reconvinte) de o fazer. Negá-lo equivaleria, no fundo, a recusar-lhe a hipótese de contestar a acção, o que parece indefensável. E como sustentar que apenas poderia reconvir com fundamento em causas autónomas e culposas de divórcio verificadas após o início da dita separação de facto e não com base no(s) motivo(s) da separação que constituísse(m) causas dessa natureza (não prejudicadas por *factum proprium*)? Dir-se-ia, quando muito, que estaria impedido de apresentar o(s) fundamento(s) da reconvenção como motivo(s) da separação de facto; não de o(s) invocar de todo. A questão é complexa, como — mesmo sem entrar no *mundo* judicial, aqui deliberadamente omitido — se percebe ao ler, de-

4. O Código Civil de 1966 eliminou as causas objectivas de divórcio litigioso, separação de facto incluída, mas esta foi reposta pelo Decreto-Lei n.º 261/75, de 27-05, que introduziu naquele, como fundamento da separação de pessoas e bens litigiosa e, logo, do divórcio litigioso, a «separação de facto livremente consentida, por cinco anos consecutivos», prazo relevante mesmo se iniciado e decorrido antes da publicação daquele diploma[18]. Porém, não existia no Código norma a "impedir" a prova do motivo da separação de facto, eventualmente devida a facto ou factos susceptíveis de fazer recair sobre um dos cônjuges a condição de único ou principal culpado, com as consequências negativas inerentes[19]. Aliás, o legislador de 1975 não subtraiu ao Código a norma segundo a qual o(s) facto(s) em causa só justificava(m) o divórcio quando comprometesse(m) «a possibilidade de vida em comum dos cônjuges»; não alterou a norma relativa à exclusão do direito de requerer o divórcio; não suprimiu nem reformulou a norma que conferia unicamente ao «cônjuge ofendido» a legitimidade para intentar a acção; e tão-pouco eliminou ou restringiu a norma que fazia impender sobre o tribunal o dever de declarar na sentença a culpa de um dos cônjuges, ou a de ambos,

---

signadamente: VAZ FERREIRA, *op. cit.*, pp. 46-50, 64-67 e 109-110; SÁ NOGUEIRA, *op. cit.*, p. 80-87 (*maxime* 86 s.); ALBERTO DOS REIS, *A falta de convivência conjugal...*, in *BFDUC*, Ano 1, N.º 2, *maxime* pp. 53-56; CUNHA GONÇALVES, *Tratado...*, Vol. VII, pp. 44-48 (*maxime* 45-47); J. LOURENÇO JÚNIOR, *Direito de Família*, pp. 436-439 e 482-485; e PEREIRA COELHO, *Curso...*, 1965, pp. 493-499 (*maxime* 494 s. e 498).

[18] Cf. art. 1778.º, n.º 1, *b*), e n.º 2, com a redacção dada pelo DL n.º 261/75, disposições aplicáveis em caso de divórcio por força do art. 1792.º; entre o mais, o diploma de 1975 revogou a norma do CC de 1966 (art. 1790.º) que vedava o divórcio aos casados canonicamente desde 01-08-1940 (como já resultava da Concordata de 1940 e do Decreto-Lei n.º 30:615, de 25-07-1940) e repôs o divórcio por mútuo consentimento "directo", que o CC não contemplara.

[19] Quanto às aludidas consequências, tratando-se de divórcio, ao tempo, depois do art. 1783.º (aplicável *ex vi* art. 1795.º, norma que pelo DL n.º 605/76 passaria a 1794.º), cf. arts. 1110.º, n.º 3, 1760.º, n.º 1, *b*), e n.º 2, 1766.º, n.º 1, *c*), 1784.º, 1785.º, n.º 1, 1933.º, n.º 1, *f*), 2016.º, *a*) e *b*). Em relação ao art. 1110.º, n.º 3, porém, era de considerar a culpa como factor *secundário*, como PEREIRA COELHO viria a ensinar na citada *Anotação* in *RLJ*, Ano 122.º, pp. 206-209.

e, neste caso, sendo a culpa de um consideravelmente superior à do outro, declarar qual deles era o principal culpado[20]. Era forçoso entender que o direito ao divórcio não ficava excluído por os cônjuges terem, *ab initio,* livremente consentido na separação de facto ou por o cônjuge que não a provocara nem a quisera a ter depois aceitado, de bom grado ou a contragosto, por ao menos cinco anos consecutivos, como era devido considerar que a classificação da separação de facto como causa de divórcio não apenas determinada, mas também objectiva, bilateral e peremptória[21] impunha julgar inaplicável a exigência de o cônjuge autor ser «o cônjuge ofendido» e desnecessária a prova de que aquela separação comprometera «a possibilidade de vida em comum dos cônjuges». Na verdade, o livre consentimento na separação em apreço não poderia ficar prisioneiro das causas de exclusão do direito ao divórcio, afastava a existência de ofendido e ofensor quanto à separação em si, ou podia apagar essa existência, e a prova da longa persistência da separação seria base suficiente para se presumir aquele comprometimento. A não ser assim o legislador teria simplesmente introduzido no Código um fundamento de divórcio inaproveitável à luz do próprio Código. Além disso, existia nesta norma segundo a qual o direito ao divórcio caducava «no prazo de um ano, a contar da data em que o cônjuge ofendido (...) teve conhecimento do facto susceptível de fundamentar o pedido»[22]. Todavia, ao cônjuge réu na acção instaurada com

---

[20] Cf. arts. 1779.º, n.º 1, 1780.º, 1781.º, n.º 1, e 1783.º, todos com a redacção original mantida até à Reforma de 1977 e todos aplicáveis ao divórcio por força do art. 1795.º (que pelo DL n.º 605/76 passaria a 1794.º). Sobre o primeiro cf. PEREIRA COELHO, *Curso...* (1970), T. 2.º, pp. 294 s. e 319 ss.

[21] Sobre a noção de causa do divórcio e a classificação das causas do divórcio cf. por todos PEREIRA COELHO, *Curso...,* 1965, pp. 461-465. No *Curso...,* 4.ª ed., cf. pp. 618-623.

[22] Cf. art. 1782.º, n.º 1, com a redacção original mantida até à Reforma de 1977. Era aplicável ao divórcio *ex vi* 1795.º, que passou a 1794.º por força do DL n.º 605/76. Sobre o art. 1782.º, n.º 1, com aquela redacção, cf. por todos PEREIRA COELHO, *Caducidade do direito...,* pp. 53 s., 67 s., 84-86, 102-107 e 134-136.

base na dita separação não estaria vedada a faculdade de alegar e provar facto(s) a um tempo revelador(es) do motivo da separação e impeditivo(s) da pretensão do autor, por muito que com base nisso não pudesse já reconvir. De resto, na falta de instigação ou de criação *intencional* de condições propícias à verificação do(s) facto(s) causador(es) da separação e, bem assim, na falta de perdão expresso ou tácito do comportamento culposo do outro cônjuge, a quem ficara a dever-se a separação, afinal não «livremente consentida», poderia até reconvir com sucesso com base nesse(s) facto(s), sem *venire contra factum proprium,* contanto o(s) facto(s) invocado(s) para fundamentar o pedido reconvencional tivesse(m) carácter continuado e não tivesse(m) cessado há mais de um ano[23].

Referindo-se à opção legislativa de 1975, logo neste ano, PEREIRA COELHO salientou o carácter bilateral e objectivo da «separação de facto livremente consentida por cinco anos consecutivos», como causa do divórcio litigioso. Notou a possibilidade de qualquer dos cônjuges a invocar e a desnecessidade da prova da eventual culpa de qualquer deles, que somente a prova dos motivos da separação permitiria apurar. A seu ver, muito embora a lei de 1975 não fosse explícita, como a de 1910, no sentido de não importar o motivo da separação de facto e não contivesse norma a impedir a prova de tal motivo, a finalidade ou razão de ser da causa em apreço assentava claramente «na ideia de que cinco anos de 'separação de facto livremente consentida' *indiciam* (...) que o matrimónio falhou irremediavelmente». Poder-se-ia dizer que a lei permite a qualquer dos cônjuges pedir «a conversão da separação de facto em divórcio», por julgar este preferível àquela. Não havendo aqui «um interesse de

---

[23] Sobre este aspecto da não caducidade, desenvolvidamente, com referência central às hipóteses de adultério e de abandono, cf. ID., *ibid.*; a faculdade de reconvir seria evidente perante comportamento ilícito e culposo do cônjuge autor cometido (ou conhecido pelo reconvinte) há menos de 1 ano, comprometedor da possibilidade de (reatamento da) vida em comum e não instigado pelo reconvinte nem perdoado por este.

público de primeiro grau, que prevaleça contra a vontade de *ambos os cônjuges*», a lei tutela no entanto a vontade do que quer divorciar-se, «mesmo que esse cônjuge seja o que, pelo seu comportamento, deu causa à separação de facto»; «perdida a esperança» na hipótese de reconciliação, a lei considera «socialmente mais vantajosa» a situação resultante do divórcio do que a inerente à separação de facto. A solução era «especialmente adequada aos casos, tão vulgares na prática, em que os cônjuges vivem separados de facto e ambos aceitam esta situação, mas o cônjuge inocente, por quaisquer motivos, não se dispõe a pedir o divórcio contra o outro nem dá o seu acordo ao divórcio por mútuo consentimento». Em tais casos, «esta causa impede que uma situação socialmente desvantajosa possa vir a permanecer indefinidamente», naturalmente «se o divórcio puder ser pedido *com base na própria separação de facto e a pedido de qualquer dos cônjuges, mesmo do culpado da separação*»[24]. Este discurso de PEREIRA COELHO referia-se claramente aos requisitos do divórcio com o dito fundamento, e àqueles somente, partindo naturalmente do pressuposto da respectiva verificação.

O Decreto-Lei n.º 561/76, de 17-07, quanto ao que aqui interessa salientar, limitou-se — nada de somenos — a eliminar o controverso requisito de a separação de facto ser «livremente consentida» e a elevar de 5 para 6 anos o prazo de duração exigido, passando, pois, o fundamento a ser «a separação de facto por seis anos consecutivos». Em 1975 o legislador repusera na lei o divórcio por mútuo consentimento "directo", ressuscitara dificuldades inerentes à verificação daquele requisito e criara outras, por não ter curado da aconselhável harmonização do instituto pertinente. Em 1976 tratava-se claramente

---

[24] Cf. PEREIRA COELHO, *Relatório, maxime* pp. 33-35, onde reiterou a doutrina que sustentara com referência ao Decreto de 1910 (*Curso...* de 1965, p. 494); pronunciou-se também sobre o sentido a dar à exigência de a separação de facto ser «livremente consentida», pugnando pelo entendimento que defendera em 1965. Cf. igualmente ID., *Anotação* in *RLJ,* Ano 112.º, p. 343.

de reforçar a faculdade de o cônjuge prevaricador — causador da separação e porventura incumpridor, também durante esta, de deveres conjugais — pedir o divórcio contra «o cônjuge ofendido», que não consentira livremente na separação nem depois a aceitara ou se conformara com ela[25], mas igualmente sem o cuidado legislativo recomendável. Não se visava, decerto, tornar indefeso o cônjuge réu na acção.

Tendo os diplomas de 1975 e 1976 colocado no Código disposições estranhas à concepção deste em matéria de separação de pessoas e bens e de divórcio, sem cuidar do mais que por isso seria aconselhável modificar e acrescentar, não faltaram problemas de interpretação e aplicação da lei, evidenciados em jurisprudência divergente. No dizer expressivo e delicado de PEREIRA COELHO, tais diplomas «introduziram no sistema do Código (...) um *corpo estranho* que o sistema em larga medida *rejeitava*»[26]. De resto, os aludidos problemas subsistiram mesmo depois da data da entrada em vigor da Reforma 1977 (01-04-1978), pois as soluções desta não eram aplicáveis às acções então pendentes[27].

As questões de natureza substantiva discutidas perante os tribunais e pelas instâncias disseram sobretudo respeito: à aplicação da lei no tempo[28]; à exclusão do direito de requerer o divórcio;

---

[25] Cf. art. 1778.º, *b*), com a redacção dada pelo citado DL n.º 561/76, que suprimiu o n.º 2 do artigo mas salvaguardou a relevância do prazo iniciado ou decorrido antes da publicação do DL n.º 261/75 (cf. art. 5.º do diploma de 1976). Sobre a *ratio legis* de 1976, salientando, com referências ao Preâmbulo do diploma, *as razões* e *o alcance* da eliminação do requisito de a separação de facto ser «livremente consentida», cf. sobretudo PEREIRA COELHO, *Anotação* in *RLJ*, Ano 112.º, pp. 342-345, mas cf. também ANTUNES VARELA, *Anotação* ao Ac. STJ de 05-03-1981, in *RLJ*, Ano 115.º, pp. 308-315, *maxime* 310-314.

[26] Cf. PEREIRA COELHO, *ibid.*, p. 349. No dizer de ANTUNES VARELA, *ibid.*, p. 311, «o legislador (tanto de 75, como de 76) cometeu uma grave *inabilidade*».

[27] Cf. arts. 176.º e 177.º do DL n.º 496/77.

[28] Aplicação da solução de 1976 relativamente a acções instauradas e por vezes decididas, sem trânsito em julgado, à luz da contemplada em 1975. Cf. *v.g.* Ac. RP de 22-10-1976, in *CJ*, Ano I, T. 3, pp. 661-664, e Acs. STJ: de 12-05-1977, in *BMJ* n.º

à legitimidade substantiva para intentar a acção; e à declaração da culpa do divórcio. Como a economia deste estudo não permite grandes desenvolvimentos, deixo de lado a 1.ª, que suscitou menos controvérsia, pois prevaleceu claramente o entendimento da aplicação imediata da lei "nova" em qualquer caso, e dou o mesmo destino à 2.ª e à 3.ª, acima já sumariamente apreciadas. Assim, resumidamente e com alguma simplificação, direi quanto ao problema da culpa: muitas decisões judiciais defenderam ou aceitaram o entendimento no sentido de, em caso de divórcio instaurado e decretado com base na separação de facto, não ser de todo aplicável a norma do Código relativa à declaração da culpa de ambos os cônjuges ou da culpa exclusiva ou principal de um deles (art. 1783.º) ou de o tribunal dever *invariavelmente* declarar ambos não culpados[29]; contudo, não menos decisões sustentaram ou confirmaram entendimento diferente,

---

267, pp. 157-163 (revogou aquele da RP); de 24-05-1977, in *ibid.,* pp. 164-167; de 14-04-1977, in *ibid.* n.º 266, pp. 179-183; e de 09-03-1978, in *ibib.* n.º 275, pp. 228-234.

[29] Cf.: Acs. RL de 28-07-1976, in *CJ,* Ano I, T. 3, pp. 794-796 (a separação de facto, por motivo não apurado, tornara-se irreversível e consentida após tentativa de reconciliação rejeitada pela ré, que não contestara a acção; a sentença declara ambos os cônjuges culpados; a RL considerou aplicável o art. 1783.º, mas *invariavelmente* no sentido de declarar ambos os cônjuges não culpados), de 03-11-1976, in *CJ,* Ano I, T. 3, pp. 812 s. (sumário apenas; entendimento idêntico), e de 09-03-1977, in *BMJ* n.º 267, p. 193 (sumário; *idem*); Acs. RP 20-10-1976, in *CJ,* Ano I, T. 3, pp. 652-654 (o autor abandonara o lar, não mais voltando a contactar com a ré, que não contestara a acção; revogou sentença que, antes da vigência do DL 561/76, não apreciara o problema da culpa por julgar improcedente a acção; a RP considerou serem irrelevantes os motivos da separação de facto e não ter por isso cabimento a declaração de culpa), e de 09-11-1978, in *CJ,* Ano III, T. 5, pp. 1607-1609 (a ré alegara factos destinados a demonstrar que a separação ficara a dever-se a culpa exclusiva do autor; com *voto de vencido,* o Ac. manteve despachos a 1.ª instância no sentido de ser irrelevante apurar a culpa, por considerar inaplicável o art. 1783.º); aparentemente, Ac. RE de 04-11-1976, in *BMJ* n.º 264 (sumário); Ac RC de 06-01-1978, in *CJ,* Ano III, T. 1, pp. 234-236 (os cônjuges viveram sob o mesmo tecto como estranhos; o autor saiu de casa e a separação de facto manteve-se; declarou ambos os cônjuges inocentes, confirmando sentença da 1.ª instância); e Ac. STJ de 09-03-1978, in *BMJ* n.º 275, pp. 228-234 (excepto quanto a custas, confirmou Ac. RL que não encontrei publicado; este, por entender que ambos os cônjuges deveriam ser declarados inocentes, revogara sentença na parte em que, com base na separação de facto por causas alegadas mas não provadas, havia declarado ambos igualmente culpados).

seja considerando devida a declaração da culpa de ambos em igual grau, por vezes mesmo sem ser evidente o motivo da separação, seja pugnando pela declaração de culpa exclusiva ou principal de um deles, mediante prova de que a separação de facto ficara a dever-se a facto relevante imputável somente ou sobretudo a esse, ou, naturalmente, demonstrado outro fundamento de divórcio, além da própria separação, capaz de fazer recair sobre um deles culpa singular ou consideravelmente superior à do outro[30]. Como foi sublinhado por

---

[30] Cf. Ac. RP de 28-06-1976, in *BMJ* n.º 259, pp. 266 s. (sumário; no sentido de a culpa a declarar pelo tribunal não respeitar aos motivos da separação de facto, mas ao divórcio, e de, sendo aquela «livremente consentida», serem ambos os cônjuges igualmente culpados). Cf. também Acs. RL: de 07-12-1976, in *CJ*, Ano I, T. 3, pp. 854 s. (não fora apurado o motivo da separação; revogou sentença que, antes da vigência do DL 561/76, julgara improcedente a acção; declarou os cônjuges culpados em igual grau); RL de 28-01-1977, in *CJ*, Ano II, T. 1, pp. 188-191 (a separação ficara a dever-se a abandono do lar pelo autor; revogou sentença que julgara improcedente a acção antes do DL 561/76; declarou o autor único culpado); RL de 13-07-1977, in *CJ*, Ano II, T. 4, pp. 931 s. (declarou o autor único culpado; não fora apurada a causa da separação; fora provado adultério do autor, que a sentença declarara principal culpado); RL de 14-12-1977, in *CJ*, Ano II, T. 5, pp. 1073 s. (a separação de facto ficara a dever-se a abandono do lar pelo autor; revogou sentença que julgara o autor principal culpado; declarou-o único culpado); RL de 14-03-1978, in *CJ*, Ano III, T. 2, pp. 447-452 (a separação fora imposta pelo autor, que se envolvera com outra mulher e tinha aliás "nova amante"; a ré contestara a acção, mas não deduzira reconvenção; a sentença julgara o autor único culpado e foi mantida nesta parte; este Ac. foi revogado pelo Ac. STJ de 14-03-1979, in *BMJ* n.º 285, pp. 335-339, anotado por Pereira Coelho na *RLJ cit.*; o Supremo não apreciou a questão da culpa por julgar improcedente a acção); RL de 27-04-1978, in *CJ, cit.*, pp. 501 s. (cf. fundamentação; revogou despacho da 1.ª instância relativo a ilegitimidade activa); RL de 17-05-1978, in *ibid.*, T. 3, pp. 946 s. (o autor deixara há muito de viver com a ré e passara a viver com outra mulher; declarou-o único culpado; revogou sentença que julgara a acção improcedente); RL de 15-05-1979, in *CJ*, Ano IV, T. 3, pp. 779-781 (o autor saíra do lar há mais de 21 anos para ir viver com outra mulher, com quem já antes cometera adultério; declarou-o único culpado; revogou sentença na parte em que considerara não haver lugar à declaração de culpa; foi confirmado pelo Ac. STJ de 10-04-1980, in *BMJ* n.º 296, pp. 293-297; a questão da culpa não foi objecto do recurso); e RL de 15-04-1980, in *CJ*, Ano V, T. 2, pp. 212-214 (confirmou sentença que declarara o autor principal culpado, por ter agredido e acusado a mulher de ter um amante; a ré e reconvinte saíra de casa, onde ele passou a viver com outra mulher; houve voto de vencido a pugnar pela improcedência da acção e procedência da reconvenção; foi confirmado pelo Ac. STJ de 05-03-1981, in *BMJ* n.º 305, pp. 309-313, anotado por ANTUNES VARELA na *RLJ cit.*). Cf. ainda: Ac. RC de 14-06-1978, in *CJ*, Ano III, T. 3, pp. 1021-1023 (apuraram-se as circunstâncias da separação; declarou os cônjuges igualmente culpados, mas não sem sublinhar que, em abstracto, a culpa poderia caber apenas a um; revogou sentença que julgara

alguns e assumido naturalmente por outros, reconhecer o carácter bilateral e objectivo da separação de facto como causa do divórcio, isto é, a possibilidade de qualquer dos cônjuges requerer o divórcio e a desnecessidade de apuramento da culpa como condição para o decretamento do divórcio fundado nela, não implicava considerar irrelevante a culpa, se evidenciada em juízo mediante a prova de factos ou circunstâncias que permitissem dá-la como provada[31], caso em que deveria ser declarada pelo tribunal em conformidade com o disposto no artigo 1783.º (de então) e ter depois as consequências inerentes.

Como referi, PEREIRA COELHO afirmou que o divórcio fundado na separação de facto, de acordo com a solução de 1975, podia ser pedido por qualquer dos cônjuges, mesmo pelo *«culpado da separação»*[32]; relativamente à solução de 1976 sustentou até que a lei, ao prever a possibilidade de requerer o divórcio com esse fundamento, «na realidade da vida», destinava-se «a funcionar, de preferência, justamente nos casos em que a acção era intentada pelo *culpado* contra o *inocente,* a quem a separação era imposta e que não a *aceitava* nem se *conformava* com ela»[33]; e aludindo a ambas observou que

---

ambos inocentes). Cf. por fim os seguintes do Supremo: STJ de 14-04-1977, in *BMJ* n.º 266, pp. 179-183 (revogou decisões da 1.ª e 2.ª instâncias que tinham julgado a acção improcedente por falta de prova de que a separação de facto «tivesse resultado de acordo», mas apenas por, entretanto, ter entrado em vigor o DL 561/76; decretou o divórcio por culpa igual de ambos os cônjuges); STJ de 12-05-1977, in *BMJ* n.º 267, pp. 157-163 (*cit. supra* nota 29; revogou Ac. RP de 22-10-1976, *cit.* na mesma nota; com voto de vencido, este julgara a acção improcedente e revogara sentença; a separação ficara a dever-se ao autor, que posteriormente passara a viver com outra mulher; a sentença e o STJ declararam-no único culpado); STJ de 04-04-1978, in *BMJ* n.º 276, pp. 281-284 (manteve sentença e, bem assim, Ac. RL que a confirmara e que não encontrei publicado; fora declarada a culpa de ambos os cônjuges em igual grau; provara-se apenas a separação de facto).

[31] O ónus da prova da culpa, isto é, da prova de factos ou circunstâncias capazes de revelar ou indiciar a culpa, caberia naturalmente ao cônjuge interessado na declaração da culpa do outro. Cf. *infra* nota 43.

[32] Cf. PEREIRA COELHO, *Relatório,* p. 35.

[33] Cf. ID., *Anotação* in *RLJ,* Ano 112.º, p. 343.

os diplomas de 1975 e 1976 «não eram explícitos» sobre a possibilidade de, na acção de divórcio com o dito fundamento, o réu fazer «prova da *culpa* do autor» e de esta ser declarada na sentença[34]; disse que a Reforma de 1977 aproveitou para precisar «em alguns aspectos menos claros» o regime anterior da separação de facto, fundamentalmente correspondente ao de 1976, reiterou tratar-se de «causa *bilateral*», passível de invocação «por qualquer dos cônjuges, mesmo pelo culpado da separação», «embora não possa excluir-se, claro, que seja invocada pelo cônjuge inocente que pretenda divorciar-se e não queira invocar e revelar publicamente as culpas do outro», e de novo sublinhou que o diploma de 1975 «era omisso sobre a questão» da prova dos motivos da separação de facto, da prova da eventual culpa desta, tendo a Reforma, «pelo contrário», tomado «posição no problema»[35]. Viria no entanto a pronunciar-se no sentido de a solução da Reforma, *aparentemente,* «revestir carácter *inovador,* ao dispor que na acção de divórcio com fundamento em separação de facto deve o juiz 'declarar a culpa dos cônjuges, quando a haja'», contrariamente ao que fora «o sistema da 'Lei do divórcio' de 1910», que o diploma de 1975, «omisso a este respeito», de certo modo reintroduzira depois do interregno resultante da versão original do Código de 1966, parecendo «considerar a separação de facto, do mesmo modo, como causa de divórcio puramente *objectiva,* em que não havia lugar, em qualquer caso, para alegação e prova da culpa», ao passo que a Reforma veio permitir «ao réu» na acção «alegar as culpas do autor», muito embora «a prova dessas culpas» não impedisse, obviamente, a obtenção do divórcio requerido, mas apenas implicasse que o divórcio fosse «decretado *contra* o autor, declarado na sentença único culpado, colhendo o réu os benefícios

---

[34] Cf. ID., *Anotação, cit.,* p. 348, nota 2.
[35] Cf. ID., *Divórcio e separação...,* pp. 35 e 39.

patrimoniais daí decorrentes»[36]. Voltaria naturalmente a pronunciar-se sobre a questão, sublinhando o contraste entre a solução de 1910 e de 1977 quanto à possibilidade de «prova dos *motivos* da separação e, eventualmente, das violações dos deveres conjugais, de um dos cônjuges ou de ambos, que a tenham determinado», mas tanto quanto sei sem reiterar que na fase de 1975/1976 parecia não haver lugar, «em qualquer caso, para alegação e prova da culpa»[37]. Poder-se-ia dizer que a parte final do penúltimo § do n.º 21 do *preâmbulo* do DL n.º 496/77 não abonava o entendimento no sentido de, antes da Reforma, ser possível a dita prova, porquanto aí se referiu: «(...) o n.º 2 do artigo 1782.º abre a possibilidade de, na acção de divórcio com fundamento em separação de facto, o juiz declarar a culpa dos cônjuges, quando a haja, com os efeitos patrimoniais daí decorrentes»[38]. Todavia, o preâmbulo de um diploma, por cuidado que seja, não constitui interpretação autêntica. Antes da Reforma, o art. 9.º do Código imporia decerto a interpretação restritiva dos artigos 1780.º e 1781.º, n.º 1, sob pena de ser inaproveitável a alínea *b*) do artigo 1778.º, seja na formulação de 1975, seja na de 1976[39]; não creio que a mera introdução desta alínea no Código tivesse o condão de comprometer a aplicação do artigo 1783.º em sede de divórcio requerido com base naquela alínea, independentemente do que se alegasse e provasse em juízo, por tal alínea não ser inconciliável com este artigo e pelas razões ponderosas invocadas por PEREIRA COELHO no sentido ser devida a protecção legal do interesse atendível do cônjuge réu em «alegar e provar as violações

---

[36] Cf. ID., *Anotação* ao Ac. STJ de 26-02-1980, in *RLJ,* Ano 114.º, p. 184.

[37] Ultimamente cf. *Curso...,* 4.ª ed., p. 642, 3.ª ed., p. 687, e 2.º ed., p. 632.

[38] Na fundamentação do Ac. RP de 09-11-1978 *cit. supra* nota 30, secundou-se argumento da 1.ª instância neste sentido, dizendo-se: «se se abre a possibilidade é porque anteriormente e quanto a esse fundamento ela não existia». O argumento não impressionou o Desembargador Mário Afonso, que votou vencido.

[39] Neste sentido, expressamente quanto ao 1781.º, n.º 1, de então, cf. ANTUNES VARELA, *Anotação cit.,* p. 312.

dos deveres conjugais que o autor tenha cometido», mesmo quando não quisesse ou não pudesse deduzir reconvenção[40].

5. A Reforma de 1977 alterou profundamente o instituto do divórcio, mas manteve «a separação de facto por seis anos consecutivos» como fundamento da dissolução do vínculo matrimonial, então em preceito tendo por epígrafe «ruptura da vida em comum»[41]. Houve no entanto o cuidado: de estabelecer, para esse efeito, quando deveria concluir-se pela existência da separação de facto; de clarificar a legitimidade substantiva de qualquer dos cônjuges para requerer o divórcio com fundamento naquela; de precisar que as causas de exclusão do direito ao divórcio apenas diziam respeito ao divórcio baseado na violação culposa de deveres conjugais; de tornar evidente a possibilidade de prova dos motivos separação de facto, eventualmente originada pela violação culposa de dever ou deveres conjugais por um ou por ambos os cônjuges; e de fazer claramente impender sobre o juiz o dever de, na acção instaurada com fundamento naquela separação, declarar na sentença a culpa do divórcio, havendo-a; declarar a culpa de um ou de ambos os cônjuges ou, sendo a de um consideravelmente superior à do outro, declarar ainda qual deles era o principal culpado[42]; mesmo que o cônjuge réu não

---

[40] Cf. PEREIRA COELHO, *Anotação* in *RLJ,* Ano 114.º, com referência à melhor interpretação da lei anterior à Reforma, mas no tocante ao divórcio com base em violação culposa de deveres conjugais.

[41] Art. 1781.º (também aplicável à separação de pessoas e bens litigiosa, *ex vi* art. 1794.º), onde se estabeleceu serem «ainda fundamentos do divórcio litigioso» — além da «violação culposa dos deveres conjugais» (então prevista no art. 1779.º) —: a mencionada separação de facto (al. *a*)); a ausência, sem notícias do ausente, por 4 ou mais anos (al. *b*)); e a alteração das faculdades mentais do outro cônjuge por mais de 6 anos e com gravidade comprometedora da possibilidade de vida em comum (al. *c*)).

[42] Sobre o problema do ónus da prova da culpa (*supra* aludido na nota 32), no domínio das soluções da Reforma, embora a propósito do divórcio com base na violação culposa de deveres conjugais (caso em que a culpa era obviamente requisito do divórcio, era elemento constitutivo do próprio direito ao divórcio, a alegar e provar pelo cônjuge que com esse fundamento requeresse o divórcio contra o

tivesse deduzido reconvenção ou já tivesse decorrido, relativamente aos factos em causa, o prazo de caducidade do direito ao divórcio, alargado para 2 anos, com clarificação das regras de contagem[43]. Solucionaram-se e evitaram-se, assim, tanto quanto é possível através de normas gerais e abstractas, não poucos problemas[44].

6. Antes de aludir a mais problemas, retomo o adiado logo no início: o da noção de separação de facto para efeitos de divórcio. Os traços essenciais do conceito, sem mais, em boa verdade não suscitaram divergências; eram *relativamente* claros apesar da falta de uma definição legal[45]. Todavia, a clarificação maior proveio de PEREIRA COELHO:

---

outro), cf. PEREIRA COELHO, *Anotação* ao Ac. STJ de 17-02-1983, in *RLJ*, Ano 117.º, pp. 64 e 91-96, e ID., in *Curso...*, 4.ª ed., pp. 625-631; como notou in *ibid.*, p. 642, a adaptação a fazer no tocante ao divórcio fundado na separação de facto (caso em que a prova da culpa não constituía requisito do divórcio), seria apenas no sentido de o ónus da prova da culpa caber ao cônjuge interessado na declaração da culpa do outro. Sobre a declaração de culpa, com enorme clareza cf. ID., in *ibid.*, pp. 662-665. Analisei estas questões com referências à doutrina e à jurisprudência, em *A protecção da casa...*, pp. 124-127 (nota 14 do Cap. IV) e em *Desentendimentos conjugais...*, pp. 23-25 (onde, mesmo a título exemplificativo, deveria porventura ter citado também o Ac. RC de 19-06-1984, in *CJ*, Ano IX, T. 3, pp. 67-72, e os Acs. STJ de 06-02-1992, in *BMJ* n.º 414, pp. 551-555, e de 12-06-1997, in *BMJ* n.º 468, pp. 411-415).

[43] Cf. arts. 1780.º, corpo, 1781.º, *a*), 1782.º, n.º 2, 1785.º, n.º 2, 1.ª parte, 1786.º e 1787.º, todos na redacção de 1977.

[44] Em alocução sobre *A Reforma...*, I. de MAGALHÃES COLLAÇO, Presidente da Comissão encarregada de proceder à Reforma, afirmou: «Entre os juristas de primeira água que me acompanharam nessa tarefa começaria por destacar o Professor Francisco Pereira Coelho (...). / Era ele, e não eu, o grande mestre de Direito da Família da geração a que ambos pertencíamos. / Devo aqui garantir que nunca teria aceite a tarefa que me foi proposta se não soubesse que ia tê-lo a meu lado, com o seu saber, a sua experiência e, devo acrescentar também, a sua estima» (cf. p. 19). Criticando a opção de Reforma de 1977 de manter como fundamento do divórcio litigioso «a separação de facto por seis anos consecutivos», cf. J. F. RODRIGUES BASTOS, *Direito da Família segundo o Código...*, Vol. IV, 1979, pp. 44-45. Defendendo a opção, com poderosa argumentação, cf. PEREIRA COELHO, *Anotação* in *RLJ*, Ano 112.º, *maxime* pp. 346-349. Sobre a articulação da hipótese do art. 1781.º, *a*), com a hipótese de anterior separação de pessoas e bens, cf. ID., *Anotação* ao Ac. STJ de 24-10-1985, *maxime* in *RLJ*, Ano 119.º, pp. 9-13.

[45] Abstraindo agora da jurisprudência, a propósito do divórcio, quanto ao conceito e a título de exemplos: no *Parecer* de 20-02-1920 *cit. supra* nota 17, escreveu-se a dado passo: «'Separação de facto' é, a nosso ver, a existência, sem qualquer ligação,

«Não é muito fácil, na verdade, definir com precisão a 'separação de facto'. Mas a ideia fundamental será esta: a separação é o contrário da comunhão e, portanto, existe um estado de separação quando a comunhão conjugal cessou, os laços do casamento se desataram e os cônjuges deixaram de manter aquelas relações que, normalmente, se estabelecem pelo matrimónio entre marido e mulher. Na separação de facto serão aquelas que existem (ou não existem) na separação judicial, com a diferença apenas de que aqui a separação não é juridicamente reconhecida, não é *de direito,* mas *de facto.* Um aspecto muito importante em que a separação se exprime (pois os casados vivem normalmente em comum) é o afastamento material dos cônjuges (...). Mas é caro que é só um aspecto, e de modo algum decisivo. Concebe-se que os cônjuges vivam afastados mas 'em comunhão' (...); por outro lado, não se poderá excluir a possibilidade de (...) estarem 'separados' mas viverem na mesma casa.»[46]

de duas criaturas que, em virtude do casamento, deveriam viver juntas. / (...) / Assim sendo, a 'separação de facto' pode existir embora os cônjuges residam na mesma casa, embora se avistem até.» (cf. *DCD* relativo à Sessão N.º 88, p. 24; como referi, este parecer foi duramente criticado); em 1933 CUNHA GONÇALVES, *Tratado...,* Vol. VII, p. 45, embora quanto à expressão «*livremente consentida*», afirmou: «não será motivo para o divórcio a separação de facto que se dá só *entre corpos* e não *entre almas*», como sucede quando os cônjuges «estão *separados de facto* pela força das circunstâncias, mas continuam unidos pelos sentimentos e não quiseram romper os laços afectivos»; em termos sucintos, que poderiam suscitar equívocos por falta de alusão ao que viria a designar-se «elemento subjectivo», Paulo CUNHA, *Direito da Família,* T. I, p. 698, definiu-a em 1941 como «situação material consistente em os cônjuges passarem a fazer vida separada, independentemente de qualquer inter-venção judicial»; no mesmo sentido, desenvolvidamente, pronunciara-se MESQUITA CARVALHO, in *DCD* relativo à Sessão n.º 101, de 21-06-1920, p. 14; resumida mas claramente, em 1954, J. ALBERTO DOS REIS, *Anotação* ao Ac. STJ de 01-05-1953, in *RLJ,* Ano 87.º, p. 117, escreveu: «A separação de facto (...) só tem relevância jurídica como causa de divórcio (...) quando exprime o propósito de pôr termo à vida em comum. / Se os cônjuges se separam voluntariamente, não com o intuito de quebrar a vida familiar, mas por necessidades de qualquer ordem, o facto jurídico (...) não existe. / (...) / A separação de facto que conta (...) é a que obedece ao intuito de pôr termo à vida conjugal».

[46] Cf. PEREIRA COELHO, *Curso...,* 1965, p. 496 (no *Curso...,* 4.ª ed., cf. p. 638). Quanto à separação de facto sob o mesmo tecto, advertiu: «na prática será muito

Na noção oferecida pelo n.º 1 do artigo 1782.º saído da Reforma de 1977, o legislador sintetizou praticamente tudo. E no preâmbulo do diploma que a introduziu afirmou-se ser tal noção integrada por um «elemento objectivo» (a falta de comunhão de vida entre os cônjuges) e por um «elemento subjectivo» (o propósito, da parte de ambos ou só de um deles, de não restabelecer aquela comunhão de vida)[47].

Sobre esta terminologia, em breve parêntesis, diria que o ensino de PEREIRA COELHO e a formulação daquela disposição legal permitem sustentar que o designado «elemento objectivo» já contém, em si, um elemento subjectivo, na falta do qual não pode sequer falar-se em separação de facto para efeitos da generalidade das disposições que lhe atribuíam e atribuem relevância jurídica[48]. Na verdade, a existência ou inexistência de *comunhão de vida* entre os cônjuges não pode verificar-se sem atender ao domínio subjectivo, ao plano

---

difícil fazer a prova da separação quando esta não revista um mínimo de notoriedade» (*Curso...*, 1965, p. 496, nota 2). Quanto a esta hipótese, cf. também, *v.g.*: M. TEIXEIRA DE SOUSA, *O regime jurídico...*, p. 85; F. B. FERREIRA PINTO, *Causas do divórcio*, 2.ª ed., p. 121, ou ID., *Dicionário...*, p. 216; e ANTUNES VARELA, *Direito da Família*, 5.ª ed., p. 501. Na jurisprudência, in *BMJ*, cf. *v.g.* Acs. RP: de 03-04-1979, n.º 287, p. 366; de 13-12-1979, n.º 293, p. 440; de 30-10-1984, n.º 341, p. 477; e de 10-12-1991, n.º 412, p. 554. Cf. ainda os seguintes acórdãos: RL de 05-04-1983, in *CJ*, Ano VIII, T. 2, pp. 127-128 (objecto de resumida apreciação crítica em *A protecção da casa...*, pp. 320-321, nota 64); RG de 06-11-2002, in IGFEJ (Proc. 1047/02-1); STJ de 17-06-2003, in *ibid.* (Proc. 03A884); RC de 25-11-2003, in *ibid.* (Proc. 3278/03); RL de 27-09-2007, in *ibid.* (Proc. 5618/2007-2); RL de 13-09-2011, in *ibid.* (Proc. 1783/06.0); RL 20-09-2011, in *ibid.* (Proc. 1522/07.8); e RL de 19-02-2013, in *ibid.* (Proc. 249/11.0).

[47] Cf. penúltimo § do n.º 21 do preâmbulo do DL n.º 496/77. Note-se que a expressão «*elemento subjectivo*», com referência à intenção de «romper a comunhão de vida» entre os cônjuges, foi usada por PEREIRA COELHO em 1965 (cf. *Curso...*, p. 488).

[48] Não seria porventura assim para efeitos do disposto nos arts. 13.º, n.ºs 2 e 3, 59.º, n.º 2, 63.º, n.º 3, e 69.º do Código do IRS, com a *redacção anterior* à resultante da Lei n.º 82-E/2104, de 31-12, que se contentariam com a inexistência objectiva de *vida em comum* dos cônjuges (residências diferentes), salvo se meramente episódica, quando para eles fosse fiscalmente vantajosa a tributação separada, mesmo subsistindo a *comunhão de vida* no plano afectivo. Hoje o problema perdeu relevância, pois os cônjuges (não separados de pessoas e bens) estão sujeitos a tributação fiscal separada se não optarem pela tributação conjunta (cf. *maxime* art. 13.º, n.º 2, e 63.º, n.º 1, e 69.º do CIRS).

anímico, precisamente porque se concebe a hipótese de comunhão de vida *entre cônjuges que não vivem* de facto *em comum,* sob o mesmo tecto, por razões alheias à vontade de ambos ou por motivos ponderosos que assim impõem ou aconselham e que ambos podem aceitar sem verdadeiramente desejarem[49]; e inversamente é concebível a hipótese de os *cônjuges* viverem *separados de facto na mesma casa,* por vontade de ambos ou de um deles apenas. O designado «elemento subjectivo», o *propósito de não restabelecer a comunhão de vida,* que por vontade de ambos ou de um deles foi quebrada, será por assim dizer um *elemento subjectivo qualificado*, de verificação desnecessária quando não se trate de avaliar se pode ser requerido e decretado o divórcio. Aliás, fora do campo do divórcio, pode até suceder que a separação de facto não assuma relevância apesar da simultânea verificação dos dois elementos[50] ou pelo contrário a te-

---

[49] O art. 1673.º, n.º 2, alude a motivos ponderosos que isentam os cônjuges do dever de adoptar a residência da família. Sobre este artigo, tomo a liberdade de remeter para *A protecção da casa...,* Cap. III, *maxime* pp. 125 ss. (em lugar do art. 1415.º do CPC então vigente, deve hoje atender-se ao art. 991.º do CPC de 2013, com redacção idêntica).

[50] Com referência ao art. 1111.º, n.º 1, da versão original do CC de 1966 e, depois, ao art. 85.º, n.º 1, *a*), do Regime do Arrendamento Urbano de 1990, segundo os quais a *não separação de facto* era condição da transmissão *mortis causa* do direito ao arrendamento para habitação ao cônjuge do arrendatário falecido, cf. as judiciosas observações de PEREIRA COELHO, *Anotação* in *RLJ,* Ano 122.º, p. 142, nota 21, e *Breves notas...,* in *RLJ,* Ano 131.º, p. 230. Sobre a matéria, nos anos 40, cf. ALBERTO DOS REIS, *Transmissão do arrendamento,* pp. 403-407. O art. 1106.º, n.º 1, *a*), do CC, com a redacção dada pela Lei n.º 6/2006, de 27-02, e, bem assim, com a redacção dada pela Lei n.º 31/2012, de 14-08, passou a referir-se ao «cônjuge com residência no locado», expressão não isenta da necessidade de interpretação restritiva quando o cônjuge sobrevivo (não co-arrendatário – cf. art. 1068.º) resida transitoriamente noutro local por motivo ponderoso (*v.g.* nos casos a que alude o art. 1072.º, n.º 2, *a*), *b*) e *d*)), mas necessite do locado para sua habitação, à qual pretende voltar quando as circunstâncias o permitirem, quer não possa dizer-se que estava separado de facto do arrendatário falecido (e não o estaria se o motivo da sua ausência fosse *v.g.* o de doença ou de cumprimento de deveres militares ou profissionais), quer o estivesse por causa não imputável si (*v.g.* por ter sido forçado a sair da casa pelo arrendatário e a albergar-se noutro local, onde apenas permanecia por isso). Em todo o caso, a protecção da casa de morada da família tomada de arrendamento para habitação é hoje bastante débil. Sobre as diferentes redacções da lei em matéria de transmissão do direito ao arrendamento para habitação por morte do arrendatário, com alusão a doutrina, cf. AA.VV. (A. MENEZES CORDEIRO,

nha apesar de a falta de comunhão de vida entre os cônjuges não ser acompanhada do propósito de não a restabelecer[51]. Em suma, diria que o conceito de separação de facto juridicamente relevante deve ser *afinado* em função do caso a julgar e da razão de ser da norma aplicável. Avisada foi, pois, a menção no citado artigo 1782.º, n.º 1, de que a noção aí contida se refere à separação de facto como fundamento do divórcio[52]. E dito isto volto naturalmente a este e à necessária verificação dos ditos elementos objectivo e subjectivo.

Coord.), *Leis do arrendamento...,* pp. 343-350. A transmissão de arrendamento rural para o cônjuge sobrevivo não co-arrendatário (e não separado de pessoas e bens), desde que *não separado de facto,* a dada altura prevista no art. 22.º, n.º 2, da Lei n.º 76/77, de 29-09, foi aparentemente prejudicada pelo art. 1.º da Lei n.º 76/79, de 03-12. Sobre a matéria, sustentando com sólida argumentação tratar-se «manifesto *lapso,* que ao intérprete cumpria rectificar mediante *interpretação correctiva* do preceito», cf. PEREIRA COELHO, *Arrendamento...,* pp. 354-356, em longa nota. Não era este o entendimento da jurisprudência dos tribunais superiores: além dos 2 acs. citados por ID., *ibid.,* p. 354, cf. o posterior Ac. STJ de 10-11-1993, in *CJ – Acs. STJ,* Ano I, T. 3, pp. 109-112, a confirmar acórdão da relação que havia revogado sentença. De todo o modo, a dita transmissão viria a ser contemplada no art. 23.º, n.º 1, do DL n.º 385/88, de 25-10 (sobre este preceito, por todos, cf. ID., *ibid.,* pp. 356-359), e está agora prevista no art. 20.º, n.º, 2, *a),* do DL n.º 294/2009, de 13-10. Se o arrendamento rural abranger a habitação do arrendatário (cf. art. 4.º, n.º 1, *a),* e n.º 2, do diploma de 2009) e se verificar a separação de facto à data da morte do arrendatário, impor-se-á, com as necessárias adaptações, a interpretação restritiva acima referida; caso não abranja a habitação, a restrição interpretativa a fazer será apenas no sentido de não se considerar excluído da transmissão o cônjuge sobrevivo que estivesse separado de facto por causa não imputável a si.

[51] Assim, por exemplo: para efeitos da tutela do cônjuge interdito ou da curatela do inabilitado (arts. 143.º n.º 1, *a),* e 156.º) trata-se de salvaguardar o interesse do incapaz; em caso de regulação das responsabilidades parentais (art. 1909.º) visa-se acautelar o interesse do menor; estando em causa adopção plena conjunta (arts. 1974.º, n.º 1, e 1979.º, n.º 1) cumpre atender aos interesses subjacentes aos requisitos gerais da adopção. Em nenhuma destas hipóteses a defesa do interesse a proteger poderá ficar refém da necessidade de verificação do *propósito de não restabelecer a comunhão de vida* (a que chamei *elemento subjectivo qualificado).* E no tocante ao cumprimento do dever de assistência que reciprocamente vincula os cônjuges (arts. 1672.º e 1675.º, n.ºˢ 2 e 3), a obrigação de prestar alimentos ao cônjuge que destes necessite e possa exigi-los existirá independentemente da verificação do dito propósito, bastando dar por assente a inexistência de comunhão de vida entre os cônjuges. Sobre este dever, cf. por todos PEREIRA COELHO, in *Curso...,* 4.ª ed., pp. 355-357.

[52] Sem prejuízo, obviamente, de poder ser a mesma para outros efeitos. Será o caso quando se trate da aplicação do art. 2196.º, n.º 2, *a);* na letra desta alínea o

Na sequência da Reforma, quanto ao divórcio, PEREIRA COELHO explicou com renovada clareza que ao «*elemento objectivo*», normalmente traduzido na falta de vida em comum, «que é a matéria da separação de facto, há-de (...) acrescer um *elemento subjectivo*, que anima essa matéria e lhe dá forma e sentido». O legislador, reconhecendo o carácter equívoco ou nebuloso que a separação de facto por vezes assume, em virtude da sua «grande plasticidade», ciente de que tudo pode depender das circunstâncias concretas e de que «há uma multiplicidade de situações» possíveis[53], terá querido dar ao intérprete uma noção, a um tempo suficientemente vaga e precisa, com base na qual este pudesse, em consciência e com base em factos ou circunstâncias a apurar, concluir que o casamento sucumbiu, perdeu a sua essência, e que por isso o divórcio é justificado. O prazo relevante para o efeito tem a função de ser um elemento de segurança capaz de tornar consistente aquela conclusão e vã ou muito remota a esperança de recuperação; e, por isso, ou também por isso, à data em que o divórcio for requerido com base no fundamento em apreço, tem de estar concluído sem interrupção, embora não seja de o considerar interrompido por os cônjuges se reunirem para acerto de assuntos do interesse de ambos e/ou dos filhos. Eis o sentido e alcance que, com um ou outro matiz, a melhor

---

legislador, decerto por reiterado descuido, ainda mantém a referência à separação de facto por «mais de seis anos».

[53] Casos em que, não obstante a separação física dos cônjuges, ditada por circunstâncias adversas ou outros motivos ponderosos e mais ou menos prolongada, a comunhão de vida entre eles existe e subsiste «com forte intensidade» como «disposição interior», como «propósito de restabelecer a vida em comum», interrompida por tais circunstâncias ou motivos; casos em que, pelo contrário, existe aparência de vida em comum, em comunhão de vida, e no entanto os cônjuges vivem de facto separados sob o mesmo tecto, por razões altruístas, egoístas ou mistas; casos, enfim, em que os extremos se misturam, com pesos relativos diferentes e por razões da mais variada índole, sendo certo que amiúde «a separação é um *processo*, tão obscuro como a própria alma dos homens», mas que ainda assim cumprirá «*datar*», a fim de verificar se decorreu o prazo legalmente exigido para requerer o divórcio.

doutrina atribuiu à letra da lei, em consonância com o entendimento também exposto em diversos acórdãos[54]).

7. Antes de prosseguir rumo ao demais que ainda pode e deve caber na economia deste estudo, importa fazer referência breve às opções legislativas posteriores. E, em relação ao que resultou da Lei n.º 47/98, de 10-08[55], nada como ler PEREIRA COELHO: notou

---

[54] Recorri constantemente à prosa sugestiva de PEREIRA COELHO, a quem pertencem as expressões colocadas entre aspas no texto e na nota anterior. Cf. PEREIRA COELHO, *Divórcio e separação...,* pp. 36-38, e, ultimamente, in *Curso...,* 4.º ed., pp. 638-641. Sobre a matéria, no plano doutrinário, cf. também, *v.g.:* M. TEIXEIRA DE SOUSA, *O regime jurídico do divórcio,* pp. 84-86; A. DELGADO, *O divórcio,* 2.ª ed. (com a colaboração de F. Delgado), pp. 107-108; J. A. PAIS DE AMARAL, *Do casamento ao divórcio,* pp. 95-97; F. B. FERREIRA PINTO, *Causas...,* maxime pp. 119-123, ou ID., *Dicionário...,* pp. 215-217; e ANTUNES VARELA, *Direito da Família,* pp. 500-502; e T. D'ALMEIDA RAMIÃO, *O divórcio...,* 3.ª ed., pp. 66-68. No sentido apontado, entre muitos, cf. *v.g.* Acs. do STJ: de 01-03-1979, in *BMJ* n.º 285, pp. 324-327 (embora com referência à fase anterior à Reforma de 1977), de 02-10-1979, in *BMJ* n.º 290, pp. 406-408; e in IGFEJ, *sem texto integral,* cf. os Acs. STJ: de 25-02-1981 (Proc. 069026); de 15-04-1986 (Proc. 073539); de 10-02-1987 (Proc. 074464); de 02-03-1987 (Proc. 074381); de 15-05-1990 (Proc. 078237); de 31-03-1998 (Proc. 98A157); de 21-05-1998 (Proc. 98A399); e de 11-03-1999 (Proc. 99B060). Das relações, *com texto integral* in *ibid.,* cf. também *v.g.* os seguintes acórdãos: RP de 07-12-2004 (Proc. 0424699), RC de 29-05-2007 (Proc. 682/05); RC de 17-10-2006 (Proc. 2833/04.0); RL de 15-05-2012 (Proc. 9139/09.6); e RL 03-06-2014 (Proc. 6828/10.6).

[55] Quanto ao processo legislativo na Assembleia da República, cf.: Projecto de Lei n.º 399/VII, de 26-06-1997 (PS), in *DAR,* II Série-A, n.º 62, de 16-07-1997; Relatório e Parecer da Comissão para a Paridade, Igualdade de Oportunidades e Família, in *ibid.,* n.º 76, de 27-09-1997; Relatório e parecer da Comissão de Assuntos Constitucionais, Direitos, Liberdades e Garantias, in *ibid.,* n.º 59, de 12-06-1998; Discussão na generalidade, in *DAR,* I Série, n.º 80, de 12-06-1998; Votação na generalidade, in *ibid.,* n.º 82, de 19-06-1998; Relatório e novo texto final da Comissão de Assuntos Constitucionais, Direitos, Liberdades e Garantias, in *DAR,* II Série-A, n.º 64, de 30-06-1998; Votação final global, in *DAR,* I Série, n.º 86, de 30-06-1998; Decreto da AR, in *ibid.,* n.º 69, de 24-07-1998. A Lei n.º 47/98, além do que salientarei quanto à separação de facto, determinou a possibilidade de o divórcio por mútuo consentimento ser «requerido pelos cônjuges a todo o tempo» (art. 1775.º, n.º 1), baixou para metade os prazos antes previstos para o divórcio fundado em «ausência» sem notícias e em «alteração das faculdades mentais do outro cônjuge» e revogou o art. 1784.º, que com a Reforma de 1977 ditara o indeferimento do pedido de divórcio com base naquela alteração quando fosse de presumir que o divórcio agravaria o estado mental do réu. Quanto à 1.ª opção, PEREIRA COELHO, in *Curso...,* 4.ª ed., p. 602, afirmou ser «legítimo perguntar se o divórcio por mútuo consentimento» deixou de ser um divórcio por causa não revelada para passar a ser, «pura e simplesmente», divórcio assente «na vontade dos cônjuges de porem termo

que esta lei não só baixou o prazo da separação de facto para 3 anos (artigo 1781.º, al. *a*)), «o que até podia compreender-se», como o baixou para 1 ano apenas se o divórcio fosse «requerido por um dos cônjuges sem oposição do outro» (artigo 1781.º, al. *b*)), o que era «mais difícil de compreender em face dos condicionamentos» apesar de tudo exigidos para o divórcio por mútuo consentimento (artigo 1775.º, n.º 2, com a redacção ao tempo mantida), no sentido de os cônjuges 'deixarem a casa arrumada'», exigências não feitas relativamente àquele divórcio "sem oposição"[56].

---

ao casamento, que ficaria sujeito, sob este aspecto, ao regime geral dos contratos (art. 406.º, n.º 1)», não fora o facto de a lei (então) manter essa vontade *condicionada* à homologação de acordos.

[56] Cf. ID., in *ibid.*, p. 640, com judiciosas observações e citação de AA. em nota (pp. 640-641). A «Exposição de motivos» do Projecto do PS (*cit.*) fazia referência à necessidade de obter «o consentimento do outro cônjuge, contra o qual, inicialmente, se intentou a acção»; na discussão na generalidade, o porta-voz socialista da iniciativa, Deputado Strecht Ribeiro, perante justos reparos da Deputada Odete Santos (PCP), foi contraditório, ora aludindo à necessária «anuência prévia do outro cônjuge», ora dizendo que «a lei não fala em consentimento, fala em não oposição», ora reconhecendo, «Claro!», que a questão reclamaria a definição do regime das acções em causa, afinal não feita; na especialidade, o projecto mereceu nessa parte apenas votos contra do CDS-PP; em votação final foi aprovado com votos a favor do PS, PCP e Os Verdes, votos contra do CDS-PP e abstenção do PSD. Sobre a matéria, na jurisprudência, apenas encontrei sumários de 3 acórdãos: Ac. RL de 08-02-2001, in IGFEJ (Proc. 0009185), e Acs. STJ de 30-09-2003 (Rev. n.º 1964/03-1) e de 30-09-2004 (Rev. n.º 540/04-7), ambos disponíveis a partir de www.stj.pt/jurisprudencia/sumarios (o de 2004 também in *Vida Judiciária*, n.º 89 – Abril 2005, p. 56). Em suma: seria naturalmente exigível a verificação dos elementos da noção prevista no art. 1782.º, n.º 1 (em sentido diferente, FERREIRA PINTO, *Dicionário...*, p. 219) e a separação deveria ter durado pelo menos 1 ano *consecutivo* (neste sentido, ID., *ibid.*); não seria exigível a «anuência prévia do outro cônjuge» nem o seu consentimento posterior, sendo bastante a falta de oposição; contestar a acção seria uma forma de oposição, mas esta poderia ser manifestada pelo réu de outra forma, inclusive na audiência de discussão e julgamento, e não teria sequer de ser motivada. O art. 1781.º de 1988, não apenas contemplou solução infeliz na alínea *b*) como o fez com redacção defeituosa, sem exigir expressamente o carácter *consecutivo* do prazo de 1 ano. Por manifesto descuido, não foi então modificada a letra dos arts. 1782.º, n.º 1, e 1785.º, n.º 2, 1.ª parte, que deveriam ter passado a remeter também para a alínea *b*) do 1781.º; de resto, a letra do art. 1785.º, n.º 2, 2.ª parte, deveria obviamente ter passado a remeter para as «alíneas *c*) e *d*) do mesmo artigo» 1781.º e a letra do art. 2016.º, n.º 1, *a*), deveria ter passado a remeter para as «alíneas *a*), *b*) ou *d*) do artigo 1781.º». Ao intérprete caberia suprir a incapacidade revelada pelo legislador.

8. Sobre as soluções da Lei n.º 61/2008, de 31-10[57], em parte sumariamente mencionadas *supra,* Pereira Coelho não chegou a escrever. Assim, não se justificam aqui senão apontamentos[58]. Esta lei, não aplicável a processos judiciais que se encontrassem pendentes (art. 9.º), com motivação política cheia de certezas, palavras doces e espírito europeu convergente, entre eufemismos e transformações profundas em diversos domínios, veio de alterar substancialmente o instituto do divórcio. O novo divórcio «sem consentimento de um dos cônjuges», alheio a culpas e castigos, passou a poder ser requerido e decretado unicamente com fundamento na «ruptura do casamento» (artigo 1781.º), a constatar mediante alegação e prova de "causas objectivas", uma delas indeterminada. À parte os casos estatisticamente pouco numerosos de relevante «alteração das faculdades mentais do outro cônjuge» por mais de 1 ano e de «ausência»

---

[57] Quando ao processo legislativo, abstraindo das iniciativas de 2008 do Bloco de Esquerda (uma das quais, rejeitada logo em votação na generalidade, com raízes em 2003 e 2006), cf.: Projecto de Lei n.º 509/X (3.ª) (PS), *cit. supra* na nota 14; Parecer da Comissão de Assuntos Constitucionais, Direitos, Liberdades e Garantias, in *ibid.,* n.º 82, de 17-04-2008; Discussão e votação na generalidade, in *DAR,* I Série, n.º 72, de 17-04-2008; Relatório da discussão e votação na especialidade e texto final da citada Comissão, in *DAR,* II Série-A, n.º 128, de 07-07-2008; Avocação pelo Plenário de parte da votação na especialidade e votação final global, in *DAR,* I Série, n.º 103, de 05-07-2008; Decreto n.º 232/X, in *DAR,* II-A Série, n.º 141, de 25-07-2008; Mensagem do Presidente da República à AR, de 20-08-2008, fundamentando veto e devolução do decreto para reapreciação, in *ibid.,* n.º 152, de 10-09-2008; Leitura em Plenário da mensagem e intervenções de deputados, in *DAR,* I Série, n.º 111, de 10-09-2008; Reapreciação do decreto, propostas de alteração e aprovação de novo Decreto, in *ibid.,* n.º 1, de 18-09-2008; Decreto n.º 245/X, in *DAR,* II-A Série, N.º 4, de 26-09-2008; Mensagem do Presidente da República à AR, de 21-10-2008, fundamentando a promulgação, in *ibid.,* n.º 20, de 30-10-2008; Leitura em Plenário da mensagem e intervenções de deputados, in *DAR,* I Série, n.º 17, de 07-11-2008, após referenda e publicação da lei em *DR.*

[58] De resto, não falta bibliografia sobre a matéria, seja em tom sobretudo crítico, seja em sentido neutro ou tendencialmente favorável. Cf.: R. LOBO XAVIER, *Recentes alterações...;* ID., *Direito ao divórcio...;* J. DUARTE PINHEIRO, *Ideologias e ilusões...;* C. M. ARAÚJO DIAS, *Uma análise...,* 2.ª ed; AA.VV. (M. C. SOTTOMAYOR e M. T. FÉRIA DE ALMEIDA, Coords.), *E foram felizes...;* AA.VV. (B. de SOUSA SANTOS, Dir., e C. GOMES, Coord.), *O novo regime...;* ALMEIDA RAMIÃO, *O divórcio...,* 3.ª ed., pp. 13-20 e *passim;* A. J. FIALHO, *Guia prático do divórcio...,* 2.ª ed; e G. de OLIVEIRA, *A nova lei do divórcio.*

sem notícias do ausente por não menos de 1 ano, o fundamento que aqui importa considerar passou a ser «a separação de facto por um ano consecutivo», prazo curto mas ainda assim longo para quem queira invocar «quaisquer outros factos que, independentemente da culpa dos cônjuges, mostrem a ruptura definitiva do casamento», mesmo «alegando a sua própria torpeza»[59].

9. A respeito da separação de facto como fundamento do divórcio, creio que este estudo apenas poderia comportar a análise sumária de três problemas jurídicos adicionais: o «da conformidade da solução» da lei com a Constituição e os respeitantes a duas correntes jurisprudenciais controversas. Finalmente, à perspectiva jurídica deveria acrescer uma incursão sucinta no domínio das estatísticas demográficas, que Pereira Coelho nunca ignorou. Sem o poder de síntese do Mestre, que tanto sabe dizer em tão poucas palavras, é evidente a incompletude do que se segue.

A aludida questão de constitucionalidade foi objecto de decisões do Tribunal Constitucional[60]: em 1990 não julgou inconstitucional a

[59] Como escreveu PEREIRA COELHO, Curso..., 1965, p. 418, nota 2: «Onde haja um cônjuge inocente e um cônjuge culpado, é claro (...) que o culpado não pode pedir contra o inocente o divórcio (...) 'alegando a sua própria torpeza'». Sobre a aludida causa indeterminada, cf. as sucintas e pertinentes observações de G. de OLIVEIRA, A nova lei..., pp. 14-15, e de R. LOBO XAVIER, Direito ao divórcio..., pp. 502-503. Na jurisprudência, in IGFEJ, com texto integral, cf. v.g. Acórdãos: STJ de 03-10-2013 (Proc. 2610/10.9); RC de 07-06-2011 (Proc. 394/10.0); RL de 23-11-2011 (Proc. 88/10.6); RP de 14-02-2013 (Proc. 999/11.1); RG de 14-03-2013 (Proc. 91/10.6); e RE de 12-03-2015 (Proc. 367/10.2)

[60] Cf. Ac. TC n.º 105/90, de 29-03 (2.ª Secção), in BMJ n.º 395, pp. 185-197, e Ac. TC n.º 277/2006, de 02-05 (2.ª Secção), in DR, II Série, n.º 110, de 07-06-2006, pp. 8260-8261 (em torno da mesma questão, a confirmar decisão sumária no mesmo sentido, cf. também Ac. TC n.º 467/2006, de 21-07, in www.tribunalconstitucional. pt/). Na fundamentação daqueles acórdãos é patente a relevância atribuída à doutrina de Pereira Coelho, à semelhança da importância que lhe foi reconhecida na fundamentação de vários acórdãos do TC relativos a (ou em torno de) matérias sobre as quais aquele pronunciou. Atendo-me aqui a casos envolvendo divórcios com fundamento na separação de facto, cf. também Acs. TC n.º 236/99, de 28-04, in BMJ n.º 486, pp. 67-78, e n.º 118/2001, de 14-03, in DR, II Série, n.º 96, de 24-04-2001, pp. 7254-7256. Relativo a divórcio fundado em separação de facto, mas circunscrito

norma que atribuía e atribui carácter bilateral à separação de facto como fundamento do divórcio (artigo 1785.º, n.º 2, 1.ª parte); em 2006 não julgou inconstitucional a solução de 1998 (artigo 1781.º, n.º 1, al. *a*)) no sentido de reduzir de 6 para 3 anos o prazo de duração da separação de facto exigível para ser requerido o divórcio com o mesmo fundamento. A doutrina de PEREIRA COELHO[61] acerca da matéria pode talvez resumir-se na ideia de que a separação de facto como causa objectiva, bilateral e peremptória de divórcio, legalmente definida e regulada, muito embora em certo sentido possa ser entendida como permissão legal de «um dos cônjuges *repudiar* o outro», traduz na verdade a eventual constatação da «realidade do repúdio» existente desde o início da separação e consolidado pelo decurso do tempo legalmente exigido para o divórcio poder ser requerido com base nela, um repúdio que o Direito não pode impedir mas a que deve associar a «protecção adequada» dos «interesses do cônjuge repudiado e dos filhos» e a reparação, «até onde for possível», dos «danos patrimoniais e não patrimoniais que o repúdio lhes tenha causado»; neste domínio o legislador ordinário goza de ampla margem de conformação, por muito desacertadas que sejam as opções legislativas, contanto que estas não sejam manifestamente inadequadas nem traduzam a equiparação do casamento à união de facto, violando a «garantia institucional» que deve ser reconhecida àquele e que impede o legislador, não apenas de o suprimir como de o «desfigurar ou descaracterizar essencialmente».

Acerca das exigências da lei substantiva para ser decretado o divórcio com fundamento na separação de facto, no seio do Supremo Tribunal de Justiça foi avançado e teve acolhimento repetido o entendimento segundo o qual o dito «elemento subjectivo» pode dar-se

---

a questão que na verdade era apenas de natureza processual, cf. TC n.º 196/91, de 08-05 (1.ª Secção), in *BMJ* n.º 407, pp. 68-76.

[61] Cf. PEREIRA COELHO, in *Curso...*, 4.ª ed., pp. 58, 125-126, e 636-638.

por demonstrado em virtude da mera iniciativa de requerer o divórcio, sem necessidade de apurar se aquele acompanhou a falta de comunhão vida entre os cônjuges, concomitantemente ou, ao menos, por período de tempo não inferior ao exigido para que a separação de facto constitua fundamento do divórcio litigioso, hoje dito «sem consentimento de um dos cônjuges»[62]. PEREIRA COELHO teceu crítica breve mas demolidora a esta tese: «ela desconsidera inteiramente a exigência» da lei quanto à verificação do elemento em apreço; não basta que o propósito de não restabelecer a comunhão de vida exista no momento em que o divórcio é requerido; «nesse momento, e da parte do cônjuge requerente, tal propósito existe sempre, como é óbvio; na interpretação do Supremo, a 2.ª parte do art. 1782.º seria inútil»; «só quando não exista comunhão de vida entre os cônjuges e haja da parte de ambos, ou de um deles, o propósito de não [a] restabelecer (...), e quando aquela *situação* e este *propósito* se mantenham durante determinado prazo, é que a esperança de reconciliação se torna remota e o legislador deixa de acreditar nela, permitindo a qualquer dos cônjuges pedir o divórcio» com base na separação de facto; esta, «*integrada pelos seus dois elementos, o objectivo e o subjectivo,* deve pois ser alegada e provada pelo cônjuge que pede o divórcio com este fundamento, em acção ou reconvenção»[63].

Também quanto às exigências legais para ser decretado o divórcio com base na separação de facto, certa corrente jurisprudencial, com recurso aos artigos 663.º e 664.º do Código de Processo Civil

---

[62] Neste sentido, cf. STJ: de 05-07-2001, in *CJ – STJ,* Ano IX, T. 2, pp. 164 ss.; de 11-07-2006, in *ibid.,* Ano XIV, T. 2, pp. 157-158; e, in IGFEJ, com texto integral: de 03-04-2003 (Proc. 03A226); de 03-06-2004 (Proc. 04B1564); de 03-11-2005 (Proc. 05B2266); de 27-04-2006 (Proc. 06B1226); de 24-10-2006 (Proc. 06B2898); de 06-03-2007 (Proc. 07A297). Das relações, in IGFEJ, também com texto integral, cf. Ac. RE de 23-02-2006 (Proc. 1924/05-3) e Ac. RL de 27-09-2007 (Proc. 5618/2007-2).

[63] Cf. PEREIRA COELHO, in *Curso...,* 4.º ed., pp. 638-639 (nota 75). Escusado será dizer que a tese por ele combatida não encontraria apoio na doutrina e na jurisprudência *supra* citadas na nota 55.

anterior[64]: sustentou não ser necessário que, antes da iniciativa processual com vista ao divórcio, aquela separação, ou sequer o seu «elemento objectivo», tivesse durado pelo período de tempo exigido pela lei substantiva, bastando que tivesse decorrido aquando do encerramento da discussão da causa; e julgou até possível decretar o divórcio com fundamento na separação de facto «actualizada», e nesta apenas, mesmo tendo o divórcio sido pedido com fundamento na violação culposa dos deveres conjugais, obviamente quando a lei permitia invocar este fundamento[65]. Há uns anos ocupei-me com pormenor destas questões, sobre as quais Pereira Coelho não escreveu. Conjugando estes factos, parece-me justificado não repetir aqui a argumentação discordante que expendi anteriormente, com apoio em doutrina autorizada e jurisprudência sólida[66]. Posto isto,

---

[64] No CPC de 2013, cf. art. 5.º (que engloba, com alterações de monta, o antes disposto no art. 264.º e inclui a 1.ª parte do anterior 664.º) e art. 611.º (com remissão adaptada, corresponde ao anterior 663.º).

[65] Com texto integral em IGFEJ, cf. Acs. STJ de 03-11-2005 (Proc. 05B2266) e de 06-03-2007 (Proc. 07A297), e cf. Acs. RL de 27-09-2007 *cit.* (Proc. 5618/2007-2) e de 28-09-2009 (Proc. 4340/06.7 – na verdade "decisão individual") e Ac. RE de 14-11-2013 (Proc. 550/10.0).

[66] Cf. *Desentendimentos conjugais...,* pp. 17-23. Com referência a diversas fases da lei substantiva e sobretudo, mas não apenas, em torno do art. 663.º do CPC anterior, em sentido contrário ao defendido nos acórdãos citados na nota anterior, que representam jurisprudência minoritária, para citar aqui apenas jurisprudência, cf. os seguintes Acs. do STJ in *BMJ:* de 12-07-1977, in n.º 269, pp. 156-159; de 01-03-1979, in n.º 285, pp. 324-327; e de 30-04-1997, in n.º 466, pp. 472-476. Das relações, com sumários in *BMJ,* cf. Ac. RP de 11-10-1979, in n.º 291, p. 538, e Ac. RE de 03-07-1980, in n.º 302, p. 336. In IGFEJ, *sem texto integral,* cf. os seguintes Acs. do STJ: de 08-04-1981 (Proc. 069259); de 08-10-1987 (Proc. 074763); de 21-05-1998 (Proc. 98A399); e de 11-03-1999 (Proc. 99B060). Também in IGFEJ e *sem texto integral,* cf. Ac. RE de de 27-01-2005 (Proc. 2645/04-2). Igualmente in IGFEJ, *com texto integral,* cf. os seguintes Acs. do STJ: de 10-10-2006 (Proc. 06A2736); de 24-10-2006 (Proc. 06B2898); de 03-10-2013 (Proc. 2610/10.9); e de 16-01-2014 (Proc. 3003/10.3). Das relações, ainda in IGFEJ e *com texto integral,* cf. os seguintes Acs: RP de 25-01-2001 (Proc. 0031753); RE de 11-11-2004 (Proc. 1290/04-3); RL de 06-07-2005 (Proc. 6867/2005-8); RP de 25-05-2006 (Proc. 0632604); RC de 13-06-2006 (Proc. 1461/06); RL de 01-02-2007 (Proc. 10337/2006-2); RP de 14-06-2010 (Proc. 318/09.7); RL de 10-02-2011 (Proc. 568/09.6); RP de 15-03-2011 (Proc. 5496/09.2); RP de 29-03-2011 (Proc. 1506/09.1); RC de 12-04-2011 (Proc. 235/08.8); RL de 15-05-2012 (Proc. 9139/09.); RG de 11-09-2012 (Proc. 250/10.1); RE de 21-03-2013

resta apenas espaço para apresentar dados estatísticos, precedidos de observações indispensáveis e do recurso inevitável a Pereira Coelho.

10. A instauração de qualquer divórcio ou separação de pessoas, independentemente da modalidade e do fundamento, será quase sempre precedida de um período de separação de facto, quer os cônjuges residam em casas diferentes ou na mesma casa, ou não se saiba sequer onde reside o cônjuge ausente do qual não há notícias. Aliás, somente quando há conversão da separação de pessoas e bens em divórcio a separação precedente é «de Direito» e não meramente «de facto». Estas afirmações poderiam justificar a inclusão nos quadros *infra* muitos dados estatísticos relativos aos divórcios e às separações de pessoas e bens, com excepção dos referentes aos divórcios resultantes daquela "conversão". Tal seria, no entanto, manifestamente excessivo. Assim, tendo excluído os dados relativos a divórcios "por conversão", optei por uma solução de compromisso: sem exagerar, incluir mais do que os dados estritamente respeitantes a divórcios e separações de pessoas e bens por separação de facto, fundamento não contemplado na versão original do Código de 1966. Os quadros *infra* incluem, pois, dados relativos a divórcios e separações de pessoas e bens por mútuo consentimento e por separação de facto, havendo-os, e, até 1978, também dados sobre divórcios e separações de pessoas e bens por «abandono do lar». Depois de 1978 os dados relativos aos divórcios e às separações na modalidade litigiosa, segundo as causas, foram agrupados com referência genérica ao artigo 1779.º, isto é, à «violação culposa dos deveres conjugais». Quanto ao «abandono do lar», a inclusão dos dados disponíveis justifica-se pela consideração de que o «abandono», como violação do dever conjugal de coabitação, envolve sempre

---

(Proc. 292/10.7, com voto de vencida); RL de 22-10-2013 (Proc. 16/11.1); e RG de 25-11-2013 (Proc. 320/12.1).

a falta de comunhão de vida entre os cônjuges, mesmo quando não envolva desde o início o propósito do cônjuge "abandonante" de não a restabelecer, sendo no entanto evidente que nem toda a «separação de facto» resulta de «abandono»[67]. Decerto a «ausência sem notícias» também pode envolver a «separação de facto» desde o início, mas aquela pode dever-se a outros motivos, pelo que teria menos cabimento incluir aqui dados relativos ao fundamento «ausência sem notícias».

Durante 10 anos (1985-1994) as estatísticas demográficas incluíram informação quanto à residência igual ou diferente dos cônjuges que se divorciaram ou se separaram de pessoas e bens, embora apenas com indicação de totais globais. Verificou-se, então, que os casos de residência diferente, sendo embora inferiores ao número de divórcios e separações por mútuo consentimento, eram muito superiores ao conjunto dos divórcios e separações pela via litigiosa, mais ainda se considerados apenas os casos de «separação de facto», «alteração das faculdades mentais» e «ausência sem notícias».

Os quadros *infra* não acompanham todas as vicissitudes da lei, porque a informação estatística publicada não obedece por vezes ao ritmo do legislador nem inclui dados suficientemente pormenorizados para tal acompanhamento. De resto, as publicações relevantes não utilizam sempre as mesmas variáveis, o que impede muitas comparações. A "arrumação" que fiz é, pois, a que me foi possível fazer. Em todo o caso, julgo conveniente acrescentar de forma telegráfica:

Não foram publicados dados relativos aos divórcios segundo as causas e as modalidades quanto aos anos anteriores a 1929. No *Anuário Demográfico* relativo a 1957 afirma-se que houve neste ano «maior rigor» no apuramento dos dados pertinentes, pela exclusão destes de separações de pessoas e bens que, por vezes, eram qualificadas pelos órgãos de notação como divórcios. Relativamente a

---

[67] Sobre a distinção, cf. PEREIRA COELHO, *Anotação* in *RLJ*, Ano 112.º, p. 346.

1967, as causas de divórcio e de separação na modalidade litigiosa referem-se a processos decididos com base na legislação anterior ao Código de 1966. A partir das *Estatísticas Demográficas* relativas a 1970, os quadros estatísticos referentes aos divórcios segundo as causas passaram a incluir informação sobre a conversão da separação de pessoas e bens em divórcio, mas como disse os quadros apresentados *infra* não incluem os divórcios apontados nas publicações como resultantes de "conversão". Os dados referentes aos anos de 1976-1978 foram publicados somente no volume das *Estatísticas Demográficas – 1976-1979*, que curiosamente não contêm os relativos a divórcios e separações em 1979; estes apareceram nas *Estatísticas Demográficas – 1984*, onde aliás figuram os dados relativos a divórcios e separações em 1979-1984. As *Estatísticas Demográficas – 1986* não incluem dados relativos a «cerca de 150» divórcios decretados em diversos tribunais, «por não terem sido recebidos os elementos dentro do prazo fixado para a conclusão da recolha dos instrumentos de notação». A partir de 1995, inclusive, as *Estatísticas Demográficas* deixaram de conter a menção de residência igual ou diferente dos cônjuges que se divorciaram e, bem assim, quaisquer informações pormenorizadas relativas às separações de pessoas e bens. A partir de 2007, inclusive, as estatísticas demográficas deixaram também de conter informação relativa aos fundamentos com base nos quais os divórcios foram decretados, razão pela qual os quadros *infra* não podem, infelizmente, ir além de 2006.

Quem não se alheia do que dizem as estatísticas demográficas relativas a casamentos e divórcios, dificilmente deixará de colocar a si próprio e aos outros perguntas relevantes a que porventura ninguém sabe responder, mas que cumpre formular, mais não seja como apelos à reflexão por parte do legislador. Antes dos quadros que encerram este estudo, é plenamente justificado recorrer uma vez mais à prosa eloquente de PEREIRA COELHO:

«Em face destes números, poderá perguntar-se se as leis da família mudaram porque mudaram os costumes e a mentalidade das pessoas ou se os costumes e a mentalidade das pessoas mudaram porque mudaram as leis. Creio que terão sido as duas coisas, mas em que medida ocorreram uma e outra não sei dizê-lo. E no futuro, como será? Tem-se a sensação de que a erosão do modelo tradicional de casamento vai continuar, e é irreversível. Mas na vida das sociedades há fluxos e refluxos, como no mar. No dobrar do milénio, o casamento está numa ladeira escorregadia. Cairá? Resistirá? O casamento ir-se-á aproximando cada vez mais da união de facto até se confundir com ela? Ou alguma coisa sobreviverá do casamento tradicional? São perguntas que faço e a que não sei responder.»[68]

DIVÓRCIOS, segundo a modalidade e causas, 1929-1949

Ano	Por mútuo consentimento e litigiosos	Mútuo consentimento	Abandono do lar	Separação de facto
1929	909	69	125	33
1930	958	56	142	51
1931	865	49	133	42
1932	881	59	153	27
1933	831	65	119	19
1934	776	61	115	31
1935	956	60	164	46
1936	929	71	188	33
1937	714	51	136	23
1938	895	72	157	26
1939	788	42	194	27
1940	649	41	140	22
1941	686	40	123	25
1942	748	22	143	19
1943	958	19	175	41
1944	970	28	173	39
1945	976	31	199	46

---

[68] Cf. PEREIRA COELHO, *Casamento e divórcio...*, pp. 70-71, depois de apontar dados estatísticos de finais dos anos 90 relativos a casamentos e divórcios.

1946	1 181	23	223	56
1947	1 109	18	203	46
1948	1 110	17	179	39
1949	1 032	18	150	44

Fonte: *Anuário Demográfico*, 1929-1949

DIVÓRCIOS e SEPARAÇÕES DE PESSOAS E BENS, segundo a modalidade e causas, 1950-1967

Divórcios					Separações de pessoas e bens		
Ano	Por mútuo consentimento e litigiosos	Mútuo consentimento	Abandono do lar	Separação de facto	Total	Mútuo consentimento	Abandono do lar
1950	956	15	130	46	–	–	–
1951	1 223	62	175	62	–	–	–
1952	900	32	117	43	–	–	–
1953	1 068	24	152	38	–	–	–
1954	1 068	35	138	41	–	–	–
1955	943	29	105	35	–	–	–
1956	951	22	126	34	–	–	–
1957	811	30	115	32	–	–	–
1958	785	21	89	33	–	–	–
1959	744	20	96	22	373	17	29
1960	749	24	101	26	412	26	26
1961	756	27	97	22	442	23	35
1962	743	18	103	27	524	30	31
1963	658	23	81	29	454	36	33
1964	678	34	96	33	543	37	46
1965	695	31	77	29	571	28	39
1966	695	33	92	26	577	50	38
1967	722	37	72	25	590	46	49

Fontes: *Anuário Demográfico* – 1950-1966 e *Estatísticas Demográficas* – 1967

DIVÓRCIOS e SEPARAÇÕES DE PESSOAS E BENS, segundo a modalidade e uma causa, 1968-1975

Divórcios				Separações de pessoas e bens		
Ano	Por mútuo consentimento e litigiosos	Mútuo consentimento	Abandono do lar	Total	Mútuo consentimento	Abandono do lar
1968	743	51	59	609	67	29
1969	501	8	54	583	62	40
1970	509	–	91	528	79	65

1971	538	–	106		535	74	56
1972	608	–	111		749	131	83
1973	597	–	88		736	149	77
1974	767	–	148		878	147	105
1975	867	–	155		670	143	76

Fonte: *Estatísticas Demográficas*, 1968-1975

DIVÓRCIOS e SEPARAÇÕES DE PESSOAS E BENS, segundo a modalidade e causas, 1976-1978

Divórcios					Separações de pessoas e bens			
Ano	Por mútuo consentimento e litigiosos	Mútuo consentimento	Abandono do lar	Separação de facto	Total	Mútuo consentimento	Abandono do lar	Separação de facto
1976	4 169	517	368	419	276	42	15	4
1977	7 457	2 963	362	768	87	29	5	3
1978	6 914	3 350	227	747	121	50	3	6

Fonte: *Estatísticas Demográficas* – 1976-1979

DIVÓRCIOS e SEPARAÇÕES DE PESSOAS E BENS, segundo a modalidade e uma causa, 1979-1984

Divórcios				Separações de pessoas e bens		
Ano	Por mútuo consentimento e litigiosos	Mútuo consentimento	Separação de facto	Total	Mútuo consentimento	Separação de facto
1979	5 870	3 834	835	87	60	10
1980	5 753	3 540	616	82	59	4
1981	6 746	4 514	496	119	80	3
1982	6 709	4 326	542	127	82	3
1983	7 911	5 100	611	210	157	8
1984	6 969	4 850	498	114	80	5

Fonte: *Estatísticas Demográficas* – 1984

DIVÓRCIOS e SEPARAÇÕES DE PESSOAS E BENS, segundo algumas variáveis, 1985-1994

Ano	Por mútuo consentimento e litigiosos	Mútuo consentimento	Separação de facto	Residência diferente	Separações de pessoas e bens			
					Total	Mútuo consentimento	Separação de facto	Residência diferente
1985	8 943	6 147	576	3 735				
1986	8 348	5 771	534	3 381	160	130	21	50
1987	8 900	6 355	468	3 466	165	131	5	35
1988	8 975	6 380	553	3 552	193	136	9	49
1989	9 629	6 901	532	3 860	164	112	3	36
1990	9 188	6 331	564	3 431	195	149	9	53
1991	10 564	7 350	706	4 320	183	118	10	45
1992	12 375	8 533	832	4 621	155	116	5	54
1993	12 053	8 834	663	4 415	192	165	4	52
1994	13 541	9 874	815	4 823	229	187	7	67
					292	269	7	64

Fonte: *Estatísticas Demográficas,* 1985-1994

DIVÓRCIOS, segundo a modalidade e uma causa, 1995-2006

Ano	Por mútuo consentimento e litigiosos	Mútuo consentimento	Separação de facto
1995	12 282	9 618	583
1996	13 384	10 833	551
1997	14 034	11 545	522
1998	15 246	12 717	460
1999	17 847	15 534	582
2000	19 257	16 622	951
2001	18 990	16 551	1 014
2002	27 930	25 418	1 011
2003	22 790	20 788	800
2004	23 315	21 642	653
2005	22 833	21 380	505
2006	23 920	22 491	531

Fonte: *Estatísticas Demográficas,* 1995-2006

Bibliografia

AA.VV. (António MENEZES CORDEIRO, Coord.), *Leis do arrendamento urbano anotadas*, Almedina, Coimbra, 2014;

AA.VV. (Boaventura de SOUSA SANTOS, Dir., e Conceição GOMES, Coord.), *O novo regime do divórcio em avaliação*, Centro de Estudos Sociais da Universidade de Coimbra, 2010;

AA.VV. (M. C. SOTTOMAYOR e M. T. FÉRIA DE ALMEIDA, Coords.), *E foram felizes para sempre...? — Uma análise crítica do novo regime jurídico do divórcio* (Actas do Congresso de 23, 24 e 25 de Outubro de 2008), Wolters Kluwer Portugal / Coimbra Editora, 2010;

ALBERTO DOS REIS, José: *A falta de convivência conjugal como causa de separação e de divórcio*, in *BFDUC*, Ano 1, n.º 2, Coimbra, 1914, pp. 43-56;

— *Anotação ao Acórdão STJ de 01-05-1953*, in *RLJ*, Ano 87.º (1954-1955), pp. 115-118;

— *Transmissão do arrendamento*, in *RLJ*, Ano 79.º (1946-1947), pp. 385-391 e 401-408, e Ano 80.º (1947-1948), pp. 2-9, 17-23, e pp. 33-38;

— *Comentário ao Código de Processo Civil*, Vol. 3.º, Coimbra Ed., Coimbra, 1946;

— *Processos Especiais*, Vol. II (obra póstuma com *Prefácio* do Doutor Manuel A. Domingues de ANDRADE), Coimbra Ed., Coimbra, 1956, reimpressão, 1982;

ANDRADE, Manuel A. Domingues de: *Algumas questões em matéria de «injúrias graves» como fundamento de divórcio* (*Anotação ao Ac. STJ de 14-06-1955*) in *RLJ*, Ano 88.º (1955-1956), pp. 293-304, 316-320, 323-332, 342-347, 356-362;

ANTUNES VARELA, [J. de M.]: *Anotação ao Acórdão do STJ de 05-03-1981*, in *RLJ*, Ano 115.º (1982-1983), pp. 308-315;

— *Direito da Família*, 1.º Vol., 5.ª ed., Livraria Petrony – Eds., Lisboa, 1999;

BARBOSA DE MAGALHÃES, *A separação de facto como fundamento de divórcio*, in *Gazeta da Relação de Lisboa*, Ano 33.º, pp. 353-356;

CAPELO DE SOUSA, Rabindranath: *Direito da Família e das Sucessões — Relatório sobre o programa, o conteúdo e os métodos de ensino de tal disciplina*, Coimbra Ed. (composição e impressão), 1999;

CUNHA GONÇALVES, Luiz da: *Tratado de Direito Civil em comentário ao Código Civil Português*, Vol. VII, Coimbra Editora, Coimbra, 1933;

CUNHA, Paulo (segundo as prelecções de..., pelos alunos Raúl Jorge Rodrigues Ventura, Raúl Lima Amaral Marques e Júlio M. Salcedas), *Direito da Família – Tomo I*, Imprensa Baroeth, Lisboa, 1941

DELGADO, Abel: *O divórcio*, 2.ª ed. (com a colaboração de F. DELGADO), Livraria Petrony, Lisboa, 1994;

DIAS, Cristina M. Araújo: *Uma análise do novo regime jurídico do divórcio*, 2.ª ed., Almedina, Coimbra, 2009;

DUARTE PINHEIRO, Jorge: *Ideologias e ilusões no regime jurídico do divórcio e das responsabilidades parentais*, in http://www.csm.org.pt/ficheiros/eventos/jduartepinheiro_ideologiasilusoes.pdf

FERREIRA PINTO, Fernando Brandão: *Causas do divórcio*, 2.ª ed., Elcla Ed., Porto, 1992;

— *Dicionário de Direito da Família e de Direito das Sucessões*, Livraria Petrony – Eds., Lisboa, 2004;

FIALHO, António José: *Guia prático do divórcio e das responsabilidades parentais*, 2.ª ed., Centro de Estudos Judiciários, Lisboa, 2013;

LOBO XAVIER, Rita: *Direito ao divórcio, direitos recíprocos dos cônjuges e reparação dos danos causados: liberdade individual e responsabilidade no novo regime do divórcio*, in AA.VV. (Luís Couto Gonçalves *et. alii* Coords.), *Estudos em homenagem ao Professor Doutor Heinrich Ewald Hörster*, Almedina, Coimbra, 2012, pp. 499-514;

— *Recentes alterações ao regime jurídico do divórcio e das responsabilidades parentais*, Almedina, Coimbra, 2009;

LOURENÇO JÚNIOR, José: *Direito de Família* (em rigorosa harmonia com as prelecções do Ex.mo Prof. Doutor [José Gabriel] PINTO COELHO), s.l., s.n., 1935;

MAGALHÃES COLLAÇO, Isabel de: *A Reforma de 1977 do Código Civil de 1966. Um olhar vinte e cinco anos depois*, in AA.VV., *Comemorações dos 35 anos do Código Civil e dos 25 anos da Reforma de 1977*. Volume I – *Direito da Família e das Sucessões*, FDUC / Coimbra Ed., 2004, pp. 17-40;

MESQUITA, Luiz de: *Projecto de lei do divórcio em Portugal*, Guimarães & C.ª – Editores, Lisboa, 1910;

OLIVEIRA, Guilherme de: *A nova lei do divórcio*, in *Lex Familiae*, Ano 7, n.º 13 – 2010, pp. 5-32;

PAIS DE AMARAL, Jorge Augusto: *Do casamento ao divórcio* (com *Prefácio* de A. GOMES LEANDRO), Edições Cosmos, Lisboa, 1997;

PEREIRA COELHO, Francisco Manuel:

— *Anotação* ao Ac. STJ de 14-03-1979, in *RLJ*, Ano 112.º (1979-1980), pp. 341-350;

— *Anotação* ao Ac. STJ de 26-02-1980, in *RLJ*, Ano 114.º (1981-1982), pp. 182-184,

— *Anotação* ao Ac. STJ de 17-02-1983, in *RLJ*, Ano 117.º (1984-1985), p. 64 e pp. 91-96;

— *Anotação* ao Ac. STJ de 24-10-1985, in *RLJ*, Ano 118.º (1985-1986), pp. 334-335, e Ano 119.º (1986-1987), pp. 8-15;

— *Anotação* ao Ac. STJ de 02-04-1987, in *RLJ*, Ano 122.º (1989-1990), pp. 120-121, 135-143 e 206-209;

— *Anotação* ao Ac. STJ de 10-05-1988, in *RLJ*, Ano 123.º (1990-1991), pp. 369-371;

— *Arrendamento – Direito substantivo e processual* (*Lições* ao curso do 5.º ano de Ciências Jurídicas no ano lectivo de 1988-1989), dactilografia e impressão por João Abrantes, Coimbra, 1988;

— *Breves notas ao «Regime do Arrendamento Urbano»*, in *RLJ*, Ano 125.º (1992-1993), pp. 257-264, Ano 126.º (1993-1994), pp. 194-201, Ano 131.º (1998-1999), pp. 226-234, 258-266, e 358-373;

— *Caducidade do direito ao divórcio ou à separação de pessoas e bens*, in *RLJ*, Ano 104.º (1971-1972), pp. 51-54, 67-68, 84-86, 102-107, e 134-136;

— *Casamento e divórcio no ensino de Manuel de Andrade e na legislação actual,* in AA.VV., *Ciclo de Conferências em homenagem póstuma ao Prof. Doutor Manuel de Andrade,* Conselho Distrital do Porto da Ordem dos Advogados / Almedina, Coimbra, 2002, pp. 55-71;

— *Casamento e família no direito português,* in AA.VV., *Temas de Direito de Família,* Almedina, Coimbra, 1986, pp. 1-29;

— *Curso de Direito de Família, I – Direito Matrimonial,* Atlântida Ed., Coimbra, 1965;

— *Curso de Direito de Família – I Direito Matrimonial,* 2.ª ed. (organizada por A. J. Pinto Loureiro e revista pelo Autor), Tomo 2.º, Unitas, Coimbra, 1970;

— *Curso de Direito da Família,* dactilografia por João Abrantes, Coimbra, 1986;

— *Direito das Sucessões* (Lições ao curso de 1973-1974, actualizadas em face da legislação posterior), dactilografia e impressão por João Abrantes, Coimbra 1992;

— *Divórcio e separação judicial de pessoas e bens na reforma do Código Civil,* in AA.VV., *Reforma do Código Civil,* Ordem dos Advogados, Lisboa, 1981, pp. 25-53;

— *Filiação* (apontamentos das lições proferidas sobre este tema no âmbito da cadeira de Direito Civil pelo Prof. Doutor PEREIRA COELHO, coligidos pelos alunos Rui Duarte Morais, Oehen Mendes e Maria José Castanheira Neves e revistos pelo Professor), Universidade de Coimbra, Faculdade de Direito, 1978;

— *Prefácio,* in *A protecção da casa de morada da família no Direito português,* Almedina, Coimbra, 1996, pp. VII-XI;

— *Relatório* apresentado à Assembleia Geral da *Commission Internationale de l'État Civil* (11-09-1975), in *BMJ* n.º 251 (Dezembro 1975), pp. 25-39.

PEREIRA COELHO, Francisco e OLIVEIRA, Guilherme de, com a com a colaboração de Rui MOURA RAMOS: *Curso de Direito da Família. Vol. I – Introdução; Direito matrimonial,* Centro de Direito da Família / Coimbra Ed., 2.ª ed., 2001, 3.ª ed., 2003, e 4.ª ed., 2008;

RAMIÃO, Tomé d'Almeida: *Divórcio e questões conexas. Regime jurídico atual,* 3.ª ed., Quid Juris, Lisboa, 2011;

RODRIGUES BASTOS, Jacinto Fernandes: *Direito da Família segundo o Código civil de 1966,* Vol. IV (Arts. 1767 a 1873.º), composição e impressão Tipografia Guerra, Viseu, 1979;

SÁ NOGUEIRA, *Do Divórcio, I – Causas. Divórcio por mútuo consentimento,* Tip. Eduardo Rosa, Lisboa, 1914;

SALTER CID, Nuno de: *A atribuição da casa de morada da família,* in AA.VV., *E foram felizes para sempre...,* pp. 227-249;

— *A protecção da casa de morada da família no Direito português,* (com *Prefácio* do Prof. Doutor Francisco PEREIRA COELHO), Almedina, Coimbra, 1996;

— *Desentendimentos conjugais e divergências jurisprudenciais* [1.ª Parte], in *Lex Familiae – Revista Portuguesa de Direito da Família,* Ano 4 – n.º 7 – 2007, pp. 5-25;

— *O divórcio em Portugal: antecedentes e 1.ª República,* in *Lex Familiae – Revista Portuguesa de Direito da Família,* Ano 8 – n.º 16 – 2011, pp. 19-28;

— *Recensão* a FRANCISCO PEREIRA COELHO e GUILHERME DE OLIVEIRA, *Curso de Direito da Família*. Vol. I – *Introdução. Direito Matrimonial*, 2.ª ed., com a colaboração de Rui MOURA RAMOS, Centro de Direito da Família / Coimbra Editora, 2001, in *Economia e Sociologia*, n.º 73, 2002, pp. 216-219;

TEIXEIRA DE SOUSA, Miguel: *O regime jurídico do divórcio*, Almedina, Coimbra, 1991;

TEIXEIRA RIBEIRO, J. J.: [*Editorial*], in *RLJ*, Ano 104.º (1971-1972), pp. 1-2;

VAZ FERREIRA: *Commentario á Lei do Divorcio (Decreto de 3 de Novembro de 1910)*, Antigas Livrarias Aillaud e Bertrand: Aillaud, Alves, Bastos & C.ª, Editores, Lisboa, s.d. [1911].

OS FACTOS NO CASAMENTO E O DIREITO
NA UNIÃO DE FACTO: BREVES OBSERVAÇÕES

Francisco Brito Pereira Coelho
Professor Auxiliar da Faculdade de Direito da Universidade de Coimbra

1. A caracterização da união de facto como o *puro facto* da convivência em condições análogas às dos cônjuges – caracterização que não encerra especiais dificuldades[1] e, aliás, é explicitamente acolhida na lei[2] – permite estabelecer, de modo claro, a sua distinção em face do casamento.

De acordo com a perspectiva mais frequentemente seguida[3], a qual se apoia aliás nas próprias definições legais dos dois institutos, o casamento, como se sabe, constitui um contrato – por conseguinte, um compromisso jurídico firmado entre os sujeitos, que se *vinculam* um em face do outro (seja qual for o exacto *objecto* e a *força* efectiva

---

[1] Apesar de alguns autores (v. C. PAMPLONA CORTE-REAL/J. SILVA PEREIRA, *Direito da Família, Tópicos para uma reflexão crítica*, 2ª ed., Lisboa, 2011, p. 150) confessarem "uma quase impotência técnica" para se obter o correcto enquadramento jurídico do instituto – isto, naturalmente, em face do quadro de efeitos que a lei associava à união de facto (o texto que citamos é anterior à Lei nº 23/2010, de 30 de Agosto, mas seguramente que a dita "impotência técnica", na perspectiva adoptada pelos autores, se manteria após as alterações introduzidas por aquele diploma).

[2] Cfr. o art. 1º, nº 2, da Lei nº 7/2001, de 11 de Maio, com a redacção dada pela Lei nº 23/2010.

[3] Assim, entre outros, F. PEREIRA COELHO/GUILHERME DE OLIVEIRA, *Curso de Direito da Família*, I, Coimbra, 2008, ps. 52 ss.

DOI: http://dx.doi.org/10.14195/978-989-26-1113-6_3

dessa vinculação). A "plena comunhão de vida" que os cônjuges instituem entre si, e os comportamentos em que tal comunhão de vida se exprime, correspondem, no quadro do casamento, à *execução* ou *cumprimento* de deveres contratualmente assumidos[4]. Diversamente, a união de facto consiste apenas na *prática* (continuada) de tais comportamentos – os comportamentos associados à referida "comunhão de vida"[5] – *sem que* tais comportamentos correspondam à execução ou cumprimento de qualquer obrigação contratual – tratando-se pois, nesta conformidade, de uma comunhão de vida *livremente* exercida, *fora* do quadro vinculativo de um contrato.

Dir-se-á, nesta sequência, que a união de facto de algum modo se aproxima de uma figura geral, bem conhecida da doutrina geral do acto (e do negócio) jurídico, que é a do "simples acordo"[6]: os sujeitos pretendem a produção de efeitos *práticos* – pretendem a produção dos efeitos práticos correspondentes à relação entre cônjuges, ou a uma relação análoga à que os cônjuges desenvolvem –, mas *não* pretendem que tais efeitos práticos sejam tutelados ou garantidos pelo direito. Das *duas* vontades em que se analisa o conteúdo declarativo no negócio jurídico, de acordo com a designada "teoria dos efeitos prático-jurídicos"[7] – a vontade de produção de determinados efeitos práticos, e a vontade de que esses efeitos sejam tutelados pelo direito, e nessa medida sejam portanto, também, efeitos "jurídicos" –, está apenas presente, pois, a *primeira*: a vontade de produção

---

[4] Neste sentido se dirá que os deveres conjugais fixados no art. 1672° do Código Civil consubstanciam o desenvolvimento ou a densificação do *"dever-quadro"* de constituição de uma "plena comunhão de vida", o qual se acha previsto na própria noção legal de casamento do art. 1577°.

[5] A comunhão (continuada) de "leito, mesa e habitação", ou a convivência em condições análogas às dos cônjuges.

[6] Ou "acordo de cavalheiros" (*"gentlemen's agreement"*). V., sobre a figura, C. MOTA PINTO, *Teoria Geral do Direito Civil*, Coimbra, 2005, p. 382.

[7] V. o nosso *Contratos complexos e complexos contratuais*, Coimbra, 2014, p. 91 e ss, e ainda C. MOTA PINTO, *cit.*, p. 381-2, e P. MOTA PINTO, *Declaração tácita e comportamento concludente no negócio jurídico*, Coimbra, 1995, p. 45 e ss.

de efeitos práticos, que todavia *não querem* que sejam alcançados por via do direito. As partes *excluiriam* logo, pois, a *relevância jurídica* do compromisso, colocando-o assim fora da órbita ou da tutela do direito[8] – o compromisso firmado e os comportamentos em que ele se concretizaria permaneceriam, por conseguinte, no puro domínio dos factos.

Simplesmente, como é fácil observar, e por um lado, tal consideração da união de facto como um "simples acordo" não faz luz, verdadeiramente, sobre a sua natureza: desloca o fulcro da união de facto para um (suposto) acordo inicial, e portanto para um *momento declarativo* inicial, quando o que é realmente *constitutivo* da união de facto é, sim, a (posterior) efectiva convivência em condições análogas às dos cônjuges, e por conseguinte o (posterior) "*momento executivo*" traduzido na prática dos actos correspondentes à efectiva execução das obrigações que normalmente impendem sobre os cônjuges.

E, por outro lado, afigura-se que a união de facto, definida como a definimos, tem uma *extensão* afinal *maior* que aquela que resulta das considerações precedentes. Também é união de facto, na realidade, a relação convivencial procedente de um casamento *inexistente* ou *inválido*. Nestas hipóteses o casamento também não teria vinculatividade jurídica (ressalvada a eventual produção de

---

[8] Observe-se que, curiosamente, já foi questionada *a própria possibilidade* de os sujeitos excluírem a juridicidade naqueles negócios – como seria justamente o caso do casamento – disciplinados "na sua essência" por normas *imperativas* (v., neste sentido, Cariota-Ferrara, referido no nosso *Contratos complexos, cit.*, p. 99). Entendemos, todavia (tal como expomos em *Contratos complexos, cit.*, ps. 116-7), que nem mesmo em tais contratos se encontrará à partida proibida aquela convenção de exclusão. Tudo estará em saber se essas normas de ordem pública contendem com a própria atribuição de efeitos jurídicos ao compromisso firmado, e não apenas com o regime e efeitos do contrato (no caso de lhe serem atribuídos esses efeitos jurídicos). Por outras palavras, não se trata tanto de saber se tais normas de ordem pública afectam a liberdade de fixação do conteúdo contratual (e será este o caso do *casamento*), mas sobretudo de saber se essas normas afectam *a própria liberdade de contratação*, por isso que *só esta* contende com o problema da (in)admissibilidade da referida convenção de exclusão da eficácia jurídica.

efeitos putativos[9]) – mas agora não porque os sujeitos não queiram vincular-se juridicamente, mas tão-somente em consequência da *ineficácia* do casamento. Diremos que, neste caso, a união de facto, longe de consubstanciar um "simples acordo" ou "acordo de cavalheiros", apresentaria maior analogia com a figura, também conhecida da doutrina geral das obrigações, das "relações contratuais de facto"[10]: nestas como naquela, registar-se-iam os mesmos comportamentos materiais correspondentes à execução de obrigações contratuais típicas (no caso, das obrigações contratuais próprias do casamento), *sem que*, todavia, houvesse sido celebrado *um qualquer contrato* (ou um contrato *existente* e *válido*) entre os sujeitos – sem, pois, a presença do elemento "declarativo" (ou de um elemento declarativo existente e válido) inicial a que nos referimos. Em relação a este grupo de hipóteses – mas *apenas* em relação a ele, e sobretudo quando esteja em causa a inexistência ou invalidade resultantes de um vício *formal* – tem cabimento a afirmação, feita por alguns autores[11], de que a união de facto se

---

[9] Nos termos dos arts. 1647º e 1648º do Código Civil.

[10] Excogitada, como é sabido, por Haupt (v., sobre o tema, entre outros, o apontamento de L. MENEZES LEITÃO, *Direito das Obrigações*, I, 7ª ed., Coimbra, 2008, p. 505 e ss.), a categoria das relações contratuais de facto tinha por propósito fundamental, em termos práticos, *estender* a tais relações a *imposição* de determinadas *obrigações contratuais ainda que*, como se disse, não se divisasse propriamente um contrato celebrado (ou validamente celebrado) entre os sujeitos. Ora, e independentemente da óbvia discutibilidade da categoria enquanto categoria *autónoma* (v., neste sentido, L. MENEZES LEITÃO, cit., p. 511 e ss.) – discutibilidade que, aliás, explicará a actual decadência da doutrina das relações contratuais de facto, tanto entre nós como no próprio espaço jurídico de onde ela provém –, o que devemos observar é que, apesar da *aparente analogia* com a união de facto, aquele *propósito* fundamental *não tem aqui cabimento*. Efectivamente, se no âmbito das relações contratuais de facto se pressupõe que determinadas obrigações que seriam devidas no quadro de um normal contrato *ainda não* foram cumpridas – o referido propósito consiste precisamente em *impor* a uma das partes o cumprimento de tais obrigações –, já no âmbito da união de facto se pressupõe, pelo contrário, que as obrigações matrimoniais (já) *são normalmente cumpridas*, sendo esse, aliás, um *pressuposto* que resulta do próprio conceito de união de facto.

[11] Assim, GUILHERME DE OLIVEIRA, *Notas sobre a Lei nº 23/2010, de 30 de Agosto (Alteração à Lei das Uniões de Facto), in «Jus Familiae –* Revista Portuguesa de

apresentaria, de algum modo, como uma espécie de casamento *informal*.

Diremos, pois, que *não existe* afinal *unidade* na figura da união de facto: à diversidade de motivos ou circunstâncias que podem levar à união de facto corresponde, se bem virmos, uma *diversidade no respectivo enquadramento jurídico*. E a esta diversidade no seu enquadramento jurídico podem achar-se associados, também, diversos âmbitos de *protecção* ou reconhecimento jurídico[12].

2. Seja como for, a referida diferença fundamental entre o casamento e *qualquer forma* de união de facto – o casamento como um compromisso *jurídico* gerador de *obrigações*, a união de facto como o *puro facto* da convivência em condições análogas às dos cônjuges, *sem* o intento de estabelecer um vínculo jurídico ou *sem* a possibilidade de esse vínculo se estabelecer –, diferença que, como vimos, vem sendo evidenciada pela generalidade dos autores, não impede que, como é fácil perceber, esse *puro facto* que é a união de facto possa produzir efeitos *jurídicos*[13].

Direito da Família», Ano 7, nº 14, Coimbra, Julho/Dezembro de 2010, p. 140 (ainda que colocando-se sobretudo numa perspectiva *de jure condendo*), e C. PAMPLONA CORTE-REAL/J. SILVA PEREIRA, *cit.*, p. 153.

[12] Designadamente, se for celebrado casamento com *impedimento* dirimente (sendo por isso o casamento inválido), e havendo uma "união de facto" subsequente, naturalmente que não poderão aplicar-se-lhe os efeitos protectivos estabelecidos para a união de facto – a não ser através dos eventuais efeitos putativos do casamento, que nesse caso *absorverão* aqueles efeitos protectivos. Cabe aliás observar que, tal como a invalidade do casamento não impede a produção de efeitos putativos, se se verificarem os seus pressupostos, assim também a "invalidade" da união de facto – quer dizer, a sua "ineficácia" em consequência das circunstâncias previstas no art. 2.º da Lei n.´7/2001 – não deverá impedir que operem os respectivos e feitos no caso de se registarem, em relação à união de facto, e feitas as necessárias adaptações, os pressupostos de produção de efeitos putativos (os quais se reportam fundamentalmente à boa fé dos sujeitos).

[13] Pretendendo, todavia, que haveria um "contra-senso" legal na consideração da união de facto (pela própria lei) como uma "realidade fáctica" quando simultaneamente lhe são atribuídos, pela mesma lei, efeitos jurídicos extensos e signifcativos, v. C. PAMPLONA CORTE-REAL/J. SILVA PEREIRA, *cit.*, p. 147. Como sublinhamos no texto, não vemos porém que haja aí qualquer "contra-senso": sendo um acto de na-

Efectivamente, quando se diz que a união de facto é apenas um facto, o que se pretende dizer é que *não* tem a natureza de *negócio jurídico*. Não poderá por isso produzir efeitos *negociais* ou *"directos"* como aqueles a que, radicando directamente na vontade dos sujeitos nessa direcção, tende um comum negócio jurídico – como aqueles a que, precisamente, tenderia o casamento[14].

Mas naturalmente que a lei pode determinar a produção de efeitos de *outra* natureza – efeitos, pois, *indirectos* ou *legais* –, tendo em consideração o facto de haver uma comunhão de vida prolongada entre duas pessoas e o eventual interesse protectivo (ou um interesse de outro tipo) que essa convivência lhe possa merecer[15]. Nesta medida diremos que a união de facto, se não é ou não procede de um negócio jurídico, por lhe faltar a referida vontade de vinculação

---

tureza *não negocial*, a união de facto não deixa de poder produzir efeitos jurídicos (que, como é óbvio, o ordenamento jurídico pode associar-lhe), sendo pois, nessa medida, um acto *jurídico*.

[14] O facto de os efeitos principais do casamento terem essa natureza de efeitos negociais, que portanto assentam numa vontade (negocial) nessa direcção, não impede que a *lei* possa intervir *imperativamente* nesse campo, *impondo* determinadas consequências ou uma sua particular configuração. É precisamente o que sucede com os deveres pessoais dos cônjuges, os quais, representando deveres impostos reciprocamente aos cônjuges, de modo *imperativo* – isto pelo menos numa consideração *literal* de tais deveres, e abstraindo portanto da sua *flexibilidade* no momento da sua execução, ou da própria discutibilidade da sua caracterização como "deveres" tendo em conta o quadro de consequências que hoje a lei associa ao seu incumprimento –, não deixam todavia de ser os efeitos *negociais* a que directamente, e de modo principal, se dirigem as declarações de vontade dos nubentes.

[15] Rejeitamos pois aqui o argumento de que, como na união de facto os companheiros não assumiriam deveres, também não poderiam beneficiar dos diversos direitos que a lei concede às pessoas casadas. Tal argumento, que julgamos historicamente datado (supomos mesmo que hoje já não será subscrito pelos próprios autores que o usaram), assenta numa espécie de "sinalagma" que efectivamente não existe: os deveres conjugais têm o seu correspectivo "sinalagmático" nos correspondentes direitos do outro cônjuge (o sinalagma existe pois na relação *interna* entre os cônjuges), não nos benefícios que a lei concede, por razões várias, àqueles que estão ou estiveram casados. Sobre essa distinção entre o "estatuto privado" e o "estatuto social", no sentido de que a um "estatuto privado" de ausência de deveres conjugais não poderia corresponder um "estatuto social" de pretensão de obtenção dos benefícios reservados aos casados, v. RITA L. XAVIER, *Novas sobre a União de Facto "more uxorio" em Portugal*, in «AAVV, Estudos dedicados ao Prof. Doutor Mário Júlio Almeida Costa», Lisboa, 2002, ps. 1398 e ss.

no plano jurídico, ou em consequência da sua ineficácia, não deixa de constituir um *simples acto jurídico*, um acto produtor de efeitos *jurídicos* diversos, de maior ou menor extensão ou significado – à união de facto não corresponde pois um qualquer *estatuto negocial* (um qualquer quadro de efeitos *negociais*), mas apenas um *estatuto legal*[16]. Já o casamento, constituindo como vimos um negócio jurídico, tendente à produção de certos efeitos que os sujeitos pretendem sejam tutelados pelo direito, tem o seu próprio estatuto *negocial*, correspondente ao quadro de efeitos *essenciais* visados normalmente pelos nubentes; tal como terá o seu estatuto *legal*, correspondente ao largo conjunto de efeitos *não essenciais* (laterais, indirectos ou eventuais) que o ordenamento jurídico associa ao estado matrimonial.

3. Estas, pois – assim descritas de modo sumário –, a *analogia* e a *diferença* entre a união de facto e o casamento.

Ora, registadas tal analogia e tal diferença, torna-se evidente que, no presente quadro regulativo, não pode, *por um lado*, ser *recusada* liminarmente a possibilidade de aplicação, à união de facto, de normas pertencentes ao regime do casamento, a pretexto de que o casamento representaria um compromisso constitutivo de deveres jurídicos (e outros efeitos juridicamente tutelados)[17], e portanto *nunca* haveria uma analogia, em tal sentido. Na realidade, desde que se trate de efeitos *indirectos* ou *legais* do casamento, e de efeitos fundados na simples existência de uma comunhão de vida – *independentemente*, pois, de esta comunhão representar o cumprimento de um *dever jurídico* procedente de um contrato –, é óbvio que pode

---

[16] Porque os efeitos da união de facto são apenas, como dizemos no texto, seus efeitos legais ou "indirectos".

[17] E dotado de uma determinada *garantia jurídica de durabilidade* – o que se traduziria quer na proibição de aposição de condição ou termo resolutivos, quer sobretudo num (ainda) relativamente apertado quadro de restrições às possibilidades de *cessação* do casamento.

haver analogia relevante, a qual resultará aliás da *própria definição* da união de facto como a comunhão de vida em condições *análogas* às do casamento[18].

Por outro lado, também não pode, no actual quadro legislativo, ser liminarmente afirmada uma *genérica* aplicação analógica de *todas* as normas do casamento[19]. Além de tal aplicação só poder abranger, como parece evidente, os referidos efeitos legais ou indirectos do casamento[20], sempre teria de se apurar, *caso a caso*, quais os *interesses* em presença e a *ratio* da norma eventualmente aplicável – pois só assim se pode fundar uma aplicação em via analógica. E, de qualquer modo, não pode deixar de ter-se em conta que a nossa lei parece ter tido o intuito de fixar um quadro *limitado* de efeitos – o quadro de efeitos constante da Lei nº 7/2001 –, pelo que

---

[18] Um exemplo conhecido desta *possível* aplicação analógica de normas do casamento, encontramo-lo na (possível) responsabilização de *ambos* os unidos por dívidas contraídas para acorrer aos encargos da vida familiar. Sobre este ponto – e, em particular, sobre a inclusão no Decreto da Assembleia da República nº 349/X, de 2009, de uma disposição que previa precisamente a comunicabilidade de tais dívidas, disposição que todavia acabou por não passar para o texto da Lei nº 23/2010, de 30 de Agosto –, v. GUILHERME DE OLIVEIRA, *Notas, cit.*, p. 150 ss. e F. PEREIRA COELHO/GUILHERME DE OLIVEIRA, *Curso, cit.*, p. 75-6 e 409. Observamos, porém, que não nos parece que a referida analogia se funde na *aparência de casamento* que existiria na união de facto, aparência que justificaria que terceiros (credores) merecessem a mesma protecção que a lei lhes dispensa quando o sujeito que contrai a dívida é casado (afirmando essa "confiança" na "aparência de vida matrimonial", v. os autores atrás citados). Além de não haver propriamente uma "aparência de casamento" – pelo menos, não mais que uma aparência de... união de facto –, e de não ser crível que o credor investigue o estado civil do devedor, supomos que o que funda o art. 1691º, nº 1, al. b), são não tanto razões "externas" como essas, antes razões "*internas*" relacionadas com a existência de uma prática de *vida em comum*, e portanto com a *razoabilidade* de, sendo a dívida contraída para acorrer aos encargos relativos a essa vida em comum, *ambos* os sujeitos deverem responder por essas dívidas.

[19] No sentido de uma ampla aplicação analógica das normas do casamento – incluindo-se nessa aplicação analógica, note-se, os arts. 2133º e 2157º do Código Civil (ou seja, a extensão ao unido de facto sobrevivo da qualidade de herdeiro legítimo e legitimário!) – v. C. PAMPLONA CORTE-REAL/J. SILVA PEREIRA, cit., p. 153 ss.

[20] Pois que julgamos que os seus efeitos directos ou negociais *ninguém* pretenderia aplicar analogicamente à união de facto. Mas deve registar-se que tal distinção entre efeitos negociais e efeitos legais, se é clara em abstracto, pode não ser fácil de fazer *em concreto*.

se afigura que tal intuito impede uma aplicação analógica *irrestrita* das normas do casamento.

4. Seja como for, parece que, sobretudo com os últimos desenvolvimentos legislativos registados quer na regulação da união de facto (com as alterações à Lei nº 7/2001 introduzidas pela Lei nº 23/2010, de 30 de Agosto), quer, fundamentalmente, na regulação do casamento (em consequência da profunda reforma operada pela Lei nº 61/2008, de 31 de Outubro), a referida *diferença* entre os dois institutos – a diferença, recorde-se, traduzida em não haver na união de facto uma *vontade de vinculação no plano jurídico*, e por conseguinte a comunhão de vida praticada entre os unidos não corresponder ao cumprimento de quaisquer *deveres* conjugais – ficou consideravelmente *esbatida*. Podendo mesmo interrogar-nos se, tendo em conta tais desenvolvimentos, permanece afinal qualquer diferença substancial entre os dois institutos.

Senão vejamos.

a) No que se reporta ao regime do *casamento*, vem-se assistindo, *em primeiro lugar* – num movimento que, como é sabido, é muito anterior à Reforma de 2008 –, a uma progressiva *desregulação* ou *deslegalização* do casamento. O direito afasta-se ou desinteressa-se cada vez mais da regulação do casamento[21], sobretudo da sua regulação em termos *imperativos*. E isto não apenas no campo dos efeitos *patrimoniais* do casamento, em que já se registava uma larga margem de autonomia dos cônjuges[22], mas sobretudo no dos

---

[21] Fala-se correntemente, a este propósito, de uma retirada ou recuo do direito ("*retrait du droit*").

[22] Presente, sobretudo, na liberdade de selecção do regime de bens (art. 1698º do Código Civil). Mas é óbvio que permanecem limites à autonomia patrimonial dos cônjuges com algum significado, como sucede com a subsistência de um princípio como o da imutabilidade dos regimes de bens, ou com a subsistência de um regime patrimonial "primário" (fundamentalmente no que toca ao regime de administração e disposição dos bens do casal, e ao regime da responsabilidade por dívidas) em que é explicitamente proclamada uma regra de imperatividade (art. 1699º do Código

seus efeitos *pessoais*. Aqui, o conjunto de disposições contidas no Código Civil limita-se a fixar os "deveres pessoais" dos cônjuges um em face do outro e pouco mais; e, se tais deveres devem ser lidos como impostos imperativamente, é também verdade que, como há muito se vem entendendo – e corresponde mesmo a uma evidência imposta pela especialidade da relação interconjugal –, os *modos de execução* de tais deveres conjugais não obedecem a um *padrão único*, podendo *variar* em função de uma multiplicidade de factores (como a própria personalidade dos cônjuges, o seu modo de relacionamento, a sua capacidade de tolerância, etc.). Aliás, ao mesmo tempo que se desinteressa da regulação (sobretudo imperativa) do casamento, o direito permite simultaneamente que sejam os cônjuges a proceder eles mesmos à conclusão de "acordos sobre a orientação da vida em comum"[23] – neste campo, pois, dir-se-á que cada vez mais a "auto-regulação" convencional ocupa o espaço deixado pela hetero-regulação legal.

b) Em *segundo* lugar, e em conexão com esta ideia de progressiva desregulação do casamento, deparamos com o progressivo *afrouxamento* dos deveres conjugais. É verdade que, como já dissemos, sempre se reconheceu que tais deveres apresentariam uma particular

---

Civil). Não tratamos todavia, no presente contexto, nem da possível incongruência entre aquela autonomia e estes constrangimentos imperativos, nem da discutibilidade das razões em que é costume fundar estes limites imperativos – uma espécie de ordem pública matrimonial no campo patrimonial, ligada à tutela do interesse (patrimonial) de um dos cônjuges, putativamente mais débil, ou, porventura, à defesa de interesses de terceiros (designadamente credores).

[23] Nos termos do art. 1671º. Julgamos a este propósito, porém, que o "acordo" a que se refere a disposição é mais o acordo pontualmente necessário para a tomada de *cada* decisão que integra a dita "vida em comum" do que propriamente um "grande acordo" que, *no início* da vigência do casamento, fixaria *genericamente* os quadros em que se moveria a vida comum dos cônjuges – é mais, neste sentido, diríamos, o *acordo-autorização* que o *acordo-contrato*. Ainda que se tratasse sempre de um contrato-quadro, dotado de um grau mais ligeiro de força vinculativa – pelo que se falará assim de um princípio de proibição de uma auto-regulação vinculativa estrita.

flexibilidade no momento da sua concreta execução[24]. Mas é óbvio que, descontada essa – aliás evidente – flexibilidade, os deveres conjugais não deixaram de ser vistos verdadeiros *deveres jurídicos*, ao menos para *alguns efeitos*. Hoje, porém, após a Reforma de 2008, deve reconhecer-se que passou a ser difícil descortinar nos deveres conjugais *qualquer marca característica* de um verdadeiro e próprio dever jurídico, tanto no plano das *consequências indemnizatórias* do seu incumprimento como no das correspondentes *consequências "resolutórias"* (quer dizer, em matéria de divórcio).

No plano das possíveis consequências *indemnizatórias* do seu incumprimento, observe-se, aliás, que já há muito se entende – maioritariamente, entre nós, ao que julgamos saber – que a indemnizabilidade de danos não patrimoniais resultantes da violação de deveres conjugais não se aplicaria aos deveres ("relativos") *especificamente* conjugais[25]. A circunstância de a Reforma de 2008 até ter vindo introduzir explicitamente a possibilidade de reparação por danos não patrimoniais – diversamente do que sucedia na anterior versão do art. 1792º do Código Civil, a qual se referia *apenas* aos danos não patrimoniais *resultantes do divórcio* –, mas tendo o cuidado de estabelecer que essa reparação se fará "nos termos gerais da responsabilidade civil"[26], parece pois não significar, em rigor, um

---

[24] Havendo mesmo quem os degradasse a simples desenvolvimentos ou manifestações de um único e amplo dever conjugal de instituir e manter uma plena comunhão de vida (neste sentido, C. PAMPLONA CORTE-REAL/J. SILVA PEREIRA, *cit.*, p. 130). Aliás, o *BGB* já não enumera qualquer *elenco de deveres* conjugais, limitando-se a impor genericamente (no § 1353) que os cônjuges adoptem ...uma comunhão de vida (ainda que nas disposições subsequentes se disponha, de modo mais circunstanciado, acerca do modo de exercício da assistência entre cônjuges).

[25] Ou seja, àqueles deveres que *nascem com o casamento*, correspondendo pois a direitos estritamente *relativos* – como sucede expressivamente com os deveres de coabitação e de fidelidade. É sobretudo esta irrelevância para efeitos indemnizatórios que dá corpo, como se sabe, à ideia da "fragilidade da garantia" dos direitos – pelo menos, *destes* direitos – familiares.

[26] É certo que tal expressão, em si mesma, não tem forçosamente, de modo claro, esse preciso sentido – se é que tem algum sentido claro. Mas parece ter sido esse o propósito do legislador (v. GUILHERME DE OLIVEIRA, *A nova lei do divórcio*, in

alargamento do âmbito da indemnizabilidade – antes, justamente, a consagração da doutrina já então maioritária, a qual, repete-se, já admitia o ressarcimento de danos não patrimoniais procedentes da violação de direitos absolutos[27].

No plano dos possíveis efeitos – diríamos – *"resolutórios"*[28] do incumprimento dos deveres conjugais, também hoje, após a Reforma de 2008, e como é sabido, a "violação culposa dos deveres conjugais" deixou de constituir fundamento de divórcio. É certo que pode dizer-se que, sendo agora irrelevante a *culpa*, a violação dos deveres conjugais continuaria ainda a relevar – agora, repete-se, independentemente de culpa – enquanto *manifestação* de uma possível *ruptura definitiva* do casamento, nos termos da al. d) do art. 1781º do Código Civil. Com tal alcance se poderia portanto admitir que a "violação dos deveres conjugais" teria ainda importância prática, e que os "deveres conjugais" manteriam, pois, a este nível, a sua marca de verdadeiros "deveres". Tomando como referência o regime geral do incumprimento das obrigações, dir-se-ia que a lei desconsideraria a *culpa* no incumprimento, mas este conservaria o seu relevo no que se reportasse às consequências resolutórias do *incumprimento não imputável* ao devedor: tal como o incumprimento não imputável

---

«Jus Familiae – Revista Portuguesa de Direito da Família», Ano VII, nº 13, Coimbra, 2010, p. 21): a remissão para os "termos gerais da responsabilidade civil" significará justamente que só se dará a reparação dos danos (não patrimoniais) sofridos por um dos cônjuges se tais danos forem indemnizáveis *independentemente da sua situação de cônjuges* – significará, pois, que essa reparação só será possível se se tratar de violação de direitos *absolutos* (porquanto se desconsidera a *relação especificamente conjugal*, e os direitos "relativos" nela inscritos)

[27] Só podendo ser exercido o direito a indemnização, em princípio, *com o divórcio – não antes disso*. Note-se, de resto que a discussão era já travada antes de 2008, atento o silêncio da lei; mas hoje o ponto está, aparentemente, resolvido: a localização sistemática do art. 1792º mostra tratar-se de um *efeito do divórcio*.

[28] Quando dizemos "resolutórios" pretendemos referir-nos, como é óbvio, ao funcionamento do incumprimento dos deveres conjugais como causa ou fundamento do *divórcio*.

ao devedor pode levar à resolução do contrato[29], assim também a violação dos deveres conjugais, independentemente da culpa de qualquer dos cônjuges – culpa que, justamente, é hoje desconsiderada –, constitui, por essa via, fundamento de divórcio. Estamos em crer, porém, que este caminho parece insuficiente para que se possa falar de verdadeiros deveres conjugais, para este efeito: a *"impossibilidade de cumprimento"* não imputável ao devedor prevista nos arts. 790º e ss do Código Civil é *coisa diversa* do *voluntário* incumprimento de deveres conjugais com desconsideração da culpa por parte da

---

[29] Mas devemos observar que, no art. 795º do Código Civil, a lei se confina a estabelecer que o credor fica "desobrigado" da contraprestação (liberação que aliás não é absoluta no caso de essa contraprestação já ter sido efectuada, pois que a lei se limita, em tal caso, a determinar a sua restituição nos termos do enriquecimento sem causa), não se pronunciando propriamente sobre a *modalidade jurídica* da *extinção ou cessação dos efeitos negociais*. Por outras palavras, a lei diz-nos o que sucede às obrigações ou às prestações contratuais, mas não nos esclarece sobre o que sucede ao *próprio contrato* (bilateral), que *naturalmente* vê cessarem ou extinguirem-se os seus efeitos em consequência daquela impossibilidade. Ora, uma primeira qualificação possível desta extinção ou cessação é a de *resolução contratual*: não apenas é esse o mecanismo tecnicamente adequado à vicisssitude aqui verificada (uma vicissitude relativa à *execução* contratual e surgida *nessa* execução, e que afecta o equilíbrio prestacional e a actuação do programa contratual por forma a que um dos sujeitos (pelo menos um) possa desvincular-se do contrato), como também é a própria *lei* a referir-se expressamente à "resolução" no art. 793º, a respeito da impossibilidade (igualmente não imputável) meramente parcial. É certo que a resolução resultante do art. 795º se dá aqui como que "automaticamente", não estabelecendo a lei, de forma explícita, um direito que o credor/devedor possa ou não exercer, em função do seu interesse, como sucede nas hipóteses especiais previstas no art. 793º, nº 2 (caso em que o credor tem *alternativa* à resolução contratual, a qual será justamente a *manutenção* do contrato, confinada à parte possível da prestação e à respectiva contraprestação, conquanto aqui se deva também entender que em relação à *outra* parte da prestação, a parte "impossível", se dá igualmente uma resolução parcial) e no art. 801º, nº 2 (caso em que o credor pode ter ainda interesse em efectuar a prestação que lhe cabe, não procedendo pois à resolução do contrato). Será em razão da referida automaticidade que talvez seja preferível uma outra qualificação: tratar-se-ia antes de uma caducidade (neste sentido, L. MENEZES LEITÃO, *Direito das obrigações*, vol. II, Coimbra, 2008, p. 122), o que aliás se acha em conformidade com a expressa opção legislativa no caso de perda da coisa locada (art. 1051º, al. f), do Código Civil) e em outras hipóteses congéneres. Mas, além de que se trataria, em qualquer caso, de uma caducidade atípica (dados, designadamente, os efeitos tendencialmente *ex tunc* que lhe correspondem), o que é certo é que o que se acha em debate é um simples problema de construção/qualificação, o qual deve como tal ser desvalorizado.

lei, como resulta do art. 1781º. Diríamos, nesta conformidade, que foi o próprio legislador a desvalorizar o casamento, que não é já um compromisso gerador de *deveres* que tenham de ser cumpridos, mas apenas um acordo que marca o início de uma comunhão de vida, no quadro da qual *se espera* que os cônjuges adoptem certo comportamento, que eles apenas adoptarão, evidentemente, *enquanto* durar essa comunhão. Teríamos portanto aqui uma categoria dogmática *diversa* do dever jurídico.

Concluímos, pois, que os deveres conjugais se acham hoje *esvaziados* das normais características de um dever jurídico. Das *faculdades* em que se analisa o *direito de crédito*, no regime geral das obrigações – as faculdades de exigir o cumprimento, de promover a execução específica, de indemnização em caso de incumprimento, de uso da *exceptio* ou do *commodum*, de transmitir ou remitir o crédito, de resolver o contrato por incumprimento, etc. – poucas ou nenhumas estão presentes nos deveres (ou nos "créditos") conjugais. Por este lado também, por conseguinte, se esbate a distância entre o casamento e a união de facto. Na realidade, parece não ter sentido insistir-se na ideia de que, ao contrário da união de facto, o casamento representa um *compromisso*, em que os sujeitos são portadores de uma *vontade de vinculação*, quando o que sucede hoje é que o direito *não lhes proporciona* essa vinculação – aliás, não lhe proporciona nem *permite* essa vinculação.

c) Mas o referido esbatimento da distância entre o casamento e a união de facto podemos ainda registá-lo, em *terceiro* lugar, no que se reporta à *cessação* do casamento. Deixando de lado o divórcio por mútuo consentimento[30], verificamos que ao anterior quadro de

---

[30] No âmbito do qual, aliás, se vem assistindo a uma progressiva facilitação, quer no que toca à inexistência de qualquer prazo de duração efectiva do casamento, quer no que se refere ao procedimento a observar. Note-se, a este último propósito, que a nossa lei deixou de exigir, após a Reforma de 2008, e como condição para

fundamentos de divórcio litigioso – que como se sabe incluía, ao lado da *causa indeterminada subjectiva* traduzida na violação culposa dos deveres conjugais, apenas três causas *determinadas objectivas* – sucedeu, após 2008, um quadro mais aberto que admite o divórcio com base na prova de qualquer facto que, independentemente da culpa de qualquer dos cônjuges, mostre a ruptura definitiva do casamento. Ao velho casamento tendencialmente perpétuo, sujeito a um controlo apertado da sua cessação – nas suas condições e nos seus procedimentos –, sucedeu pois um novo casamento, que poderá cessar sempre que se verifique a referida ruptura – que poderá cessar *juridicamente*, diríamos, *sempre* que (mas *apenas* se) houver cessado no plano dos *factos*.

Dir-se-á, nesta conformidade, que sob este aspecto a distância que separa hoje o casamento da união de facto ainda é *alguma*, mas é certamente *mínima*.

É óbvio haver ainda *alguma* diferença, quanto à "facilidade" da sua cessação, entre o casamento e a união de facto. Esta cessa, como é claro, quando cessar o *facto* da união – ou não se tratasse de uma realidade puramente fáctica –, *facto* que pode cessar pelo simples afastamento *unilateral* de um dos conviventes. Já o casamento permanece de algum modo um vínculo "formal", no sentido em que subsiste independentemente da subsistência de uma efectiva comunhão de vida[31]. E, diversamente do que sucede com a generalidade dos contratos patrimoniais duradouros – que podem cessar, em regra, por simples *denúncia* unilateral *ad nutum* –, para a cessação do casamento não basta essa declaração unilateral *ad nutum*, exigindo

---

o decretamento do divórcio por mútuo consentimento, que os cônjuges tenham chegado a acordo sobre as matérias "complementares" a que se refere o art. 1775º do Código Civil.

[31] Registe-se, porém, que a *separação de facto* – que representa uma como que *suspensão* do casamento no plano dos factos – não é ignorada pela lei, que a dota de um *estatuto próprio*, para diversíssimos efeitos (os quais não vamos aqui tratar), constituindo pois também, em alguma medida, uma suspensão *jurídica* do casamento.

a lei, como sabemos, a prova de factos *objectivos*[32] que mostrem *uma ruptura* já verificada, nas condições do art. 1781º do Código Civil. Tal diferença, todavia, afigura-se *mínima*. Em primeiro lugar, verificada uma situação de ruptura, *qualquer* dos cônjuges pode deduzir um pedido de divórcio. E, em segundo lugar, deve reconhecer-se que, *mesmo que* não se haja ainda verificado uma situação de ruptura, qualquer dos cônjuges pode, se bem virmos, *provocar de facto uma situação de ruptura* (designadamente "forçando" uma separação de facto) se efectivamente quiser divorciar-se[33]. Observe-se, aliás, que, no próprio regime geral das obrigações, tende a considerar-se que a *manifestação do propósito de não cumprir a obrigação*, quando tal manifestação for inequívoca, consciente, definitiva e peremptória, deve ser equiparada a um *incumprimento efectivo*[34].

Por este lado também, pois, perde sentido a ideia de que, no casamento, os sujeitos são portadores de uma vontade de *vincu-*

---

[32] Não bastando, pois, que um dos cônjuges alegue, p. ex., que "já não ama o outro" ou deseja seguir "um diferente projecto de vida", nem, por maioria de razão, a manifestação de um simples *propósito de provocar a ruptura*. Vemos com alguma dificuldade, porém, que o julgador possa interferir, com o seu crivo pessoal, no juízo próprio de quem está dentro da relação, pelo que a avaliação da existência de uma ruptura definitiva do casamento deveria fazer-se sobretudo, estamos em crer, em função da óptica ou da *avaliação* do cônjuge.

[33] Pergunta-se, pois, qual a lógica que preside a esta exigência de uma ruptura já verificada: se um dos cônjuges *declara o propósito* de criar uma situação de ruptura, não se entende porque a lei tem de esperar que essa ruptura se dê – não se entende porque a lei tem de esperar que, p. ex., o conflito *se instale efectivamente* no relacionamento conjugal. Pode pensar-se que o nosso legislador não terá tido a coragem de introduzir um sistema de divórcio "a pedido", no qual terá porventura pensado – mas da exposição de motivos que acompanha o projecto de lei que está na base da Lei nº 61/2008 não se retira qualquer sugestão segura de que um sistema de divórcio "a pedido" haja sido efectivamente considerado.

[34] E isto, precisamente, em consequência da *absoluta inutilidade*, em tal caso, de uma interpelação (ou do decurso do prazo convencionado) para constituir o devedor em mora, ou mesmo de uma interpelação admonitória para o credor poder resolver o contrato. V., sobre a recusa de cumprimento (ou declaração antecipada de não cumprimento), e a sua equiparação ao incumprimento efectivo (definitivo, possibilitando pois a resolução do contrato pelo credor, ou pelo menos provisório, com a constituição do devedor em mora), L. MENEZES LEITÃO, *Direito das Obrigações*, II, *cit.*, p. 236.

lação – agora neste plano da *perdurabilidade* do casamento –, porquanto o próprio direito acaba por *não lhes proporcionar* tal vinculação.

d) E se em matéria de *efeitos pessoais* o casamento se acha cada vez mais reduzido aos *factos* em que se traduz a comunhão de vida, praticada *como* for praticada e *enquanto* for praticada – sem a cobertura jurídica de uma estrita vinculação mediante a imposição de verdadeiros deveres jurídicos, e sem restrições efectivas à sua cessação logo que deflagrar uma situação de facto de ruptura da comunhão –, se em matéria de efeitos pessoais, dizíamos, as coisas são assim, também no domínio dos *efeitos patrimoniais* o casamento parece aproximar-se cada vez mais da união de facto, ainda que agora em moldes diversos.

No casamento, vale actualmente uma *larguíssima margem de autonomia*, expressa fundamentalmente, mas não apenas, na liberdade de celebração de convenções antenupciais e de fixação de regimes de bens[35] – aliás, como é sabido, nas convenções antenupciais pode não apenas fixar-se o regime de bens mas também incluir-se outras estipulações convencionais, de carácter patrimonial ou até de carácter pessoal. É certo que a lei sujeita os cônjuges a uma densa e complexa teia de regras destinadas à disciplina do seu relacionamento patrimonial; e que, dentro desse conjunto de regras, permanecem alguns *limites imperativos* a tal autonomia[36], fundados principalmente – digamo-lo de modo abreviado – em interesses de *terceiros* (fundamentalmente credores), ou no interesse de *um dos cônjuges*, presumivelmente mais débil, ou em geral na garantia de uma rela-

---

[35] Art. 1698º do Código Civil.

[36] V., sobre o tema, a extensa e profunda análise monográfica de RITA L. XAVIER, *Limites à autonomia privada na disciplina das relações patrimoniais entre os cônjuges*, Coimbra, 2000.

ção de efectiva *igualdade* entre os cônjuges[37]. Mas observe-se que alguns desses limites tendem a ser progressivamente abandonados pela generalidade das legislações[38], enquanto outros, como é fácil demonstrar, se defrontam com incongruências no próprio quadro legislativo português actual[39].

Na união de facto, por seu turno, parece valer um *princípio geral de autonomia e informalidade*[40]. Dir-se-á, aliás, que é isso mesmo que os conviventes se propõem – não apenas, como sabemos, no plano pessoal, mas também neste plano patrimonial.

Simplesmente, tal não impede, *por um lado*, que os sujeitos celebrem, se assim quiserem, um contrato (habitualmente designado de *"contrato de coabitação"*) que funcionaria como um esquema regulador do seu relacionamento patrimonial, no âmbito do qual os conviventes, por via da estipulação de cláusulas sobre a pro-

---

[37] Em obediência, de resto, ao princípio constitucional com esse mesmo sentido (art. 36°, n° 3, da Constituição)

[38] Como sucede, expressivamente, com o princípio da imutabilidade das convenções antenupciais e dos regimes de bens. V., sobre o ponto, F. PEREIRA COELHO/ GUILHERME DE OLIVEIRA, *Curso, cit.*, p. 498-500.

[39] P. ex., a lei estabelece a imperatividade do regime de administração dos bens do casal (art. 1699°, n° 1, al. c), do Código Civil), mas simultaneamente admite que um dos cônjuges, mediante *mandato*, tenha a administração exclusiva dos bens comuns ou dos bens próprios do outro (art. 1678°, n° 1, al. g)). E também parece haver alguma incongruência, em certos pontos, entre o regime da propriedade e o da responsabilidade por dívidas (pode p. ex. suceder que seja *exclusiva* a responsabilidade pela dívida do preço de um bem que, em propriedade, é *comum* a ambos – v., a tal respeito, o curto apontamento de C. PAMPLONA CORTE-REAL/J. SILVA PEREIRA, *cit.*, p. 169) ou entre o regime da administração de bens e o da responsabilidade por dívidas (v. F. P. COELHO/GUILHERME DE OLIVEIRA, *Curso*, cit., p. 406). De igual modo, se é verdade que é imperativa a regra da *metade* que preside à "estrutura" do património comum do casal e à respectiva partilha (art. 1730°), também é verdade que, através do recurso à via da sub-rogação real, os cônjuges podem, em muitos casos, logo no momento da aquisição do bem, adquiri-lo em *compropriedade* e aí fixar quotas *diferentes* para um e outro cônjuges (possibilidade, esta, não prevista explicitamente na lei, mas que resulta, de modo evidente, do art. 1723°, al. c), do Código Civil, em articulação com as regras gerais da compropriedade – v. F. P. COELHO/GUILHERME DE OLIVEIRA, *Curso, cit.*, p. 518).

[40] Sendo os problemas que se suscitem no âmbito do seu relacionamento patrimonial decididos *caso a caso*, de acordo com as *regras gerais*.

priedade dos bens adquiridos após o início da união de facto[41], ou sobre o modo de administração dos bens próprios de cada um ou dos adquiridos em compropriedade, ou sobre outras matérias afins, fixariam afinal um quadro regulativo *equivalente* ao que existe no

---

[41] Fazemos aqui duas observações.

Em primeiro lugar, repare-se que o Decreto nº 349/X (que está na base da Lei nº 23/2010, de 30 de Agosto) previa expressamente, no seu art. 5º-A (nº 1), que os conviventes pudessem "estipular cláusulas sobre a propriedade dos bens adquiridos durante a união" – tal como previa, de igual modo, que se presumiria, independentemente da estipulação de tais cláusulas, a compropriedade dos móveis (nº 2). A circunstância de tal disposição não haver passado para o articulado do texto legislativo não nos parece que signifique, de modo claro, uma *proibição* da estipulação daquelas cláusulas, ou o afastamento puro e simples do funcionamento da referida presunção. Por um lado, a estipulação de cláusulas "sobre a propriedade", como aliás de quaisquer outras cláusulas destinadas à (auto-)regulação das relações e interesses patrimoniais dos conviventes, constitui uma faculdade que resultaria já das regras *gerais*, no quadro da autonomia negocial *normal* (neste sentido, aliás, GUILHERME DE OLIVEIRA, *Notas, cit.*, p. 150). Por outro lado, a presunção de compropriedade dos móveis também resultará, estamos em crer, de uma *analogia* tirada da presunção do mesmo teor estabelecida no art. 1736º, nº 2, do Código Civil – supondo nós que neste caso a analogia é indiscutível, dado serem idênticas as *circunstâncias "convivenciais"* no âmbito das quais são adquiridos os bens móveis (se é *normal* que os móveis sejam adquiridos com o contributo de ambos os cônjuges, normal é também que o sejam se se tratar de simples unidos de facto) e dado o facto de o "regime de bens" vigente numa união de facto (na ausência, insistimos, de um contrato de coabitação que aponte em sentido diverso) ser exactamente *equivalente* ao regime (matrimonial) de *separação* de bens. E, ainda que não pudesse intervir aqui uma presunção *legal*, porque tirada por analogia e portanto não expressamente prevista na lei – argumento que, todavia, não subscrevemos –, sempre poderia funcionar uma presunção natural ou judicial (neste sentido, aliás, J. DUARTE PINHEIRO, *O Direito da Família Contemporâneo*, Lisboa, 2011, p. 732-733).

Em segundo lugar, devemos observar que, não tendo o contrato de coabitação o valor de "título legal" de deferimento da propriedade (como tem o casamento), podem suscitar-se dúvidas sobre o âmbito da eficácia de algumas das suas cláusulas – dúvidas que, aliás, vêm sido já de algum modo referenciadas pela (ainda escassa) literatura jurídica portuguesa sobre o tema (v., entre nós, C. PAMPLONA CORTE-REAL/J. SILVA PEREIRA, *cit.*, p. 171-3). Pergunta-se, designadamente, se o contrato de coabitação não estará confinado a uma *eficácia puramente "interna"* – propendendo nós a crer que a sua oponibilidade a terceiros estará efectivamente condicionada à sua inscrição no registo, o que, note-se, resultaria já das regras gerais e se acha prescrito para a própria convenção antenupcial (art. 1711º do Código Civil). E pergunta-se, do mesmo modo, se nessa "convenção anteconvencial" os companheiros podem fixar um *regime de bens de comunhão* idêntico ou análogo àqueles que tipicamente estão previstos para o casamento (é óbvio que poderiam sempre "pôr em compropriedade" quaisquer bens, nos termos gerais; mas a compropriedade, como é sabido, é uma forma de contitularidade de *um bem em particular*). Julgamos, também aqui, dever a resposta ser afirmativa: a circunstância

casamento – se não na sua extensão pelo menos no seu *objecto* e nos seus *propósitos*. E muitas regras ou institutos aparentemente *privativos* do casamento – como porventura sucederá com a própria "comunhão" conjugal[42] – poderão surgir afinal aplicados à união de facto por via da sua inclusão nesse "contrato de coabitação".

Por outro lado, apesar dessa *aparência* de uma total autonomia dos conviventes, julgamos que tal autonomia nunca será, em rigor, absoluta ou irrestrita: na realidade, achando-se constituída uma relação convivencial *análoga* à que se estabelece entre os cônjuges, é nosso juízo que haverá sempre *um corpo mínimo de regras imperativas* – designá-lo-íamos de "*ordem pública convivencial*" –, que naturalmente não é fácil identificar no presente contexto, mas às quais presidirá sobretudo uma ideia geral de preservação de uma relação *igualitária* entre os conviventes.

Por último, deve reconhecer-se que a larga maioria dos efeitos patrimoniais do casamento correspondem àquilo que denominámos de efeitos "indirectos" ou "legais" do casamento, não integrando pois o seu "*estatuto negocial*". Nada impede, por conseguinte, que as regras que estabelecem tais efeitos possam eventualmente aplicar-se *analogicamente* à união de facto[43] – desde que, como sabemos, se registe efectivamente analogia, tendo em conta a *ratio* de *cada norma*

---

de os regimes de comunhão estarem previstos como regimes *matrimoniais* não siginificará forçosamente que se trate de regimes *exclusivamente* matrimoniais, o que de resto, a ser aceite, corresponderia a um argumento puramente formal; e a consideração de que a propriedade colectiva (de que a comunhão conjugal é um exemplo) seria uma forma *excepcional* de contitularidade, sujeita a um princípio de *legalidade* estrito (neste sentido, reconhecemos, o ensinamento corrente entre nós: v. M. HENRIQUE MESQUITA, *Direitos Reais*, Coimbra, 1967, p. 235, C. MOTA PINTO, *cit.*, p. 353, e ainda, com "alguma dúvida" embora, J. DUARTE PINHEIRO, *cit.*, p. 726), também nos não parece que resulte directa e claramente dos dados da lei – nem do princípio da *par conditio creditorum* nem (mas aqui com algumas reservas) da regra do *numerus clausus* dos direitos reais fixada no art. 1306º, nº 1, do Código Civil.

[42] V. nota anterior.

[43] Inscreve-se aqui o debatido problema – a que já atrás fizemos referência – da eventual aplicação à união de facto do regime da responsabilidade comum pelas dívidas contraídas para acorrer aos encargos normais da vida familiar.

potencialmente aplicável e o *quadro de interesses* em presença. Aliás, podemos mesmo afirmar que essa analogia *foi reconhecida pela própria lei*, numa escala razoável: as consequências (fundamentalmente de tipo "protectivo", sendo pois efeitos legais ou indirectos, como vimos dizendo) estabelecidas pela Lei nº 7/2001, sobretudo após as alterações introduzidas pela Lei nº 23/2010, reportam-se justamente a mecanismos de protecção *já fixados para o casamento*, em relação aos quais se entendeu haver uma *analogia* suficiente para fundar a sua *extensão* à união de facto[44]: os direitos do sobrevivo, ou dos ex-conviventes em caso de ruptura, respeitantes ao destino da casa de morada de família correspondem aproximadamente àqueles que a lei prevê para o casamento[45], limitando-se mesmo a lei, em alguns casos, a pura e simplesmente *remeter* para o regime do casamento[46]; o direito de exigir *alimentos* da herança do falecido, constante do art. 2020º, corresponde também, de alguma forma, ao "apanágio do cônjuge sobrevivo" previsto no art. 2018º; os direitos às *prestações sociais* (e outras) de diversos tipos enumeradas nas várias alíneas do nº 1 do art. 3º da Lei da União de Facto operam igualmente mediante uma pura remissão para o regime do casamento ou da viuvez[47]; e

---

[44] Tratando-se, além do mais, de pontos de regime relativos a matérias que os conviventes poderão não ter tido oportunidade de regular – já porque entretanto um deles faleceu, já porque se deu uma ruptura da sua relação.

[45] Efectivamente, em caso de *ruptura*, a Lei da União de Facto limita-se a remeter para os arts. 1105º e 1793º, relativos ao divórcio; e, em caso de *morte*, surge-nos também uma remissão para o regime dos direitos concedidos ao cônjuge sobrevivo no caso de se tratar de casa *arrendada* (o art. 5º, nº 10, da Lei da União de facto remete para o art. 1106º do Código Civil), e, no caso de se tratar de casa *própria*, o extenso conjunto de efeitos predispostos nos nºs 1 a 9 do art. 5º da Lei da União de Facto corresponde também, em alguma medida, às "atribuições preferenciais" fixadas no art. 2103º-A do Código Civil.

[46] Assim os arts. 4º e 5º, nº 10, da Lei nº 7/2001, de 11 de Maio (na redacção resultante da Lei nº 23/2010, de 30 de Agosto)

[47] Remissão que hoje, após a Lei nº 23/2010, é feita sem qualquer reserva, mesmo quanto às prestações sociais previstas nas als. e), f) e g) – que operam agora *automaticamente* (como sucede em caso de casamento ou viuvez), e não dentro da lógica "alimentar" que parecia ser a opção da lei antes das alterações de 2010.

o mesmo sucede em relação a outros direitos concedidos ao (ex-) companheiro, como o direito a indemnização por morte, nos termos do art. 496°, n° 3, do Código Civil[48].

5. A conclusão fundamental que se retira deste brevíssimo percurso é pois, insistimos, a de que se estreitou substancialmente a distância entre o casamento e a união de facto, sobretudo em consequência do *novo perfil do casamento* que resulta das recentes alterações legislativas.

Este *recuo* no "perfil contratual" do casamento traduzir-se-á – sintetizando e recompondo de alguma forma as observações que aqui fomos deixando –, *em primeiro lugar*, numa *perda de importância do "momento declarativo"* (ou seja, do acto ou contrato de casamento) em confronto com o seu "momento executivo" (ou seja, o estado do casamento, a execução do projecto de comunhão de vida). É verdade que o Código Civil mantém ainda, como é aliás compreensível, uma extensa lista de possíveis *causas de invalidade* (ou inexistência) do casamento – por incapacidade ou "impedimento" matrimonial, por vício de forma, por divergência entre a vontade e a declaração ou vício da vontade relevantes. Simplesmente, sabemos que em matéria de casamento vale entre nós uma *"regra de validade"*, expressa no art. 1627ª do Código Civil, pelo que a invalidade (ou inexistência) do casamento será, neste sentido, excepcional; por outro lado, os efeitos da invalidade do casamento acabam muitas vezes por poder ser *neutralizados* quer por força da *sanação* dessa invalidade[49], quer mediante o funcionamento do instituto do *casamento putativo*[50]; além do mais, deve reconhecer-se que algumas das causas

---

[48] De acordo com a nova redacção do preceito, introduzida com a Lei n° 23/2010.

[49] Por confirmação, convalidação ou decurso do prazo de arguição da anulabilidade.

[50] Previsto nos arts. 1647° e 1648° do Código Civil.

de invalidade – estamos exactamente a pensar nos impedimentos matrimoniais – se fundam não tanto numa incapacidade relativa ao consentimento, mas sobretudo numa *incapacidade relativa ao estado de casado*[51]; por último, o que importa aqui sublinhar é que, esvaziadas as declarações negociais dos nubentes do seu conteúdo "de assunção de um vínculo" – vínculo este que hoje já nem existirá verdadeiramente, nem no plano das características e da garantia dos "deveres conjugais" nem sobretudo no da garantia de *perdurabilidade* do casamento –, a invocação da invalidade do casamento acaba por ter *escassíssima importância prática*, tendo em conta que os cônjuges poderão sempre, ou com grande facilidade, pôr termo ao casamento por via do divórcio[52]. Diremos pois que o velho paradigma matrimonial assente no *contrato* e nos seus possíveis *vícios*, com a consequente *invalidade* desse contrato, se encontra hoje, no quadro do *novo perfil* de casamento resultante sobretudo da Reforma de 2008, definitivamente *comprometido*. E a referida perda de importância do "momento declarativo" do casamento significará uma correlativa *valorização do seu "momento executivo"*: mais que o *contrato* de casamento, e o compromisso ou a vinculação aí assumida, o que importa verdadeiramente é a *continuada execução*

---

[51] Trata-se, pois, no seu fundamento, não de incapacidades para casar mas de incapacidades para "estar casado" – para assumir o estado de casado ou "executar" os comportamentos correspondentes a uma plena comunhão de vida. Circunstância que, aliás, se reflecte no próprio regime das anulabilidades daí resultantes, quer em relação aos prazos para a sua arguição quer em relação ao círculo de pessoas com legitimidade para essa arguição.

[52] Ao que julgamos saber, supomos que as referidas causas de invalidade do casamento, sobretudo os designados "vícios do consentimento", acabam por, na realidade, ser pouco ou raramente invocados em juízo, não tendo pois, nesta perspectiva, grande interesse prático – ressalvada a declaração de nulidade do casamento católico, mas aí por razões específicas da lei canónica. Referimo-nos ao facto de a declaração de nulidade do casamento católico ser *o único meio* , de acordo com a lei canónica, de os cônjuges casados catolicamente obterem a cessação do casamento (fora a hipótese marginal de casamento rato e não consumado) e simultaneamente terem a possibilidade de vir a contrair um novo casamento católico.

do projecto de comunhão de vida, nos termos em que os sujeitos o executarem e enquanto o executarem.

O referido recuo do *perfil contratual* do casamento – e esta é um *segunda* observação conclusiva – faz-se sobretudo sentir, como é evidente, ao nível dos seus efeitos *negociais* ou directos. Os efeitos essenciais a que se dirigiria a vontade dos *nubentes*, mas que justamente os unidos de facto pretenderiam *excluir* – a assunção de um *compromisso*, dotado de um mínimo de *garantias* e sem a possibilidade de uma denúncia unilateral *ad nutum* –, tais efeitos não se descobrem hoje com facilidade no próprio casamento. Diremos pois que, no essencial, *desapareceu a base* do que era a diferença fundamental entre o casamento e a união de facto. É verdade que os unidos *não querem* vincular-se juridicamente; mas também é verdade que, hoje, o regime legal do casamento *não proporciona nem permite* aos nubentes uma vinculação jurídica clara, como tivemos oportunidade de expor.

Esbatida a base da diferença principal entre os dois institutos, afigura-se – esta é uma *terceira* observação – que deixou de haver fundamento para a recusa de uma aplicação analógica, à união de facto, de muitas normas do casamento que estabelecem efeitos *indirectos* ou laterais de diversa ordem. A ideia de que certas normas do casamento pressuporiam um *dever* conjugal, e nessa conformidade seriam insusceptíveis de se aplicar analogicamente à união de facto precisamente porque aqui os sujeitos não assumiriam qualquer deveres[53], parece, na realidade, desajustada do direito matrimonial

---

[53] Tal argumento continua a ser usado para recusar, p. ex., a aplicação à união de facto do art 1691º, nº 1, al. c), do Código Civil (ao qual nos referimos já) ou da obrigação de alimentos subsequente ao divórcio (arts. 2016º e 2016º-A do Código Civil). Quanto a este segundo caso, reconhecemos que a orientação firme dos nossos tribunais (v., p. ex., o Acórdão do STJ de 4/2/1992, Colectânea de Jurisprudência, Acórdãos do Supremo Tribunal de Justiça, 1992, Tomo V, p. 89) tem sido, efectivamente, no sentido de *negar* aos ex-conviventes, após a ruptura da sua união, um direito a alimentos análogo ao estabelecido nos arts. 2016º e 2016º-A – sobretudo com fundamento na ideia de que o dever de alimentos pós-divórcio representaria

actual, no âmbito do qual os deveres conjugais se apresentam de alguma forma, repetimos, como um puro quadro "formal".

6. E à (quase) identidade jurídica entre o casamento e a união de facto devemos acrescentar, de igual modo, a sua (quase) identidade no plano sociológico – muito exactamente, no plano das *funções* desempenhadas por um e outro institutos. Efectivamente, a análise sociológica, ou económico-sociológica, vem mostrando que as *funções* ou *vantagens* normalmente associadas ao casamento – nos dias de hoje, fundamentalmente a "mútua gratificação afectiva" dos cônjuges, a partilha de recursos e sacrifícios através da constituição de um núcleo de economia comum, a educação, socialização ou "aculturação" dos filhos (ou da geração subsequente) –, tais funções ou vantagens são igualmente asseguradas, com o mesmo grau de *eficiência*, pela união de facto. O casamento deixa pois de ser *necessário*, nos planos social, afectivo, cultural ou económico; e tal sensação de desnecessidade, estamos em crer, é em geral partilhada pelas pessoas[54], que tendem a aceitar a união de facto como uma relação equivalente ou idêntica ao casamento – só subsistindo uma larga maioria de casamentos[55], supomos nós, por muitas vezes se

---

tão simplesmente um *prolongamento* do *dever* conjugal de assistência, o qual, justamente, *não existiria* na relação convivencial entre os unidos de facto. Ora, ainda que fosse essa a única *ratio* da obrigação alimentar entre ex-cônjuges – o que evidentemente é discutível –, o que sucede é que, tal como expomos no texto, os deveres conjugais, no actual contexto normativo, são mais um quadro "formal" do que propriamente deveres com existência efectiva.

[54] Em sentido diverso, aparentemente, GUILHERME DE OLIVEIRA, *Notas*, cit., p. 140 (afirmando que "a sociedade (...) dá preferência ao casamento como modelo jurídico de regulação da vida íntima"). Mas – concedemos – é claro que estamos aqui a lidar com realidades insusceptíveis de um conhecimento preciso, e muito menos de "quantificação".

[55] Mas mesmo estes, segundo parece, muitas vezes após o decurso de um certo tempo de união de facto – apresentando-se o casamento, pois, como uma espécie de "ritual de confirmação" de uma relação que já existia.

tratar de um *hábito* adquirido e de, pelo menos em certos meios, haver uma *pressão* social e *religiosa*[56] nessa direcção.

7. A identidade ou analogia fundamental que reconhecemos existir entre o casamento e a união de facto, sobretudo após a alteração de paradigma do casamento (e do divórcio) resultante da Lei nº 61/2008, esbarra ainda hoje, contudo, com a atribuição de escassíssimos efeitos legais à união de facto[57] – subsistindo diversas matérias em que é claro o intuito, *por parte da lei,* de tratar de forma diversa o casamento e a união de facto, *não sendo pois admissível, perante esse claro intuito, proceder-se a qualquer extensão analógica do regime do casamento*[58].

Ora, é indiscutível que a diferença que sobressai de forma mais nítida tem a ver com os *efeitos sucessórios* do casamento e da união de facto. A um *fortíssimo estatuto sucessório do cônjuge sobrevivo* – que é não apenas herdeiro legítimo (e numa posição qualificada em face dos demais herdeiros legítimos[59]) mas também herdeiro *legitimário,* como é sabido – contrapõe-se um estatuto sucessório do companheiro sobrevivo *praticamente vazio*: o companheiro so-

---

[56] Obviamente que, para o direito canónico, o casamento constitui um *sacramento,* pelo que, aí, há uma diferença *radical* entre o *acto* de casamento, *regularmente* celebrado perante um ministro do respectivo culto, e a mera situação de facto de convivência *more uxorio.* Simplesmente, os valores ou interesses que estão subjacentes à "regularidade" *apenas* do casamento – não da união de facto – são *completamente estranhos* ao direito civil, que lida com interesses de ordem *totalmente diversa.*

[57] Para um levantamento de algumas matérias que ainda não foram consideradas expressamente pela lei, e que, para o autor, deveriam merecer a sua atenção, v. GUILHERME DE OLIVEIRA, *Notas, cit.,* p. 150 e ss.

[58] Tratar-se-á, em tais casos, de "lacunas aparentes": não há qualquer ausência de uma "regulamentação exigida ou postulada pela ordem jurídica global", ou de "resposta, [no sistema], a uma questão jurídica" (V. J. BAPTISTA MACHADO, *Introdução ao Direito e ao Discurso Legitimador,* Coimbra, 1990, p. 194), porquanto a lei, ao *omitir* o tratamento *específico* de tais matérias, *quis,* de modo claro, dar-lhe o tratamento que resulta das *regras gerais.*

[59] Nos termos do art. 2139, nº 1, a quota do cônjuge não pode ser inferior a um quarto da herança.

brevivo *não é herdeiro* do falecido, limitando-se a lei a conceder-lhe um direito a exigir *alimentos* da herança do falecido[60], direito este que, aliás, a lei já atribuía ao cônjuge[61]. E a diferença é de tal forma *marcante* – em face da progressiva *indiferenciação* do casamento e da união de facto na generalidade das matérias, e em particular nesta área da *protecção do sobrevivo* em caso de morte – que pode mesmo afirmar-se que hoje o casamento se apresenta, nesta perspectiva, como ... um (quase) *contrato sucessório*, no sentido de que o *"grande efeito"*, o efeito mais significativo que os sujeitos vão obter, *optando pelo casamento em lugar da união de facto*, é precisamente esse efeito *sucessório*[62]!

Supomos que tal diversidade de tratamento – *excessiva*, na realidade, tendo em conta aquela indiferenciação ou aproximação – deve ser objecto de atenção pelo legislador[63], quer mediante a atribuição ao companheiro sobrevivo de uma posição sucessória "razoável", quer sobretudo, e *inversamente*, mediante a *depreciação* ou o *enfraquecimento* do estatuto sucessório deste cônjuge sobrevivo, pelo menos na parte que se refere à sua qualidade de *herdeiro legitimário*.

Em relação à posição sucessória do *unido de facto sobrevivo*, cremos que se justificaria que pudesse integrar a escala de sucessíveis

---

[60] Direito a alimentos condicionado, nos termos gerais, ao duplo requisito da *necessidade* de alimentos por parte do alimentando e da *possibilidade* de os prestar por parte do alimentador (arts. 2003°, 2004° e 2013° do Código Civil).

[61] Referimo-nos aqui ao apanágio do cônjuge sobrevivo (art. 2018° do Código Civil) – direito que, convenhamos, se encontra hoje praticamente destituído de importância prática –, ao qual já anteriormente aludimos.

[62] Estamos aqui a pensar, fundamentalmente, na qualidade de herdeiro *legitimário*.

[63] *Mais*, aliás, que outros pontos apontados pelos autores (como a eventual necessidade de um registo da união – que nos parece que nunca deveria além de uma função probatória –, ou a regulação dos regimes de bens, dos poderes de administração de bens e da responsabilidade por dívidas – que são matérias basicamente "técnicas", de simples arrumação ou organização, e nas quais podem já, de resto, operar analogias).

na sucessão legítima, porventura numa posição inferior à do cônjge, descendentes e ascendentes[64].

Em relação à posição sucessória do *cônjuge sobrevivo*, e admitindo não ser este o espaço próprio para o tratamento desenvolvido do problema – que, de resto, ultrapassa a perspectiva do mero confronto com a união de facto –, alinhamos aqui, de modo sumário, algumas razões que julgamos deporem a favor dessa depreciação.

Em primeiro lugar, e como se viu, o casamento é, por um lado, cada vez menos "vinculativo" no plano dos efeitos pessoais e, por outro lado, cada vez mais precário, dada a progressiva facilitação do divórcio. Diríamos pois que o casamento hoje vale pouco – vincula pouco, e pode cessar facilmente. Parece portanto que este actual regime "familiar" do casamento se acha um pouco *desajustado* do seu regime sucessório, o qual terá sido pensado, pelo contrário, para o velho casamento perpétuo e de forte carga vinculativa. De alguma forma se diria, nesta sequência, que o casamento conseguiria, por via sucessória e portanto após o seu termo, uma vinculatividade e uma perpetuidade que não teria normalmente durante a sua vigência.

Em segundo lugar, também não nos parece colher o argumento de que, precisamente por ser o casamento cada vez mais precário, deve justamente ser *mais valorizado* o casamento que *consegue sobreviver até à morte* de um dos cônjuges[65]. E não nos parece colher semelhante argumento porquanto não pode garantir-se que o casamento iria perdurar por muito mais tempo; de resto, o casamento

---

[64] Vai neste sentido, note-se, o Código Civil de Macau (arts. 1983º e 1985º). Repare-se, por outro lado, que a posição sucessória inferior do unido em face do cônjuge sobrevivo é, em parte, aparente, pois que resulta logo da desconsideração da união de facto *adulterina*.

[65] A este argumento aludem PAULA T. VÍTOR/ROSA C. MARTINS, *New marriage, old succession? The influence of the new conceptions of marriage in the position of the surviving spouse*, in «Essays in honour of Penelope Agallopoulou», Atenas, 2011, p. 1473. Aliás, ao que julgamos saber, tal argumento terá pesado – no âmbito dos trabalhos da Comissão de Reforma do Código Civil que preparou a Reforma de 1977 – no sentido da consagração do actual regime sucessório.

pode ter durado pouco, se a morte se deu pouco tempo após o casamento; e parece artificial, de qualquer modo, essa distinção entre casamentos "fortes" e casamentos "fracos", a ponto de fundamentar uma tal diferenciação de regimes sucessórios.

Em terceiro lugar, não vemos que as exigências de *solidariedade*[66] em favor do cônjuge sobrevivo, as quais estarão na base da sua sólida posição sucessória, sobretudo enquanto herdeiro *legitimário*, justifiquem tão elevado grau de protecção sucessória – mais elevado, como sabemos, que a protecção reservada aos próprios descendentes. Visto *globalmente* o sistema de protecção do cônjuge sobrevivo, o qual inclui prestações de diversa ordem[67], não vemos que haja uma necessidade estrita de *reservar* para o cônjuge, de forma *imperativa*, uma parcela da herança[68].

E a própria ideia de que aquela exigência de solidariedade assentaria num específico dever conjugal (o dever de *assistência*), cujo cumprimento *não deve ser interrompido só porque* a morte interrompeu (contra a vontade dos cônjuges) o casamento, também parece desfasada da actual configuração dos "deveres" conjugais, tal como julgamos deverem ser entendidos, e da actual precariedade e falibilidade do casamento: não era seguro que o casamento *perdurasse por tempo indeterminado*, e que portanto o cônjuge (que agora faleceu) continuasse, por tempo indeterminado, a cumprir normalmente o seu dever de assistência; e, de qualquer modo, a transmissão here-

---

[66] Sobre as duas preocupações possíveis subjacentes à designação legal dos sucessíveis (sobretudo dos legitimários) – a solidariedade (ou cuidado) e a "contribuição" (ou compensação pelos serviços prestados pelo agora beneficiário), v. a análise cuidada de PAULA T. VÍTOR/ROSA C. MARTINS, cit., ps. 1469 ss.

[67] Alimentares, relativas à casa de morada, resultantes dos regimes da segurança social, etc.

[68] Curiosamente, o Código Civil de Macau, muito moldado no nosso Código Civil, mantendo embora a posição de legitimário do cônjuge sobrevivo (art. 1995°), permite todavia que os cônjuges *renunciem reciprocamente* à sua qualidade de herdeiros legitimários, devendo fazê-lo em "convenção matrimonial" (antenupcial ou "pós-nupcial" – arts. 1971° e 1978°).

ditária *ultrapassa* em muito, no seu objecto, a lógica e propósitos "alimentares" e assistenciais do referido dever conjugal.

RELANCE CRÍTICO SOBRE O DIREITO
DE FAMÍLIA PORTUGUÊS

Carlos Pamplona Corte Real
Professor Aposentado da Faculdade de Direito da Universidade de Lisboa

Homenagem viva a um académico de eleição, um cientista
profundo, um homem generoso, de quem tive a honra de ser
discípulo, e que guardarei para sempre como imagem
do dever ser docente.

Sumário

(a) A índole jurídica do Direito de Família; (b) A pretensa tipificação das
situações jurídicas familiares; (c) A laicidade do casamento e a marcante
influência do casamento católico; (d) O Casamento e a sua recondução a
um contrato; (e) O estatuto da mulher casada; (f) Casamento e orientação
sexual; (g) Os pretensos deveres conjugais; (h) Regime conjugal patrimonial
geral e convencional: a respectiva problemática; (i) Casamento e União
de Facto: analogia ou antagonismo do regime? (j) A eliminação da culpa
na consecução do divórcio atestando o carácter livre da relação conjugal;
(k) A prevalência do biologismo em termos de parentalidade; Conclusão.

Pretende este trabalho assumir-se como um ensaio analítico-cri-
tico do Direito de Família português que, inegavelmente, se perde
em preconceitos e dilemas passadistas, que não ousa ultrapassar de
uma forma radical.

DOI: http://dx.doi.org/10.14195/978-989-26-1113-6_4

São vários os pontos que elencaremos, frisando relativamente a cada um deles as dificuldades denunciadas pelo nosso ordenamento e seus intérpretes.

a) A índole jurídica do Direito de Família

Partindo do pressuposto erróneo de que a família é a base da própria organização sócio-política, certo sector da doutrina vê neste ramo de direito um sector constituído por normas cogentes ou imperativas, que expressariam uma índole publicista do mesmo Direito de Família. Não parece poder relevar este ponto de vista, porque o Direito de Família parte da lídima afirmação de uma autonomia pessoal, intimista e geradora de uma convivencialidade perfeitamente recortada pelos sujeitos que a partilham. Nenhum ramo de direito poderá ser mais livre e íntimo que o Direito de Família, cabendo ao Estado, quando muito, a protecção da intimidade da vida familiar. Não será admissível que a vivência familiar possa ser imposta e não fruída.

Este é um dos dilemas que vêem subsistindo e que levam alguns autores a negar tal evidência, que a Constituição (CRP) bem garante, como se verá, quanto ao cariz da tutela da reserva da intimidade da vida familiar e da garantia do direito fundamental de constituir livremente família e de contrair, ou não, casamento (arts.º 26.º e 36.º da CRP).

Concluindo, o Direito de Família é um ramo de direito privado, o mais "privado dir-se-ia", ainda que o Estado, reconhecendo a legitimidade dessa privacidade, a deva proteger e tutelar.

b) A pretensa tipificação das situações jurídicas familiares

O artigo 1576° do Código Civil Português (CC) elenca como fontes das relações jurídicas familiares, o casamento, o parentesco, a afinidade e a adopção. Tal circunstância leva a doutrina a querelar se seriam admissíveis outras situações familiares, discutindo a natureza taxativa do teor do referido preceito. Sempre sobre o pressuposto do cariz para-publicista do Direito de Família. E daí as intermináveis discussões, v.g. sobre a recondução da união de facto a uma relação de família.

É no mínimo de estranhar que, neste específico ramo de direito, se não procure a essência do seu objecto e se pense que é possível taxativar as situações por ele abrangidas. A família cria-se e recria-se em tantas situações, pelo que parece perfeitamente inconseguível amarrar as suas manifestações coexistenciais a um leque pré-determinado de casos. Parece mais ajustado tecnicamente procurar-se nas situações contempladas no art.º 1576.º a essência comum às mesmas, em ordem a admitir que possam relevar como tais outras que pisem os mesmos parâmetros, em termos analógicos. Então o que será uma situação jurídica familiar?

Crê-se, nesse tocante – já escrevi –, que um elemento constante nas situações legais enunciadas é a sua virtual ou efectiva perdurabilidade, que sublinha o carácter presumivelmente afectivo que lhes é inerente, ainda que o facto gerador seja vário, podendo ir v.g., de uma relação biológica a uma sentença judicial constituinte de um vínculo adoptivo.

Claro que a gradação do diferente cariz da origem, relevância social e da referida perdurabilidade do vínculo é vária. Mas, parecem ser esses aspectos – repete-se, perdurabilidade (virtual definitividade), inerentes ou presumidos laços afectivos mais ou menos expressivos, acto constitutivo significante biológica, vivencial, administrativa ou judicialmente, num cruzamento complexo porém relevante para a detecção de situações análogas ou afins igualmente eficazes na área familiar -, que corresponderão ao critério, sem dúvida complexo, que permitirá ao intérprete tomar uma situação como inserível no Direito de Família.

Dir-se-á que o critério é evanescente. Responder-se-á que terá que o ser perante a dinâmica hodierna do Direito de Família.

Lembra-se aqui que há uma autora brasileira, Maria Berenice Dias[1], que afirma dever falar-se não em Direito da Família mas em Direito das Famílias... E uma tal perspectiva permitiria abrir-se a porta do nosso sistema jurídico ao abarcar de novas realidades familiares, num mundo em mutação, onde o casamento já não tem de ser obrigatoriamente heterossexual, onde a união de facto, de facto nada tem, aproximando-se de uma união civil registável, onde o biologismo anda paredes meias com a procriação medicamente assistida (P.M.A.) e com uma perspectiva afectiva da parentalidade (...).

E será por isso que a nossa lei não retrata de forma compreensível a essência da coisa familiar (...).

É que liberdade e responsabilidade deverão ser sempre os índices que nortearão o jurista na detecção da normatividade jurídico-familiar, sem que uma conceptualização alheia à realidade, e/ou formal, propicie o acesso ao âmago do Direito de Família.

Teremos que nos "sorrir" quando lemos autores de nomeada, ainda hoje, controverterem a natureza jurídico-familiar da união de facto... Ainda o passadismo a marcar pontos sem a mínima razoabilidade. Como escreve Jemolo, a família "não pode ser reduzida a uma construção jurídica, pois lembra sobretudo afectos, diz mais respeito ao coração que à razão, sendo que o direito só é plenamente eficaz quando se trata de prescrever em matéria de valores económicos, do meu e do teu; ora, pertencendo ao domínio dos valores imateriais,

---

[1] In "Manual do Direito das Famílias", 4.ª ed., Editora da Revista dos Tribunais, 2007, p.p. 25 e ss.

a família seria um instituto pré-jurídico que aparece sempre como uma ilha que o mar do direito pode tocar, mas apenas tocar"[2].

Em conclusão, não tenha o ordenamento a veleidade de amarrar o Direito de Família na sua dimensão pessoal e inter-relacional, perfeitamente intangíveis.

c) A laicidade do casamento e a marcante influência do casamento católico.

Em Portugal, a Concordata de 1940, o Protocolo Adicional à mesma, de 15 de Fevereiro de 1975, e a Concordata de 2004, são um latente motivo de alguma perplexidade por parte dos cidadãos na apreensão da essência do casamento. O Código Civil admite ainda no art. 1587º, como modalidades do casamento, o casamento civil e o casamento católico, acrescentando o art. 1589º a ideia de que se trataria de uma dualidade de casamentos. Tal leitura não será correcta, hoje em dia. O casamento civil é o único casamento a que se refere o art. 36º da Constituição (CRP), como inequivocamente decorre do nº 2 do mesmo preceito, ainda que o nosso ordenamento reconheça eficácia também ao casamento religioso (que não apenas o católico) nos termos da Lei 16/2001, de 22 de Junho. Ou seja, o Estado Português já não se diz uma nação católica e respeita genericamente as religiões radicadas, que não contrariem a ordem pública interna, quanto aos respectivos casamentos, que apenas deverão ser precedidos da obtenção de um certificado prévio da capacidade civil matrimonial e, depois, devidamente sujeitos a uma controladora, no mero plano civil, transcrição no Registo Civil.

---

[2] Jemolo, A. C., "La Famiglia e il Diritto", in "Pagine Sparse di Diritto e Storiografia", Giuffrè, 1957, pp. 222 e ss.

Dito isto, há contudo que reconhecer que, no tocante a aspectos conexos, por exemplo, com a indissolubilidade do casamento, ou com a heterossexualidade como pressuposto do vínculo conjugal, a natureza sacramental do casamento católico não deixou de pressionar o regime jurídico do casamento civil. Adiante especificar-se-á melhor a temática.

d) O Casamento e a sua recondução a um contrato

O artigo 1577.º do CC teve a veleidade de definir casamento como um contrato celebrado entre duas pessoas, em ordem a uma comunhão plena de vida. Disse-se veleidade porque não é tecnicamente ajustado o recurso a definições jurídicas na lei, porque dificilmente abarcarão todo o tipo de situações em causa, e por que não têm um conteúdo cogente, nem sequer normativo, mas meramente programático.

Quase sempre a definição peca tecnicamente e/ou, na amplitude das situações enquadradas. E, neste caso, é difícil vislumbrar-se no casamento um contrato, em termos tradicionais. Como se se pudesse contratar uma obrigação coexistencial de comunhão plena de vida; como se se pudesse contratar o exercício do afecto por forma perdurável, e fazendo face a necessárias e imprevisíveis alterações de circunstâncias; como se o casamento, a ser um contrato, pudesse circunscrever-se a um vínculo sinalagmático de direitos e deveres recíprocos, quando nem sequer é pensável a existência de direitos sobre pessoas.

O casamento é um projecto existencial, um acordo de vontades de índole por essência alterável no dia-a-dia da gestão familiar. Acto jurídico que não pode, porém, desdizer o que de mais respeitável tem a natureza humana, a sua índole pessoal e intimista, necessariamente, como se disse supra, inagarrável pelo direito e indisponível.

Falar em contrato, ali onde a lei civil chega ao ponto de enunciar deveres conjugais (?), é de todo incompreensível. Retomar-se-á este problema quando se analisar a Lei do Divórcio, Lei nº 61/2008, de 31 de Outubro, lei que afastou a culpa da consecução do mesmo. Nem a ideia de contrato, nem a ideia de existência de deveres conjugais quadrariam com a essência do casamento.

Em suma, o casamento é um acto jurídico sem fronteiras no modo como os cônjuges o gerem, renovadamente, a nível diário, sendo ínvio o direito interferir na programação de um dia-a-dia convivencial... O direito só pode intervir em casos limites e gravosos, como se verá adiante. Fica posta de lado a hipótese de transpor para o casamento, por exemplo, as regras específicas dos contratos sinalagmáticos perfeitamente inadequadas: reciprocidade no cumprimento das pretensas obrigações, resolução do vínculo por alteração das circunstâncias e toda uma panóplia de regras aplicáveis aos contratos bilaterais, que não são em absoluto pensáveis para o casamento, quanto mais não seja, por respeito ao princípio constitucional do livre desenvolvimento da personalidade e da insusceptibilidade de coisificação da vida a dois e da existência de direitos sobre pessoas.

Mais um momento de estupefacção ocorreria se quiséssemos pensar o dever de coabitação em termos imperativos e recíprocos, quando se está perante um acto, por essência absolutamente livre...

e) O estatuto da mulher casada

O estatuto jurídico da mulher casada, em termos sociais, é outra *vexata questio* que entravou, e continua a entravar, o processo evolutivo do Direito da Família português.

No passado, a chefia familiar, como é sabido, era atribuída ao marido, enquanto a mulher se quedava pelo governo doméstico, para além das substanciais restrições no campo da administração e disposição do património conjugal, mesmo quando próprio da mulher. Esta perspectiva terá sido aparentemente superada pela reforma do Código Civil de 1977, a qual na esteira da Constituição determinou a paridade ou igualdade dos cônjuges dentro do casamento, quer no domínio pessoal, nomeadamente no que à parentalidade diz respeito, quer no domínio patrimonial. E referiu-se aparentemente porque não só a sociedade ainda não assimilou adequadamente tal igualdade, como porque na própria leitura do Código Civil se podem entrever resquícios dessa situação anterior, ainda residual. Basta recordar o artigo 1676.º, n.º 2 que, na nova redacção conferida pela Lei n.º 61/2008, de 31 de Outubro, continua a admitir que um dos cônjuges possa "renunciar de forma excessiva à satisfação dos seus interesses em favor da vida em comum, designadamente à sua vida profissional", encobrindo a situação concreta a que visa fazer face. "Renúncia excessiva" é um termo juridicamente no mínimo estranho; e está bem de ver que, no nosso contexto sociológico, dos cônjuges o renunciante (...) será tendencialmente o cônjuge mulher, a quem continua a ser "ocultadamente" reconhecida uma primazia na gestão do lar... Esta renúncia excessiva vai gerar a obtenção de uma pensão compensatória aquando da extinção do vínculo conjugal, como forma de fazer face àquilo que a doutrina chama de "enriquecimento sem causa" do cônjuge que não viu afectada a sua carreira e actividade profissional, normalmente o cônjuge marido. Ou seja, a nossa lei deixa latente vias de sustentação do estádio de não igualdade conjugal, não sendo o legislador inequívoco na assunção do seu próprio pensamento...[3]

---

[3] Tomé, Maria João R. C. V., "Considerações sobre alguns efeitos patrimoniais do divórcio na Lei n.º 61/2008, de 31 de Outubro: (in)adequação às realidades familiares do Século XXI?" in "E foram felizes para sempre...?, Coordenação Sottomayor, Maria Clara e Féria de Almeida, Maria Teresa, Wolters Kluwer Portugal - Coimbra Editora, 2010, pp.180 e ss.

f) Casamento e orientação sexual

Padece o nosso ordenamento de um claro preconceito homofóbico. Por mais que a Lei n.º 9/2010, de 31 de Maio, tenha admitido o casamento de pessoas do mesmo sexo; por mais que a Lei n.º 7/2001, de 11 de Maio, tenha admitido a União de Facto entre pessoas do mesmo sexo, corrigindo o teor da Lei n.º 135/99, de 28 de Agosto (que ao consagrar pela primeira vez a União de Facto, a admitia apenas entre parceiros de sexo diferente), a verdade é que se viveram largos anos de completo impedimento jurídico quanto ao acesso familiar relativamente a casais de pessoas do mesmo sexo. Ainda hoje a lei civil, como adiante se verá, deixa no ar sequelas graves do referido preconceito homofóbico, no que à parentalidade nomeadamente diz respeito, quer em matéria de Adopção – artigo 3.º da Lei 9/2010, artigo 7.º da LUF –, quer em matéria de P.M.A. – artigo 6.º da Lei 32/2006, de 26 de Julho[4].

Tudo remonta à velha questão (Teresa Pires e Helena Paixão) que o Tribunal Constitucional[5], na altura, entendeu que não poderiam contrair casamento por não ser legível na Constituição qualquer assunção de uma posição permissiva, havendo como que uma abstenção constitucional com remissão em absoluto para o poder do legislador ordinário (ponto de vista partilhado, na altura, por Vital Moreira e Gomes Canotilho)[6], ou seja, era como que passado um cheque em branco ao legislador ordinário (que se mantêm), desco-

---

[4] Nota do Coordenador: o texto foi escrito antes da aprovação, pela Assembleia da República, da adoção por casais do mesmo sexo.

[5] Vd. Carlos Pamplona Corte Real, (Isabel Moreira e Luís Duarte d'Almeida), "O casamento entre pessoas do mesmo sexo: três pareceres sobre a inconstitucionalidade dos artigos 1577.º e 1628.º, e), do Código Civil", Almedina 2008, pp. 21 e ss.; os pareceres foram juntos ao processo de que resultou o Acórdão do Tribunal Constitucional n.º 359/2009, DR II Série, n.º 214, de 4 de Novembro.

[6] Cfr. Gomes Canotilho e Vital Moreira, "Constituição Portuguesa Anotada", Tomo I, 4.ª ed., Coimbra Editora, 2007, pp. 568 e ss..

nhecendo-se em absoluto, o artigo 13.º, n.º 2, da Constituição, que a propósito do Princípio da Igualdade o impunha em termos de observância e respeito pela orientação sexual. Tal estado de coisas só viria a ser ultrapassado, com a Lei n.º 9/2010, também ela escudada num acórdão em sentido radicalmente oposto do mesmo Tribunal Constitucional, o Acórdão n.º 121/2010, de 8 de Abril.

Mudaram-se as normas jurídicas; ficou porém toda uma vivência social dificultante da viabilização inequívoca da possibilidade e acesso à conjugalidade de casais de pessoas do mesmo sexo. Adiante voltar-se-á ao tema, quando se analisar o regime jurídico da Adopção e da P.M.A. como já se fez referência acima, onde a inacessibilidade dos casais de pessoas do mesmo sexo é mais gritante. Rematando, o preconceito homofóbico continua a grassar (...) na nossa lei civil, agudizadamente no plano da parentalidade, o que contraria curiosamente a evolução ocorrida noutros países europeus, em que a parentalidade, em nome do superior interesse da criança, terá sido o problema primeiramente ultrapassado[7].

g) Os pretensos deveres conjugais

A nossa lei civil, nos artigos 1672.º e seguintes, fala em deveres dos cônjuges, abrangendo os deveres de respeito, fidelidade, coabitação, cooperação e assistência. E o entendimento pacífico da doutrina portuguesa até ao surgimento da Lei n.º 61/2008 era o de que estes deveres conjugais seriam imperativos, sendo que a sua violação daria origem a uma situação culposa permissiva da obtenção de um divórcio, que então tinha a natureza de divórcio-sanção. Ninguém

---

[7] Vd. Wintemute, Robert, "Igualdade na Parentalidade de Casais do Mesmo Sexo em Portugal: Co-Adoção e Adoção Conjunta", in "Famílias no Plural: alargar o conceito, largar o preconceito", ILGA Portugal, 2013, pp. 148 e ss..

ousava analisar da viabilidade desta exigência legal de cogência quanto aos deveres conjugais, esquecendo a doutrina em absoluto, o carácter indisponível da esfera jurídica pessoal dos cônjuges, e a sua insusceptibilidade de adstrição ao cunho imperativo destes deveres conjugais, que no mínimo embatiam fragorosamente no livre desenvolvimento da personalidade como valor constitucionalmente protegido. Assim foi sendo, no quietismo doutrinal com que se olhava a paz que se pretendia vinculasse, na instrumentalização dos deveres conjugais, a comunhão plena de vida dos cônjuges. Hoje em dia, a aberração da manutenção na lei civil dos deveres conjugais é mais evidente, porque a já referida Lei n.º 61/2008 acabou com o divórcio-sanção baseado na culpa e acolheu o divórcio fracasso ou constatação da ruptura. Os artigos 1790.º a 1792.º demonstram bem que a culpa foi erradicada da pretensa "violação" dos tais "deveres" conjugais, o que torna de todo incompreensível a manutenção da terminologia, ou seja, a manutenção da referência a deveres que, no plano jurídico, pressupõem sempre uma adstrição sancionável no caso de incumprimento culposo. Não teve o legislador "coragem" de eliminar a referência aos deveres conjugais, reconhecendo que a comunhão plena de vida conjugal é um espaço de gestão livre e bicéfala, não sendo legítimo impor-se num campo tão marcadamente intimista a referência a vinculações imperativas. Não o permite aliás mesmo o artigo 26.º da Constituição; não o permite do mesmo modo a mencionada eliminação da culpa na consecução do divórcio. Realmente, é um contra-senso que um dever jurídico, eventualmente violado, não possa implicar a essência de culpa. Se tal não ocorre, como hoje em dia não ocorre com a lei do divórcio, é porque o dever não é um verdadeiro dever e terá um cunho quando muito programático[8].

---

[8] Sobre o ponto, leia-se, em sentido algo diverso, Jorge Duarte Pinheiro, in "O Direito da Família Contemporâneo", 4.ª ed., AAFDL, 2013, pp. 456 e ss.

h) Regime conjugal patrimonial geral e convencional: a respectiva problemática

Não se faz ideia das perplexidades que o regime legal patrimonial a nível conjugal suscita. Por um lado, fixa a lei um regime geral que pretende compatibilizar com os regimes convencionais típicos e/ou atípicos, o que não parece tarefa facilmente exequível, porque um regime geral "torpedeado" por regimes plúrimos ditos típicos e atípicos perde exequibilidade e consequencialidade[9].

Tem o legislador português necessidade, no que diz respeito aos aspectos gerais conexos com o regime das dívidas ou com o regime de administração e disposição dos bens, de fazer referências e remissões para os regimes de bens inseridos em convenção antenupcial ou supletivamente aplicados. Diz, por exemplo, que a alienação de um bem próprio de um dos cônjuges só é possível sem o consentimento do outro cônjuge no regime de separação de bens. E a questão é esta: e se se estiver perante um regime atípico em que, por exemplo, só um bem imóvel é dito ser comum, como se interpreta tal exigência por não se estar ante um verdadeiro e global regime de separação de bens? Também não faz sentido a existência de regimes tipificados ao lado de outros perfeitamente livres e atípicos. Qual a função dos regimes de bens que a lei tipificou? E com que intuito o fez? Mas há mais dificuldades. O regime de separação de bens, por exemplo, é compatível com a sucessão por morte do cônjuge sobrevivo, frustrando a aparência do objectivo visado pelos nubentes na convenção antenupcial ao estipularem-no. Também no regime de separação de bens é delicado entender como pode uma dívida ser tida por comunicável, quando os patrimónios são perfeitamente estanques; também no regime de comunhão de bens

---

[9] Cfr. Henriques, Sofia, "Estatuto Patrimonial dos Cônjuges – Reflexo da Atipicidade do Regime de Bens", Coimbra Editora, 2009, pp. 225 e ss..

(comunhão geral ou comunhão de adquiridos), alguns problemas são entrevisíveis: pense-se, por exemplo, no teor do artigo 1680.º que permite aos cônjuges constituirem depósitos em nome individual e movimentarem-nos livremente, sem qualquer tentativa de harmonização do regime bancário com um regime de bens comunitário eventualmente adoptado. Os bens depositados podem ser comuns e o depósito ser em nome individual... Ou seja, a coerência e a lógica não parecem imperar sempre, gerando-se dificuldades interpretativas. Por exemplo, e continuando, o património comum conjugal é considerado um património colectivo e não uma situação jurídica de compropriedade: será fácil apreender o alcance efectivo de tal distinção, que surge sem clareza sequer relevante no momento da extinção do vínculo? Por último, as convenções antenupciais, nos termos dos artigos 1698.º e seguintes do Código Civil, estão sujeitas ao princípio da imutabilidade do regime de bens. A ideia parece ser a de proteger mais os credores do que os próprios cônjuges, se bem que o artigo 1714.º crie excepções de todo contrastantes com essa preocupação, a saber, a possibilidade dos cônjuges celebrarem contratos de sociedade em que pelo menos um dos cônjuges pode suportar uma responsabilidade social ilimitada (cfr. arti. 8.º do Código das Sociedades Comerciais). Enfim, uma encruzilhada de situações, dificultante do giro patrimonial conjugal, que seria mais fácil deixar em absoluto à livre disposição das partes, nomeadamente, no momento da celebração do casamento e na respectiva convenção antenupcial. Intrometendo-se em excesso, o legislador português cria amarras que tornam realmente difícil a extinção do vínculo conjugal, face às consequências casuístico-patrimoniais que são geradas no dia-a-dia pelo regime patrimonial complexo que a lei acolhe.

A solução parecia poder estar na absoluta devolução aos cônjuges da gestão dos aspectos patrimoniais próprios e comuns, em vida e por morte, sem intromissões abusivas e por vezes tecnicamente confusas da lei. Mais um ponto dificultante da apreensão do nosso sistema jurídico-familiar nas suas preocupações finalísticas.

i) Casamento e União de Facto: analogia ou antagonismo do regime?

Como já se disse, a União de Facto surgiu em 1999, com a Lei n.º 135, para logo em 2001 com a Lei n.º 7, de 31 de Maio, se ter admitido a aplicação da União de Facto a casais de pessoas do mesmo sexo. Este instituto surgiu de uma forma perversa, com o intuito de, mantendo o exclusivo acesso ao casamento por casais heterossexuais, criar um "casamento" de sub-condição para os casais de pessoas do mesmo sexo. Com a agravante de camuflar essa discriminação na circunstância de a União de Facto se aplicar também a casais heterossexuais. Havia, pois, uma alternativa colocada à disposição de casais de pessoas de sexo diferente, enquanto as pessoas do mesmo sexo se circunscreviam ao recurso à União de Facto, com um regime sub-alternizante e muito limitado do ponto de vista pessoal e patrimonial. Dois tipos de discriminação portanto, até ao aparecimento da Lei n.º 9/2010: por um lado, a inacessibilidade de pessoas do mesmo sexo ao instituto do casamento, por outro, um regime jurídico frágil para a União de Facto em termos consequenciais, aplicável, esse sim, a todos os casais; a alternativa entre Casamento e União de Facto era apenas deixada, como se disse supra, aos casais de pessoas de sexo diferente.

Quanto ao regime da União de Facto, para além da protecção em matéria de regime de férias, feriados, licenças e preferências de colocação próprias dos trabalhadores da Administração Pública ou com contrato de trabalho individual, para além de aspectos conexos com o IRS, apenas a tutela reportada à Segurança Social. A lei era completamente omissa em matéria de aspectos pessoais relacionais e afastava o companheiro sobrevivo do campo hereditário, circunscrevendo a sua tutela a um direito real de habitação periódico sobre a casa de morada de família e à possibilidade de obter uma pensão de alimentos à custa da herança do companheiro ou companheira.

Esta diferença de regime era obviamente intencional. O legislador quis discriminar o estatuto dignificante do Casamento do estatuto informal da União de Facto, embora como que "homenageasse" a comunhão vivencial livre correspondente à União de Facto com algumas prerrogativas sociais e patrimoniais. Nada que se compare com as amarras legais e com a tutela patrimonial e sucessória do casamento.

As coisas mantiveram-se assim até à Lei n.º 9/2010, como já foi dito, sendo que a União de Facto suscita latentemente a dúvida de saber o que vislumbra o legislador de diferente, para além da inexistência de um acto constitutivo formal, entre Casamento e União de Facto. É o mesmo afecto, é a mesma comunhão de vida, é o mesmo respeito recíproco, é o mesmo partilhar – quiçá – da vivência parental, donde parece decorrer que o legislador insiste na manutenção dos institutos porque... não os quer unificar... Porque não admitir uma única figura – o casamento constituído ou por via de um acto formal registal ou por via de uma convivência perdurável significante – e daí admitir-se uma aproximação de regimes jurídicos? Por que não admitir que o companheiro sobrevivo seja, por exemplo, herdeiro? Por que não admitir, por exemplo, que na União de Facto os companheiros possam recorrer aos regimes de bens conjugais se o estatuírem em escritura pública? Em suma, por que quer a lei duas figuras?

Certo é que tanto é querida tal distinção, a nível legislativo, que a doutrina chega ao ponto de negar índole familiar à União de Facto; não que tal circunstância tenha uma consequência palpável e entrevisível que seja facilmente concretizável, mas não se vê por que não inserir no leque das relações familiares do artigo 1576.º do

Código Civil a União de Facto. Não se vê mesmo, e mais radicalmente – insista-se –, por que não admitir a unicidade dos institutos.

Neste tocante, conheço até uma voz[10] – pelo menos – que entende que a União de Facto não deveria trazer, pura e simplesmente, nenhum efeito para os parceiros, porque as pessoas seriam livres de conviverem plenamente sem nenhumas consequências no plano jurídico, perspectiva essa aparentemente errónea porque não faz significar a própria convivencialidade no dia-a-dia como algo que o Direito deve couraçar, por expressar valores semelhantes aos do Casamento, porque o dever de respeito existe, porque a afectividade se exerce, porque a parentalidade pode estar presente também.

Enfim, louva-se o regime mais livre da União de Facto onde o Casamento devia beber inspiração, sendo que já cheguei a sustentar que a União de Facto quase poderia funcionar como paradigma do Casamento. Evidentemente que haveria sempre que acautelar, na União de Facto, pelo menos, a situação jurídica do desenlace de um ponto de vista pessoal e patrimonial, recorrendo aos princípios gerais de Direito, nomeadamente, boa-fé, enriquecimento sem causa, abuso de direito, etc.

j) A eliminação da culpa na consecução do divórcio atestando o carácter livre da relação conjugal

A Lei n.º 61/2008 veio alterar a perspectiva ou visão do casamento, uma vez que, no artigo 1781.º, elenca uma série de causas que nada têm a ver com a ideia de culpa, concluindo, na alínea d), com a referência a "quaisquer outros factos que, independentemente da culpa mostrem a ruptura definitiva do casamento". Esta ideia é retomada nos artigos 1790.º a 1792.º, tornando-se claro que o divór-

---

[10] Henriques, Sofia, em conformidade com o respectivo ensino oral

cio, mesmo sem o consentimento de um dos cônjuges, deixou de procurar castigar um pretenso cônjuge dito culpado, para apenas se preocupar com a regulamentação das consequências pessoais, parentais e patrimoniais da extinção do vínculo. Inclusive, o divórcio por mútuo consentimento é actuável nas Conservatórias do Registo Civil, e só quando há divergências entre os ex-cônjuges no tocante aos acordos que o artigo 1775.º exige (ou se não acautelarem os respectivos interesses), é que o tribunal será chamado a intervir, ou, ainda, quando não haja assentimento no que diz respeito à obtenção do próprio divórcio, ou esteja em causa um acordo de regulação das responsabilidades parentais que deva ser controlado pelo Ministério Público.

Mas voltando atrás, a lei do divórcio, dum ponto de vista consequencial, não alterou o teor dos artigos 1790.º e 1791.º, quanto à aplicabilidade do regime de comunhão de adquiridos em qualquer caso, e a qualquer dos cônjuges, e quanto à perda das liberalidades ou benefícios recebidos do outro cônjuge ou de terceiro em vista do casamento. Não é necessário, portanto, ser cônjuge-culpado, ou principal culpado, o que deixou de ser indagado pelo Juiz, para que essas consequências sejam aplicáveis.

Mas então como explicar tal circunstância? Parece que a explicação óbvia terá a ver com a lei querer, tão-só, impedir o enriquecimento de um dos cônjuges à custa do outro ou à custa de liberalidades em função do casamento, porque desapareceu a causa da respectiva aquisição – o próprio casamento. Pretende o legislador repor, por isso e apenas, a situação *quo ante* sem benefícios injustificados para nenhum dos consortes.

O artigo 1792.º tem sido como que a aparente tábua de salvação dos autores[11] que continuam a sustentar que esta lei do divórcio continua a penalizar o cônjuge-culpado. Determina tal preceito que

---

[11] Duarte Pinheiro, Jorge, ob. cit., 2013, pp. 630 e ss..

"o cônjuge lesado tem o direito de pedir a reparação dos danos causados pelo outro cônjuge nos termos gerais da responsabilidade civil e nos tribunais comuns," mas o que este preceito sublinha não tem a ver com a culpa, que a lei erradicou, conexa com pretensas violações dos deveres conjugais. Tê-lo-á, sim, com danos causados por um dos cônjuges, como se de um terceiro se tratasse, v.g. em termos de ofensas à integridade física, homicídio, factos ilícitos que se enquadrem, por exemplo, no crime da violência doméstica, mas que não têm directamente a ver com os deveres conjugais mas com uma relação entre quaisquer cidadãos, a que se exige, porém, uma especial diligência face à intimidade da vivência que partilha com o outro. Ou seja, é uma questão que deve ser resolvida nos tribunais comuns – a competência, aqui, é dos tribunais comuns, e não dos tribunais de família –, precisamente porque a problemática da culpa aqui é ponderada já fora da órbita dos meros deveres conjugais, embora a situação conjugal possa agravar a responsabilidade civil, para além da criminal, que possa estar em causa.

A Lei n.º 61/2008 veio finalmente – pode afirmar-se peremptoriamente – afastar a relevância da culpa no divórcio, facilitando o desenlace e quase que se bastando com a demonstração da falência do casamento. Alguns ordenamentos, v.g. como o espanhol e o alemão[12], contentam-se com o próprio pedido judicial, ou seja, reconhecem o divórcio a pedido, sem averiguar problemáticas de culpa mas só as consequências pessoais e patrimoniais da extinção da relação conjugal, entendimento que se sustenta poder ser inclusive aplicado no âmbito da Lei n.º 61/2008. A verdade é que a nossa jurisprudência continua apegada à ideia de que a não demonstração da falência conjugal implicaria a inconsecução do resultado da acção.

---

[12] Cfr. Pamplona Corte Real, Carlos e Silva Pereira, J., "Direito de Família: Tópicos para uma Reflexão Crítica" AAFDL, 2011 pp. 21 e ss.; vd. ainda Dias Costa, Eva, "Da Relevância da Culpa nos Efeitos Patrimoniais do Divórcio", Almedina, 2005, pp. 70 e ss.

Mais dois pontos poderiam ser referidos relativamente à lei do divórcio.

1. O exercício das responsabilidades parentais pelos ex-cônjuges: nesse tocante, o artigo 1906.º não se afastou muito da anterior redacção, estabelecendo apenas que para questões de particular importância as responsabilidades parentais devam ser exercidas em comum por ambos os progenitores, mas que já quanto aos actos da vida corrente do filho haveria uma predominância do progenitor com quem o filho reside, estabelecendo-se (n.º 3 do artigo 1906.º) que o outro progenitor com quem ele se encontra temporariamente não deve contrariar as orientações educativas mais relevantes tal como elas são definidas pelo progenitor residente. A guarda alternada continua a ser aparentemente vedada, e continua também a dar-se predominância a um dos ex-cônjuges na orientação da vida do filho, o que parece violentar o n.º 5 do artigo 36.º da CRP. A solução que pareceria mais equitativa e respeitadora da paridade parental constitucionalmente acolhida parecia ser a de uma guarda tendencialmente partilhada, porque não há razão alguma para se dar prevalência aos critérios educativos de um dos progenitores, a menos que haja razões gravosas que a tal obriguem.

2. O outro ponto tem a ver com a já referida contribuição excessiva de um dos cônjuges para a satisfação dos interesses da vida em comum, em matéria de encargos de direito familiar e parental, pois o cônjuge que, ainda que acordadamente, fique em casa com tarefas domésticas e de guarda dos filhos afecta a possibilidade da conversão da sua vida no caso de ruptura do casamento, beneficiando o cônjuge que o não faça. Tal circunstância gera o direito a uma pensão compensatória, diz a lei, bem difícil de calcular. Esta pensão compensatória visará fazer face a um dito enriquecimento sem causa obtido à

custa do ex-cônjuge tido por renunciante, sendo que é difícil computar o montante de um tal enriquecimento e entrever nesse tocante uma solução que seja justa na superação do impasse que possa ter sido criado. Esta situação da pensão compensatória é analisada com alguma profundidade pela doutrina[13], nomeadamente na sua articulação com a pensão de alimentos, sendo que o artigo 2016.º-A estabelece vários critérios conexos com o montante dos alimentos devidos ao ex-cônjuge com custódia.

Só uma nota para dizer que, apesar da eliminação da culpa, o artigo 2016.º, n.º3, afirma de uma forma evanescente que, por manifestas razões de equidade, o direito a alimentos pode ser negado. Parece uma reminiscência da ideia de culpa (veja--se, também, o artigo 2019.º, quanto à cessação da obrigação alimentar), parecendo o legislador preocupado em "limpar" as consequências do anterior casamento após o divórcio.

Em suma, e concluindo, continua a haver uma excessiva intromissão judicativa na decisão de questões que por exemplo a mediação familiar certamente e com mais facilidade superaria. A verdade é que muitos são os problemas que este tipo de matéria suscita dos quais avulta a síndrome da alienação parental, que está longe de ser resolúvel com eficácia e espírito de unidade familiar. Muitos problemas, como se vê; e reconheça-se que não se está perante falhas técnicas mas perante dificuldades de cariz psicossocial que justificam uma ponderação específica por que está em causa, naturalmente, o interesse superior das crianças. A única coisa que poderá dizer-se é que a solução jurisprudencial neste domínio continua

---

13 Vd. Tomé, Maria João R. C. V., ob. cit., pp. 180 e ss.;
Cfr. também Sottomayor, Maria Clara, "Uma Análise Crítica do Novo Regime Jurídico do Divórcio", obra supra citada, pp. 38 e ss..

a ser, via da regra, a entrega dos filhos menores à custódia das mães (...).

k) A prevalência do biologismo em termos de parentalidade?

Mantém a lei portuguesa uma sobrevalorização do critério biológico de definição do vínculo parental sobre o critério afectivo. Tal decorre do teor do artigo 1796.º do CC, conjugado com o artigo 1801.º do CC. Não sendo inequívoca a perfeita harmonia do recurso aos exames de sangue e a outros métodos científicos com a relevância dada ao facto do nascimento – poderão até implicar conclusões distintas quanto à filiação –, a verdade é que a nossa doutrina reclama e continua a proclamar a pretensa preponderância dos critérios biológicos na definição da parentalidade. Esse ponto de vista traz consequências, como se verá, quanto à hierarquização e funcionalidade da parentalidade por via adoptiva.

E o certo é que o biologismo acaba por se contradizer a si próprio, pois, por razões conexas com a chamada "paz das famílias", relevam critérios como o do *pater is est* (artigo 1826.º), presunção que determina a paternidade do marido da mãe, para não falar já na prescritabilidade das chamadas acções de estado. Tais circunstâncias buscam a sua razão de ser, e em última instância, ainda na própria visão biologista. Na mesma linha de pensamento, e apesar da índole subsidiária que o artigo 4.º, n.º 1, da Lei n.º 32/2006, de 26 de Julho, atribui à parentalidade decorrente da P.M.A., é ainda em nome do biologismo que tal regime é explicado.

No que toca à adopção, diz Jorge Duarte Pinheiro[14] que ela é desenhada legalmente sobre o modelo da parentalidade biológica, dando também especial ênfase a esta parentalidade.

---

[14] Duarte Pinheiro, Jorge, ob. cit., pp. 129 e ss. e 183 e ss..

A nossa lei mantém-se realmente agarrada a critérios passadistas, sendo que a evolução em termos de direito comparado se vem fazendo no sentido do reconhecimento da igual valia jurídica da parentalidade dita afectiva, em nome de outro valor tido por mais relevante, que é o interesse superior da criança.

Veja-se então a forma como a nossa lei trata o acesso à parentalidade por via adoptiva e/ou por via da P.M.A.: a) no que à adopção diz respeito, a Lei n.º 31/2003, de 22 de Agosto, continua a padecer das vicissitudes anteriores, nomeadamente no que concerne ao dificultoso processo de constituição do vínculo adoptivo que culmina numa sentença judicial, no rígido estabelecimento duma extinção dos vínculos do filho adoptivo com a família natural, ao estabelecimento de uma absurda discriminação entre filhos adoptados plenamente e restritamente e, por fim, à permissão da figura da co-adopção exclusivamente na adopção plena conjunta por casais heterossexuais casados[15]. Curioso que a adopção, "plagiando" a parentalidade biológica(?), parece poder ser singular (artigos 1979.º, n.º 2, e 1992.º) o que acarreta, não obstante, alguma controvérsia sobre a aplicabilidade a candidatos homossexuais da adopção singular;

b) no que diz respeito à P.M.A. o tratamento legal deixa muito a desejar em termos científicos: desde logo porque a infertilidade é condição *sine qua non* do acesso a tais técnicas (artigo 4.º, n.º 2, da Lei n.º 32/2006), o que exclui quer as mulheres solteiras quer os casais de pessoas do mesmo sexo (artigo 6.º da mesma Lei); depois porque, no que concerne à maternidade de substituição que

---

[15] Cfr. Pamplona Corte Real, Carlos e Silva Pereira, J., ob. cit., pp. 195 e ss. e 211 e ss.. No que respeita à co-adopção, a solução contida no Projecto de Lei n.º 278/XII, que permitia a co-adopção pelo cônjuge ou unido de facto do mesmo sexo, aprovado na generalidade, acabou por não o ser na especialidade após um trajecto de difícil aceitação política, o que traz a Portugal uma posição delicada ante a condenação da Áustria por Acórdão do Tribunal Europeu dos Direitos do Homem, de 9 de Fevereiro de 2013, precisamente por ter, na altura, uma legislação similar à portuguesa, discriminatória portanto quanto aos casais unidos de facto do mesmo sexo.

a lei inclusivamente veda (artigo 8.º), foi adoptada uma solução que desconsidera em absoluto, ao atribuir-se à mãe hospedeira a maternidade, o superior interesse da criança; depois porque não é atentamente pensado o regime dos embriões excedentários, assim como o da inseminação *post mortem,* para nem se referenciar a própria discriminação entre a infertilidade feminina a nível ovular e a nível uterino (pois só aquelas são abrangidas pela Lei)[16].

Do exposto decorre, concluindo, a incompletude e a infelicidade jurídica das soluções legais, num complexo normativo incoerente e retrógrado. O ponto culminante, como já foi supra dito, está no não acesso dos casais de pessoas do mesmo sexo, tanto à adopção (artigo 3,º da Lei n.º 9/2010, de 31 de Maio e artigo 7.º da L.U.F. com a redacção que lhe foi dada pela Lei n.º 23/2010, de 30 de Agosto) como à P.M.A. (artigo 6.º da Lei n.º 32/2006).

Rematando, é notória a dificuldade da nossa lei em superar o preconceito biologista, ou seja, a ideia perfeitamente ultrapassa-da de uma complementaridade heterossexual para um adequado exercício da função parental, sendo que tal dificuldade está bem denunciada na Lei do Apadrinhamento Civil (Lei n.º 103/2009, de 11 de Setembro), em que o legislador chega ao ponto de cismar uma adopção restrita entrevendo uma hipotética relação virtual entre as famílias apadrinhante e natural.

Conclusão

Feito este percurso analítico do sistema jurídico-familiar portu-guês pode inequivocamente reconhecer-se que o mesmo oscila entre os tradicionais valores do passado e alguma tendencial, ainda que

---

[16] Por todos veja-se Pamplona Corte Real, Carlos, e Silva Pereira, J., ob. cit., pp. 233 e ss. e bibliografia aí citada a pp. 249 e ss..

pouco expressiva, aproximação às novas realidades familiares. E se a hermenêutica jurídica assenta numa unidade axiológica inspirante do sector em análise, forçoso é reconhecer que, entre alguns avanços e muito mais recuos, o Livro IV do Código Civil será indiscutivelmente "o livro do nosso descontentamento"!... Tanto por fazer, tanto por corrigir, tanto por assumir!

CONSIDERAÇÕES EM TORNO DO REGIME PROCESSUAL DA RESPONSABILIDADE POR DÍVIDAS DOS CÔNJUGES (REFERÊNCIAS AOS ARTIGOS 740.º A 742.º DO CÓDIGO DE PROCESSO CIVIL)

Cristina A. Dias
Professora Auxiliar da Escola de Direito da Universidade do Minho

Resumo

A existência de um regime especial de responsabilidade por dívidas dos cônjuges, regulado nos arts. 1690.º e segs. do Código Civil, implica o conhecimento das dívidas que, contraídas por um dos cônjuges, responsabilizam apenas o cônjuge em causa ou ambos os cônjuges e, consequentemente, quais os bens que por elas respondem, matérias reguladas nos arts. 1691.º e segs. e nos arts. 1695.º e 1696.º, respetivamente.

Ora, a eventual responsabilidade dos bens comuns, nos regimes de comunhão, implica a análise da questão da comunicabilidade da dívida do ponto de vista processual. O problema coloca-se no caso de o credor ter título executivo, não judicial, contra um dos cônjuges apenas, mas sendo a dívida, de acordo com a lei civil, comum. Neste caso, a execução tem de ser intentada contra o cônjuge que subscreveu o título (art. 53.º do Código de Processo Civil), como se

DOI: http://dx.doi.org/10.14195/978-989-26-1113-6_5

de dívida própria se tratasse, apenas podendo penhorar-se os bens próprios deste e a sua meação nos bens comuns. Sendo assim, ficaria afastada a regra da responsabilidade patrimonial do art. 1695.º do Código Civil, apesar de a dívida ser substancialmente comum, mas própria do ponto de vista processual. O direito processual prevê uma forma de, nesses casos, ser discutida a questão da comunicabilidade da dívida no processo executivo. É a essa questão que os arts. 740.º a 742.º do Código de Processo Civil (2013) fazem referência e que aqui abordamos.

Palavras-chave: responsabilidade por dívidas dos cônjuges; regime processual; artigos 740.º a 742.º do Código de Processo Civil.

Sumário: I. Introdução; II. Breves considerações em torno do regime processual da responsabilidade por dívidas dos cônjuges (os arts. 740.º a 742.º do Código de Processo Civil); III. Notas finais.

I. Introdução

O regime da responsabilidade por dívidas dos cônjuges, regulado nos arts. 1690.º e segs. do Código Civil, apresenta especificidades face ao regime geral do Direito das Obrigações, e essencialmente no caso dos regimes de comunhão onde, além dos patrimónios próprios dos cônjuges, existe um património comum que pode responder pelas dívidas contraídas por um ou ambos os cônjuges. Em todo o caso, também no regime de separação de bens, as regras gerais são alteradas, podendo um cônjuge contrair uma dívida que poderá responsabilizar também (ainda que não solidariamente) o património do outro (art. 1695.º, n.º 2, do Código Civil).

Qualquer que seja o regime de bens que vigore entre os cônjuges, cada um deles tem legitimidade para contrair dívidas sem o consentimento do outro (art. 1690.º, n.º 1, do Código Civil). Questão diferente da legitimidade é a de saber se a dívida contraída por um dos cônjuges responsabiliza apenas o cônjuge em causa ou ambos os cônjuges e, consequentemente, quais os bens que por ela respondem, matérias reguladas nos arts. 1691.º a 1694.º e nos arts. 1695.º e 1696.º, todos do Código Civil, respetivamente[1].

Tratando-se de dívidas da responsabilidade de ambos os cônjuges respondem, em primeiro lugar, nos regimes de comunhão, os bens comuns (que integram um verdadeiro património coletivo, especialmente afetado à satisfação das necessidades da sociedade conjugal). Na falta ou insuficiência de bens comuns respondem, subsidiariamente, os bens próprios de qualquer dos cônjuges solidariamente, podendo o credor agredir indiferentemente o património próprio de qualquer dos cônjuges.

Vigorando, porém, o regime de separação de bens, e não havendo aí bens comuns, a responsabilidade dos bens próprios dos cônjuges não é solidária, a menos que, voluntariamente, se tenham obrigado como devedores solidários. A responsabilidade é, por isso, neste regime, conjunta, de acordo, aliás, com a regra geral do art. 513.º do Código Civil. Assim, cada um dos cônjuges responde apenas pela parte da dívida que lhe compete ou pela parte do remanescente dela que lhe toque, na hipótese de uma parte da obrigação ter sido paga por bens de que ambos fossem contitulares[2].

A responsabilidade dos bens comuns, nos regimes de comunhão, implica a análise da questão da comunicabilidade da dívida do ponto de vista processual.

---

[1] Para uma análise detalhada do regime da responsabilidade por dívidas, v., a nossa obra *Do regime da responsabilidade por dívidas dos cônjuges – problemas, críticas e sugestões*, Coimbra, Coimbra Editora, 2009, pp. 154 e segs.

[2] A parte de cada cônjuge na responsabilidade não é necessariamente de 50%: pelo menos quando as dívidas se destinaram a ocorrer aos encargos normais da vida familiar, a responsabilidade de cada cônjuge deve corresponder à medida do seu dever de contribuir para os encargos, de acordo com o art. 1676.º, n.º 1, do Código Civil, ou seja, na proporção das possibilidades de cada um (cfr., Pereira Coelho/Guilherme de Oliveira, *Curso de Direito da Família*, vol. I, 4.ª ed., Coimbra, Coimbra Editora, 2008, p. 418).

O problema coloca-se no caso de o credor ter título executivo, não judicial, contra um dos cônjuges apenas, mas sendo a dívida, de acordo com a lei civil, comum. Neste caso, e de acordo com o art. 53.º do Código de Processo Civil, a execução tem de ser intentada contra o cônjuge que subscreveu o título, como se de dívida própria se tratasse, apenas podendo penhorar-se os bens próprios deste e a sua meação nos bens comuns. Sendo assim, ficaria afastada a regra da responsabilidade patrimonial do art. 1695.º do Código Civil, apesar de a dívida ser substancialmente comum. O direito processual prevê uma forma de, nesses casos, ser discutida a questão da comunicabilidade da dívida. É a essa questão que os arts. 740.º a 742.º do Código de Processo Civil[3] fazem referência.

II. Breves considerações em torno do regime processual da responsabilidade por dívidas dos cônjuges (os arts. 740.º a 742.º do Código de Processo Civil)[4]

As notas e reflexões que aqui faremos visam demonstrar a articulação entre o direito substantivo relativo ao regime da responsabilidade por dívidas dos cônjuges e o direito processual.

A ação que visa a responsabilização dos bens comuns e dos próprios dos cônjuges deve ser intentada contra ambos os cônjuges. De facto, devem ser intentadas contra o marido e a mulher as ações emergentes de facto praticado por um dos cônjuges mas em que o credor pretenda obter decisão suscetível de ser executada sobre

---

[3] Reportamo-nos ao Código de Processo Civil reformado em 2013, pela Lei n.º 41/2013, de 26 de junho, que entrou em vigor no dia 1 de setembro de 2013.

[4] Voltamos ao estudo efetuado a propósito do regime processual das dívidas dos cônjuges na nossa obra *Do regime da responsabilidade por dívidas dos cônjuges...*, *cit.*, pp. 397 e segs. As referências que aqui faremos correspondem a uma atualização à luz do novo Código de Processo Civil (de 2013).

os bens próprios do outro (art. 34.º, n.º 3, do Código de Processo Civil). Se a dívida é própria, o credor apenas obterá o pagamento mediante os bens próprios do cônjuge devedor e a sua meação nos bens comuns, nos termos do art. 1696.º do Código Civil, não tendo necessidade de demandar o outro cônjuge, como corréu na ação processual (sem prejuízo do que veremos adiante a propósito dos arts. 740.º a 742.º do Código de Processo Civil).

A questão coloca-se no caso de a dívida ser comum. Se a dívida é comum, o credor tem interesse em demandar processualmente ambos os cônjuges, pois só assim conseguirá, na falta de bens comuns[5] ou tratando-se do regime de separação, responsabilizar os bens próprios do cônjuge que não contraiu a dívida. Se apenas demandar o cônjuge devedor, e tratando-se de dívida comum, só poderá obter o pagamento mediante os bens próprios daquele e os bens comuns que ele administre e possa dispor por si[6]. Portanto, o credor demandará ambos os cônjuges tentando demonstrar que a dívida é comum e, assim, responsabilizar os bens comuns e ambos os cônjuges nos termos da lei substantiva. Só assim a ação declarativa processual se articula com o regime substantivo, isto é, o facto de um só cônjuge assumir uma dívida não significa que ela seja própria desse cônjuge. Como resulta do art. 1691.º do Código Civil qualquer dos cônjuges pode contrair dívidas que responsabilizam

---

[5] Ou, havendo-os, se o cônjuge devedor não pode dispor sozinho desses bens comuns (art. 34.º, n.os 1 e 3, do Código de Processo Civil). Repare-se que, em relação a estes bens que o devedor não pode dispor sozinho, a lei processual exige que a ação declarativa seja intentada contra ambos os cônjuges, mas, paralelamente, permite a penhora de tais bens numa execução movida contra um só dos cônjuges (art. 740.º do Código de Processo Civil). Ou seja, a desarticulação não é só com o regime substantivo da responsabilidade por dívidas dos cônjuges mas também em relação às normas da lei civil em matéria de disposição dos bens do casal.

[6] Em todo o caso, o cônjuge devedor tem sempre a possibilidade de, no caso de o credor apenas o demandar a si, e tratando-se de dívida comum, provocar a intervenção principal do outro cônjuge, nos termos do art. 316.º do Código de Processo Civil, para que a condenação a proferir seja extensiva aos dois cônjuges, de acordo com o regime da lei substantiva.

o património comum (art. 1695.º do Código Civil)[7]. Uma vez obtida a sentença contra os cônjuges pode o credor executar a mesma, penhorando bens comuns e os próprios dos cônjuges. O mesmo se diga se o credor tiver título executivo contra ambos os cônjuges.

O problema que pode colocar-se é se o credor tem título executivo não judicial contra um dos cônjuges apenas, mas, substancialmente, de acordo com a lei civil, a dívida é comum. Ora, neste caso, e de acordo com o art. 53.º do Código de Processo Civil, a execução tem de ser intentada contra o cônjuge que subscreveu o título, como se de dívida própria se tratasse, apenas podendo penhorar os bens próprios deste e a sua meação nos bens comuns. Sendo assim, ficaria afastada a regra da responsabilidade patrimonial do art. 1695.º

---

[7] Como refere M. Teixeira de Sousa, "As dívidas dos cônjuges em processo civil", *in* AAVV, *Comemorações dos 35 anos do Código Civil e dos 25 anos da Reforma de 1977. Direito da Família e das Sucessões*, Coimbra, Coimbra Editora, 2004, pp. 344 e 345, o art. 28.º-A do Código de Processo Civil (reportando-se ao atual art. 34.º do Código de Processo Civil de 2013), ao impor um litisconsórcio necessário entre os cônjuges quando esteja em causa uma dívida comum, "transpõe para o plano processual o regime da responsabilidade patrimonial pela satisfação dessas dívidas". Acrescenta ainda o autor que, apesar de o preceito só definir o litisconsórcio no caso de se pretender uma decisão que seja suscetível de ser executada sobre bens próprios do cônjuge não devedor, não está na disponibilidade do autor demandar só o seu devedor ou também o seu cônjuge no caso de a dívida ser comum. Havendo litisconsórcio este não é voluntário mas necessário. Contra, v., J. G. Sá Carneiro, "Os artigos 10.º e 15.º do Código Comercial e o novo Código Civil", *Revista dos Tribunais,* ano 90.º, 1972, pp. 392-399, e ano 92.º, 1974, p. 13, Manuel António Pita, "Execução por dívidas dos cônjuges. Processo ordinário para pagamento de quantia certa. Alguns aspectos", *in* AAVV, *Ab Vno Ad Omnes – 75 anos da Coimbra Editora*, organização de Antunes Varela/D. Freitas do Amaral/Jorge Miranda/J. J. Gomes Canotilho, Coimbra, Coimbra Editora, 1998, p. 817, nota 4, e p. 819, e Lebre de Freitas/João Redinha/Rui Pinto, *Código de Processo Civil Anotado*, vol. 1.º, Coimbra, Coimbra Editora, 1999, p. 61.

Para Lledó Yagüe, *et allii, Compendio de Derecho Civil. Familia*, Madrid, Dykinson, 2004, p. 245, e Lacruz Berdejo/Sancho Rebullida, *et allii, Elementos de Derecho Civil. Familia*, vol. IV, 2.ª ed., Madrid, Dykinson, 2005, p. 207, e à luz do ordenamento jurídico espanhol, o credor deverá também demandar o cônjuge não devedor, para a determinação, face a este, da natureza da dívida e, em consequência, da responsabilidade dos bens comuns. Se não o demandar, a legitimidade processual não está em causa, mas a responsabilidade patrimonial limita-se aos bens próprios do cônjuge devedor e, ainda que discutível, no máximo aos valores, dinheiro e créditos comuns em poder do devedor.

do Código Civil, apesar de a dívida ser substancialmente comum (mas própria do cônjuge que a contraiu do ponto de vista adjetivo). Importa, assim, que o direito processual preveja uma forma de, nesses casos, ser discutida a questão da comunicabilidade da dívida[8]. É a essa questão que os arts. 740.º a 742.º do Código de Processo Civil fazem referência.

Até ao Decreto-Lei n.º 38/2003, de 8 de março, que deu nova redação ao art. 825.º do Código de Processo Civil anterior a 2013, a questão da comunicabilidade da dívida não era colocada em ação executiva. E o problema punha-se porque havia uma "disparidade entre a realidade substantiva (a comunicabilidade da dívida) e a realidade formal (a legitimidade aferida pelo título)"[9]. Assim, se

---

[8] Referem Pereira Coelho/Guilherme de Oliveira, *ob. cit.*, p. 419, e M.ª José Capelo, "Pressupostos processuais gerais na acção executiva – a legitimidade e as regras de penhorabilidade", *Themis – Revista de Direito*, ano IV, n.º 7, 2003, p. 85, que não tem o cônjuge subscritor do título executivo qualquer ónus no sentido de obter a assinatura do seu cônjuge, quando entender que a dívida deve responsabilizar os dois, sob pena de ficar sozinho na execução e de apenas poder pretender uma compensação pelo que pagar a mais do que devia. De facto, tal ónus contrariaria o regime substantivo que admite que um só cônjuge assuma a dívida que responsabiliza os dois.

Esta questão era anteriormente analisada pela doutrina, considerando uns autores que, para evitar que o executado ficasse em desvantagem de meios em relação à ação declarativa, onde podia fazer intervir o seu cônjuge, este podia ser chamado à execução, podendo o executado alegar em embargos de executado a responsabilidade comum (v., Pinto Furtado, *Disposições Gerais do Código Comercial*, Coimbra, Almedina, 1984, p. 46, e Alberto dos Reis, *Processo de Execução*, vol. I, 3.ª ed. (reimpressão), Coimbra, Coimbra Editora, 1985, p. 283); outros autores, pelo contrário, excluíam a possibilidade de intervenção do cônjuge do executado e o regime a seguir na penhora era o mesmo do da responsabilidade por dívidas próprias do executado (Eurico Lopes Cardoso, *Manual da Acção Executiva*, 3.ª ed. (reimpressão), Coimbra, Almedina, 1992, pp. 97 e 98, e p. 318, e Lebre de Freitas, *Direito Processual Civil*, vol. II, Lisboa, AAFDL, 1979, pp. 228 e 229, e *A acção executiva (à luz do Código revisto)*, 2.ª ed., Coimbra, Coimbra Editora, 1997, p. 186).

[9] Paula Costa e Silva, *A reforma da acção executiva*, 3.ª ed., Coimbra, Coimbra Editora, 2003, pp. 81 e 82.

Rui Pinto, *A Penhora por Dívidas dos Cônjuges*, Lisboa, Lex, 1993, pp. 60 e 61, considerando que a solução não poderia passar unicamente por uma prévia ação declarativa demonstrativa da comunicabilidade da dívida, apresentava como necessidade a articulação do regime substantivo com o processual, permitindo-se que, por dívidas da responsabilidade comum, respondessem em primeiro lugar os bens comuns e só depois subsidiariamente os bens próprios, não obstante existir título

o credor tinha título executivo contra um dos cônjuges, teria de prescindir dele se quisesse obrigar ambos os cônjuges pela dívida, intentando ação declarativa na qual a responsabilidade comum fosse declarada, condenando ambos os cônjuges ao pagamento da dívida. Caso contrário, apenas poderia executar os bens próprios do devedor, sujeitando-se a que este viesse opor-se à penhora, alegando, nos termos do art. 863.º-A, n.º 1, al. *b*), do Código de Processo Civil anterior (atual art. 784.º, n.º 1, al. *b*)), que os seus bens próprios só respondiam subsidiariamente pela dívida exequenda comum à luz da lei civil[10]. Por outro lado, se, tendo título executivo contra um dos cônjuges, o credor viesse penhorar os bens comuns, o cônjuge não devedor, que não é parte na ação, podia defender-se por meio de embargos de terceiro relativamente aos bens comuns que fossem indevidamente atingidos pela penhora (art. 352.º do Código de Processo Civil anterior, e atual art. 343.º).

Com a redação dada ao então art. 825.º do Código de Processo Civil pelo Decreto-Lei n.º 38/2003, de 8 de março, a comunicabi-

---

executivo extrajudicial apenas contra um dos cônjuges. "*A solução será*, então, *a penhora* não de todos os bens comuns (...) mas *da metade que cabe ao devedor. Só depois, e subsidiariamente, é que responderão eventualmente os bens próprios deste e apenas deste*". O credor penhoraria bens comuns e, ao mesmo tempo, requeria a citação do cônjuge do executado para este requerer a separação de bens, e só depois se penhorariam os bens próprios do executado. Defendia, por isso, a aplicação por analogia do art. 825.º, n.ᵒˢ 2 a 4, do Código de Processo Civil, na sua anterior redação ao Decreto-Lei n.º 38/2003, de 8 de março.

[10] O que não aconteceria se o título executivo fosse judicial, tendo já sido discutida na ação declarativa a questão da comunicabilidade.
Por isso, entendia Castro Mendes, *Direito da Família*, edição revista por M. Teixeira de Sousa, Lisboa, AAFDL, 1997, p. 155, que, permanecendo comunicável a dívida apesar de o título ter sido subscrito por um único dos cônjuges e como o exequente se sujeita à oposição do executado se nomear à penhora bens próprios seus, deve o credor nomear bens comuns dos cônjuges e, por analogia com o art. 825.º, n.º 2, do Código de Processo Civil, na sua anterior redação ao Decreto-Lei n.º 38/2003, de 8 de março, requerer a citação do cônjuge do executado para pedir a separação de bens. V., Rui Pinto, *ob. cit.*, pp. 61 e 65. Parecia-nos duvidosa a solução na medida em que a comunicabilidade não estava demonstrada em qualquer ação declarativa prévia nem foi discutida na execução: o que tornaria difícil a penhora imediata dos bens comuns.

lidade da dívida passou a poder discutir-se na ação executiva. De facto, um dos objetivos da nova redação era o de facilitar a alegação da comunicabilidade da dívida na ação executiva, formando no próprio processo de execução título executivo contra o cônjuge do executado[11].

As críticas e problemas que surgiram em torno de tal possibilidade, e que veremos de seguida, levaram o legislador a reestruturar a discussão da comunicabilidade da dívida na ação executiva. Assim, a revisão do Código de Processo Civil, em 2013, alterou o art. 825.º, regulando a matéria nos arts. 740.º a 742.º do mesmo código, passando a considerar-se a discussão em torno da comunicabilidade da dívida como um verdadeiro incidente processual.

Um dos objetivos da revisão, com vista à proteção dos interesses do exequente, é o de "[a]ssegurar a comunicabilidade da dívida exequenda ao cônjuge do executado, na própria execução, nos títulos extrajudiciais apenas subscritos por um dos cônjuges"[12] [13].

---

[11] Rui Pinto, *Penhora, Venda e Pagamento*, Lisboa, Lex, 2003, p. 21, e *A acção executiva depois da reforma*, Conselho Distrital de Lisboa, Lisboa, JVS, 2004, p. 90. A reforma visou "conferir aos mecanismos processuais a função de verdadeiros promotores do exercício eficaz e seguro de direitos de natureza substantiva, eliminando (...) a necessidade de enveredar pela instauração de uma ação declarativa propiciadora de sentença que vincule ambos os cônjuges" (António Abrantes Geraldes, "Títulos executivos", *Themis – Revista de Direito*, ano IV, n.º 7, 2003, p. 48).

[12] V., Proposta de Revisão do Código de Processo Civil, p. 19, cujo *download* pode fazer-se no site da Faculdade de Direito da Universidade Católica de Lisboa (*http://www.fd.lisboa.ucp.pt/site/custom/template/ucptplfac.asp?SSPAGEID=3136&l ang=1&artigoID=3682&parentPageID=442*, consultado a 3 de setembro de 2014).

[13] Transcrevemos aqui os arts. 740.º a 742.º do Código de Processo Civil de 2013: "Artigo 740.º (Penhora de bens comuns em execução movida contra um dos cônjuges)
1 - Quando, em execução movida contra um só dos cônjuges, forem penhorados bens comuns do casal, por não se conhecerem bens suficientes próprios do executado, é o cônjuge do executado citado para, no prazo de 20 dias, requerer a separação de bens ou juntar certidão comprovativa da pendência de ação em que a separação já tenha sido requerida, sob pena de a execução prosseguir sobre os bens comuns. 2 - Apensado o requerimento de separação ou junta a certidão, a execução fica suspensa até à partilha; se, por esta, os bens penhorados não couberem ao executado, podem ser penhorados outros que lhe tenham cabido, permanecendo a anterior penhora até à nova apreensão.

O n.º 1 do art. 740.º prevê a hipótese de, tendo o credor título executivo contra um dos cônjuges, serem penhorados bens comuns[14] quando os bens próprios do cônjuge devedor não são suficientes

---

Artigo 741.º (Incidente de comunicabilidade suscitado pelo exequente)
1 - Movida execução apenas contra um dos cônjuges, o exequente pode alegar fundamentadamente que a dívida, constante de título diverso de sentença, é comum; a alegação pode ter lugar no requerimento executivo ou até ao início das diligências para venda ou adjudicação, devendo, neste caso, constar de requerimento autónomo, deduzido nos termos dos artigos 293.º a 295.º e autuado por apenso. 2 - No caso previsto no número anterior, é o cônjuge do executado citado para, no prazo de 20 dias, declarar se aceita a comunicabilidade da dívida, baseada no fundamento alegado, com a cominação de que, se nada disser, a dívida é considerada comum, sem prejuízo da oposição que contra ela deduza. 3 - O cônjuge não executado pode impugnar a comunicabilidade da dívida: a) Se a alegação prevista no n.º 1 tiver sido incluída no requerimento executivo, em oposição à execução, quando a pretenda deduzir, ou em articulado próprio, quando não pretenda opor-se à execução; no primeiro caso, se o recebimento da oposição não suspender a execução, apenas podem ser penhorados bens comuns do casal, mas a sua venda aguarda a decisão a proferir sobre a questão da comunicabilidade; b) Se a alegação prevista no n.º 1 tiver sido deduzida em requerimento autónomo, na respetiva oposição. 4 - A dedução do incidente previsto na segunda parte do n.º 1 determina a suspensão da venda, quer dos bens próprios do cônjuge executado que já se mostrem penhorados, quer dos bens comuns do casal, a qual aguarda a decisão a proferir, mantendo-se entretanto a penhora já realizada. 5 - Se a dívida for considerada comum, a execução prossegue também contra o cônjuge não executado, cujos bens próprios podem ser nela subsidiariamente penhorados; se, antes da penhora dos bens comuns, tiverem sido penhorados bens próprios do executado inicial, pode este requerer a respetiva substituição. 6 - Se a dívida não for considerada comum e tiverem sido penhorados bens comuns do casal, o cônjuge do executado deve, no prazo de 20 dias após o trânsito em julgado da decisão, requerer a separação de bens ou juntar certidão comprovativa da pendência da ação em que a separação já tenha sido requerida, sob pena de a execução prosseguir sobre os bens comuns, aplicando-se, com as necessárias adaptações, o disposto no n.º 2 do artigo anterior.
Artigo 742.º (Incidente de comunicabilidade suscitado pelo executado)
1 - Movida execução apenas contra um dos cônjuges e penhorados bens próprios do executado, pode este, na oposição à penhora, alegar fundamentadamente que a dívida, constante de título diverso de sentença, é comum, especificando logo quais os bens comuns que podem ser penhorados, caso em que o cônjuge não executado é citado nos termos e para os efeitos do n.º 2 do artigo anterior. 2 - Opondo-se o exequente ou sendo impugnada pelo cônjuge a comunicabilidade da dívida, a questão é resolvida pelo juiz no âmbito do incidente de oposição à penhora, suspendendo-se a venda dos bens próprios do executado e aplicando-se ainda o disposto nos n.os 5 e 6 do artigo anterior, com as necessárias adaptações".

[14] Os bens comuns são os decorrentes do regime de bens de comunhão. V., Paulo Sobral Soares do Nascimento, "Embargos de terceiro deduzidos pelo cônjuge do executado com fundamento em penhora de bem comum do casal – anotação ao acórdão do STJ, de 9.6.2005", *Cadernos de Direito Privado*, n.º 18 (abril/junho), 2007, p. 25.

(art. 1696.º do Código Civil)[15]. Nessa situação, para serem penhorados bens comuns, cita-se o cônjuge do executado[16] para, no prazo de 20 dias, requerer a separação de bens (mediante inventário, nos termos da Lei n.º 23/2013, de 5 de março) ou juntar certidão comprovativa da pendência de ação em que a separação já tenha sido requerida[17], sob pena de a execução prosseguir sobre os bens

---

[15] Na execução de dívida da responsabilidade de um dos cônjuges a procura dos bens cujo valor pecuniário seja de mais fácil realização deve ser feita dentro do universo dos bens próprios (art. 751.º, n.º 1, do Código de Processo Civil). O agente de execução apenas realizará penhora nos bens comuns se o valor dos bens próprios não se mostrar adequado ao montante do crédito do exequente, sob pena de o executado poder opor-se à penhora, indicando os seus bens suscetíveis da mesma penhora (art. 784.º, n.º 1, al. *b*), do Código de Processo Civil).

[16] Não cabe ao exequente o ónus de requerer a citação ao cônjuge do executado. Tal tarefa é, oficiosamente, do agente de execução (art. 786.º, n.º 1, al. *a*), do Código de Processo Civil), ainda que caiba ao exequente identificar o cônjuge do executado no requerimento executivo.

De referir que a citação ao cônjuge do executado é também efetuada no caso de execução fundada em responsabilidade tributária exclusiva de um dos cônjuges, nos termos e para os efeitos do art. 220.º do Código de Procedimento e Processo Tributário (CPPT). Dispõe esta norma que, na execução com fundamento em responsabilidade tributária exclusiva de um dos cônjuges, podem ser imediatamente penhorados bens comuns, devendo, neste caso, citar-se o outro cônjuge para requerer a separação. A responsabilidade tributária (mesmo a subsidiária do cônjuge gerente de sociedade – arts. 23.º e segs. da Lei Geral Tributária) é exclusiva do cônjuge em causa e as dívidas fiscais apenas são comunicáveis (fora o caso de ambos os cônjuges serem sujeitos passivos de imposto, como o IRS) nos termos dos arts. 1691.º e segs. do Código Civil (J. Lopes de Sousa, *Código de Procedimento e de Processo Tributário Anotado*, Lisboa, Vislis Editores, 2000, pp. 932 e 933).

V., o acórdão da RC, de 11.02.2003, com anotação de Paula Costa e Silva ("Impugnação pauliana e execução", *Cadernos de Direito Privado*, n.º 7 (julho/setembro), 2004, pp. 50 e 51).

[17] A citação do cônjuge parece só ser exigida no caso de estar em causa a meação do cônjuge devedor nos bens comuns, nos termos do art. 1696.º, n.º 1, do Código Civil , e não os bens comuns que respondem ao mesmo tempo que os bens próprios do cônjuge devedor (art. 1696.º, n.º 2, do Código Civil). Estes bens respondem ao mesmo tempo que os bens próprios, podendo ser penhorados sem necessidade da partilha dos bens comuns. V., Pereira Coelho/Guilherme de Oliveira, *ob. cit.*, p. 426. De facto, parece-nos que, tal como resulta do direito substantivo, esses bens respondem ao mesmo tempo que os bens próprios do cônjuge devedor, sem necessidade de realizar qualquer partilha e sem apuramento de qualquer meação, devendo, portanto, responder por dívidas comuns sem necessidade de citar o cônjuge do executado. É evidente que o cônjuge do devedor deve ser sempre citado no caso de a penhora recair sobre bens imóveis que o executado não possa alienar livremente. Mas isso deve-se não ao facto de se tratar de bens comuns (podem até

comuns[18]. Apensado o requerimento de separação ou junta a certidão, a execução fica suspensa até à partilha. Se, por esta, os bens penhorados não couberem ao executado, podem ser penhorados outros que lhe tenham cabido, permanecendo a anterior penhora até à nova apreensão (art. 740.º, n.º 2)[19].

Mas pode acontecer, como vimos, que, tendo o credor título executivo sobre um dos cônjuges, e apenas podendo, assim, promover a execução contra ele (art. 53.º do Código de Processo Civil) e penhorar bens deste e a sua meação nos bens comuns, a dívida seja, do ponto de vista do direito civil, uma dívida comum. Ou seja, a dívida é própria apenas porque existe título executivo contra um só dos cônjuges, mas a relação jurídica subjacente ao título, e que originou a dívida, pode ser comum. Pode, assim, o exequente alegar fundamentadamente na ação executiva que deduza contra o cônjuge devedor a comunicabilidade da mesma dívida

---

ser bens próprios) mas em obediência ao art. 1682.º-A do Código Civil que exige o consentimento de ambos os cônjuges para a disposição de tais bens. V. também, Rui Pinto, *A penhora...*, *cit.*, p. 28, e *Penhora, Venda...*, *cit.*, p. 22, nota 18, onde apresenta alguma jurisprudência neste sentido. Contra, M. Teixeira de Sousa, *ob. e loc. cit.*, p. 350, que defende a aplicação do art. 740.º do Código de Processo Civil (pronunciando-se o autor à luz do art. 825.º, n.º 1, do Código de Processo Civil anterior à reforma de 2013), devendo também aí proceder-se à citação do cônjuge do executado.

[18] O mesmo acontece se o cônjuge do executado, citado para se pronunciar quanto à comunicabilidade da dívida, afastar a comunicabilidade e a dívida não for considerada comum. De facto, também aqui o cônjuge do executado deve, no prazo de 20 dias após o trânsito em julgado da decisão, requerer a separação de bens ou juntar certidão comprovativa da pendência da ação em que a separação já tenha sido requerida, sob pena de a execução prosseguir sobre os bens comuns (arts. 741.º, n.º 6, e 742.º, n.º 2, do Código de Processo Civil). Evita-se, para proteção do credor, que o cônjuge, opondo-se à pretensão do exequente de penhorar bens comuns, não requeira a separação de bens, entravando a execução. A lei processual permite que os bens comuns respondam por dívidas próprias de um dos cônjuges, sem se apurar a meação do cônjuge devedor e sem dissolução do regime de comunhão.

[19] Esta disposição, que equivale ao n.º 7 do art. 825.º do Código de Processo Civil na redação anterior à reforma de 2013, é criticada por Rui Pinto, *Penhora, Venda...*, *cit.*, p. 24, e *A acção executiva...*, *cit.*, p. 93, não encontrando fundamento para estarem penhorados bens que não irão responder pela dívida, dado serem do cônjuge não devedor.

(no requerimento executivo ou até ao início das diligências para venda ou adjudicação, em requerimento autónomo – art. 741.º do Código de Processo Civil). O mesmo pode fazer o próprio executado, na oposição à penhora (art. 742.º do Código de Processo Civil). Mas tal só ocorrerá se o título executivo for diferente de sentença, pois se a ação executiva decorre de uma sentença em processo declarativo, onde o cônjuge não devedor pode ser chamado, já aí foi discutida a questão da comunicabilidade da dívida (e se não o foi, devendo-o ser, fica precludida essa hipótese na ação executiva)[20].

Quando o exequente tenha fundamentadamente alegado que a dívida, constante de título diverso de sentença, é comum, é o cônjuge do executado citado para, no prazo de 20 dias, declarar se aceita a comunicabilidade da dívida, baseada no fundamento alegado, com a cominação de, se nada disser, a dívida ser considerada comum, sem prejuízo da oposição que contra ela deduza (art. 741.º, n.º 2, do Código de Processo Civil). A dedução deste incidente determina a suspensão da venda quer dos bens próprios do cônjuge executado que já se mostrem penhorados, quer dos bens comuns do casal,

---

[20] Se o credor, por desconhecer que a dívida é comum, apenas demandou um dos cônjuges na ação declarativa, o réu tem o ónus de provocar a intervenção principal do seu cônjuge, alegando que a dívida é da responsabilidade de ambos. Se o réu não provocar a intervenção do cônjuge, não pode alegar no processo executivo que a dívida é comum (Alberto dos Reis, *Processo...*, *cit.*, p. 282, e Lebre de Freitas, *A acção executiva...*, *cit.*, p. 185). Como refere Paula Costa e Silva, *A reforma...*, *ob. cit.*, pp. 82 e 83, se a questão não foi suscitada na ação declarativa, e dado que a sua apreciação releva ao nível da legitimidade, tendo sido esta definitivamente decidida, sobre ela forma-se caso julgado. Preclude, por isso, a possibilidade de a suscitar em ação executiva, o que decorre do n.º 1 do art. 741.º e do n.º 1 do art. 742.º do Código de Processo Civil, ao referir dívida constante de título diverso de sentença. E, por isso, a falta de correspondência entre o regime processual e o substantivo pode ocorrer, nestes casos, quando o título executivo seja uma sentença (v., Elizabeth Fernandez, "A nova tramitação inicial da acção executiva para pagamento de quantia certa e as alterações ao regime contido no artigo 825.º do Código de Processo Civil (breves notas)", *in* AAVV, *Estudos em Comemoração do 10.º Aniversário da Licenciatura em Direito da Universidade do Minho*, Coimbra, Almedina, 2004, p. 609).

cuja venda aguarda a decisão a proferir, mantendo-se entretanto a penhora já realizada (art. 741.º, n.º 4, do Código de Processo Civil).

Pode o cônjuge do executado aceitar a comunicabilidade da dívida (valendo o silêncio como aceitação) e, neste caso, sendo a dívida considerada comum, a execução prossegue também contra o cônjuge não executado, cujos bens próprios podem nela ser subsidiariamente penhorados. Sendo comum, se, antes dos bens comuns, tiverem sido penhorados os seus bens próprios e houver bens comuns suficientes, pode o executado inicial requerer a substituição dos bens penhorados (art. 741.º, n.º 5, do Código de Processo Civil).

Se, tendo o cônjuge do executado impugnado a comunicabilidade (v., n.º 3 do art. 741.º do Código de Processo Civil), a dívida não for considerada comum, e tiverem sido penhorados bens comuns do casal, o cônjuge do executado deve, no prazo de 20 dias após o trânsito em julgado da decisão, requerer a separação de bens ou juntar certidão comprovativa da pendência da ação em que a separação já tenha sido requerida, sob pena de a execução prosseguir sobre os bens comuns (art. 741.º, n.º 6, do Código de Processo Civil).

Também o executado pode alegar a comunicabilidade da dívida, na oposição à penhora, especificando logo os bens comuns que podem ser penhorados, devendo também aqui o seu cônjuge pronunciar-se sobre essa comunicabilidade nos mesmos termos já analisados no caso de ser o exequente a alegar a comunicabilidade (art. 742.º, n.º 1, do Código de Processo Civil). Se o exequente se opuser ou se a comunicabilidade da dívida for impugnada pelo cônjuge, a questão é resolvida pelo juiz no âmbito do incidente de oposição à penhora, suspendendo-se a venda dos bens próprios do executado e aplicando-se o disposto nos n.ºs 5 e 6 do art. 741.º, e que já referimos *supra*.

Repare-se que o cônjuge do executado, além de exercer as faculdades previstas nos arts. 740.º a 742.º do Código de Processo Civil, pode também opor-se à penhora e exercer todos os direitos que a lei processual confere ao executado, podendo cumular eventuais fundamentos de oposição à execução, nos termos do art. 787.º do Código de Processo Civil. Mas tal só parece ocorrer no caso de estar em causa um título executivo extrajudicial (e já não no caso de sentença onde apenas conste um dos cônjuges como o devedor)[21]. Se, por dívida da exclusiva responsabilidade de um dos cônjuges, decorrente de título judicial, forem penhorados bens comuns, no caso de insuficiência dos bens próprios do devedor, o cônjuge do executado apenas tem a faculdade de requerer a separação de bens ou de juntar certidão comprovativa da pendência de processo de separação de bens, pois a questão já foi ou deveria ter sido anteriormente discutida[22].

Além disso, pode o cônjuge do executado, quando não seja citado ou quando ainda não o tenha sido, embargar de terceiro (p. ex., se são penhorados bens comuns e ele não foi citado nos termos e para os efeitos do art. 740.º do Código de Processo Civil, ou se foram penhorados bens para cuja disposição é preciso o seu consentimen-

---

[21] Será controversa a concessão de poderes de oposição, à execução ou à penhora, ao cônjuge do executado quando não está em causa a execução de uma dívida da sua responsabilidade. A oposição à execução visa destruir a força executiva do título, mediante a declaração judicial da atual inexistência da obrigação exequenda ou de um pressuposto da execução, pelo que deve ser prerrogativa do sujeito cujos bens respondam pelas dívidas (o que não acontece com o cônjuge não executado quando o título executivo é uma sentença que condenou apenas um dos cônjuges pela dívida). Para M.ª José Capelo, "Pressupostos processuais...", *loc. cit.*, p. 93, tal como na anterior ação declarativa o cônjuge do réu não pode deduzir meios de defesa, porque não é parte legítima, também não parece correto permitir-lhe deduzir, numa ulterior execução, a dedução de oposição à execução. Além disso, a possibilidade de oposição à penhora é um meio difícil de conceder ao cônjuge do executado dado que ele não é executado, tendo antes legitimidade para deduzir embargos de terceiro para defesa dos seus direitos em relação aos seus bens próprios ou dos bens comuns que foram indevidamente abrangidos na penhora (arts. 342.º e 343.º do Código de Processo Civil). Contudo, é-lhe admissível a oposição à penhora quando, uma vez citado para efeitos do art. 786.º, n.º 1, al. *a*), do Código de Processo Civil, abandonando a qualidade de terceiro (art. 343.º do Código de Processo Civil), venha alegar os mesmos fundamentos que fossem invocáveis em embargos de terceiro.

[22] V., M.ª José Capelo, "Pressupostos processuais...", *loc. cit.*, pp. 89 e 90.

to, ou foram penhorados bens próprios seus em execução movida contra o seu cônjuge, etc.)[23].

Repare-se que a questão da comunicabilidade só é discutida se o exequente ou executado levantarem a questão, ou seja, se por uma dívida processualmente própria se levantar a questão da comunicabilidade da mesma dívida. O que significa que, se não se questionar a comunicabilidade, podem por uma dívida substancialmente comum responder apenas os bens próprios de um dos cônjuges, quando deveriam responder os bens comuns e só subsidiariamente os bens de qualquer um dos cônjuges (afastando-se, por isso, o art. 1695.º do Código Civil).

É evidente que, não tendo sido discutida a comunicabilidade da dívida, esta mesma questão pode levantar-se para efeitos de partilha e das eventuais compensações ao cônjuge que com os seus bens próprios pagou dívidas que eram comuns. O mesmo se diga se o cônjuge do executado nada disse, ou seja, o efeito cominatório do silêncio apenas produz efeitos na execução (a dívida considera-se comum e serão penhorados os bens comuns e subsidiária e solidariamente os bens próprios dos cônjuges). Não tendo sido discutida a questão da comunicabilidade nesse caso, também pode ser levantada no momento da liquidação e partilha para efeitos de eventuais compensações. Aliás, isso decorre do art. 741.º, n.º 2, do Código de Processo Civil, ao dizer que a dívida considera-se comum, sem prejuízo da oposição que contra ela se deduza (quer oposição à execução quer em outro meio declarativo)[24].

---

[23] Mas já não poderá embargar de terceiro se foi citado mas não veio requerer a separação de bens ou opor-se à execução ou penhora (Rui Pinto, *Penhora, Venda...*, *cit.*, p. 24, nota 24).

[24] Neste sentido, v., Lebre de Freitas/Ribeiro Mendes, *Código de Processo Civil Anotado*, vol. 3.º, Coimbra, Coimbra Editora, 2003, p. 369, e M.ª José Capelo "Ainda o artigo 825.º do Código de Processo Civil: o alcance e valor da declaração sobre a comunicabilidade da dívida", *Lex Familiae – Revista Portuguesa de Direito da Família*, ano 3, n.º 5, 2006, p. 59.

A questão da comunicabilidade da dívida é tratada agora como um incidente processual a decidir pelo juiz, o que permite aproximar o regime processual do direito substantivo em matéria de dívidas dos cônjuges. À luz do regime anterior à reforma do Código de Processo Civil de 2013, a questão da comunicabilidade bastava-se com as meras alegações, podendo ser afastada pela mera negação do cônjuge do executado. Podia, por isso, haver possibilidade de defraudar direitos de terceiros propositadamente se houvesse conluio entre os cônjuges. Estes podiam pretender fugir ao pagamento de certas dívidas que eram comuns mas que foram contraídas por um dos cônjuges que, p. ex., subscreveu uma letra (pense-se sobretudo nas dívidas contraídas no exercício do comércio de um cônjuge, nos termos do art. 1691.º, n.º 1, al. *d*), do Código Civil) ou ainda podiam intencionalmente pretender alterar o seu regime de bens para o de separação e, com conhecimento do credor ou aproveitando a situação, decidiam que o cônjuge do executado negaria a comunicabilidade e requereria a separação de bens. A análise da comunicabilidade da dívida, suscitada pelo exequente ou pelo executado, limitava-se a uma aceitação ou rejeição por parte do cônjuge do executado e não a uma apreciação judicial de facto e de direito.

O art. 825.º do Código de Processo Civil anterior a 2013 previa que o cônjuge do executado fosse citado para aceitar ou negar a comunicabilidade da dívida, mas não era propriamente discutida a comunicabilidade da mesma dívida como o seria numa ação declarativa de condenação; não tinha o credor que fazer prova, como numa ação declarativa, que a dívida era comum[25]. Limitava-se a alegar no requerimento executivo a mesma comunicabilidade e a requerer a citação do cônjuge do executado para este se pronunciar. E repare-se que, se o cônjuge do executado negasse a comunicabilidade, tendo esta sido suscitada, e requeresse a separação de bens,

---

[25] V., Lebre de Freitas/Ribeiro Mendes, *Código de Processo Civil..., cit.*, p. 368.

essa questão já não seria analisada na liquidação e partilha que se seguia, para efeitos de eventuais compensações, pois a separação e a partilha dos bens seguiam-se à negação da comunicabilidade da dívida. Portanto, afastada a comunicabilidade na execução, não se compreenderia bem que no âmbito da mesma questão se levantasse, agora para efeitos de partilha, o problema da comunicabilidade que já teria sido afastada anteriormente. Assim, e ainda que o executado também pudesse requerer a citação do seu cônjuge para se pronunciar quanto à dívida, parece certo que o cônjuge do executado podia sempre negar a comunicabilidade, além de, no caso de a questão ser levantada pelo executado, já podia o cônjuge não devedor ter requerido a separação de bens (o que afastava a possibilidade de se discutir a comunicabilidade da dívida, nos termos do art. 825.º, n.º 6, do Código de Processo Civil anterior a 2013). O problema é que o executado, que era também interessado, não se pronunciava na execução sobre a comunicabilidade da dívida (apenas o seu cônjuge)[26]. Podia, por isso, prejudicar-se o cônjuge devedor que contraiu a dívida para benefício comum e agora, vendo negada a comunicabilidade pelo seu cônjuge, seria obrigado ao pagamento total da dívida, como própria, sem possibilidade de obter uma compensação na partilha subsequente à separação de bens requerida no âmbito da execução. A situação já seria diferente se o cônjuge do devedor negasse a comunicabilidade mas não requeresse a separação, situação em que a execução prosseguia sobre os bens comuns. Neste caso, já parecia ser de apreciar a questão em sede de partilha, ou seja, se a comunicabilidade fosse negada, mas os bens comuns já penhorados assim se mantinham, e a execução prosseguia como

---

[26] E tendo o cônjuge do executado rejeitado a comunicabilidade, com as consequências daí decorrentes, sem intervenção do executado, não parecia que a questão da comunicabilidade pudesse por este último ser levantada em oposição à penhora. Aliás, se o fizesse a execução estancaria, dado que não seria possível alargar o âmbito subjetivo do título (v., M.ª José Capelo, "Ainda o artigo 825.º...", *loc. cit.*, p. 61).

se a questão não tivesse sido suscitada, a questão da comunicabilidade ficava pendente e seria analisada no momento da liquidação e partilha quando esta ocorresse.

O legislador processual não regulava a questão de saber se ficava precludida a possibilidade de se discutir a questão da comunicabilidade da dívida em momento ulterior, na partilha da comunhão, seja quando o cônjuge do executado negava ou aceitava a comunicabilidade na ação executiva. De facto, o executado podia ser prejudicado se a dívida fosse substancialmente comum e não pudesse mais alegar a questão em sede de partilha da comunhão, sobretudo para efeitos de compensações. Assim, parecia mais justo considerar que a "decisão" em matéria de comunicabilidade devia restringir-se à ação executiva[27]. A força de caso julgado exigiria outras garantias processuais que não se verificavam na alegação da comunicabilidade da dívida na ação executiva (como o princípio do contraditório e a produção de prova)[28].

A circunstância de a dívida ter sido contraída por um dos cônjuges não lhe retira o caráter de dívida comunicável, como decorre do regime da responsabilidade por dívidas (art. 1691.º do Código Civil). É certo que, de acordo com as regras substantivas, sempre que por uma dívida comum responderem bens próprios ou por uma dívida

---

[27] Neste sentido, v., M.ª José Capelo, "Ainda o artigo 825.º...", *loc. cit.*, p. 61. O problema que aqui poderia colocar-se, e referido pela autora, era, mais uma vez, a desarticulação entre a responsabilidade patrimonial e a ação executiva, dado que a dívida seria para efeitos de execução, suspensa pela separação requerida pelo cônjuge do executado, considerada própria e para efeitos de liquidação da comunhão conjugal seria considerada comum. Acrescia ainda que, se fosse o executado a suscitar a questão em sede executiva, podia a mesma discussão ocorrer no processo executivo e na liquidação e partilha da comunhão entre os mesmos sujeitos.

[28] Rui Pinto, *A acção executiva..., cit.*, pp. 100 e 101, explicita que efetivamente não se tratava de um verdadeiro incidente declarativo. De facto, a lei não exigia qualquer prova ao exequente ou ao executado que alegavam a comunicabilidade da dívida; não havia intervenção do juiz, mas do agente de execução; não havia contraditório (não era ouvido o executado ou o exequente, quando não fosse este a suscitar a questão da comunicabilidade). Estávamos antes perante um "procedimento sumário com cominatório pleno".

própria responderem bens comuns há lugar a compensações, nos temos do art. 1697.º do Código Civil, no momento da liquidação e partilha (arts. 1688.º e 1689.º do Código Civil). Ora, não obstante o regime processual considerar uma dívida própria ou comum e, nesse sentido, terem sido penhorados bens próprios ou comuns, não significa que isso coincida com o regime substantivo da responsabilidade por dívidas dos cônjuges.

Acrescente-se ainda que há certas dívidas em relação às quais não basta uma mera alegação de comunicabilidade e uma aceitação ou rejeição por parte do cônjuge do executado: pense-se, p. ex., nas dívidas contraídas no exercício do comércio onde existe uma presunção de proveito comum (art. 1691.º, n.º 1, al. *d*), do Código Civil), não se compreendendo bem, à luz da anterior regulamentação, como podia o cônjuge vir ilidir a presunção.

Havia, assim, que articular o regime processual com o substantivo e uma das hipóteses seria, em vez da mera citação ao cônjuge para se pronunciar sobre a comunicabilidade, introduzir na ação executiva uma verdadeira discussão sobre a comunicabilidade da dívida. Ou seja, enxertar na ação executiva uma fase de demonstração da comunicabilidade da dívida[29]. Em todo o caso, mesmo

---

[29] V., neste sentido M.ª José Capelo, "Pressupostos processuais...", *loc. cit.*, p. 84, que afirma que "a demonstração do conteúdo da penhora devia estar condicionada à demonstração *prévia* da comunicabilidade da dívida, pois só assim se controlava a verificação dos pressupostos da agressão do património comum, ou próprio, dos cônjuges".
Também M. Teixeira de Sousa, *A acção executiva singular*, Lisboa, Lex, 1998, pp. 219 e 220, *apud* M.ª José Capelo, "Pressupostos processuais...", *loc. cit.*, p. 82, nota 12, à luz da reforma processual de 1995/96, propôs como meio de compatibilizar a legitimidade aferida no título e a imposta pela responsabilidade patrimonial, a admissibilidade de uma intervenção principal do cônjuge do executado por iniciativa do exequente ou do executado. Tratar-se-ia de um incidente declarativo enxertado na execução. O mesmo autor (*A reforma da acção executiva*, Lisboa, Lex, 2004, pp. 95 e 96), já sob a vigência da redação do art. 825.º do Código de Processo Civil anterior à reforma de 2013, tentava encarar a questão da comunicabilidade como um verdadeiro incidente sujeito a controlo jurisdicional (apesar de a lei não lhe dar o estatuto de incidente). Contra, Fernando Amâncio Ferreira, *Curso de Processo de Execução*, 5.ª ed., Coimbra, Almedina, 2003, p. 176 e nota 314, considerando

mantendo-se a "audição" do cônjuge do executado no momento da penhora dos bens comuns, sempre se deveria discutir a questão da comunicabilidade nesse momento como incidente declarativo, ficando suspensa a venda.

Foi isso que a reforma do Código de Processo Civil de 2013 procurou acautelar nos arts. 740.º a 742.º.

Mesmo antes da referida reforma, M.ª José Capelo entendia que a matéria da comunicabilidade devia consubstanciar um incidente declarativo na fase liminar da ação executiva, devendo aplicar-se o regime geral dos incidentes da instância. Se o credor o quisesse invocar, alegaria a comunicabilidade da dívida no requerimento executivo, oferecendo o rol de testemunhas e requerendo outros meios de prova. O devedor e o seu cônjuge seriam citados para efeitos de contestarem a comunicabilidade, seguindo-se os demais termos do incidente. Se se concluísse que a dívida era comum, a penhora incidiria sobre os bens comuns e, na sua falta ou insuficiência, sobre os bens próprios de qualquer um dos cônjuges. O mesmo se diga se a comunicabilidade fosse alegada pelo executado. Neste caso a invocação da comunicabilidade, alegada no prazo da oposição à execução ou à penhora, deveria permitir um incidente declarativo onde fossem ouvidos o cônjuge do executado e o exequente. A questão da natureza da dívida implicaria uma apreciação judicial de facto e de direito, não se devendo esgotar numa mera declaração de aceitação ou de rejeição. Se o cônjuge do executado aceitasse a comunicabilidade, e havendo bens comuns, proceder-se-ia à substituição dos bens próprios do executado entretanto penhorados[30].

Só assim, uma vez discutido o problema, fica assente se a dívida é ou não comum, se penhoram e vendem os bens próprios ou os

---

que a ação executiva, estranha ao reconhecimento de direitos, não comportaria a implementação de tal incidente.

[30] M.ª José Capelo, "Pressupostos processuais...", *loc. cit.*, pp. 85, 87 e 88.

comuns e se resolve a questão para efeitos de partilha e de eventuais compensações. Tal como quando existia a moratória no art. 1696.º do Código Civil se entendia que as dívidas comerciais só estavam ressalvadas da mesma se se provasse a comercialidade substancial da dívida exequenda subjacente ao título, também se deve entender que a comunicabilidade substancial da dívida deve analisar-se para efeitos da penhora e venda de bens comuns na ação executiva[31].

É também importante, além de estar de acordo com o princípio do contraditório, ouvir o executado acerca da comunicabilidade da dívida e não apenas o seu cônjuge[32]. É evidente que o executado, mesmo à luz do Código de Processo Civil anterior à reforma de 2013, além de poder requerer a citação do cônjuge para se pronunciar quanto à comunicabilidade da dívida, pode suscitar essa questão opondo-se à execução [v., o art. 731.º do Código de Processo Civil (art. 816.º do Código de Processo Civil anterior à reforma de 2013), que permite ao executado suscitar tudo que possa ser deduzido como defesa no processo de declaração (arts. 569.º e segs. do Código de Processo Civil, a que correspondem os arts. 486.º e segs. do Código de Processo Civil anterior à reforma de 2013] ou à penhora (alegando que os bens penhorados não respondem pela dívida de acordo com o direito substantivo ou, pelo menos, que só podem ser penhorados a título subsidiário – art. 784.º, n.º 1, als. *b)* e *c)*, do Código de Processo Civil, a que corresponde o art. 863.º-A, n.º

---

[31] Ainda que possa "consubstanciar um incidente complexo de apreciação judicial de factos e de meios de prova com eventuais entraves na celeridade desejada da execução" (M.ª José Capelo, "Pressupostos processuais...", *loc. cit.*, p. 80).

[32] Executado que, e como refere M.ª José Capelo, "O novo regime de execução das dívidas comuns fundadas em título diverso de sentença, à luz da nova redacção do artigo 825.º do Código de Processo Civil", *Lex Familiae - Revista Portuguesa de Direito da Família*, ano 1, n.º 2, 2004, p. 124, estará provavelmente em condições mais favoráveis de especificar o fim para o qual contraiu a dívida. Por seu lado, M. Teixeira de Sousa, *A reforma da acção executiva, cit.*, p. 96, defendia, à luz do art. 825.º do Código de Processo Civil anterior à reforma de 2013, que a justificação para o cônjuge executado não ser ouvido residia no facto de ele não ser prejudicado por uma eventual comunicabilidade da dívida.

1, als. *b)* e *c)*, do Código de Processo Civil anterior à reforma de 2013). Mas o permitir-lhe discutir a questão sem mais incidentes facilita a tramitação processual. Por isso, se considera a questão da comunicabilidade da dívida para efeitos dos arts. 741.º e 742.º do Código de Processo Civil como um verdadeiro incidente da instância.

Como alternativa, M.ª José Capelo sugeria remeter a questão da comunicabilidade para as relações internas entre os cônjuges, ou seja, mesmo que se penhorassem bens comuns sendo a dívida própria ou se se penhorassem bens próprios do executado sendo a dívida comum, os desequilíbrios seriam corrigidos por via das compensações patrimoniais no momento da partilha (altura em que também se aferiria a comunicabilidade ou não da dívida)[33]. É essa a solução do art. 1413.º do Código Civil francês e do art. 96.º do Código Civil holandês, ao dispor que por dívida própria de um dos cônjuges podem penhorar-se bens comuns, salvo se o outro cônjuge indicar a existência de bens próprios do devedor suficientes para o pagamento da dívida. O credor pode, assim, mais facilmente obter o seu pagamento mediante os bens comuns, sendo depois a situação resolvida nas relações internas mediante as devidas compensações. Também o § 860.º do Código de Processo Civil alemão (ZPO - *Zivilprozessordnung*), considera a meação nos bens comuns impenhorável no decurso da comunhão, podendo responder integralmente os bens comuns, sem prejuízo das devidas compensações[34].

A mesma ideia foi sugerida por Pinto Furtado, que alterou, porém, mais tarde a sua posição[35]. De facto, passou a entender o autor que o regime das compensações do art. 1697.º do Código Civil não de-

---

[33] M.ª José Capelo, "Ainda o artigo 825.º...", *loc. cit.*, p. 63.

[34] Beitzke/Lüderitz, *Familienrecht*, 26.ª ed., München, C. H. Beck, 1992, p. 154, e Lüderitz/Dethloff, *Familienrecht*, 28.ª ed., München, C. H. Beck, 2007, p. 130.

[35] Pinto Furtado, *Código Comercial Anotado*, vol. I, Coimbra, Almedina, 1975, p. 64, que alterou o seu modo de ver mais tarde na obra *Disposições Gerais...*, *cit.*, pp. 40-42.

termina a livre opção do credor quanto à responsabilidade dos bens conjugais, não podendo subverter as prioridades de responsabilidade patrimonial decorrentes da lei substantiva (que, quer nas dívidas comuns, no art. 1695.º do Código Civil, quer nas próprias dos cônjuges, no art. 1696.º do Código Civil, determina sempre a subsidiariedade da responsabilidade dos bens próprios ou dos comuns, respetivamente).

Assim, parece-nos que, e para resolução deste problema, podiam adotar-se duas posições: discutir-se o problema da comunicabilidade da dívida, como verdadeiro incidente da instância, com todas as garantias processuais, na ação executiva; ou admitir-se a responsabilidade dos bens comuns mesmo para as dívidas próprias dos cônjuges, que responderiam, nesse caso, em bloco, sem apuramento da meação de cada cônjuge e sem liquidação da comunhão de bens, remetendo-se as devidas compensações para o momento da partilha (com alteração das regras do Código Civil em matéria de responsabilidade por dívidas). À primeira solução podem apontar-se atrasos processuais com prejuízos para os credores, apesar de nos parecer mais justa e acertada. A última solução, se permite acautelar melhor os interesses dos credores, poderá gerar os problemas que se põem às compensações em geral, ou seja, a dificuldade do seu apuramento e cálculo. Salvaguarda os interesses dos terceiros credores que contrataram com os cônjuges, mas à custa do prejuízo eventual de um dos cônjuges que vê os bens comuns responderem por dívidas do seu cônjuge e podendo não acautelar o seu reembolso no momento da liquidação e partilha.

Como já vimos, a reforma do Código de Processo Civil de 2013 afastou o regime do art. 825.º, passando a considerar-se a discussão em torno da comunicabilidade da dívida como um verdadeiro incidente processual, regulado nos arts. 741.º e 742.º. Seguiu-se, portanto, a primeira solução referida *supra*.

O regime atual dos arts. 741.º e 742.º do Código de Processo Civil tentou aproximar o regime processual do direito substantivo, introduzindo a possibilidade de discutir a comunicabilidade da dívida como verdadeiro incidente processual. Portanto, e seguindo os princípios processuais da economia e da celeridade, evita-se que o credor tenha que intentar nova ação declarativa, prescindindo do título executivo que possui, facilitando o andamento processual e acelerando a satisfação da pretensão do exequente. A invocação da comunicabilidade permite que o cônjuge que não consta do título executivo extrajudicial subjacente à execução assuma o estatuto de executado.

É uma solução semelhante à utilizada quando, estando em causa a execução de título cambiário, se pretendia discutir a comercialidade subjacente à dívida com vista à penhora dos bens comuns (art. 10.º do Código Comercial), quando existia a moratória do art. 1696.º, n.º 2, do Código Civil. Se existisse ação declarativa prévia (não obstante título cambiário subscrito por um dos cônjuges) era aí que devia alegar-se e provar-se a comercialidade da dívida: ficando provada, podiam, em execução, ser penhorados os bens comuns; não se demonstrando a referida comercialidade, na fase executiva restava ao credor esperar pela partilha das meações. Se o título executivo fosse extrajudicial a comercialidade substancial da dívida exequenda seria discutida na ação executiva em embargos de terceiro (que configuravam uma verdadeira ação declarativa apensada ao processo de execução)[36].

De referir que a citação do cônjuge do executado e o regime dos arts. 741.º e 742.º do Código de Processo Civil não se aplicam só se os bens próprios do cônjuge devedor não forem suficientes para o pagamento da dívida por ele contraída, como acontecia à luz do art. 825.º do mesmo código anterior à reforma de 2013. De facto, desta última norma decorria que, se os bens próprios do devedor fossem suficientes, não havendo necessidade de requerer a penhora da sua

---

[36] V., Eurico Lopes Cardoso, *ob. cit.*, p. 321, nota 1.

meação nos bens comuns, o interesse do credor era satisfeito, não se discutia a comunicabilidade da dívida e o devedor pagava com bens próprios uma dívida que poderia ser comum e, com isso, da responsabilidade do património comum, nos termos do art. 1695.º do Código Civil[37]. Neste caso, restava apenas ao cônjuge devedor esperar por uma eventual compensação (art. 1697.º do Código Civil) no momento da liquidação e partilha da comunhão, onde se poderia e deveria discutir a questão. Portanto, havendo título executivo diferente de sentença contra um dos cônjuges, cujos bens próprios eram suficientes para o pagamento da dívida, o problema da articulação do regime processual (onde a dívida era própria) com o regime substantivo (onde a dívida seria comum) continuava a colocar-se.

III. Notas finais

O regime processual das dívidas dos cônjuges, regulado nos arts. 740.º a 742.º do Código de Processo Civil de 2013, implicando uma alteração no modo de encarar a discussão sobre a comunicabilidade da dívida, procurou articular-se com o regime substantivo previsto no Código Civil.

O principal problema que aqui abordámos prende-se com a invocação da comunicabilidade da dívida na ação executiva, e estando em causa um título executivo não judicial contra um só dos cônjuges. Admitir-se-iam duas soluções para resolver o problema da discussão da comunicabilidade da dívida do ponto de vista substantivo. Assim, ou se admitiria um incidente processual na ação executiva,

---

[37] A questão da comunicabilidade só se colocava quando, no caso de insuficiência dos bens próprios, se penhoravam bens comuns. Ora, o facto de se relegar a questão da comunicabilidade para o momento em que se verificava a insuficiência dos bens próprios do executado desvirtuava o regime da responsabilidade subsidiária destes bens por dívidas comuns. V., M.ª José Capelo, "Pressupostos processuais...", *loc. cit.*, p. 84.

com todas as garantias processuais, para discussão da comunicabilidade da dívida apresentada a execução movida contra um só dos cônjuges; ou se remeteria essa discussão para as relações internas entre os cônjuges, permitindo sempre uma penhora sobre os bens comuns na totalidade, e diferindo a questão da comunicabilidade para efeitos de compensações no momento da liquidação e partilha do regime de comunhão.

Como vimos, a primeira hipótese, mais justa e acertada, apesar de poder provocar alguns atrasos processuais, foi seguida pela comissão que elaborou a proposta de revisão do Código de Processo Civil em 2013, alterando o até então vigente art. 825.º, considerando a discussão em torno da comunicabilidade da dívida como um verdadeiro incidente processual.

Notas bibliográficas

BEITZKE/LÜDERITZ, *Familienrecht*, 26.ª ed., München, C. H. Beck, 1992.

CAPELO, M.ª José, "Pressupostos processuais gerais na acção executiva - A legitimidade e as regras da penhorabilidade", *Themis – Revista de Direito*, ano IV, n.º 7, 2003, pp. 79-104.

---, "O novo regime de execução das dívidas comuns fundadas em título diverso de sentença, à luz da nova redacção do artigo 825.º do Código de Processo Civil", *Lex Familiae - Revista Portuguesa de Direito da Família*, ano 1, n.º 2, 2004, pp. 123-125.

---, "Ainda o artigo 825.º do Código de Processo Civil: o alcance e valor da declaração sobre a comunicabilidade da dívida", *Lex Familiae – Revista Portuguesa de Direito da Família*, ano 3, n.º 5, 2006, pp. 57-63.

CARDOSO, Eurico Lopes, *Manual da Acção Executiva*, 3.ª ed. (reimpressão), Coimbra, Almedina, 1992.

CARNEIRO, J. G. Sá, "Os artigos 10.º e 15.º do Código Comercial e o novo Código Civil", *Revista dos Tribunais*, ano 90.º, 1972 (pp. 339-344, pp. 392-399, e pp. 438-444), ano 91.º, 1973 (pp. 9-14, pp. 54-60, pp. 105-107, pp. 147-151, pp. 195-198, pp. 256-261, pp. 305-307, pp. 354-356, pp. 399-404, e pp. 435-439), e ano 92.º, 1974 (pp. 5-17).

COELHO, Pereira/OLIVEIRA, Guilherme de, *Curso de Direito da Família*, vol. I, 4.ª ed., Coimbra, Coimbra Editora, 2008.

DIAS, Cristina M. Araújo, *Do regime da responsabilidade por dívidas dos cônjuges – problemas, críticas e sugestões*, Coimbra, Coimbra Editora, 2009.

FERNANDEZ, Elizabeth, "A nova tramitação inicial da acção executiva para pagamento de quantia certa e as alterações ao regime contido no artigo 825.º do Código de Processo Civil (breves notas)", *in* AAVV, *Estudos em Comemoração do 10.º Aniversário da Licenciatura em Direito da Universidade do Minho*, Coimbra, Almedina, 2004, pp. 599-612.

FERREIRA, Fernando Amâncio, *Curso de Processo de Execução*, 5.ª ed., Coimbra, Almedina, 2003.

FREITAS, Lebre de, *Direito Processual Civil*, vol. II, Lisboa, AAFDL, 1979.

---, *A acção executiva (à luz do Código revisto)*, 2.ª ed., Coimbra, Coimbra Editora, 1997.

FREITAS, Lebre de/MENDES, Ribeiro, *Código de Processo Civil Anotado*, vol. 3.º, Coimbra, Coimbra Editora, 2003.

FREITAS, Lebre de/REDINHA, João/PINTO, Rui, *Código de Processo Civil Anotado*, vol. 1.º, Coimbra, Coimbra Editora, 1999.

FURTADO, Pinto, *Código Comercial Anotado*, vol. I, Coimbra, Almedina, 1975.

---, *Disposições Gerais do Código Comercial*, Coimbra, Almedina, 1984.

GERALDES, António Abrantes, "Títulos executivos", *Themis – Revista de Direito*, ano IV, n.º 7, 2003, pp. 35-66.

LACRUZ BERDEJO/SANCHO REBULLIDA, *et allii*, *Elementos de Derecho Civil. Familia*, vol. IV, 2.ª ed., Madrid, Dykinson, 2005.

LLEDÓ YAGÜE, *et allii*, *Compendio de Derecho Civil. Familia*, Madrid, Dykinson, 2004

LÜDERITZ/DETHLOFF, *Familienrecht*, 28.ª ed., München, C. H. Beck, 2007.

MENDES, Castro, *Direito da Família*, edição revista por M. Teixeira de Sousa, Lisboa, AAFDL, 1997.

NASCIMENTO, Paulo Sobral Soares do, "Embargos de terceiro deduzidos pelo cônjuge do executado com fundamento em penhora de bem comum do casal – anotação ao acórdão do STJ, de 9.6.2005", *Cadernos de Direito Privado*, n.º 18 (abril/ junho), 2007, pp. 16-28.

PINTO, Rui, *A Penhora por Dívidas dos Cônjuges*, Lisboa, Lex, 1993.

---, *Penhora, Venda e Pagamento*, Lisboa, Lex, 2003.

---, *A acção executiva depois da reforma*, Conselho Distrital de Lisboa, Lisboa, JVS, 2004.

PITA, António, "Execução por dívidas dos cônjuges. Processo ordinário para pagamento de quantia certa. Alguns aspectos", *in* AAVV, *Ab Vno Ad Omnes – 75 anos da Coimbra Editora*, organização de Antunes Varela/D. Freitas do Amaral/Jorge Miranda/J. J. Gomes Canotilho, Coimbra, Coimbra Editora, 1998, pp. 811-844.

REIS, Alberto dos, *Processo de Execução*, vol. I, 3.ª ed. (reimpressão), Coimbra, Coimbra Editora, 1985.

SILVA, Paula Costa e, *A reforma da acção executiva*, 3.ª ed., Coimbra, Coimbra Editora, 2003.

---, "Impugnação pauliana e execução", *Cadernos de Direito Privado*, n.º 7 (Julho/ Setembro), 2004, pp. 46-63.

SOUSA, J. Lopes de, *Código de Procedimento e de Processo Tributário Anotado*, Lisboa, Vislis Editores, 2000.

SOUSA, Miguel Teixeira de, *A reforma da acção executiva*, Lisboa, Lex, 2004.

---, "As dívidas dos cônjuges em processo civil", *in* AAVV, *Comemorações dos 35 anos do Código Civil e dos 25 anos da Reforma de 1977. Direito da Família e das Sucessões*, Coimbra, Coimbra Editora, 2004, pp. 341-350.

O PRAZO DE CADUCIDADE DO N.º 1 DO ARTIGO 1817.º DO CÓDIGO CIVIL E A CINDIBILIDADE DO ESTADO CIVIL: O ACÓRDÃO DO PLENÁRIO DO TRIBUNAL CONSTITUCIONAL N.º 24/2012 A (IN)CONSTITUCIONALIDADE DO ARTIGO 3.º DA LEI N.º 14/2009 E A SUA APLICAÇÃO ÀS AÇÕES PENDENTES NA DATA DO SEU INÍCIO DE VIGÊNCIA, INSTAURADAS *ANTES* E *DEPOIS* DA PUBLICAÇÃO DO ACÓRDÃO N.º 23/2006[1]

J. P. Remédio Marques
Professor da Faculdade de Direito da Universidade de Coimbra

Sumário

---

[1] Este escrito, a mais de ser dedicado ao Professor com quem iniciei, enquanto assistente-estagiário, a minha vida académica, na Faculdade de Direito de Coimbra, em meados do ano lectivo de 1989-1990, serve para homenagear a pessoa que em mim quis confiar e com quem aprendi inestimáveis lições de humildade, disponibilidade e humanismo, tendo moldado para sempre a minha dedicação ao ensino e à investigação do Direito. Por esta via, expresso a minha profunda admiração pelas suas qualidades de ser humano, jurista, cientista e professor, que o tornam uma figura ímpar na cultura jurídica portuguesa.

DOI: http://dx.doi.org/10.14195/978-989-26-1113-6_6

distinção entre a Instauração da Ação de Investigação Antes e Após a Publicação do Acórdão n.º 23/2006. – 4. A Imprestabilidade dos Critérios «Gerais» de Sucessão de Leis no Tempo. – 5. A Discricionariedade Legislativa e as Dimensões do Princípio da Confiança. – 6. Os Critérios de Decisão do Tribunal Constitucional e as Ações Propostas Após o dia 10 de Fevereiro de 2006. – 7. O Princípio da Confiança e as Ações Propostas *Antes* do Dia 10 de Fevereiro de 2006, Que *Ainda* se Achavam Pendentes no dia 2 de Abril de 2009. – 8. Os Regimes Jurídicos no Direito Estrangeiro. – 9. Os Direitos e interesses em Conflito e a Abertura a Soluções Jurisprudenciais Alternativas à Não Caducidade das Ações de Investigação. – 10. A Dissociação dos Efeitos Pessoais e Patrimoniais do Estabelecimento da Filiação Jurídica. – 10.1. A «Geometria Variável» das Concretas Soluções e o Comportamento dos Investigantes. – 10.2. O Argumento da "Caça às Fortunas". – 10.3. O Exercício «Inadmissível» do Direito de Estabelecer a Paternidade. – 10.4. O Argumento da "Segurança Jurídica" e o Plano Patrimonial dos Interesses das Partes: A Via da "Ineficácia Patrimonial" do Reconhecimento da Filiação. – 11. Conclusão.

1. Introdução. A Jurisprudência Recente do Tribunal Constitucional

É ainda actual e polémica a questão da admissibilidade do estabelecimento, por meio da lei ordinária, de prazos de caducidade das ações de estabelecimento da filiação (paterna ou materna). Como é sabido, embora o artigo 1.º da Lei n.º 14/2009, de 1 de Abril, tenha alterado a redação do artigo 1817.º, n.º 1, do Código Civil – alargando esse prazo de *dois* para *dez anos* a contar da maioridade ou emancipação do investigante aplicável às ações de estabelecimento da paternidade por força do disposto no artigo 1873.º do mesmo Código – e determinando a aplicação deste novo regime jurídico às *ações pendentes* na data da entrada em vigor desta lei, ou seja no dia 2 de Abril de 2009, é certo e notório que a jurisprudência do

Supremo Tribunal de Justiça e do Tribunal Constitucional[2] não têm afinado pelo mesmo diapasão no que tange à questão da aplicação do novo regime jurídico, *medio tempore*, às ações instauradas *antes e após* a publicação do acórdão do Tribunal Constitucional n.º 23/2006, que *ainda* se encontravam pendentes no dia 2 de Abril de 2009, data do início de vigência do novel regime do artigo 1817.º, n.º 1, do Código Civil.

O acórdão do Plenário Tribunal Constitucional (T.C.) n.º (CUNHA BARBOSA), em sede de *fiscalização judicial concreta e incidental* – ao abrigo do artigo 79.º-D da Lei n.º 28/82, de 15 de Novembro[3] – decidiu, conquanto por maioria, julgar *"inconstitucional a norma constante do artigo 3.º da Lei n.º 14/2009, de 1 de abril, na medida em que manda aplicar, aos processos pendentes à data da sua entrada em vigor, o prazo previsto na nova redação do artigo 1817.º nº 1, do Código Civil, aplicável por força do artigo 1873.º do mesmo Código"*[4]. Na verdade, o acórdão do T.C., n.º 164/2011 (MARIA LÚCIA AMARAL), julgara inconstitucional, por violação do n.º 3 do artigo 18.º da Constituição, a norma constante do artigo 3.º da Lei n.º 14/2009, de 1 de Abril, na medida em que esta mandou aplicar, aos processos pendentes à data da sua entrada em vigor, o prazo previsto na nova redação

---

[2] Isto para além da jurisprudência de alguns Tribunais da Relação, como é o caso da Relação de Coimbra: acórdão de 19/01/2010 (CARLOS GIL), proc. n.º 495/04.3TBOBR.C1, http://www.dgsi.pt.

[3] Como é sabido, este Plenário do T.C. intervém, ao abrigo do artigo 79.º-D da Lei n.º 28/82, de 15 de Novembro (com a última redação dada pela Lei Orgânica n.º 5/2015, de 10 de Abril), para dirimir uma questão da inconstitucionalidade ou ilegalidade decidida em sentido divergente do anteriormente adoptado, quanto à mesma norma, por qualquer das suas secções.

[4] Este acórdão do Plenário veio, afinal, resolver, *num caso concreto*, a questão da alegada inconstitucionalidade material da aplicação do novo prazo de caducidade das ações de estabelecimento da filiação atenta a anterior divergência jurisprudencial do mesmo Tribunal. Uma *questão de direito transitório*, portanto; de *normas sobre normas*.

do n.º 1 do artigo 1817.º do Código Civil, aplicável por força do artigo 1873.º do mesmo Código[5].

Ao invés, o anterior acórdão do T.C. n.º 285/2011 (PAMPLONA OLIVEIRA), não julgou inconstitucional a norma do artigo 3.º da Lei n.º 14/2009, de 1 de Abril, na dimensão atinente à *proteção do princípio da confiança*. Neste último acórdão também se discutiu a aplicação da nova redação dada pela Lei n.º 14/2009 ao artigo 1817.º do Código Civil a uma ação de investigação de paternidade que se encontrava pendente à data de entrada em vigor desta lei[6]-[7].

Nesta nótula irei tentar demonstrar que a expectativa que os autores das *ações instauradas antes da declaração de inconstitucionalidade com força obrigatória geral* da norma do n.º 1 do artigo

---

[5] Esta decisão entendeu que o *princípio da proteção da confiança*, decorrente do artigo 2.º da Constituição, se achava lesado por ter projectado retroactivamente, nos processos pendentes à data da entrada em vigor da Lei n.º 14/2009 (ou seja, em 2 de Abril de 2009) as alterações plasmadas na fixação dos prazos de caducidade das ações de investigação da paternidade, quando essas ações tenham sido intentadas anteriormente à Lei n° 14/2009 e *posteriormente à publicação do Acórdão do T.C. n.º 23/2006*, ou seja, em 8/02/2006, e conduzam, em sede de aplicação do referido diploma, à constatação do esgotamento (no "passado") desse prazo e à consequente inviabilização do prosseguimento dessas ações pendentes à data da entrada em vigor desse mesmo diploma.

[6] E tal como o caso que deu origem ao acórdão n.º 164/2011, tratava-se de um pedido de fiscalização concreta da inconstitucionalidade respeitante a uma ação que foi proposta subsequentemente à publicação (em 8/2/2006) do acórdão do T.C. n.º 23/2006, e que se encontrava pendente à data da entrada em vigor (em 2/04/2009) dessa Lei n.º 14/2009". Donde se pode dizer que o acórdão do Plenário do T.C. n.º 24/2012 somente sindicou a inconstitucionalidade material do citado artigo 3.º da Lei n.º 14/2009 com base *em ação instaurada após a publicação do citado acórdão do T.C. n.º 23/2006*. A norma do n.º 1 do artigo 1817.º também tem sido objecto de apreciação concreta incidental. Cfr., no sentido da não inconstitucionalidade, o acórdão do Plenário T.C. n.º 401/2011 (CURA MARIANO). Na sequência desta decisão, cfr., entre várias, os acórdãos do T.C. n.º 350/2013 (VÍTOR GOMES), n.º 547/2014 (CATARINA SARMENTO E CASTRO), n.º 383/2014 (CURA MARIANO), n.º 704/2014 (CUNHA BARBOSA), todos disponíveis em www.tribunalconstitucional.pt

[7] A circunstância de *a ação de investigação ter sido deduzida na vigência da norma julgada materialmente inconstitucional em início de 2006* e achar-se ainda pendente na data da produção de efeitos da Lei n.º 14/2009 (ou seja, em 2/4/2009) não foi objecto de ponderação no que tange aos juízos de (in)constitucionalidade. O que é compreensível, visto que se trata de uma apreciação concreta e incidental da inconstitucionalidade.

1817.º do Código Civil terão criado após a publicação deste acórdão n.º 23/2006 não são suficientes para afastar a aplicação imediata da LN a essas ações que ainda estivessem pendentes no dia 2/4/2009, relativamente às quais ainda não tivesse transitado em julgado a decisão acerca da questão da caducidade do direito de reconhecer a filiação jurídica. Seja como for, todos estes arestos pressupõem a discussão sobre a aceitação da consagração de prazos de caducidade do estabelecimento "pleno" da filiação jurídica. Vale dizer: do estabelecimento da filiação do qual decorrem direitos com um conteúdo patrimonial e não patrimonial. Pese embora seja discutível que o prazo de 10 anos a contar da maioridade ou emancipação do investigante possa atingir as ações instauradas após o dia 10 de Fevereiro de 2006, que ainda estavam pendentes no dia 2 de Abril de 2009, julgo que todos os investigantes que propuseram ações de estabelecimento da paternidade (ou da maternidade) *antes da publicação do acórdão do Tribunal Constitucional n.º 23/2006* não podiam ter confiado – nem parece legítimo e razoável aceitar que gizaram a sua actuação investindo – na existência ou configuração de um regime que lhes permitisse a todo o tempo (*scilicet*, durante a vida do investigado) instaurar essas ações[8].

Como é sabido, nas *acções que devam ser propostas dentro de certo prazo a contar da data em que o autor teve conhecimento de certo facto – in casu*, nas acções de *investigação da paternidade* com base na filiação biológica –, cabe, em regra, ao réu a prova

---

[8] Observe-se que não está apenas em equação, nesta nótula de homenagem ao meu emérito Mestre, Professor PEREIRA COELHO, o específico prazo de dez anos [contado após a maioridade ou emancipação do investigante] que o legislador, por meio da nova redação dada pela Lei n.º 14/2009, de 1 de Abril, ao n.º 1 do artigo 1817.º do Código Civil, veio peremptoriamente instituir para a propositura de ações de investigação da maternidade – e, assim, por força do artigo 1873.º do mesmo Código, também para as ações de investigação da paternidade. Pergunta-se, por conseguinte, se é, ou não, constitucionalmente proibida a atribuição de *efeitos retroactivos* ao novo regime jurídico fixado pelo legislador respeitante à caducidade das ações de investigação da paternidade.

de o prazo já ter decorrido (artigo 343.º, n.º 2, do Código Civil). O prazo de propositura da acção não é, nestas hipóteses, havido como *facto constitutivo* do direito de o autor estabelecer a sua filiação (paterna ou materna)[9].

2. O estado da questão relativamente ao prazo de caducidade de 10 anos nas ações instauradas após o início de vigência da Lei N.º 14/2009

É verdade que a Lei n.º 14/2009, de 1 de Abril, não encerrou a controvérsia sobre *dois aspectos essenciais* respeitantes à tempestividade do exercício de direito de ação de investigação da paternidade alicerçada apenas no facto da existência de relações sexuais fecundantes entre o réu e a mãe do autor durante o período legal de concepção (causa de pedir, esta, subsumida à alegação e *prova directa* da filiação biológica). Por um lado, saber se o direito de investigar a paternidade está, ou não, submetido a um prazo de caducidade; por outro, o de indagar se aquele prazo é um *prazo razoável* e não violador da Constituição, na medida em que restringe o exercício de um direito de personalidade que é, igualmente, um direito fundamental.

O T.C., no seu Acórdão n.º 638/10, de 22/5/2012, decidiu o seguinte: (a) *Não julgar inconstitucional* a norma do artigo 1817.º, n.º 1, do Código Civil, na redacção da Lei n.º 14/2009 de 1 de Abril, na parte em que, aplicando-se às acções de investigação de paternidade, por força do artigo 1873.º do mesmo Código, prevê um prazo de *dez anos* para a propositura da acção, contado da maioridade ou emancipação

---

[9] Esse prazo traduz, pelo contrário, um *facto extintivo* do seu direito de investigar e estabelecer a filiação jurídica. A realidade dos *factos extintivos* devem ser demonstrada pelo réu (ou pelo autor, na contestação a pedido reconvencional do réu).

do investigante[10]. Está em causa, como bem se intui, a salvaguarda de interesses gerais ou valores de organização social em torno da instituição familiar e, sobretudo, a *tutela da reserva da intimidade da vida privada* do investigado. Os referidos valores e interesses exigem que as relações de parentesco sejam dotadas de estabilidade, impondo-se aos interessados o ónus de agirem rapidamente, de forma a clarificarem as relações de parentesco existentes[11-12].

Já, pelo contrário, no Supremo Tribunal de Justiça (e nas Relações) é veiculada, porventura maioritariamente, a solução no sentido da «imprescritibilidade» do direito de estabelecer a filiação jurídica, *maxime*, investigar a paternidade, afirmando-se, consequentemente, a inconstitucionalidade da fixação legislativa de qualquer prazo[13].

---

[10] Aresto que reafirmou a solução a que já chegara o Plenário do mesmo Tribunal, o qual, chamado a pronunciar-se nos termos previstos no n.º 1 do artigo 79.º-A da Lei de Organização e Funcionamento do T.C., em sede de *fiscalização concreta*, decidiu, no Acórdão n.º 401/2011, o seguinte: "Não julgar inconstitucional a norma do artigo 1817º, n.º 1, do Código Civil, na redacção da Lei n.º 14/2009 de 1 de Abril, na parte em que, aplicando-se às acções de investigação de paternidade, por força do artigo 1873º, do mesmo Código, prevê um prazo de dez anos para a propositura da acção, contado da maioridade ou emancipação do investigante".

[11] Sensivelmente neste sentido, veja-se o acórdão do T.C. n.º 247/2012 (PAMPLONA OLIVEIRA), de 22/5/2012, http://www.tribunalconstitucional.pt/tc/acordaos/20120247.html.

[12] A própria jurisprudência do Tribunal Europeu dos Direitos do Homem, no quadro do artigo 8.º da Convenção Europeia dos Direitos do Homem, aceita a sujeição das ações de estabelecimento da filiação à observância de determinados pressupostos; entre estes avulta a exigência de prazos. E tais prazos fixados nos ordenamentos jurídicos internos dos Estados Contratantes não violadores desta Convenção, contanto que não se tornem impeditivos do uso do meio de investigação em causa, ou representem um ónus exagerado ou que dificulte excessivamente o estabelecimento da verdade biológica. Veja-se o caso *Mizzi c. Malta*, de 12/01/2006, proc. n° 26111/02, *European Court of Human Rights – Reports of Judgments and Decisions*, Council of Europe, Strasbourg, Carl Heymanns Verlag, 2006-I, p. 109 ss., § 88 = http://www.echr.coe.int/Documents/Reports_Recueil_2006-I.pdf. No mesmo sentido navegam, mais recentemente, os acórdãos de 6/7/2010, proferidos nos casos *Backlund c. Finlândia* (proc. n.º 36498/05) e no caso *Gronmark c. Finlândia* (proc. n.º 17038/04) – consultável em http://www.echr.coe.int/Documents/Reports_ Recueil_2010-V.pdf – e de 20/12/2007, no caso *Phinikaridou c. Chipre* (proc. n.º 23890/02), nos quais estava em causa a existência de prazos limite para a instauração de ações de reconhecimento da paternidade, in www.echr.coe.int/hudoc.

[13] Acórdão do STJ, de 6/9/2011 (GABRIEL CATARINO), proc. 1167/10.5TBPTL.S1, segundo o qual: "I – Mostra-se inconstitucional o estabelecimento ou estatuição,

Após a prolação do acórdão do T.C. n.º 23/2006 detecta-se uma esmagadora tendência no Supremo Tribunal de Justiça (STJ), no sentido do entendimento de que o ordenamento jurídico português deixou de prever prazos de caducidade para estabelecer a filiação jurídica com base na prova directa da filiação biológica[14] – desligada, portanto, da alegação e prova de factos base das diversas presunções de paternidade que aproveitam aos filhos nascidos fora do casamento. A partir de 2009-2010 surpreende-se a adesão significativa no STJ, embora ainda minoritária, da tese segundo a qual *não ofende a Constituição* o estabelecimento de prazos razoáveis de caducidade, a contar da maioridade ou emancipação do investigante – por não se tratar de uma *restrição* (do núcleo essencial) de direitos fundamentais (*maxime* do direito à identidade pessoal), mas de *condicionamentos* ao respectivo exercício[15].

---

pelo art. 1817.º, n.º 1, do Código Civil, na redacção que lhe foi conferida pela Lei n.º 14/2009, de 01-04, de um prazo legal para que o filho possa investigar a verdade biológica da sua filiação. II – Na ponderação da equação dos direitos fundamentais em lide posicionam-se, do lado do filho-investigante, o "direito à identidade pessoal", o "direito à integridade pessoal" e o "direito ao desenvolvimento da personalidade" e, do lado do pretenso pai investigado, os de "reserva da intimidade da vida privada e familiar" e o "direito ao desenvolvimento da personalidade. III – Estando em causa direitos de raiz e feição absoluta, a regra será a não restrição dos direitos fundamentais, a menos que estejam em causa ou possam interferir no exercício desses direitos outros valores de "rango" constitucional que justifiquem a regulação por via legislativa ..."; *idem*, de 14/01/2014 (MARTINS DE SOUSA), em cujo sumário se lê que: "O art. 1817.º, n.º 1, do CC, na redacção emergente da Lei n.º 14/2009, de 01-04, ao estabelecer o prazo de caducidade de 10 anos após a maioridade (ou emancipação) do investigante para a propositura da acção de investigação de paternidade (cf. art.1873.º) é inconstitucional, por violação dos arts. 18.º, n.ºs 2 e 3, 26.º, n.º 1, e 36.º, n.º 1, da CRP". Cfr., ainda, os acórdãos do STJ, de 27/01/2011 (BETTENCOURT FARIA), de 15/11/2011 (MARTINS DE SOUSA) e de 24/05/2012 (GRANJA DA FONSECA), todos em www.dgsi.pt.

[14] Acórdão do STJ, de 14/12/2006 (FERREIRA GIRÃO), proc. n.º 06B4154; *idem*, de 31/1/2007 (BORGES SOEIRO), proc. n.º 06A4303; *ibidem*, de 23/10/2007 (MÁRIO CRUZ), proc. n.º 07A2736; *ibidem*, de 17/4/2008; *ibidem*, de 3/7/2008 (PIRES DA ROSA), proc. n.º 07B3451 – todos consultáveis em www.dgsi.pt.

[15] Na verdade, têm sido tirados vários acórdãos neste arrimo, tais como o de 29/11/2012 (TAVARES DE PAIVA), proc. n.º 367/10.2TBCBC-A.G1.S1, o qual decidiu que "*O prazo a que alude o art. 1817.º, n.º 1, do Código Civil – na redacção conferida pela Lei n.º 14/2009, de 01.04 – não é inconstitucional*"; o acórdão de 19/06/2014

3. A sucessão de leis no tempo e o artigo 3.º da Lei n.º 14/2009: a distinção entre a instauração da ação de investigação *antes* e *após* a publicação do acórdão n.º 23/2006

Face à declaração de *inconstitucionalidade material, com força obrigatória geral*, da norma do n.º 1 do artigo 1817.º do Código Civil é indesmentível que a Lei n.º 14/2009 actuou sobre o facto «tempo». Esta lei refere-se a factos jurídicos duradouros (ou situações de facto), a ocorrências da vida real que perduram no tempo. Em particular, esta lei atingiu o próprio *tempo* enquanto *facto impeditivo do direito de accionar* o pretenso pai (ou mãe) – *scilicet*, um facto decisivo para o *exercício do direito de ação* –, a fim de constituir, por meio de decisão judicial, um vínculo de filiação paterna (ou materna)

(PIRES DA ROSA), proc. n.º 146/08.7TBSAT. C1.S1, nos termos do qual: "*Tendo a presente acção de investigação de paternidade sido intentada no período que decorreu entre a publicação em DR do Acórdão 23/2006 do TC, de 10-01-2006 – que declarou a inconstitucionalidade, com força obrigatória geral da norma constante do n.º 1 do art. 1817.º do CC, aplicável por força do art. 1873.º do mesmo código, na medida em que previa, para a caducidade do direito de investigar a paternidade um prazo de 2 anos a partir da maioridade do investigante – e a entrada em vigor da Lei n.º 14/2009, de 01-04, e levando ainda em consideração a decisão proferida nos presentes autos de inconstitucionalidade da norma do art. 3.º desta última lei (o que conduz à desaplicação do prazo de 10 anos actualmente previsto no art. 1817.º), há que concluir pela não verificação de caducidade do direito de acção por parte do autor*"; no mesmo sentido navega o acórdão do STJ, de 15/5/2014 (MARIA DOS PRAZERES BELEZA), proc. n.º 3444/11.9TBTVD.L1.S1, segundo o qual "*O Acórdão do TC n.º 23/2006, 10-01-2006, que declarou a inconstitucionalidade, com força obrigatória geral, da norma constante do art. 1817.º, n.º 1, do CC (na medida em que previa um prazo de 2 anos, a partir da maioridade do investigante, para intentar a acção de investigação da paternidade) não julgou constitucionalmente censurável a definição legal de prazos de caducidade, apenas excluiu a legitimidade de fixação de um prazo de 2 anos, por este significar uma diminuição do alcance do conteúdo essencial dos direitos fundamentais à identidade pessoal e a constituir família, onde se inclui o direito ao conhecimento da paternidade e maternidade*"; outrossim, o acórdão de 18/02/2015 (FONSECA RAMOS), proc. n.º 4293/10.7TBSTS.P1.S1, onde, *inter alia*, se decidiu que: "*O prazo de dez anos constante do art. 1817º, nº1, do Código Civil foi considerado razoável pelo Plenário do Tribunal Constitucional e não contraria a jurisprudência do Tribunal dos Direitos do Homem cujo critério de julgamento é o de que os prazos não sejam impeditivos da investigação e não criem ónus excessivos em termos probatórios para as partes*".

16. Esta Lei n.º 14/2009, enquanto lei nova (LN), incluindo a norma transitória de que é provida, pretende aplicar-se a factos que se produziram no domínio de vigência do regime jurídico consagrado no Código Civil de 1966. O preenchimento das hipóteses normativas da LN atinge factos (*id est*, o tempo) que se produziram no domínio da lei antiga (LA). Surpreende-se, por isso, uma situação de *retroconexão* ou *referência pressuponente*[17]. É verdade que com a referida declaração de inconstitucionalidade emitida pelo acórdão do T.C. n.º 23/2006 *a retroconexão pode não ter sido total*, uma vez que esta declaração de inconstitucionalidade apenas apreciou os parâmetros normativo-constitucionais de um *específico prazo de caducidade*, exactamente o de dois anos a contar da maioridade ou da emancipação. Isto porque a referida decisão de inconstitucionalidade foi tomada por razões respeitantes à exiguidade do prazo de dois anos e ao seu termo inicial atinente a uma situação puramente objectiva.

Neste acórdão n.º 23/2006, o Tribunal Constitucional salientou que o regime de não caducidade das ações de investigação da paternidade (ou maternidade) não era a única alternativa pensável[18].

---

[16] J. P. REMÉDIO MARQUES, "Caducidade de acção de investigação da paternidade – O problema da aplicação imediata da Lei n.º 14/2009, de 1 de abril, às acções pendentes", *Boletim da Faculdade de Direito da Universidade de Coimbra*, vol. 85, 2009, p. 197 ss., pp. 205-206.

[17] J. BAPTISTA MACHADO, *Introdução ao Direito e ao Discurso Legitimador*, 4.ª reimpressão, Coimbra, Almedina, 1990, p. 236. Vale dizer: o preenchimento da previsão da LN é efectuado com factos já produzidos no domínio da LA (*in casu*, o tempo já decorrido desde a maioridade ou emancipação do investigante).

[18] Não é certo e inequívoco e seguro que o interesse em investigar a paternidade a todo o tempo tivesse, a partir do acórdão n.º 23/2006, passado a gozar de tutela jurídica. A cessação de eficácia normativa da então redação do n.º 1 do artigo 1817.º do Código Civil, que fixava o prazo de dois anos a contar da maioridade ou emancipação do investigante não transformou, *ipso iudicis*, o exercício do direito de ação num exercício susceptível de actuação a todo o tempo até à morte do investigado, quando a causa de pedir da ação consistisse na filiação biológica; essa cessação de eficácia da norma não implicou que o operador judiciário tivesse de desligar irremissivelmente o *fluir do tempo*, enquanto facto jurídico, da possibilidade de desencadear o estabelecimento da filiação jurídica contra um pretenso pai (ou mãe). Concebem-se soluções que vêem nessa declaração de inconstitucionalidade do acórdão n.º 23/2006 a formação de um vácuo legislativo temporário, susceptível

Nessa medida, e no contexto muito particular desta concreta sucessão de leis no tempo, não será líquido que tenha havido uma *mutação desfavorável* da ordem jurídica, quando, pelo contrário, é certo que o legislador introduziu um regime de prazos *mais favorável* do que o anteriormente fixado no artigo 1817.º, e não apenas no que se refere ao prazo-regra do n.º 1. Será que esta LN *encurtou* o prazo para investigar e estabelecer a filiação (fundada na existência de relações sexuais fecundantes entre o pretenso pai e a mãe do autor durante o período legal de concepção)? A resposta é afirmativa para todos aqueles que entendem que, a partir da mencionada declaração de inconstitucionalidade, em Janeiro de 2006, o exercício desse direito de ação poderia ser desencadeado *a todo o tempo* durante a vida do pretenso pai (ou mãe). Nessa medida teria havido uma situação de *retroconexão total*: A LN teria actuado para o passado, relativamente ao decurso do tempo já transcorrido desde a maioridade ou emancipação do investigante[19].

Ainda quando seja postulada e afirmada essa inconstitucionalidade material, deve observar-se que uma alegada abolição (por via jurisprudencial) dos prazos de caducidade constantes do n.º 1 do artigo 1817.º do Código Civil, alicerçada na citada declaração de

___

de ser preenchido, ao abrigo do artigo 10.º, n.º 3, do Código Civil, pelo concreto julgador, dentro do "espírito do sistema", uma vez que se trataria de uma *lacuna ou incompletude normativa* decorrente de uma situação que deixou de estar prevista por força da declaração de inconstitucionalidade emitida pelo acórdão do T.C. n.º 23/2006. Cfr., neste sentido, J. P. REMÉDIO MARQUES, *Acção Declarativa à Luz do Código Revisto*, 3.ª edição, Coimbra, Coimbra Editora, 2011, pp. 463, nota; J. P. REMÉDIO MARQUES, "Caducidade de Acção de Investigação da Paternidade...", 2009, cit., p. 209, nota 17; a mesma referência pode ver-se no voto de vencido do Conselheiro SOUSA RIBEIRO, no acórdão do T.C. n.º 24/2012.

[19] Por exemplo, decidindo neste ínterim, veja-se o acórdão do STJ, de 24/5/2012 (GRANJA DA FONSECA), proc. n.º 37/07.9TBVNG.P1.S1, segundo o qual: "Declarada inconstitucional a norma transitória do artigo 3º da Lei 14/2009, de 01-04, pelo acórdão (TC) 24/2012, de 17/01 e publicado a 27/02, não estão sujeitas a prazo de caducidade as acções de investigação de paternidade em curso aquando da entrada em vigor daquele diploma", sem distinguir, porém, as ações instauradas *antes* e *depois* do acórdão do T.C. n.º 23/2006, publicado em 10/2/2006.

inconstitucionalidade, com força obrigatória geral, pelo Tribunal Constitucional, n.º 23/2006, não significa (nem significou), doravante, a não existência e a não consideração de dilações temporais [20], as quais, ao espelharem um não exercício prolongado do direito subjectivo (na modalidade de direito potestativo) de estabelecer a filiação jurídica à luz das circunstâncias do caso concreto – ou por espelharem o *exercício retardado* do direito de estabelecer essa filiação jurídica –, *paralisam, precludem* ou *fazem perder* a possibilidade de exercício desse direito subjectivo, por contrariarem os ditames da boa fé. Isto não significa, na verdade, que, relativamente às acções de investigação de paternidade *pendentes na data do início de vigência da Lei n.º 14/2009*, o julgador tenha que (ou deva) admitir irremissivelmente a *imprescritibilidade de toda e qualquer pretensão dirigida ao estabelecimento judicial da filiação jurídica* que tenha dado em entrada em juízo e esteja a ser apreciada *medio tempore*, isto é, *entre Janeiro de 2006 e Abril de 2009*.

---

[20] Lembre-se que o acórdão do Tribunal Constitucional n.º 23/2006, de 10 de Janeiro (relatado por PAULO MOTA PINTO, in: *Diário da República*, I série, de 8/02/2006, pp. 1026-1054) declarou a inconstitucionalidade material, com força obrigatória geral, da norma do n.º 1 do artigo 1817.º do Código Civil, mas não concluiu pela proscrição ou pela inadmissibilidade da consagração de *todo e qualquer prazo de caducidade*. A doutrina – pelo menos, já desde o primeiro aresto do Tribunal constitucional (acórdão n.º 484/2004, de que, igualmente, foi relator PAULO MOTA PINTO, in: *Diário da República*, II Série, de 18/02/2005) – já se havia, de resto, manifestado no sentido em que a conformidade do regime de estabelecimento da filiação jurídica com o artigo 26.º/1 da Constituição *não impõe a possibilidade de intentar a acção de investigação a todo o tempo*, inclusivamente a após a morte do investigado. Veja-se REMÉDIO MARQUES, "Caducidade de acção de investigação da paternidade fundada no artigo 1817.º, n.º 1, do Código Civil" (em anotação ao referido acórdão do Tribunal Constitucional n.º 486/04), in: *Jurisprudência Constitucional*, n.º 4 (Outubro/Dezembro 2004), p. 40 ss., pp. 45-46. Veja-se, ainda, o recente acórdão da Relação de Coimbra, de 21/09/2010 (CARLOS GIL), proc. n.º, in http://www. dgsi.pt., que julgou conformes à Constituição as normas da Lei n.º 14/2009, que estabeleceram prazos de caducidade nas acções de investigação da paternidade, *in casu*, a alínea *b)* do n.º 3 do artigo 1817.º (três anos após a cessação do tratamento como filho); *idem*, o acórdão da Relação de Coimbra, de 19/01/2010 (CARLOS GIL), proc. n.º 495/04.TBOBR.C1, in http://www.dgsi.pt.

Ora, caso não apliquemos os novos prazos de caducidade estabelecidos nesta LN às ações instauradas *após* a data da publicação do referido acórdão do T.C. n.º 23/2006, de 10/01/2006, fica em aberto um vasto leque de possibilidades para o julgador, perante cada caso concreto, tomar uma opção de regime para este problema[21], ao arrimo da ideia segundo a qual este julgador deverá criar uma norma de decisão *"se houvesse de legislar dentro do espírito do sistema"* (artigo 10.º, n.º 3 do Código Civil). Haverá, segundo creio, que distinguir a situação de todos aqueles investigantes que, atendendo a que se não sentiam constrangidos por qualquer prazo para propor as suas acções de investigação, intentaram tais ações no período que decorreu entre a publicação, no *Diário da República*, de 10 de Fevereiro de 2006, do acórdão n.º 23/2006, do Tribunal Constitucional, de 10 de Janeiro de 2006 e a entrada em vigor em 2 de Abril de 2009 com a Lei n.º 14/2009, de 1 de Abril, do novo n.º 1 do art.1817.º do Código Civil.

Relativamente a estas hipóteses, reconhece-se que os potenciais investigantes podem ter *formado e investido na confiança legítima* de que após a prolação do referido acordo do T.C. n.º 23/2006 o regime jurídico passara a admitir a instauração de tais ações *a todo o tempo* ou, pelo menos, durante um alargado prazo dentro do qual não operaria a caducidade da ação de estabelecimento da filiação jurídica. Nessa medida, o artigo 3.º da referida Lei n.º 14/2009 padecerá de *inconstitucionalidade material*.

Todavia, julgo que o mesmo já não se poderá sustentar a respeito de todos aqueles que haviam intentado ações de estabelecimento da

---

[21] Tb., neste sentido, PEREIRA COELHO/GUILHERME DE Oliveira, *Curso de Direito da Família*, Vol. II, *Direito da Filiação*, Tomo I, *Estabelecimento da Filiação, Adopção*, Coimbra, Coimbra Editora, 2006, p. 254, os quais afirmam o seguinte: *"Note-se que apenas se declarou a inconstitucionalidade do art. 1817.º, n.º 1, tal como ele está formulado hoje [ou seja, em 2006]. O que deixa em aberto um vasto leque de possibilidades para o legislador ordinário que queira – como deve – tomar uma opção nova de regime para este problema".*

filiação *antes da data da publicação do referido acórdão do T.C. n.º 23/2006.* Pois, quanto a estes não é inteiramente seguro – ou não é nada seguro – que o interesse em investigar a paternidade *a todo o tempo* tivesse criado qualquer expectativa e desencadeasse uma *situação de confiança* (e de *investimento* nessa confiança) na mente dos investigantes[22]. Se estes investigantes propuseram a ação para além do referido prazo de dois anos *antes* do dia 10 de Fevereiro de 2006, a declaração de inconstitucionalidade com força obrigatória geral não *torna (retroactivamente) impeditivo da caducidade* o facto da entrada da petição inicial na secretaria do tribunal, uma vez que o facto extintivo (*scilicet*, o decurso do tempo previsto na lei) já havia ocorrido ao abrigo da LA declarada inconstitucional por esse acórdão n.º 23/2006.

Estes investigantes, ainda quando surpreendidos («favoravelmente») com a referida declaração de inconstitucionalidade material, *quando haviam já instaurado as respectivas ações de investigação para além do prazo de dois anos a* contar da maioridade ou emancipação, não contariam, após a mencionada declaração de inconstitucionalidade, com qualquer expectativa legítima de continuidade da ausência de fixação legislativa de qualquer prazo[23].

---

[22] Na verdade, no que tange aos *investigantes que já haviam instaurado ações de investigação antes do dia 10 de Fevereiro de 2006* (pendentes no dia 2 de Abril de 2009) – numa época em que o prazo de caducidade era de dois anos a contar da maioridade ou da emancipação – não creio que estes tenham passado a gozar de tutela jurídica, em termos de a propositura da ação de investigação ter impedido a consumação do *facto extintivo* do seu direito, pela simples circunstância de ter perdido eficácia, em Fevereiro de 2006, a norma que fixava o prazo de dois anos para propor a ação (n.º 1 do artigo 1817.º do Código Civil), por força da declaração de inconstitucionalidade, proclamada pelo acórdão n.º 23/2006.

[23] Surpreendidos com a decisão de inconstitucionalidade material do acórdão n.º 23/2006, *quando as respectivas ações já se encontravam pendentes*, apenas estes investigantes teriam criado a expectativa de os juízes *a quo* (ou *ad quem*, em sede de recurso ordinário) considerarem, no saneador, a tempestividade da ação de investigação ou procederem à revogação de decisões que tenham afirmado essa caducidade.

Na verdade, até à publicação do acórdão do T.C. n.º 23/2006, os investigantes, cientes, *pelo menos desde 2004* (*rectius*, desde a prolação do acórdão do T.C. n.º 486/2004, que, pela primeira vez, julgou materialmente inconstitucional a referida norma, em sede de fiscalização concreta), de que a questão do prazo de caducidade do n.º 1 do artigo 1817.º do Código Civil era controvertida, fundavam, em primeira linha, as ações de investigação da paternidade nas *presunções de paternidade* previstas no artigo 1871.º, n.º 1, do Código Civil, alegando e tentando provar os *factos-base* de tais presunções, em particular, a *posse de estado* e, a partir de 1998, na existência de *relações sexuais entre o investigado e a mãe do investigante no período legal de concepção*. Na perspectiva de não lograrem provar os factos essenciais destas causas de pedir, os investigantes alegavam os factos subjacentes à *prova directa da filiação biológica*. Todavia, não podiam desconhecer que os tribunais não acolhiam a tese da inconstitucionalidade material deste prazo de dois anos[24]; outrossim, não podiam olvidar que a própria doutrina, somente a partir de 2004 se começou a pronunciar contra a consagração de tão exíguos prazos de caducidade[25].

---

[24] Cfr. os acórdãos do T.C. n.ºs 99/88, de 28/4/1988 (CARDOSO DA COSTA), 413/89, de 31/5/1989 (CARDOSO DA COSTA), 370/91, de 25/9/1991 (ALVES CORREIA), 311/95, de 20/6/1995 (ALVES CORREIA) e, por último, 506/99, de 21/9/1999 (TAVARES DA COSTA). Somente com o acórdão do T.C. n.º 486/04, de 7/7/2004 (PAULO MOTA PINTO) esta solução foi expressamente acolhida, em sede de fiscalização concreta, o mesmo acontecendo com o acórdão n.º 11/2005, de 12/1/2005 (PAULO MOTA PINTO).

[25] Primeiramente por GUILHERME DE OLIVEIRA, "Caducidade das acções de investigação", in: *Lex Familiae, Revista Portuguesa de Direito da Família*, n.º 1, 2004, p. 7 ss. = *Comemorações dos 35 Anos do Código Civil e dos 25 Anos da Reforma de 1977*, vol. I, 2004, p. 49 ss.; F. M. PEREIRA COELHO/GUILHERME DE OLIVEIRA, *Curso de Direito da Família*, vol. II, *Direito da Filiação*, Tomo I (com a colaboração de RUI MOURA RAMOS), Coimbra, Coimbra Editora, 2006, pp. 247-253; J. P. REMÉDIO MARQUES, "Caducidade de Acção de Investigação da Paternidade Fundada no Artigo 1817, n.º 1, do Código Civil, Anotação ao Acórdão do Tribunal Constitucional n.º 486/04", in: *Jurisprudência Constitucional*, 4, Outubro-Dezembro de 2004, p. 40 ss., pp. 48-49; JORGE DUARTE PINHEIRO, *O Direito da Família Contemporâneo*, Lisboa, Associação Académica da Faculdade de Direito da Universidade de Lisboa, 2008, p.174.

Mesmo quando a acolheu, pela primeira vez, em meados de 2004, o Tribunal Constitucional, no seu acórdão n.º 486/2004, considerou um alongamento do prazo "normal" previsto no artigo 1817.º, n.º 1, dilatando-o, porventura, para um momento em presumivelmente se terá *consolidado* plenamente a formação, pessoal e profissional do investigante (que levaria a apontar, por exemplo, para os 25 anos de idade)[26].

Como é indesmentível, essa declaração de inconstitucionalidade foi tomada por motivos directamente ligados à *exiguidade do prazo de dois anos* e ao *seu termo inicial*, numa época da vida e existência individual em que os investigantes não gozam da normal *maturidade* e *experiência* para aquilatar a necessidade, a oportunidade ou a conveniência de estabelecerem juridicamente a respectiva ascendência biológica.

4. A imprestabilidade dos critérios «gerais» de sucessão de leis no tempo

Poder-se-ia ser tentado a resolver esta questão mediante a mera aplicação dos critérios gerais sucessão de leis no tempo, *maxime*, no quadro das *leis sobre prazos*[27]. A *retroconexão* deste reconhecimento

---

[26] O T. C. salientou, aliás, a oportunidade da previsão de uma *cláusula geral de salvaguarda*, permitindo a propositura da acção para além de tal prazo mínimo "normal", contanto que o autor cumprisse o ónus de alegar e provar factos que tornassem a propositura *tardia* da acção *desculpável ou justificável* (*maxime*, o desconhecimento, sem culpa, da identidade do progenitor ou a existência de reais obstáculos práticos ou *sociais* à proposição da acção).

[27] Nesta senda, conceber-se-ia que o n.º 1 do art. 1817.º do CC (na redacção dada pela Lei n.º 14/2009, de 1 de Abril) seria sempre aplicável aos processos pendentes na data do seu início de vigência, mesmo que o legislador não tivesse tido o cuidado de, no artigo 3.º dessa mesma lei, expressar essa aplicabilidade. Isto porque o estabelecimento da filiação (paternidade ou maternidade) ocorre somente no momento em que, por decisão judicial em acção de investigação, tal é reconhecido. Com o que não haveria aplicação retroactiva da LN.

judicial da filiação a factos passados (concepção e nascimento) seriam apenas atinente aos *factos-pressupostos*, cuja localização no tempo não influi sobre a determinação da lei aplicável[28]. Neste enfoque, o decurso do tempo (2 anos, a contar da maioridade ou emancipação) não representaria um facto extintivo (nem tão pouco constitutivo ou modificativo) de qualquer efeito jurídico; seria um simples «facto pressupostos», na formulação de BAPTISTA MACHADO[29], cuja localização no tempo não influi sobre a determinação da lei aplicável. Sendo assim, a LN aplicar-se-ia *para o futuro* e teria atingido as ações de investigação *pendentes* no dia 2 de Abril de 2009: se os autores tivessem apenas fundado a causa de *pedir* na *filiação biológica* (ou não tivessem podido demonstrar os factos base da *posse de estado* ou de outras *presunções de paternidade*), os tribunais deveriam declarar a caducidade da ação na eventualidade de os investigantes (ou alguns deles) terem deixado decorrer um prazo superior a 10 anos, após a sua maioridade ou emancipação. Não creio, porém, que o facto natural «tempo» constitua, neste caso, um mero (ou somente) *facto pressuposto*, para o qual seria indiferente o regime da LN, a qual se *aplicaria sempre e de forma imediata às ações pendentes*. Julgo que este facto natural «tempo» (e o decurso global do prazo previsto na lei) é antes um *facto extintivo* de um *direito subjectivo* (ou de uma situação jurídica), qual seja o *direito de ação*, no sentido de fazer afirmar um direito *de personalidade* (e direito fundamental) do autor dessa ação.

Ora, uma outra solução se divisaria: tendo o decurso global o prazo o valor de um *facto extintivo* de direitos ou de situações jurídicas subjectivas e considerando que a *LN veio encurtar o prazo* da propositura de ações de investigação fundadas na filiação biológica

---

[28] Neste sentido, cfr. o acórdão do STJ, de 13/9/2012 (PIRES DA ROSA), proc. n.º 146/08.7TBSAT.C1.S1

[29] J. BAPTISTA MACHADO, *Introdução ao Direito e ao Discurso Legitimador*, 1990, cit., p. 244.

– no pressuposto de a referida declaração de inconstitucionalidade material prolactada em Janeiro de 2006 ter criado um «ambiente jurisprudencial» favorável à propositura da ação *a todo tempo* –, então, a fim de evitar indesejáveis *efeitos surpresa* com o *encurtamento* do prazo previsto na LN, seria aplicável o disposto no artigo 297.º, n.º 1, do Código Civil. Consequentemente, a aplicação da LN às ações pendentes faria eventualmente manter operante (por retroactividade *não autêntica*) o facto impeditivo da caducidade plasmado na propositura da ação. Salvo se o réu fosse absolvido da instância e o autor tivesse que propor nova ação de investigação já ao abrigo da LN e, para o efeito, não o fizesse no prazo de 30 dias (artigo 279.º, n.º 2, do CPC). Todavia, numa outra interpretação, o facto que serve de previsão da LN já se teria verificado *totalmente no passado*[30].

Mas esta solução baseada nas regras gerais de sucessão no tempo de leis sobre prazos também não parece prestável e adequada. Com efeito, esta regra pressupõe a «normal» sucessão de leis no tempo: à LA sucede a LN. Nada disto se passou, porém, no quadro das vicissitudes operadas por via da referida declaração de inconstitucionalidade material com força obrigatória geral. *Entre o dia 10 de Fevereiro de 2006 e o dia 2 de Abril de 2009* não existiu, destarte, um específico parâmetro normativo positivado em lei, por cujo respeito as partes e os tribunais pudessem ter programado as suas condutas e decisões no que respeita à tempestividade da instauração de ações de estabelecimento da filiação jurídica alicerçadas na filiação biológica (fora, portanto, da invocação e prova de *presunções de paternidade* previstas para os filhos nascidos fora do casamento). Pode dizer-se que a LN encurtou o prazo previsto na LA? Qual era

---

[30] Donde, os investigantes deveriam ter instaurado, *no passado*, a ação de investigação até perfazerem 29 anos de idade (*momento impeditivo* da caducidade *enquanto efeito extintivo* da possibilidade de fazer reconhecer a filiação jurídica), mesmo que estes já tivessem exercido *lícita* e *tempestivamente* o direito de ação após a referida declaração de inconstitucionalidade, com força obrigatória geral, publicada em Fevereiro de 2006.

a LA? E é aceitável observar que a LN veio *alongar* o prazo estabelecido na LA (dois anos a contar da maioridade ou emancipação), sem cuidar de ponderar os parâmetros judicativos ocorridos *medio tempore* entre inícios de *2006 e Abril de 2009*? Perante o exposto – e assente a ideia de que esta questão para que se busca solução somente atinge *as ações de investigação instauradas medio tempore, entre 10 de Fevereiro de 2006 e 1 de Abril de 2009* –, a solução da (des)aplicação da norma transitória especial do artigo 3.º da Lei n.º 14/2009 às ações pendentes convoca os critérios normativos e de concretização material do *princípio da confiança*. Vejamos.

5. A discricionariedade legislativa e as dimensões do princípio da confiança

Como vimos, deve perguntar-se se a *projecção retroactiva* da LN aos *processos pendentes* na data do seu início de vigência (iniciados após a publicação do acórdão do T.C. n.º 23/2006) frustra, de forma intolerável e escandalosa, a confiança criada, depositada e investida pelos investigantes. Será que estamos perante um circunstancialismo em que se tutela um *direito subjectivo* (público) – o *direito de ação* e a *tutela jurisdicional efectiva* – que é instrumental da afirmação de um *direito de personalidade* e um direito fundamental (direito à identidade pessoal) e, a *posteriori*, se retira retroactivamente esse direito subjectivo por meio de uma *retroconexão total* da LN, segundo a qual o facto (*in casu*, o decurso do tempo: 10 anos) que serve de previsão desta LN já transcorreu totalmente no passado, inutilizando a instância processual e a situação jurídica processual por ela criada?

Com algum rigor, pode afirmar-se que nos quedamos face a uma situação de *retrospectividade* ou "retroactividade inautêntica"; que o mesmo é surpreender uma situação aí onde a lei nova vigora *ex nunc*, para o futuro, conquanto transporte a característica de "afetar direitos que, embora constituídos no passado por força da lei anterior, prolongam os seus efeitos no presente"[31]. O legislador da Lei n.º 14/2009 não estava, de facto, impedido de proceder à revisão do regime dos prazos de caducidade das ações de estabelecimento da filiação (da maternidade/paternidade) e da impugnação da paternidade presumida. Este legislador – como qualquer legislador ordinário – desfrutava, a partir de Fevereiro de 2006, de uma ampla *liberdade de conformação legiferante*; ele gozava, a partir da referida declaração de inconstitucionalidade com força obrigatória geral de uma ampla *liberdade e discricionariedade de conformação legislativa* destes específicos regimes jurídicos, atendendo aos interesses, valores e direitos fundamentais em presença. Não existe, na verdade, uma garantia constitucional no sentido da "imprescritibilidade" das ações destinadas ao estabelecimento da filiação jurídica, pois o legislador ordinário tem de dispor de uma ampla margem de conformação da ordem jurídica, incluindo a natural possibilidade de alteração das leis em vigor[32], seja na sequência do normal fluir das opções de política legislativa, de compromissos eleitorais, etc., seja por causa da declaração de inconstitucionalidade, com eficácia geral, de leis por ele anteriormente aprovadas[33].

A ponderação das situações concretas à luz do princípio da *segurança jurídica* na vertente material da *confiança* formada, confirmada e investida pelos cidadãos de um determinado regime jurídico face a mudanças de comportamento do legislador – osten-

---

[31] Com esta formulação, J. REIS NOVAIS, *As Restrições aos Direitos Fundamentais não Expressamente Autorizadas pela Constituição*, Coimbra, Coimbra Editora, 2003, p. 818.

[32] J. REIS NOVAIS, *Os Princípios Constitucionais Estruturantes da República Portuguesa*, Coimbra, Coimbra Editora, 2004, p. 263 ss.

[33] A ponderação dos interesses subjacentes às opções legislativas não pode ser *neutralizada*; não podemos admitir a *rigidificação* das regras jurídicas norteadoras do regime da tempestividade do direito de ação.

tando as características da *continuidade*, da *previsibilidade* e da *calculabilidade* do presente e do devir em atenção aos diferentes direitos fundamentais envolvidos – pode iluminar adequadamente o juízo a fazer respeitante à (in)constitucionalidade do artigo 3.º da LN. E esta metodologia será, igualmente adequada a apurar se cabe, ou não, distinguir a situação dos investigantes que *já haviam* instaurado ações de investigação *antes* da publicação do acórdão do T.C. n.º 23/2006, *para além do prazo de dois anos a contar da maioridade*, daqueles outros que, tendo mais de 20 anos de idade, apenas propuseram tais ações *após a referida declaração de inconstitucionalidade*.

Conhecem-se os pressupostos em que assenta o *princípio da confiança* e da *boa fé do legislado*r (artigo 266.º, n.º 2, da Constituição)[34]. Atento o exposto, o que devemos perguntar é se existiu, a partir de Fevereiro de 2006 a *criação de padrões normativos de conduta* subjectivamente radicada, susceptíveis de alicerçar nos seus destinatários uma *expectativa normativa segura de orientação reveladora* de uma *dignidade constitucionalmente* relevante, a qual *não sugeria a previsibilidade de mutações ou de alterações substanciais* da situação jurídica com base na qual tais destinatários podiam *constituir (in*

---

[34] Quais sejam: (a) identificação de uma *base de confiança* criada e aceite pelos poderes públicos; (b) *formação da confiança* dos cidadãos assente nessa base; (c) *confirmação dessa confiança* mediante actos concretizadores; (d) *investimento dos cidadãos* na confiança que fora gerada por tais poderes públicos (legislativo, executivo e judicial); (e) *dignidade da proteção da confiança* dos cidadãos, no sentido em que tais expectativas de continuidade do regime vigente num certo momento sejam legítimas, por que fundadas ou justificadas em boas razões; (f) *mudança de comportamento dos poderes públicos* que não seja exigida pelo interesse público, a qual, pela sua importância ou valor, seja superior ao valor da tutela das expectativas (de continuidade) criadas, de tal modo que exista uma frustração da confiança por parte dos poderes públicos que a criara; (g) um *elemento de conexão normativo* entre as actividades desses poderes públicos e a actividade ou as expectativas dos cidadãos, qual *nexo de causalidade* entre a actuação geradora de confiança e a situação de confiança e o investimento nessa confiança – MARIA LÚCIA AMARAL, *A Forma da República: Uma Introdução ao Estudo do Direito Constituciona*l, Coimbra, Coimbra Editora, 2005, pp. 182-183; M. REBELO DE SOUSA/A. SALGADO DE MATOS, *Direito Administrativo Geral*, I, 2.ª edição, Lisboa, 2006, p. 217 ss.

casu, estabelecer a filiação jurídica), *modificar* ou *extinguir* direitos ou posições jurídicas (*scilicet*, impugnar a paternidade presumida).

6. Os critérios de decisão do Tribunal Constitucional e as ações propostas *após* o dia 10 de fevereiro de 2006

No que tange ao *princípio da segurança jurídica* – cuja convocação é aqui decisiva na sindicação da constitucionalidade de alterações legislativas que atingem factos passados e situações jurídicas *em curso de constituição* – o Tribunal Constitucional tem entendido que as alterações legislativas que afectem expectativas legitimamente fundadas dos cidadãos são inadmissíveis, contanto que *(a)* a afectação de expectativas, em sentido desfavorável, constitua uma *mutação da ordem jurídica* com que, *razoavelmente*, os destinatários das normas dela constantes não pudessem contar; e ainda, *(b)* quando não for ditada pela necessidade de salvaguardar direitos ou interesses constitucionalmente protegidos que devam considerar-se prevalecentes, à luz do *princípio da proporcionalidade*, a propósito dos direitos, liberdades e garantias, no n.º 2 do artigo 18.º da Constituição)[35]. Deve então perguntar-se se ocorreu, entre Fevereiro de 2006 e Abril de 2009, alguma *continuidade* manifestada na *estabilidade de certas expectativas dos cidadãos* e na *congruência das decisões judiciais* que, a partir da referido acórdão do T.C. n.º 23/2006 com o desaparecimento da norma do n.º 1 do artigo 1817.º do Código Civil, passaram a entender, por esmagadora

---

[35] Entre muitos, cfr. Pareceres da Comissão Constitucional n.ºs 25/79 e 14/82; acórdãos do T.C. n.º 302/90; *idem*, n.º 232/91; *ibidem*, n.º 365/91; *ibidem*, n.º 473/92; *ibidem*, n.º 354/2000; *ibidem*, n.º 449/2002; *Ibidem*, n.º 556/2003, *ibidem*, n.º 154/10, todos em www.tribunalconstitucional.pt.

maioria, não existir prazo de caducidade para a instauração de ações de investigação da paternidade ou da maternidade[36].

Após o dia 10 de Fevereiro de 2006 as pessoas confiaram na situação jurídica criada pela revogação do n.º 1 do artigo 1817.º do Código Civil. As pessoas cuja paternidade (ou maternidade) não estivesse estabelecida fortaleceram as suas orientações de vida no sentido de continuarem a esperar ser reconhecidas como filhos ou filhas (por meio da perfilhação) pelos homens que pensavam serem os seus pais biológicos. Conquanto essa perfilhação não viesse a ocorrer, elas sempre ficariam salvas de, *a partir de Fevereiro de 2006*, intentar ação de investigação a todo o tempo, independentemente de alegarem e provarem certos *factos-base* das *presunções de paternidade* estabelecidas no artigo 1871.º do mesmo Código[37].

Embora a declaração de inconstitucionalidade em causa (n.º 23/2006), com a concreta delimitação feita pelo Tribunal Constitucional não tenha sido, *por si só*, uma circunstância *objectivamente* adequada a gerar a expectativa que outros prazos de caducidade da investigação da filiação, com outros limites temporais ou com outras formas de contagem, seriam, também eles, incons-

---

[36] De facto, a jurisprudência das Relações e do STJ passou a entender, logo após a publicação do acórdão n.º 23/2006, que as ações destinadas ao estabelecimento da filiação jurídica não deveriam achar-se sujeitas a prazo de caducidade. Estas decisões, a que já me referi há pouco, terão criado nos cidadãos a impressão de que esses padrões de conduta poderiam ser prosseguidos sem impedimentos, mudanças ou rupturas jurídicas, por parte de outros orgãos de soberania, em particular, a Assembleia da República. Em suma, a declaração de inconstitucionalidade com força obrigatória geral do n.º 1 do artigo 1817º do Código Civil, aplicável *ex vi* do artigo 1873.º do mesmo Código, constante do Acórdão n.º 23/2006 do T.C., veio a ser generalizadamente interpretada pela jurisprudência do STJ como significando a «imprescritibilidade» do direito de investigar a paternidade, com o fim da sujeição deste direito a prazos.

[37] Estes cidadãos tomaram decisões e fizeram planos de vida sedimentados nessas expectativas de continuidade da solução jurisprudencial que então passou a ser aplicada aos casos concretos pelos tribunais superiores. Com o que terá ocorrido um verdadeiro nexo de causalidade entre a actuação do Tribunal Constitucional, com o acórdão n.º 23/2006, e a actuação dos cidadãos em cujo assento de nascimento não constava a menção da paternidade.

titucionais, o certo é que a prática e a orientação jurisprudencial dos tribunais da Relação e do STJ seguiram um caminho oposto; trilharam, esmagadoramente, a tese da «imprescritibilidade» de tais ações. Todavia, volvidos *pouco mais de três anos*, estas pessoas, que haviam estabilizado as suas expectativas normativas com base nas soluções jurisprudenciais então consolidadas pela orientação do Tribunal Constitucional, viram-se confrontadas com uma nova, dramática e totalmente diferente opção político-legislativa: o encurtamento do prazo para investigar a filiação, ainda por cima aplicável às ações pendentes no dia 2 de Abril de 2009. Estes cidadãos, autores de ações de investigação instauradas após o dia 10 de fevereiro de 2006, perderiam "na secretaria" a pretensão para a qual poderiam ganho de causa "no campo"[38].

A Lei n.º 14/2009 operou uma mutação substancialmente desfavorável da ordem jurídica, *haja em vista as soluções jurisprudenciais surgidas logo a publicação do acórdão do T.C. n.º 23/2006*, as quais passaram, quase todas, a entender que as ações de investigação se tornaram, doravante, «imprescritíveis». Donde, a existência, desde a publicação desse acórdão, de uma *expectativa legítima de continuidade* da não fixação legislativa de qualquer prazo de caducidade para investigar e estabelecer judicialmente a filiação jurídica. Embora a questão, *medio tempore*, estivesse em aberto, os interessados não podiam seguramente contar com um regime de prazos do tipo do que foi estabelecido pela Lei n.º 14/2009. A jurisprudência consolidada nos tribunais judiciais pode ser assim configurada como *meio de formação e de revelação de norma aplicável aos casos concretos*, de modo que tal norma jurídica, de formação jurisprudencial, corresponderia a um comando permissivo de instauração de acção

---

[38] Por força da mencionada declaração de inconstitucionalidade, proclamada pelo acórdão n.º 23/2006, era de afastar a hipótese de os cidadãos interessados considerarem que estávamos perante um transitório vácuo legislativo, a preencher dentro do "espírito do sistema" por meio de soluções jurisprudências casuísticas.

de investigação da paternidade/maternidade, sem dependência de qualquer prazo de caducidade[39].

Vale dizer: a aplicação imediata da LN às ações pendentes na data do seu início de vigência implica o *aniquilamento jurídico do direito de ação* já exercido *após o dia 10 de Fevereiro de 2006*. O que está em causa é, por conseguinte, a violação de direitos fundamentais por motivo da aplicação retroactiva de uma *norma transitória especial* aniquiladora de direitos fundamentais *já exercidos* e *em curso de constituição* (*direito de ação, direito à identidade pessoal, direito a constituir família*). A aplicação da LN às *ações pendentes a partir da publicação do acórdão do T.C. n.º 23/2006* torna impossível o exercício efectivo do direito de constituir a filiação através dos tribunais a pessoas que já haviam *impedido* essa mesma caducidade

---

[39] Admito, embora com algumas reservas, que terá assim sido criado nos interessados a expectativa legítima de que viria a ser alterado o regime jurídico de instauração das acções de investigação da paternidade ou de maternidade, no sentido da remoção de um prazo de caducidade, o que conduziria à possibilidade de instauração a todo o tempo daquelas acções. Isto porque o artigo 3.º da Lei n.º 14/2009 terá resultado de uma iniciativa legislativa apresentada pelo grupo parlamentar PEV – Partido Ecologista "Os Verdes", em 7/11/2005 (in http://www. parlamento.pt/ActividadeParlamentar/Paginas/DetalheIniciativa.aspx?BID=21079), que se limitava a acrescentar um novo n.º 7 ao artigo 1817.º do Código Civil, que dispunha: "desde que os efeitos pretendidos sejam de natureza meramente pessoal, a acção de investigação da maternidade pode ser proposta a todo o tempo". Ademais, determinava-se, no artigo 2.º do referido Projecto de Lei n.º 178/X, que aquela alteração entraria imediatamente em vigor. Além de que se registam decisões de alguns tribunais que optaram por aplicar o prazo geral de prescrição de *vinte anos*, previsto no artigo 309.º do Código Civil a acções de investigação instauradas a partir da publicação do acórdão do T.C. n.º 23/2006. Cfr. o relatório do acórdão do STJ, de 17/4/2008 (http://www.dgsi.pt/jstj.nsf/954f0ce6ad9dd8b980256b5f003fa 814/9192ebc240ebcdf28025742e0039f69e?OpenDocument), aí onde a decisão da 1.ª instância, que suscitou o recurso de apelação para a Relação de Guimarães, objecto de revista para este Supremo, aplicou o prazo geral de prescrição de *20 anos*, tendo julgado procedente a excepção peremptória suscitada pelo autor e julgado extinto o direito à investigação da paternidade. Cfr., igualmente, GUILHERME DE OLIVEIRA, "Caducidade das Acções de Investigação", in *Lex Familiae – Revista Portuguesa de Direito da Família*, Ano 1, n.º 1, 2004, p. 12, que admite a tendencial «imprescritibilidade» do direito à investigação de paternidade, mas acaba por temperar essa defesa da não sujeição a qualquer prazo com a possibilidade de recurso ao instituto da prescrição e ao prazo máximo de 20 anos, a contar da maioridade.

mediante a precípua propositura da ação ao abrigo da aplicação[40].
Ademais, tendo em conta a natureza *rígida* e *absoluta* da aplicação
às ações pendentes deste prazo de 10 anos, não terá sido ponderado
o melhor equilíbrio e adequação entre o respeito pela *intimidade
da vida privada* do investigado e o direito à identidade pessoal do
investigado. O aplicar os novos prazos de caducidade (de 10 anos
subsequentes à maioridade ou emancipação) às ações pendentes
na data de início de vigência da LN instauradas após a prolação do
referido acórdão n.º 23/2006 retira, abrupta, desproporcionada e
inadmissivelmente, o direito (subjectivo e fundamental) aos autores
de a sua causa (e pretensão material) dever ser examinada e julgada
quanto ao *mérito* (e não apenas quanto aos *requisitos processuais
de admissibilidade*) por um tribunal.

7. O princípio da confiança e as ações propostas *antes* do dia 10 de fevereiro de 2006, que *ainda* se achavam pendentes no dia 2 de abril de 2009

Já, porém, as ações de estabelecimento da filiação instauradas
antes da prolação do acórdão do T.C. n.º 23/2006, que ainda se
encontravam pendentes na data de início de vigência da Lei n.º
14/2009 devem seguir uma solução diferente. Neste particular devo
reconhecer uma inflexão da posição que já perfilhei no passado[41].
Na verdade, os autores que tenham instaurado ações de investigação

---

[40] Há, com efeito, uma adicional *denegação de justiça* respeitante à não pronúncia
da *decisão de mérito* pela verificação superveniente de uma *excepção peremptória*
de conhecimento oficioso (a caducidade do direito de ação), a qual atinge totalmente o tempo transcorrido no passado. Nestes casos o facto que serve de previsão
esta LN (o decurso do tempo) já se verificou totalmente no passado, na sequência
da cessação de produção de efeitos do n.º 1 do artigo 1817.º do Código Civil por
motivo do acórdão do T.C. n.º 23/2006.

[41] J. P. REMÉDIO MARQUES, "Caducidade de Acção de Investigação ...", 2009,
cit., pp. 219-220, 226-227.

antes do dia 10 de Fevereiro de 2006 e que em 2 de Abril de 2009 se viram confrontados com a consagração normativa de um prazo de caducidade de 10 anos nem sequer podem usar a seu favor a expectativa da manutenção de qualquer *manutenção, estabilidade ou uniformidade de jurisprudência.* Lembre-se que, só a partir desse dia, os tribunais superiores passaram a decidir (ou a confirmar os despachos saneadores emanados da 1.ª instância) que as ações de investigação não estavam sujeitas a qualquer prazo. Situação a que estariam sujeitos os autores de ações desta natureza interpostas após a publicação do referido acórdão do T.C. n.º 23/2006.

A *situação de confiança* na realização judicial de uma pretensão material e o *investimento nessa confiança* – face a possíveis mutações legislativas ocorridas na pendência dessa causa – formam-se no *momento da propositura da a*ção. Não é por acaso que o *facto impeditivo da caducidade* (que não admite suspensão, nem interrupção, salvo nos casos expressamente previstos na lei: artigo 328.º do Código Civil) coincide com a entrada da petição na secretaria do tribunal, ou seja com a *propositura da ação em juízo* (artigo 332.º, n.º 1, do mesmo Código). Por outro lado, deve observar-se que a verificação do preenchimento dos *pressupostos processuais* deve ocorrer de harmonia com a *lei vigente à data da propositura da acção.* Na data da propositura destas ações estava em vigor uma norma que impedia, para além dos 20 anos de idade do autor da ação, o exercício da tutela jurisdicional destinada a estabelecer a filiação jurídica desligada da invocação de *presunções de paternidade* ou do obstáculo de uma prévia inscrição da paternidade que deva ser previamente removida[42]. À data da instauração destas ações – *antes,*

---

[42] Não pode pois dizer-se que se tenha criado uma situação de confiança merecedora de tutela e de investimento nessa confiança relativamente aos autores de ações de investigação que, na data da instauração dessa ação, tivessem mais de 20 anos. É que no momento da instauração de tais ações o direito de ação já se encontrava caduco ao abrigo da norma que permitia a realização dessa *pretensão material através do processo.*

portanto, do dia 10 de Fevereiro de 2006 –, os autores já nem sequer beneficiaram de tal direito, por terem deixado correr mais de dois anos desde a sua maioridade (ou emancipação). Por conseguinte, a norma do artigo 3.º da Lei n.º 14/2009, tendo em conta as específicas circunstâncias destes casos, não configurou uma *restrição do direito de acesso aos tribunais* (artigo 20.º, n.º 1, da Constituição). Os interessados não gozavam, destarte, de uma legítima expectativa na vigência de um regime normativo que permitisse a instauração de acções de investigação da paternidade/maternidade a todo o tempo (ou durante um prazo mais ou menos dilatado a partir da maioridade). Não pode dizer-se que existia qualquer expectativa normativa na mutação favorável do regime jurídico então vigente[43]. Vale dizer: não foi violado aquele *mínimo de certeza e de segurança* no direito das pessoas e nas expectativas que a elas são juridicamente criadas, exactamente porque as ações (de cujo desfecho final com decisão transitada em julgado decorre o estabelecimento da filiação jurídica) foram instauradas numa época em que vigorava o prazo de *dois anos* a contar da maioridade, em que a instauração da ação, à luz do direito aplicável, após o referido prazo de dois anos não gerava o facto impeditivo da caducidade. Na data da instauração da ação, o prazo-regra para a propositura da ação de investigação de paternidade era de *dois anos* após o investigante ter atingido a maioridade ou a emancipação (artigo 1817.º, n.º 1, do Código Civil)[44].

---

[43] E deve observar-se que somente viola o *princípio da proteção da confiança*, ínsito na ideia de Estado de direito democrático, uma *retroactividade intolerável*, que afecte de forma inadmissível e arbitrária os direitos e expectativas legitimamente fundados dos cidadãos – cfr. o acórdão do Tribunal Constitucional n.º 11/83, de 12 de Outubro de 1982, in *Acórdãos do Tribunal Constitucional*, 1.º vol., pp. 11 e segs.; no mesmo sentido se havia já pronunciado a Comissão Constitucional, no Acórdão n.º 463, de 13 de Janeiro de 1983, publicado no *Apêndice ao Diário da República*, de 23 de Agosto de 1983, p. 133, e no *Boletim do Ministério da Justiça*, n.º 314, p. 141.

[44] Excepcionalmente, uma vez decorrido o referido prazo, o Código Civil atribuía ainda ao filho a faculdade jurídica de: (a) reagir no prazo de um ano após a destruição do registo da paternidade até então tido por verdadeiro e que inibia qualquer investigação de paternidade (artigo 1817.º, n.º 2); (b) utilizar o escrito

Vale isto por dizer que a norma transitória do artigo 3.º da Lei n.º 14/2009 não veio estatuir ou alargar às ações interpostas antes de Fevereiro *restrições autónomas* a direitos fundamentais que a LA (antiga redação do n.º 1 do artigo 1817.º do Código Civil) não previa. Pelo contrário, a LN melhorou a posição jurídica subjectiva dos investigantes relativamente à redação do referido n.º 1 do artigo 1817.º julgada inconstitucional com força obrigatória geral pelo acórdão n.º 23/2006. Situados na ápoca da propositura de tais ações de investigação – antes, portanto, de 10/2/2006 – o interesse em investigar a paternidade *a todo o tempo* não tinha passado a gozar de tutela jurídica pelo simples facto de antes dessa data alguma doutrina (no caso, a veiculada pelo Prof. GUILHERME DE OLIVEIRA) e três acórdãos do Tribunal Constitucional, *a partir de meados do ano 2004*, terem declarado inconstitucional, em sede de fiscalização concreta, a referida inconstitucionalidade[45].

De igual sorte, devo reformular o argumento que utilizei neste tipo de situações, segundo o qual a *retroactividade ampliativa de direitos fundamentais não é inconstitucional*[46], mesmo que atinja um facto ou um efeito já produzido ou estabilizado no passado. Isto porque, no anverso, esta *retroactividade ampliativa* afecta ou

---

do progenitor reconhecendo a paternidade, dispondo de um prazo de seis meses a contar do conhecimento desse escrito (artigo 1817.º, n.º 3); (c) caso existisse *posse de estado*, de investigar a paternidade no prazo de um ano a contar da data em que cessou o tratamento (artigo 1817.º, n.º 4).

[45] Não havia, na mente destes investigantes, a existência de qualquer expectativa legítima de continuidade da não fixação legislativa de qualquer prazo fundado apenas no acórdão do T.C. n.º 486/2004 e nos dois que lhe seguiram até ao acórdão n.º 23/2006. Até porque para estes acórdãos o julgamento de inconstitucionalidade material não incidiu sobre a existência de um prazo de caducidade para a propositura da ação de investigação de paternidade, mas sim sobre a duração desse prazo e, sobretudo, sobre as suas características, uma vez que começava a correr inexorável e ininterruptamente desde o nascimento do filho (facto objectivo) e se podia esgotar integralmente sem que o mesmo tivesse qualquer justificação para a instauração da ação de investigação de paternidade.

[46] Doutrina veiculada, entre nós, por J. REIS NOVAIS, *Os Princípios Constitucionais Estruturantes da República Portuguesa*, 2004, cit., p. 265.

comprime outros direitos fundamentais do investigado, qual seja o direito à *intimidade da vida privada* – que não pode ser totalmente aniquilado; e, outrossim, o valor da *segurança jurídica, maxime* numa época em que vigorava um prazo de caducidade de *dois anos* a contar da maioridade do investigante, prazo, este, que já havia decorrido na data em que tais ações foram instauradas. As prerrogativas ligadas ao exercício, a todo o tempo, da ação de investigação e estabelecimento da filiação jurídica interferem gravemente com valores que também desfrutam de protecção legal e até constitucional, como sejam a dita *segurança jurídica,* a *preservação da paz e da harmonia dentro da família do investigado* – sobretudo quando o investigado era casado à data da concepção do investigante – e o direito ao *respeito da vida privada do investigado*, o qual tem especial relevância na matéria de relacionamento sexual, matéria necessariamente presente no apuramento da paternidade[47]. A investigação da paternidade acarreta, quase sempre, danos na reputação do investigado; além de que existe a possibilidade de grosseira interferência com o *respeito devido aos mortos*, no caso de exumação do investigado falecido[48].

Lembre-se ainda que a larga maioria das ações instauradas *antes de 2006* tiveram como causa de pedir os factos-base de *presunções*

---

[47] Cfr. a declaração de voto do Conselheiro PEDRO MACHETE no acórdão do T.C. n.º 515/2012, segundo o qual quanto maior for o afastamento da data da pretensa concepção, "mais acentuadamente intrusiva será a iniciativa processual do investigante na reserva da vida privada dos terceiros atingidos". Donde, a partir do momento em que o investigante reúne as condições legais e subjectivas – em especial, a maturidade ou o conhecimento de certos dados anteriormente desconhecidos - para exercer os seus direitos ao conhecimento e estabelecimento da paternidade biológica e ao estabelecimento do respetivo vínculo jurídico, a dilação temporal correspondente à omissão do exercício desses direitos reforça de crescentemente os aludidos direitos à *reserva da intimidade da vida privada* e *familiar do pretenso pai* e da sua família mais próxima.

[48] O decurso do tempo faz com que tais interesses e valores adquiram uma acrescida relevância, pelo que a concordância prática deverá impor o *justo equilíbrio* entre todos os interesses em presença em razão do decurso do tempo e da inação dos investigantes.

de paternidade, cujo prazo de caducidade era substancialmente maior[49]. Por outro lado, não pode dizer-se que a declaração de inconstitucionalidade com força obrigatória geral emanada do acórdão n.º 23/2006 terá tido um *efeito repristinatório* das normas que o n.º 1 do artigo 1817.º do Código Civil tenha revogado[50]. De facto, esta norma revogara o artigo 37.º do Decreto n.º 2, de 25/12/1910[51]. A rejeição destes efeitos repristinatórios justifica-se à luz da situação de *inconstitucionalidade superveniente* dessa solução e da *irrazoabilidade da sua aplicação*, uma vez que tais efeitos são incompatíveis com o paradigma em que hoje assentam as relações e as situações de filiação jurídica[52]. Enfim, as decisões que julgaram a inconstitucionalidade desta norma do artigo 3.º da Lei n.º 14/2009 respeitaram a ações de investigação instauradas *após a publicação do acórdão n.º 23/2006*[53].

---

[49] Por exemplo, havendo *posse de estado* o prazo somente corria após a cessação do tratamento como filho pelo pretenso pai (um ano após a cessação voluntária desse tratamento, a qual, *ultima ratio*, ocorria quando o pretenso pai morresse: antiga redação do n.º 4 do artigo 1817.º do Código Civil).

[50] O prazo previsto nessa norma foi introduzido pela versão inicial do Código Civil de 1967 (Decreto-Lei n.º 47344, de 25 de Novembro de 1966) no texto do artigo 1854.º, n.º 1, que, posteriormente, transitou no essencial para o artigo 1817.º, n.º 1, na revisão introduzida pelo Decreto-Lei n.º 496/77, de 25 de Novembro de 1977 do Código.

[51] Ou seja, a «Lei da Protecção dos filhos», segundo o qual: *"A acção de investigação de paternidade ou maternidade" só pode ser intentada em vida do pretenso pai ou mãe, ou dentro do ano posterior à sua morte, salvas as seguintes excepções ..."*, in *Diário do Governo*, n.º 70, de 27 de Dezembro de 1910.

[52] Sobre este motivo de rejeição dos efeitos repristinatórios, cfr. JORGE MIRANDA, *Manual de Direito Constitucional*, vol. VI, *Inconstitucionalidade e Garantia da Constituição*, 2.ª edição, Coimbra, Coimbra Editora, 2005, p. 254 ss., RUI MEDEIROS, *A decisão de inconstitucionalidade: os autores, o conteúdo e os efeitos da decisão de inconstitucionalidade*, Universidade Católica Portuguesa, Lisboa, 1999, p. 651 ss., J. J. GOMES CANOTILHO, *Direito Constitucional e Teoria da Constituição*, 7.ª edição, Coimbra, Almedina, 2003, p. 1017.

[53] Por exemplo, no caso que deu origem ao acórdão do T.C. n.º 164/2011, discutia-se a aplicação da nova redação dada pela Lei n.º 14/2009 ao artigo 1817.º do Código Civil a uma ação de investigação de paternidade que se encontrava pendente à data de entrada em vigor desta lei, mas que fora proposta em data subsequente à referida publicação. O ac. T.C. n.º 77/2012 (PAMPLONA DE OLIVEIRA), de 9/02/2012, respeita a um caso em que a acção de investigação foi, igualmente,

Deve salientar-se, todavia, que o movimento de reforço da tutela do interesse do filho em conhecer as suas origens genéticas e sociais, se consolidou o princípio de *verdade biológica* como "estruturante de todo o regime legal", de forma alguma lhe atribuiu autónoma dignidade constitucional[54]. A verdade biológica "não pode fundamentar, por si só, um juízo de inconstitucionalidade", como salientou,

proposta em Dezembro de 2006, por conseguinte, já depois da prolação do acórdão do T.C. n.º 23/2006. Pelo que não é de estranhar que tenha aplicado, *qual tale*, a jurisprudência do mesmo T.C. tirada no acórdão n.º 24/12, quanto à desconformidade constitucional da norma do artigo 3.º da Lei n.º 14/2009, de 1 de abril, na medida em que manda aplicar, aos processos pendentes à data da sua entrada em vigor, o prazo previsto na nova redação do artigo 1817.º n.º 1, do Código Civil, aplicável por força do artigo 1873.º do mesmo Código. Tanto no acórdão do T.C. n.º 164/2011, quanto no acórdão do mesmo Tribunal n.º 285/2011 estavam, de igual jeito, em causa ações de investigação da paternidade iniciadas posteriormente à prolação do acórdão do T.C. n.º 23/2006. O acórdão n.º 164/2011 respeita a uma acção proposta em 19/02/2006. Por sua vez, o acórdão n.º 285/2011 refere-se a uma ação instaurada em 21/07/2008. No mesmo sentido navega o acórdão do STJ, de 20/09/2012 (SERRA BAPTISTA), proc. n.º 1847/08.5TVLSB-A.L1.S1, 2.ª secção, o qual parte do pressuposto de que a inconstitucionalidade material do artigo 3.º da Lei n.º 14/2009 se aplica aos casos em que a acção tenha sido proposta numa época em que vigorava a doutrina do dito Ac. do T.C. nº 23/06. *Idem*, o acórdão do SRJ, de 5/06/2012 (GRANJA DA FONSECA), proc. n.º 37/07.9TBVNG.P1.S1, 7.ª Secção. - segundo o qual "É à luz e vigência deste regime (de imprescritibilidade) que – a 28 de Fevereiro de 2006 – foi intentada a presente acção"); *ibidem*, o acórdão do STJ, de 10/01/2012 (MOREIRA ALVES), proc. n.º 193/09.1TBPTL.G1.S1, 1.ª secção, segundo o qual, "Como resulta dos autos a acção foi instaurada em 27/2/2009, depois da publicação no D.R. do Ac. do T. Constitucional n.º 23/2006 de 2/2, que declarou, com força obrigatória geral, a inconstitucionalidade da norma constante do n.º 1 do Art.º 1817º do CC., (aplicável ao caso por força do disposto no Art.º 1873º) e antes da publicação da Lei 14/2009 de 1/4, que alterou a redacção anterior dos Art.ºs 1817º e 1842º do C.C."; *ibidem*, o acórdão de 15/11/2011 (MARTINS DE SOUSA), proc. n.º 49/07.2TBRSD. P1.S1, 1.ª Secção, de acordo com o qual a inconstitucionalidade do artigo 3.º da Lei n.º 14/2009 pressupõe que "... a acção em apreço, de investigação de paternidade [foi] instaurada em 07-03-2007, quando vigorava a doutrina resultante do Acórdão do Tribunal Constitucional n.º 23/2006, de 10-01", inquirindo este STJ qual teria sido "o alcance do art. 3.º daquele diploma, mormente na sua vertente da conformidade constitucional, ao determinar a aplicação imediata da Lei n.º 14/2009, aos processos pendentes"; *ibidem*, o acórdão do STJ, de 6/09/2011 (GABRIEL CATARINO), proc. n.º 1167/10.5TBPTL.S1, 1.ª Secção ("Tendo a acção sido proposta já no domínio da nova redacção do artigo 1817.º, n.º 1 do Código Civil, *ex vi* do artigo 1873.º do mesmo livro de leis, a questão adquire contornos diversos que tiveram por tela de juízo os casos decididos nos arestos deste Supremo Tribunal de Justiça de 11-03-2010; 08-06-2010 e o mais recente de 21-09-2010").

[54] Cfr. PEREIRA COELHO/ GUILHERME DE OLIVEIRA, *Curso de Direito de Família*, II, tomo I, Coimbra, 2006, pág. 52.

relativamente à norma que fixa um prazo de propositura da ação de impugnação da paternidade, o Acórdão n.º 589/2007. Muito menos foi alguma vez aceite que esse princípio seja dotado de *valor absoluto*, que o leve a sobrepor-se a todos os demais.

8. Os regimes jurídicos no direito estrangeiro

Em outros ordenamentos que nos são próximos nem sempre é conforme às respectivas Constituições um regime que preveja, como regra geral, a possibilidade de intentar a acção de investigação *a todo o tempo*, inclusivamente após a morte do investigado. Se é verdade que no Código Civil italiano[55] se dispõe, no art. 270, que a acção destinada a obter a declaração judicial da paternidade ou da maternidade é imprescritível quando o autor for filho[56]; se o art. 133 do Código Civil espanhol determina que a acção de reclamação da filiação não matrimonial pode ser exercida pelo filho *durante toda a sua vida*, quando falte a respectiva posse de estado; se o Código Civil alemão não prevê qualquer prazo para a instauração desta acção

---

[55] Isto na sequência da *Novella* de 1975 – cfr. G. BASINI, in *Il Diritto de Famiglia*, Trattato diretto da GIOVANNI BONILINI e GIOVANNI CATTANEO, III, *Filiazione e Adozione*, Milano, Giuffrè, 2002, p. 185.

[56] De resto, os *descendentes* (e não os *herdeiros*, atenta a *pessoalidade* desta pretensão material) deste filho ainda dispõem de um prazo de dois anos, após a morte do seu ascendente para instaurar a ação de declaração judicial de paternida-de/maternidade natural). Todavia, mesmo no ordenamento italiano, a Constituição prevê, no seu art. 30, n. 4, que «la legge detta le norme e i limiti per la rcerca della paternità». E estas limitações são justificadas com base na ideia da proteção de um específico direito de personalidade do investigado, pretenso pai, qual seja, a sua intimidade da vida privada. Sobre isto, cfr. FRANSCEO GALGANO, *Trattato di Diritto Civile*, Vol I, *Le Categorie Generali, Le Personne, La Proprietà, La Famiglia, Le Successioni, La Tutela dei Diritti*, 2.ª ed., Padova, Cedam, 2010, p. 628; GIOVANNI F. BASINI, in G. BONILINI/G. CATTANEO, continuato da GIOVANNI BONILINI, III, *Filiazione e Adozione*, Torino, Utet, 2007, pp. 203-204; MARTIN GUTZEIT, in: D. KAISER/K. SCHNITZLER/P. FRIEDERICI (Herg.), *BGB – Familienrecht*, Band 4, §§ 1297-1921, 2.ª ed., Baden-Baden, Nomos, 2010, pp. 1323-1324.

(art. 1600*d*)[57] – mas apenas um prazo de *dois anos* para *impugnar a paternidade* (art. 1600*b, idem)*[58], a contar do conhecimento das circunstâncias que depõem contra a paternidade, o que, indirectamente, limita a investigação judicial da paternidade após a remoção do vínculo que impede o seu estabelecimento –; se o artigo 1606 do Código Civil brasileiro (na redacção da Lei nº. 8.560, de 29 de Dezembro de 1992) prevê que a *"acção de prova de filiação compete ao filho, enquanto viver, passando aos herdeiros, se ele morrer menor ou incapaz"*[59]-[60]; se no direito inglês também não se acham previstos prazos-limite para o estabelecimento da paternidade (fora do casamento)[61]; não é menos verdade que a consagração de prazos

---

[57] NINA DETHLOFF, *Familienrecht*, 29.ª ed., München, C.H Beck, 2009, pp. 291-292;

[58] Se, de facto, estiver estabelecida a paternidade, esta tem, em primeiro lugar, de ser afastada por meio de ação de *impugnação da paternidade*. Só desta forma fica aberta a via para a investigação judicial da paternidade de outro homem como pai biológico. Como existem prazos para esta ação de impugnação da paternidade [§1600b (que prevê um prazo de dois anos a contar do conhecimento de circunstâncias que depõem contra a paternidade)], cujo decurso bloqueia também a investigação judicial do verdadeiro pai, também existe, de uma forma indirecta, um prazo para a investigação judicial da paternidade. Cfr. NINA DETHLOFF, *Familienrecht*, 29.ª ed., 2009, cit., pp. 292-293; MARTIN GUTZEIT, in: D. KAISER/K. SCHNITZLER/P. FRIEDERICI (Herg.), *BGB – Familienrecht*, Band 4, 2.ª ed., cit., 2010, pp. 1314-1318.

[59] Porém, a impugnação do reconhecimento da paternidade (ou maternidade) pode ser peticionada pelo filho maior "nos *quatros anos que se seguirem à maioridade* ou à emancipação" (artigo 1604, *in fine*, do Código Civil brasileiro). O artigo 27.º do *Estatuto da Criança e do Adolescente*, aprovado pela Lei n.º 8.069, de 13 de Julho de 1990, também dispõe que: "O reconhecimento do estado da filiação é direito personalíssimo, indisponível e *imprescritível*, podendo ser exercido contra os pais ou seus herdeiros, sem qualquer restrição, observado o segredo de justiça" – os itálicos são meus.

[60] Todavia, pese embora a ação de investigação de paternidade seja «imprescritível», no Brasil os *efeitos patrimoniais* do estado da pessoa prescrevem no prazo de *dez anos*, a contar não da morte do suposto pai, mas do momento em que foi reconhecida a paternidade, conforme esclarece a Súmula Vinculante, n.º 149, do Supremo Tribunal Federal, que estatui: "É imprescindível à ação de investigação de paternidade, mas não o é a de petição de herança".

[61] Todavia, embora estejam previstos vários processos de estabelecimento da paternidade (*v.g.,* no *Child Support Act*, de 1991; *Children Act*, de 1989; *Child Care Act*, de 1980;), somente o estatuído na Seção 56 do *Family Law Act*, de 1986, desfruta de eficácia *erga omnes*; e este apenas pode ser promovido por uma criança (*child*) cuja decisão desfruta de eficácia geral. Cfr. NIGEL V. LOWE, *The Establishment of Paternity Under English Law*, p. 86, p. 95 in http://ciec1.org/Etudes/ColloqueCIEC/

de caducidade é também comum em outros ordenamentos jurídicos. Por exemplo, no artigo 263 do Código Civil suíço determina-se que a acção de investigação da paternidade pode ser instaurada pela mãe até *um ano* após o nascimento e pelo filho até ao decurso do prazo de *um ano* subsequente à sua maioridade. De qualquer modo, existe no direito suíço uma *cláusula geral de salvaguarda*, segundo a qual "a acção pode ser intentada depois do termo do prazo se motivos justificados tornarem o atraso desculpável". No direito francês, a acção de investigação deveria ser proposta nos *dois anos seguintes* ao do nascimento (art. 340-4 do Código Civil francês, na redacção da Lei n. 93-22, de 8 de Janeiro de 1993[62]), excepto se o pai e a mãe vivessem em união de facto no período legal de concepção, ou se tiver havido participação do pretenso pai na educação da criança. O art. 321 do *Code Civil* determina o prazo de caducidade de 10 anos, o qual se suspende durante a menoridade do investigante. A lei de 1972 previa um prazo de *30 anos*, pois até aí estas ações eram «imprescritíveis». A Ordenança de 4/7/2004 manteve esta «prescrição», tendo-a reduzido a um prazo de *10 anos*. Como se vê, este regime francês é agora idêntico ao fixado pela Lei n.º 14/2009. Porém, o art. 16-11 do *Code Civil*, na redação da Lei de 6/8/2004, impede a exumação do cadáver para o efeito da realização de exame pericial ao ADN, excepto se ocorrer autorização dos herdeiros ou do próprio antes de falecer[63]. No direito espanhol, *não havendo posse de estado*, a ação de reclamação da filiação é «imprescritível»,

---

CIEColloqueLoweAngl.pdf; S. M. CRETNEY/J. M. MASSON, *Principles of Family Law*, 6.ª edição, London, Sweet & Maxwell, 1997, pp. 634-635.

[62] Isto na sequência do acórdão da *Cour de Cassation*, de 13/11/1979, in: *Revue critique de droit international privée* (1980), p. 753, segundo o qual a não fixação de prazos para a instauração destas acções viola a *ordem pública internacional* do Estado francês.

[63] O ordenamento suíço também previa esta proibição de exumação, mas o Tribunal Europeu dos Direitos do Homem considerou-a violadora da Convenção Europeia dos Direitos do Homem, em 2006 – sobre isto, cfr. ANNICK BATTEUR, *Droit des Personnes et des majeurs protégés*, 5.ª ed., L.G.D.J., Paris, 2010, p. 152, p. 162.

tendo legitimidade activa o pai, a mãe ou o filho. Porém, se o filho falecer antes de decorrido o prazo de *quatro anos* a partir da data em que obtenha plena capacidade jurídica (*id est*, de exercício de direitos) ou no ano seguinte à identificação das provas que poderão fundar a ação, ou seja das circunstâncias de que possa concluir-se a sua paternidade (ou maternidade) relativamente ao investigado(a). Ademais, esta ação transmite-se aos herdeiros do investigado, os quais poderão instaurar a ação durante o período remanescente até ao decurso desse prazo[64]. No Código Civil de Macau de 1999 – de matriz essencialmente portuguesa –, adoptou-se uma solução, prevista no n.º 1 do artigo 1677.º, segundo a qual a acção de investigação da maternidade/paternidade pode ser proposta a todo o tempo; todavia, o artigo 1656.º, n.º 1, do mesmo Código determina que a declaração de maternidade/paternidade (bem como a perfilhação) *são ineficazes no que aproveite patrimonialmente* ao declarante ou proponente, quando estas acções (ou a declaração de perfilhação) sejam intentadas ou efectuadas mais de *15 anos após o conhecimento*

---

[64] Cfr., sobre isto, CARLOS LASARTE, *Derecho de Familia. Princípios de Derecho Civil*, Tomo IV, 9.ª ed., Madrid, Barcelona, Buenos Aires, Marcial Pons, 2010, p. 304; C. MARTÍNEZ DE AGUIRRE ALDAZ/P. DE PABLO CONTRERAS/M. Á. PÉREZ ÁLVAREZ, *Curso de Derecho Civil*, Volumen IV, *Derecho de Familia*, Madrid, Editorial Colex, 2008, pp. 334-335; F. JÍMENEZ CONDE, "El Proceso sobrer Paternidad y Filiación", in M.ª TERESA ARECES PIÑOL (coord.), *Estudios Jurídicos sobre Persona y Familia*, Granada, Editorial Comares, 2009, pp. 115 ss., pp. 124-125 e nota (sobre os acórdãos do T.C. espanhol, n.ºs 138/2005, de 26 de Maio, e 156/2005, 9 de Junho, que declararam inconstitucional o prazo de *um ano* previsto no art. 136, n. 1, do Código Civil espanhol, para o marido da mãe impugnar a paternidade presumida. Já a *impugnação da filiação* ocorrida fora do casamento (*filiación no matrimonial*) poderá ser accionada, *pelo progenitor*, no prazo de *quatro anos* a contar da inscrição dessa filiação, desde que o filho goze de *posse de estado* (art. 140, n. 2), aceitando-se a cumulação de pedidos (de impugnação e de estabelecimento da filiação). O filho dispõe apenas de *um ano* a contar da obtenção de plena capacidade de exercício para exercitar esta ação de impugnação da *filiação estabelecida fora do matrimónio* (art. 140, n. 3). Não havendo posse de estado, a ação de impugnação desta filiação pode ser impugnada, a todo o tempo, "por aquéllos a quienes perjudique" (art. 140, n.º 1). Não havendo posse de estado, a ação de impugnação desta filiação pode ser impugnada, a todo o tempo, "por aquéllos a quienes perjudique" (art. 140, n.º 1) – C. MARTÍNEZ DE AGUIRRE ALDAZ/P. DE PABLO CONTRERAS/M. Á. PÉREZ ÁLVAREZ, *Curso de Derecho Civil*, Volumen IV, *Derecho de Familia*, 2008, cit., p. 335.

dos factos dos quais se poderia concluir a relação de filiação e as circunstâncias concretas tornem patente que o propósito principal que moveu a proposição da acção (ou a declaração de perfilhação) foi o da obtenção de benefícios patrimoniais. O estabelecimento do vínculo, neste ordenamento jurídico, produz apenas *efeitos pessoais*, com exclusão de quaisquer *efeitos patrimoniais*. Aliás, nestes ordenamentos jurídicos próximos tem-se mesmo colocado a questão da *inconstitucionalidade* das normas que prevêem a possibilidade de interpor as acções de investigação *a todo o tempo*[65].

9. Os direitos e interesses em conflito e a abertura a soluções jurisprudenciais alternativas à não caducidade das ações de investigação

A não caducidade da acção de investigação da paternidade não é, na verdade, a única solução constitucionalmente conforme com o disposto no artigo 26.º, n.º 1, e 36.º, n.º 1, ambos da Constituição. A jurisprudência constitucional nunca considerou que o único regime normativo, conforme à Lei Fundamental, fosse o da «imprescritibilidade» do direito de investigar a paternidade. O que este Tribunal Constitucional, no seu acórdão n.º 23/2006, considerou desconforme à Constituição foi o *específico e concreto regime de caducidade da ação*, plasmado no n.º 1 do artigo 1817.º do Código Civil[66].

---

[65] Cfr. o acórdão da *Corte di Cassazione*, em Itália, de 18/1/1997, n. 501, citado por M. DI NARDO, in *Trattato di Diritto di Famiglia*, vol. II, *Filizione*, a cura di GIORGIO COLURA/LEONARDO LENTI/MANUELA MANTOVANI, Giuffrè, Milano, 2002, p. 325, nota 235.

[66] Tendo, isso sim, considerado insuficiente o prazo de dois anos, contados do alcance da maioridade pelo investigante, e cujo início assentava irremediavelmente em tal "*facto objectivo*", não conferindo relevância, em regra, a um superveniente e "*tardio*" conhecimento subjectivo de factos ou provas, só então reveladas ao interessado.

O certo é que o Tribunal Constitucional, em 10 de Janeiro de 2006, somente se pronunciou sobre o *limite temporal de dois anos posteriores à maioridade ou à emancipação*[67]. Como tem sido ultimamente notado pelo Tribunal Constitucional – antes do seu acórdão n.º 24/2012, que apenas tangeu a *norma transitória* do artigo 3.º da Lei n.º 14/2009 –, decisivo é saber se o prazo fixado permite, em concreto, o exercício do direito em *tempo útil* ou, pelo contrário, se é de *tal modo exíguo* que inviabiliza ou *dificulta gravemente* esse exercício, tornando-se numa verdadeira restrição ao direito fundamental à *identidade pessoal*[68]. Repare-se ainda que o direito ao estabelecimento jurídico da paternidade (ou maternidade) é um direito indisponível para os maiores de 18 anos de idade. Neste sentido, veja-se o caso da perfilhação promovida pelo pai biológico. Esta tem que ser aceite pelo próprio filho se este tiver então mais de 18 anos de idade, nos termos do artigo 1857.º, n.º 1, do Código Civil: a *perfilhação de filho maior* só produz efeito se este der o seu assentimento[69]. Ora, se o direito à consagração jurídica da paternidade fosse *absoluto* – e «imprescritível» em vida do filho –, também se teria de ser admitida a *imposição potestativa da perfilhação a*

---

[67] Aliás, nas próprias palavras do ilustre Conselheiro relator do Palácio Ratton, pode *"aceitar-se que o argumento da segurança possa eventualmente justificar um prazo de caducidade da investigação da paternidade"* (§ 16, último parágrafo, do citado acórdão), argumento que não foi, neste aresto, desenvolvido. E, nas mesmas palavras do aresto, esta limitação temporal é susceptível de ser legitimada *"... em casos extremos* [através da] *aplicação do instrumento do abuso de direito ou de outro remédio expressamente previsto"* (§ 16, penúltimo parágrafo, do mesmo acórdão).

[68] Veja-se, neste sentido, o acórdão do Tribunal Constitucional n.º 626/2009, de 2/12/2009 (CURA MARIANO), in: http://www.tribunalconstitucional.pt. Cfr., tb., o voto de vencido do Desembargador TELES PEREIRA, no acórdão da Relação de Coimbra, de 6/07/2010 (JORGE ARCANJO), proc. n.º 651/06.TBOBR.C1, in http://www.dgsi.pt., segundo o qual não se crê que o direito à historicidade pessoal, *"enquanto direito à investigação e estabelecimento do respectivo vínculo biológico (paternidade ou maternidade), no quadro do direito à identidade pessoal previsto no artigo 26º, nº 1 da CRP, acarrete a inconstitucionalidade material do estabelecimento de todo e qualquer prazo, seja ele qual for, de caducidade para este tipo de acções"*.

[69] Veja-se, ademais, os artigos 130.º, n.º 2, e 131.º do Código do Registo Civil.

um filho maior de idade. Vale dizer: se assim fosse (ou devesse ser), o estabelecimento da paternidade, de modo voluntário, somente deveria depender da vontade do pai biológico; e não depende, como é sabido[70]. Mesmo nos casos em que a caducidade da acção de investigação se acha condicionada pela incompatibilidade com registo de paternidade ou maternidade já estabelecidos ou com a existência de posse de estado ou escrito do pai[71] (n.os 3 e 4 do artigo 1817.º do Código Civil, na redacção anterior à Lei n.º 14/2009), a declaração de inconstitucionalidade do prazo do n.º 1 do artigo 1871.º não afecta, por via de regra, os prazos estabelecidos naqueles números[72]. Está, desde logo, em causa o interesse do próprio investigado em não ver indefinida ou excessivamente protraída ou protelada uma *situação de incerteza* quanto ao estabelecimento da paternidade. Ao que acresce o *interesse da paz e da harmonia da família conjugal* constituída pelo pretenso pai, que o decurso do tempo sedimentou.

Estes argumentos posicionam-se num plano essencialmente *patrimonial* – o da alegada "caça às fortunas", tal como sugestivamente

---

[70] O filho maior torna este direito num *direito disponível*, sujeito à autodeterminação da vontade da pessoa a quem é dirigida a perfilhação: maior de idade pode assim recusar esse estabelecimento voluntário contra a vontade daquele que sabe ou pensa ser o seu pai biológico; aquele homem que o quer perfilhar. O maior de 18 anos pode, pelo contrário, quedar-se com o estatuto de filho cuja menção da paternidade fica omissa.

[71] REMÉDIO MARQUES, J. P., "Caducidade de acção de investigação de paternidade ...", 2004, cit., p. 42.

[72] De modo que, não sendo a Lei n.º 14/2009, de 1 de Abril, aplicável às acções pendentes na data do seu início de vigência, é constitucional – por *não ser desproporcionado* – exigir que o investigante intente a acção de estabelecimento da filiação paterna, baseada na *posse de estado*, no primeiro ano subsequente à morte do presumido pai, ou seja, "*sem alongar no tempo, o que o tempo já alongou em demasia*" – nestes termos, cfr. o acórdão do STJ, de 3/07/2008 (PIRES DA ROSA), proc. n.º 07B3451, in http://www.dgsi.pt. Cfr., igualmente, sobre a problemática da caducidade da acção nos casos de impugnação de paternidade/maternidade, *maxime,* quando for intentada pelo filho, o acórdão do Tribunal Constitucional n.º 589/2007, proc. n.º 473/07, in http://www.tribunalconstitucional.pt; PAULO TÁVORA VÍTOR, "A propósito da Lei n.º 14/2009, de 1 de Abril: Breves Considerações", in: *Lex Familiae, Revista Portuguesa de Direito da Família*, n.º 11 (2009), p. 87 ss., pp. 89-91.

foi retomado pelo Professor GUILHERME DE OLIVEIRA, sendo certo que o móbil dos investigantes pode muito bem ser o de esclarecer a existência do vínculo familiar, o de descobrir o seu lugar na linha de parentesco e o de levar o pretenso pai a assumir as suas responsabilidades. Com o que se está perante o exercício de uma *faculdade jurídica personalíssima* postuladora do *direito à identidade pessoal*.

O *direito a conhecer o ascendente biológico* e a estabelecer os concomitantes vínculos jurídicos desfruta de uma valoração qualitativamente superior relativamente à *valoração puramente patrimonial* assente na *segurança* e na *estabilidade* jurídicas desse acervo à face das vicissitudes emergentes da procedência de uma acção de estabelecimento da filiação, atenta a circunstância de que o direito a conhecer tal ascendência é uma dimensão essencial do *direito à identidade pessoal*. Tal como o direito de o investigado a estabelecer os concomitantes vínculos traduz uma dimensão do *direito a constituir família*. Todavia, as motivações dos investigantes, quando aliadas ao *decurso de um prazo substancial e fundadamente longo* entre o atingir da maioridade e o momento da instauração da acção destinada ao estabelecimento da filiação jurídica, podem (ou devem) implicar a consagração de *limitações do direito de investigar livremente essa filiação*[73]. Ficou, deste modo, em aberto, entre Fevereiro de 2006 e Abril de 2009, a *consagração jurisprudencial de alternativas* à via da possibilidade de propor tais acções de investigação *a todo o tempo* baseadas na filiação biológica (desligadas das presunções de paternidade traduzidas na posse de estado e em escrito

---

[73] Que o mesmo é dizer que o *argumento da segurança* jurídica (sob o prisma dos interesses patrimoniais em jogo) e as *concretas motivações dos investigantes* objectivamente percepcionáveis pelo julgador podia, no direito a constituir entre Fevereiro de 2006 e Abril de 2009, justificar ou legitimar, *em cada caso concreto*, a *consagração jurisprudencial de um prazo de caducidade da acção de investigação da paternidade*, que vá para além daquele prazo (de dois anos) que foi julgado inconstitucional – neste sentido, veja-se o acórdão do Tribunal Constitucional n.º 23/2006, § 16, *in fine*.

do investigado). Desde logo, *uma via alternativa* pode consistir na ligação do direito de investigar às *reais e concretas possibilidades investigatórias do pretenso filho*, prevendo-se um *dies a quo* a contar do conhecimento ou da cognoscibilidade das circunstâncias que possam fundar a acção. Uma outra solução, harmonizável com a antecedente permite predicar casos de *exercício inadmissível de posições jurídicas subjectivas*, seja autorizando apenas o estabelecer dos *vínculos pessoais* da filiação e a ascendência na linha recta desligados de quaisquer *direitos ou interesses patrimoniais*, seja banindo, pura e simplesmente, essa possibilidade de exercício nos casos concretos, com base no instituto do *abuso de direito* (artigo 334.º do Código Civil).

10. A dissociação dos efeitos pessoais e patrimoniais do estabelecimento da filiação jurídica

Todavia, mesmo que aceitemos, em rebuço de inconstitucionalidade material, a existência de prazos de caducidade das "clássicas" ações destinadas ao estabelecimento da filiação jurídica, creio que é possível, mesmo de *iure condito*, permitir o estabelecimento judicial da ascendência biológica, conquanto desligado da formação concomitante dos vínculos familiares e sucessórios de *natureza patrimonial.* Na verdade, ainda que aceitemos a inconstitucionalidade material da norma do artigo 3.º da Lei n.º 14/2009, deve sempre tomar-se em conta o prazo decorrido entre a data em que o investigante atingiu a maioridade e a data da propositura da acção de investigação[74].

---

[74] Já, neste sentido, o acórdão do Tribunal Constitucional n.º 525/2003 (MARIA DOS PRAZERES BELEZA), de acordo com a qual os princípios da adequação e da proporcionalidade *"nunca poderiam impor um prazo tão longo como aquele que efectivamente decorreu no caso vertente"*: a acção sobre a qual versou o juízo de constitucionalidade foi, na verdade, proposta mais de 30 anos depois do investigante

Com efeito, o *não exercício prolongado*, no caso concreto, *deste direito subjectivo*, embora possa permitir a afirmação do direito à *historicidade* e *identidade pessoal* dos filhos biológicos do investigado, apenas deverá produzir *efeitos de natureza pessoal*, mesmo *efeitos transgeracionais* (qual historicidade genética) com exclusão dos *efeitos de natureza patrimonial, maxime,* os efeitos sucessórios (sucessão legal, legitimária e legítima).

10.1. A «geometria variável» das concretas soluções e o comportamento dos investigantes

Já vimos que a declaração de inconstitucionalidade material, com força obrigatória geral, da norma do n.º 1 do artigo 1817.º do Código Civil – em cujo plano prescritivo e decisório nos movemos, caso não apliquemos a Lei n.º 14/2009 às *ações pendentes desde inícios de 2006* e ainda não transitadas na data do seu início de vigência, ou seja em 2 de Abril de 2009 – não conduz, inexoravelmente, à tese da "imprescritibilidade", pura e simples, das acções de reconhecimento judicial da paternidade. Não existe, com a negação da "imprescritibilidade" de tais acções, uma *restrição excessiva* ou *desproporcionada* (artigo 18.º, n.º 2, da Constituição) ao direito fundamental à *identidade pessoal* (artigo 26.º, n.º 1, *idem*), ao *direito de constituir família* (art. 36.º, *ibidem*) e ao *direito geral de personalidade* dos investigantes (artigo 70.º do Código Civil)[75]. Uma

---

atingir a maioridade e as instâncias, tal como no presente caso, não consideraram demonstrada a existência de posse de estado.

[75] Tanto assim é que o legislador ordinário, por via da Lei n.º 14/2009, estabeleceu, conquanto para as acções que vierem a ser propostas após o seu início de vigência (ou seja, a partir de 2 de Abril de 2009), um acervo de prazos de caducidade, não apenas para as acções de investigação da paternidade ou da maternidade, mas também para as acções de impugnação da paternidade (nova redacção do artigo 1842.º do Código Civil).

primeira hipótese de solução, ao abrigo do comando do n.º 3 do artigo 10.º do Código Civil, poderá radicar no alongamento ou na protração do prazo outrora "normal" (de dois anos), permitindo-se a instauração da acção para um momento em que, presumivelmente, os investigantes terão consolidado plenamente a sua formação pessoal e profissional (p. ex., 25 a 30 anos de idade), mesmo que não estejam a exercer uma profissão. Mas também me parece óbvio que o conteúdo da "norma do caso concreto" deverá equacionar uma "válvula de escape", de harmonia com a qual o tribunal não deverá ficar insensível à existência de obstáculos práticos sérios e reais, de natureza social e familiar, que tenham obstado à propositura da acção (p. ex., a convicção fundada dos investigante de que o investigado os iria perfilhar; o desconhecimento sem culpa da identidade do progenitor; a resistência dos familiares mais próximos dos investigantes à instauração da acção, etc.). Admito, de resto, que em muitos casos concretos não se vislumbra a existência de obstáculos práticos, sérios e reais (ou substancialmente relevantes), de natureza social ou familiar, que tenham obstado à propositura da acção de investigação mais cedo. E nem vale dizer que, até Janeiro de 2006, estavam todos estes autores impedidos de a instaurar, por causa do (já longínquo) decurso do prazo de dois anos a contar da maioridade.

De facto, a controvérsia sobre a constitucionalidade do n.º 1 do artigo 1817.º já é antiga – os primeiros arestos do Tribunal Constitucional são de 1988[76] e 1989[77] –, e a partir de meados de 2004 já era praticamente seguro início da "viragem jurisprudencial"

---

[76] Acórdão do Tribunal Constitucional n.º 99/88, in: *Diário da República*, II Série, de 22/0/1988 (acerca dos prazos previstos nos n.os 3 e 4 do artigo 1817.º).

[77] Acórdão do Tribunal Constitucional n.º 413/89 (CARDOSO DA COSTA), in: *Diário da República*, II Série, de 15/09/1989; *idem*, n.º 451/89 (NUNES DE ALMEIDA), in: *Diário da República*, II Série, de 21/09/1989; *ibidem*, n.º 311/95 (ALVES CORREIA), in http://www.tribunaconstitucional.pt; *ibidem*, n.º 506/99 (TAVARES DA COSTA), *ivi* = *Acórdãos do Tribunal Constitucional*, 44.º vol., p. 763 (todos sobre a constitucionalidade do prazo consignado no n.º 1 do artigo 1817.º).

sobre o tema. O acórdão deste Tribunal n.º 486/2004 consolidou praticamente esta "viragem jurisprudencial"[78].

10.2. O argumento da "caça às fortunas"

Segundo este argumento, a consagração de prazos de caducidade da acção de investigação impede a reclamação de direitos à herança do pretenso pai, dissuadindo a instauração de acções que visam unicamente a exigência (tardia) de bens materiais. É que o principal motivo determinante da solução do n.º 1 do artigo 1817.º, na redacção anterior a 2006, foi evitar o uso da acção de investigação exclusivamente para lograr benefícios sucessórios[79].

O Prof. GUILHERME DE OLIVEIRA tende a desvalorizar este argumento, no sentido em que a *natureza* e a *distribuição da riqueza* mudaram, já que muitas das acções que poderiam beneficiar da "imprescritibilidade" poderiam decorrer entre autores e réus com meios de fortuna idênticos, os quais se traduzem em meios de fortuna semelhantes entre autores e réus[80]. Todavia, embora concorde

---

78 In: *Diário da República*, II Série, n.º 35, de 18/02/2005, p. 2456 (PAULO MOTA PINTO). Após o que foi seguido pelo acórdão n.º 11/2005, de 12 de Janeiro, e pelas decisões sumárias de n.ºs 114/2005, de 9 de Março, e 288/2005, de 4 de Agosto. Os autores das ações de investigação propostas *após Fevereiro de 2006* não o podiam desconhecer. É que também o autor da acção cujas alegações e decisão estiveram na génese da pronúncia do acórdão do Tribunal Constitucional n.º 23/2006 se achava na mesma situação existencial: à época, já tinham passado bem mais de dois anos após maioridade desse investigante. Da circunstância de a lei então impedir o estabelecimento da paternidade não fundada na posse de estado, nem em escrito do pretenso pai num tão curto espaço temporal após o lograr a maioridade não decorre uma impossibilidade material e jurídica de pleitear esse estabelecimento por quem já tenha mais de 20 anos na data instauração da acção.

79 Neste sentido, já GOMES DA SILVA, "O Direito da Família no Futuro Código Civil", in: *Boletim do Ministério da Justiça*, n.º 88, p. 86; PIRES DE LIMA/ANTUNES VARELA, *Código Civil Anotado*, vol. IV, 2.ª edição, Coimbra, Coimbra Editora, 1992, anotação II ao artigo 1817.º.

80 Nestes termos, PEREIRA COELHO/GUILHERME DE OLIVEIRA, *Curso de Direito da Família*, vol. II, *Direito da Filiação*, 2006, cit., pp. 249-250.

em abstracto com este argumento, não podem olvidar-se as situações em que ocorre um *acentuado desnível de condição económica entre os investigantes e o investigado*, ou quando o pretenso pai (ou mãe) adquire fortuna em data muito posterior à maioridade dos pretensos filhos. Daí que não proceda, provavelmente nos casos concretos, a ideia de que o móbil da acção seja apenas o de esclarecer a existência do vínculo familiar, descobrir o lugar do investigante no sistema de parentesco e combater a solidão individual. O móbil *pode ser* outro, qual seja um móbil exclusivamente patrimonial, uma vez que não se teve, nem se procurou durante várias dezenas de anos a proximidade afectiva e sentimental conatural às relações de filiação biológica. Concede-se, por outro lado, que a possibilidade da paternidade (ou maternidade) ser determinada através de exame de ADN frustra à partida algumas tentativas de "caça à fortuna", pois permite apurar com elevadíssimo grau de probabilidade, senão de certeza, se o investigado foi ou não o progenitor do investigante. Sendo assim, esse velho argumento valerá apenas na estrita medida da preservação dos aspectos da *intimidade da vida privada (e familiar) do investigado*. Não que os interesses patrimoniais sejam ilegítimos. Todavia, a paternidade (ou a maternidade jurídicas) não devem representar uma pura vantagem patrimonial, *"um negócio que só se faz quando parece oportuno"*[81]. Podendo os autores ter instaurado a acção *muito antes de Fevereiro de 2006*, sem que se revelasse, por exemplo, ser indispensável a localização da residência do pretenso pai, a sua inacção prolongada pode evidenciar notórias preocupações patrimoniais de natureza sucessória, *maxime* quando os réus se encontram doentes ou em situações agonizantes.

---

[81] Assim, GUILHERME DE OLIVEIRA, "Caducidade das acções de investigação", in: *Lex Familiae, Revista Portuguesa de Direito da Família*, n.º 1 (2004), p. 7 ss., p. 13, nota 19.

10.3. O exercício «inadmissível» do direito de estabelecer a paternidade

Vejamos, agora, o argumento do *abuso de direito*, susceptível de *paralisar* o direito de investigar e estabelecer o vínculo da paternidade. O argumento da "caça às fortunas" pode ser neutralizado pelo instituto do *abuso do direito*[82], em termos de paralisar *totalmente* o direito de estabelecer o vínculo da filiação.

Como é sabido, existe *abuso de direito* quando, tendo um direito sido admitido como válido e exercitável, ele surge, no caso concreto, exercitado *disfuncionalmente*, em termos clamorosamente ofensivos da justiça, mesmo que tais termos estejam ajustados ao conteúdo formal do direito. Cotejemos, por conseguinte, alguns *indícios fortes* do exercício do direito de estabelecer o vínculo da paternidade clamorosamente ofensivo da justiça. Se é verdade que o pretenso pai poderia ter perfilhado os investigantes, não é menos certo que, na época do seu nascimento, o réu pode não ser ainda um homem maduro. Todavia, o que mais impressiona é a circunstância de, designadamente, com 50 ou 60 anos de idade, os autores destas ações nunca se tenham mostrado interessados em determinar e estabelecer juridicamente as suas origens, a sua família, a sua ascendência biológica; especialmente quando se alegar e provar que terão tido, há muito, conhecimento da identidade do seu pretenso pai (ou mãe) biológicos. Será ponderoso indagar se (nunca) o con-

---

[82] Isto mesmo já é reconhecido no recente acórdão do STJ, de 21/09/2010 (SEBASTIÃO PÓVOAS), proc n.º 494/04-3TBOR.C.1.S.1., in http://www.dgsi.pt.; *idem*, no acórdão da Relação do Porto de 23/11/2010 (PINTO DOS SANTOS), proc. n.º 49/07.2TBRSD.P1, in http://www.dgsi.pt; tb. a doutrina sugere a aplicação do instituto do *abuso de direito*, para que, em casos extremos, o autor de uma acção de investigação *"possa ser tratado como se não tivesse o direito que invoca"* – nestes termos, GUILHERME DE OLIVEIRA, "Caducidade das acções de investigação", in: *Lex Familiae, Revista Portuguesa de Direito da Família*, (2004), cit., pp. 12-13; PEREIRA COELHO/GUILHERME DE OLIVEIRA, *Curso de Direito da Família*, vol. II, *Direito da Filiação*, cit., 2006, p. 252.

tactaram, podendo fazê-lo através dos actuais (e dos tradicionais) meios ao dispor das pessoas (p. ex., listas telefónicas, serviços de identificação civil, internet, etc.)[83]. De sorte que o exercício do direito de investigar deve ser combatido pelo instrumento do *abuso de direito*, o qual, face aos contornos fácticos do caso concreto, pode parecer constitucionalmente justificado, necessário e proporcional. Isto mesmo é reconhecido por acórdãos do STJ e das Relações que, até ao momento, julgaram inconstitucional a aplicação da nova redacção do artigo 1817.º/1 às acções que estavam pendentes na data do seu início de vigência (ou seja, em 2/04/2009)[84]. Não obstante o que agora afirmei, o destino dos casos *sub iudice* pode desembocar numa solução que, *uno actu*, permita estabelecer o vínculo da paternidade do investigado relativamente aos autores, declarando, com efeitos registais, que é ele o pai dos autores e tutele, por outro lado, os efeitos perversos, do ponto de vista patrimonial, da *constituição tardiamente negligente* deste vínculo. Vejamos.

---

[83] Se, por exemplo, os autores apenas contactarem o pretenso pai quando este, no leito da morte, padece de um incurável carcinoma, daqui pode decorrer que, face às circunstâncias adicionais do caso concreto, o verdadeiro móbil do reconhecimento da paternidade seja o benefício patrimonial que podem obter na qualidade de herdeiros legais do réu, quando este morrer dessa doença cancerígena. Os autores movem-se, neste tipo de situações, *exclusivamente, por interesses patrimoniais*, que não pelo interesse de conhecer a sua ascendência biológica e estabelecer esse vínculo, em homenagem à tutela dos direitos fundamentais da identidade pessoal e de constituir família. Neste tipo de situações será normal concluir que a finalidade dos investigantes parece ser puramente egoísta, visando *fins exclusivamente materiais*, próximos ou coincidentes com os sentimentos de cobiça, exactamente quando o investigado se encontra irreversivelmente em fim de vida, vítima de um cancro já disseminado por todo o seu corpo ou, noutro exemplo, portador de doença neurológica degenerativa.

[84] Como se afirma no citado acórdão da Relação do Porto, de 23/11/2010 "*o direito do investigante à descoberta e/ou à declaração da sua ascendência parental não pode ter entraves temporais ao seu exercício, podendo apenas sofrer restrições em casos em que este exercício constitua um abuso de direito, excedendo manifestamente os limites impostos pela boa fé ou pelo fim social daquele direito – art. 334º do CCiv. -, como acontecerá necessariamente nos casos em que se demonstre que o único objectivo do investigante é a obtenção de benefícios patrimoniais decorrentes do acesso, como herdeiro, ao património do pretenso pai, em posterior liquidação resultante do seu decesso*".

10.4. O argumento da "segurança jurídica" e o plano patrimonial dos interesses das partes: a via da "ineficácia patrimonial" do reconhecimento da filiação

Os interesses que, tradicionalmente, sustentaram as restrições ao direito de investigar a paternidade desembocavam, não raras vezes, na tutela da garantia da "segurança jurídica" exactamente plasmada na *segurança jurídica* do pretenso pai e dos seus herdeiros. Entendo, porém, que esta garantia tem pleno sentido no âmbito da *tutela do património*: intui-se a necessidade de definir até que momento é possível formular pretensões com implicações económicas para as pessoas, pois é decisivo saber até que momento se tem, eventualmente, que restituir um bem, pagar uma quantia pecuniária ou indemnizar um lesado pela violação de direitos absolutos (p. ex., bens de personalidade, direitos de propriedade intelectual, etc.). Os eventuais sujeitos do dever de pagar ou de restituir necessitam saber a partir de que momento podem confiar na propriedade, na titularidade de um outro direito real sobre os bens adquiridos, ou na disponibilidade de uma soma em dinheiro[85]. O pretenso pai (ou mãe) merece(m) que o ordenamento jurídico tutele esta *segurança*, tal como a ela têm direito os demais familiares com quem este pretenso pai (ou mãe) *já* estabeleceu relações jurídicas de parentesco: é que o vínculo da filiação *tout court* impõe ao pai (ou mãe) o dever de *prestar alimentos* aos *descendentes* e permite a reclamação de *direitos relativos à sua herança*. Como poderemos então lograr, *em simultâneo*, o direito de investigar a paternidade (ou maternidade) e constituir o vínculo familiar e impedir, no mesmo passo, que essa

---

[85] Faz-se mister que tais sujeitos, de um ponto de vista da sua organização patrimonial, saibam razoavelmente a partir de que momento já não precisam de estar financeiramente prevenidos para realizar um pagamento ou orçamentar uma despesa ou uma indemnização – em sentido análogo, PEREIRA COELHO/GUILHERME DE OLIVEIRA, *Curso de Direito da Família*, vol. II, *Direito da Filiação*, 2006, cit., p. 249.

constituição e que a filiação jurídica que lhe vai ínsita traduza uma *pura vantagem patrimonial*, um "negócio" que só se faz quando é oportuno (ou quando a sua não realização impede o acesso à herança do pretenso pai)?

Se é verdade que, como vimos há pouco, poderá paralisar-se *totalmente* o direito de investigar por causa de uma actuação censurável (contanto que, evidentemente, seja devidamente alegada e provada pelo Tribunal) dos investigantes, fulminado pela aplicação do instituto do *abuso de direito*, também deverá reconhecer-se que essa paralisação desconsidera a *posição de terceiros que possam estar legitimamente interessados no estabelecimento da paternidade (ou maternidade) entre o investigado e os investigantes*. Ao reagir-se assim ao exercício inadmissível da posição jurídica subjectiva de investigar e estabelecer a filiação jurídica, impede-se, por certo, a produção de *alguns efeitos* inerentes ao direito de investigar a paternidade. Então não é verdade que – na base da declaração de inconstitucionalidade material da norma do n.º 1 do artigo 1817.º do Código Civil, solução com a qual logo concordei ainda antes, em 2004[86] – está em causa a salvaguarda do *direito à identidade pessoal* dos investigantes, do seu *direito geral de personalidade* e do *direito a constituir família*[87]? Se assim é, como todos concordarão, uma outra via alternativa

---

[86] J. P. REMÉDIO MARQUES, "Caducidade de acção de investigação da paternidade fundada no artigo 1817.º, n.º 1, do Código Civil ...", 2004, cit., pp. 41-42.

[87] A importância destes valores já levou o Tribunal Constitucional alemão, numa famosa decisão de 31/1/1989, apoiado no *princípio da dignidade humana* e no *direito geral de personalidade*, a acolher o direito a conhecer as próprias origens. Inclusivamente, este Tribunal já sugeriu, em nesta e em outra decisão (de 26/04/1994), a possibilidade de criar uma acção autónoma dirigida ao estabelecimento da origem biológica, sem que a procedência da acção implique a alteração do *status familiae* de que se seja titular – M. COESTER, "Zum Rechts des Kindes auf Kenntnis der eigenen Abstammung", in: *Jura* (1989), p. 522 ss.; C. ENDERS, "Das Recht auf Kenntnis der eigenen Abstammung", in: *Neue Juristiche Wochenschrift* (1989), p. 881 ss.); J. P. REMÉDIO MARQUES, "Caducidade de Acção de Investigação ...", 2004, cit., p 44, nota 8; RAFAEL VALE E REIS, *O Direito ao Conhecimento das Origens Genéticas*, Coimbra, Coimbra Editora, 2008, pp. 39-48

de construir a "norma do caso concreto" consiste na concretização menos severa, neste caso concreto (e em casos com este enquadramento fáctico), do *princípio do abuso de direito*. Solução, esta, que permita extrair da declaração de inconstitucionalidade, com força obrigatória geral, da norma do artigo 1817.º, n.º 1, um *elemento teleológico*. Qual seja: deverá ser mantida a caducidade do direito de estabelecer a paternidade (como também, em abstracto, a maternidade) se a acção for intentada, *para efeitos sucessórios*, por exemplo, mais de 10 ou 15 anos depois do conhecimento dos factos de onde se podia concluir a paternidade, não começando nem correndo tal prazo enquanto os investigantes forem maiores ou emancipados[88]. Atente-se que o *direito de constituir família* implicado no juízo de inconstitucionalidade material da norma do n.º 1 do artigo 1817.º não integra o *estatuto sucessório* e a posição sucessória legal que é atribuída aos familiares do *de cuius*. Tal direito baseia, isso sim, os *efeitos pessoais* e *patrimoniais* da relação familiar *durante a vida dos respectivos sujeitos*, já que o Direito da Família é autónomo do Direito das Sucessões[89]. De igual sorte, o *direito à identidade pessoal* (identidade pessoal respeitante à *historicidade pessoal*[90]) funda, isso

---

[88] O meu distinto colega da Faculdade de Direito da Universidade de Lisboa, Doutor JORGE DUARTE PINHEIRO, professor das disciplinas de Direito da Família e das Sucessões, chega a uma conclusão semelhante, quando afirma, ainda antes da Lei n.º 14/2009, que: "Há que confinar o artigo 1817.º à disciplina do prazo para a proposição de uma acção de investigação com efeitos sucessórios. Onde se lê, p. e., no n.º 1, que «a acção de investigação de maternidade só pode ser proposta durante a menoridade do investigante ou nos dois primeiros anos posteriores à sua maioridade», deve subentender-se «para efeitos sucessórios»" – JORGE DUARTE PINHEIRO, *Direito da Família Contemporâneo*, Lisboa, Associação Académica da Faculdade de Direito de Lisboa, 2008, pp. 181-182.

[89] Tb. assim, JORGE DUARTE PINHEIRO, *Direito da Família e das Sucessões*, vol. I., *Introdução Geral ao Direito da Família e das Sucessões. Introdução ao Direito da Família. Direito da Filiação e Direito Tutelar*, 3.ª edição, Lisboa, Associação Académica da Faculdade de Direito de Lisboa, 2007, p. 38; JORGE DUARTE PINHEIRO, *Direito da Família Contemporâneo*, 2008, cit., p. 181; PAMPLONA CORTE-REAL, *Direito da Família e das Sucessões*, *Relatório*, Lisboa, Lex, 1996, pp. 12-13.

[90] PAULO OTERO, *Personalidade e Identidade Pessoal e Genética do Ser Humano: Um Perfil Constitucional da Bioética*, Coimbra, Almedina, 1999, pp. 63-64, pp. 71-81.

sim, as acções de investigação destinadas a declarar a existência de uma relação biológica (paternidade ou maternidade)[91]. A realização destes direitos fundamentais dos investigantes pode bem ser alcançada com o reconhecimento do vínculo da paternidade, inscrito no registo, provido de *efeitos pessoais*, com exclusão de quaisquer *efeitos patrimoniais*, *maxime*, sucessórios ou alimentares.

Aqui chegados, estamos em condições de entender que, em vez de tratar os investigantes como se não tivessem o direito que invocam[92], é possível (e desejável para todos) que algumas ações de investigação da paternidade (ou maternidade) produzam apenas efeitos de natureza meramente *pessoal*, decretando-se *a ineficácia patrimonial do estabelecimento do vínculo, para efeitos sucessórios e de alimentos.* O vínculo de paternidade é estabelecido através da afirmação da ascendência biológica do investigado relativamente aos autores, para todos os *efeitos de natureza pessoal*, devendo ser levada a registo; porém, o estabelecimento desse vínculo não produzirá efeitos de natureza patrimonial, tanto sucessória, quanto alimentar. Esta "solução salomónica" ostenta, de resto, ponderosas bases legitimadoras, não apenas na história legislativa recente portuguesa, no direito estrangeiro de raiz portuguesa, como também pode facilmente ser amparada pelas inferências do nosso ordenamento jurídico[93]. De facto, a *dissociação*

---

[91] Todavia, esta direito fundamental sofre um condicionamento evidente, na medida em que os artigos 1809.º, alínea *a)*, e 1866.º, alínea *a)*, do Código Civil proíbem a investigação da paternidade, nomeadamente a investigação da paternidade incestuosa, com isso acautelando o direito fundamental à integridade moral consagrado no art. 26.º, n.º 1, da Constituição.

[92] Porque nunca o quiseram usar quando podiam fazê-lo, porque se guardaram para um momento em que o pretenso pai organizou a sua vida (e morte) em favor de outros herdeiros e porque não pretendem senão facturar no activo patrimonial do investigado nesta sua fase da vida apenas sustentada por uma doença (cancerígena) terminal estertora de múltiplas metástases, aí onde, infelizmente, já se visualiza, na sua notória agonia, a morte próxima.

[93] Na verdade, em 1999, a Provedoria da Justiça recomendou que a lei fosse alterada, no sentido de, *"a par da existência de prazo para propositura de acções com fins patrimoniais, ser consagrada a imprescritibilidade para a propositura das acções de investigação de paternidade/maternidade, desde que os efeitos pretendidos*

entre os efeitos pessoais e os efeitos patrimoniais resultantes da procedência de uma acção destinada ao estabelecimento da filiação (materna ou paterna) é a solução adoptada, desde 1999, no Código Civil de Macau[94]-[95]. Não se trata aqui de fazer colocar sobre os investigantes o ónus de *renunciar* aos efeitos patrimoniais (*maxime*, alimentares e

---

sejam de natureza meramente pessoal". No seguimento desta Recomendação, foi apresentado um projecto de lei, que aditava ao artigo 1817.º um número 7, em que se preceituava: "*Desde que os efeitos pretendidos sejam de natureza pessoal, a acção de investigação da maternidade pode ser proposta a todo o tempo*" – Recomendação do Provedor de Justiça n.º 36/B/99, de 22/12/1999, in http://www.provedor-jus. pt. No seguimento desta Recomendação foi apresentado um projecto de lei, que aditava ao artigo 1817.º um número 7, em que se preceituava: "*Desde que os efeitos pretendidos sejam de natureza pessoal, a acção de investigação da maternidade pode ser proposta a todo o tempo*" – Projecto de Lei n.º 92/IX, apresentado pelo Partido "Os Verdes", in: *Diário da Assembleia da República*, II Série-A, n.º 18, de 4/07/2002, p. 577.

[94] Este Código – cuja matriz, formal e substancial, é essencialmente portuguesa –, no segmento que diz respeito à matéria agora em apreciação, foi amoldado pelo Prof. GUILHERME DE OLIVEIRA, entre 1996-1999, bem como por outros ilustres juristas, tal como o Conselheiro SEBASTIÃO PÓVOAS. Eu, na época, era Assistente do Prof. GUILHERME DE OLIVEIRA, na Faculdade de Direito de Coimbra, e pude testemunhar a tarefa hercúlea e magnânima de um então recente defensor da "imprescritibilidade" do direito de investigar a filiação (pelo menos desde os últimos anos da década de noventa do século passado). Pois que o Prof. GUILHERME DE OLIVEIRA defendia a compatibilidade das normas dos n.ºs 1 a 4 do artigo 1817.º com os princípios constitucionais, no sentido em que esse regime jurídico positivo definia apenas um *condicionamento* ao direito de investigar, que não uma *restrição* sujeita ao crivo dos requisitos do n.º 2 e 3 do artigo 18.º da Constituição. Sustentava até era nosso Mestre que o regime então vigente efectuava uma ponderação aceitável dos direitos contrapostos – GUILHERME DE OLIVEIRA, *Critério Jurídico da Paternidade*, Coimbra, 1983, pp. 460-471, especialmente, pp. 465-467, onde se reputa o regime legal português de investigação como um regime "*justo e conveniente nas suas linhas gerais*".

[95] Isto no sentido de consagrar, num diverso universo sócio-cultural de matriz portuguesa, um regime, de acordo com o qual "*o estabelecimento da filiação em acção de investigação de maternidade ou de paternidade são ineficazes no que aproveite patrimonialmente ao declarante ou proponente, nomeadamente para efeitos sucessórios e de alimentos ...*" (artigo 1656.º, n.º 1, do Código Civil de Macau). Isto apesar de o artigo 1722.º do mesmo Código Civil (*ex vi* do artigo 1677.º, n.º 1) determinar que a acção de investigação da paternidade pode ser proposta a todo o tempo. Esta solução, tal como foi explicada na justificação dos motivos da sua consagração, escora-se na ideia segundo a qual deverá existir um mecanismo que impeça "*em casos limites, os efeitos perversos resultantes da constituição tardiamente negligente do vínculo da filiação com o propósito de mero enriquecimento patrimonial*". Com tal solução limitam-se os resultados indirectos que vão normalmente associados à constituição do vínculo da filiação.

sucessórios), caso desejem ser admitidos a instaurar a todo o tempo a acção destinada ao estabelecimento da filiação, já que, então, o estatuto de filho teria um inadmissível conteúdo *disponível*[96]. Cura-se, pelo contrário, de uma concretização do princípio do *abuso de direito*, num preceito que determina a "ineficácia patrimonial" do estabelecimento do vínculo[97]. Para esta solução, os *efeitos pessoais* do estabelecimento do vínculo (o conhecimento da ascendência e da *historicidade pessoais*) não podem ser desprezados, já que podem ser declarados e constituídos *a todo o tempo*, aqui onde a paternidade não representa uma *pura vantagem patrimonial*[98]. O abuso de direito nem sempre *suprime* o direito: depende do caso concreto[99]; nem, tão pouco, se exigem elementos subjectivos específicos (dolo ou mera culpa), mas a presença de tais elementos contribui, decerto, para a definição das suas consequências[100]. A *ineficácia patrimonial* do reconhecimento da paternidade dos autores de *ações de investigação instauradas entre*

---

[96] Neste sentido, GUILHERME DE OLIVEIRA, "Caducidade das acções de investigação", in: *Comemorações dos 35 Anos do Código Civil e dos 25 Anos da Reforma de 1977*, Vol. I, *Direito da Família e das Sucessões*, Coimbra, Coimbra Editora, 2004, p. 49 ss., pp. 58, nota 19.

[97] Já, neste sentido, entre nós, após a declaração de inconstitucionalidade, com força obrigatória geral, do n.º 1 do artigo 1817.º do Código Civil, o meu ilustre colega da Faculdade de Direito da Universidade de Lisboa, JORGE DUARTE PINHEIRO, in: *Cadernos de Direito Privado*, n.º 15 (Julho/Setembro 2006), p. 52; JORGE DUARTE PINHEIRO, *O Direito da Família Contemporâneo*, 2008, cit., pp. 181-182; RAFAEL VALE E REIS, *O Direito ao Conhecimento das Origens Genéticas*, Coimbra, Coimbra Editora, 2009, pp. 210-212; CRISTINA DIAS, "Investigação da paternidade e abuso do direito. Das consequências jurídicas do reconhecimento da paternidade – anotação ao ac. do STJ, de 9.4.2013, Proc. 187/09", in: *Cadernos de Direito Privado*, n.º 45, Janeiro/Março, 2014, p. 49 ss. O acórdão da Relação de Lisboa, de 9/02/2010 (MARIA DO ROSÁRIO MORGADO), proc. n.º 541.09.4.TCSNT.L1-7, in http://www.dgsi.pt, abre esta possibilidade numa acção, por considerar prematuro abordá-la, já que a sua resolução careceria da produção de prova.

[98] GUILHERME DE OLIVEIRA, "Caducidade das acções de investigação", 2004, cit., p. 57.

[99] A. MENEZES CORDEIRO, "Eficácia externa das obrigações e abuso do direito", in: *O Direito*, ano 141.º (2009), p. 29 ss., p. 100.

[100] A. MENEZES CORDEIRO, "Eficácia externa das obrigações e abuso de direito", 2009, cit., p. 100.

Fevereiro de 2006 e Abril de 2009 é uma consequência possível, que se mostra, nos casos concretos, *adequada* e *proporcional* ao respeito de todos os direitos e valores em presença[101].

E não se diga que esta solução – a qual admite a propositura de uma acção de investigação *a todo o tempo* – contraria o *princípio da indivisibilidade* do *status familiae*. Ser-se-ia filho para *efeitos pessoais* e já não o ser para *efeitos sucessórios* (ou *alimentares*)[102]. Como se sabe, através da *indivisibilidade do estado civil* atribui--se, globalmente, a uma pessoa humana um conjunto incindível de situações jurídicas, activas e passivas. Sucede, porém, que este *princípio da indivisibilidade* admite várias derrogações materialmente

---

[101] Já vimos que esta concretização (legislativa e jurisprudencial) do princípio do abuso de direito não colide com o *direito à identidade pessoal*, nem com o *direito de constituir família*: a instauração de uma acção de investigação para além do prazo de dois anos após a maioridade dos investigantes, na sequência da declaração de inconstitucionalidade do n.º 1 do artigo 1817.º do Código Civil, com força obrigatória geral, em Janeiro de 2006, é susceptível de uma *interpretação conforme à Constituição*, já que não deve impedir a obtenção de uma decisão favorável dirigida ao estabelecimento da filiação levada ao registo, mas deverá impedir – nos casos em que não tenham existido obstáculos sérios e reais, de natureza familiar ou social à instauração da acção de filiação – a relevância do reconhecimento da filiação jurídica para efeitos (patrimoniais) da *sucessão legal* (legítima e legitimária). Ora, esta solução não só dissuade a "caça à fortuna" ou a "caça" à acentuada melhoria de condições do investigado, como assegura o exercício pleno do *direito à identidade pessoal* e o *direito de constituir família* mediante o conhecimento e o estabelecimento da *historicidade pessoal* dos investigantes relativamente ao investigado.

[102] Neste sentido, favorável à adopção desta cindibilidade do *status*, cfr. o recente acórdão do STJ, de 15/02/2015 (FONSECA RAMOS), segundo o qual "os prazos do art. 1817.º devem ser observados se o investigante quiser obter benefícios sucessórios do vínculo de filiação. Há que confinar o art. 1817.º à disciplina do prazo para a proposição de uma acção de investigação com efeitos sucessórios". De modo que, para este acórdão do STJ, a propositura da acção fora dos prazos do art. 1817.º do Código Civil não obsta ao estabelecimento da filiação jurídica, sendo assegurado, sempre, o exercício do direito à identidade pessoal e do direito de constituir família. No mesmo sentido da possibilidade de cindibilidade dos efeitos pessoais e patrimoniais do estabelecimento da filiação, veja-se o acórdão do STJ, de 21/9/2010 (SEBASTIÃO PÓVOAS), proc. n.º 495/04-3TBOR.C.1.S.1; *idem*, de 9/04/2013 (FONSECA RAMOS), proc. n.º 187/09.7TBPFR.P1.S1, com o não menos importante voto de vencido do Conselheiro SALAZAR CASANOVA. Expressamente contra a cindibilidade do estado civil, para efeitos de estabelecimento da filiação, cfr. L. MENEZES LEITÃO, in: *Revista da Ordem dos Advogados*, ano 73, vol. I, Janeiro/Março 2013, págs. 396 ss., na anotação que realizou ao citado acórdão do STJ, de 9 de Abril de 2013.

justificadas[103]. Desde logo, ele convive bem com as derrogações previstas nos artigos 1603.° e 1856.° do Código Civil. Uma delas (a plasmada nesta última norma) visa precisamente obstar à aquisição de *vantagens sucessórias* através do reconhecimento voluntário da paternidade[104]. Para além de que esta solução, plenamente cabível no caso *sub iudice*, não implica a *disponibilidade do estatuto de filho* – que por si só já seria inadmissível, pois que através do exercício da *autonomia privada* passariam a existir duas ou mais espécies de filhos e estaria aberto o caminho para que a *perfilhação* pudesse ser acompanhada de cláusulas restritivas, estabelecidas pelo perfilhante ou aceites pelo perfilhado –, já que os investigantes não têm que renunciar à produção de efeitos patrimoniais, a fim de poderem instaurar a todo o tempo a acção de investigação da paternidade [105-106].

---

[103] ANTUNES VARELA, *Direito da Família*, vol. I, 5.ª ed., Lisboa, Livraria Petrony, 1999, p. 80.

[104] PIRES DE LIMA/ANTUNES VARELA, *Código Civil Anotado*, vol. IV, 2.ª edição, Coimbra, Coimbra Editora, 1992, anotação II ao art. 1856.°. Um conhecido e notório exemplo desta situação consistiu na perfilhação da poetisa FLORBELA ESPANCA pelo seu pai biológico, JOÃO MARIA ESPANCA, 19 anos após a morte desta, que ocorrera em 1930. A mãe de FLORBELA ESPANCA era (como então se dizia) uma "criada de servir", ANTÓNIA DA CONCEIÇÃO LOBO. O apelido ESPANCA foi, pois, atribuído postumamente, nos meios literários, após a perfilhação do pai biológico, que sempre a acompanhou.

[105] Diferente destes casos é a situação em que o autor procura apenas *conhecer e fazer declarar, por via de decisão judicial a sua ascendência biológico-genética.* Não se trata de uma ação de estabelecimento da paternidade ou maternidade, uma vez que o *pedido* do autor não se dirige à constituição do vínculo da filiação jurídica relativamente às pessoas contra quem a ação é proposta. Cura-se de uma *ação de simples apreciação positiva* (artigo 10.°, n.° 3, alínea *a)*, do CPC), pela qual se pede ao tribunal que declare a existência de um facto jurídico – agora, em geral sobre estas ações, J. LEBRE DE FREITAS/ ISABEL ALEXANDRE, *Código de Processo Civil Anotado*, vol. 1.°, Artigos 1.° a 361.°, 3.ª edição, Coimbra, Coimbra Editora, 2014, pp. 31-32; J. LEBRE DE FREITAS, *Introdução Processo Civil, Conceito e princípios gerais à luz do novo código*, 3.ª edição, Coimbra, Coimbra Editora, 2013, pp. 28-29. Da procedência de semelhante ação destinada a *declarar a ascendência biológica-genética* decorrem efeitos limitados ao conhecimento e *afirmação de factos* desligados da produção de quaisquer efeitos jurídicos substantivos (alimentares, convívio com os ascendentes biológicos, sucessórios, aquisição da nacionalidade, atribuição do estatuto de beneficiário de apoios atribuídos pela segurança social, etc.) ou registais (*v.g.*, dos factos declarados pela decisão judicial averbamento no assento de nascimento e/ou casamento, etc.) entre demandante e demandado.

[106] Também não se diga que tal solução contraria flagrantemente o artigo 36.°, n.° 4, da Constituição, na medida em que se veda expressamente a discriminação

Assim se intui que a eventual (e *excepcional*, saliente-se) solução da cindibilidade do *status filiae* na decorrência da legítima tutela do investigante de conhecer as suas origens biológicas e ascendência não afecta a *teleologia* e a *razão de ser* da consagração dessa proibição constitucional de discriminação. Aliás, um filho nascido dentro do casamento, cujo pai biológico não seja o marido da mãe, acha-se numa situação igualmente ingrata de, *prima facie, impugnar a paternidade presumida* do marido da sua mãe e, *uno actu* (na mesma ação), ou em ação subsequente, peticionar o estabelecimento da paternidade relativamente a um terceiro seu alegado pai biológico, uma vez que não é admissível o reconhecimento da paternidade em contrário da que consta do assento de nascimento e do registo de nascimento enquanto este não for rectificado, declarado nulo ou cancelado (artigo 1848.º, n.º 1, do Código Civil). O direito à identidade pessoal do filho não se consuma com a mera procedência do pedido de impugnação formulado contra o presumido pai (ou mãe). Ele implica ainda a propositura posterior de acção de investigação da paternidade que deixe estabelecida juridicamente a sua verdadeira filiação[107].

---

entre filhos nascidos dentro e fora do casamento. Na verdade, estes conflitos podem perfeitamente surgir *entre filhos nascidos fora e independentemente do casamento do pretenso pai*, na medida em que o prazo do n.º 1 do artigo 1817.º do Código Civil constitui uma espécie de *ultima ratio* de tempestividade de exercitar o direito de ação para as eventualidades em que não se verificam as hipóteses dos n.ºs 2 e 3 da mesma norma, bem como para os casos em que o autor da ação de investigação (nascido fora do casamento) não beneficia (ou não consegue lograr a prova) de nenhuma das *presunções de paternidade* (*id est*, dos factos-base de tais presunções) previstas no artigo 1871.º, n.º 1, do Código Civil, em particular a da alínea *e)* desse mesmo artigo (existência de relações sexuais entre o pretenso pai e mãe do autor durante o período legal de concepção, ainda quando esta possa ter tido, nesse ínterim, relações sexuais com outros homens).

[107] Vale dizer: nestes casos, a plena realização do direito à identidade pessoal do filho nascido dentro de um casamento envolve necessariamente a procedência de dois pedidos sucessivos, o primeiro visando eliminar a paternidade presumida, biologicamente inexistente, e o segundo visando estabelecer a verdadeira e real paternidade - Neste sentido, veja-se o acórdão do STJ, de 20/6/2013 (LOPES DO

11. Conclusão

Em resumo: concordando embora com a solução dimanada do acórdão do Plenário do T.C., n.º 24/2012, em sede de *fiscalização concreta* e com *eficácia limitada ao caso concreto* – no sentido da inconstitucionalidade material da norma do artigo 3.º da Lei n.º 14/2009 –, apenas a entendo e aceito *se e quando a solução que dela dimana for aplicada às ações de investigação da paternidade (ou maternidade) instauradas após a publicação do acórdão do mesmo Tribunal, n.º 23/2006 e que ainda estivessem pendentes na data do início de vigência da Lei n.º 14/2009, ou seja, no dia 2 de Abril de 2009.* Os autores das ações de estabelecimento da filiação instauradas *antes de 10/2/2006 e que estivesse pendentes em 2/4/2009* (e ainda estejam pendentes) não sofreram *restrição* ao seu direito de acesso ao Direito e aos Tribunais (e a garantia de *tutela jurisdicional efectiva* para a realização das suas pretensões materiais plasmadas em direitos de personalidade/direitos fundamentais), visto que – sendo fixada a eventual *situação de confiança* (e de *investimento nessa confiança*) no momento da instauração da ação – não gozavam de uma legítima expectativa na vigência de um regime normativo que permitisse a instauração de acções de investigação da paternidade/maternidade a todo o tempo (ou durante um prazo mais ou menos dilatado a partir da maioridade). Não exibiam estes investigantes uma qualquer *expectativa normativa na mutação favorável do regime jurídico então vigente*, não obstante a existência, a partir de meados de 2004, de alguma doutrina (GUILHERME DE OLIVEIRA, DUARTE PINHEIRO, REMÉDIO MARQUES) e jurisprudência do Tribunal Constitucional (cujas decisões apenas vincularam a orientação decisória dos tribunais judiciais em três casos concretos),

---

REGO), proc. n.º 3460/11.0TBVFR.P1.S1., no quadro da análise do prazo previsto no artigo 1842.º, n.º 1, alínea *b)*, do Código Civil.

as quais passaram a questionar a constitucionalidade da norma do artigo 1817.º, n.º 1, do Código Civil. Quanto as estes investigantes, creio não poder dizer-se que o artigo 3.º da Lei n.º 14/2009 implicou uma *retroactividade intolerável*, que atingiu de forma inadmissível e arbitrária o seu *direito à identidade pessoal* (e de *constituir família*) e as expectativas que legitimamente possam ter alicerçado, a partir de meados de 2004, com a publicação de tais decisões e estudos doutrinários. Na minha opinião, o artigo 3.º da Lei n.º 14/2009 é materialmente inconstitucional na estrita medida em que se aplique aos processos pendentes à data da sua entrada em vigor *relativamente a* ações instauradas após a publicação do acórdão do Tribunal Constitucional n.º 23/2006. O labéu da inconstitucionalidade desta norma transitória especial deve ser afastado em relação às ações propostas *antes da publicação do referido acórdão*. Parece ser conforme aos padrões legais e constitucionais operar a *cindibilidade* do *status filiae* na decorrência da legítima tutela do investigante de conhecer as suas origens biológicas e ascendência não afecta a *teleologia* e a *razão de ser* da consagração dessa proibição constitucional de discriminação, sem que, com esta solução, ocorra uma discriminação materialmente não justificada entre filhos nascidos dentro e fora do casamento. Pois, o filho nascido dentro do casamento carece não apenas de *impugnar a paternidade presumida* em *prazos relativamente curtos* (art. 1842.º, n.º 1, alínea *c)*, do Código Civil), como, de seguida (ou *uno actu*) peticionar o estabelecimento da verdadeira filiação biológica, para o que dispõe, igualmente, de um prazo de três anos após o cancelamento do registo inibitório desse estabelecimento (artigo 1817.º, n.º 2, do mesmo Código).

A MORTE DO CASAMENTO: MITO OU REALIDADE?[1]

Rosa Cândido Martins
Assistente Convidada da Faculdade de Direito de Coimbra
Investigadora do Centro de Direito da Família

I. Introdução

A família tem sofrido ao longo das últimas quatro décadas transformações profundas não só quanto à sua estrutura mas também quanto às funções que desempenha. Na verdade, a família sofreu um complexo processo de mudança devido à influência de tendências demográficas, científicas, económicas, históricas e ideológicas[2]. Neste processo a família foi perdendo muitas das suas funções tradicionais,

---

[1] É com enorme gosto que me associo a esta devida e justa homenagem ao Senhor Prof. Doutor Francisco Manuel Pereira Coelho. Embora nunca tenha sido sua aluna nem sua assistente, a vida e a obra do Senhor Prof. Doutor Pereira Coelho sempre me chegaram e influenciaram profundamente. Não podia, assim, deixar de participar nesta empresa ainda de um modo muito modesto com um texto já publicado (Martins, Rosa Cândido, La muerte del matrimónio: ¿mito o realidad en el Derecho Portugués, *Anuario de la Faculdade de Dereito da Universidade da Coruña*, n.º 16, 2012, ISSN: 1138-039X, pp. 325334).

[2] Cf. M. A. Glendon, "Introduction: Family law in times of turbulence" *in:* VV. AA., M. A. Glendon, (ed.), *International Encyclopaedia of Comparative Law: Persons and Family*, Vol. IV, Tübingen - Dordrecht - Boston – Lancaster, Mohr Siebeck - Martinus Nijhoff Publishers, 2006, p. 3, F. Swennen, "O tempora, o mores! The evolving marriage concept and the impediments to marriage" *in:* VV. AA, M. ANTOKOLSKAIA, (ed.), *Convergence and divergence of family law in Europe*, Antwerpen - Oxford, Intersentia, 2007, p. 123.

DOI: http://dx.doi.org/10.14195/978-989-26-1113-6_7

designadamente a função de prover à segurança e ao cuidado dos seus membros, a função de prover à sua subsistência e a função de transmitir o património de geração em geração[3].

A maior parte destas funções foram total ou parcialmente assumidas pelo Estado e por outras instituições privadas[4]. O Estado passou a fornecer toda uma série de mecanismos de protecção social, como por exemplo benefícios da segurança social, subsídio de desemprego, de doença e de acidente, pensões de reforma, etc., que passaram a garantir aos indivíduos um "mínimo de existência". E, assim, os membros da família ficaram cada vez menos dependentes uns dos outros. A família deixou de ser uma "comunidade de necessidade", cujos membros estavam vinculados por uma "obrigação de solidariedade"[5].

A perda ou pelo menos a partilha de algumas das funções tradicionais provocou várias mudanças na família. No que respeita ao aspecto estrutural, a família não é já vista como a "grande família" do passado mas sim como "família nuclear" composta por pai e mãe e seus filhos[6]. A família não apresenta mais uma estrutura hierárquica e autoritária baseada na diferenciação da capacidade civil e política dos cônjuges. Hoje, por imposição constitucional, marido e mulher têm iguais direitos e deveres quanto à capacidade civil e política e à manutenção e educação dos filhos; possuem iguais direitos e deveres conjugais e detêm os mesmos direitos quanto à administração e disposição do seu património[7].

---

[3] Cf. F. PEREIRA COELHO, G. OLIVEIRA, *Curso de Direito da Família*, Vol. I, Coimbra, Coimbra Editora, 2008, pp. 100-101.

[4] Cf. M. A. Glendon, *The new family and the new property*, Toronto, Butterworths, 1981, p. 1-2, E BECKGERNSHEIM, "On the Way to a Post-Familial Family: From a Community of Need to Elective Affinities" *in:* VV. AA., A. DIDUCK (ed.), *Marriage and Cohabitation. Regulating Intimacy, Affection and Care*, Aldershot, Ashgate, 2008, p. 57.

[5] Cf. E. BECK-GERNSHEIM, "On the way..." cit., p. 57.

[6] Cf. F. PEREIRA COELHO, G. OLIVEIRA, *Curso...* cit., p. 99.

[7] Sobre o princípio constitucional da igualdade dos cônjuges, *vide* F. PEREIRA COELHO, G. OLIVEIRA, *Curso...* cit., pp. 126-127, J. J. GOMES CANOTILHO, VITAL

Também o comportamento familiar não permaneceu intocado. Os costumes mudaram. As taxas de casamentos e de nascimentos começaram a diminuir enquanto que o número de divórcios, de uniões de facto e de nascimentos fora do casamento começaram a aumentar.

Todas estas transformações têm sido frequentemente interpretadas como o fim da família. Todavia esta profecia falhou[8]. A família continua a existir... mas em processo de transformação. A família está a adquirir uma "nova forma histórica"[9]. Está a nascer a "nova família"[10].

Embora o novo conceito de família não seja unívoco pois co-existem vários tipos de família[11] ao mesmo tempo num mesmo espaço, é possível encontrar um padrão comum entre estas várias famílias. A "nova família" é a família que descobriu os valores da intimidade e da afectividade; é a família que visa a educação e manutenção dos filhos e o apoio emocional e o desenvolvimento pessoal de todos os membros da família.

II. A privatização do casal

O aparecimento da "nova família" motivou a necessidade de um novo Direito da Família que pudesse acompanhar as suas mudanças. Assim, desde a década de 60 o Direito da Família nos países ocidentais tem sofrido igualmente um processo de transformação. Podem

---

MOREIRA, *Constituição da República Portuguesa Anotada*, Vol. I, Coimbra, Coimbra Editora, 2007, pp. 564-565, J. MIRANDA, R. MEDEIROS, *Constituição Portuguesa Anotada*, T. 1, Coimbra, Coimbra Editora, 2005, pp. 410-411.

[8] Cf. G. THERBORN, *Between sex and power. Family in the world, 1900-2000*, London; New York, Routledge, 2006, 313.

[9] Cf. E. BECK-GERNSHEIM, "On the way..." cit., p. 57.

[10] Cf. M. A. Glendon, *The new family* ... cit., p. 3.

[11] Cf. M. A. Glendon, *The new family* ... cit., p. 4.

apontar-se como valores que têm norteado as sucessivas adaptações à realidade da nova família a ideia de liberdade individual, a ideia de igualdade, os direitos das mulheres e os direitos humanos[12]. No entanto, o processo ainda não terminou.

O declínio da posição preponderante do casamento como principal fonte das relações familiares teve como reflexo um Direito da Família não centrado no casamento. A realidade mostra que há mais família para além da família conjugal[13]: as relações de intimidade e de afectividade bem como a geração e a educação dos filhos podem hoje ter lugar fora da instituição do casamento sem a consequência da discriminação dos filhos nascidos fora do casamento[14]. Deste modo, o casamento e filiação deixaram de estar necessariamente ligados. Mais também já não se verifica a necessária identidade entre relação de afectividade e casamento. Na verdade, o reconhecimento legal da união de facto através da atribuição de efeitos semelhantes aos do casamento, a decrescente diminuição da desaprovação social e quase inexistência de sanções sociais e legais relativamente às relações sexuais fora do casamento contribuíram para a dissociação destes dois conceitos[15].

A Sociologia tem sugerido o movimento no sentido de uma "privatização do casal"[16]. De acordo com esta tendência o casamento, baseado no amor e na realização pessoal de ambos os cônjuges, é

---

[12] Cf. M. A. Glendon, "Introduction..." cit., p. 3.

[13] Cf. J. D. PINHEIRO, *O Direito da Família contemporâneo*, Lisboa, AAFDL, 2008, p. 34.

[14] Cf. F. PEREIRA COELHO, G. OLIVEIRA, *Curso...* cit., pp.103-104, G. OLIVEIRA, "Transformações do Direito da Família" *in:* VV. AA., *Comemorações dos 35 anos do Código Civil e dos 25 anos da Reforma de 1977*, Vol. I, Coimbra, Coimbra Editora, 2004, p. 766.

[15] Cf. M. GARRISON, "The Decline of Formal Marriage: Inevitable or Reversible?", *Family Law Quarterly*, Vol. 41, No. 3, 2007, p. 506.

[16] Cf. S. ABOIM, "A formação do casal: formas de entrada e percursos conjugais", *in:* K. WALL (org.), *Famílias em Portugal*, Lisboa, ICS, 2005, p. 86.

tido como um "assunto privado", uma relação íntima que apenas diz respeito a quem nela está envolvido.

A intervenção do Estado, através do estabelecimento de regras vinculativas quanto à constituição[17] da relação matrimonial, definição dos seus efeitos a nível das pessoas dos cônjuges e do seu património e dos termos da sua dissolução tem-se tornado, neste contexto, cada vez menos justificada e aceite. Desta falta de justificação e aceitação resultou um declínio do poder regulativo do Estado no que respeita à constituição do casamento e à sua dissolução[18].

Cada vez mais os casais parecem mostrar uma atitude de indiferença em relação a qualquer espécie de aprovação externa da sua relação. Assim, parecem recusar submeter-se aos valores pré-determinados estabelecidos pela Igreja e pelo Estado, deixando de aderir à "instituição do casamento"[19].

As estatísticas mais recentes confirmam esta tendência demonstrando a diminuição da percentagem dos casais que escolhem o casamento e a percentagem crescente daqueles que escolhem a união de facto[20].

III. A morte do casamento?

Quer isto significar a morte do casamento? Ou a sua desnecessidade como instituição jurídica e social?

---

[17] Cf. D. COESTER-WALTJEN, M. COESTER, "Formation of marriage" (Chapter 3) *in:* M. A. GLENDON (ed.), *International Encyclopaedia of Comparative Law: Persons and Family*, Vol. IV, Tübingen; Dordrecht; Boston; Lancaster, Mohr Siebeck - Martinus Nijhoff Publishers, 1997, p. 160, SWENNEN, F., "O tempora, o mores..." cit., pp. 123-124.

[18] Cf. M. A., GLENDON, "Introduction..." cit., p. 7.

[19] Cf. I. THÉRY, Couple, *Filiation et parenté ajourd'hui. Le droit face aux mutations de la famille et de la vie privée*, Paris, Odile Jacob, 1998, p. 32.

[20] Cf. S. LEITE, "A união de facto em Portugal", *Revista de Estudos Demográficos*, n.º 33, 2003, pp. 99100.

O casamento não está morto nem está a morrer... está a transformar-se.

As duas razões principais que suportam a tese de que o casamento está longe de estar morto coincidem com duas tendências do Direito da Família: a "desregulação" do casamento, por um lado, e a "regulação" da união de facto, por outro lado.

III.1. A "desregulação" do casamento

Apesar do declínio do casamento, o Estado não o retira completamente da esfera pública remetendo apenas para a esfera privada das partes.

O Estado insiste em regular certos aspectos da relação matrimonial. Tendo em consideração a ideia de que o casamento oferece a estabilidade necessária para a educação dos filhos e reconhecendo que o casamento é um "importante símbolo" nas nossas sociedades, o Estado não tem a intenção de abolir o casamento como instituição legal e deixá-lo simplesmente à negociação privada dos cônjuges na determinação dos direitos e deveres conjugais; o Estado tenta tornar o casamento mais atractivo promovendo um regime legal *"light"*.

Partindo do princípio de o casamento tradicional tem um regime legal "pesado"[21] que apresenta níveis elevados de regulação da relação íntima dos cônjuges, o caminho a seguir parece ser o da "desregulação" do casamento. Esta tarefa, porém, pode assumir diversas formas. Na verdade, existem três modos de desenvolver um regime *"light"* para o casamento: primeiro, através da abolição de maior parte dos impedimentos legais do casamento; segundo, através da recusa ou mesmo da abstenção quanto à determinação

---

[21] Cf. M. A, GLENDON, *The transformation of family law. State, law, and the family in the United States and Western Europe*, Chicago; London, The University of Chicago Press, 1989, pp. 32-33.

e regulação dos efeitos da relação matrimonial; finalmente, através de uma espécie de facilitação da extinção do casamento.

Embora estes três modos de "desregulação" do casamento possam ter lugar em momentos diferentes, eles interagem necessariamente uns com os outros no mesmo processo de transformação do casamento. Com efeito, o facilitar a extinção da relação matrimonial tende a afectar a importância social e legal dos impedimentos matrimoniais [22], bem como o significado dos direitos e deveres dos cônjuges. E do mesmo modo, as mudanças nas regras de constituição do casamento no sentido de permitir um mais amplo acesso à relação matrimonial implicam a necessidade de uma maior liberdade quanto à extinção da relação.

III.1.1. A Reforma do Divórcio de 2008 em Portugal

Um exemplo da tendência atrás referida da "desregulação" do casamento é a recente Reforma do Divórcio em Portugal. Tal reforma teve por objectivo revogar o regime tradicional do divórcio litigioso baseado na culpa de um dos cônjuges e assim introduzir o regime do divórcio sem culpa[23].

O sistema de divórcio português foi e ainda é um sistema "pluralista"[24], no sentido de que reconhece várias formas de divórcio. A lei anterior reconhecia apenas dois tipos de divórcio: o divórcio por mútuo consentimento e o divórcio litigioso.

---

[22] Cf. D. COESTER-WALTJEN, M. COESTER, "Formation of marriage..." cit., p. 4.

[23] Veja-se o Preâmbulo do Projecto-lei n.º 509/X. Sobre regime jurídico do divórcio, *vide* R. LOBO XAVIER, *Recentes alterações ao regime jurídico do divórcio e das responsabilidades parentais*, Coimbra, Almedina, 2009, G. OLIVEIRA, "A nova lei do divórcio", *Lex Familiae — Revista Portuguesa de Direito da Família*, Ano 7, n.º 13, 2010.

[24] Cf. K. BOELE-WOELKI, F. FÉRRAND, C. GONZÁLEZ-BEILFUSS, M. JÄNTERÄ-JARENBORG, N. LOWE, D. Martiny, W. PINTENS, *Principles of European Family Law regarding divorce and maintenance between former spouses*, Antwerp; Oxford, Intersentia, 2004, p. 13.

O divórcio por mútuo consentimento consubstanciava-se num processo meramente administrativo que tinha início com a entrega de um requerimento de ambos os cônjuges na Conservatória do Registo Civil. Para recorrer a esta modalidade de divórcio, os cônjuges tinham que demonstrar responsabilidade. Assim, não tinham apenas que estar de acordo quanto à extinção do casamento mas também quanto a três assuntos importantes: o exercício das responsabilidades parentais dos filhos menores de idade depois do divórcio, o futuro da casa de morada da família e os alimentos devidos ao cônjuge que deles carecesse. O decretar do divórcio pelo Conservador do Registo Civil dependia, no entanto, da ratificação destes três acordos o que tinha por objectivo verificar se estes salvaguardavam os interesses de ambos os cônjuges bem como os interesses dos filhos. Neste sistema de equilíbrios estes três acordos necessários para requerer o divórcio por mútuo consentimento eram o "preço a pagar" pela simplicidade do processo e pela possibilidade de dissolução do casamento sem ter que revelar a causa.

O divórcio litigioso era pedido no Tribunal por um dos cônjuges contra o outro com fundamento numa determinada causa. Esta modalidade de divórcio apresentava duas variantes consoante o tipo de causa invocada. Assim, o divórcio litigioso podia ser pedido com base em causas subjectivas — a violação dos deveres conjugais — ou com base em causas objectivas — situações que faziam presumir a ruptura da vida em comum: separação de facto, alteração das faculdades mentais do outro cônjuge e ausência.

Apesar do reconhecimento do divórcio por mútuo consentimento e do divórcio baseado na ruptura da vida em comum, a ideia da culpa estava bem presente no sistema de divórcio português. A culpa relevava não só a nível das causas de divórcio — comportamentos culposos de um ou de ambos os cônjuges — mas também a nível dos seus efeitos. Na verdade, a declaração de culpa influenciava de forma notória a partilha dos bens do casal. A declaração de um dos cônjuges como culpado ou principal culpado iria determinar que — em certas circunstâncias, designadamente, se os cônjuges estivessem casados no regime de comunhão geral — a partilha dos bens do casal, na sequência do divórcio, se fizesse não de acordo com o regime de bens que tivessem escolhido em convenção ante-nupcial mas de acordo com o regime de comunhão de adquiridos. A lei determinava que o cônjuge culpado ou principal culpado não poderia receber na partilha mais do que receberia se o casamento tivesse sido celebrado segundo o regime da comunhão de adquiridos. Esta regra, que visava prevenir as situações em que o casamento pudesse servir como um meio de enriquecimento, era um exemplo perfeito das reminiscências do sistema de divórcio sanção na medida em que representava uma desvantagem económica para o cônjuge culpado ou principal culpado[25].

Inspirada nos Princípios da Comissão Europeia para o Direito da Família sobre o Divórcio e os Alimentos entre Ex-cônjuges[26], a Lei n.º 61/2008, de 31 de Outubro, que operou a Reforma do regime jurídico do divórcio, eliminou o conceito de culpa. Quer isto dizer que deixou de haver qualquer referência à culpa no sistema de divórcio português. Assim, a Lei portuguesa conhece agora duas modalidades de divórcio: o divórcio sem o consentimento de ambos os cônjuges e o divórcio por mútuo consentimento.

Mais ainda, não há nenhuma sanção específica no âmbito do Direito da Família para a violação intencional e por isso "culposa" dos deveres conjugais que reciprocamente vinculam os cônjuges. Assim, tal violação será apenas sancionada nos termos das regras gerais da responsabilidade civil.

Assim, parece poder afirmar-se que a recente Reforma do Divórcio em Portugal operou uma espécie de "desvalorização" dos deveres

---

[25] Cf. F. PEREIRA COELHO, G. OLIVEIRA, *Curso...* cit., p. 616.
[26] K. BOELE-WOELKI *et al*, *Principles...* cit., p. 13.

conjugais. Tal "desvalorização" reflecte, sem dúvida, a emergência de uma atitude não intervencionista do Estado no casamento e na família. O Estado começa a pensar o casamento como uma relação privada e, portanto, parece começar a considerar que os seus efeitos bem como a sua manutenção ou extinção devem ser remetidos a uma decisão dos cônjuges. De um modo semelhante ao que acontece, de resto, na união de facto. Com efeito, na união de facto, por definição, não existem regras que estabeleçam direitos e deveres recíprocos de respeito, fidelidade, coabitação, cooperação e assistência entre as partes; também não existe nenhuma sanção para a violação por um dos membros da união de facto de direitos e deveres morais que possam existir no contexto de tal relação bem como não existem regras que regulem o fim da relação.

III. 2. A "regulação" da união de facto

Ao mesmo tempo que o casamento se aproxima da união de facto dada a tendência para a "desregulação" do casamento, a união de facto[27] é cada vez mais objecto de regulação.

As relações entre adultos são consideradas pelo Estado um assunto de grande importância pelo que, mesmo sendo reclamado um maior grau de autonomia neste âmbito, o Estado não pretende abster-se em as regular de algum modo.

Estamos perante uma área da vida social que é considerada demasiado importante para se tornar de tal forma privada que exclua qualquer tipo de intervenção do Estado. Na verdade, o Estado tem interesse em promover relações de cuidado que se caracterizam pelo apoio emocional e financeiro recíproco bem como em promover a igualdade e a justiça em tais relações. A prossecução deste objecti-

---

[27] Para um estudo transversal da união de facto em Portugal bem como para uma análise crítica do processo legislativo sobre esta matéria, *vide* SALTER CID, N., *A comunhão de vida à margem do casamento*, Coimbra, Almedina, 2005.

vo é levada a cabo através da protecção dos direitos da parte mais fraca, normalmente as mulheres e as crianças.

III.2.1 A união de facto no direito português

A intervenção do Estado nas relações de união de facto tem tido como suporte a finalidade de protecção da parte mais fraca bem como o objectivo de eliminar toda a discriminação real e legal em relação aos filhos nascidos fora do casamento, como de resto impõe a Constituição da República Portuguesa (art. 36.º, n.º 4, CRP). Tal intervenção assumiu em 1999 a forma de lei[28] – Lei da União de Facto – que veio de certa forma institucionalizar[29] a união de facto ao regular os seus requisitos e os seus efeitos.

A novidade desta lei foi essencialmente reunir num só diploma as medidas de protecção da união de facto que já constavam de legislação anterior. Há, no entanto, a notar que a referida lei veio tornar claros os limites de relevância da união de facto ao fixar um prazo mínimo de durabilidade e uma lista de impedimentos ao seu reconhecimento. Quanto aos poucos aspectos inovadores, a lei veio esclarecer as dúvidas quanto à adopção conjunta de menores de idade pelos membros da união de facto, ao regime das prestações por morte de beneficiário da segurança social e veio consagrar um regime de protecção da casa de morada da família[30]. Esta lei, no entanto, restringia o seu campo de aplicação às uniões heterossexuais. O que fez com que o legislador viesse em 2001 ampliar o âmbito subjectivo da lei para passar a abranger as uniões de facto homossexuais[31]. Todavia a intervenção do Estado não se ficou por aqui.

---

[28] Lei 135/99, de 28 de Agosto.

[29] Cf. F. PEREIRA COELHO, G. OLIVEIRA, *Curso...* cit., p. 60

[30] Cf. F. PEREIRA COELHO, G. OLIVEIRA, *Curso...* cit., p. 61 e J. A. FRANÇA PITÃO, *Uniões de facto e economia comum*, Coimbra, Almedina, 2006, p. 5.

[31] Lei 7/2001, de 11 de Maio. O texto desta nova lei não traz grandes novidades em relação ao texto da lei anterior. Destaca-se apenas o facto de a adopção conjunta

Em 2010, viria a ser alterada a Lei da União de Facto[32] estabelecendo quais os meios de prova da união de facto, consagrando uma protecção acrescida ao membro sobrevivo da união de facto no que respeita ao direito de habitação da casa de morada comum e ao direito ao uso do seu recheio (arts. 2.º - A e 5.º, Lei 23/2010, de 30 de Agosto).

De uma leitura ainda que rápida do regime da união de facto pode concluir-se que o Estado oferece um mínimo de protecção legal aos membros da união de facto e aos seus filhos. A Lei da União de Facto é um bom exemplo do propósito, talvez inconsciente, de aproximar a união de facto do casamento. Na verdade, existem algumas semelhanças de regime na regulação legal do casamento e da união de facto.

Em primeiro lugar, a Lei da União de Facto determina um certo número de circunstâncias que impedem a união de facto de produzir efeitos. Em tais circunstâncias incluem-se a demência notória e a interdição ou inabilitação por anomalia psíquica; o parentesco em linha recta ou no segundo grau na linha colateral ou afinidade na linha recta; o casamento anterior não dissolvida e a condenação anterior de uma das pessoas como autor ou cúmplice por homicídio contra a pessoa do cônjuge do outro (art. 2.º, Lei da União de Facto). Estas circunstâncias são muito semelhantes aos impedimentos do casamento previstos no Código Civil (arts. 1601.º e 1602.º, Código Civil). Eis o primeiro sinal da já mencionada tendência de convergência.

Ora, tendo em consideração os interesses públicos fundamentais que estão na base dos impedimentos matrimoniais, é razoável supor que, ao estabelecer circunstâncias semelhantes para impedir que a união de facto possa produzir efeitos, o legislador procurou evitar

---

ser apenas permitida aos membros de uma união de facto heterossexual e o estabelecer de limites mais apertados quanto à transmissão da casa de morada comum após a morte do arrendatário. J. A. FRANÇA PITÃO, *Uniões de facto...* cit., pp. 5-6.

[32] Lei 23/2010, de 30 de Agosto.

conceder efeitos favoráveis idênticos aos do casamento a pessoas impedidas de celebrar casamento[33].

Em segundo lugar, a aproximação é também visível no que respeita aos efeitos da união de facto. Com efeito, a Lei da União de Facto apresenta uma lista de medidas de protecção dos membros da união de facto. Estas medidas coincidem com alguns dos efeitos do casamento; não correspondem aos tradicionalmente chamados efeitos pessoais — excepto quanto à adopção conjunta — e patrimoniais do casamento mas a maior parte destas medidas respeitam a benefícios que o Direito da Segurança Social atribui aos cônjuges. Pode observar-se igualmente aqui a tendência de aproximação ao casamento.

Em terceiro lugar, o fim da relação não é inteiramente livre. Na verdade, existe também alguma intervenção legal neste ponto. A maior parte das medidas de protecção da união de facto são dirigidas às situações de crise, que geralmente coincidem com o terminar da relação. Com efeito, grande parte destas medidas são inspiradas nas soluções legais para problemas idênticos decorrentes da extinção do casamento. A tendência de convergência continua.

Um dos principais problemas que resultam do fim da relação reside no futuro da casa de morada comum. A Lei da União de Facto prevê várias soluções que dependem do facto de a relação ter terminado por ruptura ou por morte de um dos membros da união de facto, bem como do facto de a casa ser propriedade de um ou de ambos ou de ser arrendada (arts. 4.º e 5.º, Lei da União de Facto). Estas soluções são muito semelhantes às estabelecidas em caso de divórcio (art. 1793.º, Código Civil).

A morte de um dos membros da união de facto pode ter outras consequências. Se um dos membros da união de facto morre é

---

[33] Cf. F. PEREIRA COELHO, G. OLIVEIRA, *Curso*... cit., pp. 67-68.

garantida um certa protecção social ao sobrevivo (art. 3.º, Lei da União de Facto).

Assim, e embora persistam diversas diferenças, podem encontrar-se semelhanças entre o regime da união de facto e o regime do casamento. Na verdade, quando um dos membros da união de facto morre são-lhe atribuídos alguns dos direitos do cônjuge sobrevivo. Mais um sinal de convergência.

IV. Um "novo" conceito de casamento

Tanto o casamento como a união de facto estão em mudança. Talvez estas mudanças sejam o reflexo de uma espécie de processo de reajustamento entre a noção social e a noção legal de casamento[34]. Na verdade, por toda a Europa estão a ser reconhecidas relações paramatrimoniais[35].

A Reforma do Divórcio de 2008 bem como a Lei da União de Facto são dois bons exemplos de procura de um novo equilíbrio entre a autonomia do casal e a intervenção do Estado na família. Ambas expressam a tendência de convergência entre o casamento e a união de facto.

Creio que esta tendência se tornará cada vez mais clara e que no futuro as tensões entre o objectivo de promover a liberdade individual e o propósito de promover a solidariedade na família resultem numa maior aproximação entre o casamento e a união de facto.

---

[34] Cf. S. PARKER, "The Marriage Act 1753: a case-study in family law making", *International Journal of Law and the Family*, 1, 1987, p. 134.

[35] Cf. M. ANTOKOLSKAIA, "Harmonisation of the family law in Europe: a historical perspective", *in:* VV. AA, M. ANTOKOLSKAIA (ed.), *Convergence and divergence of family law in Europe*, Antwerpen – Oxford, Intersentia, 2007, p. 17.

O casamento "perderá peso" e a união de facto "aumentará de peso", as diferenças entre eles ficarão cada vez mais ténues até à emergência de um novo conceito de casamento.

O casamento será pois reinventado[36]. A morte do casamento será apenas um mito!

---

[36] Cf. F. SWENNEN, "O tempora, o mores..." cit., p. 144.

O CÓDIGO DA FAMÍLIA ANGOLANO E O LIVRO IV DO CÓDIGO CIVIL PORTUGUÊS DE 1966. ADAPTAÇÃO E INOVAÇÃO.

Helena Mota
Professora Auxiliar da Faculdade de Direito da Universidade do Porto

Sumário

1. Introdução. Razão de ordem e sequência.

O interesse e a importância do conhecimento e análise do Direito da Família angolano não carecem de grandes justificações no seio da comunidade jurídica portuguesa e transcendem, sem dificuldades de demonstração, o mero exercício de Direito Comparado. Os laços históricos entre os dois povos, o indelével legado linguístico e jurídico português, o aprofundamento mais recente das relações económicas entre Portugal e Angola e os fluxos migratórios, hoje

DOI: http://dx.doi.org/10.14195/978-989-26-1113-6_8

em dois sentidos, são razões mais do que suficientes para nos determos perante o direito angolano e estudarmos a sua evolução, em especial quando, como no caso do Direito da Família, ela comporta soluções diferentes das vigentes no período colonial e se perspectivam reformas a curto espaço de tempo[1,2].

Neste trabalho pretendemos analisar a principal fonte do Direito da Família angolano – o Código da Família, aprovado pela Lei n.º 1/88, de 20 de Fevereiro – salientando os elementos de semelhança, em especial ao nível sistemático, com o Código Civil português e o seu Livro IV (Direito da Família), vigente em Angola, desde 1 de Janeiro de 1968 até àquela data, não sem antes passarmos por um excurso histórico que explique a transição de uma ordenação jurídica para outra e a necessária concertação entre os valores de uma sociedade tradicional africana, prenhe de costumes e ritualismos familiares, e a nova realidade política, laica, constitucional e ideologicamente comprometida, sem esquecer a superação do modelo jurídico anterior à independência.

Depois de assinalarmos os pontos de encontro entre as duas codificações no âmbito do Direito da Família, passaremos para a identificação das muitas soluções jurídicas inovadoras apresentadas pelo Código da Família angolano, que vão desde a consagração de

---

[1] A circunstância de o Direito da Família ser precisamente uma das excepções à aplicação do Código Civil português nos países africanos de língua oficial portuguesa é sublinhada por DÁRIO MOURA VICENTE, "O lugar dos sistemas jurídicos lusófonos entre as famílias jurídicas" *in Separata de Estudos em homenagem ao Prof. Doutor Martim de Albuquerque,* FDL, Coimbra Editora, 2010, pp. 401-429 (p. 425), que qualifica a existência de legislações autóctones mais adaptadas às necessidades particulares da vida jurídica local (*vg.* o Código da Família de Angola e a Lei da Família de Moçambique) como "manifestações da resistência que as matérias integradas no estatuto pessoal das pessoas singulares sempre opuseram à recepção de Direitos estrangeiros".

[2] À míngua destas e de outras razões de peso sempre acrescentaríamos as muitas colaborações institucionais entre as várias Faculdades de Direito portuguesas e angolanas, *in casu,* entre a Faculdade de Direito da Universidade do Porto e a Faculdade de Direito da Universidade de Kimpa Vita, na província do Uíge. Foi no âmbito de tal colaboração que este texto foi desenvolvido.

uma nova relação jurídica familiar – a união de facto – ao sistema matrimonial de casamento civil obrigatório, à limitação na escolha dos regimes de bens até a uma nova (à época) concepção de divórcio exclusivamente fundamentado na ruptura da vida conjugal, entre outras.

Finalmente, daremos conta dos "ventos de mudança" que se levantam com a ampla reforma do Direito e da Justiça angolanos, levada a cabo pela, assim designada, Comissão para a Reforma da Justiça e do Direito[3], que prevê profundas alterações também no âmbito do Direito da Família.

O trabalho que agora apresentamos não resulta muito enriquecido por fontes bibliográficas, pelo menos no que ao Direito da Família angolano actual diz respeito, assim como não pode contar com uma ampla divulgação da experiência jurisprudencial. Os treze anos de paz que por estes dias se comemoram em Angola são ainda curtos para permitir uma total estabilização das instituições, dos meios de divulgação do conhecimento e do trabalho de investigação científica paralisados durante 40 anos de conflito armado.

2. Excurso histórico. O Direito da Família angolano antes e depois da independência de Angola.

Até à proclamação da independência de Angola, a 11 de Novembro de 1975, o ordenamento jurídico angolano constituía, nomeadamente no que ao Direito da Família dizia respeito, um ordenamento plurilegislativo de base pessoal. Isto é, coexistiam, na mesma ordem jurídica territorialmente unitária, diversos sistemas de normas para

---

[3] Cfr. o sítio da Internet da Comissão de Reforma da Justiça e do Direito e os documentos aí divulgados, em especial os relativos ao Direito da Família em http:// www.crjd-angola.com/conteudos/documentos/403_20140928155422.pdf

diferentes categorias de pessoas: o estatuto dos cidadãos e o estatuto dos indígenas[4]. Aos primeiros aplicavam-se as normas de direito escrito; aos segundos, o direito costumeiro.

A partir de 1961 foi franqueada a aplicação a todos os indivíduos do direito escrito, que a ele se poderiam submeter por declaração irrevogável feita mediante os serviços de registo[5]. O direito escrito privado vigente em Angola, no âmbito do Direito da Família, cor-

---

[4] Cfr. o art. 138º da Constituição da República Portuguesa de 1933 que previa a existência nos territórios ultramarinos de estatutos especiais, a Lei Orgânica do Ultramar (Lei n.º 2066, de 27 de Junho de 1954, Base V), o *Estatuto dos indígenas portugueses da Guiné, Angola e Moçambique*, aprovado pelo Decreto-Lei n.º 39666, de 20 de Maio de 1954, (mais tarde revogado pelo Decreto-Lei n.º43893, de 6 de Setembro de 1961). Neste diploma o estatuto especial dos indígenas estava consagrado no art. 1º "Gozam de estatuto especial...os indígenas das províncias de ... Angola..." que era classificado de base pessoal no seu § único: "o estatuto do indígena português é pessoal, devendo ser respeitado em qualquer parte do território português...". A qualificação como "indígena" resultava do art. 2º "Consideram-se indígenas das referidas províncias os indivíduos de raça negra ou seus descendentes que, tendo nascido ou vivido habitualmente nelas, não possuam ainda a ilustração e os hábitos individuais e sociais pressupostos para a integral aplicação do direito público e privado dos cidadãos portugueses". Este estatuto pessoal era concretizado no art. 3º "Salvo quando a lei dispuser de outra maneira, os indígenas regem-se pelos usos e costumes próprios das respectivas sociedades", limitando esta aplicação, nos termos do § único: "a contemporização com os usos e costumes indígenas é limitada pela moral, pelos ditames da humanidade e pelos interesses superiores da soberania portuguesa". É de assinalar que, no que ao Direito da Família dizia respeito, dispunha o art. 27º que era permitido aos indígenas optarem pela lei comum nestas matérias, mas precisava o art. 28º que "a opção...só seria aceite depois do juiz se ter certificado ...de que o requerente adoptou com carácter definitivo a conduta pressuposta para a aplicação dessas leis". Deve também sublinhar-se que, nos termos do art. 31º, § 1.º, do diploma, estava previsto que "a mulher indígena é livre na escolha do marido, não sendo reconhecidos quaisquer costumes que se oponham a essa liberdade ou segundo os quais a mulher ou os filhos deva ser considerada pertença de parentes do marido ou pai quando este falecer".

[5] Cfr. o Decreto n.º 43897, de 6 de Setembro de 1961, também designado por *Estatuto do Direito Escrito e Estatuto dos Usos e Costumes Locais* que substituiu o já citado *Estatuto dos indígenas portugueses da Guiné, Angola e Moçambique*. Pode ler-se no preâmbulo deste diploma que, não obstante se ter decidido a revogação dos Estatutos dos Indígenas, se mantinham válidos os estatutos de direito privado em tudo o que não contrariasse os princípios superiores da moral consagrados constitucionalmente assim como se pretendia resolver os conflitos de leis dando primazia ao direito escrito. Assim, nos termos do art. 4º, c), e na falta de disposição material especial que regulasse as relações mistas, i.e, de pessoas submetidas a estatutos pessoais diferentes, ou de escolha pelas partes desse estatuto, dever-se-ia aplicar a lei escrita comum.

respondia ao direito português[6] que foi sofrendo, durante o século passado, as alterações conhecidas, primeiro em 1910 com as Leis da República, depois com a Concordata de 1940 e, finalmente, com o Código Civil de 1966.

Após a independência e com a primeira Lei Constitucional que proclamava uma nova ordem de valores sociais e políticos que tangiam com o Direito da Família – separação do Estado da Igreja e das confissões religiosas (art. 7.º da Lei Constitucional de 11 de Novembro de 1975) e a igualdade de direitos e deveres dos cidadãos, independentemente de sexo (art. 18.º da Lei Constitucional de 11 de Novembro de 1975) –, iniciou-se um processo legislativo caracterizado pela publicação de legislação avulsa nos vários domínios do Direito da Família, desde matéria matrimonial, filiação, adopção, entre outros, durante quase uma década até à promulgação e publicação, em 20 de Fevereiro de 1988, do Código da Família angolano aprovado pela Lei n.º 1/88.

Do ponto de vista estritamente constitucional, só com a Lei Constitucional de 1992 (Lei n.º 23/92, de 16 de Setembro) a família foi directamente considerada e protegida, nos arts. 29.º, 30.º e 31.º, consagrando, respectivamente, o princípio da protecção pelo Estado da família fundada quer no casamento quer na união de facto, a igualdade de direitos e deveres do homem e da mulher no seio da família, a obrigação da família e do Estado em educar e proteger as crianças e os jovens, o respeito pela personalidade de todos os membros da família e, em especial, das crianças. Os mesmos princípios constam da actual Constituição da República de Angola de 2010, designadamente dos arts. 35.º, 80.º e 81.º.

---

[6] O Código Civil português de 1867, aplicado às províncias ultramarinas através do Decreto de 18 de Novembro de 1869, arts. 3.º e 8.º, assim como o Código Civil português de 1966, tornado extensível às províncias ultramarinas pela Portaria n.º 22869, de 1.1.1968.

2.1 A sociedade tradicional africana e a aplicação do direito costumeiro.

O papel do costume como fonte de direito e de regulação das relações sociais nas sociedades africanas é de indiscutível relevância, e Angola não é excepção.

A par de outras características como a predominância da conciliação (em vez do litígio judicializado) na resolução dos conflitos e a procura de uma solução de harmonia que sirva o todo da comunidade, em vez do reconhecimento e/ou efectivação da justiça devida a uma das partes[7], é o costume, como um conjunto de tradições e práticas ancestrais assumidas numa comunidade e que devem ser respeitados por todos para garantir a paz social, a coesão do grupo e a unidade e o fortalecimento contra as adversidades e os adversários, quem mais bem caracteriza os sistemas jurídicos africanos.

O respeito pela prática costumeira faz as vezes da regra geral e abstracta e é assim fonte de direito para além de não poder ser dissociado do sagrado, assumindo simultaneamente o carácter de *norma* leiga e religiosa.

A importância do costume na sociedade africana, em geral, e em Angola, em particular, também não pode ser compreendida sem analisarmos a estrutura social e as dinâmicas hierárquicas que a sustentam. As sociedades tradicionais africanas são comunitárias, não valorizam o individualismo e dependem da autoridade do chefe: "a autoridade do costume coexiste em regra com dois factores:

---

[7] Assim, DÁRIO MOURA VICENTE, "Unidade e diversidade nos actuais sistemas jurídicos africanos", *in* ANTÓNIO MENEZES CORDEIRO, LUÍS MENEZES LEITÃO E JANUÁRIO COSTA GOMES (orgs.), *Prof. Doutor Inocência Galvão Telles: 90 anos. Homenagem da Faculdade de Direito de Lisboa.*, Coimbra, Almedina, 2007, pp. 317-338 (pp. 319-21), enunciando os factores de unidade entre os sistemas jurídicos africanos, a saber: relativização do papel do Direito na disciplina das relações sociais, relevo da conciliação como meio de resolução de litígios, o papel do costume como fonte de Direito tradicional e a comunhão de valores e de instituições. Cfr. no mesmo sentido, T.W.BENNETT, "Comparative law and African customary law", in MATHIAS REIMANN E REINHARD ZIMMERMANN (ORGS.), *The Oxford Handbook of Comparative Law*, Oxford University Press, Oxford, 2006, pp. 642-661 (pp. 650 e 657).

a autoridade dos chefes e a autoridade dos antepassados"[8]. São sociedades essencialmente rurais e a propriedade é dimensionada à escala da família.

É no seio das relações familiares que a força do costume se faz sentir com mais intensidade, reflectindo também a própria organização social e económica em torno de células comunitárias como a tribo, o clã, e a família[9]; por isso, o casamento é uma aliança entre famílias que tem valor económico[10]: assim se explica a importância do alambamento[11]; a mulher está subordinada ao poder do marido e do pai donde não se poder opor, sendo menor, ao noivo escolhido pelo patriarca nem aos segundos casamentos ou uniões do seu

---

[8] Assim, MARIA DO CARMO MEDINA, *Direito de Família,* Lobito, Escolar Editora, 2011, p.58.

[9] A propósito deste comunitarismo que, a par da hierarquização da sociedade, pode ser classificado como um valor comum entre os povos Bantos, cfr, DÁRIO MOURA VICENTE, "Unidade e diversidade...", *cit.,* p. 328.

[10] Cfr. MARIA DO CARMO MEDINA, *Direito de Família,...., cit.,* p. 25, e ADEBAYO OYEBADE, *Culture and Customs of Angola",* eBook Academic Collection, EBSCO, Publishing, Greenwood Pub.Group, 2007, p. 114.

[11] O alambamento, ainda praticado em Angola, consiste numa promessa de casamento dotada de solenidades e rituais específicos segundo os quais a família do noivo entrega à família da noiva uma compensação económica: "O alambamento é o dinheiro que aquele que pretende uma rapariga para casar dá aos pais dela juntamente com alguns outros bens, como um boi, um porco, um pano ou um fato, e algumas bebidas" (in MOISÉS MBAMBI, *O alambamento nos Direitos Africanos,* disponível em. http://www.fd.ulisboa.pt/wp-content/uploads/2014/12/Moises-Mbambi-O-ALAMBAMENTO-NOS-DIREITOS-AFRICANOS.pdf) que refere um valor de 100 dólares americanos como valor médio pago pelo alambamento. A origem da palavra é referida pelo A. como "um neologismo que os angolanos criaram para preencher a lacuna verificada na língua portuguesa para designar ovilombo (pedido de casamento) em umbundu; ovilombo vem do verbo umbundu okulomba (pedir). Quanto à natureza da figura refuta a ideia de semelhança com o dote ocidental, considerando que não é nem um preço nem um aforro para a mulher, mas antes é visto na sociedade africana como "uma prenda, um reconhecimento e gratidão, ou, e bem melhor, um prémio à noiva e seus pais, pelo seu bom comportamento e virtudes familiares". No mesmo sentido, cfr. ADEBAYO OYEBADE, *Culture and Customs of Angola".., cit.,* pp. 116-17 e T.W.BENNETT, "Comparative law and African customary law", in MATHIAS REIMANN E REINHARD ZIMMERMANN (ORGS.), *The Oxford Handbook of Comparative Law,* Oxford, 2006, pp. 642-661 (p. 649).

marido; para manter a unidade familiar e a aliança forjada pelo casamento existe o sororato e o levirato[12].

A subsistência do costume como fonte de direito em Angola foi colocada em causa logo após a independência com a proclamação do Estado angolano unitário, i.e. onde não mais coexistem ordenamentos plurilegislativos nem de base territorial nem pessoal[13]. No entanto, é o próprio texto constitucional de 2010, no seu art. 7.º, quem vem dar relevância ao costume, sendo "reconhecida a validade e a força jurídica do costume que não seja contrário à Constituição nem atende contra a dignidade da pessoa humana", sendo omisso relativamente ao costume *contra legem*[14,15].

---

[12] O levirato consiste na obrigação da mulher viúva casar com o irmão do falecido marido; o sororato é a obrigação do homem viúvo casar com a irmã da esposa falecida. Na lei judaica, o levirato é uma obrigação imposta ao irmão do falecido de casar com a viúva para assegurar a continuação da família. Nas sociedades africanas, por exemplo entre os Bakongo de Angola, a viúva pertence ao irmão do falecido como herança. Assim, JOÃO VICENTE MARTINS, *Os Bakongo ou Tukongo do nordeste de Angola*, INCM, Lisboa, 2008, p. 126 e 161.

[13] Cfr. o art. 4.º, n.º2, e), da Lei Constitucional de 1992 e o art. 8.º da Constituição de 2010. Reflectindo sobre esta visão negativa do direito costumeiro como um obstáculo à emancipação do período colonial, cfr. T.W.BENNETT, "Comparative law and African customary law"..., *cit.* p. 662: *"Custom was all too often seen as an obstacle to the two great imperatives of the age: national unity and modernization"*.

[14] Em texto anterior a 2010, ANTÓNIO BARBAS HOMEM, "Sobre as fontes do direito angolano", *in* ANTÓNIO MENEZES CORDEIRO, PEDRO PAIS DE VASCONCELOS E PAULA COSTA E SILVA (orgs.), *Estudos em honra do Professor Doutor José de Oliveira Ascensão*, I, Coimbra, Almedina, 2008, pp. 319-342 (pp. 325-6), considera que os costumes, não estando recebidos no Código Civil nem no Código da Família, não são fonte de direito, sendo apenas admitidos quando a lei assim o determinar.

[15] Como veremos com mais detalhe *infra* em 3.2, o costume nas relações familiares teve influência na conformação do direito positivo, nomeadamente quanto à consagração da união de facto como relação jurídica familiar, à relevância do conselho de família ou à não consagração do impedimento matrimonial do parentesco no 3.º grau da linha colateral (tios/sobrinhos) por ser desde logo rejeitada pelo costume. Não nos parece relevante neste âmbito restrito de influência do costume nas soluções de direito positivo, a consagração de uma causa de validação do casamento anulável por falta de requisitos formais, tal como a prevista no art. 73.º, d), do Código da Família angolano e referida por DÁRIO MOURA VICENTE, "Unidade e diversidade...", *cit.*, p. 324, por ser decalcada da solução do art. 1633.º, n.º1, d), do Código Civil português. Já relativamente ao instituto da promessa de casamento, a solução encontrada é muito diferente da configuração costumeira do alambamento, assim como não foi dada qualquer primazia à linha materna do parentesco, apesar

Se a subsistência *de facto* do costume na sociedade angolana parece indesmentível, diferente será a sua aplicação coerciva pelos tribunais ou outros órgãos de aplicação do direito. É de referir, quanto a este aspecto, o art. 38.º, d), da Lei n.º 18/88, de 31 de Dezembro (Lei do Sistema Unificado de Justiça), que atribui competência aos Tribunais Populares Municipais de "preparar e julgar as questões cíveis, seja qual for o seu valor, quando as partes estiverem de acordo com a aplicação exclusiva de usos e costumes não codificados, sempre que a lei o permitir", no que se infere a sua aplicação judicial e vinculativa, uma vez verificados os seus pressupostos, i.e, a aceitação voluntaria pelas partes e a não contrariedade pelos mesmos dos princípios fixados na lei[16].

Muito diferente será a vigência e aplicação de figuras do direito costumeiro que contrariem princípios constitucionalmente consagrados como a unidade do casamento (monogâmico)[17,18], a igualdade do homem e da mulher no casamento e a não discriminação dos filhos legítimos e ilegítimos, princípios que, de resto, e como veremos, inspiram todas as novas soluções do Direito da Família ordinário o

---

de no direito costumeiro ser mais relevante a via matrilinear, assumindo o tio materno as funções de chefe da família (assim, MARIA DO CARMO MEDINA, *Código de Família anotado,* Luanda, Colecção Faculdade de Direito UAN, 2.ª ed., 2005, p.23). Sobre os sistemas patrilineares e matrilineares nalgumas etnias de Angola, cfr. JOÃO VICENTE MARTINS, *Os Bakongo ou Tukongo do nordeste de Angola,* INCM, Lisboa, 2008, pp. 126 e 150 e ss.

[16] Neste sentido, cfr. MARIA DO CARMO MEDINA, *Direito de Família,..., cit.,* p. 59, e DÁRIO MOURA VICENTE, "Unidade e diversidade...", *cit.,* p. 324, considerando este A. que esta solução evidencia a supremacia do direito legislado sobre o costume nos sistemas africanos actuais, reconhecendo eficácia apenas ao costume *secundum e praeter legem.*

[17] A poligamia é comum na família tradicional africana. Cfr. ADEBAYO OYEBADE, *Culture and Customs of Angola"..,* *cit.,* p. 119, afirmando que na década de 80 cerca de 20% das famílias rurais eram poligâmicas.

[18] Como refere MARIA DO CARMO MEDINA, *Direito de Família,..., cit.,* p. 27, "do princípio da igualdade de direitos no direito matrimonial deriva como princípio de ordem pública, o princípio da monogamia".

que resultará, na prática, na impossibilidade de aplicação de costume *contra legem*[19].

2.2. A nova realidade política angolana e os valores constitucionais no âmbito do Direito da Família.

Como já referimos, a primeira lei constitucional angolana, de 1975, não continha normas específicas no que concerne à Família, sem prejuízo da consagração de princípios que mediatamente a condicionavam e antecipavam uma nova ordem valorativa no que tangia com as relações sociais e familiares: o princípio do Estado unitário, o princípio da igualdade e o princípio da separação do Estado e da Igreja.

De índole marcadamente ideológica e de feição marxista-leninista[20], esta primeira Lei Constitucional serviu de âncora[21] à produção legislativa que se seguiu. O art. 84.º determinava a permanência em vigor das leis e regulamentos do ordenamento jurídico português vigente à data da independência enquanto não fossem revogados ou alterados e se não contrariassem o espírito daquela lei e o "processo revolucionário angolano", sob pena de inconstitucionalidade.

Seguiu-se um período de fértil produção legislativa, em especial no Direito Público e que visava afirmar a soberania nacional e dar corpo ao projecto ideológico do Estado[22]. Mas é também no Direito

---

[19] Sem prejuízo, como adverte MARIA DO CARMO MEDINA, *Direito de Família,...,* *cit.,* p. 59, "de recear que o direito costumeiro esteja a ser aplicado mesmo *contra legem*, lá onde existe o vazio originado pela falta de cobertura judicial para a protecção efectiva dos direitos dos cidadãos, ou nos casos em que são estes que evadindo-se da ordem jurídica legalmente estabelecida, vão acolher-se às suas regras".

[20] A. MARQUES GUEDES *et alt.., Pluralismo e Legitimação. A edificação jurídica Pós-Colonial de Angola,* FDUNL, Coimbra, Almedina, 2003, p. 216: "A Lei Constitucional angolana instanciava uma variante ambiciosa e "modernizada" de um modelo que ao longo do século XX tornara "clássico": o das democracias "populares".

[21] A. MARQUES GUEDES, *O estudo dos sistemas jurídicos africanos,* FDUNL, Coimbra, Almedina, 2004, p.56.

[22] A. MARQUES GUEDES, *idem,* p. 119, referindo-se em concreto à nacionalização do ensino, da banca e das empresas e património imobiliário.

da Família que se concentraram as atenções do legislador angolano[23], ao invés do que sucedeu nas demais matérias civilísticas onde continua, 40 anos depois, a vigorar o Código Civil de 1966.

Foram várias as alterações, avulsas, feitas a muitas das regras presentes no Livro IV do Código Civil de 1966 e, algumas, surgem temporalmente de modo paralelo às próprias alterações introduzidas em Portugal com a Reforma de 77 ao Código Civil, também elas comandadas pela CRP de 1976. Da dissolução dos casamentos católicos por divórcio, à proibição de referências formais à filiação ilegítima e "incógnita", da equiparação de direitos e deveres de todos os filhos e do novo enquadramento jurídico do instituto de adopção, à introdução da modalidade de divórcio por mútuo consentimento e à obrigatoriedade de celebração do casamento civil, muitas foram as disposições do Livro IV do Código Civil que resultaram revogadas expressamente[24].

No entanto, apenas em 1987, com a promulgação do Código da Família e posterior publicação, em 20 de Fevereiro de 1988, aprovado pela Lei n.º 1/88, se procedeu à sistematização completa das normas aplicáveis às relações familiares, revogando alguma da legislação avulsa entretanto publicada ou incorporando as suas soluções e revogando expressamente o Livro IV do Código Civil (art. 10.º, c), da Lei 1/88 que aprovou o Código da Família), para além do art. 86.º (domicílio da mulher casada) e dos arts. 143.º, 144.º e 146.º (tutela) do Livro I.

---

[23] Cfr. A. MARQUES GUEDES, *idem,* p. 118: "As transformações jurídicas pós--coloniais que têm tido lugar ao nível do Direito angolano da Família têm sido, em muitos sentidos, mais importantes do que aquelas que têm ocorrido no plano do Direito económico e financeiro".

[24] Cfr., para uma listagem de toda a legislação avulsa no âmbito do Direito da Família aprovada entre 1975 e a publicação do novo Código da Família angolano, em 1988, MARIA DO CARMO MEDINA, *Direito de Família,..., cit.,* pp. 48-49, e também HELENA LEITÃO, "O Código Civil português de 1966 nos PALOP e as tendências de reforma", *in Themis,* 2008, pp. 129-161 (pp. 130-1).

O Código da Família de 1988 condensou os novos valores constitucionais e é indelével a índole programática[25] de muitas das suas
normas, visível desde logo tanto no Preâmbulo quanto nos arts. 1.º
a 6.º que, no Título I, constituem os seus Princípios Fundamentais.
De facto, pode ler-se no Preâmbulo que "os princípios constantes
do Título I da lei, contêm regras fundamentais, *programáticas,* que
devem orientar a constituição e o desenvolvimento das relações
no domínio da família, na qual os interesses pessoais de cada um
dos seus membros se devem coordenar de forma harmoniosa com
os interesses gerais da sociedade, com vista à criação de um *novo
homem angolano*".

É assim um Código assumidamente não individualista que ao lado
de princípios perfeitamente sintonizados com o seu tempo (igualdade entre homem e mulher (art. 3.º), protecção dos interesses da
criança (art. 4.º), livre desenvolvimento da personalidade (art. 6.º)),
expressa outros, ideológica e politicamente comprometidos[26,27], como
a contribuição da família "na luta contra a exploração e a opressão
e da fidelidade à Pátria e à Revolução" (art. 2.º) e em que à família
é dado um papel de contribuição para uma "nova moral social" (art.
6.º). Tais princípios terão ressonância nas novas soluções jurídicas,
começando pela negação do casamento como contrato, passando
pela abolição da validade jurídica do casamento canónico e pela
consagração da união de facto como relação jurídica familiar mas
que, como veremos, não impediram a manutenção, em larga medida,

---

[25] Assim qualifica MARIA DO CARMO MEDINA, *Código de Família anotado...*, *cit.*,
p. 19, as normas do Título I do Código da Família.

[26] Cfr. MARIA DO CARMO MEDINA, *Direito de Família,...*, *cit.*, p. 50: "O Código
tem ainda uma função eminentemente política, no sentido da uniformização do
tratamento jurídico das relações sociais, agora tratadas de forma unitária para todos
os cidadãos do País".

[27] O Preâmbulo usa abundantemente o jargão marxista-leninista em expressões
como "novas relações de produção", "exploração do homem pelo homem", "supe-
restrutura e relações de produção".

da dogmática e da sistemática do Direito da Família legislado no Livro IV do Código Civil português.

3. O Código da Família angolano e o Código Civil de 1966.

O Livro IV do Código Civil de 1966, intitulado "Direito da Família", é a principal fonte de direito da família vigente no ordenamento jurídico português, a par da Concordata entre a República Portuguesa e a Santa Sé, de 18 de Maio de 2004, o Código de Registo Civil, os Títulos III e IV da OTM e o Código Penal relativamente aos "crimes contra a família".

O Livro IV do Código Civil de 1966, que era também a vigente em Angola à data da independência, foi profundamente modificado pela Reforma de 1977 mas sofreu ainda importantes alterações nos últimos anos, nomeadamente com o novo regime jurídico do divórcio e da regulação das responsabilidades parentais, o novo conceito de casamento celebrado por duas pessoas independentemente do sexo, entre outras, sem esquecer a legislação avulsa entretanto publicada, na qual se destacam as Leis 6/2001 e 7/2001, ambas de 11 de Maio, e que regularam de forma sistemática e inovadora a vida em economia comum e a união de facto, respectivamente, a Lei da Liberdade Religiosa (Lei n.º 16/2011, de 22 de Junho), a procriação medicamente assistida (Lei n.º 32/2006, de 26 de Julho) e o regime jurídico do apadrinhamento civil (Lei n.º 103/2009, de 11 de Setembro).

Sem prejuízo destas alterações e das muitas "pequenas revoluções" que elas comportaram, o Direito da Família português continua a estar dividido em três ramos: o direito matrimonial, o direito da filiação e o direito da tutela. No primeiro, é regulado o casamento enquanto acto (requisitos de validade substancial e formal e consequências das respectivas invalidades) e enquanto estado, comportando todos os seus efeitos pessoais e patrimoniais, assim como a forma da sua modificação (separação de bens e de pessoas e bens) e dissolução (morte e divórcio) e seus efeitos; o segundo tem por objecto as relações de filiação (constituição e efeitos) e ainda a filiação *jurídica* ou adopção; no terceiro é estudada a constituição e funcionamento da organização tutelar. O estudo das demais relações de parentesco e relações de afinidade é feito em termos introdutórios onde também surge o estudo das relações "parafamiliares", *maxime* a união de facto e a vida em economia comum[28].

No Direito da Família angolano temos idênticas divisões: direito matrimonial, direito da filiação e demais relações de parentesco e afinidade, o direito da tutela e o direito da adopção[29].

3.1. A identidade dogmática e sistemática.

É aceite que o Direito português, e com ele o Direito da Família, se integra na família romano-germânica, tanto por razões históricas que testemunham a forte influência do Direito Romano, subsidiário no ordenamento jurídico português até ao séc. XIX, como por ter na lei a sua principal fonte e por adoptar como método a resolução dos casos concretos a partir de regras gerais e abstractas e não de precedentes[30].

Por sua vez, o Código Civil de 1966 adoptou a sistematização e classificação germânicas[31] contendo, tal como o BGB, uma Parte Geral com as regras comuns a todas as categorias de relações jurídicas e os restantes quatro livros, respectivamente das Obrigações, das Coisas, da Família e das Sucessões.

---

[28] Assim, PEREIRA COELHO E GUILHERME DE OLIVEIRA, *Curso de direito da família*, vol. I, 4ª ed. Coimbra, Coimbra Editora, p.35.

[29] Cfr. MARIA DO CARMO MEDINA, *Direito de Família,...*, *cit.*, p. 17.

[30] Cfr. DÁRIO MOURA VICENTE, "O lugar dos sistemas jurídicos lusófonos...", *cit.*, p. 425, que resume nestes termos a justificação desta pertença.

[31] Assim, ANTÓNIO MENEZES CORDEIRO, *Tratado de direito civil português*, I, Parte Geral, I, 3ª ed., Coimbra, Almedina, 2005, pp. 126 e ss. e DÁRIO MOURA VICENTE, "O lugar dos sistemas jurídicos lusófonos...", *cit.*, p. 426.

O Livro IV, da Família, está organizado em Títulos (disposições gerais, casamento, filiação, adopção e alimentos). Estes estão, por sua vez, divididos em capítulos onde são tratadas questões pertinentes a cada uma das matérias: a título de exemplo, o Título II (Do casamento) está subdividido em doze capítulos onde estão presentes as normas que dizem respeito, grosso modo, ao casamento como acto (capítulos I a VIII: modalidades, promessa de casamento, pressupostos, celebração, invalidades, registo) e como estado (capítulos IX e X: efeitos pessoais e patrimoniais) e os capítulos XI e XII sobre as modificações e a dissolução do casamento.

O Código da Família angolano seguiu uma sistemática muito idêntica. Está organizado em oito Títulos (princípios fundamentais, constituição da família, casamento, união de facto, relações entre pais e filhos, adopção, tutela e alimentos). Tomando como exemplo paralelo o direito matrimonial, verificamos que o Título III (Casamento) inclui cinco capítulos onde constam normas sobre o conceito de casamento, a promessa de casamento e a capacidade matrimonial (Cap. I), a celebração do casamento (Cap. II), os efeitos do casamento (Cap. III) a anulabilidade do casamento (Cap. IV) e a dissolução do casamento (Cap. V).

Para além desta similitude estrutural óbvia, todo o regime jurídico apresenta características essenciais que o inserem sem grande esforço na mesma família jurídica do Código Civil português. Desde logo pelas fontes e pelos métodos de aplicação do direito: a lei e a dedução de "normas previamente formuladas para uma generalidade de situações abstractamente definidas o comando que há-de governar as situações concretas da vida"[32], e não o precedente judicial e a ponderação dos factos no caso concreto que indutivamente conduz à solução, como nos sistemas de *Common Law*.

---

[32] DÁRIO MOURA VICENTE, "O lugar dos sistemas jurídicos lusófonos…", *cit.*, p. 410.

Assim, inexiste no Direito da Família angolano, mau grado a sua autonomização e as soluções jurídicas originais de que trataremos em pormenor no capítulo seguinte, um *conceito próprio de Direito*, roubando a expressão a Dário Moura Vicente[33], que o exclua da família jurídica romano-germânica a que pertence o Direito da Família português.

Por outro lado, e do ponto de vista da técnica jurídica, vemos que no Código da Família angolano encontramos muitas dos caracteres que são normalmente identificados no Direito da Família português como o predomínio de normas imperativas – a maioria das regras relativas ao casamento, ao divórcio, à adopção, à tutela –, e o recurso abundante a conceitos indeterminados e cláusulas gerais[34] – *vg.* o recurso à boa fé relativamente aos efeitos do casamento anulado (art. 72.º), a apreciação de "causa grave e duradoura" no pedido de divórcio litigioso (art. 97.º), os requisitos legais, do ponto de vista do adoptante, de "idoneidade moral e o bom comportamento social" (art. 199.º, n.º1, b)), entre outros –.

Relativamente à predominância das normas imperativas nos dois ordenamentos jurídicos, ela pode ser interpretada de formas diferentes: como mera revelação do interesse público atinente à organização familiar[35] tal como acontece, noutros ramos de direito privado e mesmo de direito civil, com o contrato de arrendamento, o contrato de trabalho ou os contratos bancários, ou como evidência de que o Direito da Família não é direito civil e é, até, direito público[36].

---

33 DÁRIO MOURA VICENTE, " O lugar dos sistemas jurídicos lusófonos..., *cit.,* p. 429.

34 Cfr., na perspectiva do Direito da Família português, PEREIRA COELHO E GUILHERME DE OLIVEIRA, *Curso de direito da família...cit.,* pp. 143-146, e, na visão do Direito da Família angolano, MARIA DO CARMO MEDINA, *Direito de Família,...,* *cit.,* pp. 55 e 66.

35 Assim, PEREIRA COELHO E GUILHERME DE OLIVEIRA, *Curso de direito da família...cit., ibidem.*

36 Neste sentido, cfr. MARIA DO CARMO MEDINA, *Direito de Família,..., cit.,* pp. 66-67. Para a A., o facto de o Estado intervir na defesa dos interesses da família é prova de que o Direito da Família não deve ser considerado como pertencente

No entanto, regulando o Direito da Família as relações jurídicas familiares que têm como sujeitos os particulares, sem prejuízo da intervenção menor ou maior dos órgãos do Estado nos vários estádios da sua vigência, não se vê como poderia o Direito da Família, sem prejuízo da sua autonomização em relação ao Código Civil, ser outra coisa senão direito privado.

De resto, toda a construção dogmática do Direito da Família angolano assenta na relação jurídica familiar, identificando o Código da Família angolano as suas fontes no art. 7.º em termos similares ao art. 1576.º do Código Civil português: parentesco, casamento e afinidade, aduzindo a união de facto e não autonomizando do parentesco a adopção.

Relativamente ao casamento, o Código da Família de Angola não o define, nos termos do art. 1577.º do CC, como contrato, preferindo uma noção mais vaga: "o casamento é a união voluntária entre um homem e uma mulher, formalizada nos termos da lei, com o objectivo de estabelecer uma plena comunhão de vida" (art. 20.º).

São conhecidas as resistências e hesitações, mesmo no seio da doutrina, quer portuguesa quer estrangeira[37], quanto à classificação do casamento como contrato. O facto de o casamento ser um negócio pessoal, de as declarações de vontade terem o mesmo conteúdo, de existir uma tendencial indissolubilidade do vínculo, de haver intervenção dos órgãos do Estado, todos os argumentos se esgrimem para lhe chamar acordo, instituição, acto administrativo, negócio plurilateral, entre outros. Nenhum destes argumentos é suficientemente convincente e implica até alguma confusão entre questões de forma (constitutiva) e substância, esquece aspectos

---

ao direito civil, para além de defender a inconsistência da divisão bipartida entre direito público e direito privado, posição claramente tributária dos sistemas de direito socialista.

[37] Para referências nos direitos estrangeiros, cfr. PEREIRA COELHO E GUILHERME DE OLIVEIRA, *Curso de direito da família... cit.*, pp. 198-201, em notas.

relevantes do seu regime como o do divórcio, a admissibilidade dos casamentos urgentes, e, em especial, todo o regime dos impedimentos, dos vícios do consentimento e faltas/divergências da vontade e respectivas sanções, *maxime,* a invalidade, que faz projectar a importância da declaração de vontade e da sua formação como elemento constitutivo de um negócio jurídico bilateral, i.e., de um contrato que é o casamento.

Donde, apesar de o Código da Família angolano ter preferido outra noção legal de casamento, certo é que todas as regras que referimos relativamente à exigência de capacidade matrimonial (ainda que específica relativamente às regras gerais sobre a capacidade de exercício), ao regime dos vícios e das faltas e divergências da vontade e o seu regime de anulabilidade, nos conduzem à qualificação deste acordo como um verdadeiro contrato, enquanto negócio jurídico bilateral[38] integrado por duas declarações de vontade tendentes à produção e conformação[39] de efeitos jurídicos, neste caso tipificados dada a sua particular índole pessoal.

---

[38] O que, de resto é, afirmado por MARIA DO CARMO MEDINA, *Direito de Família,..., cit.,* p.63, "negócio jurídico bilateral é o acto de casamento" para acrescentar contraditoriamente a seguir: "mesmo quando intervêm duas vontades, o acto não se resolve num contrato propriamente dito, pois as regras que regulam o direito das obrigações não lhe são aplicáveis", afirmação com a qual não podemos concordar uma vez que, precisamente, há inúmeras regras senão das obrigações, pelo menos da Parte Geral que se aplicam, nomeadamente as que dizem respeito aos efeitos da anulabilidade, a pressupostos das figuras da invalidade, por exemplo. Aliás, no Código da Família angolano apesar de estarem previstas, no art. 65.º, b), como causas de anulabilidade, a falta ou vício da vontade, estas figuras não estão reguladas em matéria de casamento pelo que se deverá aplicar a regras gerais previstas nos arts. 240.º e ss. do Código Civil de 1966.

[39] Como sublinha PEREIRA COELHO E GUILHERME DE OLIVEIRA, *Curso de direito da família...cit.,* p. 197, não se trata apenas da opção dos nubentes em casarem ou não mas também a de escolherem a pessoa do outro nubente, a de optarem entre casamento civil ou católico, de o fazerem pessoalmente ou por intermédio de procurador e de conformarem muitos aspectos do seu regime ao nível dos deveres conjugais e outros efeitos pessoais (escolha da residência da família, da orientação da vida em comum, do modo de cumprimentos do dever de assistência, etc.).

Para além dos já referidos elementos de semelhança, muitas normas são quase literalmente decalcadas das constantes no Livro IV do Código Civil: basta uma breve leitura para nos confrontarmos com capítulos inteiros quase transcritos, como é o caso do Cap. IV ou do Cap. II.

E, no entanto, o Código da Família angolano superou em muitos casos o seu modelo e encontrou soluções diferentes, eventualmente mais talhadas à realidade da sociedade e da família angolanas. É o que veremos em seguida.

3.2. A emancipação do modelo e as soluções jurídicas inovadoras.

Logo no que diz respeito às fontes das relações jurídicas familiares, o art. 7.º do Código da Família altera o elenco do art. 1576.º do Código Civil, indicando, por um lado, a união de facto (regulada mais adiante no Título IV), e omitindo, por outro, a referência à adopção que é integrada na relação jurídica de parentesco.

A união de facto no Direito da Família angolano tem relevo constitucional, estando prevista a protecção da família pelo Estado quer esta se funde no casamento *quer em união de facto* (art. 35.º da Constituição de Angola de 2010).

Ao contrário do que sucedeu nos países ocidentais, em que a regulação da união de facto surgiu nos últimos anos mais por imperativos ideológicos ou de afrouxamento dos formalismos e convenções sociais e até pelo decréscimo da vivência religiosa nas sociedades urbanas[40], em Angola a normatização da união de facto e a elevação à categoria de fonte, equiparada ao casamento, de relações familiares, apenas espelhou uma realidade social e cultural

---

[40] Sobre estas razões, cfr. HELENA MOTA, "O problema normativo da família. Breve reflexão a propósito das medidas de protecção à união de facto adoptadas pela Lei n.º 135/99, de 28 de Agosto", *in Estudos em comemoração dos cinco anos (1995-2000) da Faculdade de Direito da Universidade do Porto*, Coimbra, Coimbra Editora, 2001, pp. 535-562.

já sedimentada e a inacessibilidade aos meios e organismos de legalização das convivências maritais[41].

A união de facto no direito angolano é definida como o "estabelecimento voluntário de vida em comum entre um homem e uma mulher" (art. 112.º do Código da Família) não se reconhecendo efeitos à união de pessoas do mesmo sexo. Os seus pressupostos legais, enumerados no art. 113.º, incluem um lapso temporal de 3 anos de coabitação consecutiva e o respeito pelos demais pressupostos para a celebração do casamento, nomeadamente a singularidade e a capacidade matrimonial. Ao invés do que se verifica noutros ordenamentos jurídicos, nomeadamente no português através da Lei 7/2001, de 11 de Maio, a união de facto legalmente reconhecida no direito angolano é equiparada totalmente ao casamento no que diz respeito aos seus efeitos pessoais e patrimoniais (art. 119.º).

Esta total equiparação da união de facto em relação ao casamento ocorre pois mediante uma formalização da relação – o reconhecimento e posterior registo –, com intervenção do órgão do Registo Civil da área de residência dos companheiros (art. 116.º e 120.º) e mediante o mútuo acordo dos interessados, ou apenas de um deles em caso de morte do outro ou ruptura da relação (art. 114.º), devendo neste caso haver intervenção judicial (art. 122.º).

Ao lado da união de facto reconhecida legalmente e equiparada ao casamento, prevê o Código da Família angolano que sejam atendidas, para alguns efeitos legais patrimoniais e com base no instituto do enriquecimento sem causa (arts. 479.º a 482.º do Código Civil),

---

[41] Neste sentido, cfr. MARIA DO CARMO MEDINA, *Direito de Família,..., cit.,* p. 350, onde a A. refere dados estatísticos, relativos ao quinquénio 1999-2003, que mostram, para a cidade de Luanda, uma percentagem de 54% de cidadãos que vivem em união de facto, contra apenas 17% de casados, 20,3% de solteiros, 5,4% de separados, 2,6% de viúvos e 0,7% de divorciados. A A. alerta ainda para a impossibilidade de se considerarem equivalentes o instituto da união de facto legalmente reconhecida e regulada no Código da Família e o casamento tradicional em que há regras estritas para os familiares e para o casal e em que à mulher não é reconhecido o direito a expressar o seu consentimento.

assim como para a aplicação da presunção de paternidade nos termos do art. 168.º, b), *in fine* do Código da Família), as uniões de facto que não podem ser reconhecidas por inexistência dos pressupostos legais (art. 113.º).

Este regime jurídico assim sumariamente exposto revela uma singularidade em face de outras experiências jurídicas[42]: não vemos aqui nem uma intervenção pontual e específica da união de facto à margem das fontes formais de relações jurídicas familiares, nem um casamento paralelo com características distintas nem sequer um casamento consensual à maneira do *common law mariage*.

No direito angolano, a união de facto legalmente reconhecida é, por um lado, totalmente equiparada ao casamento quanto aos seus efeitos e pressupostos legais, *mutatis mutandis* (exigência de prova de vida em comum por três anos e demais pressupostos legais em processo administrativo de reconhecimento *vs.* existência de uma celebração solene; anulação do reconhecimento da união de facto sem possibilidade de invocação do erro nem da omissão dos requisitos formais para a celebração do casamento; atendibilidade das demais faltas e vícios da vontade à data do pedido de reconhecimento e não da vivência em comum a cuja data, de todo o modo, retroagem os seus efeitos). No entanto, ela é livremente dissolvida por vontade unilateral de qualquer dos seus membros à excepção das situações em que o reconhecimento da união de facto se faz, a pedido de um deles, já depois de dissolvida por morte ou ruptura sendo que, neste caso, a sentença que reconhecer *a posteriori* a união de facto produzirá, precisamente, os mesmos efeitos da morte ou do divórcio[43]. Temos, assim, uma união de facto que é formalizada através

---

[42] Cfr., entre nós, SOFIA OLIVEIRA PAIS E ANTÓNIO FRADA DE SOUSA, "A união de Facto e as uniões registadas de pessoas do mesmo sexo - uma análise de direito material e conflitual", *in ROA*, 59, II, 1999, p. 695.

[43] Também aqui *mutatis mutandis,* uma vez que alguns efeitos pessoais são próprios do casamento como a nacionalidade, a afinidade e o nome. Neste sentido,

de um acto de vontade e de modo alternativo ao casamento, sendo difícil recusar-lhe a qualificação de negócio jurídico[44], mas que, por outro lado, permite uma desvinculação unilateral e sem recurso à intervenção judicial ou administrativa na ruptura, com excepção dos casos em que o reconhecimento é pedido unilateralmente depois da morte ou ruptura. E, ao lado deste, poderemos dizer, "quase casamento" existirão as verdadeiras uniões informais que não têm de respeitar qualquer pressuposto legal, inclusivamente as uniões poligâmicas ou constituídas por quem não tem idade núbil, e que poderão, em qualquer caso, ser protegidas por aplicação das regras gerais do enriquecimento sem causa mas com efeitos aqui muito precisos, como a divisão dos bens (em compropriedade, *in casu*) ou o direito à morada de família[45].

Outro instituto que pretendeu simultaneamente acolher uma tradição enraizada – o alambamento – mas dela se emancipar, contra-riando a sua relevância social, é a promessa de casamento. Regulada no art. 22.º do Código da Família, a promessa de casamento é des-tituída de quaisquer efeitos jurídicos e inexiste a obrigação civil de restituição de bens ou valores entregues ao outro nubente ou à

MARIA DO CARMO MEDINA, *Direito de Família,..., cit.,* p.360. Do ponto de vista patrimonial há uma diferença sensível a ressaltar, entre o divórcio e a ruptura da união de facto, em matéria de alimentos: o art. 262.º, n.º2, do Código da Família limita o direito a alimentos em caso de ruptura da união de facto ao ex-companheiro que deles careça e não tenha dado causa exclusiva à ruptura, solução algo peculiar na medida em que não se compreende por que igual "sanção" não é aplicada ao cônjuge que deu causa à ruptura da vida familiar.

[44] Cfr. MARIA DO CARMO MEDINA, *Direito de Família,..., cit.,* p. 354: "O mútuo acordo é condição essencial ao reconhecimento, porque têm de ser ambos a querer a conversão de uma união livre num negócio jurídico que, depois do reconhecimento, vai produzir os efeitos que produz o acto de casamento".

[45] Cfr. as decisões proferidas nos Proc. 542/98 pelo Ac. da Câmara do C.A.L.F. do Tribunal Supremo de 6.11.1998, Proc. 555/99 pelo Ac. da Câmara do C.A.L.F. do Tribunal Supremo de 23.7.99, Proc. 18/01 pela Sentença do T.P. de Benguela, de 8.06.2001, pelo T.P.de Luanda na sentença da 2.ª secção da Sala de Família de 23.08.2002 (sumários transcritos em MARIA DO CARMO MEDINA, *Código de Família anotado..., cit.,* 170 e ss.).

sua família em caso de rompimento, sem prejuízo de, no número 2 do mesmo artigo, se prever um dever de indemnização limitado às obrigações e despesas na previsão do casamento e para as quais o nubente tenha dado o acordo, excluindo assim os lucros cessantes e quaisquer danos morais. Donde, e ao contrário do regime jurídico da promessa de casamento previsto nos arts. 1591.º e ss. do Código Civil, o Código da Família angolano não definir a promessa de casamento como contrato o que torna difícil a justificação deste dever de indemnizar em caso de ruptura e inexistindo até a ponderação da culpa[46] à imagem do que faz o art. 1594.º. Atendendo à realidade angolana e claramente pretendendo desincentivar o costume, excluiu-se igualmente o dever de restituição dos donativos tal como está previsto no art. 1592.º e 1593.º do Código Civil, reduzindo-o à categoria de obrigação natural.

No que concerne ao direito matrimonial, o Direito da Família angolano segue um sistema de casamento civil obrigatório (art. 27.º do Código da Família) não dando qualquer relevo nem eficácia civil ao casamento religioso.

A capacidade matrimonial é regulada em termos semelhantes aos consagrados no Código Civil, assentando na inexistência de impedimentos. Na previsão destes simplificou-se a sua classificação, desaparecendo a distinção entre impedimentos impedientes e dirimentes. No elenco dos impedimentos, também deixou de figurar o parentesco no 3.º grau da linha colateral, o prazo internupcial[47], a tutela e a idade núbil subiu para os 18 anos, admitindo-se o casamento de menores (a partir dos 15 anos da mulher e dos 16 anos do homem) mediante autorização nos termos do art. 24.º, n.º2.

---

[46] MARIA DO CARMO MEDINA, *Direito de Família,...*, *cit.*, p. 174, sublinha que na averiguação da causa da ruptura há que ter em conta que no Código da Família se afastaram os conceitos de culpa e inocência.

[47] Considerando-se que existindo uma solução jurídica para a dupla presunção de paternidade (art. 165.º), seria desnecessário o cumprimento do prazo.

A afinidade em linha recta continua a constituir um impedimento à celebração do casamento mas mantém-se após a dissolução do casamento por morte ou divórcio, ao contrário do que está hoje previsto no Código Civil no art. 1585.º que limita essa permanência do vínculo à dissolução por morte. A razão para essa manutenção, mesmo nos casos de divórcio, prende-se com a obrigação de alimentos que o Código da Família estendeu aos afins na linha recta (art. 249.º), ao contrário do que previa o Código Civil antes da Reforma de 1977. Também foi considerada a existência de relações afectivas entre os afins que seriam perturbadas pela dissolução do casamento, problema que volta hoje a ser equacionado nas sociedades ocidentais onde o número de famílias "reconstruídas" origina situações de encadeamento de vínculos familiares que se criam e desfazem sucessivamente.

Ao lado do casamento anterior não dissolvido, consagrou-se, como impedimento decorrente do princípio da monogamia, a união de facto já legalmente reconhecida.

Ao contrário do Código Civil, no Código da Família angolano entre as causas de invalidade do casamento não figura a inexistência jurídica[48] mas apenas a anulabilidade e no processo preliminar de casamento omitiram-se as publicações, no mesmo sentido das alterações ao Código Civil introduzidas bem mais tarde pelo DL. n.º 324/2007, de 28.09.

O regime do casamento putativo, por seu turno, é idêntico ao do Código Civil mas resultou bastante simplificado, esclarecendo-

---

[48] Ainda assim MARIA DO CARMO MEDINA, *Direito de Família,..., cit.,* pp. 180 e ss. e 211, defende que os casamentos que não reúnam caracteres essenciais como a diversidade de sexo, as duas declarações de vontade e a intervenção do Conservador do Registo Civil (salvo nos casamentos urgentes) são inexistentes. Parece-nos difícil a admissão da figura sem a sua previsão legal. Além disso, a A. defende uma distinção entre casamentos nulos e anuláveis também sem qualquer apoio no texto da lei. Sobre as vantagens da consagração da figura da inexistência no Código civil de 66, cfr. PEREIRA COELHO E GUILHERME DE OLIVEIRA, *Curso de direito da família..., cit.,* pp. 300-301.

-se, no n.º3, do art. 71.º, que a má fé dos cônjuges nunca prejudica os efeitos putativos do casamento relativamente aos direitos dos filhos nascidos ou concebidos durante a sua vigência, tornando-se mais claro do que o homólogo regime dos arts. 1647.º e 1648.º que é omisso quanto a este ponto, regulado apenas em sede de estabelecimento de filiação, no art. 1827.º. Atendendo ao regime jurídico da união de facto no direito angolano, cujo reconhecimento legal também pode ser anulado, parece-nos lacunosa a sua omissão neste regime do casamento putativo, não sendo de o incluir na remissão do art. 121.º feita aos termos gerais em que é decretada a anulação do casamento.

Do ponto de vista dos efeitos patrimoniais do casamento, verificamos também a consagração de soluções originais e igualmente condicionadas pelo costume. De facto, o Código da Família apenas prevê dois regimes-tipo: a separação de bens e a comunhão de adquiridos (regime supletivo), eliminando o regime da comunhão geral previsto no Código Civil português nos arts. 1732.º a 1734.º. Este regime é incompatível com o casamento poligâmico[49]. Por outro lado, não foi consagrada a liberdade de convencionar regimes atípicos nem mesmo está prevista a figura da convenção antenupcial, em consonância com um modelo económico de feição socialista em que o regime da propriedade privada é desvalorizado[50]. Por outro lado, não há qualquer imposição de regimes de bens tal como está previsto no art. 1720.º do Código Civil.

---

[49] Assim, MARIA DO CARMO MEDINA, *Direito de Família,…, cit.,* p. 248, que também sublinha ser o regime da separação de bens aquele que predomina nas sociedades tradicionais africanas em virtude de a mulher não se integrar na família do marido e permanecer ligada à família de origem.

[50] Neste sentido, MARIA DO CARMO MEDINA, *Direito de Família,…, cit.,* p. 256: "(a) convenção antenupcial, que é uma figura de larga tradição nas sociedades em que predomina o regime da propriedade privada de bens. À data da elaboração do Projecto do Código de Família, não se mostrava necessário, numa sociedade que se propunha em transição para o socialismo, uma grande diversidade de regimes de bens".

No que diz respeito ao regime de bens supletivo, a comunhão de adquiridos, não encontramos muitas diferenças no Código de Família angolano em relação ao que está estatuído nos arts. 1721.º e ss do Código Civil, sem prejuízo de uma arrumação sistemática diversa, como, por exemplo, a inclusão no elenco dos bens indicados como próprios no art. 52.º de bens tidos como incomunicáveis nos termos do art. 1733.º, autonomização que se reveste de interesse no Direito da Família português dada a existência do regime-tipo da comunhão geral de bens ou mesmo da liberdade de estipulação de regimes atípicos.

Em geral, a regulação dos regimes matrimoniais no Código de Família angolano é bastante mais sucinta dando lugar a eventuais dúvidas de interpretação e aplicação: só a título de exemplo, a omissão do regime dos bens sub-rogados no lugar de bens próprios (art. 52.º, b)), tal como está prevista no art. 1723.º do Código Civil, não explica as modalidades de sub-rogação (directa ou indirecta) nem a forma de ilidir, no caso da alínea c) do art. 1723.º, a presunção de comunicabilidade dos bens prevista no art. 51.º, n.º2[51]. E o mesmo acontece relativamente aos bens adquiridos em parte com dinheiro ou bens próprios e em parte com dinheiro ou bens comuns (art. 1726.º do Código Civil).

Relativamente à casa de morada de família, o Código de Família prevê uma protecção menos ampla do que aquela que resulta hoje do Código Civil, no art. 1682.ºA, n.º2, que estende a ilegitimidade conjugal, em qualquer regime de bens, das disposições sobre o

---

[51] MARIA DO CARMO MEDINA, *Direito de Família,..., cit.*, p. 262, considera que face a terceiros, em caso de aquisição de bens a título oneroso com valores ou bens próprios, deve haver intervenção do outro cônjuge no acto de aquisição declarando essa proveniência, questão que é polémica, na doutrina portuguesa, que discute se tal intervenção é obrigatória quando a questão se suscitar apenas nas relações entre cônjuges. Neste sentido, cfr. PEREIRA COELHO E GUILHERME DE OLIVEIRA, *Curso de direito da família...cit.*, pp. 517-526.

arrendamento da morada de família a todos os actos de alienação, oneração, e constituição de direitos pessoais de gozo.

No capítulo das dívidas conjugais é de assinalar a exclusão das dívidas comunicáveis contraídas no exercício do comércio (art. 1691.º, d)) assim como todas aquelas cujo regime de comunicabilidade se justificaria no regime de comunhão geral de bens como as que foram contraídas, em determinados casos, antes do casamento[52]. Parece resultar tecnicamente incorrecta a referência, feita no art. 61.º, à solidariedade da responsabilidade dos cônjuges perante as dívidas aí enumeradas, sabendo que esse regime é privativo dos regimes de comunhão de adquiridos, uma vez que, nos termos do art. 63.º, n.º2, no regime de separação a responsabilidade dos cônjuges é meramente conjunta.

Foi em matéria de dissolução do casamento por divórcio litigioso que o Código de Família se revelou verdadeiramente pioneiro, expurgando a culpa dos cônjuges dos fundamentos previstos no art. 97.º que estabelece apenas uma cláusula geral que permite a qualquer dos cônjuges requerer o divórcio "quando por causa grave ou duradoura esteja comprometida a comunhão de vida dos cônjuges e impossibilitada a realização dos fins sociais do casamento".

Ao contrário de outras legislações, nomeadamente o Código Civil português depois da Reforma de 77, que consagraram causas taxativas de constatação da ruptura familiar (separação de facto, ausência, alteração das faculdades mentais do outro cônjuge) ao lado das tradicionais violações culposas dos deveres conjugais, o Direito da Família angolano optou por um sistema exclusivo de divórcio-ruptura[53] in-

---

[52] Pelo menos no que diz respeito à situação visada nos arts. 1691.º, n.º1, c), e n.º2. Já relativamente às dívidas para ocorrer aos encargos normais da vida familiar, prevista no art. 61.º, n.º1, 1ª parte, MARIA DO CARMO MEDINA, *Direito de Família,...*, *cit.*, p. 276, entende que a comunicabilidade se pode estender a dívidas contraídas antes do casamento.

[53] MARIA DO CARMO MEDINA, *Direito de Família,...*, *cit.*, p. 300, entende que o conceito de divórcio acolhido no Código de Família é o do divórcio "*remédio, fa-*

dicando apenas a título exemplificativo (art. 98.º "designadamente") as situações da vida que justificam o pedido de divórcio unilateral. Neste sentido, foi, já em 1988, precursor do regime introduzido pela Lei n.º 61/2008, de 31.10, que, no ordenamento jurídico português, ao afirmar o divórcio litigioso por ruptura do casamento manteve as causas enumeradas no art. 1781º e introduziu uma cláusula residual aberta na alínea d) do mesmo preceito[54].

Em coerência com um sistema de divórcio litigioso objectivo e não sancionatório do comportamento culposo dos cônjuges, foram eliminados quaisquer efeitos do divórcio determinados em função dessa posição relativa de "culpado" ou "inocente", nomeadamente benefícios recebidos em virtude do casamento (art. 80.º, c)), não prevendo, no entanto, em sede de regime de divórcio, a reparação

---

lência ou constatação de ruptura", acrescentando que "dentro deste sistema jurídico de concepção do divórcio, este pode resultar de facto ou factos imputáveis a um só cônjuge, ou de factos imputáveis a ambos, ou ainda ter surgido com o concurso ou sem o concurso da vontade dos cônjuges". São conhecidas as hesitações da doutrina e da jurisprudência portuguesas quanto ao sentido e alcance desta nova alínea d) do art. 1781.º do Código Civil que se refere a "quaisquer outros factos que, independentemente de culpa dos cônjuges, mostrem a ruptura definitiva do casamento", oscilando uns na defesa de um verdadeiro divórcio "a pedido" e outros na vinculação da decisão do juiz aos critérios de gravidade e essencialidade. Sobre esta matéria, cfr., entre outros, TOMÉ D'ALMEIDA RAMIÃO, *O divórcio e questões conexas: regime jurídico atual de acordo com a lei n.º 61/2008*, 3ª ed., atualiz. e aumentada, Lisboa, Quid Juris, 2011, MARIA CLARA SOTTOMAYOR, MARIA TERESA FÉRIA DE ALMEIDA (COORD.), *E foram felizes para sempre...?: uma análise crítica do novo regime jurídico do divórcio*, Coimbra, Coimbra Editora, 2010, MARIA RITA ARANHA DA GAMA LOBO XAVIER, *Recentes alterações do regime jurídico do divórcio e das responsabilidades parentais: lei n.º 61/2008, de 31 de Outubro*, Coimbra, Almedina, 2009, CRISTINA M. ARAÚJO DIAS, *Uma análise do novo regime jurídico do divórcio: lei n.º 61/2008, de 31 de Outubro*, Coimbra, Almedina, 2008.

[54] No Direito da Família angolano e dada a redacção dos arts. 97.º e 99.º parece inegável estarmos perante um sistema intermédio (cfr. MARIA DO CARMO MEDINA, *Direito de Família,...,* cit., p. 301) de aceitação do divórcio que não prescinde da avaliação do tribunal relativamente à afirmação da ruptura da vida familiar, usando aqueles diapasões de gravidade e essencialidade dos motivos apresentados, conforme decorre de várias decisões (cfr. sumários das Sentença do Tribunal do Lobito de 30.01.1994, Sentença do T.P. de Benguela (Proc. N.º 18/95 e Proc. N.º 2/2001), T.P. do Kuanza-Sul, Proc. N.º 13/87, *in* MARIA DO CARMO MEDINA, *Código de Família anotado...,* cit., pp. 162 a 165).

de danos a que o actual art. 1792.º faz alusão[55]. Por outro lado, esclareceu, quanto à data da produção dos efeitos do divórcio que poderia ser considerada a da cessação da coabitação desde que constante da sentença, tanto para efeitos patrimoniais quanto para efeitos pessoais (arts. 81.º e 82.º), redacção mais clara do que aquela que está em vigor no art. 1789.º do Código Civil.

No capítulo do estabelecimento da filiação, o Código de Família angolano afirmou um princípio de verdade biológica afastando-se radicalmente do paradigma do Código civil português de 1966 que se baseava na ideia de "legitimação" somente dos filhos nascidos no casamento. Essa necessidade de ruptura dogmática ditou algumas das soluções estabelecidas, nomeadamente as que resultam dos arts. 163.ºe 164.º quanto à presunção de filiação (e não de paternidade) e dos arts. 170.º e ss. relativos ao estabelecimento de filiação por declaração. De facto, o Código de Família não prevê uma presunção *pater is est* como aquela que, já depois da Reforma de 77, se estabelece no art. 1826.º do Código Civil, mas antes uma presunção de filiação, isto é, de maternidade e paternidade que resulta do casamento. Esta presunção, e ao contrário do art. 1826.º do Código Civil, apenas funcionará se o filho nascer *e* for concebido na constância do casamento, sendo por isso necessário, em relação às hipóteses de casamentos posteriores à concepção ou nascimento, uma declaração dos pais. Este sistema revela-se assim mais complexo e eventualmente menos protector dos interesses do filho, pelo menos em comparação com aquele que resulta, em situações paralelas, dos arts. 1828.º, 1829.º, 1830.º e 1831.º do Código Civil, e resultou aparentemente da necessidade de afirmar um princípio de

---

[55] É de realçar, no entanto, que o regime de atribuição da residência familiar e da atribuição de alimentos ao ex-cônjuge leva em consideração as causas do divórcio (cfr. arts. 110.º e 111.º). Neste sentido, a culpa dos cônjuges pode ser avaliada (cfr. decisão proferida no Proc. 523, Ac. da Câmara do C.A.L.F. do T.S. de 24.07.1998 cujo sumário se pode ler em MARIA DO CARMO MEDINA, *Código de Família anotado...*, cit. p. 160).

igualdade entre os progenitores e de algum preconceito quanto ao próprio princípio de estabelecimento de paternidade por presunção [56] reduzindo o seu alcance.

No Código de Família angolano desapareceu igualmente a figura da perfilhação, substituída pela declaração de nascimento[57] apesar de resultar algo obscura a afirmação, através do art. 173.º, da natureza "pessoal e voluntária e irrevogável" desta declaração e a possibilidade de anulação com base no erro ou coação ou incapacidade (art. 190.º).

O estabelecimento da paternidade por presunção pode também resultar, nos termos do art. 168.º, da união de facto ainda que não legalmente reconhecida, o que não sucede, ainda hoje no direito português. Já muito limitativo e contraditório com o princípio da verdade biológica nos parece a limitação, consignada no art. 192.º, de impugnação de paternidade presumida do marido da mãe quando está estabelecida a posse de estado em relação ao casal assim como a limitação dos meios de prova nas acções de filiação (art. 196.º), especialmente não auxiliando a prova na acção proposta pelo filho, através de presunções judicias, como o faz o art. 1871.º do CC.

---

[56] Parece-nos resultar clara esta ideia do comentário de MARIA DO CARMO MEDINA, *Direito de Família,..., cit.,* pp. 111 e ss., "a lei faz derivar dele (casamento), em relação ao marido e mulher, simultaneamente, o estabelecimento da filiação no que toca aos filhos nascidos e concebidos na constância do casamento". Relativamente aos filhos concebidos ou nascidos antes do casamento, afirma (p.113): "qualquer destas situações é hoje muito frequente...os filhos concebidos ou nascidos antes do casamento estavam, segundo o critério do Código Civil, na situação de filhos ilegítimos. O casamento dos pais operava a legitimação dos filhos. ...esta disposição (art. 164.º) já não tem em vista conferir aos filhos concebidos ou nascidos antes do casamento o estatuto de filhos legítimos que não tem hoje acolhimento legal".

[57] Assim, MARIA DO CARMO MEDINA, *Direito de Família,..., cit.,* p.101: "O Código de Família afastou desta forma o sistema segundo o qual a filiação se estabelece por reconhecimento do progenitor...no Código Civil anterior este acto era designado por "perfilhação".

4. As perspectivas de Reforma.

Vinte e sete anos volvidos sobre a entrada em vigor do Código de Família angolano, sentiu-se necessidade de encetar uma reforma que depurasse algumas das dificuldades na interpretação e aplicação das suas normas, colmatasse lacunas e que o actualizasse em face de uma nova realidade social, política, económica e constitucional. Neste capítulo faremos eco de algumas das propostas mais significativas apresentadas no seio da Comissão para a Reforma da Justiça e do Direito[58], tentando perceber as suas motivações e o seu significado.

A reforma proposta é de "tipo médio", ou seja, ao invés de introduzir alterações meramente pontuais ou, de forma mais ambiciosa, elaborar um novo Código da Família eventualmente inserindo-o no Código Civil, optou-se por reformular o Código existente "compatibilizando as normas jurídico-familiares com a Constituição, recodificando alguma legislação avulsa pertinente ao Direito da Família e actualizar as soluções vigentes".

Em matéria de Direito Matrimonial, abandona-se o sistema de casamento civil obrigatório e são consagradas "três modalidades de casamento - o civil, o tradicional e o religioso - bem como de uma série de normas visando a sua articulação que produzirão efeitos civis em consonância com os arts. 7.º e 35.º, n.ºs 2 e 4, ambos da Constituição". A previsão constitucional da relevância jurídica do costume teve aqui o seu papel, assim como a constatação dos dados sociais que não esconderam a adesão a outros modelos de casamento tradicionais e religiosos[59]. A invocação do art. 35.º, n.º 4, da CRA, parece implicar um sistema de casamento civil facultativo na primeira

---

[58] Seguiremos de perto neste capítulo o documento disponibilizado no sítio da internet da Comissão de Reforma da Justiça e do Direito (www.crjd-angola.com) em http://www.crjd-angola.com/conteudos/documentos/403_20140928155422.pdf .

[59] Cfr. ADEBAYO OYEBADE, *Culture and Customs of Angola"...cit.,* p. 115.

modalidade[60] o que representará menos a consagração de diferentes modalidades de casamento e mais a mera alternativa por várias formas de celebração do casamento cujo regime, requisitos e jurisdição permanecerão sob o império da lei civil e dos tribunais do Estado.

No que diz respeito à promessa de casamento, "estender o direito à indemnização, quando a ele haja lugar, aos parentes que tenham actuado em nome e representação de um dos nubentes e incorrido em despesas na provisão do casamento". Esta solução parece ir de encontro não só à prática costumeira mas também acaba por aderir à solução consagrada já no Código Civil, no art. 1594.º.

Relativamente à idade núbil, ela descerá aos "16 anos como limite mínimo excepcional para a celebração do casamento em relação a ambos os sexos, obedecendo ao princípio da igualdade", solução também mais próxima da consagrada no Código Civil.

No que concerne aos efeitos do casamento, a Reforma pretende "precisar melhor as normas relativas à administração dos bens do casal, acrescentando outros bens aos já existentes e que podem ser administrados por um dos nubentes, bem como os seus poderes de alienação de bens" assim como "consagrar a liberdade de celebração de convenções matrimoniais, podendo ser antenupciais ou pós-nupciais, consoante celebradas antes ou depois do casamento, bem como a previsão de uma série de normas visando a efectivação dessa liberdade". Estas últimas alterações espelham bem a actual realidade política e económica de Angola, superado o modelo marxista-leninista, e do novo enquadramento constitucional, para além de fazerem eco das soluções mais recentes doutros ordenamentos jurídicos relativamente ao princípio da imutabilidade dos regimes de bens[61]. Nesta mesma linha de "liberalização" e aprofundamento da

---

[60] Sobre os sistemas matrimoniais, cfr. PEREIRA COELHO E GUILHERME DE OLIVEIRA, *Curso de direito da família...cit.*, pp. 174-180.

[61] Sobre este princípio da imutabilidade ainda consagrado no Direito da Família português no art. 1714.º e das críticas à sua manutenção, com dados do direito

autonomia negocial dos cônjuges "acrescentar-se mais dois regimes de bens aos já existentes, passando, assim, o ordenamento jurídico familiar a contar com os regimes de comunhão de adquiridos e separação de bens já em vigor, bem como com o da comunhão geral de bens e o da participação final nos adquiridos". Também em sede de efeitos patrimoniais do casamento há a recuperação da "obrigatoriedade da adopção do regime de separação de bens, sempre que o casamento seja celebrado sem a observância do processo preliminar ou por pessoas com 60 anos de idade", tal como estava previsto no art. 1720.º do Código Civil.

Fazendo eco a algumas dificuldades que já aqui apontámos e no que respeita "à matéria das invalidades do casamento, além do actual regime da anulabilidade, prevê-se consagrar também, de forma expressa, a inexistência e a nulidade do casamento".

Em sede de divórcio e provando a modernidade do sistema vigente não há a previsão de grandes alterações à excepção da consagração da "liberdade de se requerer o divórcio, eliminando-se o período de moratória legal" o que também está previsto hoje no art. 1775.º do Código Civil.

Em matéria de união de facto, e para além da diminuição do período mínimo de convivência para dois anos ou um ano, no caso em que haja filhos da união de facto, também se acautelou a união de facto que não pode ser reconhecida, *maxime* a poligâmica, impondo-se o regime da separação de bens e estabelecendo regras precisas visando proteger a família anterior surgida de casamento ou união de facto reconhecida.

Relativamente à ruptura da união de facto, "entendeu-se consagrar, por remissão, o regime da sua dissolução, dando-se, assim,

---

estrangeiro, cfr. PEREIRA COELHO E GUILHERME DE OLIVEIRA, *Curso de direito da família..., cit.,* pp. 489 a 500 e HELENA MOTA, *Os efeitos patrimoniais do casamento em direito internacional privado. Em especial, o regime matrimonial primário,* Coimbra, Coimbra Editora, 2012.

resposta a uma lacuna actual". Assim se entendendo parece-nos que pelo menos a união de facto legalmente reconhecida se aproximará mais de um *common law marriage* que não prescinde da intervenção dos órgãos estatais para a sua dissolução.

No tangente à filiação, a reforma pretende "esclarecer quando é que se deve considerar um filho como tendo sido concebido na constância do casamento; estabelecer que o Ministério Público pode interpor acção de estabelecimento judicial da filiação, durante toda a menoridade, ao contrário do regime actual onde tal faculdade apenas pode ser exercida durante os 3 primeiros anos de vida do menor e introduzir uma norma relativa à procriação por inseminação artificial, homóloga ou heteróloga". Sem prejuízo destas alterações parece-nos, como já referimos, que outros aspectos relativos ao regime do estabelecimento da filiação poderiam ser repensados.

Na matéria da autoridade paternal, a Reforma pretende claramente sintonizar o Código de Família com as orientações mais recentes nesta matéria, substituindo a designação do instituto para "responsabilidade parental" e incluindo o "sistema de guarda conjunta do filho, nos casos de exercício em separado da autoridade paternal, objectivando-se proporcionar ao menor um ambiente familiar que mais se assemelha à modalidade ideal, isto é, a do exercício conjunto da autoridade paternal".

Obviamente que uma análise mais completa desta reforma só poderá ser feita mediante o texto final que for aprovado mas parece clara, neste momento, a manutenção da identidade sistemática e dogmática entre o Código de Família e o Código Civil português, eventualmente até mais aprofundada pois se, em muitos casos, as novas soluções materiais visam temperar algumas intenções de ruptura com a legislação pretérita que não se revelaram, afinal, assimiladas pela realidade social angolana (falamos, por exemplo, do sistema matrimonial de casamento civil obrigatório ou a irrelevância jurídica quase total da promessa de casamento ou mesmo da impossibilidade de celebração de convenções antenupciais), por outro, a própria modernização do Direito da Família português determinou um encontro e uma sintonia de soluções que é muito interessante de verificar e que deve representar mais um passo de aproximação entre dois povos cujo passado comum não pode ser apagado.

Porto, 1 de Abril de 2015

CRITÉRIOS JURÍDICOS DA PARENTALIDADE

Guilherme de Oliveira
Professor Aposentado da Faculdade de Direito da Universidade de Coimbra

Sumário
1. Introdução; 2. Hesitações do "biologismo"; 3. O amor pedocêntrico; 4. A vontade (e o cuidado) como critério da parentalidade; 5. Co-responsabilidades; 6. Conclusões

1. Introdução

No início da minha vida profissional, quando F. Pereira Coelho me sugeriu que estudasse o "estabelecimento da filiação", selecionei dentro dessa área a identificação dos critérios que as leis usavam para atribuir a paternidade. Foi muito formativo pesquisar vários sistemas jurídicos, em várias épocas e diferentes lugares, para verificar que a condição de pai não resultava sempre da aplicação dos mesmos critérios. Em épocas passadas, a preferência dos sistemas jurídicos ia claramente para considerar determinantes certos critérios sociais: a preferência pelo valor do casamento e da instituição matrimonial que impunha a paternidade do marido da mãe, e o respeito pela vontade do homem que podia querer perfilhar ou não perfilhar um filho ilegítimo. Este era o *common core* de vários sistemas nacionais.

DOI: http://dx.doi.org/10.14195/978-989-26-1113-6_9

Nos anos 70, sobretudo nos países latinos, era fácil encontrar algum descontentamento relativamente aos padrões dominantes, por várias razões. Por um lado, os critérios prevalecentes exprimiam os valores sociais da velha ordem social – discriminatória e violenta – que distinguia os filhos legítimos dos ilegítimos e que contemporizava com a vontade arbitrária dos homens que se furtavam facilmente às suas responsabilidades de progenitores. Por outro lado, aqueles valores dominantes já resistiam mal à depreciação crescente da instituições e da heteronomia, designadamente do valor do casamento. Por último, alguns casos mostravam a atribuição da paternidade ao marido da mãe em situações em que a responsabilidade dele era inverosímil[1], ou a extrema dificuldade para reconhecer juridicamente certos vínculos de progenitura que eram óbvios na realidade[2].

A reforma de 1977 significou uma alteração enorme no quadro jurídico português. A determinação jurídica da paternidade continuou a respeitar a máxima antiga *pater is est quem justae nupciae demonstrant*, mas a impugnação da paternidade do marido passou a seguir o regime geral da "prova do contrário", baseada em qualquer facto e sujeita às mesmas práticas de convicção judicial. A negação da paternidade resultava serenamente da demonstração de que o marido era alheio à concepção. Por outro lado, os filhos nascidos fora do casamento tinham liberdade para investigar a paternidade, ora provando diretamente o facto biológico da progenitura, ora beneficiando de presunções que traduziam a probabilidade de o réu ser o progenitor. Em ambos os casos, o esforço probatório exigido

---

[1] Por exemplo, quando a mulher admitia o adultério e exibia intencionalmente a gravidez e o nascimento, eliminando assim a viabilidade da impugnação pelo marido – cfr. o meu *Critério jurídico da paternidade*, Coimbra, BGUC, 1983, p. 70.

[2] "É confrangedor ver a demonstração da filiação biológica ou real, mas a demanda improceder", dizia o juiz Santos SILVEIRA, à semelhança de Mário Stella RICHTER, em Itália – cfr. *idem*, p. 138.

deixou de exprimir quaisquer preconceitos antigos para passar a ser racional e proporcionado. O sistema, que antes atribuía o estatuto de pai por razões diversas da humilde verificação da progenitura subjacente, deixou de poder ser acusado de favorecer a instituição matrimonial ou a arbitrariedade dos homens. Deixou de interessar se o vínculo nascera de relações sexuais lícitas ou ilícitas, ou se o progenitor queria ou não queria assumir o estatuto jurídico correspondente. O vínculo jurídico da paternidade passou a assentar no vínculo prévio da progenitura e, desde então, a paternidade jurídica coincide com a paternidade biológica – cada um tem o pai que a biologia lhe deu.

Quanto à maternidade – onde o critério biológico foi sempre mais fácil de seguir pelo caráter ostensivo do vínculo – a acentuação da verdade biológica notou-se principalmente na eliminação da perfilhação pela mãe: a maternidade passou a resultar do facto do nascimento, e a ser estabelecida por uma simples indicação da identidade da mãe.

O regime português justificou assim a qualificação de "biologista".

Tirando o caso nítido da *adoção* – que nascia da *vontade* de assumir o papel de pai ou mãe e que se justificava pela perspectiva de construir um vínculo semelhante àquele que assentava na progenitura, no interesse do adotando – as relações de afeto ou de cuidado entre um adulto e uma criança, desacompanhadas de um vínculo biológico prévio, não tinham qualquer influência para sustentar uma relação jurídica parental, nem tinham o mérito de impedir a impugnação de um vínculo jurídico que se supunha assente na progenitura mas que, comprovadamente, não coincidia com a verdade biológica[3].

---

[3] Isto não é exatamente assim no direito espanhol, ou no francês, quer nas versões antigas quer nas versões atuais. Em França, a verificação da posse de estado restringe a legitimidade para impugnar ao filho, a qualquer dos pais e ao terceiro que se reclama progenitor (art. 333.º CCiv francês); e o direito de impugnar caduca

A sujeição do sistema à chamada "verdade biológica" – a "verdade verdadeira" nas palavras de CARBONNIER[4] – era difícil de contestar: os factos biológicos impunham-se por si, para além das ideologias e dos respetivos preconceitos. Para mais, os meios científicos de prova estavam a desenvolver-se como nunca, por força da prática das transplantações e dos conhecimentos associados de histocompatibilidade, e finalmente pelos progressos da genética.

2. Hesitações do "biologismo"

Mas o "biologismo" – que nunca foi um critério absoluto – mostra hoje fragilidades insuspeitadas.

a) Nunca foi um critério absoluto porque se começou a admitir a *procriação assistida* através da inseminação da mulher com esperma de dador. Este método, que se impôs no direito francês dos anos setenta, generalizou-se na Europa apesar das naturais hesitações que suscitou e foi sem perturbação que entrou no direito português, em 2006. Segundo o art. 20.º da Lei n.º 32/2006, de 26 de julho, o filho que nasce é "...havido como filho do marido ou daquele vivendo em união de facto com a mulher inseminada...", enquanto, nos termos do art. 21.º, "o dador de sémen não pode ser havido como pai da criança que vier a nascer, não lhe cabendo quaisquer poderes ou deveres em relação a ela". Ou seja, foi sempre admitido por toda a parte que, neste caso, o "pai biológico" não é o pai jurídico. Deste modo, os sistemas jurídicos afastam o critério

depois de cinco anos de posse de estado de filho (*idem*). Em Espanha, a verificação da posse de estado reduz a legitimidade para impugnar ao filho, ao progenitor registado e a quem for prejudicado na sua qualidade de herdeiro legitimário; e o direito caduca passados quatro anos de posse de estado (art. 140.º, CCiv espanhol).

[4] *Droit Civil*, 11 ème éd., t. 2, Paris, PUF, 1979, p. 317.

biológico para seguirem um critério baseado na vontade de aceitar a prática da inseminação e a de assumir o estatuto de pai.

b) Também se notavam dificuldades na aplicação do critério "biologista" no âmbito da *maternidade de substituição*. De facto, a gestação por conta de outrem tanto pode ser prestada por uma mulher que insemina o seu próprio óvulo como pode ser suportada por uma mulher que recebe um embrião resultante da fecundação de óvulo alheio – designadamente que pertença à mulher que encomenda a gestação. Em ambos os casos, o critério da maternidade foi sempre o da gestação e do parto, ignorando aquela diferença biológica essencial: no primeiro caso a mãe sub--rogada é mãe genética e mãe gestadora, enquanto no segundo caso a mãe sub-rogada é apenas gestadora. Ou seja, considerando apenas o fundamento biológico da maternidade, ou não se saberia escolher entre a contribuição do património genético e a gestação, ou poderia escolher-se a prevalência da contribuição do património genético, que é mais determinante para o filho, ainda que o valor da gestação seja cada vez mais conhecido e apreciado. Foram certamente razões estranhas ao "biologismo" puro que fizeram prevalecer o critério do parto[5].

c) Hoje, o "biologismo" começa a denotar uma nova fragilidade no âmbito do que começa a chamar-se o método ROPA *(Reception of oocytes from partner)*, segundo o qual uma mulher gera embriões

---

[5] Em tempos escrevi: "(...) o parto deixa de fornecer um critério biológico exclusivo (e, portanto, indiscutível) para a determinação da maternidade. Assim, a preferência pelo parto como critério jurídico só poderá basear-se no seu valor sócio-afectivo e em razões de ordem prática, como a simplicidade da identificação da mãe nos casos mais frequentes (...). (...) será cada vez mais difícil manter o parto como critério incontestável da maternidade. As mães genéticas hão de procurar impor o reconhecimento da sua ligação biológica; e será relativamente mais fácil diminuir o peso das pretensões da mãe geradora (...). (...) as mães genéticas não aceitarão recorrer a um processo de adopção clássico para constituir um vínculo de filiação com o seu próprio descendente biológico" – *Mãe há só uma duas!*, Coimbra, Coimbra Editora, 1992, p. 75-6.

resultantes da inseminação de óvulos da sua companheira, casada ou em união de facto.

O método não tem novidade do ponto de vista técnico porque, afinal, é apenas uma fertilização *in vitro* de óvulos de uma dadora, com sémen anónimo fornecido por um banco; porém, a dadora tem uma relação de matrimónio ou de união de facto com a recetora. Deste modo, segundo as regras gerais, a mulher que prossegue a gestação e tem o parto será a mãe; a segunda mulher pretende ser a segunda mãe, e invoca a qualidade de prestadora do material genético materno.

O caso mais conhecido é porventura o de uma criança que foi registada em Barcelona com mãe A e mãe B. Pedida a transcrição do registo em Itália, o tribunal de Turim rejeitou a pretensão alegando contrariedade à ordem pública; porém, a 2.ª instância admitiu o pedido, com base na defesa da identidade pessoal do filho. Depois de uma suspensão da execução da ordem por parte das autoridades que tutelam o registo civil, para efeitos de esclarecimentos institucionais, o registo foi feito em janeiro de 2015[6].

Este caso italiano significou a procedência dos dois vínculos biológicos concorrentes – o vínculo genético e o vínculo gestacional, ambos dando origem a vínculos jurídicos de maternidade. As autoridades italianas ignoraram a regra de que a mãe é a mulher que tem o parto (art. 269.º CCiv italiano) para admitir a equivalência do critério da gestação e do critério da origem genética.

Aparentemente, ocorreu um caso semelhante no Brasil (S. Paulo), em 2011, que também foi resolvido com a da aceitação da dupla maternidade[7].

---

[6] Cfr. http://it.aleteia.org/2015/01/07/nato-da-una-coppia-lesbica-il-comune-di-
-torino-ferma-la-trascrizione/

[7] Segundo informação do acórdão do Tribunal de Justiça de S. Paulo, acessível em http://ibdfam.org.br/imagens_up/Regi.pdf

3. O amor pedocêntrico

Por outro lado, na segunda metade do século vinte, assistiu-se a uma desvalorização clara da instituição matrimonial e a uma ascensão nítida do valor da autonomia – tudo concorrendo para a diminuição do valor do próprio compromisso dos nubentes. O chamado "bem da família", que devia orientar a direção conjunta a par dos interesses de um e do outro cônjuge[8], tornou-se mais débil no confronto entre os projetos de vida individuais; os deveres recíprocos dos cônjuges[9] perderam intensidade e até perderam a garantia jurídica do seu cumprimento, desaparecido o divórcio-sem-culpa; a saída do compromisso matrimonial simplificou-se. Numa palavra, a ideia de casamento como "relação pura"[10], baseada no compromisso privado que contém em si a possibilidade antecipada da sua dissolução, mostra *a grande fragilidade do amor entre os adultos*.

Neste quadro de profunda instabilidade, também parece notar-se – como defesa e reação – a *hipervalorização da relação com os filhos*, que contém a promessa de estabilidade que desapareceu em redor do indivíduo. "O filho, a sua educação e cuidado, podem criar novas referências de sentido e de valores, e pode até converter-se no centro do sentido da existência privada"[11]. Mesmo que a taxa de natalidade continue baixa, tanto se nota a vontade de não ter filhos como a ansiedade por tê-los. O amor, outrora fiável e entre adultos, tornou-se preferencialmente pedocêntrico.

Se havia um certo pudor em chamar os sentimentos para os terrenos do Direito, e não era costume usar a palavra amor, ou afeição,

---

[8] Art. 1671.º, n.º 2, CCiv.

[9] Art. 1672.º, CCiv.

[10] A. GIDDENS – *Modernidad e identidad del yo*, Barcelona, Península, 1997, p. 237-8.

[11] U. BECK y E. BECK-GERNSHEIM – *El normal caos del amor*, Barcelona, El Roure, 1998, p. 190.

nos escritos jurídicos[12], a linguagem contemporânea – sobretudo das decisões judiciais – é mais propensa à consideração dos afetos[13].

Para além de alguma perturbação que pode causar na definição do que é o "interesse do filho" por causa da sua vocação totalitária que pode fazer obnubilar os outros fatores relevantes, este caráter pedocêntrico do amor teve consequências no critério emergente que se insinua para definir a parentalidade.

4. A vontade (e o cuidado[14]) como critério da parentalidade

Notam-se várias manifestações que exprimem a substituição do critério biológico da determinação da parentalidade pelo critério do amor sob a forma da vontade de cuidar e da assunção voluntária da responsabilidade pelo cuidado.

a) A *procriação assistida*, sob a forma da inseminação com esperma de dador, trouxe a forma mais conhecida de substituição do pai biológico pelo marido da mãe, desde os inícios dos anos 70. Esta regra impôs-se com um caráter indiscutível, em quase todos os países[15]. Para além de se inscrever o nome do marido no registo

---

[12] O código civil português usou a palavra afeição uma vez, na norma que define os critérios para a escolha do tutor pelo tribunal (art. 1931.º, n.º 1).

[13] Cfr., por exemplo, os acórdãos da Rel. de Évora de 03.03.2010, da Rel. de Coimbra de 10.16.2012 e de 11.06.2012, da Rel. do Porto de 11.11.2014, da Rel. de Lisboa de 04.29.2014, e da Rel. de Guimarães de 06.12.2014, todos em www.dgsi. pt. Cfr. tb. Rita XAVIER – *O público e o privado no direito da família*, in «Revista Portuguesa de Filosofia», vol. 70, n.º 4, 2014, p. 668-672.

[14] Habituei-me a esta palavra com Tânia da Silva PEREIRA, a quem acompanhei como coordenador secundário em *O cuidado como valor jurídico*, Rio de Janeiro, Forense, 2008; *O cuidado e Vulnerabilidade*, S. Paulo, Atlas, 2009; *Cuidado e Responsabilidade*, S. Paulo, Atlas, 2011; *Cuidado e Sustentabilidade*, S. Paulo, Atlas, 2014.

[15] Seguindo o modelo francês. Não assim no sistema alemão e na Escandinávia. O Reino Unido passou a seguir este caminho [*The Human Fertilization and Embryology Authority (Disclosure of Donor Information) Regulations 2004*].

civil, o filho não podia pretender o reconhecimento da paternidade assente no vínculo biológico, nem sequer descobrir a identificação do dador. E a preocupação de robustecer o papel do marido levou as boas práticas a admitir alguma seleção do dador para que ele tivesse uma aparência semelhante à dele e assim favorecer a aparência da paternidade biológica do marido[16].

Aparentemente, a vontade de assumir a paternidade na sequência da inseminação com dador, manifestada nos termos da lei, é suficiente; isto é, não se exige a demonstração de atos reiterados de cuidado, embora a manifestação da vontade deixe prever um comportamento típico de pai e a partilha das responsabilidades parentais com a mãe.

O direito português seguiu estas regras. Na verdade, segundo o art. 20.º da Lei n.º 32/2006, de 26 de julho, "Se da inseminação (...) vier a resultar o nascimento de um filho, é este havido como filho do marido ou daquele vivendo em união de facto com a mulher inseminada (...)"; e, de acordo com o art. 21.º, "O dador de sémen não pode ser havido como pai da criança que vier a nascer, não lhe cabendo quaisquer poderes ou deveres em relação a ela".

b) No direito brasileiro, nasceu no fim dos anos 70 uma corrente forte que favorece a chamada *paternidade sócio-afetiva*[17].

João Batista VILLELA escreveu que "ser pai ou ser mãe não está tanto no fato de gerar quanto na capacidade de amar e servir"[18]. De certo modo, esta ideia não é inovadora, no sentido em que já se praticava, em toda a parte, a atribuição da paternidade sem vínculo

---

[16] Guilherme de OLIVEIRA – *Procriação com dador; tópicos para uma intervenção*, in «Procriação assistida, Colóquio interdisciplinar, 12-13 de Dezembro de 1991», Coimbra, Centro de Direito Biomédico, 1993, p. 37.

[17] VILLELA, J. B. – *Desbiologização da Paternidade*. Revista da Faculdade de Direito. Universidade Federal de Minas Gerais, v. 21, p. 401-419, 1979.

[18] *Idem*, n.º 3.

biológico. Na verdade, o instituto da adoção é conhecido em todos os sistemas jurídicos com uma configuração semelhante[19] e o adotante não é, por definição, o progenitor. Por outro lado, o conceito de posse de estado, e os seus três elementos (*nomen, tractatus* e *fama*), é um clássico do direito da família, com relevo específico no âmbito da impugnação dos reconhecimentos voluntários, em alguns países[20]. Por último, e mais recentemente, a regra de que o marido, ou o companheiro da mãe, que consente na inseminação com gâmetas de dador é o pai jurídico também foi consagrada em muitos países.

Mas a ideia ampliou-se na doutrina, na jurisprudência e na lei brasileiras. Diz-se que "toda a paternidade é necessariamente socioafetiva, podendo ter origem biológica ou não"[21]. Em primeiro lugar, sublinhou-se o art. 227.º[22] da Constituição de 1988, onde se lê que a *convivência familiar* é a "prioridade absoluta da criança"[23]. Depois, o código civil de 2002 afirmou "o parentesco é natural ou civil, conforme resulte de consanguinidade ou de *outra origem*" (art. 1593.º CCiv br). Entendeu-se a noção de parentesco civil como outra maneira de exprimir a verdade sócio-afetiva, que sustenta os vínculos de parentalidade em três tipos de situações: na adoção; no caso de paternidade do marido ou companheiro da mãe inseminada com esperma de dador (art. 1597.º, V, br); no caso de posse de

---

[19] Omitindo agora a diferença entre adoção secreta e adoção *aberta*.

[20] Cfr. *supra*, nota 4.

[21] Paulo LÔBO – *Socioafetividade: o estado da arte no direito da família brasileiro*, «Revista Jurídica Luso-Brasileira», Centro de Investigação de Direito Privado, FDUL, ano 1, 2015, n.º 1, p. 1743-1759, p. 1751.

[22] "É dever da família, da sociedade e do Estado assegurar à criança, ao adolescente e ao jovem, com absoluta prioridade, o direito à vida, à saúde, à alimentação, à educação, ao lazer, à profissionalização, à cultura, à dignidade, ao respeito, à liberdade e à convivência familiar e comunitária, além de colocá-los a salvo de toda forma de negligência, discriminação, exploração, violência, crueldade e opressão. (...)" (Redação dada Pela Emenda Constitucional nº 65, de 2010).

[23] Paulo LÔBO – *Direito civil - Famílias*, 4.ª ed., São Paulo, Ed. Saraiva, 2011, p. 265; *ID. Socioafetividade..., cit., p. 1752-3.*

estado de filho (1601.º, II, br)[24]. Por outro lado, tem ganho força a ideia de que o conhecimento da paternidade biológica ou da origem genética, possibilitado pelos meios de prova científica, satisfaz um direito fundamental do âmbito do desenvolvimento da personalidade, mas não traduz a verdadeira paternidade, que pertence ao domínio do direito da família, e que é fundamentalmente um facto cultural, afetivo, fundador do "estado de filiação"; "a certeza absoluta da origem genética não é suficiente para fundamentar a filiação, uma vez que outros são os valores que passaram a dominar esse campo das relações humanas"[25].

Com base nestes desenvolvimentos, o direito brasileiro levou a relevância da posse de estado e da paternidade sócio-afetiva até um ponto mais avançado do que se conhecia[26].

A posse de estado de filho – mostrando a verdade sócio-afetiva ou a sócio-afetividade – tem um papel relevante quer para (*aa*)) estabelecer a filiação, quer para (*bb*)) obstar à sua impugnação.

aa) A doutrina fala de uma "reconfiguração da presunção *pater is est*..."[27], de tal modo que esta também faz presumir a paternidade do

---

[24] *Idem*, p. 207.

[25] Paulo LÔBO, *ob.cit.*, p. 227-8. É esta separação entre o direito ao desenvolvimento da personalidade e o direito da família que explica que a Lei n.º 12.010/2009, ao dar nova redação ao Estatuto da Criança e do Adolescente, admita que o adotado possa conhecer a sua origem genética, sem prejuízo da adoção – Paulo LÔBO, *Socioafetividade...*, cit., p. 1758.

[26] Deve notar-se que, neste contexto, os tradicionais elementos da posse de estado não terão exatamente o mesmo sentido que têm quando a posse de estado serve de presunção do vínculo biológico. O *tratamento (tractatus)* é a manutenção de relações de cuidado como para um filho (elemento objetivo), mas deve incluir o sentimento de responsabilidade pelo cuidado da criança como faria um pai – que não é desempenho de mera atividade profissional, nem caridade transitória (elemento subjetivo); e a *reputação pelo público (fama)* deve mostrar o aval da comunidade ao compromisso paternal que o homem assumiu – cfr. o meu *Critério jurídico da paternidade*, Coimbra, BGUC, 1983, p.445-6.

[27] A regra mantém o efeito tradicional de presumir a paternidade do marido, quando a paternidade "não tiver sido constituída por outro modo e for inexistente no registro do nascimento, em virtude da incidência do princípio da paternidade

marido da mãe "que age e se apresenta como pai, independentemente de ter sido ou não o genitor biológico"[28]; "(...) pai é o marido ou o companheiro que aceita a paternidade do filho, (...) sem questionar a origem genética, consolidando-se o estado de filiação"[29].

Nos casos em que não existe ou não é conhecido um registo de nascimento, a parentalidade pode ser estabelecida com base na demonstração da posse de estado de filho[30]. A situação mais comum é a de os pais terem desaparecido ou morrido sem terem promovido o competente registo de nascimento[31]. Trata-se, portanto, de suprir a falta de um registo que podia ter sido feito e que representaria a parentalidade jurídica, fossem ou não os desaparecidos ou falecidos os reais progenitores.

No caso de nascimento fora do casamento[32], o filho pode propor uma ação de investigação de paternidade. Porém, nesta ação, "o que se investiga é o *estado de filiação*, que pode ou não decorrer da origem genética"[33]; daí que a procedência de um exame científico não tem o resultado de o réu ser considerado como pai; apenas lhe dá a qualidade de genitor[34]. Para que a paternidade seja declarada, é

---

responsável imputada a quem não a assumiu" – Paulo LÔBO, *Socioafetividade...*, cit, p. 1752; o marido só pode impugná-la por vício da vontade.

[28] Paulo LÔBO, *ob. cit.*, p. 247-8.

[29] *Idem*, p. 221.

[30] Em alternativa à apresentação de "começo de prova por escrito" art. 1605.º CCiv br - Paulo LÔBO, *ob. cit.*, p. 236-237.

[31] Paulo LÔBO, *ob. cit.*, p. 236.

[32] A paternidade pode estabelecer-se por perfilhação; mas o filho pode impugná-la, (tenha havido ou não convivência familiar) dentro dos quatro anos posteriores à maioridade (art. 1614.º, CCiv br). É que o filho é livre de aceitar essa paternidade, ou de a recusar.

[33] *Idem*, p. 265. A investigação da paternidade como origem genética decorre de um direito de personalidade de qualquer indivíduo, e não se confunde com o direito da família.

[34] "1. Se o autor foi registrado pelo marido da sua mãe quando já contava 13 anos e sempre soube que não era filho do pai registral, então essa condição de filho restou consolidada como relação jurídica de paternidade **socioafetiva** que perdurou até o óbito do pai registral, quando já contava 49 anos de idade (...) 4.

preciso que todo "o conjunto probatório" mostre o "estado de filiação derivado dos laços de afeto construído na convivência familiar"[35]. No mesmo sentido, "a ação [de investigação da parentalidade] não tem somente a finalidade de atribuir a paternidade ou a maternidade ao genitor biológico. Este é apenas um elemento a ser levado em conta, mas deixou de ser determinante. O que se investiga é o estado de filiação que pode ou não decorrer da origem genética"[36]. E ainda "Não há como aceitar uma relação de filiação apenas biológica, sem ser afetiva, esta externada quando o filho é acolhido pelos pais, que assumem plenamente suas funções do poder familiar"[37].

A utilização da posse de estado também é vulgar no contexto da chamada "adoção à brasileira". Neste caso, uma criança é registada em nome de pessoas que se fazem passar pelos progenitores, e que pretendem criá-la. Na sua base está uma falsificação do estado civil, que é crime de "parto suposto" (art. 242.º CPen br). No entanto, a prática da "convivência familiar", e o decurso do tempo, constituem uma posse de estado de filho que passa a merecer a tutela do Direito, por força da norma constitucional que garante à criança o direito à "convivência familiar" (art. 227.º). Entre a rejeição do comportamento criminoso (que afinal a sociedade aprova) e a proteção constitucional, os tribunais usam a prerrogativa do "perdão judicial" para deixar de aplicar a pena em razão de "reconhecida nobreza"[38].

Não é possível desconsiderar a figura de quem foi sempre o verdadeiro pai do autor, que lhe deu o nome e o sustento, isto é, o amparo material... e moral, bem como o suporte afetivo, ao longo de toda a sua vida, e cujo nome já carrega há mais de cinqüenta anos (...) 5. Se o propósito da parte era conhecer o seu vínculo biológico, tal pretensão foi atendida com o exame de DNA realizado". TJ-RS - Apelação Cível AC 70061424107 RS (TJ-RS), 04/11/2014.

[35] *Idem*, p. 266.

[36] Caio Mário da Silva PEREIRA – *Instituições de direito civil*, vol. V, 22.ª ed., rev. e atual. por Tânia da Silva Pereira, Rio de Janeiro, Forense, 2014, p. 412.

[37] Rolf MADALENO, *apud* Caio Mário da Silva PEREIRA, *ob cit*, p. 415.

[38] Paulo LÔBO, *ob. cit.*, p. 251-2.

É conhecida ainda a aplicação destes conceitos aos "filhos de criação", "que abandonam suas famílias originárias, por variadas contingências da vida, e são inteiramente acolhidos em outra, onde são construídos laços estáveis de afetividade recíproca"[39], sem que a família de acolhimento altere o registo civil.

bb) A posse de estado obsta à impugnação da paternidade pelo marido quando, apesar da inexistência de um vínculo biológico entre o filho e o presumido pai, se estabeleceu "o estado de filiação, de natureza socioafetiva"[40]. Para impugnar a paternidade registada por força da presunção *pater is est...* o marido tem de "provar não ser o genitor, no sentido biológico' (por exemplo, o resultado do exame de DNA) e, por esta razão, não ter sido constituído o estado de filiação, de natureza socioafetiva; e se foi o próprio declarante perante o registro de nascimento, comprovar que teria agido induzido em erro ou em razão de dolo ou coação".

É duvidoso se o conhecimento superveniente de que o pai não foi o genitor lhe permite impugnar o estado de filho que foi constituído antes. O STJ acabou de admitir que, neste caso, houve vício de consentimento da parte do pai, que justifica a impugnação[41]. Mas Paulo LÔBO discorda e afirma em contrário que, "se forem mais fortes a paternidade afetiva e o melhor interesse do filho, enquanto menor, nenhuma pessoa ou mesmo o Estado poderão impugná-la (...)"[42]; e ainda "O que determina a filiação ou não são esses fatos

---

[39] *Idem*, p. 287.

[40] *Idem*, p. 246.

[41] O STJ afirmou, em 06.04.2015: "Sem proceder a qualquer consideração de ordem moral, não se pode obrigar o pai registral, induzido a erro substancial, a manter uma relação de afeto, igualmente calcada no vício de consentimento originário, impondo-lhe os deveres daí advindos, sem que, voluntária e conscientemente, o queira - acessível em http://www.ibdfam.org.br/jurisprudencia/3147/Negatória%20de%20paternidade.%20Filiação%20socioafetiva.

[42] *Direito Civil...*, *cit.*, p. 248.

extraídos da convivência e não a vontade ou consentimento, ou, como foi o caso, o ressentimento ou reação contra a infidelidade do outro cônjuge"[43].

Por razões semelhantes, e por outras ligadas ao direito probatório, rejeitou-se a ideia de que a recusa de submissão a exames científicos fazia presumir a paternidade do réu, sempre que essa presunção contrariasse uma paternidade sócio-afetiva já constituída[44].

Por outro lado, a perfilhação é irrevogável, salvo se tiver havido vício de consentimento ou se se demonstrar a total ausência de relação sócio-afetiva entre pai e filho[45]. Segundo o Superior Tribunal de Justiça "(...) mesmo na ausência de ascendência genética, o registro realizado de forma consciente e espontânea consolida a filiação socioafetiva, que deve ter reconhecimento e amparo jurídico"[46] . E em 2007, o STJ brasileiro[47] já dizia: "O reconhecimento de paternidade é válido se reflete a existência duradoura do vínculo sócio-afetivo entre pais e filhos. A ausência de vínculo biológico é fato que por si só não revela a falsidade da declaração de vontade consubstanciada no ato do reconhecimento. A relação sócio-afetiva é fato que não pode ser, e não é, desconhecido pelo Direito. (...) O STJ vem dando prioridade ao critério biológico para o reconhecimento da filiação naquelas circunstâncias em que há dissenso familiar, onde a relação sócio-afetiva desapareceu ou nunca existiu. Não se pode impor os deveres de cuidado, de carinho e de sustento a alguém

---

[43] http://www.ibdfam.org.br/noticias/5557/STJ+autoriza+desconstituição+de+paternidade+mesmo+após+cinco+anos+de+convivência

[44] Paulo LÔBO, *Socioafetividade*..., cit, p. 1754-5.

[45] "A retificação do registro civil de nascimento, com supressão do nome do genitor, somente se admite quando existir nos autos prova cabal de ocorrência de vício de consentimento no ato registral ou, em situação excepcional, em face da demonstração de total ausência de relação **socioafetiva** entre pai e filho". TJ-RS - Apelação Cível AC 70039828009 RS (TJ-RS), 31/05/2011.

[46] Caio Mário da Silva PEREIRA, *ob. cit.*, p. 400.

[47] RECURSO ESPECIAL No 878.941 - DF (2006/0086284-0)

que, não sendo o pai biológico, também não deseja ser pai sócio-
-afetivo. A *contrario sensu*, se o afeto persiste de forma que pais e
filhos constroem uma relação de mútuo auxílio, respeito e amparo,
é acertado desconsiderar o vínculo meramente sanguíneo, para reconhecer a existência de filiação jurídica".

Em suma, se alguns sistemas jurídicos europeus davam valor
à estabilidade das relações constituídas, no interesse do filho, di-
ficultando a impugnação da filiação, o sistema brasileiro ampliou
muito o valor da verdade sócio-afetiva baseando a constituição dos
vínculos na prova de que se criou um laço afetivo duradouro, ou
assentando a impugnação da filiação na prova de que não chegou a
formar-se, ou desapareceu, uma convivência familiar. A investigação
da paternidade biológica é uma questão da tutela da personalidade; o estabelecimento da filiação, para ser um assunto de direito
da família, exige a comprovação de uma convivência familiar de
natureza sócio-afetiva[48].

5. Co-responsabilidades

Para além da crise do "modelo biologista" para a determinação
da paternidade, as relações de família verticais desenvolvem-se
através de uma crescente *partilha de responsabilidades*. A intenção clara é a de reforçar os laços de convivência em que a criança
ou o jovem vive, e garantir a sua manutenção no caso de ocorrer
alguma vicissitude.

---

[48] Resta saber que consequências é que esta noção de filiação sócio-afetiva vai
ter no direito sucessório, designadamente na restrição da liberdade de testar por
força do instituto da sucessão legitimária. Cfr. T. Lemos PEREIRA – *Deserdação por
abandono afetivo*, acessível em http://www.familiaesucessoes.com.br/?p=1612 e E.
ROCA I TRIAS – *Libertad y Família*, Valência, Tirant lo Blanche, 2014, p. 228-235.

a) Partilha de responsabilidades parentais com o cônjuge de um progenitor ou com a pessoa em união de facto com esse progenitor

Na maioria dos países, a investidura em responsabilidades parentais sobre uma criança ou jovem só pode atingir-se através da adoção[49] do filho do cônjuge ou da pessoa com quem se vive em união de facto, nas condições em que a adoção é permitida.

Para além disto, em alguns países europeus, a pessoa casada com um progenitor que exerça responsabilidades parentais, ou que viva em união de facto com ele, pode partilhar essas responsabilidades, isto é, exercer os mesmos direitos e cumprir os mesmos deveres que os progenitores.

Os regimes variam bastante[50]. Pode admitir-se essa partilha por acordo com o progenitor com quem convive, se apenas este exerce responsabilidades parentais, ou com os dois progenitores (UK), ou por decisão judicial (Finlândia); pode admitir-se essa partilha só quando a criança ou o jovem não tem laços jurídicos com um segundo progenitor (Holanda); a partilha opera-se por força da lei (Holanda); a aquisição de responsabilidades por um convivente pode fazer diminuir as responsabilidades de um dos progenitores (Áustria).

Em Portugal, na sequência do insucesso parlamentar da co-adoção, foram apresentados dois projetos de lei[51] que pretendiam alargar o regime de atribuição das responsabilidades parentais em caso de impedimentos ou de morte de um titular. Ambos tinham em mente, suponho, o exemplo divulgado amplamente pelos proponentes da co-adoção: "Está em causa evitar, por exemplo, situações conhecidas e dolorosas de descrever pela sua crueldade: basta imaginar uma criança, educada por dois homens casados, até aos 10 anos de

---

[49] Para uma informação atualizada até 2007, veja-se K. BOELE-WOELKI ed. – *Principles of European Family Law Regarding Parental Responsibilities*, Antewerpen/ Oxford, Intersentia/CEFL, 2007, p. 69.

[50] K. BOELE-WOELKI ed. – *Principles of European Family Law ...*, cit., p. 69-71.

[51] Pjl607/XII, do PS, e pjl786/XII, do PSD e do CDS.

idade, morrendo nessa data o pai biológico num acidente. Aquela criança, que não distingue a nenhum nível qualquer dos pais, não tem, no entanto, o mais ténue vínculo jurídico com o, para si, pai sobrevivente. Pode mesmo vir a ser arrancada dos seus braços pela família do pai falecido, mesmo que não tenha tido qualquer contacto com ela ao longo da sua vida"[52].

Os dois projetos de lei pretendiam garantir que a criança ou o jovem que convivesse com um dos progenitores e com o cônjuge deste, ou o unido de facto com este, mantivesse os laços com o adulto com quem convive. No caso de impedimento ou de morte do progenitor, o exercício das responsabilidades parentais pertenceria ao progenitor sobrevivo, como resulta já hoje do código civil; mas se este não pudesse assumir este estatuto, as responsabilidades seriam deferidas à pessoa que convivesse com o progenitor sobrevivo. A diferença mais nítida entre os dois diplomas[53] estava no seguinte: no projeto do PSD/CDS, previa-se que, sendo as responsabilidades parentais exercidas apenas por um progenitor, o tribunal podia atribuí-las também ao cônjuge dele, ou ao unido de facto com ele, a requerimento de ambos, com audiência da criança ou do jovem salvo se isto se mostrasse inconveniente, sendo a extensão das responsabilidades definidas em cada caso. Ou seja, previa-se um regime de partilha de responsabilidades em condições normais, e não apenas nos casos de impedimento ou de morte do progenitor responsável. A Lei n.º 137/2015, de 7 de setembro, consagrou uma versão parecida com esta última, embora limitada aos casos em que a filiação se encontre estabelecida apenas quanto a um dos progenitores.

---

[52] Preâmbulo do Projeto de Lei n.º 278/XII, subscrito por vários deputados e deputadas do PS, em 2012.

[53] Também não é de desprezar a circunstância de o projeto de lei do PSD/CDS afastar uma expressão imprópria que foi introduzida na Assembleia, em 2008, na parte final do art. 1903.º: "... e com validação legal".

b) Um estatuto mínimo para os padrastos e madrastas

Não sendo possível partilhar inteiramente as responsabilidades parentais, procura-se, em todo o espaço europeu, um estatuto jurídico mínimo para os cônjuges dos progenitores com filhos à sua guarda ou, mais amplamente, para todos os companheiros desses progenitores. O homem que vive com a mãe pode autorizar a prática de um ato médico banal sobre a criança? O cônjuge da mãe pode assinar uma autorização para a deslocação de uma criança em visita de estudo?

Estas pessoas, embora estejam presentes no quotidiano das crianças, e portanto desempenhem papéis fundamentais no cuidado destas, beneficiam de uma escassa consideração jurídica nos sistemas jurídicos. Em alguns países, a própria linguagem, e o imaginário infantil clássico, desvalorizam a figura os cônjuges ou companheiros – são os padrastos e as madrastas[54]. Para além dos países que preveem uma verdadeira partilha total de todas responsabilidades parentais, em alguns lugares, prevê-se um estatuto mínimo[55]: é o caso da Suíça[56] e da República Checa[57], onde a pessoa que vive com um progenitor que tenha responsabilidades parentais pode exercer responsabilidades nos "assuntos da vida corrente"; também é o caso da Alemanha[58], onde o regime é semelhante mas se exige expressamente que o progenitor convivente exerça as responsabilidades parentais em exclusivo; e parece que se pratica este regime, mesmo sem lei que o preveja, em muitos outros países[59].

---

[54] "A vida é madrasta...", "uns são filhos e outros enteados...".

[55] Para uma informação atualizada até 2007, veja-se K. BOELE-WOELKI ed. – *Principles of European Family Law ...*, cit., p. 71 e 116-8.

[56] Art. 299.º do Código Suíço.

[57] Art. 33.º do Código da Família.

[58] Par. 1687 b, do BGB; § 9 da Lebenspartnerschaftsgesetz.

[59] CEFL – *Principles of European Family Law regarding Parental Responsibilities*, Antwerpen/Oxford, Intersentia, 2007, p. 116-7.

No Brasil, a Lei n.° 11.924[60], mandou aditar à Lei dos Registros Públicos a possibilidade de o enteado requerer o aditamento dos apelidos de família do padrasto ou madrasta, com a concordância destes e sem prejuízo dos apelidos da família original.

Em Portugal, a Lei n.° 61/2008 introduziu uma regra que pode aplicar-se neste contexto – o art. 1906.°, n.° 4: "O progenitor a quem cabe o exercício das responsabilidades parentais relativas aos actos da vida corrente pode exercê-las por si ou delegar o seu exercício". Este texto, embora sem o dizer expressamente, quis autorizar o progenitor com quem o filho vive, ou com quem ele se encontra temporariamente, a delegar os seus poderes de exercício, livremente, num novo cônjuge ou companheiro. Os seus poderes de exercício podem ser delegados sem o titular ter de pedir autorização ao outro progenitor, e sem se "presumir" o consentimento deste – o titular é livre de os ceder. Daí que não haja lugar à manifestação de objeções por parte do outro titular das responsabilidades parentais.

c) Multiparentalidade

Nos Estados Unidos – na Califórnia – o Supremo Tribunal admitiu que uma criança podia ter "dupla maternidade" em três casos decididos em 2005. Embora com diferenças, os casos mostravam sempre o nascimento de uma criança dentro de um casal de mulheres homossexuais que mais tarde se separou; e a mulher que não era a mãe biológica, insatisfeita com os remédios tradicionais da atribuição de direitos de visita e até com a atribuição da guarda, reclamou o estatuto de mãe. O Tribunal afirmou, em suma, que o facto de partilhar o projeto de gerar os filhos e de tratá-los como próprios no quadro da relação de união de facto implica a atribuição da maternidade legal, o que protege o interesse superior do me-

---

[60] De 17 de Abril de 2009.

nor[61]. Sobretudo num dos casos, o tribunal aplicou analogicamente a *section* 7611, *d)* do Código da Família que presume pai o homem que acolhe o filho em sua casa e o trata como filho. Salvo erro, porém, esta norma apenas prevê uma compreensível e tradicional presunção da paternidade biológica, e não um fundamento novo da paternidade (ou da maternidade) assente nas relações de paternidade de facto e que exclui a progenitura natural; afirmação que sustento com a leitura de todo o regime que baseia a paternidade na verdade biológica ou na adoção (cfr. p. ex., *section* 7610). No fim de 2013, o estado da Califórnia promulgou uma lei no mesmo sentido, depois de dois anos de discussão e de um veto do Governador. O argumento decisivo, mais uma vez, foi a satisfação do interesse da criança e os danos para a sua estabilidade que uma solução diversa implicaria[62].

Também o tribunal de recurso de Ontário, em 2/1/2007, proferiu uma sentença conhecida como o *"Three parents case"*[63]. Nesta hipótese, uma mulher que vivia num casal homossexual, e teve um filho, beneficiando do auxílio de um amigo. Ao pretender-se estabelecer a filiação da criança, perguntou-se quem é mãe e quem é pai? A mãe é a mulher que teve o parto, naturalmente; mas também a mulher que vive com ela, ou que é casada com ela, porque também desempenha o mesmo papel de mãe. E o pai é o homem que forneceu o esperma – o pai biológico – que quer ter uma função ativa no cuidado da criança, aliás com o acordo das duas mulheres. Parecia não bastar atribuir a qualquer dos três interessados as responsabilidades parentais sem lhes reconhecer um verdadeiro

---

[61] FARNÓS Amorós, S. y GARRIGA Gorina, M. (2005): "¿Madres? Pueden ser más de una", *InDret* 4, pp. 306-313.

[62] Senate Bill No. 274 CHAPTER 564

(1) "This bill would authorize a court to find that more than 2 persons with a claim to parentage, as specified, are parents if the court finds that recognizing only 2 parents would be detrimental to the child (...)". O regime consta hoje do Código da Família, section 7612 *c)*.

[63] Acessível em http://www.samesexmarriage.ca/docs/abc030107.pdf

estatuto de "pais"; não foi considerado satisfatório reconhecer duas figuras parentais e atribuir à terceira pessoa um direito de visita amplo, porque esta solução não refletia a intensidade das relações afetivas entre todos. Em suma, nenhuma das três pessoas admitia ser excluída da parentalidade, nenhuma admitia assumir um estatuto inferior ao das outras, e todas estavam de acordo sobre isto. E o tribunal de recurso canadiano admitiu que o melhor interesse da criança era o de ter três figuras parentais – duas mães e um pai.

O tribunal entendeu que as leis vigentes destinavam-se apenas a garantir a igualdade de estatutos dos filhos nascidos dentro ou fora do casamento; e tinha em mente as uniões tradicionais entre um homem e uma mulher. Os outros tipos de relacionamento familiar não foram considerados porque simplesmente foram o produto da medicina da reprodução que não se tinha desenvolvido na época. O tribunal reconheceu que as condições se modificaram e que a legislação mostrava lacunas que era necessário preencher, no interesse das crianças, como nos casos em que a criança tinha duas mães ou dois pais. Estas duas mães ou estes dois pais "são tão pais como os adotivos ou os naturais", disse o tribunal[64]. E acrescentou: "É contrário ao interesse da criança que ela seja privada do reconhecimento de uma das suas mães"[65].

Desde então, têm surgido outros casos semelhantes no Canadá.

Designadamente, a lei em vigor na Colúmbia Britânica permite que, para além da mãe biológica, outra mulher casada com ela, ou vivendo em união de facto com ela, seja registada como mãe[66].

---

[64] Cfr. o acórdão, n.º [35].

[65] *Idem*, n.º [37].

[66] Family Law Act [sbc 2011] chapter 25, par. 27:
(3) Subject to section 28 *[parentage if assisted reproduction after death]*, in addition to the child's birth mother, a person who was married to, or in a marriage-like relationship with, the child's birth mother when the child was conceived is also the child's parent unless there is proof that, before the child was conceived, the

No Brasil[67], em 2012, o Tribunal de Justiça de S. Paulo[68] aceitou a inscrição de duas mães no registo civil, relativamente a uma criança nascida por inseminação com dador e que foi gerada por uma das mulheres. O Tribunal invocou, sobretudo, o princípio constitucional da dignidade da pessoa humana, o princípio da igualdade e o objetivo constitucional de "promover o bem de todos sem preconceito de (...) sexo (...)". Terá sido a primeira vez que a inscrição foi autorizada sem necessidade de prévio processo de adoção.

Em Minas Gerais, em 2014, invocados os mesmos princípios, o Tribunal de Justiça pronunciou-se do mesmo modo[69], apesar do parecer contrário do ministério público que, alegando que a criança tinha acabado de nascer, fazia notar que não se podia fazer prova da posse de estado de filho e da verdade sócio-afetiva. O caso mostrou, pois, que a mera vontade concordante das duas mulheres foi suficiente para justificar a inscrição da dupla maternidade.

No Rio de Janeiro, um acórdão de 2013[70], numa situação semelhante, também sem a preocupação de demonstrar uma situação de facto consolidada pela verdade sócio-afetiva, aceitou a inscrição das duas mães no registo, acrescentando aos fundamentos constitucionais a ideia de que a dupla maternidade consagra o "superior interesse da criança". E exprime ainda, com clareza, que as duas mulheres "buscam converter um vínculo precário (...) para um vínculo institucionalizado (...)".

person (a) did not consent to be the child's parent, or (b) withdrew the consent to be the child's parent.

[67] A descrição seguinte não pretende ser exaustiva.

[68] Acessível em http://ibdfam.org.br/imagens_up/Regi.pdf

[69] Acessível em http://ibdfam.org.br/jurisprudencia/2934/%20Dupla%20maternidade.%20Possibilidade

[70] Acessível em http://ibdfam.org.br/jurisprudencia/2312/Declaração%20de%20dupla%20maternidade.%20Parcerias%20do%20mesmo%20sexo%20que%20objetivam%20declaração%20para%20serem%20genitoras%20de%20filho.%20Reprodução%20assistida

No Rio Grande do Sul, foi apreciado um caso em que o registo de uma criança continha o nome da mãe biológica e o nome do homem com quem ela vivera desde a gestação – o pai sócio-afetivo. Mais tarde, o pai biológico logrou fazer a prova pericial da sua paternidade e requereu que o seu nome fosse acrescentado ao registo. Em face da anuência de todos – e até de um acordo que estabelecia o regime de visitas e de prestação de alimentos – o Tribunal de Justiça decidiu que deviam constar do registo os dois pais e a mãe. Invocou, sobretudo, a consistência da paternidade sócio-afetiva que impedia o afastamento do nome do pai que constava do registo, e também o melhor interesse da criança. Mais tarde, num acórdão de 2015[71], o mesmo Tribunal de Justiça determinou que uma criança devia ser registada com duas mães e um pai; a mãe biológica era casada com outra mulher, e o homem era o progenitor. O Tribunal entendeu que a lei era omissa e sentiu-se legitimado para usar os instrumentos típicos para a integração das lacunas. Invocou os argumentos já habituais e acentuou o princípio da afetividade, notando que o critério biológico não é o critério exclusivo na formação do vínculo familiar; acrescentou que, deste modo, a criança terá uma "rede de afetos" ainda mais diversificada a amparar o seu desenvolvimento.

No Acre, o Tribunal de Justiça aceitou, em 2014, a inscrição do nome do pai biológico ao lado do pai sócio-afetivo, num caso semelhante ao que foi apreciado pelo Tribunal de Justiça do Rio Grande do Sul.

Em Espanha, as leis da procriação medicamente assistida já ofereciam hipóteses em que a constituição de vínculos de filiação se afastavam da verdade biológica. A hipótese mais conhecida referia-se ao caso já tornado clássico da paternidade do marido da mãe em inseminação com esperma de dador. Para além deste caso – e na

---

[71] Acessível em http://ibdfam.org.br/assets/img/upload/files/TJRS%2013_02_2015. pdf

sequência da aprovação de matrimónios entre pessoas do mesmo sexo – a lei da PMA foi emendada por forma a reconhecer a maternidade da pessoa casada com a mãe biológica[72]. Para este efeito, foram previstos requisitos especiais, aplicáveis à situação nova: a) nascimento do filho mediante técnicas de reprodução assistida, b) existência de matrimónio entre a mãe gestante e a declarante, c) que a declaração se faça depois da celebração do casamento, sem que as cônjuges se encontrem separadas legalmente ou de facto, e antes do nascimento, perante o Encarregado do Registo Civil do domicílio conjugal.

Porém, duas sentenças recentes do Tribunal Supremo alargaram o regime e aceitaram a pretensão da ex-companheira da mãe biológica que pedia que fosse reconhecida também a sua maternidade relativamente à criança nascida por procriação assistida com intervenção de um dador anónimo, apesar de não ter havido casamento nem declaração no registo de nascimento. A autora alegava a sua relação de facto com a criança – a posse de estado de filho – e o interesse desta em manter relações de proximidade com ela. É certo que, em 2011, perante factos e pretensão semelhantes, o Tribunal Supremo limitou-se a reconhecer à autora a condição de "pessoa próxima", conferindo-lhe direitos de visita generosos, no interesse da criança; porém, nos dois casos seguintes, apesar de não ter havido alterações legislativas, o Tribunal reconheceu a maternidade da ex-companheira. Na verdade, o Tribunal Supremo mobilizou o art. 131.º do código civil, introduzido em 1981, com um sentido discutível: em vez de o encarar como uma norma sobre legitimidade para a reclamação da filiação biológica, entendeu-a como um modo distinto

---

[72] Ley 3/2007, de 15 de marzo, aditando um n.º 3 ao art. 7.º da Ley 14/2006, de 26 de mayo:

3. Cuando la mujer estuviere casada, y no separada legalmente o de hecho, con otra mujer, esta última podrá manifestar ante el Encargado del Registro Civil del domicilio conyugal, que consiente en que cuando nazca el hijo de su cónyuge, se determine a su favor la filiación respecto del nacido.

e autónomo de estabelecimento da filiação[73]. Ou seja – embora se situe no âmbito da procriação medicamente assistida – ultrapassou as regras especiais que estão previstas para este âmbito e, usando uma norma clássica do código civil com um sentido diferente do habitual, fez assentar a filiação na verificação da posse de estado e numa aplicação analógica discutível das normas especiais da lei da Procriação assistida.

Não pode prever-se com segurança a evolução deste tema, dadas as críticas manifestadas e o impressivo voto de vencido que acompanha o acórdão. Mas se prevalecer a ideia de que o art. 131.º do código civil pode ser interpretado como uma via autónoma de estabelecimento da filiação com base na posse de estado, o regime espanhol só ficará distante do regime brasileiro porque ainda não se consegue ler na Constituição espanhola uma norma que faça prevalecer a filiação afetiva sobre a filiação biológica.

Nos países escandinavos[74], com a exceção da Dinamarca e da Finlândia[75], a criança pode ter dois *"parents"* registados, que podem ser duas mães. Na Noruega (2009) a cônjuge da mãe biológica é considerada mãe *ex lege*, a maternidade da companheira em união de facto resulta de um ato específico de consentimento ou de uma ordem do tribunal. Na Islândia (2010), a maternidade da segunda mulher casada também se estabelece *ex lege*, por força do consentimento prestado para a inseminação, e através de uma ordem do tribunal no caso de união de facto. Na Suécia (2005), a maternidade da segunda mulher não se estabelece por força da lei, ainda que

---

[73] Para uma crítica pormenorizada da sentença de 15 de janeiro de 2014 veja-se R. BARBER Cárcamo – *Doble maternidad legal, filiación y relaciones parentales*, «Derecho Privado y Constitución», n.º 28, 2014, p. 93-136.

[74] Cfr. JANTERA-JAREBORG – *Parenthooh for same-sex couples – Scandinavian developments*, in «K. BOELE-WOELKI; A. FUCHS, *Legal recognition of same-sex relatioships in Europe*, 2 nd. Cambridge, Antwerp, Portland, Intersentia, 2012», p. 108-111.

[75] Onde a maternidade da segunda mulher tem de resultar de uma adoção.

as duas sejam casadas, mas sempre por consentimento dela ou por ordem do tribunal[76].

Sublinho, neste ponto, que a multiparentalidade nasceu na sequência da legitimação das uniões do mesmo sexo, fossem casamentos ou uniões de facto; nasceu para dar resposta às pretensões da mulher que não era a mãe biológica mas queria ter um estatuto jurídico igual relativamente ao filho nascido por inseminação com dador. No Brasil, porém, a multiparentalidade ultrapassou as questões da procriação assistida e das uniões do mesmo sexo para acolher a paternidade biológica e a paternidade sócio-afetiva, no alegado interesse do filho.

d) Apadrinhamento civil

O apadrinhamento civil foi introduzido no direito português pela Lei n.º 103/2009, de 11 de setembro, regulamentada pelo Decreto-Lei n.º 121/2010, de 27 de outubro. De acordo com a definição legal, "o apadrinhamento civil é uma relação jurídica, tendencialmente de carácter permanente, entre uma criança ou jovem e uma pessoa singular ou uma família que exerça os poderes e deveres próprios dos pais e que com ele estabeleçam vínculos afectivos que permitam o seu bem-estar e desenvolvimento, constituída por homologação

---

[76] Nesta al. c) não refiro a hipótese concretizada recentemente no Reino Unido de uma criança ser fruto de um embrião originado pela fecundação, pelo sémen do pai, de um óvulo da mãe, cujo citoplasma foi trocado com o citoplasma de um óvulo alheio. O objetivo desta intervenção foi o de evitar a declaração de doenças graves resultantes de deficiências mitocondriais da mãe. As mitocôndrias apenas fornecem a energia necessária para o desenvolvimento vital; o património genético da criança será o dos seus dois pais. Por esta razão, não considero este caso como uma exceção à parentalidade tradicional – cfr. http://www.sciencealert.com/this-girl-was-born-with-three-biological-parents.

Também não considero a hipótese – por enquanto laboratorial – de dois homens fornecerem células estaminais que são diferenciadas respetivamente em espermatozoide e em óvulo, de tal modo que a fusão dos dois resultará num embrião típico. Recorrendo a uma maternidade sub-rogada para efeitos de gestação, aqueles homens serão os dois progenitores da criança – cfr. http://www.sciencealert.com/two-dad-babies-could-soon-be-a-reality.

ou decisão judicial e sujeita a registo civil". Ou seja, os padrinhos exercem plenamente as responsabilidades parentais, embora não assumam a qualidade de pais. Por sua vez, os progenitores continuam a ser juridicamente pais, embora não exerçam mais do que um pequeno conjunto de direitos que são fixados no compromisso de apadrinhamento, de entre um quadro que a lei prevê e de acordo com as circunstâncias do caso; e esse pequeno conjunto pode ser diminuído sempre que o interesse da criança ou do jovem o recomende[77].

Em circunstâncias normais, pode falar-se em repartição das responsabilidades porque os pais mantêm um direito de visita e um direito de acompanhar o desenvolvimento do filho; porque a Lei estabelece um dever de colaboração entre os pais e os padrinhos – "Os pais e padrinhos devem cooperar na criação das condições adequadas ao bem-estar e desenvolvimento do afilhado"[78]; e, em último caso, os pais também estão legitimados para tomar a iniciativa de requer a revogação do apadrinhamento civil, se tiverem subscrito o compromisso de apadrinhamento[79], em condições excepcionais que mostrem que a manutenção do vínculo não favorece o interesse da criança ou do jovem[80].

---

[77] Art. 8.º: "1 — Os pais, (...) beneficiam dos direitos expressamente consignados no compromisso de apadrinhamento civil, designadamente: *a*) Conhecer a identidade dos padrinhos; *b*) Dispor de uma forma de contactar os padrinhos; *c*) Saber o local de residência do filho; *d*) Dispor de uma forma de contactar o filho; *e*) Ser informados sobre o desenvolvimento integral do filho, a sua progressão escolar ou profissional, a ocorrência de factos particularmente relevantes ou de problemas graves, nomeadamente de saúde; *f*) Receber com regularidade fotografias ou outro registo de imagem do filho; *g*) Visitar o filho, nas condições fixadas no compromisso ou na decisão judicial, designadamente por ocasião de datas especialmente significativas. 2 — O tribunal pode estabelecer limitações aos direitos enunciados nas alíneas *d*) e *g*) do número anterior quando os pais, no exercício destes direitos, ponham em risco a segurança ou a saúde física ou psíquica da criança ou do jovem ou comprometam o êxito da relação de apadrinhamento civil."

[78] Art. 9.º, n.º 2.

[79] Arts. 25.º, n.º 1, 17.º, b) e 14.º, n.º 1, c).

[80] Art. 25.º.

Sublinho, neste contexto, o teor do art. 9.º, que impõe ainda aos pais e padrinhos um dever mútuo de respeito e de preservação da intimidade da vida privada e familiar, do bom nome e da reputação.

6. Conclusões

I. A "verdade sociológica" serve para *constituir* a relação de filiação.

A "verdade sociológica" podia servir para proteger as situações de convivência consolidadas e favoráveis ao interesse do filho, contra a ação da impugnação. Em Espanha e na França, o direito da filiação deu sempre guarida a esta ideia[81]. Em 1976, no primeiro artigo que escrevi[82], mostrei abertura para a verdade sociológica quando afirmei que esta podia ser "mais rica de conteúdo e mais útil à vocação ordenadora do Direito do que a nua realidade biológica". E ainda "Pai é o que dá a vida (...) mas o pai é também aquele que paga os «biberons»", citando um dramaturgo francês[83]. Em 1983, desenvolvi esta inclinação a propósito do regime da impugnação da paternidade do marido[84] e do perfilhante[85]. Este último regime era tão submisso à descoberta da verdade biológica que só se podia compreender pelo desprezo a que eram votadas as relações familiares constituídas fora do casamento; de facto, a verdade biológica não era o critério jurídico relevante, na época em que as normas nasceram, no código de Seabra. O que impressiona, neste regime, é a extrema facilidade com que se pode invocar um interesse moral ou patrimonial para

---

[81] Cfr. *supra*, nota 4.

[82] *Sobre a verdade e a ficção no direito da família*, «Boletim da Faculdade de Direito da Universidade de Coimbra», vol. LI, 1976, p....

[83] Marcel PAGNOL, em *Marius*, 1929.

[84] *Critério jurídico da paternidade*, 1983, p. 390.

[85] *Critério ...*, p. 433 e segs.

impugnar, a qualquer tempo, com o resultado possível de destruir vidas inteiras de convivência tranquila. Em 2006, voltei a manifestar dúvidas sobre a conveniência de um "biologismo" estrito que possa valer contra estados de parentalidade constituídos, pacíficos e duradouros[86], para, afinal, satisfazer interesses que podem ser apenas patrimoniais. Continuo hoje convencido de que a descoberta da verdade biológica não compensa os danos que causa, em certas hipóteses, quando se impugnam estados de convivência familiar dignos de proteção, sobretudo no interesse do filho.

Mas a evolução dos sistemas jurídicos mencionados foi mais longe. Para além de usar a posse de estado de filho para proteger as situações familiares estabilizadas, admite a demonstração da verdade sócio-afetiva para *estabelecer* a filiação, num misto de relevância da vontade de assumir um estatuto parental e da força legitimadora das situações de facto. É aqui que reside a *novidade*[87].

II. O desempenho da *função* não satisfaz; é preciso ser-se titular do *estatuto* de pai ou de mãe.

Na verdade, a proteção das crianças – designadamente das que são criadas por duas mulheres – podia ser conseguida através do estabelecimento da maternidade da mãe biológica e da atribuição plena das responsabilidades parentais à cônjuge ou companheira em união de facto. Esta atribuição responderia às angústias de que se fala quanto ao eventual desaparecimento da mãe e do risco de a criança ser entregue a alguém da família biológica que, afinal, nem

---

[86] *Curso de Direito da Família*, vol. II, tomo I, *Estabelecimento da Filiação e Adoção*, Coimbra, Coimbra Editora, 2006, p. 140, 183-4, 186 e 190.

[87] É certo que, antes da reforma de 1977, em Portugal e nos outros países latinos, o estabelecimento da paternidade (e até maternidade) não tinha de se submeter à verdade biológica, e resultava do casamento da mãe através da presunção *pater is est...* e da perfilhação entendida como verdadeira declaração de vontade. Mas, depois da reforma de 1977, o "império do biologismo", confortado com os progressos científicos, parecia ter superado aqueles outros critérios jurídicos para sempre.

conhece, com preterição da pessoa verdadeiramente indicada para a substituir. Porém, em vários exemplos mencionados, verifica-se que o reconhecimento oficial da *função* de cuidador e a proteção consequente do seu desempenho não satisfazem os cuidadores, que não aceitam menos do que o *título* e o *estatuto* de pai ou mãe. Assim aconteceu, claramente, nos vários casos que deram origem ao registo de multiparentalidade.

III. Usa-se o "estabelecimento da filiação" para satisfazer o *"interesse do filho"*.

Tradicionalmente – nos sistemas "biologistas" – a filiação resulta do facto biológico da responsabilidade dos progenitores na concepção; o pai e a mãe jurídicos são o pai e a mãe biológicos. Neste momento do estabelecimento da filiação não se aprecia o interesse do filho em iniciar, ou não iniciar, uma relação jurídica com qualquer deles; os factos biológicos são determinantes e o Direito sujeita-se a isso. Logo a seguir, admitem-se todas as demonstrações de que o pai ou a mãe não têm capacidades parentais, de tal modo que podem ser imediatamente destituídos das responsabilidades parentais, ou ver o seu exercício limitado pelas conveniências do filho.

Porém, em vários casos de multiparentalidade referidos, invoca-se claramente a defesa do interesse superior da criança para estabelecer uma segunda maternidade ou uma segunda paternidade. Ou seja, enquanto, tradicionalmente, os conceitos de "estabelecimento da filiação" e de "interesse do filho" operavam em áreas de intervenção distintas, hoje tende a usar-se a constituição do estado de filho como instrumento de satisfação do interesse da criança[88] – omitir o registo de uma segunda mãe, ou de um segundo pai, seria contrário

---

[88] Cfr. R. BARBER Cárcamo – *Doble maternidad legal...*, *cit.*, p. 34-5. Por sua vez, o código da Califórnia é expresso neste sentido – "(...) if the court finds that recognizing only 2 parents would be detrimental to the child (...)"– cfr. *supra*, a nota 52.

ao interesse da criança, enquanto reconhecer duas mães ou dois pais visa satisfazer o interesse da criança.

IV. Um direito da família com *mais relevância da vontade*

Dizia-se, tradicionalmente, que o direito da família era o sector do direito civil onde se encontravam mais normas imperativas – quer por força de um pensamento institucionalista que via a família como uma realidade anterior ao direito positivo, quer pela necessidade de proteger interesses públicos que não se encontravam com a mesma nitidez no âmbito do direito civil patrimonial. Isto não deixou de ser assim; na esfera da constituição do estado de casado, ou da sua dissolução, e até nos modos de constituir as relações de filiação ou de as impugnar, etc., continua a ser verdade que as "partes" não podem escolher livremente os modos de configurar e exercer as suas relações jurídicas.

Mas, aparentemente, o sistema imperativo tradicional, e o princípio do respeito pela verdade biológica, já não conseguem disciplinar totalmente a sociedade contemporânea e as aspirações dos indivíduos. Na verdade, alguns dos exemplos referidos mostram que a jurisprudência não respeita o princípio da taxatividade dos meios de estabelecimento da filiação; passou para além das normas e legitimou o alargamento do critério da vontade associado à assunção da responsabilidade pelo cuidado da criança; afinal, pode ser pai ou mãe a pessoa que deseja, ama e cria uma criança[89], sem consideração de qualquer vínculo biológico. De certo modo, parece regressar triunfante a noção de "perfilhação de complacência", que assentava na vontade de assumir o estatuto de pai, porventura para disfarçar o velho estigma da ilegitimidade; hoje, o desejo tem de ser

---

[89] "Desta forma, deve o registo de nascimento da menor retratar a sua realidade social. De forma a demonstrar que foi desejada, amada e criada por duas mães" – TJMG, em Dezembro de 2014 (cfr. nota 58).

acompanhado de uma relação de cuidado ou, pelo menos, de uma promessa de cuidado[90].

Por outro lado, apesar de termos chegado até aqui com base no método da reprodução sexuada – nem menos do que dois, nem mais do que dois – as últimas décadas conduziram-nos aos avanços da genética que não permitem conservar as leis a que nos habituámos. Num curto período de tempo, algumas certezas e imposições legais assentes na *imitação da natureza* desmoronaram-se: a multiparentalidade é o caso. E deixando assim os legisladores a braços com as maiores perplexidades, só restará o caminho para a retirada e para deixar a livre escolha aos indivíduos e à sua regulação do caso concreto[91], ampliando a expressiva frase "a lei é a ausência de lei"[92].

Talvez este caminho seja inevitável; e, seguramente, as sociedades hão de saber lidar com esses novos fenómenos, como sempre aconteceu[93]. Mas pode ser temerário abandonar tão radicalmente, e em tão pouco tempo, as referências biológicas mais simples e consistentes que se conhecem – as noções biológicas de pai e de mãe.

V. O direito português *contém os ingredientes típicos* para a evolução.

Não pode ignorar-se que o direito português, como a generalidade dos países próximos, contém os ingredientes típicos de onde partiu a evolução que outros países encetaram. Para sublinhar os

---

[90] É sem dúvida curioso que as relações de parentalidade de facto concorram – e por vezes superem – os vínculos biológicos, numa época em que estes podem comprovar-se facilmente.

[91] E. ROCA I TRIAS – *Libertad y Familia...*, p. 239.

[92] Embora concebida para caracterizar a vida do casal por U. BECK y E. BECK-GERNSHEIM – *El normal...*, p. 346.

[93] VESÁLIO tinha de se esconder para dissecar partes do corpo humano e estabelecer as bases da anatomia; as transfusões de sangue também começaram por ser consideradas criminosas; e o médico alemão FORSSMANN, que fez chegar um cateter ao seu próprio coração, deixou de poder exercer cardiologia, durante algum tempo, na primeira metade do século vinte.

mais importantes, pode dizer-se que, em Portugal, foi sempre relativamente tolerada a "perfilhação de complacência", apesar das amplas (e até insólitas) possibilidades de impugnação que a lei sempre previu; é generalizado o instituto da adoção, que tem sido alvo de uma promoção considerável por parte do legislador; e também se tornou comum estabelecer a paternidade do marido da mulher que recorreu a inseminação com dador. Isto é, *as hipóteses de constituição da paternidade com fundamento na vontade e na assunção das responsabilidades pelo cuidado são conhecidas há muito no direito português*. Depois disto, os progressos da *medicina da reprodução*, aliados ao reconhecimento das uniões de facto e casamentos *entre pessoas do mesmo sexo* que o nosso Direito consagra, ampliam definitivamente as oportunidades para se vir a pretender a construção de uma parentalidade cada vez mais desligada do ancestral vínculo biológico, e a construção de uma multiparentalidade.

VI. *Tal como está*, o sistema português[94] ainda não reconhece a "verdade sócio-afetiva" (a posse de estado de filho) como fundamento normal e suficiente para *estabelecer* a paternidade ou a maternidade; a tradicional posse de estado só serve como presunção do vínculo biológico, em ações de investigação de filiação (arts. 1816.º e 1871.º

---

[94] Partindo do princípio do respeito pela verdade biológica que inspirou a reforma de 1977, o nosso sistema jurídico *pretende fazer coincidir a filiação jurídica com a filiação biológica*. Esta regra geral carece de precisão quanto à maternidade, e admite exceções. Quanto à maternidade, o facto biológico que releva é o parto, e não a contribuição do material genético através da fecundação do óvulo. Esta opção não existia antes da prática da reprodução assistida; mas passou a existir quando uma mulher pode gerar um óvulo fecundado pertencente a outra mulher. Quanto às *exceções*, podem ser referidas, para além da que resulta da adoção: a) o estabelecimento da paternidade do marido da mãe que recorre a inseminação com dador (Lei 32/2006, de 26 de julho, art. 20.º); b) a persistência de um vínculo jurídico que eventualmente não assentar na progenitura, mas que não puder ser impugnado por virtude do decurso de um prazo de caducidade (arts. 1817.º e 1873.º CCiv); c) o regime da perfilhação de filhos maiores, ou de filhos pré-defuntos de quem vivam descendentes maiores ou emancipados, cuja eficácia depende do consentimento daqueles ou destes (art. 1857.º CCiv).

CCiv). O sistema português também não admite a *dupla materni-dade*, que se tem apresentado, como vimos atrás, como a pretensão de duas mulheres levarem o seu nome ao registo civil, sendo uma a mãe biológica e a outra a sua cônjuge ou companheira em união de facto. E também não acolhe a *multiparentalidade*, que se tem apresentado no estrangeiro como o desejo de acrescentar um pai às duas mães; ou quando um progenitor se quer acrescentar ao pai (sócio-afetivo) que consta já do registo, e à mãe.

A verdade é que, no que respeita à *constituição do estado de filho*, o direito português ainda segue a máxima antiga de que o interesse do filho *"é pertencer ao pai cujo é"*[95], com os desvios já mencionados. Também tem parecido dominante a ideia de que o interesse do filho reclama a inscrição no registo civil de *um* pai e *uma* mãe[96]. Assim, a pretensão de constituir um vínculo baseado na vontade e numa relação afetiva, ou na promessa dela, ou a pretensão de constituir mais do que dois vínculos de maternidade ou de paternidade, ou ainda a pretensão de levar três nomes "parentais" ao registo civil, não têm tido suporte no direito português.

A satisfação do "interesse superior da criança" – que tem sido alegada para justificar a evolução referida em vários sistemas jurídi-cos – ainda só pode ser obtida, em Portugal, através da *atribuição das responsabilidades parentais* – através da confiança a terceira pessoa (art. 1907.º CCiv), da instauração da tutela (art. 1921.º CCiv), do apadrinhamento civil (DL 103/2009, de 11 de setembro), ou da confiança em vista de adoção, ressalvada sempre a verificação dos requisitos legais próprios de cada instituto; e poderá vir a receber

---

[95] Assento do STJ de 22 de junho de 1938, disponível em http://www.dgsi.pt/jstj.nsf/954f0ce6ad9dd8b980256b5f003fa814/23abc30cdd810779802568fc003a6b9c?OpenDocument

[96] Não apenas como uma faculdade mas também como um dever, como se depreende da consagração, logo em 1966, do instituto da averiguação oficiosa.

um novo caminho, brevemente, na sequência das iniciativas parlamentares que visam construir uma alternativa à co-adoção[97].

Provavelmente, este modo de proteção do interesse do filho[98] quer conciliar as efetivas necessidades de promoção dos interesses dos menores com a preservação dos conceitos básicos e tradicionais da maternidade única e da paternidade única, supondo, talvez, que o abandono do entendimento habitual destes conceitos gera um potencial risco social de discriminação para a criança[99].

---

[97] *Supra*, n.° 5, *a)*.

[98] Sem prejuízo, é claro, dos instrumentos específicos do sistema de proteção das crianças e dos jovens que se encontram em situação de perigo.

[99] O texto foi escrito antes da aprovação, pela Assembleia da República, da adoção por casais do mesmo sexo.

BREVES REFLEXÕES SOBRE A PROTEÇÃO DO UNIDO DE FACTO QUANTO À CASA DE MORADA DE FAMÍLIA PROPRIEDADE DO COMPANHEIRO FALECIDO

Rute Teixeira Pedro
Assistente da Faculdade de Direito da Universidade do Porto

Sumário

I. O movimento de progressiva ampliação dos efeitos legalmente previstos para a união de facto; II. A proteção do unido de facto sobrevivo relativa à casa de morada de família propriedade do companheiro falecido: 2.1. A evolução até ao regime introduzido pela Lei n.º 23/2010, de 30 de agosto; 2.2. O regime vigente consagrado pela Lei n.º 23/2010, de 30 de agosto 2.3. A imposição da proteção e a insusceptibilidade de afastamento por vontade do de cuius - o estranho caso de um *legatário* legal forçoso não legitimário? III. Observações conclusivas.

I. O movimento de progressiva ampliação dos efeitos legalmente previstos para a união de facto

I. O reconhecimento crescente de efeitos jurídicos à relação daqueles que vivem como se casados fossem sem o serem – *rectius*, à relação daqueles que vivem em união de facto – é comummente apresentada como uma das tendências caracterizadoras da evolução

DOI: http://dx.doi.org/10.14195/978-989-26-1113-6_10

do direito da família a partir do último terço da centúria passada. Tratou-se de mais uma manifestação do pendor individualista e pluralista que passou a impregnar as soluções acolhidas neste segmento do ordenamento jurídico em consequência das reformas ocorridas nas décadas de sessenta e setenta do século XX. À luz daquela orientação, o direito passou a aceitar, reconhecendo, formas diversas de organização familiar[1]. Entre nós, também se divisa uma tendência evolutiva idêntica iniciada logo – ainda que muito rudimentarmente[2] – com o Decreto-lei 496/1977, de 25 de novembro[3], a que se foram juntando, depois, outras *inovações* pontuais, fruto da intervenção legislativa ou da atuação jurisprudencial[4].

---

[1] GUILHERME OLIVEIRA refere-se a este fenómeno que conduz a um movimento da "unicidade tendencial das formas válidas de matrimónio para a diversidade progressiva, consoante as confissões religiosas e o grau de laicidade dos Estados". *In* Notas sobre a Lei n.º 23/2010, de 30 de agosto (Alteração à Lei das Uniões de facto), *in Lex Familiae* – Revista Portuguesa de Direito da Família, Ano 7, n.º 14, julho/dezembro de 2010, p. 140.

[2] Lia-se no ponto 46 do Preâmbulo do Decreto-lei 496/1977, de 25 de novembro: "Não se foi além de um esboço de proteção, julgado ética e socialmente justificado, ao companheiro que resta de uma união de facto que tenha revelado um mínimo de durabilidade, estabilidade e aparência conjugal. Foi-se intencionalmente pouco arrojado. Havia que não estimular as uniões de facto". Diário da República, I.ª Série, de 25 de novembro de 1977, p. 2818 (8).

[3] Este diploma verte pela primeira vez, em letra de forma legal a expressão união de facto, no art. 2020.º.

[4] Quanto aos efeitos civis, destacam-se as alterações no que respeita ao regime jurídico aplicável ao *destino* da casa de morada comum após a extinção da relação de união de facto. Por um lado, o legislador com a Lei 46/85, de 20 de setembro, que alterou a redação do então vigente art. 1111.º do Código Civil, passa a admitir, no seu n.º 2, em certas circunstâncias, a não caducidade do direito de arrendamento em caso de morte do arrendatário, consagrando a possibilidade (que se mantém, desde então, na lei, apesar das mudanças de configuração e de inserção sistemática produzidas ao longo do tempo) de transmissão da correspondente posição jurídica ao unido de facto sobrevivo do arrendatário falecido. Por outro lado, no que concerne à situação de rutura da união de facto, divisava-se uma orientação judicial no sentido de estender à união de facto, em determinadas circunstâncias, a aplicação do regime previsto para a dissolução do casamento no art. 1110.º e no art. 1793.º, consoante a casa de morada comum fosse tomada de arrendamento ou fosse propriedade de um dos companheiros. Depois desta intervenção pretoriana, tais soluções viriam a merecer acolhimento legal nas sucessivas leis que disciplinaram a união de facto. *Vide* PEREIRA COELHO e GUILHERME DE OLIVEIRA, Curso

Considerando estes movimentos reformadores, o Professor Pereira Coelho, pronunciava-se, em meados da década de 80 do século passado, sobre a alteração produzida na imagem da família, admitindo que, atentos os efeitos então reconhecidos à união de facto, esta poderia ser "qualificada como relação de família para determinados efeitos", citando a este propósito, a título ilustrativo, no domínio civil, a eficácia que já lhe era associada no âmbito do contrato de locação[5]. Ademais o mesmo Autor antevia que, no futuro, aos efeitos já reconhecidos à união de facto se juntassem outros, em homenagem à promoção da concretização de finalidades protecionistas dos sujeitos mais frágeis (em regra, a mulher), à luz de juízos de equidade[6].

II. Como sabemos, a previsão do ilustre jurista concretizou-se, ampliando-se, desde então, em extensão e intensidade[7], a eficácia

---

de Direito da Família, Vol. I. Introdução. Direito Matrimonial, 4.ª edição, Coimbra, Coimbra Editora, 2008, pp. 60 e ss.

[5] *In* Casamento e família no Direito Português, *in* Temas de Direito da Família. Ciclo de Conferências no Conselho Distrital do Porto da Ordem dos Advogados, Coimbra, Livraria Almedina, 1986, pp. 8 e 9. Segundo o parecer do Ilustre Autor, a relação de união de facto não consubstanciava, no entanto, uma relação familiar para a generalidade dos efeitos –, razão pela qual o art. 1576.º se manteve (mantém) incólume desde a versão original do Código Civil. Aliás, o Autor, entendendo que o n.º 1 do art. 36.º da Constituição da República Portuguesa (C.R.P.) não importava o reconhecimento da união de facto como relação de família, considerava que a questão não devia "dogmatizar-se excessivamente". *Op. cit.*, p. 9. PEREIRA COELHO ancora, aliás, a proteção constitucional da união de facto no art. 26.º da Constituição. *Vide* do mesmo Autor e de GUILHERME DE OLIVEIRA, Curso de Direito da Família *cit.* pp. 55 e ss. Defendendo, hoje, uma leitura atualista da noção jurídica da família constitucionalmente acolhida entre nós sem que isso implique a equiparação do tratamento jurídico previsto para a união de facto e para o casamento, *vide* CRISTINA ARAÚJO DIAS, Da inclusão Constitucional da união de facto: nova relação familiar, Estudos em homenagem ao Prof. Doutor Jorge Miranda, Vol. VI, FDUL, 2012, pp.451 e ss, em especial, p. 467.

[6] Casamento e família no Direito Português *cit.*, pp. 17 e ss, em especial, pp. 19 e 20.

[7] Quando nos referimos à extensão, consideramos, por um lado, a previsão de mais efeitos que podem ser associados à vivência em união de facto (*vide* a consagração, na Lei 7/2001, de 11 de maio, da possibilidade de adoção conjunta pelos companheiros quando exista diversidade de sexo entre eles) e, por outro lado, o alargamento do âmbito subjetivo da proteção que lhe é reconhecida (resultante, por exemplo, da equiparação parcial, operada pela citada lei, quanto aos efeitos produzidos, entre as uniões de facto homossexuais e as uniões de facto heterosse-

jurídica legalmente associada à relação de união de facto, atendendo à proximidade existencial subjacente à comunhão de vida que a carateriza e às dependências que daí emergem. Como principais marcos miliares desse *iter* – que já foi apelidado de *institucionalização* da união de facto[8] –, aparecem, primeiro, a Lei 135/1999, de 28 de agosto, depois, a Lei 7/2001, de 11 de março (que substituiu a primeira) e, por fim, a Lei 23/2010, de 30 de agosto (que altera a segunda). Apesar da paulatina dilatação da eficácia jurídica operada por tais leis, o modelo de intervenção do direito nesta área da vida mantém-se incólume. Nessa medida, continua a acolher-se, neste domínio, uma proteção fragmentária e especialmente dirigida a cenários de crise em que as debilidades dos seus membros se concretizam ou manifestam com mais intensidade. É, então, nesses momentos que se torna necessária a ingerência jurídica através de "soluções de tipo «assistencial»"[9]. Por consequência, apesar de se divisar um movimento de entibiamento dos efeitos associados ao casamento, as relações matrimoniais e as relações de união de facto mantêm-se distantes[10], como, aliás, demandam as diretrizes constitucionais[11].

---

xuais). Quando pensamos na acentuação da intensidade dos efeitos, referimo-nos ao robustecimento da proteção que já se encontrava prevista. O regime sobre que nos vamos debruçar é um bom exemplo desta última espécie".

[8] PEREIRA COELHO e GUILHERME OLIVEIRA, Curso de Direito da Família *cit.*, p. 60.

[9] GUILHERME DE OLIVEIRA, *In* Notas sobre a Lei n.º 23/2010, de 30 de agosto (Alteração à Lei das Uniões de facto) *cit.*, p. 153.

[10] PEREIRA COELHO, com o objetivo de comparar a eficácia jurídica respetiva, cotejava em meados da década de 80 do século passado, os efeitos civis da união de facto com os do casamento, concluindo que a diferença era acentuada. *In* Casamento e família no Direito Português *cit.*, pp. 15 a 17. A distância, hoje, permanece "abissal", na expressão de GUILHERME DE OLIVEIRA, *op. ult. cit.*, p. 153.

[11] PEREIRA COELHO e GUILHERME OLIVEIRA, Curso de Direito da Família *cit.*, p. 58. Sobre a garantia institucional do casamento, *vide* RITA LOBO XAVIER, A garantia institucional do casamento, o legislador democrático e o Tribunal Constitucional: *cuis custodiet ipsos custodes?*, in Estudos em homenagem ao Prof. Doutor Jorge Miranda, Vol. III, FDUL, 2012, pp. 601 e ss.

A união de facto continua, assim, ainda, a ser, fundamentalmente um espaço de não direito[12].

III. A diferente natureza da intervenção jurídica nas duas relações referidas pode ser ilustrada pela diversidade de efeitos *civis*[13] associados à morte de um unido de facto ou de um cônjuge[14], em benefício, respetivamente, do companheiro e do cônjuge sobrevivos.

Na verdade, desde a Reforma de 1977, o cônjuge figura, no art. 2157.º do Código Civil, como herdeiro legitimário numa categoria em que também se incluem os descendentes e os ascendentes. Diversamente, o unido de facto sobrevivo não se inscreve nesse círculo de herdeiros forçosos. Para além da proteção de natureza alimentar consagrada no art. 2020.º, vinda da mesma reforma da década de 70 do século passado, o legislador reconhece-lhe, desde 1999, alguns direitos sobre um determinado bem – aquele em que se situe a casa de morada de família –, quando o mesmo, por ser propriedade do unido de facto falecido, integre o respetivo património hereditário. Falamos da solução, inicialmente introduzida nos números 1 e 2 do artigo 4.º da Lei 135/99, de 28 de agosto, que depois transitou, com pequenas alterações, para os números 1 e 2 do art. 4.º da Lei 7/2001, de 11 de maio e que, hoje, consta do art. 5.º da mesma Lei, na versão reformulada pela Lei n.º 23/2010, de 30 de agosto.

É, então, sobre essa disciplina que nos pretendemos debruçar neste trabalho. Trata-se, hoje, como veremos, de um regime jurídico

---

[12] A união de facto "deve continuar a ser não jurídica", na síntese de GUILHERME OLIVEIRA, *In* Notas sobre a Lei n.º 23/2010, de 30 de agosto (Alteração à Lei das Uniões de facto) *cit.*, p. 140.

[13] Considerando o objeto destas reflexões, concentramo-nos nos efeitos civis, deixando de lado outros efeitos, nomeadamente no que concerne aos direitos a prestações sociais previstos na al. e) do n.º 1 art. 3.º da Lei 7/2001, de 11 de maio, na redação vigente.

[14] Apesar da previsão de proteção alimentar, quer para o cônjuge sobrevivo, quer para o unido de facto supérstite, nos termos dos artigos 2018.º e 2020.º, respetivamente, do Código Civil.

intrincado traduzido no reconhecimento ao unido de facto de um feixe de direitos relativos à casa de morada de família, em caso de morte do companheiro proprietário da mesma. A conjugação e (re) configuração dos mesmos conduziram ao reforço da tutela dessa posição jurídica, numa extensão, cuja exata dimensão (nem sempre antecipável) dependerá dos contornos do caso concreto, dada a ductilidade que, como veremos, foi comunicada à disciplina na última reforma que sobre ela incidiu.

Antes ainda de nos determos no regime atual, importa perceber o seu surgimento na linha da história recente da proteção da união de facto, o que faremos de imediato.

II. A proteção do unido de facto sobrevivo relativa à casa de morada de família propriedade do companheiro falecido

2.1. A evolução até ao regime introduzido pela Lei n.º 23/2010, de 30 de agosto

I. No que respeita à problemática que nos ocupa, a proteção do unido de facto, em caso de morte de um dos companheiros, quanto à casa de morada de família propriedade do falecido, encontra o seu marco inicial na Lei 135/99, de 28 de agosto.

Na verdade, contrastando com o espírito fundamentalmente recompilador deste diploma em que se agregavam soluções já contempladas noutros pontos do ordenamento jurídico (*vide* art. 3.º da citada Lei), no regime previsto para a proteção da casa de morada de família, em caso de extinção da relação de união de facto por morte ou rutura (art. 4.º e art. 5.º da mesma Lei), detetavam-se algumas inovações[15],

---

[15] Referindo-se ao regime consagrado na Lei 135/99, de 28 de agosto, e sublinhando que a inovação se situou nesse ponto, *vide* RITA LOBO XAVIER, Novas sobre a união "more uxorio" em Portugal, *in* Estudos dedicados ao Prof. Doutor

no plano legislativo[16]. De entre as mesmas, destacava-se a disciplina consagrada para a hipótese de morte do membro da união de facto proprietário da casa de morada comum[17]. Nesse caso[18], segundo o n.º 1 do art. 4.º da referida lei, ao membro sobrevivo era, inovadoramente, reconhecido o direito real de habitação sobre a mesma pelo prazo de cinco anos, assim como um direito de preferência na sua venda ou arrendamento. Logo no n.º 2 do mesmo preceito, se previa o afastamento do reconhecimento de tal direito, quando existisse disposição testamentária em contrário ou quando ao falecido proprietário da casa sobrevivessem descendentes ou ascendentes que com ele vivessem há pelo menos um ano, no caso de os mesmos aí pretenderem continuar a habitar.

II. Apesar de, na Lei 7/2001, de 11 de maio – que revoga a Lei 135/99, de 28 de agosto, congregando num novo diploma as medidas de proteção das uniões de facto – se integrarem algumas novidades[19], o regime relativo à casa de morada comum, em caso de morte do unido de facto proprietário da mesma, permaneceu em larga medida intocado. Na verdade, para além de outras mudanças

---

Mário Júlio de Almeida Costa, Universidade Católica Portuguesa, 2002, pp. 1393 e ss, em especial, p. 1399.

[16] Dizemos no plano legislativo, dado que a proteção da casa de morada de família prevista no n.º 3 e no n.º 4 do art. 4.º da Lei 135/99, de 28 de agosto, para o caso de rutura da relação (por aplicação do disposto no n.º 2 do artigo 84.º do Regime do Arrendamento Urbano ou no artigo 1793.º do Código Civil, consoante a casa de morada de família se situasse num imóvel arrendado ao unido de facto falecido ou propriedade do mesmo, respetivamente) já era reconhecida, em certas circunstâncias, pela jurisprudência, como referimos na nota 4.

[17] No caso de a casa ser arrendada a um dos unidos de facto, e de o arrendatário morrer, a proteção do sobrevivo já era assegurada pelo disposto no art. 85.º do RAU que a Lei 135/99, de 28 de Agosto, no seu art. 5.º, veio reformular.

[18] Sobre este regime, *vide* FRANÇA PITÃO, União de Facto no Direito Português. A propósito da Lei n.º 135/99, de 28/08, Coimbra, Almedina, 2000, pp. 156 a 168.

[19] Nomeadamente a equiparação parcial das uniões de facto homossexuais e heterossexuais e a previsão do direito de adoção conjunta para os casais de unidos de facto formados por sujeitos de sexo diferente.

de natureza essencialmente formal[20], a alteração concretiza-se apenas na eliminação da previsão do direito de preferência em caso de arrendamento e na modificação das causas de denegação do direito real de habitação previstas no n.º 2 do art. 4.º da referida lei. Assim, dava-se, por um lado, o desaparecimento da previsão, como hipótese excludente desse direito, da sobrevivência ao *de cuius* de ascendentes e, por outro lado, quanto à existência de descendentes do unido de facto ao tempo da ocorrência da morte deste, reformulavam-se as constelações fácticas em que a mesma conduzia a idêntico resultado denegatório[21].

III. A tutela concentrava-se, então, num direito real de habitação sobre a casa de morada de família durante um período de 5 anos contados a partir da data da morte do respetivo proprietário. Tratava-se, no entanto, em qualquer das duas versões, de uma proteção duplamente enfraquecida: por um lado, pela natureza supletiva do regime, ao deixar-se na disponibilidade do unido de facto proprietário do imóvel a sua aplicação, permitindo-lhe que a afastasse por manifestação de vontade contrária em testamento[22]; por outro lado, pela prevalência atribuída aos interesses de certos parentes na linha reta em detrimento dos interesses do unido de facto sobrevivo.

IV. A Lei n.º 23/2010, de 30 de agosto, vem alterar, mais profundamente, o quadro normativo de que falamos. O legislador opera, então, uma reestruturação da sistematização escolhida para apre-

---

[20] Na epígrafe, adita-se a menção à "residência comum" e, no corpo do artigo, para além de uma inversão da ordem das palavras, que antecipou a referência ao intervalo temporal em que os dois direitos previstos no n.º 1 se aplicam, substitui-se a expressão "casa de morada do casal" por "casa de morada comum" (n.º 1), e o verbo "viver" por "conviver" (n.º 2).

[21] Destacava-se, quanto os descendentes, o caso de se tratar de filhos com menos de 1 ano de idade, situação em que não se demandava que vivessem com o falecido progenitor proprietário do imóvel há mais de um ano.

[22] O sentido da expressão "no caso de disposição testamentária em contrário" não era unívoco, levantando algumas questões. Sobre esta problemática, veja-se FRANÇA PITÃO, Uniões de facto e Economia Comum, 2.ª ed revista e atualizada, Coimbra, Almedina, 2006, pp. 256 e 257.

sentar a proteção relativa à casa de morada de família a que se refere globalmente na al. a) do n.º 1 do art. 3.º da L.U.F.[23]. Assim, autonomiza a previsão das soluções relativas à situação de rutura da relação, vertendo-as no corpo do novo art. 4.º. Por outro lado, agrega, no artigo 5.º, a disciplina aplicável à hipótese de dissolução da relação por morte de um dos unidos de facto, quer a casa seja propriedade do *de cuius*, quer lhe tenha sido arrendada. Para este último caso, reserva-se o n.º 10 do referido artigo que dita a aplicação do disposto no art. 1106.º do Código Civil. Para a situação que nos ocupa, de o *de cuius* ser titular do direito de propriedade sobre a casa de morada de família[24], o regime consta, agora, dos números 1 a 9 do mesmo artigo. Cumprirá, então, considerar o que de substancial mudou com esta reformulação.

De forma sintética, e ainda antes de nos determos mais detalhadamente sobre a disciplina reformada, importa referir que o legislador veio aumentar o conjunto de direitos previstos, ampliando, em vários pontos, a eficácia dos mecanismos jurídicos em que se plasma a tutela de que falamos. Em primeiro lugar, ao direito real de habitação sobre a casa de morada de família acrescenta um direito real de uso sobre o recheio da mesma (n.º 1 do art. 5.º). Em segundo lugar, muda o modo de determinação do período temporal em que esses direitos se poderão exercer, passando a duração de 5 anos, tabelada anteriormente de forma fixa e universal para todas as situações, a constituir, agora, em princípio[25], somente a duração

---

[23] Vamos empregar esta abreviatura para nos referirmos, a partir deste ponto, à Lei 7/2001, de 11 de maio, na redação que lhe foi dada pela Lei 23/2010, de 30 de agosto. Acresce que, quando citarmos algum artigo sem referência ao diploma que pertence, deve entender-se que integra a mesma versão de tal lei.

[24] O que abrange, como veremos, não só a hipótese de ele ser o proprietário exclusivo da mesma, mas também a hipótese de ele ser dela comproprietário com o outro unido de facto, como expressamente, hoje, se prevê no n.º 2 art. 5.º da L.U.F..

[25] Como referiremos, nos números 5 e 6 do art. 5.º da L.U.F., prevêem-se causas de não reconhecimento *ab initio* ou de caducidade dos direitos referidos.

mínima de subsistência dos mesmos (números 2 e 4 do art. 5.º). Em terceiro lugar, elimina as causas de exclusão desses direitos, anteriormente previstas no n.º 2 do art. 4.º. Por consequência, inviabiliza-se a possibilidade de o unido de facto proprietário do imóvel e do respetivo recheio afastar, por declaração de vontade, o reconhecimento dos referidos direitos e dá-se prioridade à tutela do interesse do unido de facto sobrevivo na continuidade da ligação à esfera física em que vivera até à morte do companheiro, em detrimento da proteção de outros parentes do falecido. Em quarto lugar, destaca-se a atribuição ao unido de facto, findo o intervalo temporal em que beneficiou do direito real de habitação, de um direito à celebração de um contrato de arrendamento do imóvel nas condições gerais do mercado, permitindo-se que o mesmo continue a residir no local até à celebração desse contrato (n.º 7 do art. 5.º). Em quinto lugar, mantendo-se o reconhecimento do direito de preferência em caso de venda do imóvel, a previsão contida no n.º 9 do artigo 5.º dá-lhe uma nova configuração que muda, em alguns pontos, os contornos que o mesmo apresenta.

O regime hoje vigente compõe-se, então, da articulação de um conjunto de direitos que promovem a tutela do unido de facto sobrevivo na situação considerada. Na verdade, apesar de se preverem alguns limites ao exercício dos citados direitos, a ponderação global do novo regime, conduzirá, em regra, a um reforço da posição jurídica do unido de facto relativamente à casa de morada de família, quando o companheiro falecido fosse proprietário da mesma. Vejamos, mais de perto, este complexo articulado de direitos, desdobrando a sua análise em 3 partes. Falaremos, em primeiro lugar, nos direitos de habitação da casa de morada comum e de uso do respetivo recheio, em segundo lugar, do direito à celebração do contrato de arrendamento do imóvel e, em terceiro lugar, no direito de preferência em caso de alienação do mesmo.

2.2. O regime vigente consagrado pela Lei n.º 23/2010, de 30 de agosto

a) Direito de habitação da casa de morada de família e direito de uso do respetivo recheio

I. Na redação vigente da Lei 7/2001, de 11 de maio, no que respeita à proteção da casa de morada de família em caso de morte de um dos unidos de facto, quando este seja (com)proprietário da mesma, avulta o reconhecimento, ao companheiro sobrevivo, dos direitos de habitação sobre o imóvel e de uso sobre o respetivo recheio, nos termos do n.º 1 do art. 5.º[26]. A previsão, inovadora no âmbito da união de facto, deste último direito constituirá um mecanismo que permite tutelar "mais eficazmente a continuidade do lar que viveu em união de facto", servindo-nos das palavras de Guilherme Oliveira[27].

A consagração deste binómio de direitos aproxima-se do disposto no art. 2103.º-A do Código Civil em benefício do cônjuge sobrevivo, embora não haja coincidência das previsões normativas. Na verdade, para além da diferente articulação com o fenómeno sucessório nos termos em que nos referiremos *infra*[28], enquanto os direitos do cônjuge serão tendencialmente vitalícios[29], os direitos do unido de facto apresentam-se como temporários, estendendo-se, em regra, por um período mínimo de cinco anos, embora possam prolongar-se por um intervalo temporal mais extenso, sem nunca, no entanto, pela sua natureza, ultrapassar a vida do respetivo titular.

---

[26] A situação considerada pelo legislador terá sido a de o unido de facto falecido ser proprietário da casa e do respetivo recheio, havendo a possibilidade de um exercício conjunto dos dois direitos. Mas e se tal não acontecer? Não parece haver óbice a que os direitos possam ser exercidos separadamente.

[27] *In* Notas sobre a Lei n.º 23/2010, de 30 de agosto (Alteração à Lei das Uniões de facto) *cit.*, p. 145.

[28] Na medida em que o art. 2103.º-A do Código Civil prevê uma atribuição preferencial do cônjuge a ser exercida pelo mesmo, como herdeiro legitimário, na partilha.

[29] Veja-se, no entanto, o disposto no n.º 2 do art. 2013.º-A do Código Civil.

Em comum existe, assim, a previsão legal dos direitos referidos, em benefício do cônjuge ou daquele que viveu em condições análogas às dos cônjuges com o proprietário da casa de morada de família e/ou do seu recheio, o que redundou na atribuição de relevância aos direitos previstos nos art. 1484.º e ss do Código Civil[30] que, na prática, têm sido votados ao esquecimento e à consequente não aplicação no plano dos factos[31].

II. Trata-se de dois direitos reais menores[32] que proporcionam ao seu titular faculdades de uso (*jus utendi*) das coisas a que respeitam[33]. O direito de uso abrangerá, também, poderes de fruição (*ius fruendi*), permitindo, portanto, o aproveitamento dos frutos gerados pelas coisas objeto do mesmo[34]. Em qualquer caso, estarão excluídos poderes de disposição relativamente às coisas sobre que incidem.

---

[30] A partir deste ponto, usaremos a abreviatura C.C. para nos referirmos ao Código Civil.

[31] A previsão dos direitos de uso e habitação no Código Civil de 1966 não foi acompanhada pela sua relevância em termos práticos, apresentando-se pouco frequente a constituição voluntária de tais direitos, por contrato ou testamento, à luz do art. 1440.º por remissão do art. 1485.º do Código Civil. Neste sentido, LUÍS CARVALHO FERNANDES, Lições de Direitos Reais, 6.ª edição atualizada e revista, Lisboa, Quid iuris Sociedade Editora, 2009, p. 426. Aquele cenário sofreria alteração, em virtude de disposições legais posteriores que preveem a constituição de direitos daquela espécie, em homenagem à proteção valores de ordem *familiar*. Primeiramente, dá-se a introdução, no Código Civil, pelo Decreto-lei 496/77, de 25 de novembro, dos artigos 2103.º-A a 2103.º-C que concedem ao cônjuge viúvo as já assinaladas atribuições preferenciais na partilha do património hereditário do seu consorte. Duas décadas mais tarde, na Lei n.º 135/99, de 28 de agosto, prevê-se, em favor do unido de facto sobrevivo, a atribuição de um direito de habitação sobre a casa de morada comum, transitando tal previsão normativa para a Lei 7/2001, de 11 de maio. Em 2010, nos termos referidos em texto, acrescenta-se a consagração legal de um direito de uso sobre o respetivo recheio.

[32] "Qualquer deles pressupõe sempre um direito mais extenso, que tanto pode ser a propriedade, a propriedade horizontal, o direito de superfície, ou o usufruto". LUÍS CARVALHO FERNANDES, Lições de Direitos Reais *cit.*, p. 426.

[33] À luz do n.º 1 do art. 5.º da Lei 7/2001, de 11 de maio, e em conformidade com o disposto no n.º 2 do art. 1484.º do C.C., o direito de habitação respeita à casa de morada de família e o direito de uso respeita aos bens móveis que compõem o recheio da casa.

[34] Seguimos, aqui, LUÍS CARVALHO FERNANDES que assinala diferenças entre os dois direitos, na medida em que o direito de uso abrangerá, para além de poderes

Acresce que o poder de gozo proporcionado ao morador usuário e os poderes de gozo e fruição facultados ao usuário não são plenos, antes se circunscrevendo finalisticamente[35]. Na verdade, o teor do *licere* de tais direitos encontra-se funcionalizado e limitado segundo o fim a que os mesmos se encontram adstritos que é o da satisfação das necessidades pessoais do respetivo titular e da sua família, nos termos do n.º 1 do art. 1484.º do C.C.[36].

A estes direitos subjaz, portanto, um objetivo de natureza alimentar e, também por isso, apresentam um caráter pessoalíssimo[37]. Por consequência está arredada qualquer possibilidade de alienação ou oneração dos direitos de uso ou de habitação. Tais direitos estão, assim, cobertos por um manto de intransmissibilidade absoluta (art. 1488.º do C.C.)[38].

O unido de facto poderá, então, permanecer no imóvel que constituiu a casa de morada de família, aí continuando a habitar[39], e

---

(limitados) de uso, poderes (limitados) de fruição (*ius fruendi*), enquanto o direito de habitação abrangerá somente poderes (limitados) de uso. Daí que o Autor conclua que a designação "direito de uso" se adequaria mais ao direito de habitação. Lições de Direitos Reais *cit.*, p. 426.

[35] Assim, LUÍS CARVALHO FERNANDES destaca "a circunstância de os poderes de uso ou de fruição serem reconhecidos ao titular segundo um critério *finalista* e não em termos absolutos, de gozo *pleno*. A sua medida é a das necessidades do seu titular e da respetiva família. São, pois, *limitados pelo fim*". *Idem*. Os itálicos encontram-se no original.

[36] Essa é, aliás, a nota característica mais significativa da distinção entre o direito de uso e de habitação e o direito de usufruto, segundo LUÍS MENEZES LEITÃO. *In* Direitos Reais, 3.ª edição, Coimbra, Almedina, 2012, p. 346. Sobre esta distinção, *vide*, também, LUÍS CARVALHO FERNANDES, Lições de Direitos Reais *cit.*, p. 430. Esta limitação repercute-se na indisponibilidade absoluta dos direitos de uso e de habitação. GALVÃO TELLES, *in* Direito das Sucessões. Noções Fundamentais, 6.ª edição, reimpressão, Coimbra, Coimbra Editora, 1996, pp. 65 e 72.

[37] Assim, LUÍS CARVALHO FERNANDES, Lições de Direitos Reais *cit.*, p. 430.

[38] Consubstanciando uma hipótese de intransmissibilidade absoluta, haverá uma insusceptibilidade de transmissão *inter vivos* e uma inereditibilidade *mortis causa* desses direitos. GALVÃO TELLES, Curso do Direito das Sucessões *cit.*, pp. 65 e 72.

[39] Considere-se que, quanto ao direito de habitação, atendendo ao objeto sobre que recai – a casa de morada de família – o gozo facultado ao respetivo titular está limitado à finalidade habitacional. O titular do direito de habitação só pode, portanto, servir-se do imóvel para nele viver. Diversamente, o direito de uso propor-

poderá usar os móveis que compõem o respetivo recheio, aproveitando os eventuais frutos que, por estes, sejam gerados. Estas faculdades poderão ser exercidas na medida das necessidades desse sujeito e da sua família. Para este efeito, o legislador delimita, no art. 1487.º do C.C., o perímetro que deve ser reconhecido ao agregado familiar, desviando-se do âmbito que lhe seria assinalado de acordo com o disposto no art. 1576 do C.C.[40]. Ademais manda aferir aquelas

ciona a faculdade de uso apenas circunscrito pelo limite geral representado pelas necessidades pessoais e familiares do respetivo titular. Assim, note-se que, quando um direito de uso recai sobre um prédio urbano indiferenciado o respetivo titular pode, em princípio, usá-lo para fins diversos que não apenas o habitacional. Neste caso (que não se confunde, portanto, com a previsão legal que estamos a analisar em texto), pode, assim, o usuário de um tal imóvel, aí, instalar, por exemplo, um estabelecimento comercial. Neste sentido, veja-se ANTUNES VARELA e PIRES DE LIMA, Código Civil Anotado, Vol. III, 2.ª edição, Coimbra, Coimbra Editora, 1987, Anotação ao art. 1484.º, p. 547.

[40] Segundo o art. 1487.º do C.C., a família do usuário ou do morador usuário compreende o cônjuge, não separado judicialmente de pessoas e bens, os filhos solteiros, outros parentes a quem sejam devidos alimentos e as pessoas que, convivendo com o titular dos direitos, se encontrem ao seu serviço ou ao serviço das pessoas enunciadas. O círculo de pessoas assim delimitado fica, em certos pontos, aquém do que resultaria da aplicação do art. 1576.º (não se abrangem todos os parentes, nem sequer se abrangem indiferenciadamente todos os filhos, não se incluindo também, nem os afins nem os adotados restritamente) e, noutros, vai além, ultrapassando-o (veja-se a parte final do art. 1487.º). Na solução assim adotada, o legislador terá tido em atenção a finalidade alimentar ou assistencial que subjaz à constituição dos direitos de uso e habitação. Sobre a opção legislativa plasmada no art. 1487.º, veja-se ANTUNES VARELA e PIRES DE LIMA, Código Civil Anotado cit., Anotação ao art. 1487.º, p. 549 e 550. A aplicação deste artigo aos direitos de uso e habitação reconhecidos ao unido de facto sobrevivo pode levantar algumas dificuldades. FRANÇA PITÃO, considerando que não deve ser abrangido o cônjuge do companheiro supérstite – que, atendendo ao disposto no at.º 2.º c) da L.U.F., terá que provir de um casamento celebrado depois da data de morte do companheiro proprietário da casa e/ou do respetivo recheio –, defende uma interpretação restritiva da aplicação do art. 1487.º, no sentido em que, para esse efeito, seriam consideradas somente as pessoas que se encontram numa das situações elencadas no referido artigo, ao tempo da morte do unido de facto falecido. *In* Uniões de facto e Economia Comum, 3.ª ed. revista e atualizada, Coimbra, Almedina, 2011, p. 211. Segundo o Autor, ressalvar-se-iam dessa delimitação temporalmente definida, aquelas pessoas que se subsumem à parte final do artigo, por serem sujeitos que, convivem com o unido de facto sobrevivo, apenas por se encontrarem ao seu serviço ou ao serviço das pessoas enunciadas no art. 1487.º. Nessa medida, tal situação poderá cessar em virtude da extinção do título (por exemplo, o contrato de trabalho) que justificava essa convivência, o que poderá tornar necessária a sua substituição por outras pessoas que passem a desempenhar idênticas funções. Julgamos que o

necessidades à luz de um critério subjetivo que atende à condição social do titular dos direitos (art. 1486.º do C.C.)[41].

III. Depois de, com brevidade, descrevermos o conteúdo e a natureza dos direitos previstos no n.º 1 do art. 5.º da L.U.F., curaremos, agora, de enunciar os pressupostos de que depende o seu reconhecimento ao unido de facto sobrevivo.

Em primeiro lugar, será necessária a existência pretérita (porquanto entretanto dissolvida nos termos a que, de imediato, nos referiremos) de uma união de facto eficaz. Assim, exige-se que o respetivo beneficiário vivesse com o titular dos bens sobre que incidirão os direitos reais referidos em condições análogas às dos cônjuges e que essa comunhão de leito, mesa e habitação (*tori, mensae et habitationis*) tenha durado por um período mínimo de dois anos (n.º 2 do art. 1.º da L.U.F.).

Em segundo lugar, demanda-se que a relação de união de facto se dissolva por morte de um dos membros que a compõem, nos termos da al. a) do n.º 1 do art. 8.º da L.U.F.. A morte de um dos

---

entendimento do ilustre Autor pode conduzir a resultados não pretendidos pelo mesmo. Consideremos, então, a hipótese de o unido de facto sobrevivo dar à luz, durante o período de vigência dos direitos de uso e habitação, um filho (que pode ser filho e, portanto, também herdeiro, do unido de facto falecido, o que, na ausência de perfilhação – que poderia acontecer validamente se tivesse ocorrido posteriormente ao momento da conceção, segundo o art. 1855.º – importará para o seu estabelecimento jurídico, a propositura de uma ação judicial para reconhecimento de paternidade, nos termos dos artigos 1869.º e ss e 1819.º *ex vi* da remissão contida no art. 1873.º). Deverá o mesmo ser excluído para delimitação das necessidades familiares do titular dos direitos? Julgamos que não. Mas a essa conclusão seríamos conduzidos à luz da interpretação referida, dado que a ressalva formulada não abrangeria esta hipótese. Ora, admitindo que, na hipótese de o unido de facto sobrevivo se casar, no período de vigência dos assinalados direitos, tal facto deva justificar a exclusão do respetivo cônjuge do âmbito do art. 1487.º, acarretando até a extinção dos direitos (atente-se no dever de coabitação a que os cônjuges se encontram vinculados e cujo cumprimento a isso poderá conduzir), e entendendo, portanto, que o legislador não previu essa hipótese carecida de solução jurídica, julgamos que se pode equacionar o preenchimento de tal lacuna, recorrendo ao lugar paralelo que se divisa no art. 2019.º, atenta à finalidade alimentar que subjaz aos direitos de uso e habitação. Não podemos, no entanto, deixar de referir que o fim prosseguido por esses direitos não se esgotará nessa finalidade.

[41] LUÍS CARVALHO FERNANDES, Lições de Direitos Reais *cit.*, p. 426.

unidos de facto é, portanto, uma concausa dos efeitos previstos no n.º 1 do art. 5.º da L.U.F..

Em terceiro lugar, para que o unido de facto sobrevivo possa ser encabeçado nos direitos referidos, é necessário, também, que o falecido fosse titular exclusivo do direito de propriedade sobre o imóvel em que se situava a casa de morada de família e dos bens móveis que integram o respetivo recheio[42] ou que ambos os unidos de facto fossem titulares em compropriedade dos mesmos.

Em quarto lugar, para além dos elementos constitutivos acabados de enunciar[43], no que respeita ao direito de habitação, o legislador vem prever, como facto impeditivo do reconhecimento de tal direito, a circunstância de o unido de facto sobrevivo ter "casa própria"[44] na

---

[42] Não bastará, por isso, para o reconhecimento dos direitos previstos no art. 5.º da Lei 7/2001, de 11 de maio na versão vigente, que o unido de facto falecido seja co-herdeiro da herança indivisa em que a casa de morada de família dos unidos de facto se integra. Como sabemos, o herdeiro de herança não partilhada é *apenas* titular de um direito de exigir a partilha dos bens integrantes do património hereditário e de, consequentemente, obter o preenchimento do respetivo quinhão hereditário através da adjudicação de bens da herança, ou do valor pecuniário correspondente à sua quota. Nesse sentido se pronunciou, o Supremo Tribunal de Justiça em Acórdão de 12 de maio de 2015 (*in* www.dgsi.pt), a propósito da proteção que era prevista no n.º 1 do art. 4.º da redação original da Lei 7/2001, de 11 de maio.

[43] Para além dos elementos constitutivos assinalados, poderia autonomizar-se a necessidade do uso do recheio e a necessidade habitacional como requisitos de que depende o reconhecimento dos direitos referidos. Note-se, no entanto, que estes direitos não servem apenas uma finalidade "alimentar". Como referimos, eles são iluminados também por um propósito de garantir a continuidade do contexto familiar ao unido de facto sobrevivo. De qualquer modo, em homenagem a outros valores que merecem a tutela jurídica (nomeadamente aqueles que se encontram associados aos direitos dos titulares do direito de propriedade sobre o imóvel), em certos casos, o legislador vem destacar circunstâncias em que o direito de habitação não deve ser reconhecido (circunstâncias que se apresentam como factos impeditivos do reconhecimento do direito), ou, tendo-o sido, em que o mesmo deve extinguir-se (circunstâncias que consubstanciam factos extintivos do mesmo). É o que acontece nos números 5 e 6 do art. 5.º da L.U.F..

[44] Esta é a expressão empregada pelo legislador que abrangerá, quer a hipótese do unido de facto sobrevivo ser proprietário exclusivo do imóvel em questão, quer a hipótese de ele ser comproprietário do mesmo. *Quid iuris* se esses imóveis não constituem uma alternativa efetiva à satisfação das necessidades habitacionais do unido de facto sobrevivo que o direito de habitação (também) serve? Pensamos no caso de o imóvel estar arrendado, por força de um contrato celebrado antes da dissolução da união de facto e cuja vigência acordada ainda não se tenha extinguido.

área do concelho da casa de morada da família ou ainda, quando esta se situe nos concelhos de Lisboa ou no Porto, nos concelhos limítrofes.

IV. Reunidos os pressupostos constitutivos sem que se concretize qualquer circunstância impeditiva, o direito de habitação sobre a casa de morada de família e o direito de uso do respetivo recheio serão, então, reconhecidos. Ora, para a definição da correspondente duração, o legislador vem consagrar um conjunto de regras[45]. Em duas delas, incorporam-se critérios legais de fixação configurados em termos gerais e abstratos, e, numa terceira, endossa-se ao julgador a sua concretização em termos casuísticos, à luz de juízos de equidade[46].

Claro que podemos vislumbrar que, atento o disposto no n.º 6 do art. 5.º da L.U.F., emergirá uma necessidade habitacional do senhorio que permitirá a denúncia do contrato de arrendamento (à luz do regime plasmado no Código Civil, *vide* o art. 1101.º, al a) e o art. 1102.º) o que, consequentemente, permitirá que, depois da sua concretização, o unido de facto se possa servir do imóvel desocupado para sua habitação. Não esqueçamos, no entanto, que, por um lado, a necessidade habitacional do senhorio pode não ser suficiente para o reconhecimento do direito de denúncia (pense-se, por exemplo, no disposto no n.º 10.º do art. 1103.º) e que, entre o exercício do direito de denúncia e a concretização da devolução do espaço locado, pode mediar algum tempo. Também na situação de compropriedade, pode ocorrer que o unido de facto não possa usar, de imediato, a coisa, nomeadamente à luz de acordo anteriormente celebrado pelos comproprietários, nos termos da parte inicial do n.º 1 do art. 1406.º. Julgamos, então, que a aplicação do n.º 6 do art. 5 da L.U.F. ao caso concreto, com a devida consideração do elemento teleológico na operação interpretativa, poderá obviar à concretização de resultados injustificados, à luz da devida ponderação dos interesses em confronto.

[45] Apesar da assinalada associação às necessidades do usuário e do morador usuário que poderia levar à conclusão de que a duração se mediria, casuistica-mente, em função do período por que subsistissem aquelas necessidades. Segundo ANTUNES VARELA e PIRES DE LIMA, as necessidades pessoais e familiares do titular do direito de uso e do direito de habitação seriam apenas a medida do conteúdo do direito e já não "condição de validade ou manutenção do direito". *In* Código Civil Anotado *cit.*, p. 546. Diversamente, para LUÍS CARVALHO FERNANDES, atendendo à circunscrição "finalista" do conteúdo dos direitos, a verificação de cessação das necessidades do respeito titular ditará a sua extinção. Lições de Direitos Reais *cit.*, p. 427. A associação entre a duração do direito de habitação da casa de morada de família e as necessidades habitacionais do unido de facto sobrevivo encontra-se, hoje, subjacente à previsão normativa dos nos números 5 e 6 do art. 5.º da LUF.

[46] Sublinhe-se que não pode ser diminuída por vontade dos particulares a du-ração dos direitos que resulta da aplicação destas regras legais. Repare-se que na redação anterior, atendendo à natureza dispositiva dos direitos, o proprietário da

Assim, no n.º 1 do art. 5.º da L.U.F., fixa-se em cinco anos aquele que é, em princípio, o seu intervalo temporal mínimo de duração que, no entanto, é alargado, nos termos do n.º 2 do mesmo artigo, sempre que a relação de união de facto se tenha prolongado por mais de 5 anos. Nesses casos, a duração dos direitos coincidirá com a duração que aquela relação tenha, em concreto, alcançado. Assim, a título ilustrativo, na circunstância de a relação se ter prolongado por 15, 20 ou 30 anos, os direitos em análise vigorarão por idêntico período de tempo de 15, 20 e 30 anos, respetivamente.

A estas duas regras, vem, no entanto, juntar-se outra (formulada no n.º 4 do art. 5.º da L.U.F.) que, a título excecional, permite estender, por razões de equidade, os intervalos temporais referidos. Esta prorrogação pressupõe uma ponderação judicial, em que o tribunal atenderá às especificidades do caso concreto, considerando, nomeadamente, os factos que o legislador tem a preocupação de enunciar, exemplificativamente, no mesmo preceito – os cuidados dispensados pelo unido de facto sobrevivo ao companheiro falecido ou a familiares deste, e a especial carência em que aquele, por qualquer causa, se encontre. Pontificarão, aqui, a consideração de motivos de "carácter humanitário" e o reconhecimento de situações "dedicação pessoal"[47]. Intervirão, pois, nesta ponderação, finalidades assistenciais de necessidades atuais e compensatórias de comportamentos pretéritos no seio da relação de comunhão existencial que a união de facto traduz e que nem sempre se esgota no círculo formado pelos dois companheiros.

V. Por fim, cumpre referir que os direitos podem extinguir-se antes de se esgotar o período por que, em princípio, vigorariam, em virtude da ocorrência de circunstâncias que consubstanciam

---

casa poderia por disposição testamentária, não só excluir o direito, mas também limitar-lhe o período de vigência.

[47] *In* Notas sobre a Lei n.º 23/2010, de 30 de agosto (Alteração à Lei das Uniões de facto) *cit.*, p. 145.

causas extintivas dos mesmos[48]. Assim, por um lado, a factualidade prevista no n.º 6 do art. 5 da L.U.F. como facto impeditivo do reconhecimento do direito real de habitação, poderá, em caso de superveniência após o momento da constituição do mesmo, ditar a sua extinção. Por outro lado, nos termos do n.º 5 do mesmo artigo, a falta de habitação no imóvel por mais de um ano – ressalvada a hipótese de tal se ficar a dever a um motivo de força maior, como acontecerá, por exemplo, se o titular do direito se encontrar doente com necessidade de internamento em estabelecimento hospitalar – importará a cessação, por caducidade, do direito de habitação da casa e do direito de uso do respetivo recheio[49], ressalvada a hipótese de a mesma se ficar a dever a um motivo de força maior. Será o caso, por exemplo, de o titular do direito se encontrar doente com necessidade de internamento em estabelecimento hospitalar.

b) Direito de arrendamento do imóvel

I. Uma vez esgotado o período por que o unido de facto sobrevivo beneficiou do direito real de habitação nos termos acabados de enunciar, não é certo que o mesmo tenha que abandonar, de imediato, o imóvel. Na verdade, à luz do n.º 7 do art. 5.º da L.U.F., é-lhe reconhecido o direito de permanecer nesse espaço na qualidade de arrendatário, nas condições gerais do mercado, e também o direito de aí continuar a habitar, até ao momento da celebração do correspondente contrato.

Note-se que não se trata, como se encontrava previsto na Lei 135/99, de 28 de agosto, de outorgar ao unido de facto sobrevivo

---

[48] A entrada em vigor da Lei n.º 23/2010, de 30 de agosto suscitou problemas relativo à sucessão da lei no tempo, nomeadamente quanto à aplicação do regime previsto nos números 5 e 6 do art. 5.º relativo à proteção da casa de morada de família.

[49] Trata-se de uma causa de extinção idêntica à prevista para os direitos reconhecidos ao cônjuge sobrevivo, nos termos do n.º 2 do art. 2103.º-A.

um direito de preferência relativamente a um eventual contrato de arrendamento do imóvel que o proprietário decidisse entretanto celebrar com terceiro[50]. A celebração do contrato de arrendamento é, agora, imposta a este último, a menos que o mesmo satisfaça os requisitos legalmente exigidos para a denúncia, pelo senhorio, do contrato de arrendamento para habitação[51]. Assim, não se verificando

---

[50] O reconhecimento (legal ou convencional) de um direito de preferência a alguém não importa que a pessoa obrigada a dar preferência esteja vinculada à celebração de um contrato da espécie daquele a que a preferência respeita. O *obrigado* à preferência conserva a liberdade de decidir contratar ou não contratar. Se decidir fazê-lo e se, uma vez acertado o teor do contrato com um terceiro, o preferente quiser celebrar o contrato "tanto por tanto", é que se corporiza o *dever* de celebrar o negócio com o preferente. No âmbito da relação de arrendamento urbano nos termos da alínea b) do n.º 1 do art. 1091.º do C.C., encontra-se previsto o direito de preferência do arrendatário relativamente à celebração de um novo contrato de arrendamento nos casos de caducidade do seu contrato por ter cessado o direito ou terem findado os poderes legais de administração com base nos quais o contrato fora celebrado.

[51] Aplicando-se, *mutatis mutandis*, o regime dos art. 1101.º e ss ou apenas o do art. 1102.º do C.C.? Que significado deve ser atribuído à expressão "os requisitos legalmente estabelecidos para a denúncia do contrato de arrendamento para habitação, pelos senhorios, com as devidas adaptações"? Referir-se-á o inciso "para habitação" à finalidade do contrato de arrendamento e, portanto, na sua utilização irá contida uma referência aos contratos para os quais se previu um regime especial constante dos artigos 1092.º e ss do C.C. que compõem a subsecção sob a epígrafe "Disposições especiais do arrendamento para habitação"? Ou a fórmula usada pelo legislador remeterá apenas para a hipótese prevista na al. a) do art. 1101.º - denúncia do contrato de arrendamento para habitação do senhorio? FRANÇA PITÃO, sem questionar um outro sentido, na sua exposição enced por este segundo entendimento. *Vide* Uniões de facto e Economia comum *cit.*, 3.ª ed., 2011, pp. 213 e 216. Não nos parece, no entanto, que seja o único entendimento conjeturável, tendendo até para considerar que a referência legal respeita às 3 espécies de denúncia, pelo senhorio, do contrato de arrendamento para habitação. Pendemos para essa interpretação, considerando, desde logo, a colocação do inciso "pelo senhorio" entre vírgulas do que parece extrair-se uma associação dessa expressão à autoria da denúncia para a extremar da denúncia pelo arrendatário prevista no art. 1100.º do Código Civil. Ademais, se a expressão pretendesse significar a causa fundamentadora da denúncia com a necessidade habitacional do senhorio, deveria ser "para habitação do senhorio" (é, aliás, essa a formulação adotada pelo legislador no corpo do art. 1102.º). Sendo assim, a possibilidade de denúncia do contrato de arrendamento de habitação pelo senhorio pode ser justificada com base numa das causas previstas nas alíneas a) (necessidade de habitação pelo senhorio ou pelos seus descendentes em 1º grau) ou b) (para demolição ou realização de obra de remodelação ou restauro profundos que obriguem à desocupação do locado) do n.º 1 do art. 1101.º ou mesmo injustificada nos termos da al. c). Destaque-se que, entre outros pressupostos, na hipótese de denúncia por necessidade habitacional,

qualquer das hipóteses previstas para esse efeito, o titular do direito de propriedade sobre o imóvel encontra-se vinculado à celebração do contrato de arrendamento. Os termos do mesmo devem, em princípio, configurar-se por negociação das partes, à luz das condições gerais do mercado. Na ausência de acordo, o tribunal pode ser chamado a intervir para definir os termos contratuais, após audição dos interessados (n.º 8 do art. 5.º da L.U.F.). Ademais no ínterim, enquanto o contrato não se encontrar celebrado, o unido de facto pode permanecer no imóvel, com base no direito pessoal de gozo legalmente previsto na parte final do n.º 7 do art. 5.º da L.U.F., sem que lhe subjaza outro título (o unido de facto sobrevivo já não é

---

o proprietário do imóvel tem que proceder ao pagamento do montante equivalente a um ano de renda (art. 1102.º, n.º 1) e, na hipótese de denúncia para demolição ou realização de obra, terá que, em alternativa, pagar valor idêntico ou garantir o realojamento do arrendatário em condições análogas às que este já detinha, quer quanto ao local quer quanto ao valor da renda e encargos (n.º 6 do art. 1103.º). Em qualquer dos casos, o proprietário do imóvel, para impedir a celebração do contrato por invocação de uma dessas causas, deve ainda cumprir um dever de comunicação ao titular do direito de habitação com uma antecedência não inferior a seis meses sobre a data pretendida para a desocupação e da qual conste de forma expressa, sob pena de ineficácia, o fundamento da denúncia (n.º 1 do art. 1103.º). Ao lado da possibilidade de denúncia justificada, existe ainda a faculdade de denúncia injustificada, mediante comunicação ao arrendatário com antecedência não inferior a dois anos sobre a data em que pretenda a cessação, nos termos da al. c) do art. 1101.º. Ora, se não se verificar o circunstancialismo que permita denunciar o contrato nos termos das al. a) ou b) do art. 1101.º, poderá o proprietário lançar mão da denúncia prevista na al. c). Nesse caso, o único requisito é o de uma comunicação, com a antecedência mínima de dois anos, pelo proprietário da vontade de não celebrar o contrato de arrendamento para que ele não se celebre. Atentos os requisitos temporais que, em qualquer das hipóteses, têm que ser observados, julgamos que o legislador pressupôs que a comunicação ocorreria ainda durante o período em que vigora o direito real de habitação, sob pena de o direito à celebração do contrato de arrendamento se constituir na esfera jurídica do unido de facto sobrevivo e poder ser oposto ao titular do imóvel. *Quid iuris*, se a comunicação não for feita com a necessária antecedência durante o período de vigência do direito de habitação? Poderá o unido de facto permanecer no imóvel durante o período em falta para perfazer o intervalo temporal requerido, aí residindo sem título (como na hipótese que descreveremos, de imediato, em texto, já que já não é titular de um direito real de habitação e não é – nem, neste caso, virá a ser – arrendatário)? Com uma resposta afirmativa, os interesses do unido de facto não seriam desguarnecidos, na medida em que haveria sempre que respeitar os requisitos de comunicação antecipada da não celebração do contrato e a letra da lei não exclui essa possibilidade.

usuário morador e ainda não é arrendatário), que não a autorização legal aí concedida para o efeito.

II. A propósito deste mecanismo de tutela do unido de facto sobrevivo, subsistem alguns pontos nebulosos que não ficam esclarecidos pela formulação legalmente utilizada para o enunciar. Uma das questões carecidas de resposta surge quando se indaga se o direito à celebração do contrato de arrendamento respeita apenas ao imóvel ou ao imóvel e ao recheio[52]. A favor da segunda solução – que a letra da lei, apesar de não favorecer, não obstaculiza inequivocamente – podem chamar-se a colação, à luz de um raciocínio que faz apelo aos elementos interpretativos teleológico e sistemático, a consideração de que os direitos agora consagrados aparecem como um prolongamento de uma proteção do ambiente familiar que até aí se apresentou unitária, abrangendo as duas componentes – imobiliária e mobiliária – do mesmo. De qualquer modo, a letra do artigo parece apontar em sentido oposto[53], confortando o entendimento de que a imposição da celebração do contrato de arrendamento nos termos referidos respeitará apenas ao imóvel[54]. Julgamos, aliás, que, se o legislador pretendesse acolher solução diversa, se teria expressado de forma diferente, traduzindo mais fielmente o seu pensamento, como o fez nos números anteriores em que, querendo referir-se às duas componentes da proteção, usou fórmulas legais que o esclareciam, remetendo claramente para o binómio protegido. Respeitando o arrendamento apenas ao imóvel,

---

[52] O legislador contempla a hipótese de locação de um imóvel mobilado no art. 1065.º do C. C..

[53] O artigo reza assim: "Esgotado o prazo em que beneficiou do direito de habitação" e "o membro sobrevivo tem o direito de permanecer no imóvel". Os sublinhados são nossos.

[54] O facto de nos parecer que a imposição legal do dever de celebrar o contrato respeita apenas ao imóvel, não significa, evidentemente, que o contrato que venha a ser celebrado por força do n.º 7 do art. 5.º da L.U.F. não possa abranger também o recheio. Tratar-se-á, aí, no entanto, de uma estipulação que brotará do exercício da autonomia privada das partes, não sendo imposta pelo legislador.

tal significará, então, que, findo o direito de uso, o(s) proprietário(s) dos bens móveis que compõem o recheio daquela que foi a casa de morada de família, os poderá(ão) alienar sem que o adquirente dos mesmos veja a sua posição jurídica dominial limitada por qualquer encargo que sobre eles impenda.

III. E, aqui, nos aparece uma outra questão que é a de saber como se articulam os direitos previstos no n.º 7[55] do art. 5.º da L.U.F. com os direitos que um terceiro adquira sobre o imóvel, em virtude de uma eventual alienação do mesmo[56].

Cumpre advertir que não nos referimos à hipótese de o contrato de arrendamento já ter sido celebrado, ao abrigo do disposto no citado preceito, antes da alienação do imóvel. Nesse caso, o unido de facto pode opor a sua posição contratual de arrendatário ao adquirente, à luz da regra *"emptio non tollit locatum"* vertida no art. 1057.º do C.C.. Assim, o novo proprietário do imóvel sucede, nos direitos e nas obrigações emergentes do contrato de locação para o locador, tendo o locatário o direito a perseguir a coisa onde quer que ela se encontre[57].

Diversamente, o circunstancialismo que consideramos, neste ponto, é o de o contrato de arrendamento ainda não ter sido celebrado quando se efetiva a alienação ao terceiro. Os deveres correlativos

---

[55] A dúvida surge a propósito dos direitos previstos neste número. O direito de habitação entretanto extinguido, como direito real (de gozo) que é, está dotado do atributo da sequela, acompanhando o bem para onde quer que ele vá, podendo assim o unido de facto sobrevivo opô-lo ao terceiro adquirente.

[56] Não nos reportamos, aqui, à transmissão inerente à aquisição sucessória pelos herdeiros, para composição da sua quota hereditária, ou pelos legatários, em cumprimento de uma disposição testamentária ou de um pacto sucessório, nas situações em que estes pactos são permitidos. Referimo-nos, portanto, a uma transmissão posterior à que ocorre no âmbito do fenómeno sucessório.

[57] Gozando de um atributo de sequela traduzido num fenómeno idêntico ao da inerência, esta característica do direito do arrendatário, que o aproximará dos direitos reais, apresenta-se como um dos argumentos que sustentam a conceção realista do mesmo. *Vide*, por todos, LUÍS MENEZES LEITÃO, Direito das Obrigações, Vol. I, Introdução. Da Constituição das Obrigações, 11.ª edição, 2014, Almedina, pp. 96 e ss.

aos direitos outorgados ao companheiro sobrevivo por força do n.º 7 do art. 5.º da L.U.F. impor-se-ão ao terceiro adquirente? Tais direitos acompanham o bem, como o acompanhariam, por um lado, o direito real de habitação no caso de ainda não ter cessado ao tempo da alienação e, por outro lado, a posição de arrendatário no caso de o contrato de arrendamento já ter sido celebrado? A situação que ora consideramos distancia-se dessas duas. Não tendo os direitos em questão natureza real[58] e inexistindo uma norma que precipuamente se refira à articulação entre o direito previsto no n.º 7 do art. 5.º da L.U.F. e a eventual transmissão do direito de propriedade sobre o imóvel a terceiro, *quid iuris?* Julgamos que a solução da oponibilidade a terceiro é aquela que parece decorrer mais diretamente do preceituado na norma, ao não serem definidos os sujeitos vinculados pelos deveres correlativos aos direitos aí previstos. Tais deveres impor-se-ão, então, àqueles que, no momento em que os direitos surjam na esfera jurídica do unido de facto, sejam titulares do direito de propriedade sobre o imóvel, independentemente da eventual cadeia de transmissão entretanto ocorrida. O legislador não distingue e não vislumbramos sólidas razões para o intérprete distinguir, à luz dos instrumentos de que pode lançar mão na tarefa interpretativa[59]. Ademais sublinhe-se que a cognoscibilidade, pelo terceiro adquirente, da imposição *in casu* dos citados deveres é garantida, por força da publicidade assegurada pelo registo predial do

---

[58] Atente-se no princípio da tipicidade previsto no art. 1306.º do Código Civil. Estaremos perante um direito de fonte legal tendente à *aquisição* da posição contratual de arrendatário.

[59] Não encontrámos, nos elementos interpretativos, apoio suficiente para ensaiar uma interpretação restritiva que limitasse o efeito previsto no n.º 7 do art. 5.º aos adquirentes do imóvel no âmbito do fenómeno sucessório. Julgamos, portanto, que tal limitação pressuporia uma intervenção legislativa que consagrasse essa solução. Sabemos, de qualquer modo, que, contra tal alteração, militará o perigo de haver uma alienação só com o intuito de impedir a concretização da celebração do contrato de arrendamento. Claro que, numa tal hipótese, o regime geral, nomeadamente dos vícios de vontade, ofereceria uma resposta jurídica aos casos que a merecessem.

direito real de habitação[60] que antecede o surgimento dos deveres previstos no n.º 5 do art. 7.º da L.U.F. e em virtude desta previsão legal, de cujo conhecimento ninguém é escusado (art. 6.º do C.C.)[61].

Assim, julgamos que, também, o terceiro adquirente estará vinculado pelos deveres legalmente impostos no n.º 7 do art. 5.º da L.U.F., devendo celebrar o contrato, a menos que, quanto a ele, se verifiquem os pressupostos de que a lei faz depender a denúncia, pelo senhorio, do contrato de arrendamento para habitação[62].

c) Direito de preferência em caso de alienação do imóvel

I. Finalmente, prevê-se, no n.º 8 do art. 5.º da L.U.F., em favor do unido de facto sobrevivo, um direito de preferência em caso de alienação do imóvel onde se situava a casa de morada de família. É, aqui, inequívoca a dissociação – que julgamos concretizada, como referimos *supra*, também quanto ao direito analisado na subsecção anterior – da proteção das componentes mobiliária e imobiliária do

---

[60] O direito real de habitação sobre prédio urbano está sujeito a registo nos termos do art. 2.º, n.º 1 al. a) do Código de Registo Predial, devendo o extrato da inscrição conter a menção à causa do direito, *ex vi* do art. 95.º, n.º 1 al. a) do mesmo Código.

[61] No caso de o alienante prestar informações erradas, no âmbito do processo de negociação, que consubstanciem a violação culposa dos deveres impostos pela boa-fé, poderá o adquirente lançar mão do mecanismo previsto no art. 227.º do Código Civil.

[62] Tratar-se-á das situações previstas no art. 1101.º e ss do C.C., a que já nos referimos na nota 51. Pode perguntar-se se a comunicação de não celebração do contrato de arrendamento feita pelo anterior adquirente, com base num dos fundamentos (de denúncia) previstos nas alíneas do art. 1101.º, pode afastar os direitos do companheiro sobrevivo previsto no n.º 7 do art. 5.º também em relação ao novo adquirente. Atendendo a que as situações das al. a) e b) do art. 1101.º pressupõem uma causa que tem, aliás, que ser comunicada expressamente ao unido de facto sobrevivo, duvidamos que a sua eficácia se possa estender por forma a excluir os deveres (legais) do novo adquirente. Ademais, na hipótese da al. a), tal é inviabilizado pela natureza pessoal do fundamento da necessidade habitacional relativo às pessoas enunciadas no preceito e ao dever previsto no n.º 5 do art. 1103.º, cujo incumprimento é sancionado nos termos do n.º 9 do mesmo artigo. Diversa é a hipótese prevista na al. c) do art. 1101.º que é imotivada, pelo que, quanto a ela, apenas se acautelam os interesses do unido de facto sobrevivo, relativamente ao conhecimento antecipado de que terá que abandonar o imóvel.

contexto familiar, já que o direito de preferência concerne apenas à alienação do imóvel onde se encontrava sediada a vida familiar dos unidos de facto antes da morte do respetivo proprietário e não à alienação dos bens móveis (considerados individualmente ou tomados, no seu conjunto, como universalidade de facto) que compõem o respetivo recheio.

II. Feita esta precisão, importará considerar sobre que atos incidirá o direito de preferência consagrado a favor do unido de facto. O legislador refere-se, agora, à alienação[63] do imóvel, podendo esta ocorrer com base em múltiplos títulos de natureza diversa[64]. Assim, e ilustrativamente, o proprietário aliena o imóvel quando o vende, quando o doa ou ainda quando o dá em dação em cumprimento. Terá o unido de facto direito a preferir relativamente a qualquer um destes atos translativos do direito real? A delimitação do perímetro do direito de preferência consagrado no n.º 9 do art. 5.º da L.U.F. e, consequentemente, a resposta a esta questão encontra-se através da consideração dos limites da figura do direito de preferência que é apenas compatível com atos onerosos que não tenham caráter *intuitu personae*[65]. Nessa medida, o unido de facto poderá preferir relativamente à situação de compra e venda, e de dação em cumprimento, mas já não quanto à hipótese de o imóvel ser alienado por doação.

---

[63] O direito de preferência respeitava, na Lei 135/99, de 28 de agosto, à venda e ao arrendamento (art. 4.º, n.º 1, *in fine*) do imóvel e, na versão inicial da Lei 7/2001, de 11 de maio, à venda do mesmo (art. 4.º, n.º 1, parte final).

[64] Repare-se que, em regra, nos casos de previsão legal dos direitos de preferência, o legislador é mais preciso na enunciação dos atos, por ela, abrangidos. Veja-se, a título ilustrativo, que, no âmbito da relação de arrendamento urbano, no âmbito da compropriedade, ou do fenómeno sucessório, o direito de preferência reconhecido ao arrendatário, aos comproprietários e aos co-herdeiros respeita à compra e venda e à dação em cumprimento, respetivamente, do local arrendado (al. a) do n.º 1 do art. 1091.º do C. C.), da quota do bem detido em compropriedade (n.º 1 do art. 1409.º do C.C.) e do quinhão hereditário (art. 2130.º, n.º 1 do C.C.).

[65] LUÍS MENEZES LEITÃO, Direito das Obrigações *cit.*, p. 223. Note-se, no entanto, que o direito de preferência não se estenderá ao contrato de troca, apesar da sua natureza onerosa. Veja-se RIBEIRO DE FARIA, Direito das Obrigações, Vol. I, Coimbra, Almedina, 1990, p. 285.

III. A titularidade do direito de preferência respeitará a todo o período em que o unido de facto sobrevivo habitar o imóvel "a qualquer título" (art. 5.º, n.º 9 *in fine*). Assim, ele encontra-se encabeçado no direito, ininterruptamente, enquanto é morador-usuário, enquanto é arrendatário, no caso de se concretizar a celebração do contrato de arrendamento prevista no n.º 7 do art. 5 da L.U.F. e, ainda, durante o segmento temporal que medeia entre os períodos em que está investido nessas duas qualidades e, em que, portanto, habita o imóvel, *sem (outro) título*[66].

Note-se que a inclusão, na previsão do n.º 9 do art. 5.º da L.U.F., da titularidade do direito de preferência na veste de arrendatário não é despicienda, apesar da previsão do art. 1901.º do Código Civil que atribui ao arrendatário de prédio urbano o direito de preferência na compra e venda e na dação em cumprimento do local arrendado. Na verdade, o legislador exige uma vigência mínima, por 3 anos, do contrato de arrendamento para reconhecer o direito de preferência ao arrendatário. Ora, no caso de contrato celebrado com o unido de facto sobrevivo, ao abrigo do art. 5.º da L.U.F., este, na qualidade de arrendatário, será titular do direito de preferência, durante toda a constância da relação locatícia, sem necessidade de um decurso mínimo da mesma para que o direito se consolide na sua esfera jurídica.

IV. Assim, em qualquer momento do período em que o unido de facto sobrevivo resida no imóvel, se o proprietário do mesmo[67] decidir aliená-lo (onerosamente), deve comunicar àquele, a intenção de alienação, efetuando uma notificação para preferência onde de-

---

[66] Como já referimos, o título fundamentador da sua permanência no imóvel é a própria lei.

[67] Que pode já não estar integrado no património hereditário, nem sequer no património de um dos sucessíveis *mortis causa* do falecido, dado que pode ter ocorrido, entretanto, uma alienação do imóvel. Veja-se o que dissemos a este propósito *supra* quando considerámos os efeitos da transmissão do imóvel sobre os deveres previstos no n.º 7 do art. 5.º da L.U.F..

vem ser enunciadas as cláusulas do contrato a celebrar com terceiro (art. 416.º do C.C.), e, segundo parte da doutrina e da jurisprudência, outros elementos que possam ser essenciais para determinar a vontade de preferir[68]. Na hipótese que consideramos, avultará a questão controvertida de saber se a identidade de terceiro deverá ser incluída na notificação para preferência. Parece-nos que a resposta deve ser afirmativa[69], dado que é uma informação que reveste um interesse particular na constelação fáctica considerada. Na verdade, o companheiro, no caso de não exercer o direito de preferência, poderá, apesar da alienação do imóvel, permanecer no mesmo, ao abrigo do direito real de habitação, da posição de arrendatário ou, ainda, na situação prevista na parte final do n.º 7 do art. 5.º da L.U.F., entretecendo-se, portanto, uma relação jurídica entre ele e o novo proprietário do prédio urbano. É, portanto, uma informação relevante para o preferente formar a sua vontade sobre a decisão de preferir ou não preferir.

V. Uma última palavra, para sublinhar que, tratando-se de uma preferência de fonte legal, tal se refletirá, desde logo[70], nas consequências associadas ao seu incumprimento por celebração, com terceiro, de negócio com preterição indevida do direito do unido de facto preferente relativamente a tal negócio. Assim, em caso de violação do direito previsto no n.º 9 do art. 5.º da L.U.F., o companheiro sobrevivo pode recorrer à ação de preferência, nos termos do art. 1410.º do C.C., para se sub-rogar na posição jurídica do adquirente,

---

[68] Na doutrina e na jurisprudência inexiste unanimidade quanto aos elementos que devem ser incluídos na notificação para a mesma ser eficaz e, consequentemente, poder ditar, *ex vi* do n.º 2 do art. 416.º, o início da contagem do prazo para o exercício do direito do preferente. Veja-se, por todos, AGOSTINHO GUEDES, O exercício do direito de preferência, Universidade Católica Editora, 2006, pp. 457 e ss.

[69] No mesmo sentido, FRANÇA PITÃO, *in* Uniões de facto e Economia Comum *cit.*, 2.ª ed, p. 249.

[70] Por outro lado, a natureza legal, relevará, também, na graduação de que o mesmo beneficiará em caso de concurso com preferências de natureza convencional (*ex vi* do art. 422.º do C.C.).

com efeito retroativo, como se o ato de alienação tivesse, portanto, sido celebrado *ab initio* entre ele e o alienante.

2.3. A imposição da proteção e a insusceptibilidade de afastamento por vontade do *de cuius* - o estranho caso de um *legatário* legal forçoso não legitimário?

I. Concluído o breve excurso reflexivo sobre o regime consagrado nos números 1 a 9 do art. 5.º da L.U.F., constatámos a ocorrência do reforço da posição jurídica do companheiro sobrevivo, em caso de dissolução da união de facto por morte de um dos seus membros, relativamente ao contexto imobiliário (a casa de morada de família) e mobiliário (o correspondente recheio) em que se desenvolveu a vivência em condições análogas às dos cônjuges, quando o falecido seja proprietário dos bens que compunham tal contexto. Como vimos, o legislador prevê, para o efeito, uma cascata de direitos que se articulam num complexo intrincado que proporciona ao companheiro sobrevivo uma tutela da continuidade do ambiente familiar que, agora, pode estender-se por um extenso intervalo de tempo.

No núcleo da proteção prevista, encontra-se o direito de habitação sobre a casa de morada de família, hoje, associado ao direito de uso do respetivo recheio, que, com a Lei 23/2010, de 30 de agosto, para além de conquistar, nos termos dos números 2 e 4 do art. 5.º da L.U.F., extensão temporal, sai robustecido pela eliminação da sua natureza dispositiva. Na verdade, em 2010, o legislador suprime a enunciação das exceções ao reconhecimento do direito (hoje um binómio de direitos) que previa no n.º 2 do art. 4.º da redação inicial da Lei 7/2001, de 11 de maio[71], deixando, portanto, de ser possível o afastamento da aplicação do regime legal por vontade do unido de facto proprietário dos bens, através de disposição testamentária

---

[71] E que, como vimos, também se vertiam no art. 4.º, n.º 1 da Lei 135/99, de 28 de agosto, embora com uma diferente configuração.

em contrário[72]. A possibilidade de derrogação voluntária que anteriormente se previa enfraquecia a proteção legalmente consagrada, colocando-a na dependência direta da vontade do titular da casa de morada de família que podia, portanto, suprimir *ad nutum* a sua aplicação. Quaisquer que fossem as razões que inspirassem o companheiro proprietário (que não tinham sequer que ser apresentadas), a sua vontade prevalecia sobre o regime legalmente configurado, no que ia contida uma fragilização acentuada da tutela que, através dele, se procurava prosseguir. Hoje, os efeitos jurídicos previstos no n.º 1 do art. 5.º da L.U.F. impõem-se, então, à vontade do *de cuius*, sendo, nessa medida, imperativos.

II. Deixa, portanto, de se acomodar a qualificação que lhe era dada, sob a vigência da redação inicial da Lei 7/2001, de 11 de maio e que levava vários Autores portugueses a apodar o unido de facto sobrevivo de legatário legítimo do direito de habitação, por 5 anos, da casa de morada de família integrada no património hereditário do seu companheiro falecido[73].

Nesse sentido, os Professores Pereira Coelho e Guilherme Oliveira, referiam-se, a esse propósito, a uma "designação sucessória" do uni-

---

[72] Limitação que, também, se aplicará aos pactos sucessórios, nos casos em que eles são excecionalmente admitidos (artigos 1700.º e ss e art. 2028.º do C.C.).

[73] Assim, referindo-se à posição jurídica do unido de facto à luz do art. 4.º, números 1 e 2 da redação inicial da Lei 7/2001, de 11 de maio, PEREIRA COELHO e GUILHERME OLIVEIRA qualificavam-na como "legado legítimo". Curso de Direito da Família *cit.*, p. 84. Reportando-se à mesma disposição, GUILHERME DE OLIVEIRA claramente dizia "A proteção era encarada tecnicamente como um legado legítimo e, portanto, cedia perante uma disposição testamentária incompatível, segundo a hierarquia das designações sucessórias". *In* Notas sobre a Lei n.º 23/2010, de 30 de agosto (Alteração à Lei das Uniões de facto) *cit.*, p. 146. No mesmo sentido, LUÍS CARVALHO FERNANDES, Lições de Direitos Reais *cit.*, p. 429. Também FRANÇA PITÃO, quanto à Lei 135/1999, de 28 de agosto, *in* União de Facto no Direito Português. A propósito da Lei n.º 135/99, de 28/08, Coimbra, Almedina, 2000, pp. 160-161 e p. 168, e, quanto à versão inicial da Lei 7/2001, de 11 de maio, *in* Uniões de facto e Economia Comum, 2.ª ed. revista e atualizada, Coimbra, Almedina, 2006, p. 247. No que respeita à redação introduzida pela Lei 23/2010, de 30 de agosto, refere-se-lhe como legatário legal. *In* Uniões de facto e Economia Comum, 3.ª ed. revista e atualizada, Coimbra, Almedina, 2011, pp. 213 e 214.

do de facto que, podendo ser afastada por disposição testamentária em contrário, ocupava "na hierarquia das designações sucessórias" um "lugar inferior ao da sucessão testamentária e da sucessão legitimária, nos termos gerais"[74].

Cumprirá, então, refletir sobre as repercussões que a alteração de regime importou na natureza da posição jurídica do unido de facto sobrevivo como morador usuário da casa e agora também como usuário do respetivo recheio, por força da morte daquele com quem viveu em união de facto e que era proprietário dos bens sobre que incidem tais direitos. Vejamos, mais de perto, embora de forma breve, esta problemática.

III. Em primeiro lugar, consideremos a qualificação do companheiro sobrevivo, à luz do art. 5.º, n.º 1 da L.U.F., como legatário. O acerto desta asserção pressuporá que possamos afirmar que tal sujeito se apresenta como sucessível *mortis causa* do falecido.

Como vimos, a morte é a concausa[75] da produção dos efeitos previstos no n.º 1 do art. 5 da L.U.F., perfilando-se, portanto, os mesmos como efeitos legais *mortis causa*. Na verdade, é o legislador que associa à ocorrência da morte de um dos membros de uma união de facto eficaz, o reconhecimento ao companheiro sobrevivo dos direitos de habitação da casa de morada de família e de uso do respetivo recheio, no caso de os correspondentes bens integrarem o património hereditário. Assim, ainda que seja necessária a preexistência de uma relação de união de facto, julgamos que, na perspetiva da lei, a morte do unido de facto proprietário é configurada como uma das causas da aplicação do regime em questão.

Aceitando que assim é, deparamo-nos ainda com uma outra objeção à afirmação de que o mecanismo jurídico previsto no n.º 1

---

[74] Curso de Direito da Família *cit.*, p. 84.

[75] RABINDRANATH CAPELO DE SOUSA, Lições de Direito das Sucessões, Vol. I, 4.ª Ed. Renovada, Coimbra Editora, 2013 (reimpressão da 4.ª edição renovada de 2000), p. 25.

do art. 5.º da L.U.F. consubstancia um efeito sucessório. O obstáculo de que falamos advém da identificação – comum na doutrina portuguesa – da sucessão *mortis causa* com a ocorrência de um fenómeno de transmissão[76] de direitos[77], o que, por sua vez pressuporá a identidade[78] do direito que é transmitido na esfera jurídica do *transmitente* e na do *transmissário* e, consequentemente, traduzirá a verificação de uma aquisição derivada translativa de direitos. Como consequência de tal conceção, a aquisição derivada constitutiva de

---

[76] Sabemos que se discute a natureza do fenómeno sucessório *mortis causa*, procurando determinar se o mesmo se identifica com o conceito de transmissão. Discute-se, a esse propósito, se é uma situação de aquisição derivada (translativa) ou se é uma situação de modificação subjetiva em que há o subingresso dos sujeitos nas relações jurídicas de que o *de cuius* era titular. Sobre esta questão, *vide* PEREIRA COELHO, Direito das Sucessões (Lições ao curso de 1973-1974, actualizadas em face da legislação posterior), Coimbra, 1992, pp. 7 a 24. Este Autor, entendendo que "transmissão" e "sucessão" traduzem "duas perspetivas diferentes ou dois diferentes modos de consideração da mesma realidade", defende que a distinção entre os dois termos deve ser feita por permitir a compreensão da evolução histórica do fenómeno da sucessão e a distinção entre herdeiro e legatário (*op. cit.*, pp. 20 a 23). Aliás, conclui que se usássemos linguagem de grande rigor, guardaríamos o termo sucessão para designar a sucessão por morte e, dentro desta, só para a sucessão universal, ou seja, a sucessão em benefício do herdeiro. Verdadeiramente, apenas este é sucessor, pois "só ele substitui o «de cuius» ou subingressa no lugar dele, como acontece na sucessão nos termos em que a caracterizámos: o comprador, o cessionário, o legatário são meros adquirentes". *Op. cit.*, p. 23.

[77] A sucessão não abrange apenas posições jurídicas ativas, mas, atendendo ao objeto do presente trabalho, perspetivaremos, no nosso discurso, apenas a sucessão de direitos.

[78] Assim, o conceito de sucessão incluiria no seu âmbito apenas a aquisição derivada translativa. No sentido de que a identidade entre o direito do sucessor e o do *de cuius* é um elemento constitutivo do conceito de sucessão, o que conduzirá à exclusão das aquisições derivadas constitutivas ou restitutivas do "sentido rigoroso" de sucessão, por falta daquela identidade, veja-se PEREIRA COELHO, Direito das Sucessões *cit.*, pp 16 e 17. No mesmo sentido, CRISTINA DIAS, Lições de Direito das Sucessões, 2.ª edição, Coimbra, Almedina, 2012, pp. 27 a 28. CARLOS PAMPLONA CORTE-REAL também entende que as noções de transmissão e de aquisição derivada translativa são insuficientes para explicar algumas das situações jurídicas cobertas pelo fenómeno sucessório. Por isso, acaba por entender que o conceito de sucessão económica, de que falaremos *infra*, de GALVÃO TELLES é "realista, face ao casuísmo e heterogeneidade institucional do fenómeno sucessório", apesar de representar uma "«brecha» no rigor da sua construção dogmática da sucessão". Curso do Direito das Sucessões, Lisboa, Quid iuris, 2012, pp. 27 a 29.

direitos[79], como a que ocorre no caso vertente, ficaria arredada do fenómeno sucessório.

Não é, como se sabe, no entanto, uma objeção inultrapassável[80]. O labor doutrinal desenvolveu caminhos que permitem transpô-la e a própria lei fornece elementos que permitem sinalizá-los. A esse propósito, encontramos, entre nós, Galvão Telles que interpreta o requisito da identidade do direito transmitido como uma exigência que veda apenas a possibilidade de se operar um fenómeno sucessório em que o direito adquirido pelo sucessível seja maior que o direito de que o autor da sucessão dispunha[81], construindo, a esse propósito, o conceito de sucessão económica[82]. Como exemplos,

---

[79] PEREIRA COELHO, Direito das Sucessões *cit.*, pp. 16 a 18.

[80] Aliás, a qualificação doutrinal da posição jurídica do unido de facto como legatário legítimo, à luz do regime inicial da Lei 7/2001, de 11 de maio é disso demonstrativo. Veja-se nota 73.

[81] GALVÃO TELLES, *In* Direito das Sucessões. Noções Fundamentais *cit.*, pp. 43 e 44. "A identidade do direito não impede que este sofra alterações, e que a identidade do regime não é absoluta" (p. 43). "O adquirente não pode receber mais do que tinha o transmitente, mas pode receber menos". (p. 43). Assim, o Autor acrescenta que a configuração anterior do direito "é o *máximo* que o adquirente pode receber. Mas a aquisição poderá ficar aquém desse máximo, quantitativa e qualitativamente". P. 44. O sublinhado é do Autor.

[82] GALVÃO TELLES, *in* Direito das Sucessões. Noções Fundamentais *cit.*, p. pp. 84 e 85. Por isso, não haveria uma inteira coincidência entre a transmissão e a sucessão, já que "percorrendo *as normas do direito sucessório* verificamos que elas *assimilam aos casos de verdadeira e própria transmissão outros de diversa estrutura formal mas de equivalente significado prático*". O Autor acrescenta, de seguida, que "as noções de sucessão ou transmissão e de direito sucessório aparecem assim distorcidas ou ampliadas pela aglutinação de outras matérias não correspondentes aos conceitos jurídicos puros". Como traço comum às situações que entram no domínio sucessório aparece "o de sucessão económica". "A lei parte da sucessão jurídica para chegar à sucessão económica. Esta, aliás, é também reconduzível a uma ideia jurídica, a de enriquecimento gratuito por morte". Assim, "nas malhas do direito sucessório, e sob o nome de sucessão desviado do seu genuíno significado lógico-jurídico, entram todos os casos em que por morte de alguém, e à custa do seu património, outrem alcança um enriquecimento sem ter de dar contrapartida. (...) O enriquecimento pode ser atribuído pela lei ou pelo *de cuius*, caso este em que se fala de liberalidade". O Autor acrescenta, generalizando essa terminologia, que, num caso, haveria "liberalidade voluntária" e, no outro, "liberalidade legal". *Idem*, p. 85. DIEZ PICAZO refere-se a uma "sucessão constitutiva". Lecciones de Derecho Civil, Vol. IV: Derecho de Sucesiones, Madrid, Tecnos, 1998, p. 14.

aliás, da insuficiência do conceito da aquisição derivada translativa para caracterizar o fenómeno aquisitivo presente na sucessão *mortis causa,* o Autor apresenta, precisamente, os do chamamento (por deixa ou por disposição legal) de um sucessível a um direito de usufruto ou a um direito de uso e habitação[83].

O próprio legislador o aceita, aliás, expressamente, ao admitir que a sucessão *mortis causa* respeite ao direito de usufruto sobre parte ou a totalidade da herança[84], qualificando o respetivo sucessível como legatário (art. 20130.º, n.º 4 e 2258.º do C.C.). Ora, na medida em que o direito de usufruto (tal como o direito de uso e o direito de habitação) não existe enquanto tal na esfera jurídica do *de cuius,* trata-se de um chamamento sucessório que importará uma aquisição derivada constitutiva e, portanto, um desvio ao conceito de sucessão que se limite a compreender fenómenos de aquisição derivada translativa[85].

---

[83] GALVÃO TELLES, Direito das Sucessões. Noções Fundamentais *cit.*, pp. 86 e 87.

[84] Trata-se de uma possibilidade que se concretiza por ato de vontade do *de cuius,* dado que o nosso legislador não previu a atribuição, a nenhum sucessível, de um direito dessa espécie. No Código Civil de 1966, na versão original, nos termos do art. 2133.º, atribuía-se ao cônjuge sobrevivo, na falta de descendentes, ascendentes, irmãos ou seus descendentes, o direito de usufruto vitalício da herança. Repare-se, ainda, que, no Anteprojeto da Parte do novo Código Civil relativa ao Direito das Sucessões da Autoria de INOCÊNCIO GALVÃO TELLES, se previa que a legítima do cônjuge – que se consagrava como sucessível legitimário ao lado dos ascendestes e dos descendentes (art. 152.º) – fosse constituída pelo direito de usufruto de metade da herança (art. 163.º do mesmo projeto). *In* Boletim do Ministério da Justiça, n.º 54, março de 1956, pp. 19 e ss, em especial pp. 73 e 76.

[85] PEREIRA COELHO refere-se, aliás, a esta objeção em nota 57, na p. 73, do seu Direito das Sucessões *cit.*, aquando da qualificação do usufrutuário como herdeiro ou legatário (perfilhando a solução legal de o qualificar como legatário), mas não lhe dá grande valor, entendendo que se tratará de uma argumentação eivada de conceitualismo, remetendo, aliás, para as observações de GALVÃO TELLES. Este Autor, quando aborda a problemática da qualificação dos sucessíveis como herdeiros ou legatários inclui no elenco de hipóteses que consubstanciam chamamentos na qualidade de legatários as situações em que o sucessível "adquire um direito novo formado à custa de preexistente direito do *de cuius,* que sofre correlativa oneração ou limitação, como o usufruto de determinado bem". Direito das Sucessões. Noções Fundamentais *cit.*, pp. 84 e 85.

Admitindo, então, que o companheiro sobrevivo, como usuário e morador usuário nos termos do art. 5.º, n.º 1 da L.U.F, é um sucessível no sentido acabado de referir[86], deverá ser integrado na categoria dos legatários[87], já que o mesmo é chamado a adquirir direitos certos e determinados sobre bens, também eles, certos e determinados, ainda que, no caso do recheio da casa não estejam especificados[88]. Pode, aliás, ser invocado, neste sentido, o disposto no já referido n.º 4 do art. 2030.º do C.C., considerando a qualificação que o legislador aí inclui relativamente ao usufrutuário de parte ou totalidade da herança[89].

IV. Aceitando que é um legatário, constituirá, então, um exemplo de legatário legal[90], já que o título em que assenta o chamamento do sucessível é a lei. O facto de o *de cuius* não poder arredar a aplicação dos efeitos previstos no n.º 1 do art. 5.º da L.U.F. impedirá a sua qualificação, à semelhança do que ocorria sob a égide da redação inicial da Lei 7/2001, de 11 de maio, como legatário legítimo. Na verdade, a sucessão legítima, caracteriza-se pela possibilidade do seu afastamento pela vontade do seu autor (art. 2027.º), o que, como vimos, não se verifica na hipótese vertente.

O *de cuius* não poderá derrogar a aplicação do regime descrito, não podendo, portanto, em simplesmente afastar essa aplicação, nem

---

[86] O que permitirá, por exemplo, aplicar o regime das indignidades sucessórias previstas no art. 2034.º do C.C..

[87] Também ao cônjuge é concedido um direito idêntico (art. 2103.º-A). Mas, nesse caso, não há vocação autónoma. *Vide*, sobre este ponto, *infra*, a nota 91.

[88] A falta de especificação não é, aliás, óbice à qualificação do sucessível como legatário. O chamamento a uma universalidade facto é, precisamente, um dos exemplos configurados pela doutrina como manifestações da figura do legado. RABINDRANATH CAPELO DE SOUSA, Lições de Direito das Sucessões *cit.*, pp. 62 e 63.

[89] Apesar de serem direitos distintos e não se poder considerar o direito de uso e habitação como modalidade do direito de usufruto. Sobre a distinção, LUÍS MENEZES LEITÃO, Direitos Reais *cit.*, p. 349.

[90] Assim FRANÇA PITÃO, no que respeita à redação introduzida pela Lei de 2010, refere-se-lhe como legatário legal. *In* Uniões de facto e Economia Comum, 3.ª ed. *cit.*, pp. 213 e 214.

dispor num sentido incompatível com a mesma, através de negócio jurídico *mortis causa*, unilateral ou bilateral (nos casos em que os pactos sucessórios são excecionalmente admitidos). Os efeitos previstos no art. 5.º, n.º 1 da L.U.F. impõem-se, então, à vontade do unido de facto proprietário do imóvel em que se encontrava instalada a casa de morada da família e proprietário do respetivo recheio, sendo a sua vontade impotente para os afastar[91], desde que, bem entendido, os bens sobre que os direitos incidirão venham a integrar o respetivo património hereditário.

Nesta ressalva, se deteta, uma primeira consequência de não nos encontrarmos perante uma manifestação da espécie de sucessão *mortis causa* legitimária, apesar da identidade da fonte (lei) e da imperatividade das normas em que se funda o chamamento dos herdeiros legitimários[92] e o do unido de facto nos termos do n.º 1 do

---

[91] Nas palavras de GUILHERME DE OLIVEIRA, à luz da nova configuração introduzida em 2010, a lei revela que a proteção da casa de morada de família consubstancia "o núcleo irredutível da proteção conferida ao membro sobrevivo da união de facto e, portanto, garante a proteção mesmo contra a vontade do falecido". *In* Notas sobre a Lei n.º 23/2010, de 30 de agosto (Alteração à Lei das Uniões de facto) *cit.*, pp. 146 e 147. Veja-se quanto ao art. 2103.º-A relativo ao direito de uso e habitação reconhecido ao cônjuge que RABINDRANATH CAPELO DE SOUSA entende que constituirá "em parte" um exemplo de "legado legal". E é-o em parte, em virtude da singularidade da posição jurídica do cônjuge sobrevivo como herdeiro legitimário, "porque não há aí uma específica vocação sucessória susceptível de autónoma aceitação ou repúdio, nos termos gerais (artigos 2050.º e ss e 2249.º), mas tão-só um direito de preferência do cônjuge sobrevivo, quando meeiro ou herdeiro aceitante, à composição da partilha e que ele pode exercer ou não". Por outro lado, "o valor do direito de habitação e de uso do recheio da casa vai integrar a quota do cônjuge sobrevivo, quer relativamente à parte sucessória, quer à sua meação nos bens comuns do casal, se a houver. O cônjuge sobrevivo continua herdeiro, mesmo que tenha de dar tornas no caso de tal valor exceder o que tem direito, havendo assim uma espécie de legado legal por conta da quota". Lições de Direito das Sucessões *cit.*, p. 53, e nota 87. As singularidades acabadas de referir não se verificam no caso do unido de facto sobrevivo: nem ele é herdeiro legitimário, nem há nunca comunhão patrimonial idêntica à dos regimes de comunhão.

[92] Aliás, a sucessão legitimária não se caracteriza (distinguindo-se da sucessão legítima) apenas pela sua natureza injuntiva. O legislador quis marcar a natureza diversa da sucessão legitimária e, por isso, autonomizou o capítulo que a ela respeita. ARMINDO RIBEIRO MENDES, Considerações sobre a natureza jurídica da legítima no Código Civil de 1966 *cit.*, p. 16. José GONÇALVES DE PROENÇA debruça-se sobre as teses que negam autonomia à sucessão legitimária, reconduzindo-a à sucessão

art. 5 da L.U.F.. Assim, o companheiro sobrevivo, apesar de poder ser encarado, nos termos referidos, como um *sucessível* forçoso[93], não é um sucessível legitimário[94,95]. Ele não integra o elenco de sucessíveis legitimários previsto no art. 2057.º do C.C., inexistindo argumentos que imponham ou sequer permitam uma releitura deste preceito, por força do regime da L.U.F. para aí incluir o unido de facto sobrevivo[96]. Na verdade, este não beneficia dos mecanismos – alguns deles atuantes ainda em vida do autor da sucessão – da tutela predisposta pelo legislador em favor dos herdeiros legitimá-

---

legítima, rejeitando-as. A autonomização da sucessão legitimária radica na "análise histórico-jurídica da génese e do processo evolutivo" da legítima no direito português, ancorando-se, também, numa perspetivação de "ordem conceitual ou lógica". Natureza jurídica da «legítima», *in* Boletim da Faculdade de Direito, Suplemento IX, Coimbra, Universidade de Coimbra, 1951, pp. 446 a 458.

[93] Embora o sucessível possa repudiá-la. Por isso, como sublinha GALVÃO TELLES, a sucessão legitimária é "forçada para o *de cuius*, não para os sucessíveis", já que "os interesses em causa são suficientemente importantes para sobrepor a sucessão legitimária à vontade do testador, mas não a ponto de a sobrepor à dos sucessíveis". *In* Direito das Sucessões. Noções Fundamentais *cit.*, p. 103.

[94] Sobre a origem e evolução da sucessão legitimária, considerando as suas raízes (distintas) no direito romano e no direito germânico, *vide* ARMINDO RIBEIRO MENDES, Considerações sobre a natureza jurídica da legítima no Código Civil de 1966 *cit.*, pp. 6 a 14.

[95] Repare-se que, no Anteprojeto da autoria de GALVÃO TELLES, se propunha a inclusão do cônjuge como sucessível legitimário, ao qual se atribuía o direito de usufruto de metade da herança, podendo concorrer com descendentes ou ascendentes do *de cuius*. A solução, apesar de aplaudida e aprovada na generalidade pela Comissão Ministerial (Ata n.º 6, BMJ, n.º 133, p. 154), foi depois excluída. Ao cônjuge reconhecia-se apenas o direito a ser alimentado pelos rendimentos dos bens deixados pelo falecido, nos termos do art. 2018.º. A proteção alimentar traduzida neste direito de apanágio do cônjuge mantém-se apesar de o cônjuge, com a reforma de 1977, ter ascendido à categoria de herdeiro legitimário.

[96] Para além de outras diferenças que exporemos de seguida, cumpre destacar que na sucessão legitimária manifesta-se uma indisponibilidade relativamente a uma quota hereditária (a legítima), cuja dimensão é variável, oscilando entre um mínimo de 1/3 e um máximo de 2/3, consoante os herdeiros legitimários que sejam chamados à herança, nos termos dos artigos 2158.º a 2162.º. E calcula-se considerando o disposto no art. 2162.º, o que significa que não consubstanciará apenas uma porção dos bens existentes no património do Autor da sucessão ao tempo da sua morte (*relicta*), devendo adicionar-se, aos *relicta*, os bens que já não se encontram em tal património, nesse momento, por o Autor da sucessão ter deles disposto gratuitamente (*donata*).

rios para proteger a incolumidade da legítima[97]. Do que decorrerá, que a atribuição legal ao unido de facto sobrevivo será imputada na quota disponível, podendo ser reduzida para garantir a intangibilidade da legítima.

V. A expetativa do unido de facto, sendo uma expetativa juridicamente fundada, merece uma proteção frágil, muito diferente da que é outorgada aos herdeiros legitimários. Na verdade, o companheiro proprietário da casa de morada de família e dos bens móveis que integrem o seu recheio pode dispor deles livremente, por atos *inter vivos*, gratuitos ou onerosos, sem que o companheiro possa reagir contra os mesmos, e nesse caso, aqueles bens não integrarão a herança, inviabilizando-se, assim, a constituição dos direitos de uso e de habitação previstos no n.º 1 do art. 5.º da L.U.F..

Consequentemente, quando se diz que a vontade do *de cuius* não é eficaz para afastar a aplicação do disposto nessa norma[98], pretende significar-se que o mesmo não a pode afastar por ato negocial unilateral ou bilateral *mortis causa*. Portanto, se o autor da sucessão tiver disposto do imóvel onde se situa a casa de morada de família ou do recheio da mesma, por testamento ou por doação *mortis causa*, a favor de outrem, a eficácia dessas disposições ficará dependente da concretização do efeito legalmente previsto naquele preceito, pelo que os bens se transmitem onerados com os referidos direitos reais menores de que o unido de facto sobrevivo é titular.

VI. O companheiro morador usuário do imóvel em que se situou a casa de morada de família e usuário do respetivo recheio será, portanto, um *sucessível* forçoso não legitimário. E nesta designa-

---

[97] Sobre os mecanismos de proteção da legítima, *vide* RABINDRANATH CAPELO DE SOUSA, Lições de Direito das Sucessões *cit.*, pp. 161 e ss.

[98] A concretização com êxito da vontade de afastar essa aplicação poderá ocorrer, indiretamente, se o unido de facto proprietário da casa de morada de família e dos bens que compõem o respetivo recheio puser fim à relação antes de morrer ou se se *desfizer* da titularidade do direito real (de propriedade) sobre aqueles bens, alienando-os *inter vivos*.

ção sucessória legal *sui generis* detetamos algumas das tendências que se têm manifestado no direito sucessório nas últimas décadas. Destacamos as seguintes: em primeiro lugar, a da gradual (e diferenciada) ampliação, também para efeitos sucessórios, da noção de família[99]; em segundo lugar, a da denominada *horizontalização* do direito das sucessões[100], com favorecimento, em termos sucessórios, das relações de conjugalidade ou paraconjugalidade; em terceiro lugar, a da opção por chamamentos sucessórios que produzam a *divis*ão entre sucessíveis do direito de propriedade e de direitos reais menores sobre o mesmo objeto[101]; finalmente, em quarto lugar, a da configuração dos efeitos sucessórios tomando em consideração a atitude pretérita do sucessível em relação ao *de cuius*, com a previsão de mecanismos diversos do da definição fixa do *quid* a que o sucessível vai ser chamado, em função da categoria abstrata em que o mesmo se insere[102].

---

[99] A propósito das repercussões no direito sucessório da metamorfose operada nos contornos da noção da família, *vide* M. J. WAAL, A comparative Overview, *in* "Exploring the law of Succession. Studies National, Historical and Comparative", Edinburgh University Press, 2007, p. 7.

[100] Sobre esse fenómeno, com a correspondente ilustração através do regime de direito das sucessões catalão, considere-se E. AMAYUELAS and M ANDERSON, Between tradition and modernisation, *in* The law of succession: testamentary freedom. European perspectives, Edited By M. Anderson and E. Amayuelas, European studies in private law (5), Groningen, European Law Publishing, 2011, pp. 58-62. E, considerando, o regime do direito holandês, J. MILO, Acquisition of property by succession in Dutch law, *in* The law of succession: testamentary freedom. European perspectives *cit.*, pp. 217 e ss e 224 e ss.

[101] W. PINTENS, Die Europäisierung des Erbrechts, *in Zeitschrift für europäisches privatsrecht Zeup*, 2001, 9, p. 631.

[102] Aquilo que se denomina como *"behaviour-based approach to succession rights"*. Veja-se, sobre este sentido evolutivo, A. ALOY, Freedom of testation, compulsory share and disinheritance based on lack of family relationship, *in* The Law of Succession: testamentary freedom. European perspectives *cit.*, pp. 95 e ss. Assim, os dois pilares do direito das sucessões passam a ser: a contribuição para a formação da riqueza a partilhar e o cuidado prestado ao *de cuius*, i.e., *"care and contribution"*. C. CASTELEIN, Imperative inheritance law in a late-modern society. Five perspectives: introduction and objectives, edited by C. Castelein, R. Foqué and A. Verbeke, Antwerp-Oxford-Portland, Intersentia, 2009, pp. 9 e ss. Tal orientação estará presente na possibilidade reconhecida no n.º 4 do art. 5.º da L.U.F. de o Tribunal,

III. Observações conclusivas

I. Procedemos à análise do regime jurídico previsto no art. 5.º, n.º 1 a 9 da Lei 7/2001, de 11 de maio, na versão reformulada pela Lei n.º 23/2010, de 30 de agosto onde se prevê em benefício do unido de facto sobrevivo um conjunto complexo de direitos relativos à casa de morada da família e ao respetivo recheio, em caso de morte do companheiro proprietário dos mesmos. No percurso reflexivo que fizemos, detetámos vários pontos nublosos que enunciámos e para cujo esclarecimento procurámos contribuir.

II. O desaparecimento da possibilidade de derrogação por vontade do autor da sucessão do reconhecimento dos direitos previstos no n.º 1 do art. 5.º da citada lei levou-nos, por fim, a equacionar a qualificação da posição jurídica do unido de facto morador usuário da casa de morada de família e usuário do respetivo recheio como sucessível do *de cuius*. Nesse percurso topámos, então, com um estranho caso de um legatário forçoso não legitimário, em cuja previsão vislumbramos a manifestação de várias tendências que caracterizam a evolução recente do direito sucessório.

---

por motivos de equidade, estender a duração dos direitos de uso e habitação para além dos limites fixados nos números 1 e 3 do mesmo artigo.

Perspectivas de Evolução do Direito da Família em Portugal[1]

Jorge Duarte Pinheiro
Doutor em Direito e professor associado em regime de tempo indeterminado, ou "tenure", da Faculdade de Direito da Universidade de Lisboa

Sumário
1. As questões. 2. A situação há cinquenta anos. 3. A situação actual. 4. O peso da tradição. 5. Mudanças em que sentido?

1. As questões

O Direito não está imune à influência dos fenómenos sociais, que, aliás, visa modelar. E o Direito da Família participa das características do todo a que pertence. No entanto, a sua permeabilidade à realidade social é superior à da generalidade dos sectores do Direito[2]. De tal modo superior que quase parece ser um *sensor* da

---

[1] Texto concluído em 7 de Março de 2015.

[2] Cf. FRANCISCO PEREIRA COELHO/GUILHERME DE OLIVEIRA, *Curso de Direito da Família*, vol. I, *Introdução. Direito Matrimonial*, 4ª ed., Coimbra, Coimbra Editora, pp. 147-149; JORGE DUARTE PINHEIRO, *O ensino do Direito da Família Contemporâneo*, Lisboa, AAFDL, 2008, pp. 29-31 (afirmando-se, nomeadamente, que "a sua ligação estreita a aspectos primordiais da existência humana torna o Direito da Família particularmente vulnerável aos valores que circulam na comunidade").

DOI: http://dx.doi.org/10.14195/978-989-26-1113-6_11

geografia e da cronologia social, das concepções de vida, políticas e apolíticas, religiosas e laicas.

Por isso, é arriscado falar sobre o Direito da Família de um *modo não localizado*, como se, por exemplo, não houvesse distinção quanto ao que é este ramo de Direito entre Portugal e a Arábia Saudita. Assim sendo, o texto ocupa-se somente de Portugal, embora não se possa negar a actual afinidade entre o nosso regime jusfamiliar e o de outros países ocidentais[3].

Ora, esta *amostra* territorialmente circunscrita do mundo não deixa de ser rica, expressiva do espaço euroamericano. A doutrina contemporânea deste espaço, incluindo o rectângulo lusitano, tem aguda percepção das transformações que ocorreram ao longo de poucas décadas[4]. Já não é preciso um longo intervalo temporal de análise para se estabelecerem contrastes. Claro que é interessante aludir ao Direito Romano ou à Idade Média, mas o traçado de uma grande fractura está logo ao alcance de um estudo exclusivamente dedicado ao século XX, que observe *o antes e o depois* dos anos 60-70[5].

O cidadão comum e a comunicação social estão atentos às mudanças familiares, que detectam, discutem, divulgam, hiperbolizam, antecipam.

---

[3] Cf. GUILHERME DE OLIVEIRA, "Um Direito da Família Europeu? (Play it again and again...Europe)", texto publicado na obra do mesmo autor, *Temas de Direito da Família*, 2ª ed., Coimbra, Coimbra Editora, 2001, p. 319 e s.; JORGE DUARTE PINHEIRO, *O Direito da Família Contemporâneo*. Lições, 4ª ed., Lisboa, AAFDL, 2013, pp. 84-85 ("A tendência para importar soluções provenientes de ordenamentos estrangeiros, associada a uma certa homogeneidade das várias sociedades nacionais, levou já à formação, quase espontânea, de um núcleo ocidental comum de Direito da Família").

[4] Cf., por todos, GUILHERME DE OLIVEIRA, "Transformações do Direito da Família", em AA.VV., *Comemorações dos 35 anos do Código Civil e dos 25 anos da Reforma de 1977*, vol. I, *Direito da Família e das Sucessões*, Coimbra, Coimbra Editora, p. 763 e s.

[5] Cf. JORGE DUARTE PINHEIRO, *O ensino do Direito da Família Contemporâneo* cit., p. 32 e s., p. 47 e s. (antes de 1960-1970, a Europa e a América vivem num período de monismo jusfamiliar, enquanto a partir dos finais da década de 60 decorrem reformas legislativas flexibilizadoras que irão consagrar um modelo pluralista).

O académico clássico do Direito, esse, prefere um cenário mais estável, que lhe permita calmamente formular construções duradouras. Um cenário que lhe confira um sentimento de trabalho prestado e concluído ou de teorização imortal. Para ele, o Direito da Família é um terreno amaldiçoado e minado, em que uma tese não resiste um ano, em que um artigo ou livro rapidamente se desactualiza.

Todavia, há também aquele académico que não se atemoriza, ou até aprecia, o perfil dinâmico deste ramo, repleto de novidades e contradições, campo fértil para paixões e para a descoberta de concepções existenciais do próprio e do outro. Longe vão os tempos em que o estudioso apresentava opinião incisiva e peremptória sobre um tema de Direito da Família perante trinta pessoas que abanavam a cabeça, em sinal de concordância!

Muito mudou, pois. As pessoas, o seu entendimento de família e, claro, a disciplina normativa das ligações familiares.

Sim, mas importa ser concreto. O que mudou em cinquenta anos no Direito civil da Família[6] nuclear, o que se mantém e o que ainda pode mudar nos próximos anos?

As próximas páginas ocupam-se precisamente destas questões privilegiando o domínio do regime jurídico das uniões íntimas. Tendo sido já objecto de outro trabalho, a evolução do regime jurídico da filiação será considerada aqui com menor desenvolvimento[7].

---

[6] O Direito da Família em sentido amplo compreende o Direito civil e o Direito não civil da Família (cf. JORGE DUARTE PINHEIRO, *O Direito da Família Contemporâneo* cit., p. 42): o primeiro, Direito da Família em sentido restrito abrange as normas que se incluem no livro IV do Código Civil e as normas que, situadas noutros locais, estabeleçam uma disciplina análoga ou complementar; o Direito não civil da Família agrega as demais normas que respeitam à família e que se enquadram formalmente, por exemplo, no Direito Penal, no Direito Fiscal, no Direito da Função Pública e da Segurança Social e no Direito do Trabalho.

[7] Cf. JORGE DUARTE PINHEIRO, "Novos pais e novos filhos: sobre a multiplicidade no Direito da Família e das Crianças", em AA.VV., *I Congresso Luso-Brasileiro de Direito*, Coimbra, Almedina, 2014, pp. 173-182. Não se trata, portanto, de uma atitude que desvaloriza o Direito da Filiação perante o Direito Matrimonial. O autor sempre sustentou que a relevância da primeira grande divisão do Direito da Família

2. A situação há cinquenta anos

I. Há cinquenta anos, em 1965, altura em que ainda vigorava o Código Civil Português de 1867 e a legislação republicana relativa à família, o casamento só podia ser celebrado entre pessoas de sexo oposto, perante sacerdote da Igreja Católica ou oficial do registo civil, e implicava a subordinação da mulher ao marido. A união de facto não era regulada, sendo socialmente reprovada.

O artigo 1º do Decreto nº 1, de 25 de Dezembro de 1910, definia o casamento como "um contrato celebrado entre duas pessoas de sexo diferente, com o fim de constituírem legitimamente família".

Além de consagrar o requisito da heterossexualidade, esta disposição marginalizava implicitamente a união de facto, quando associava casamento e fim de constituir *legitimamente* família.

Enquanto o artigo 1057º do primeiro Código Civil português, na redacção do Decreto nº 19.126, de 16 de Dezembro de 1930, previa que o casamento fosse celebrado "perante o oficial do registo civil, com as condições e pela forma estabelecida na lei civil", o artigo 2º do Decreto nº 30.615, de 25 de Julho de 1940, atribuía também relevância estatal ao casamento contraído em conformidade com o Direito Canónico desde que o respectivo assento estivesse transcrito no registo civil.

Embora ao regular os efeitos do casamento, a lei começasse por proclamar a igualdade como base da sociedade conjugal e por sujeitar ambos os cônjuges às obrigações de guardar mutuamente fidelidade conjugal, de viver juntos, de socorrer-se e ajudar-se reciprocamente (artigo 38º e primeira parte do artigo 39º do Decreto nº 1, de 25 de Dezembro de 1910), rapidamente se vislumbrava uma acentuada diferenciação de estatutos em função do sexo. Incumbia

---

não deve ser inferior à da segunda, com os consequentes reflexos na repartição do tempo lectivo global disponível (cf. *O ensino do Direito da Família Contemporâneo* cit., p. 297, e *O Direito da Família Contemporâneo* cit., p. 125).

ao marido "especialmente, a obrigação de defender a pessoa e os bens da mulher e dos filhos, e à mulher, principalmente o governo doméstico e uma assistência moral tendente a fortalecer e a aperfeiçoar a unidade familiar" (artigo 39º do Decreto nº 1, de 25 de Dezembro de 1910); a mulher devia, em regra, adoptar a residência do marido (artigo 40º do Decreto nº 1, de 25 de Dezembro de 1910); e a este pertencia a administração de todos os bens do casal (artigo 1189º do Código Civil de 1867).

Na mesma época, a possibilidade de divórcio era negada aos que tivessem celebrado casamento católico e concedida, dentro de certas condições, aos que tivessem celebrado casamento civil.

De facto, o artigo XXIV da Concordata entre Portugal e a Santa Sé, de 7 de Maio de 1940, determinava:

"Em harmonia com as propriedades essenciais do casamento católico, entende-se que pelo próprio facto da celebração do casamento canónico, os cônjuges renunciarão à faculdade civil de requererem o divórcio, que por isso não poderá ser aplicado pelos tribunais civis aos casamentos católicos".

Por conseguinte, a Lei do Divórcio, aprovada por Decreto de 3 de Novembro de 1910, regulava somente a dissolução do casamento civil. Em 1965, no caso de casamento civil, era permitido o divórcio, quer litigioso quer por mútuo consentimento (artigo 3º da Lei do Divórcio). A obtenção de divórcio litigioso, pedido por um só dos cônjuges, dependia do preenchimento de uma das causas taxativamente enunciadas no artigo 4º da referida Lei do Divórcio[8]. O

---

[8] O corpo do artigo 4º indicava o seguinte elenco de causas de divórcio:
"1º) O adultério da mulher;
"2º) O adultério do marido;
"3º) A condenação definitiva de um dos cônjuges a qualquer das penas maiores fixas dos artigos 55º a 57º do Código Penal;
"4º) As sevícias e as injúrias graves;

divórcio por mútuo consentimento, pedido por ambos os cônjuges conjuntamente, pressupunha que os dois requerentes tivessem idade superior a 25 anos e estivessem casados há mais de dois anos (artigo 35° da Lei do Divórcio).

II. Há cinquenta anos, podia ser pai quem tivesse relações sexuais com pessoa de sexo oposto; a adopção não era admitida; e a procriação medicamente assistida não era atendível para efeitos de estabelecimento da filiação.

Abolido pelo Código Civil de 1867, o instituto da adopção viria a ser restaurado pelo Código Civil de 1966. Em contrapartida, a versão originária do segundo Código Civil português continuaria a não fazer concessões à procriação medicamente assistida[9].

Podendo a qualidade jurídica de pai caber àquele que tivesse relações sexuais com pessoa de sexo oposto, isso não significa que fosse indiferente o vínculo entre os progenitores: em 1965, deviam ser pais o homem e a mulher casados um com o outro. Os filhos nascidos fora do casamento eram tidos como ilegítimos, estando sujeitos a um estatuto social e jurídico desfavorável[10].

"5°) O abandono completo do domicílio conjugal por tempo não inferior a três anos;

"6°) A ausência, sem que do ausente haja notícias, por tempo não inferior a três anos;

"7°) A loucura incurável quando decorridos, pelo menos, três anos sobre a sua verificação por sentença passada em julgado, nos termos dos artigos 419° e seguintes do Código de Processo Civil;

"8°) A separação de facto, livremente consentida, por dez anos consecutivos, qualquer que seja o motivo da separação;

"9°) O vício inveterado do jogo de fortuna ou de azar;

"10°) A doença contagiosa reconhecida como incurável, ou uma doença incurável que importe aberração sexual."

[9] Se o primeiro Código Civil não continha referências à procriação medicamente assistida, o artigo 1799° do segundo Código, na versão originária, dispunha: "A fecundação artificial não pode ser invocada para estabelecer a paternidade do filho procriado por meio dela nem para impugnar a paternidade presumida por lei".

[10] Por exemplo, em concurso com filho nascido do casamento, o chamado filho ilegítimo beneficiava de uma quota menor na herança do pai (cf. artigos 1785° e 1991° do Código Civil de 1867).

Na mesma época, a relação de filiação apresentava um perfil nitidamente hierarquizado. Os pais eram titulares do poder paternal, definido como um complexo de direitos que incluía reger as pessoas dos filhos menores, protegê-los e administrar os bens deles (artigo 137º do Código Civil de 1867). E durante a menoridade, que só terminava aos 21 anos de idade (artigo 97º do Código Civil de 1867), os filhos deviam cumprir todas as determinações dos pais que não fossem ilícitas (artigo 142º do Código Civil de 1867).

Predominava uma imagem autoritária e distante do pai, ao qual geralmente se concedia o uso de todos os meios que estivessem ao seu alcance para ser obedecido[11].

Na hipótese de os progenitores estarem casados entre si, o artigo 138º do Código Civil de 1867 previa um exercício heterogéneo do poder paternal:

"As mães participam do poder paternal e devem ser ouvidas em tudo o que diz respeito aos interesses dos filhos, mas é ao pai que especialmente compete durante o matrimónio, como chefe da família, dirigir, representar e defender seus filhos menores, tanto em juízo, como fora dele."

3. A situação actual

I. Hoje, o casamento é contraído entre homem e mulher, homem e homem, mulher e mulher; pode ser celebrado por forma laica, católica ou de outra religião; e cria uma relação entre iguais, sem um "chefe".

---

[11] Incluindo-se a possibilidade de obter, junto de autoridade judicial, a prisão do filho "desobediente e incorrigível" em casa de correcção por período não superior a trinta dias e de fazer cessar a detenção previamente ordenada (cf. artigo 143º do Código Civil de 1867).

O artigo 1577° do Código Civil de 1966, na redacção da Lei n° 9/2010, de 31 de Maio, define o casamento como "o contrato celebrado entre duas pessoas que pretendem constituir família, mediante uma plena comunhão de vida, nos termos das disposições deste Código".

A diversidade de sexo deixou de ser requisito do casamento, tendo sido revogada a alínea e) do artigo 1628°, que estabelecia a inexistência jurídica do casamento contraído entre pessoas do mesmo sexo[12].

Sendo agora permitido o casamento entre pessoas do mesmo sexo, o respectivo regime coincide com o do casamento entre pessoas de sexo diferente, salvo em matéria de filiação[13].

No entanto, só é expressamente admitido o casamento civil entre pessoas do mesmo sexo (cf. artigo 1° da Lei n° 9/2010, de 31 de Maio), mais precisamente o casamento civil sob forma civil ou laica. A heterossexualidade subsiste para a outra forma desta mesma modalidade de casamento e para o casamento católico.

O artigo 1587° do Código Civil de 1966 prevê duas modalidades de casamento, católico e civil.

Apesar de ser reconhecido pelo Direito Civil, o casamento católico é regido em matéria de validade por normas de Direito Canónico

---

[12] A mudança foi precedida de apreciação do Tribunal Constitucional, que não detectou qualquer incompatibilidade entre o alargamento da faculdade de casar e a Constituição portuguesa de 1976. Na perspectiva deste tribunal, o texto fundamental não impõe nem proíbe o casamento entre pessoas do mesmo sexo (cf. acórdãos n°s 359/2009, de 09/07/2009, e 121/2010, de 08/04/2010, disponíveis em http://www.tribunalconstitucional.pt).

[13] É o que decorre do artigo 5° da Lei n° 9/2010, de 31 de Maio, que exige que "todas as disposições legais relativas ao casamento e aos seus efeitos" sejam interpretadas à luz da mesma lei, "independentemente do género dos cônjuges, sem prejuízo do disposto no artigo 3°". Este artigo 3° ocupa-se da adopção por pessoas casadas com cônjuge do mesmo sexo. Ao admitir o casamento entre pessoas do mesmo sexo, a lei portuguesa não lhe fixou uma disciplina específica de eficácia, pelo que a ele se entende extensível a totalidade da disciplina preexistente para o casamento entre pessoas de sexo diferente.

(cf. artigo 1625º do Código Civil de 1966). Ora, o Direito Canónico não aceita o casamento entre pessoas do mesmo sexo.

Com a Lei nº 16/2001, de 22 de Junho (Lei da Liberdade Religiosa), o casamento civil, que, desde a entrada de vigor do Código Civil de 1867, comportava uma única forma de casamento, sendo celebrado perante funcionário do registo civil, passou a incluir outra forma, o casamento civil por forma religiosa.

O casamento civil por forma religiosa, ou casamento religioso não católico, é celebrado perante o ministro do culto de uma igreja ou comunidade religiosa radicada no País (cf. artigo 19º, nº 1, da Lei da Liberdade Religiosa). O ritual da cerimónia é definido pelas regras da igreja ou comunidade religiosa em causa, que não contemplam o casamento entre pessoas do mesmo sexo.

O casamento produz os mesmos efeitos, independentemente de ter sido celebrado entre pessoas de sexo diferente ou do mesmo sexo e de qual tenha sido a modalidade e a forma seguidas (católico ou civil, civil por forma civil ou civil por forma religiosa).

Tais efeitos são idênticos para os dois cônjuges, ainda que se trate de casamento heterossexual. Neste sentido, importa invocar várias normas do Código Civil de 1966, na redacção resultante da Reforma do Código Civil, aprovada pelo Decreto-Lei nº 496/77, de 25 de Novembro: o artigo 1672º, ao estabelecer que os cônjuges estão reciprocamente vinculados pelos deveres de respeito, fidelidade, cooperação e assistência; o artigo 1671º, nº 1, que, ao determinar que o casamento assenta na igualdade de direitos e deveres dos cônjuges, afasta uma concretização dos deveres conjugais variável em função do género; o artigo 1671º, nº 2, que confia a direcção da família a ambos os cônjuges, pondo fim ao poder marital; o artigo 1673º, que impõe a fixação da residência da família por acordo dos cônjuges; o artigo 1677º-D, prevendo que cada um dos cônjuges pode exercer qualquer profissão ou actividade sem o consentimento do outro. Por fim, o artigo 1678º, que não faz depender a administração dos bens do casal do sexo dos cônjuges: em regra, cada um deles tem a administração dos seus bens próprios e legitimidade para a administração ordinária dos bens comuns, enquanto a administração extraordinárias desta categoria de bens só pode ser praticada com o consentimento de ambos. De assinalar que, após 1977, o texto do Código não procede a uma pré-fixação de papéis dentro do lar[14].

Actualmente, qualquer casamento, católico ou civil, é susceptível de ser dissolvido por divórcio. Em 15 de Fevereiro de 1975 foi assinado o Protocolo Adicional à Concordata entre Portugal e a Santa Sé de 1940, cujo artigo I libertou o nosso País de um compromisso internacional que o vinculava a negar o divórcio àqueles que tivessem celebrado casamento católico depois de 1 de Agosto de 1940. Na sequência deste acto, o Decreto-Lei nº 261/75, de 27 de Maio, revogou a versão originária do artigo 1790º do Código Civil de 1966[15], concedendo a faculdade de divórcio também aos que tivessem contraído casamento católico em qualquer momento.

Outra evolução digna de nota respeita aos pressupostos menos exigentes em matéria de divórcio. A (re)abertura ao divórcio iniciou-se com o mencionado Decreto-Lei nº 261/75, de 27 de Maio, tendo culminado com a Lei nº 61/2008, de 31 de Outubro, a que se deve a regulamentação do divórcio em vigor[16].

---

[14] Na versão originária do artigo 1677º, nº 1, do Código Civil de 1966, lia-se que "pertence à mulher, durante a vida em comum, o governo doméstico, conforme os usos e a condição dos cônjuges".

[15] Sob a epígrafe "Casamentos indissolúveis por divórcio", o antigo artigo 1790º dizia:
"Não podem dissolver-se por divórcio os casamentos católicos celebrados desde 1 de Agosto de 1940, nem tão-pouco os casamentos civis quando, a partir dessa data, tenha sido celebrado o casamento católico entre os mesmos cônjuges".

[16] O diploma de 1975 restaurou a possibilidade de divórcio por mútuo consentimento, abolida pela versão originária do Código Civil de 1966, e colocou a separação de facto livremente consentida por cinco anos entre as causas de divórcio litigioso. No campo das causas de divórcio litigioso, o Decreto-Lei nº 561/76, de 17 de Junho, aumentou de cinco para seis anos o prazo de separação de facto, mas eliminou a exigência de que esta fosse livremente consentida. O Decreto-Lei nº 605/76, de 24 de Julho, baixou de três para dois anos o prazo de duração do casamento que era

Após a lei de 2008, o sistema de divórcio que se extrai do Código Civil é o seguinte: contraposição entre divórcio por mútuo consentimento e divórcio litigioso ou sem o consentimento de um dos cônjuges (artigo 1773°); possibilidade de divórcio por mútuo consentimento sem condições mínimas quanto à idade dos contraentes ou à duração do casamento (artigos 1775° e 1778°-A); previsão expressa da separação de facto por um ano consecutivo no elenco de fundamentos de divórcio litigioso (artigo 1781°, alínea a)); inclusão em tal elenco, após referência à alteração das faculdades mentais e da ausência do outro cônjuge, de "quaisquer outros factos que, independentemente da culpa dos cônjuges, mostrem a ruptura definitiva do casamento" (artigo 1781°, alínea d)), o que, por um lado, corresponde a uma cláusula geral que permite o alargamento do universo de hipóteses de divórcio, em contraste com um sistema que chegou a estar assente numa enumeração taxativa (contida no artigo 4° da Lei do Divórcio de 1910), e que, por outro lado, retira importância à culpa no quadro da dissolução do casamento[17].

II. A situação normativa presente da união de facto é diferente daquela que se verificava há 50 anos.

A noção legal de casamento em vigor já não atribui a este instituto uma finalidade de constituição *legítima* de família. A eliminação do advérbio *legitimamente* que figurou até 1977 no artigo 1577°

---

necessário para requerer o divórcio por mútuo consentimento. Se bem que tivesse retomado o prazo de três para a duração do casamento, o Decreto-Lei n° 496/77, de 25 de Novembro, que aprovou a Reforma do Código Civil, pôs fim ao requisito de uma idade mínima dos cônjuges para efeitos de divórcio por mútuo consentimento (25 anos, por força do artigo 1786° do Código Civil de 1966, na versão originária). A Lei n° 47/98, de 10 de Agosto, consagrou a possibilidade de se requerer o divórcio por mútuo consentimento a todo o tempo, afastando assim a imposição de um período mínimo de casamento, e reduziu de seis para três anos o tempo mínimo da separação de facto relevante enquanto causa de divórcio.

[17] Culpa que esteve presente ao longo de quase 100 anos de história do divórcio em Portugal (1910-2008), no domínio quer das causas quer dos efeitos do divórcio litigioso: cf. JORGE DUARTE PINHEIRO, *O Direito da Família Contemporâneo* cit., pp. 620-621.

do Código Civil de 1966, contemporânea da consagração do princípio da não discriminação dos filhos nascidos fora do casamento, é susceptível de ser entendida como sinal de aceitação da família extramatrimonial, nascida de união de facto.

É também em 1977 que o Código Civil reconhece expressamente direitos emergentes da união de facto, mais precisamente no artigo 2020°, que permitia ao companheiro sobrevivo exigir alimentos da herança do falecido, se ele não os pudesse obter das pessoas indicadas no artigo 2009°, n° 1, alíneas a) a d).

No final do século XX, é publicada a primeira lei portuguesa dedicada especificamente à união de facto, a Lei n° 135/99, de 28 de Agosto, prevendo medidas de protecção para os membros de uniões de facto heterossexuais, como as que permitiam a permanência de um deles na habitação comum após a separação ou morte do outro. A Lei n° 7/2001, de 11 de Maio, alargou às uniões de facto homossexuais as medidas estabelecidas para as uniões de facto heterossexuais e reforçou a protecção do membro sobrevivo da união de facto quanto à casa de morada arrendada. A Lei n° 23/2010, de 30 de Agosto, avançou um pouco mais, mediante a alteração da referida lei de 2001 e de várias disposições do Código Civil.

Actualmente um companheiro beneficia de alguns direitos e prerrogativas que são idênticos ou semelhantes aos que cabem a um cônjuge: o direito a exigir alimentos da herança do companheiro falecido; o direito à transmissão por morte do arrendamento habitacional de que era titular o companheiro falecido; o direito de habitação e o direito de preferência na venda da casa de morada de família pertencente ao companheiro falecido, bem como o direito de uso do recheio da mesma casa; o direito a indemnização por danos não patrimoniais sofridos com a morte do companheiro; e o direito de permanecer na casa de morada comum que pertencia ou estava arrendada, total ou parcialmente, ao outro companheiro, após a cessação da união de facto por vontade de um dos membros.

III. Hoje, os filhos podem nascer em resultado de relações sexuais ou de procriação medicamente assistida; e estão sujeitos a "responsabilidades parentais" durante a menoridade, o que é compatível com uma certa margem de autodeterminação. Bastante mudou ainda no que toca à adopção, permitida e juridicamente facilitada.

A filiação pode ter na sua origem não só a prática de relações sexuais com pessoa do sexo oposto, mas também técnica de procriação medicamente assistida ou candidatura à adopção.

Em 1977, o Código Civil aceitou a relevância da procriação medicamente assistida, mediante a revogação da norma que até aí a negara[18]; e, três décadas depois, foi publicada a Lei nº 32/2006, de 26 de Julho, consagrando um regime geral através do qual se confirma que os beneficiários de técnicas de procriação medicamente assistida são juridicamente pais da criança nascida por causa da aplicação de tais técnicas.

Com o Código Civil de 1966 a adopção voltou a ser admitida no direito português, ainda que de modo tímido[19]. A partir de 1977, sucederam-se as alterações legislativas destinadas a dignificar e a dinamizar o instituto da adopção. Na data em que se conclui este texto, pode adoptar plenamente uma pessoa só ou duas pessoas do sexo diferente que estejam casadas ou que vivam em união de facto há mais de quatro anos (cf. artigo 1979º, nºs 1 e 2, do Código Civil, na redacção actual, e artigo 7º da Lei nº 7/2001, de 11 de Maio), independentemente de terem ou não já filhos ou descendentes.

Desde 1976 que não se tolera a discriminação dos filhos nascidos fora do casamento (artigo 36º, nº 4, da Constituição da República Portuguesa).

---

[18] Contida na versão originária do artigo 1799º, citada, *supra*, na nota 10.

[19] Na versão originária do Código, só podiam adoptar plenamente duas pessoas unidas por casamento há mais de dez anos e sem descendentes legítimos (artigo 1981º, nº 1).

Tendo em conta a letra do Código Civil, na redacção de 2008, os pais são titulares de responsabilidades parentais sobre o filho menor (cf., nomeadamente, artigo 1877º), o que reflecte a nova visão doutrinária do antigo poder paternal: as situações jurídicas que cabem aos pais do filho menor são enquadradas predominantemente como expressão de um ofício ou função. Além disso, mãe e pai são iguais no exercício de tais situações jurídicas.

Enquanto não atinge a maioridade, agora aos 18 anos de idade (artigo 130º do Código Civil, na formulação que lhe foi dada em 1977), o filho está sujeito às referidas responsabilidades parentais e obrigado a obedecer aos pais. No entanto, estes, "de acordo com a maturidade dos filhos", devem ter em conta a sua opinião e reconhecer-lhes autonomia (artigo 1878º, nº 2, do Código Civil, após 1977).

4. O peso da tradição

I. Não obstante as mudanças que se produziram em 50 anos, há aspectos que permanecem.

Um deles é a preponderância do casamento.

Há, é claro, números que revelam o decréscimo da celebração de casamentos e mesmo da taxa de nupcialidade em Portugal[20].

Todavia, apesar da concorrência da união de facto, é nítida a preferência dos portugueses por uma organização *conjugal* da vida íntima[21].

---

[20] O número de casamentos celebrados em 1965 era 75.483 e em 2013 foi 31.998; a taxa bruta de nupcialidade em 1965 era 8,4 por mil, enquanto em 2013 foi 3,1 (elementos retirados da Base de Dados PORDATA, disponível em http://www.pordata.pt e consultada em 01/03/2015).

[21] O confronto relativo entre casamento e união de facto é traçado pelos censos, que se socorrem da contraposição entre "casamento registado" e "casamento não registado". No censo de 2011, o número de "casados sem registo" foi 729.832, ao passo que o número de "casados com registo" foi 4.902.026 (Base de Dados PORDATA, disponível em http://www.pordata.pt e consultada em 01/03/2015). Ou

Daí que a lei invista no Direito Matrimonial, prevendo mais formas de casamento, menos limitações de acesso ao instituto, maior facilidade de extinção do vínculo, e não adira a uma lógica de tendencial equiparação da união de facto ao casamento.

A criação do casamento civil por forma religiosa e a possibilidade do casamento entre pessoas do mesmo sexo são sinais de investimento *matrimonial*. E a preocupação com o regime do divórcio constitui outro sinal: uma orientação que visa alargar a hipótese de desvinculação seria incompreensível se fosse nula ou escassa eficácia do casamento. Ora, não é.

O casamento modifica juridicamente a vida das pessoas que o contraem. Como resulta da versão em vigor do artigo 1577° do Código Civil, subsiste a imagem do casamento como *plena comunhão de vida*, isto é, como comunhão íntima, extensa e profunda de duas vidas. Os que se casam adquirem o *status* ou estado de casado, sujeitando-se a um regime específico, que engloba os chamados deveres dos cônjuges; o nome; a capacidade; a titularidade, administração e disposição dos bens; os contratos; e as dívidas.

A partir do momento em que contraem matrimónio, as pessoas estão reciprocamente vinculadas a deveres inderrogáveis que exigem, nomeadamente, "comunhão de leito, mesa e habitação", socorro, auxílio, contribuição para os encargos de vida familiar e abstenção da prática de actos sexuais com terceiro (cf. artigos 1672°, 1674°, 1675°, 1676°, 1618° e 1699°, n° 1, alínea b), do Código Civil).

Cada um dos cônjuges pode aditar ao seu nome dois apelidos do outro (artigo 1677° do Código Civil). E o menor de 16 ou 17 anos que se case adquire plena capacidade de exercício, nos termos do artigo 133° do Código Civil.

---

seja, o número de pessoas casadas era cerca de 6,7 vezes superior ao número de pessoas que vivem em união de facto.

Na sequência da celebração do casamento, bens que antes pertenciam, ou pertenceriam, a uma pessoa podem pertencer em contitularidade *de mão comum* aos membros do casal (*v.g.*, bens levados para o casamento, no regime da comunhão geral de bens, nos termos do artigo 1732° do Código Civil; bens comprados na constância do matrimónio, no regime da comunhão de adquiridos, por força do artigo 1724°, alínea b), do Código Civil); a administração de bens pertencentes exclusivamente a um cônjuge pode caber ao outro e apenas a ele (cf. artigo 1678°, n° 2, alíneas e), f) e g), do Código Civil); a alienação de bens pertencentes unicamente a um cônjuge pode carecer do consentimento do outro (cf. artigos 1678°, n° 3, alínea a), e 1682°-A, n° 1, do Código Civil); em regra, os contratos de compra e venda entre cônjuges são inválidos (cf. artigo 1714° do Código Civil) e as doações entre casados são livremente revogáveis pelo doador (cf. artigo 1765° do Código Civil); por último, as dívidas contraídas por um dos cônjuges podem responsabilizar ambos (cf. artigo 1691°, n° 1, alíneas b), c) e d), do Código Civil).

Em comparação com o casamento, a eficácia civil da união de facto é muito limitada. A lei não impõe aos companheiros deveres análogos aos que vinculam os cônjuges; nem estabelece para aqueles regras semelhantes às dos cônjuges em matéria de nome, capacidade, regimes de bens, administração, disposição, dívidas, validade e revogação de contratos.

As manifestações mais significativas de relevância da ligação entre companheiros referem-se à casa de morada de família e aos alimentos, verificando-se no momento de dissolução da união.

As consequências da dissolução da união de facto estão muito aquém das que decorrem da dissolução do vínculo matrimonial. Havendo casamento, a dissolução extingue a sujeição a um regime inerente ao *status* ou estado de casado (artigo 1688° do Código Civil), que se exprime, designadamente, na vinculação aos chamados deveres dos cônjuges e em soluções que se demarcam das que são impostas pelas regras comuns em matéria de titularidade de bens, prática de actos de administração e disposição, dívidas e validade dos contratos; na união de facto, a dissolução não implica a cessação de um regime similar, até porque o mesmo nem sequer chegou a vigorar.

Na hipótese específica de dissolução por morte, o cônjuge sobrevivo tem o direito de suceder como herdeiro legal (artigos 2133º, nº 1, alíneas a) e b), nº 3, e 2157º do Código Civil); o companheiro sobrevivo não pode ser herdeiro legal do *de cuius*, beneficiando de meros legados legais que têm por objecto a casa de morada de família e o respectivo recheio (artigo 5º da Lei nº 7/2001, de 11 de Maio). No caso de divórcio, o ex-cônjuge que careça de alimentos tem direito a obtê-los do outro (cf. artigos 2009º, nº 1, alínea a), e 2016º, nº 2), direito que não é conferido ao ex-companheiro da união que cessou por vontade de um dos seus membros.

II. Outro aspecto que permanece é o princípio da monogamia.

Consagrado para o casamento no artigo 1601º, alínea c), do Código Civil[22], o princípio aplica-se à união de facto.

Apesar de a lei nada dizer expressamente sobre situação em que a mesma pessoa integre simultaneamente duas ou mais uniões de facto, o sistema só admite a relevância jurídica da união de facto única (originária ou sucessiva). Por um lado, o legislador teve o propósito de regular a união de facto tendo em conta a semelhança social da ligação com a união matrimonial, que está sujeita ao princípio da monogamia. Por outro lado, o artigo 1º, nº 2, da Lei nº 7/2001, de 11 de Maio, usa a expressão "em condições análogas às dos cônjuges" para definir união de facto, expressão que pressupõe uma vivência íntima *exclusiva* entre dois membros de uma união de facto.

---

[22] À luz do preceito, constitui impedimento dirimente absoluto "o casamento anterior não dissolvido, católico ou civil, ainda que o respectivo assento não tenha sido lavrado no registo do estado civil".

III. A tradição dita um enquadramento normativo marcado pela biologia e pela biparentalidade heterossexual.

A marca biológica divisa-se no resultado concreto da aplicação da lei da adopção (406 adopções decretadas em 2013)[23]; no reconhecimento da necessidade de consagrar instrumentos alternativos à adopção, como o apadrinhamento civil, instituto criado pela Lei nº 103/2009, de 11 de Setembro; na irrelevância prática desta figura (sete apadrinhamentos em 2013)[24]; e na determinação de que a procriação medicamente assistida heteróloga só é admissível quando "não possa obter-se gravidez através do recurso a qualquer outra técnica que utilize os gâmetas dos beneficiários" (artigo 10º, nº 1, da Lei nº 32/2006, de 26 de Julho).

A lógica de biparentalidade está subjacente à não inclusão de pessoas sós, que não sejam membros do casal, entre os beneficiários das técnicas de procriação medicamente assistida (cf. artigo 6º, nº 1, da Lei nº 32/2006, de 26 de Julho), e à proibição da inseminação *post mortem* (artigo 22º, nº 1, da Lei nº 32/2006, de 26 de Julho).

A mesma lógica de biparentalidade, conjugada com uma visão biologista, justifica o mecanismo da averiguação oficiosa da maternidade ou paternidade. Sempre que seja lavrado registo de nascimento de menor sem que se aluda à filiação materna e paterna, é desencadeado por iniciativa do Estado um processo com o objectivo de fixar a filiação do menor que esteja em falta (cf. artigos 1808º-1813º e 1864º-1867º do Código Civil).

Mas a biparentalidade que o sistema favorece é a que assenta na diversidade de sexo dos progenitores. Não se permite a duas pessoas do mesmo sexo nem a adopção conjunta (cf. artigo 7º da Lei nº 7/2001, de 11 de Maio, a contrario, e artigo 3º da Lei nº 9/2010,

---

[23] Base de Dados PORDATA, disponível em http://www.pordata.pt e consultada em 01/03/2015.

[24] Cf. informação da Segurança Social, disponível em http://www4.seg-social.pt/documents/10152/13326/Relatorio_CASA_2013, p. 60 (consulta de 01/03/2015).

de 31 de Maio), nem o acesso à procriação medicamente assistida[25]. E tão-pouco se prevê o registo de maternidade em benefício de mulher casada com aquela que deu à luz[26].

5. Mudanças em que sentido?

O sentido das mudanças no Direito da Família não é propriamente previsível, como decorre da evolução do divórcio no século XX: o divórcio é admitido apenas a partir de 1910; a partir de 1940, é negada a faculdade de divórcio aos que tenham contraído casamento católico; e em 1975 tal faculdade é reconhecida a todos, independentemente da modalidade de casamento.

Contudo, na hipótese de prosseguir a linha evolutiva que se verifica desde 1974-1977, pode esperar-se o reforço da eficácia jurídica da união de facto, a permissão da monoparentalidade por procriação medicamente assistida e a admissibilidade da biparentalidade homossexual.

Por fim, o progresso da ideia de que, não havendo violência ou vulnerabilidade, o conteúdo da relação entre os adultos deve ficar ao dispor dos próprios leva a pensar num futuro em que os efeitos do casamento serão fixados pelos cônjuges por acordo realizado antes ou na constância do matrimónio e na hipótese da relevância

---

[25] O artigo 6º, nº 1, da Lei nº 32/2006, de 26 de Julho, verbaliza unicamente a proibição quanto às pessoas que vivam em união de facto homossexual. Todavia, de uma interpretação histórica, sistemática e teleológica do preceito resulta também a interdição da procriação medicamente assistida em benefício de pessoas que integrem uniões conjugais homossexuais (cf. JORGE DUARTE PINHEIRO, *O Direito da Família Contemporâneo* cit., p. 223).

[26] Cf. JORGE DUARTE PINHEIRO, *O Direito da Família Contemporâneo* cit., p. 403: ao admitir o casamento entre pessoas do mesmo sexo, a Lei nº 9/2010, de 31 de Maio, não pretendeu inovar na matéria da filiação; por conseguinte, o alcance da presunção *pater is est* circunscreve-se ao casamento de pessoas de sexo diferente.

em Portugal do LAT (*Living Apart Together*)[27], comunhão de vida a dois em casas separadas, ou mesmo da união poligâmica.

[27] Cf. JORGE DUARTE PINHEIRO, *O Direito da Família Contemporâneo* cit., pp. 692-693.

O DIREITO INTERNACIONAL PRIVADO DA FAMÍLIA NOS INÍCIOS DO SÉCULO XXI: UMA PERSPECTIVA EUROPEIA

Rui Manuel Moura Ramos
Professor Catedrático da Faculdade de Direito da Universidade de Coimbra

Sumário
1. Introdução. 2. O objecto. 3. As fontes. 4. Os métodos. 5. Os critérios de solução. 6. As estruturas de que depende a sua efectivação. 7. Conclusões.

1. Introdução

O Senhor Doutor Pereira Coelho foi nosso professor, pela primeira vez, no já longínquo ano lectivo de 1970/1971, nos cursos semestrais de Direito da Família e de Direito das Sucessões, na altura preleccionados no 4.º ano da licenciatura, e posteriormente, já obtido este grau, voltaria a sê-lo em 1973/1974, na cadeira de Direito Civil do Curso Complementar (6.º ano) de Ciências Histórico-Jurídicas, em que se estudaram as então recentes reformas do direito da filiação na Alemanha (1969) e em França (1972). Com ele fomos mais tarde (1982/1983) eleitos, na qualidade de representante dos docentes não doutorados, para o Conselho Directivo da Faculdade de Direito, altura em que nos convidou para participar num projecto de direito

DOI: http://dx.doi.org/10.14195/978-989-26-1113-6_12

comparado sobre a adopção (quer em direito interno, quer em direito internacional privado), que, sob o impulso do Professor Jean-Marc Bischoff, a *Revue Internationale de Droit Comparé* pretendia levar a cabo[1]. E quando, em 1986, integrámos a Secção Portuguesa da *Commission Internationale de l'État Civil*, de que o Doutor Pereira Coelho foi por muito tempo um destacado membro, o nosso convívio passou a prolongar-se também nos momentos em que partilhámos a representação portuguesa em diversas reuniões internacionais. O Doutor Pereira Coelho seria, posteriormente, membro do júri, quer das nossas provas de doutoramento, em 1991, quer, em 1997, e já após a sua aposentação, do nosso concurso para professor associado do 4.º Grupo (Ciências Jurídicas). E honrar-nos-ia depois com um convite para, juntamente com o nosso Colega e Amigo Guilherme de Oliveira, participar no projecto de reedição, de forma impressa, do seu *Curso de Direito da Família*, cuja primeira edição era anterior ao Código Civil de 1966[2], tendo circulado posteriormente em versão policopiada; convite que naturalmente aceitámos, tendo colaborado com um capítulo relativo à dimensão internacional das relações familiares, nas diferentes edições do volume I (relativo à Introdução e ao Direito Matrimonial)[3] e no volume II (dedicado ao Direito da Filiação), de que se encontra publicado o tomo I (Estabelecimento da Filiação e Adopção)[4].

---

[1] Os resultados seriam publicados no volume 37 daquela revista, em 1983 [«L'Adoption dans les principales législations européennes (Étude de droit interne et de droit international privé)»], a p. 505-884, figurando os relatórios relativos a Portugal, respectivamente, a p. 671-686 (Direito Interno) e p. 845-864 (Direito Internacional Privado).

[2] O volume I do *Curso de Direito da Família*, dedicado ao Direito Matrimonial, fora publicado em Coimbra, em 1965, pela Atlântida Editora.

[3] Veja-se, por último, Pereira Coelho/Guilherme de Oliveira, *Curso de Direito da Família*, v. I – *Introdução. Direito matrimonial*, 4ª edição, Coimbra, 2008, Coimbra Editora.

[4] Cfr. Pereira Coelho/Guilherme de Oliveira, *Curso de Direito da Família*, v. II – Direito da Filiação, tomo I – Estabelecimento da Filiação. Adopção, Coimbra, 2006, Coimbra Editora.

É com a consciência do muito que lhe devemos (a comunidade científica em geral, mas também nós próprios, em particular) que participamos nesta merecida homenagem. E procuraremos fazê-lo, na intersecção da área que, como poucos, ele marcou com o seu magistério com aquela que mais temos procurado cultivar, tentando surpreender os traços fundamentais que caracterizam, hoje, a situação do direito internacional privado da família.

É sabido quanto este sector da ordem jurídica se encontra em estreita ligação com as concepções morais, sociais e políticas até que em cada momento são dominantes numa determinada sociedade[5]. Trata-se de algo que, nem por constituir aparentemente um truísmo deixa de corresponder a uma verdade reconhecida e verificável, mesmo em tempos, como os que vivemos, em que a globalização dos modos de viver parece de alguma forma ter atenuado linhas de clivagem que anteriormente se apresentavam bem mais marcadas. Pode assim ainda reconhecer-se, no direito da família, uma clara dependência dos princípios que regem a organização social num dado momento. E não é menos verdade que tal dependência não é exclusiva do direito substantivo ou material, estendendo-se por igual, ainda que *mutatis mutandis*, ao direito internacional privado respectivo[6]. Esta circunstância justifica que, a bem da coerência da nossa exposição, limitemos o horizonte que nela iremos considerar.

---

[5] Neste sentido, por exemplo, Andreas Bucher, «La Famille en Droit International Privé», *Recueil des Cours*, 283 (2000), p. 9-186, p. 19, e na doutrina portuguesa, Antunes Varela, *Das Obrigações em Geral*, v. I, 10.ª edição, revista e actualizada (10.ª reimpressão da edição de 2000), Coimbra, 2013, Almedina, p. 198-200, e, sobretudo, Pereira Coelho/Guilherme de Oliveira, *Curso de Direito da Família*, v. I – *Introdução. Direito matrimonial* (*cit. supra*, nota 3). p. 147-148.

[6] Veja-se, por exemplo, o reflexo da posição reservada ao marido (pai) na sociedade familiar na eleição da lei do marido (ou do pai) como lei aplicável às relações familiares, ao menos nas situações em que os cônjuges (progenitores) eram de estatutos pessoais diferentes (com reserva, quanto à mãe, das situações em que esta exercia o poder paternal). Cfr., a este propósito, os artigos 52.º, 53.º, 56.º, 57.º e 60.º do Código Civil na sua versão originária.

Circunscreveremos pois estas considerações aos países europeus, e, mais em particular, àqueles que se encontram envolvidos no processo de criação da União Europeia, no interior da qual se desenvolve institucionalmente um Espaço de Liberdade, Segurança e Justiça[7] que não deixa de ter reflexos na forma como são reguladas

---

[7] Sobre esta noção, cfr. Henri Labayle «Un espace de liberté, de sécurité et de justice», 33 *Revue trimestrielle de droit européen* (1997), p. 105-173, Monica den Boer, «Justice and Home Affairs Cooperation in the Treaty on European Union: More Complexity despite Communautarization», 4 *Maastricht Journal of European and Comparative Law* (1997), p. 310-316, Kay Hailbronner, «European Immigration and Asylum Law under the Amsterdam Treaty», 35 *Common Market Law Review* (1998), p. 1047-1067, Isabel Lirola Delgado, «El espacio de libertad, seguridad y justicia en el Tratado de Niza: una question meramente incidental?», 9 *Boletin Europeo de la Universidad de la Rioja* (Deciembre 2001 -- Suplemento), p. 29-36, Christian Kohler, «Lo spazio giudiciario europeo in matéria civile e il diritto internazionale privato comunitario», *in Diritto Internazionale Privato e Diritto Comunitario* (a cura di Paolo Picone), Padova, 2004, Cedam, p. 65-94, e «Trois défis: La Cour de Justice des Communautés Européennes et l'espace judiciaire européen en matière civile», *in Nuovi Strumenti del Diritto Internazionale Privato. Liber Fausto Pocar*, Milano, 2009, Giuffrè Editore, p. 569-582, Sylvaine Poillot-Peruzzetto, «Le défi de la construction de l'espace de liberté, de sécurité et de justice, *in Vers de nouveaux équilibres entre ordres juridiques. Mélanges en l'honneur d'Hélène Gaudemet-Tallon*, Paris, 2008, Dalloz, p. 581-599, Pascal De Vareilles-Sommières, «La compétence internationale de l'espace judiciaire européen», *ibidem*, p. 397-417, Roberto Baratta, «Réflexions sur la coopération judiciaire civile suite au Traité de Lisbonne», *in Nuovi Strumenti del Diritto Internazionale Privato. Liber Fausto Pocar* (*cit. supra*, nesta nota), p. 3-22, F. Paulino Pereira, «La coopération judiciaire en matière civile dans l'Union européenne: bilan et perspectives», 99 *Rev. Crit. DIP.* (2010), p. 1-36, S. Marino, «La violazione dei diritti della personalità nella cooperazione giudiziaria civile europea», 48 *Rivista di Diritto Internazionale Privato e Processuale* (2012), p. 363-380, Emmanuel Jeuland, «Les développements procéduraux récents de l'espace judiciaire européen: la naissance d'un ordre processuel interétatique», *in Travaux du Comité Français de Droit International Privé*, Années 2010-2012, Paris, 2013, Éditions A. Pedone, p. 55-94, José Luis Iglesias Buhigues, «Luces y sombras de la cooperación judicial en matéria civil en la UE», *in Entre Bruselas y La Haya. Estudios sobre la unificación internacional y regional del Derecho internacional privado. Liber Amicorum Alegria Borràs*, Madrid, 2013, Marcial Pons, p. 535-552, as contribuições incluídas em «La dimension externe de l'espace de liberte, de sécurité et de justice», *RTDeur.* (juillet--septembre 2014), p. 649-681, e, entre nós, Nuno Piçarra, «O Tratado de Lisboa e o Espaço de Liberdade, Segurança e Justiça», *in A União Europeia segundo o Tratado de Lisboa. Aspectos centrais*» (coordenação: Nuno Piçarra), Coimbra, 2011, Almedina, p. 127-155, Ana Maria Guerra Martins, «Algumas notas sobre o Espaço de Liberdade, Segurança e Justiça no Tratado de Lisboa», *in Estudos sobre o Tratado de Lisboa*, Coimbra, 2011, Almedina, p. 127-141, e os estudos reunidos em *O espaço de liberdade, segurança e justiça da EU. Desenvolvimentos recentes* [Constança Urbano de Sousa (coordenadora)], Lisboa, 2014, Universidade Autónoma Editora.

as relações plurilocalizadas de carácter familiar. E, pois que a realidade, mesmo neste particular domínio, evolui a cada momento[8], limitar-nos-emos a um ponto de situação, que permitirá apreender os desenvolvimentos que marcam hoje, no universo constituído por este grupo de ordens jurídicas, a construção do direito internacional privado das relações familiares.

A ideia que emerge de qualquer análise que a este respeito se leve a cabo é a de mudança. Mudança que se revela desde logo no seu *objecto*, para se manifestar depois nas *fontes* de onde provém a ordenação respectiva, nos *métodos* que nesta sobressaem, nas *soluções* que nela encontramos consagradas, e também nas *estruturas* de que depende a sua efectivação.

Propomo-nos assim uma viagem por estes distintos aspectos do direito internacional privado da família, no horizonte considerado, para compreender a situação actual. E avaliar a dimensão da alteração que a este respeito se produziu.

2. O objecto

Uma primeira observação a este propósito leva-nos a concluir que há alguma constância no que a este aspecto se refere, quando

---

E, para o desenvolvimento jurisprudencial de que foi objecto, cfr. Koen Lenaerts, «The contribution of The European Court of Justice to the Area of Freedom, Security and Justice», 59 *I.C.L.Q.* (2010), p. 255-301, e, em particular no domínio que nos interessa, Cyril Nourrissat, «La Cour de Justice face aux règlements de coopération judiciaire en matière civile et commerciale: Quelques interrogations, dix ans après», *in Travaux du Comité Français de Droit International Privé*, Années 2010-2012 (*cit. supra*, nesta nota), p. 19-49.

Para a situação anterior, cfr. Peter-Christian Müller-Graf, «Die Europaische Zusammenarbeit in den Bereichen Justiz und Inneres (JIZ). Verbindungen und Spannungen zwischen dem dritten Pfeiler der Europäischen Union und der Europäischen Gemeinschaft», *in Festschift für Ulrich Everling*, v. II, Baden-Baden, 1995, Nomos Verlagsgesellschaft, p. 925-944.

[8] Assim também Andreas Bucher (*op. et loc. cit.* na nota 5).

atentamos na permanência dos institutos tradicionais do casamento e da filiação[9], que continuam a constituir as categorias essenciais das relações de carácter familiar, e da problemática que estas suscitam no plano internacional[10]. Importa contudo salientar que algumas linhas de força se têm vindo a impor mais recentemente, ainda que com maior ou menor antiguidade.

A que tem revelado maior constância ao longo do tempo é a que se reporta à progressiva generalização da adopção[11], entre as fontes das relações familiares, que se afirmou de forma consequente já desde os meados do século passado. Por outro lado, também a partir da mesma época, impuseram-se nas diferentes ordens jurídicas soluções que vieram dar maior importância às preocupações com a protecção das pessoas, tanto no que se refere aos incapazes[12]

---

[9] Para um inventário dos problemas, veja-se Jacques Foyer, «Problèmes de conflit de lois en matière de filiation», *Recueil des Cours*, 193 (1985-IV), p. 9-118. E para a resposta que lhes é dada numa das legislações mais recentes, veja-se Ilaria Pretelli, «Le nouveau droit international privé italien de la filiation», 103 *Rev. crit. DIP* (2014), p. 559-572.

[10] Cfr. Eugène Audinet, «Les conflits de lois en matière de mariage et de divorce», *Recueil des Cours*, 11 (1926-I), p. 175-251, e «Des conflits de lois relatifs aux effets patrimoniaux du mariage», *ibidem*, 40 (1932-II), p. 241-303, G. C. Cheshire, «The English private international law of husband and wife», *ibidem*, 108 (1963-I), p. 115-188, P. M. North, «Development of rules of private international law in the field of family law», *ibidem*, 166 (1980-I), p. 9-118, e Lennart Palsson, «Rules, problems and trends in international family law – Especially in Sweden», *ibidem*, 199 (1986-IV), p. 313-414.

[11] A este propósito, veja-se Rudolfo De Nova, «Adoption in comparative private international law», *Recueil des Cours*, 104 (1961-III), Angelo Davì, *L'Adozione nel Diritto Internazionale Privato Italiano. I. Conflitti di Leggi*, Milano, 1981, A. Giuffrè, o conjunto de estudos inseridos em «L'Adoption dans les principales législations européennes (Étude de droit interne et de droit international privé)» (*cit. supra*, nota 1), p. 69-158, D. Opertti Badan, «L'Adoption Internationale», *ibidem*, 180 (1983-III), p. 295-412, Annie Moreno, «Aspects contractuels de l'adoption internationale», *Rev. Crit. DIP*, 90 (2001), p. 301-323 e 459-484, e Giuseppina Piezzolante, *Le Adozioni nel Diritto Internazionale Privato*, Bari, 2008, Caccuci Editore. Na doutrina portuguesa, cfr., em particular, Nuno Gonçalo da Ascensão e Silva, *A Constituição da Adopção de Menores nas Relações Privadas Internacionais: Alguns Aspectos*, Coimbra, 2000, Coimbra Editora.

[12] Sobre o ponto, cfr. W. E. Von Steiger, «La protection des mineurs en droit international privé», *Recueil des Cours*, 112 (1964-II), p. 469-526, Yves Lequette, *Protection familiale et protection étatique des incapables*, Paris, 1976, Dalloz, Ignacio Goicoechea/Florencia Castro, «Building an international cooperation system for the civil protection of children», *in A Commitment to Private International Law. Essays in honour of Hans van Loon*, Cambridge, 2013, Intersentia, p. 207-219, Pilar Rodriguez

(designadamente aos menores, mas também aos adultos), como no que se refere à garantia de condições mínimas de subsistência, o que levou a uma maior atenção relativamente a institutos como o direito a alimentos[13].

Por outro lado, ainda que mais recentemente, assistiu-se ao aparecimento de certas realidades, como a maternidade de substituição[14]

Mateos, «La diversidad normativa en la protección internacional del menor», *in Entre Bruselas y La Haya. Estudios sobre la unificación internacional y regional del Derecho internacional privado. Liber Amicorum Alegria Borràs* (*cit. supra*, nota 7), p. 785-798, e, para a situação na nossa ordem jurídica, Rosa Clemente, *Inovação e Modernidade no Direito de Menores. A Perspectiva da lei de protecção de crianças e jovens em perigo*, Coimbra, 2009, Coimbra Editora. Quanto aos incapazes adultos, cfr., na nossa doutrina, Geraldo Rocha Ribeiro, *A Protecção do Incapaz Adulto no Direito Português*, Coimbra, 2010, Coimbra Editora.

Neste contexto, impor-se-ia a noção de defesa do superior interesse da criança. Cfr., a propósito, Andrea Cannone, «L'interesse del fanciullo nelle convenzioni internazionali dell'Aja», *in Divenire Sociale e Adeguamento del Diritto. Studi in onore di Francesco Capotorti*, II – Diritto dell'Unione Europea, Diritto Internazionale Privato, Diritto Pubblico, Milano, 1999, Giuffrè, p. 549-576, Petra Hammje, «L'intérêt de l'enfant face aux sources internationales du droit international privé», *in Le droit international privé: esprit et méthodes. Mélanges en l'honneur de Paul Lagarde*, Paris, 2005, Dalloz, p. 365-381, Bertrand Ancel/Horatia Muir-Watt, «L'intérêt supérieur de l'enfant dans le concert des juridictions: le Règlement de Bruxelles II *bis*», *Rev. crit. DIP*, 94 (2005), p. 595-605, Olivia Lopez Pegna, «L'interesse superiore del minore nel Regolamento N. 2201/2003», 49 *Rivista di Diritto Internazionale Privato e Processuale* (2013), p. 357-384, e Maria Ch. Sotiropoulou, «L'écoute de l'enfant aux conventions internationales/règlements européens, est-elle un exemple de l'influence des vraies valeurs fondamentales sur le droit international privé?», *in Mélanges en l'honneur de Spyridon Vl. Vrellis*, Athens, 2014, Nomiki Bibliothiki, p. 925-936.

[13] Entre nós, cfr. Maria José Lobato Guimarães, «Alimentos», *in Reforma do Código Civil*, Lisboa, 1981, Ordem dos Advogados, p. 169-217, e J. P. Remédio Marques, *Algumas notas sobre alimentos (devidos a menores) "versus" o dever de assistência dos pais para com os filhos (em especial filhos menores)*, Coimbra, 2000, Coimbra Editora, e, na doutrina brasileira, Maria Berenice Dias, *Alimentos aos Bocados*, São Paulo, 2013, Editora Revista dos Tribunais.

[14] Sobre esta figura, cfr. Anastasia Grammaticaki-Alexiou, «Artificial reproduction Technologies and conflict of laws: An initial approach», *in Conflict of Laws, Comparative Law and Civil Law. A Tribute to Symeon C. Symeonides* [60 *Louisiana Law Review* (Summer 2000), N.º 4], p. 1113-1121, e, recentemente, Patricia Orejudo Prieto de los Mozos, «Recognition in Spain of parentage created by surrogate motherhood», 12 *Yearbook of Private International Law* (2010), p. 619-637, A. (Teun) V. M. Struycken, «Surrogacy, a new way to become a mother? An issue of private international law that may affect good relations among States», *in Le 90e anniversaire de Boutros Boutros-Ghali. Hommage du Curatorium à son Président*, Leiden, 2012, Martinus Nijhoff Publishers, p. 235-254, Katharina Boele-Woelki, «(Cross-Border)

e as várias formas de reconhecimento de uniões de carácter estável[15], todavia não precedidas da formalização que tradicionalmente

Surrogate Motherhood: We need to take action now», *in A Commitment to Private
International Law. Essays in honour of Hans van Loon* (*cit. supra*, nota 12), p. 47-58,
Santiago Álvarez González, «Reconocimiento de la filiación derivada de gestación por
sustitución», *in Entre Bruselas y La Haya. Estudios sobre la unificación internacional
y regional del Derecho internacional privado. Liber Amicorum Alegria Borràs* (*cit.
supra*, nota 7), p. 77-90, Claudia Mayer, «*Ordre Public* und Annerkennung rechtlicher
Elternschaft in internationalen Leihmutterschaftsfallen», *RabelsZ*, 78 (2014), p. 551-591,
Alberto Mattei/Laura Tomasi, «Corte di Giustizia EU e maternità surrogata: congevo
lavorativo retribuito fra margine di apprezzamento, coerenza e non discriminazione»,
Diritto Pubblico Comparato ed Europeo, 2014/III, p. 1409-1417, Cristina Campiglio,
«Norme italiane sulla procreazione assistita e parametri internazionali: il ruolo crea-
tivo della giurisprudenza», 50 *Rivista di Diritto Internazionale Privato e Processuale*
(2014), N.º 3, p. 481-516, Hugues Fulchiron/Cristina Guilarte Martin-Calero, «L'ordre
public international à l'épreuve des droits de l'enfant: non à la GPA internationale,
oui à l'intégration de l'enfant dans sa famille. À propos de la décision du Tribunal
Supremo espanol du 6 février 2014», 103 *Rev. crit. DIP* (2014), p. 531-558, Daniel
Gruenbaum, «Maternidade de Substituição», *in Internationaler Rechtsverkehr und
Rechtsverfeinheitlichung aus deutsch-lusitanischer Perspektive*, Baden-Baden, 2014,
Nomos Verlagsgesellschaft, p. 171-186, e, entre nós, Dário Moura Vicente, «Maternidade
de substituição e reconhecimento internacional», *in Estudos em Homenagem ao
Professor Doutor Jorge Miranda*, v. V, Coimbra, 2012, Coimbra Editora, p. 607-626,
e Nuno Ascensão Silva/Geraldo Rocha Ribeiro, «A maternidade de substituição e o
direito internacional privado português», *Cadernos C.E.No.R*, 3, p. 9-73.

[15] Entre nós, cfr. a Lei 135/99, de 28 de Agosto, posteriormente revogada pela
Lei n.º 7/2001, de 11 de Maio, que seria em seguida alterada pela Lei n.º 23/2010,
de 30 de Agosto. Sobre o seu tratamento nas relações plurilocalizadas, cfr. Petar
Sarcevic, «Private international law aspects of legally regulated forms of non-marital
cohabitation and registered partnerships», 1 *Yearbook of Private International Law*
(1999), p. 37-48, Benoit Guiguet, «Le droit communautaire et la reconnaissance des
partenaires de même sexe», 35 *Cahiers de Droit Européen* (1999), N.ºs 5-6, p. 537-567,
H.U. Jessurun d'Oliveira, «Registered partnerships, Pacses and Private International
Law. Some reflections», 36 *Rivista di diritto internazionale privato e processuale*
(2000), p. 293-322, e «Freedom of Movement of Spouses and Registered Partners
in the European Union», *in Private Law in the International Arena. From National
Conflict Rules towards Harmonization and Unification. Liber Amicorum Kurt Siehr*,
The Hague, 2000, T.M.C. Asser Press, p. 527-543, Katharina Boele-Woelki, «Private
international law aspects of registered partnerships and other forms of non-marital
cohabitation in Europe», *in Conflict of Laws, Comparative Law and Civil Law. A
Tribute to Symeon C. Symeonides* (*cit. supra*, nota 14), p. 1053-1059, Yvette Tan,
«New forms of cohabitation in Europe: Challenges for english private inyernatio-
na law?», *in Perspectives for the Unification and Harmonisation of Family Law in
Europe* (Edited by Katharina Boele-Woelki), Antwerp, 2003, Intersentia, p. 437-461,
Sandrine Henneron, «New forms of cohabitation: Private international law aspects
of registered partnerships», *ibidem*, p. 462-470, Maarit-Jantera Jareborg, «Registered
partnerships in private international law: The scandinavian approach», *in Legal
Recognition of Same-sex Couples in Europe* (edited by Katharina Boele-Woelki/

resultava da celebração do casamento, que se viriam a impor de forma crescente em diversas ordens jurídicas. Reconhecimento que abrangeria estas diferentes formas de uniões, independentemente do carácter hetero ou homossexual da relação afectiva por elas protegida ou sequer das suas finalidades. Sendo que este movimento levou inclusivamente à mutação de sentido das próprias instituições tradicionais, como o casamento, que, para um número crescente se bem que ainda minoritário de ordenamentos jurídicos, deixou de ter como pressuposto legal a diversidade de sexo das pessoas nele envolvidas[16].

Angelika Fuchs), Antwerp, 2003, Intersentia, p. 137-158, Karstern Thorn, «The german conflict of law rules on registered partnerships», *ibidem*, p. 159-168, Heinrich Dorner, «Grundfragen der Anknupfung gleichgeschlechlicher Partnerschaften», *in Festschrift fur Erik Jayme*, Band I, Munchen, 2004, Sellier, p. 143-152, Guillaume Kessler, *Les Partenariats enregistrés en droit international privé*, Paris, 2004, L.G.D.J., G. Goldstein, «La cohabitation hors mariage en droit international privé», *Recueil des Cours*, 320 (2006), p. 9-390, Ana Quiñones Escámez, «Propositions pour la formation, la reconnaissance et l'efficacité internationale des unions conjugales ou de couple», *Rev. Crit. DIP*, 96 (2007), p. 357-382, Patricia Orejudo Prieto de los Mozos, «Las Uniones Registradas: Fin del Matrimonio de Conveniencia?», *in Estudios de Derecho de Familia y de Sucesiones (Dimensiones interna e internacional)* [Santiago Álvarez González (ed.)], Santiago de Compostela, 2009, Imprenta Universitaria, p. 219-245, Patrick Wautelet, «Private international law aspects of some-sex marriages and partnerships in Europe – Divided we stand?», *in Legal Recognition of Same-sex Relationships in Europe. National, Cross-border and European Perspectives* (edited by Katharina Boele-Woelki/Angelika Fuchs), Fully revised 2nd edition, Cambridge, 2012, Intersentia, p. 143-188, Mercedes Soto Moya, «Libre circulación por el territorio de la Unión Europea de los matrimónios del mismo sexo celebrados en España», 16 *Revista Española de Derecho Comunitario* (septiembre/deciembre 2012), N.º 43, p. 773-806, e, entre nós, Sofia Oliveira Pais/António Frada de Sousa, «A União de facto e as uniões registadas de pessoas do mesmo sexo – Uma análise de direito material e conflitual», 59 *Revista da Ordem dos Advogados* (1999), p. 693-752.

[16] Cfr., entre nós, a Lei n.º 9/2010, de 31 de Maio, e na nossa doutrina, Duarte Santos, *Mudam-se os tempos, Mudam-se os Casamentos? O Casamento entre pessoas do mesmo sexo e o direito português*, Coimbra, 2009, Coimbra Editora. Para os seus antecedentes (designadamente, os acórdãos 359/2009 e 121/2010 do Tribunal Constitucional) e a sua contextualização sobretudo em comparação com a experiência italiana, cfr. Angelo Alessandro Palmieri, *Il matrimónio omosessuale in chiave comparata: L'esperienze del Portugallo*, Università degli Studi di Milano – Facoltà di Giurisprudenza, Tese di Laurea, Anno Academico 2010-2011, e Jorge Duarte Nogueira, «O estatuto do cidadão homossexual no Direito da Família – O lugar de Portugal no movimento internacional», *in Estudos em Homenagem ao Prof. Doutor José Lebre de Freitas*, v. I, Coimbra, 2013, Coimbra Editora, p. 377-390. Sobre os

Por último, o quadro a que acabamos de nos referir não
ficaria completo se não referíssemos a acrescida importância

termos e as consequências, no plano do direito internacional privado, da introdução desta figura na nossa ordem jurídica, cfr. António Frada de Sousa, «Celebração de casamentos homossexuais por estrangeiros em Portugal – Uma singularidade portuguesa», 7 *Lex Familiae*, n.º 13 (Janeiro/Junho 2010), p. 33-55, Helena Mota, «A ordem pública internacional e as (novas) relações familiares internacionais. Análise do Despacho n.º 87/2010, de 19 de Junho, do Presidente do Instituto dos Registos e do Notariado», *in Estudos em Homenagem ao Professor Doutor Heinrich Ewald Horster*, Coimbra, 2012, Almedina, p. 261-284.

Sobre a situação noutros ordenamentos jurídicos, vejam-se Katell Berthou/Annick Masselot, «Le mariage, les partenariats et la CJCE: Ménage à trois» 38 *Cahiers de Droit Européen* (2002), N.ºs 5-6, p. 679-694, Matteo Bonini Baraldi, «EU Family Policies between domestic "Good Old Values" and Fundamental Rights: The case of same-sex families», 15 *Maastricht Journal of European and Comparative Law* (2008), p. 517-551, Santiago Álvarez González, «Dimensión internacional del matrimónio entre personas del mismo sexo; lo que el ojo del legislador español no vio», *in Estudios de Derecho de Familia y de Sucesiones (Dimensiones interna e internacional)* (*cit. supra*, nota 15), p. 9-37, Thomas Spernat, *Die gleichgeschlechtliche Ehe im Internationalen Privatrecht. Unter besonderer Berucksichtigung des Einflusses des EG-Vertrages*, Frankfurt am Main, 2010, Peter Lang, F. Mosconi/C. Campiglio, «I matrimoni tra persone dello stesso sesso: livello "federale" e livello statale in Europa e negli Stati Uniti», 48 *Rivista di Diritto Internazionale Privato e Processuale* (2012), p. 299-316, Dieter Martiny, «Private international law aspects of same-sex couples under german law», *in Legal Recognition of Same-sex Relationships in Europe. National, Cross-border and European Perspectives* (*cit. supra*, na nota anterior), p. 189-223, U. P. Gruber, «Le mariage homossexuel et le droit international privé allemand», *Rev. crit. DIP*, 102 (2013), p. 65-73, e Hélène Surrel, «Les couples homosexuels», 21 *Revue des Affaires Européennes* (2014), p. 327-335. E para a expansão desta figura na Europa e nos Estados Unidos e a sua correlação com o fenómeno religioso, vejam-se David B. Oppenheimer/Álvaro Oliveira/Aaron Blumenthal, «Religiosity and Same-Sex Marriage in United States and Europe», 32 *Berkeley Journal of International Law* (2014), Nº 1, p. 195-238.

E para os problemas de direito constitucional suscitados por esta figura, cfr. Elise Carpentier, «Mariage des couples de même sexe et Constitution», 16 *Annuaire international de justice constitutionnelle* (2000), p. 21-99, Cass R. Sunstein, «Homosexuality and the Constitution», *in Designing Democracy. What Constitutions Do*, Oxford, 2001, Oxford University Press, p. 183-208, Julio V. Gavidia Sánchez, «Uniones homosexuales y concepto constitucional de matrimonio», 21 *Revista Española de Derecho Constitucional* (Enero-Abril 2001), Núm. 61, p. 11-58, Evan Gertsmann, *Same-sex Marriage and the Constitution*, Cambridge, 2004, Cambridge University Press, Michel Levinet, «La liberté matrimoniale au sens de la Convention Européenne des Droits de l'Homme», 60 *Revue Trimestrielle des Droits de l'Homme* (2004), p. 889-903, o *arrêt n.º 159/2004*, de 20 de Outubro de 2004, da *Cour d'Arbitrage* belga, José Ramón Polo Sabau, *Matrimonio y Constitución ante la Reforma del Derecho de Familia*, Madrid, 2006, Thomson-Civitas, Stefania Bariatti/Carola Ricci/Laura Tomasi, «The impact of the increasing number of same-sex marriages or legally recognized partnerships on other legal domains, such as property rights and divorce law», *European Parliament* IP/C/LIBE/FWC/2006-202/LOT9/C1, p. 3-17, Rhita Bousta, «Réflexions autour de la loi

que certas situações vieram a assumir na vida internacional
(como os direitos de guarda e visita[17], o rapto de menores[18] e

espagnole autorisant le mariage et l'adoption aux couples homosexuels», 73 *Revue Française de Droit Constitutionnel* (2008), p. 199-210, B. Jaluzot et *al.*, «Le mariage entre personnes de même sexe. Étude pour la Cour de Cassation», *Revue Internationale de Droit Comparé*, 2-2008, p. 375-443, Ignazio Juan Patrone, «Il matrimónio tra persone omosessuali davanti alla Corte Costituzionale», *in Quaestione Giustizia*, n. 4, 2009, p. 143-158, Ariela R. Dubler, «Sexing Skinner: History and the politics of the right to marry», 110 *Columbia Law Review* (June 2010), p. 1349-1376, Piero Alberto Capotosti, «Matrimonio tra persone dello stesso sesso: infondatezza *versus* inammissibilità nella sentenza n. 138 del 2010», 30 *Quaderni Costituzionali* (giugno 2010), N.º 2, p. 361-364, Angel M. Lopéz Lopéz, «En torno a la lamada interpretación evolutiva (Comentario a la sentencia del Tribunal Constitucional sobre la Ley 13/2005, por la que se modifica al Código Civil en matéria de derecho a contraer matrimónio permitiendo el de personas del mismo sexo), 21 *Derecho Privado y Constitución* (2013), 173-208, e Mª Angeles Parra Lucan, «Matrimonio y "matrimónio entre perso-nas del mismo sexo": la constitucionalidad de la Ley 13/2005», *ibidem*, p. 271-311.

[17] Cfr., a propósito, entre nós, Nuno Gonçalo da Ascensão e Silva, «Algumas con-siderações sobre os trabalhos do Conselho da Europa no contexto do movimento de internacionalização do direito de menores – O rapto de crianças e os direitos de guarda e visita nas relações privadas internacionais», 2 *Lex Familiae* (2005), N.º 4, p. 37-91.

[18] Figura que estaria na base de um importante instrumento convencional, a Convenção da Haia de 25 de Outubro de 1980 sobre ao Aspectos Civis do Rapto Internacional de Crianças. Sobre este texto, cfr. Thierry Garé, «Reflexions sur l'efficacité de la Convention de La Haye du 25 octobre 1980 relative aux aspects civils de l'enlèvement international d'enfants», *in Mélanges Christian Mouly*, I, Paris, 1998, Litec, p. 298-312, os trabalhos recolhidos em *Sustracción Internacional de Menores y Adopción Internacional* (Mª Dolores Adam Muñoz/Sandra García Cano, directoras), Madrid, 2004, Colex, Jacques Chamberland, «La Convention sur les aspects civils de l'enlèvement international d'enfants et les droits de l'enfant», *in A Commitment to Private International Law. Essays in honour of Hans van Loon* (*cit. supra*, nota 12), p. 113-121, C. Honorati, «Sottrazione internazionale dei minori e diritti fondamentali», 49 *Rivista di Diritto Internazionale Privato e Processuale* (2013), p. 5-42, Michel Farge/Adeline Gouttenoire, «Les enlèvements intraeuropéens d'enfants», 21 *Revue des Affaires Européennes* (2014), p. 347-356, e, em língua portuguesa, Nuno Gonçalo da Ascensão e Silva, «A Convenção da Haia de 25 de Outubro de 1980 sobre os aspectos civis do rapto internacional de crianças – Alguns aspectos», *in Estudos em Memória do Professor Doutor António Marques dos Santos*, v. I, Coimbra, 2005, Almedina, p. 443-556, e Gustavo Ferraz de Campos Monaco, *Guarda Internacional de Crianças*, São Paulo, 2012, Quartier Latin; e sobre a sua aplicação judicial, cfr. P. R. Beaumont, «The Jurisprudence of the European Court of Human Rights and the European Court of Justice on the Hague Convention on International Child Abduction, *Recueil des Cours*, 335 (2008), p. 9-104, e P. R. Beaumont/Lara Walker, «Post Neulinger case law of the European Court of Human Rights on the Hague Child Abduction Convention», *in A Commitment to Private International Law. Essays in honour of Hans van Loon* (*cit.* nesta nota), p. 17-32, Michael Bogdan, «Some reflections on the treatment by the ECHR of the Hague Convention on the civil aspects of international abduction, *in Entre Bruselas y La Haya. Estudios sobre la unificación internacional y regio-*

o divórcio[19]), e que de algum modo são consequência da menor estabilidade de que passaria a gozar o vínculo matrimonial. Acrescida importância prática que justificaria naturalmente uma maior atenção à construção doutrinal que tinha por objecto estes institutos e que se reflectiu nas soluções que a este propósito foram adoptadas.

Trata-se pois de um conjunto de aspectos que nos permite concluir por um alargamento do objecto das relações cuja regulação está incluída no direito internacional privado da família, alargamento resultante quer da eclosão de novas realidades quer da maior importância reconhecida a algumas das anteriormente existentes.

3. As fontes

Se as mudanças em termos de objecto não se revelaram afinal particularmente sensíveis, outro tanto se não dirá da problemática das fontes, em que o quadro de modificações é bem mais marcado, caracterizando-se por uma afirmação de linhas de força que, ao menos nalguns casos, se tinham encontrado ausentes da normação das relações familiares plurilocalizadas.

Estas linhas de força traduzem-se sobretudo na ultrapassagem muito clara de uma situação (que de algum modo caracterizava o direito internacional privado como um todo, mas que se repercutia igualmente no domínio das relações familiares) caracterizada pela

---

nal del Derecho internacional privado. *Liber Amicorum Alegria Borràs* (*cit. supra*, nota 7), p. 213-224 e Moura Ramos, "Rapto internacional de crianças e direito ao respeito pela vida privada e familiar", 144, *Revista de Legislação e Jurisprudência* (Maio-Junho de 2015), n.º 3992, p. 381-496.

[19] A propósito, cfr. F. Schwind, «Le divorce en droit international privé», *Recueil des Cours*, 117 (1966-I), p. 445-502, Hélène Gaudemet-Tallon, «La désunion du couple en droit international privé», *ibidem*, 226 (1991-I), p. 9-280, Agnès Bigot, *L'Autorité parentale dans la famille désunie en droit international privé*, 2003, Presses Universitaires

exclusividade ou pela relevância dominante das fontes estaduais, designadamente as de natureza legal e jurisprudencial. Podemos exemplificar esta situação com a que era vivida pelos ordenamentos jurídicos português e francês, pouco antes do último quartel do século que findou. Assim, enquanto o direito internacional privado português como que se circunscrevia, à época, ao capítulo do Código Civil dedicado aos direitos dos estrangeiros e aos conflitos de leis, sendo diminuta, na nossa ordem jurídica, a função das demais fontes de direito, designadamente as de natureza jurisprudencial[20], já o seu homólogo francês, pelo contrário, partia das escassas normas do *Code Napoléon*, de 1804[21], assentando sobretudo no desenvolvi-

---

d'Aix-Marseille, e Rafael Arenas García, *Crisis Matrimoniales Internacionales. Nulidad matrimonial, separación y divorcio en el nuevo derecho internacional privado español*, 2004, Universidade de Santiago de Compostela – Servizo de Publicacións e Intercambio Cientifico. Para uma nova perspectiva do instituto, cfr. Harry Duintjer Tebbens, «Divorce – A fundamental right?», *in A Commitment to Private International Law. Essays in honour of Hans van Loon* (*cit. supra*, nota 12), p. 123-133.

[20] Cfr. Moura Ramos, «Linhas Gerais da evolução do direito internacional privado português posteriormente ao Código Civil de 1966», *in Comemorações dos 35 Anos do Código Civil e dos 25 Anos da Reforma de 1977*, v. II – *A Parte Geral do Código e a Teoria Geral do Direito Civil*, Coimbra, 2006, Coimbra Editora, p. 501-547.

[21] Cfr. Hélène Gaudemet-Tallon, «Droit international privé et Code Civil», *in 1804-2004. Le Code Civil. Un Passé. Un Présent. Un Avenir*, Paris, 2004, Dalloz, p. 749-771. Apenas mais de um século e meio depois começariam na verdade a surgir, nesta ordem jurídica, normas especiais, acompanhando determinadas reformas do direito privado relativo às relações familiares; assim, quanto à filiação com a lei de 3 de Janeiro de 1972 (art. 311-14 do *Code Civil* – ver Batiffol/Lagarde, «L'improvisation de nouvelles règles de conflit de lois en matière de filiation», *Rev. crit. DIP* 61 (1972), p. 1-26); quanto ao divórcio com a lei de 11 de Julho de 1975 (art. 310 do *Code Civil* – ver Ph. Francescakis, «Le surprenant article 310 nouveau du Code Civil sur le divorce international», *Rev. Crit DIP*, 64 (1975), p. 553-594); quanto à adopção, com a lei de 16 de Fevereiro de 2001 (art. 370-3 a 370-5 do *Code Civil* – ver Paul Lagarde, «La loi du 6 février 2001 relative à l'adoption internationale: une opportune clarification», *Rev. Crit. DIP*, 90 (2001), p. 275-300, e Horatia Muir-Watt, «La loi nationale de l'enfant comme métaphore: le nouveau regime législatif de l'adoption internationale», 128 *JDI* (2001), p. 995-1031); quanto ao pacto civil de solidariedade (PACS), com as leis de 15 de Novembro de 1999, 5 de Março de 2007 e 12 de Maio de 2009 (arts. 515-1 a 515-7-1 – ver P. Hammje, «Réflexions sur l'article 515-7-1 du Code Civil. Loi n° 2009-526, article 1er», *Rev. crit. DIP*, 98 (2009), p. 483-491, e H. Péroz, «La loi applicable aux partenariats enregistrés», 137 *JDI* (2010), p. 399-410); e, quanto ao casamento de pessoas do mesmo sexo, com a lei de 17 de Maio de 2013 (arts. 202-1 e 202-2 do *Code Civil* – ver Hughes Fulchiron, «Le mariage de personnes

mento que delas tinha feito a jurisprudência, sobretudo a da *Cour de Cassation*[22]; e note-se que próxima desta era de algum modo a situação do direito inglês, onde o papel criativo da jurisprudência, característico aliás dos sistemas de *common law*, apenas dividia o espaço da criação normativa com a adopção, a que o legislador recorreria progressivamente, de alguns *statutes*[23]. Pois foi precisamente este estado de coisas, de algum modo comum aos vários sistemas estaduais no universo europeu[24] (e também fora dele[25]), que sofreu nos últimos decénios acentuadas modificações.

---

de même sexe en droit international privé au lendemain de la reconnaissance du "mariage pour tous"», 140 *JDI* (2013), p. 1055-1113, Petra Hammje, «"Mariage pour tous" et droit international privé. Dit et non-dits de la loi du 17 mai 2013 ouvrant le mariage aux couples de personnes de même sexe», *Rev. crit. DIP*, 102 (2013), p. 793-806, Dominique Bureau, «Le mariage international pour tous à l'aune de la diversité», *in Mélanges en l'honneur du Professeur Bernard Audit. Les relations privées internationales*, Paris, 2014, L.G.D.J., p. 155-184, e Georges Khairallah, «Le statut personnel à la recherche de son rattachement. Propos autour de la loi du 17 mai 2013 sur le mariage des couples du même sexe», *ibidem*, p. 485-496.

[22] Cfr., a propósito, Henri Batiffol, «L'oeuvre constructive récente de la jurisprudence française en matière de droit international privé», *in Choix d'Articles rassemblés par ses amis*, Paris, 1976, L.G.D.J., p. 61-71, e Bertrand Ancel/Yves Lequette, *Grands arrêts de la jurisprudence française de droit international privé*, 2e edition, Paris, 1992, Sirey. Em particular no que respeita à matéria que nos ocupa, cfr. Paul Lagarde, «Destinées de l'arrêt Rivière», 98 *JDI* (1971), p. 241-257, e Bertrand Ancel, «Destinées de l'article 3 du Code Civil», *in Le droit international privé: esprit et méthodes. Mélanges en l'honneur de Paul Lagarde* (*cit. supra*, nota 12), p. 1-18.

[23] Para a situação desta ordem jurídica, no que ao direito da família diz respeito, cfr. Dicey & Morris, *The Conflict of Laws*, Thirteenth Edition by Lawrence Collins with Specialist Editors, vol. II, London, 2000, Sweet & Maxwell, p. 649-913.

[24] Assim, por exemplo, quanto ao direito alemão, cfr. *J. von Staudingers Kommentar zum Burgerlichen Gesetzbuch mit Einfuhrungsgesetz und Nebengesetzen EGBGB/IPR,* Band II [Artikel 13-17 (*Internationales Eherecht* – von Franz Gamillscheg), §§ 606 bis 606 b, 328 ZPO (*Internationales Verfahrensrecht in Ehesachen* – von Ulrich Spellenberg (2005) *IntVerfREbe*], e Band III [*Internationales Kindschaftsrecht 1*, Vorbem A-B zu Art 19 EGBGB von Jan Kropholler (2003), e *Internationales Kindschaftsrecht 2*, Vorbem C-H zu Art 19 EGBGB von Jorg Pirrung (2009)], Berlin, Sellier -- de Gruyter; e quanto ao direito suíço, Andreas Bucher, *L'Enfant en Droit International Privé*, Genève, 2003, Helbing & Lichtenhahn, e *Le Couple en Droit International Privé*, Genève, 2004, Helbing & Lichtenhahn.

[25] Sobre a situação, por exemplo, no direito brasileiro, veja-se Jacob Dolinger, *Direito Internacional Privado. Direito Civil Internacional. Vol. I -- A Família no Direito Internacional Privado. Tomo I -- Casamento e Divórcio no Direito*

A primeira pode considerar-se, a bem dizer, exógena ao sistema de direito internacional privado enquanto tal, e resulta daquilo a que podemos designar por *constitucionalização* do direito internacional privado. Pretendemos designar por esta expressão a afirmação da sensibilização do direito internacional privado aos princípios constitucionais. Não se trata de nada que se devesse considerar como novo, no quadro de uma compreensão da ordem jurídica que sublinhasse a unidade que lhe é inerente, e cujos contornos, aliás, haviam sido em particular sublinhados pela construção kelseniana. Mas não é menos verdade que o processo de desenvolvimento da nossa disciplina sublinharia a natureza pretensamente neutra ou técnica das suas soluções, como que pretendendo assim justificar a sua imunidade a valores e regras constitucionais[26]. Situação que alimentaria o debate na doutrina germânica na década de sessenta do século que findou, e que seria objecto de uma viragem copérnicana com a decisão do *Bundesverfassungsgericht* (o Tribunal Constitucional alemão) de 4 de Maio de 1971[27], que expressamente afirmaria que «as regras do

Internacional Privado, Rio de Janeiro, 1997, Renovar, e Tomo II -- *A Criança no Direito Internacional*, Rio de Janeiro, 2003, Renovar.

[26] Assim Moura Ramos, *Direito Internacional Privado e Constituição. Introdução a uma análise das suas relações*, Coimbra, 1979, p. 37-38. Sobre a alegada tecnicidade da nossa disciplina, cfr. Michael Bogdan, «On the so-called deficit of social values in private international law», *in Mélanges en l'honneur de Spyridon Vl. Vrellis* (*cit. supra*, nota 12), p. 31-38, e, na defesa de uma permeabilidade da nossa disciplina a elementos axiológicos e aos ideais da justiça, Spyros Vrellis, «Conflit ou coordination de valeurs en droit international privé. À la recherche de la justice», *Recueil des Cours*, 328 (2007), p. 175-485, Andreas Bucher, «La Dimension sociale du droit international privé. Cours général», *Recueil des Cours*, 341 (2009), p. 9-526, e Haris Meidanis, «Justice and underlying "values", aims and principles in EU private international law», *in Mélanges en l'honneur de Spyridon Vl. Vrellis* (*cit. supra*, nesta nota), p. 579-592.

[27] Cf. o texto desta decisão na *RabelsZ*, 36 (1972), p. 145-162 e, na mesma revista, os comentários discrepantes de Dieter Henrich («Die Bedeutung der Grundrechte bei der Anwendung fremden Rechts»), Erik Jayme («Grundrecht der Eheschliessungsfreiheit und Wiederheirat geschiedener Ausländer»), Gerhard Kegel («Embarras de Richesse»), Alexander Lüderitz («Grundgesetz contra Internationales Privatrecht? Vorschläge zur Bestimmung des Geltungsbereichs von Grundrechten»), Alexander Makarov («Art 6. I Grundgesetz und die Anwendung spanischen Eherechts»), Klaus Müller

direito internacional privado alemão (...) devem ser confrontadas com os direitos fundamentais», ainda que para concluir em seguida que não violava o princípio fundamental da igualdade, consagrado no artigo 3.º, parágrafo 1, da lei fundamental (*Grundgesetz*) alemã, a regra sob escrutínio (o artigo 13, § 1 da EGBGB, Lei de Introdução ao Código Civil), que previa a aplicação distributiva da lei nacional dos nubentes em matéria de capacidade para contrair casamento.

O impacto desta decisão seria particularmente vasto, materializando-se, de resto, sobretudo, no domínio do direito internacional privado da família[28]. Não nos esqueçamos que as Constituições europeias do pós-guerra, para além da consagração de princípios gerais, como o da igualdade (invocado como parâmetro de controlo na decisão alemã acima referida) continham normas e princípios em matéria de casamento e de família, precisando nalguns casos, como na Constituição Portuguesa de 1976[29], a proibição de discriminações entre os filhos nascidos do e fora do casamento (proibição

---

(«Deutsches Scheidungsurteil als prozessuale Vorfrage und fremder ordre public»), Karl H. Neumayer («Zur Zivilehe eines Spaniers mit einer geschiedenen Deutschen»), Kurt Siehr («Grundrecht der Eheschliessungsfreiheit und Internationales Privatrecht. Zugleich ein Beitrag zum Lehre vom ordre public»), Wihelm Wengler («Die Bedeutung der verfassungsrechtlichen Bestimmungen über die Eheschliessungsfreiheit und den Schütz der Familie für das Internationale Privatrecht») e Paul Heinrich Nenhaus («Bundesverfassungsgericht und Internationales Privatrecht. Versuch einer Bilanz»), respectivamente a p. 1-18, 19-26, 27-34, 35-53, 54-59, 60-72, 73-92, 93-115, 116-126, e 127-140. Fora da Alemanha, cfr. designadamente Erik Jayme, «La Costituzione tedesca e il diritto internazionale privato» 8 *Rivista di Diritto Internazionale Privato e Processuale* (1972), p. 76-81 e Catherine Labrusse, «Droit constitutionnel et droit international privé en Allemagne Fédérale (à propos de la décision du Tribunal Constitutionnel fédéral du 4 mai 1971)», 63 *Revue Critique de Droit International Privé* (1974), p. 1-46.

[28] Cfr. as indicações dadas por Moura Ramos, «A reforma de 1977 e o direito internacional privado da família», *in Comemorações dos 35 Anos do Código Civil e dos 25 Anos da Reforma de 1977*, v. I – *Direito da Família e das Sucessões*, Coimbra, 2004, Coimbra Editora, p. 725-742 (732-733).

[29] Para maiores desenvolvimentos, cfr. Pereira Coelho/Guilherme de Oliveira, *Curso de Direito da Família* (*cit. supra*, nota 5), p. 111-134, e Antunes Varela, *Direito da Família*, 3.ª edição, 1.º vol., Lisboa, 1993, Petrony, p. 153-174.

Quanto à situação em face do direito brasileiro, cfr. Lourival Serejo, *Direito Constitucional da Família*, 3.ª edição, Belo Horizonte, 2014, Del Rey Editora.

que se estendia ao uso de designações discriminatórias relativas à filiação). Daí que ocorresse a breve trecho, também por influência desta decisão, uma mais ou menos profunda alteração do direito internacional privado nesta matéria, que seria consequência da irradiação dos preceitos constitucionais no direito internacional privado, e que seria consequente (e congruente) com semelhante irradiação dos princípios e regras constitucionais sobre o direito material das relações familiares. Ultrapassou-se assim, e no que toca ao direito de conflitos, o obstáculo específico, retirado da pretensa neutralidade das regras de conflitos, assim consagrando aliás o entendimento que, na sequência de uma continuada discussão doutrinal[30], se vinha impondo na doutrina jurídica de língua alemã.

Se este passo pôde nalguns casos ser dado directamente pelo legislador[31], noutros ele supôs a intervenção prévia da jurisprudência,

---

[30] Assim, designadamente, Gunther Beitzke, que no seu estudo de 1961 *Grundgesetz und Internationalprivatrecht* (Berlim, Walter De Gruyter) desenvolveria sobretudo esta tese – ver sobretudo esta obra, a ps. 14 e s. No mesmo sentido W. Wengler, em anotação à decisão do *Bundesgerichtshof* de 29 de Abril de 1964, publicada na *Juristenzeitung*, 1965, p. 100-103, e, na mesma revista, em 1964, a p. 621-623, à decisão do *Bundesgerichthof* (no mesmo sentido da anteriormente citada) de 12 de Fevereiro de 1964, A. Makarov, «Die Gleichberechtigung der Frau und das internationale Privatrecht», 17 *RabelsZ* (1952), p. 382-396, Herbert Bernstein, «Ein Kollisionsrecht für die Verfassung», 18 *Neue Juristiche Wochenschrift* (1965), p. 2273-2276 e Hans A. Stocker, «Grundrechtsschutz im Internationalprivatrecht», *Juristische Rundschau*, 1965, p. 456-459.
A orientação contrária havia sido defendida sobretudo por Hans Dölle, «Die Gleichberechtigung vom Mann und Frau im Familienrecht», *in Um Recht und Gerechtigkeit. Festgabe für E. Kaufmann*, Stuttgart-Koln, 1950, p. 39-46. Este ponto de partida não excluía que alguns autores aceitassem que os valores constitucionais pudessem impregnar as relações plurilocalizadas através de instrumentos como a ordem pública internacional. Assim, por exemplo, Paul Heinrich Neuhaus, «Internationales Familienrecht und Grundrechte», 11 *FamRZ* (1964), p. 609-612, numa posição que seria entre nós perfilhada por Ferrer Correia, «A Revisão do Código Civil e o Direito Internacional Privado», separata do *Boletim do Ministério da Justiça*, n° 283, p. 24-27, e Vieira de Andrade, *Os Direitos Fundamentais na Constituição Portuguesa de 1976*, 4ª edição, Coimbra, 2009, Almedina, p. 254, nota 56 (que todavia admite, a título excepcional, a aplicação directa das normas constitucionais).
[31] Foi o que se passou, em Portugal, com a reforma do Código Civil de 25 de Novembro de 1977, que substituiria a referência, constante dos artigos 52.°, 53.°, 56.°, 57.° e 60.° do Código Civil, à lei pessoal do marido ou à lei pessoal do pai por outras conexões, e suprimiria as regras de conflitos relativas à legitimação e

designadamente através dos Tribunais Constitucionais[32], que puseram em causa a validade constitucional das normas preexistentes, forçando os órgãos judiciários comuns ao preenchimento das lacu-

---

à filiação ilegítima, que figuravam nos artigos 58.º e 59.º da redacção inicial do mesmo Código (tendo igualmente suprimido, no artigo 61.º a referência que aí era feita à legitimação). Para maiores desenvolvimentos, cfr. Moura Ramos, «A reforma de 1977 e o direito internacional privado da família» (*cit. supra*, nota 28), p. 734-742.

Sobre a situação em Espanha, cfr. Santiago Álvarez González, «Desarrollo y normalización constitucional del derecho internacional privado español», *in Pacis Artis. Obra Homenaje al Professor Júlio D. González Campos, t. II – Derecho Internacional Privado, Derecho Constitucional y Varia*, Madrid, 2005, Eurolex, p. 1139-1163, e José Maria Espinar Vicente/José Ignacio Paredes Pérez, «El marco constitucional del derecho internacional privado español», *in Entre Bruselas y La Haya. Estudios sobre la unificación internacional y regional del Derecho internacional privado. Liber Amicorum Alegria Borràs* (*cit. supra*, nota 7), p. 329-349.

Sobre a jurisprudência relativa a esta questão, nestes dois países, cfr. Helena Mota, «A Constituição e o Direito Internacional Privado da família na jurisprudência portuguesa e espanhola. Diferenças e semelhanças», *in Para Jorge Leite. Escritos Jurídico-Laborais* (coordenação João Reis/Leal Amado/Liberal Fernandes/Regina Redinha), v. II, Coimbra, 2014, Coimbra Editora, p. 443-466.

[32] O que sucedeu na Alemanha, onde, primeiro, o *Bundesverfassungsgericht* declararia, respectivamente por decisões de 22 de Fevereiro de 1983 e de 8 de Janeiro de 1985, contrárias ao princípio constitucional da igualdade entre o homem e a mulher consagrado no Artigo 3, II da *Grundgesetz*, as regras de conflitos do artigo 15º, parágrafo I e parágrafo II primeira parte da EGBGB (que submetia o regime de bens do casamento à lei nacional do marido) e do artigo 17, parágrafo I da mesma lei (que adoptava, para o divórcio, a mesma conexão); esta linha de orientação concretizar-se-ia depois na reforma do direito internacional privado alemão levada a cabo pela lei de 25 de Julho de 1986, em que, nas matérias referidas como noutras, seriam adoptadas conexões que não violavam já o princípio da igualdade (para esta reforma, veja-se o respectivo texto na *Revue Critique de Droit International Privé*, 76 (1987), p. 171-197, e, nesta mesma revista, as análises de Hans Jürgen Sonnenberger, «Introduction générale à la réforme du droit international privé dans la République fédérale d'Allemagne selon la loi du 25 juillet 1986», Fritz Sturm, «Personnes, famille et sucessions dans la loi du 25 juillet 1986 portant réforme du droit international privé allemand», respectivamente a p. 1-32 e 33-76 do v. 76 (1987) e Bernard Pons, «Un aspect de la reforme du droit international privé en République fédérale d' Allemagne: la loi du 25 juillet 1986 et la filiation naturelle après trois années d'application», a p. 23-77 e 251-299 do v. 79 (1990). E em Itália, onde a *Corte Costituzionale*, depois de afirmar a admissibilidade do controlo da constitucionalidade das regras de conflitos, declararia, por sentença de 5 de Março de 1987, a contrariedade à Constituição da regra do artigo 18 das disposições preliminares ao Código Civil na parte em que estabelecia que, em matéria de relações pessoais entre os cônjuges, e na falta de uma nacionalidade comum dos cônjuges, se aplica a lei nacional do marido, e por sentença de 10 de Dezembro do mesmo ano, a inconstitucionalidade da regra do artigo 20, parágrafo 1, das mesmas disposições preliminares, na parte em que mandava aplicar, às relações entre pais e filhos, a lei nacional do pai (cfr. os textos destas decisões na *Rivista di Diritto Internazionale*

nas resultantes desta actuação, e acelerando assim uma tomada de posição por parte do legislador. E se pode hoje reconhecer-se sem dificuldade que este processo de constitucionalização viria a marcar profundamente o direito internacional privado da família no espaço europeu[33], pode igualmente dar-se por assente que um tal processo se cantonaria, no essencial, a este sector do direito conflitual.

Para além da sua constitucionalização, reflexo afinal de uma diferente forma de conceber a unidade do direito estadual, o direito internacional privado da família sofreria também um acentuado processo de *internacionalização*, no sentido do aumento do número e importância das regras cuja sede própria se encontra na ordem jurídica especial que organiza a regulamentação das relações na so-

---

Privato e Processuale, respectivamente, v. 23 (1987), p. 297-304, e v. 24 (1988), p. 67-72, e, para uma visão geral do problema nesta ordem jurídica, Andrea Giardina, «La Corte Costituzionale ed i rapporti personali fra coniugi nel diritto internazionale privato», *ibidem*, v. 23 (1987), p. 209-226. E sobre a substituição das conexões assim declaradas inconstitutionais, cf. Cristiana Fioravanti, «Rapporti di famiglia e ricerca di collegamenti "complementari" o "sussidiari" nel diritto internazionale privato italiano», 24 *Rivista di Diritto Internazionale Privato e Processuale* (1988), p. 675-690 e Gabriella Carella, «Il divorcio nel diritto internazionale privato e processuale italiano», *ibidem*, pp. 427-464; a reforma do direito internacional privado levada a cabo em 1995, pela lei nº 218, de 31 de Maio, viria a acolher conexões conformes ao princípio da igualdade (para a análise das soluções decorrentes desta reforma, cf. Paolo Mengozzi, *La riforma del diritto internazionale privato italiano*. La legge 31 maggio 1995 n. 218. II edizione, Nápoles, 1997, Editoriale Scientifica, Fausto Pocar (com la collaborazione di Costanza Honorati), *Il nuovo diritto internazionale privato italiano*, Milão, 1997, Giuffrè, Paolo Picone, *La riforma italiana del diritto internazionale privato*, Pádua, 1998, Cedam, e Tito Ballarino, *Diritto Internazionale Privato Italiano*, 7ª edição, Pádua, 2011, Cedam, p. 415-495, e *Manuale Breve di Diritto Internazionale Privato*, 3.ª edição, Pádua, 2008, Cedam).

[33] Sobre a (diferente) experiência estadunidense, cfr., contudo, G. W. C. Ross, «Has the Conflict of Laws become a branch of Constitutional law?», 15 *Minnesota Law Review* (1930-1931), p. 161-181, J. A. Martin, «Constitutional limitations on choice of law», 61 *Cornell Law Review* (1976), p. 185 e s, A. von Mehren/ D. Trautman, «Constitutional control of choice of law. Some reflections on Hague», 10 *Hofstra Law Review* (1981), p. 35-57, Gene R. Shreve, "Choice of law and the Forgiving Constitution", 71 *Indiana Law Review* (1996), p. 271-296. E para uma consideração global, sobretudo baseada na experiência norteamericana e de outros sistemas de *common law*, cfr. Peter Herzog, «Constitutional Limits on Choice of Law», *Recueil des Cours*, 234 (1992-IV), p. 239-330, e François Rigaux, «Droit constitutionnel et droit international prive», *in Mélanges en l'honneur de Michael Waelbroeck*, v.I, Bruxelles, 1999, Bruylant, p. 111-137.

ciedade internacional (*maxime*, ainda que de forma cada vez menos exclusiva, das relações entre os Estados). Como o anterior, também este movimento não é específico das relações familiares, abrangendo o direito internacional privado no seu todo, e correspondendo aliás a uma convergência entre a vocação deste ramo do direito e a fonte das normas respectivas. Mas não deve esquecer-se que as fontes internacionais vieram a ter uma importância muito significativa no campo das relações familiares[34], talvez sem paralelo com a que seria a sua nos restantes sectores do direito internacional privado. O que, tendo presente a acima referida radicação nacional das relações familiares, geradora de maior dificuldade nos consensos alcançáveis a este propósito, só pode explicar-se pela maior premência na criação, nestas matérias, de regras uniformes.

Tal avulta sobretudo a propósito das fontes convencionais, em que a maioria dos textos relevantes se encontra em instrumentos de carácter multilateral, resultando aliás, em grande parte, da actuação de organizações internacionais, tanto de natureza geral (como a Organização das Nações Unidas e o Conselho da Europa), como de natureza especializada, como é o caso da Conferência da Haia de Direito Internacional Privado e da Comissão Internacional do Estado Civil.

Se pensarmos na Conferência da Haia de Direito Internacional Privado, centenária organização de unificação cujo objecto coincide com o da nossa disciplina, e limitando-nos à sua segunda fase[35],

---

[34] Cfr. o conjunto de estudos reunidos em *Mundialización y Familia* (A. L. Calvo Caravaca/J. L. Iriarte Ángel), Madrid, 2001, Colex, e *El Derecho de Familia ante el Siglo XXI: Aspectos Internacionales* [Alfonso-Luis Calvo Caravaca/Esperanza Castellanos Ruiz (Directores)], Madrid, 2003, Colex.

[35] Iniciada em 1951. Mas, na primeira fase, recordem-se já as Convenções de 12 de Julho de 2002 relativas aos conflitos de leis em matéria de casamento, divórcio e separação e tutela de menores, e a Convenção de 17 de Julho de 1905 relativa aos conflitos de leis em matéria de efeitos do casamento sobre os direitos e deveres dos esposos nas suas relações pessoais e sobre os seus bens. Pode ver-se a análise destes textos, na nossa doutrina, em Machado Villela, «Estudo sobre as Convenções

é fácil concluir pela importância da actuação por ela desenvolvida na área do direito dos menores[36] e da família. Quanto à primeira, salientem-se as duas convenções relativas à protecção dos menores[37], as duas convenções sobre a adopção[38], as quatro convenções e um protocolo sobre obrigações de alimentos[39], a convenção sobre a co-

---

da Haya de direito internacional privado», *R.L.J.*, Ano 42.º, N.º 1805, de 9 de Outubro de 1909, a Ano 49.ª, n.º 2030, de 29 de Junho de 1916.

[36] Para uma visão geral, cfr. Amos Shapira, «Private international aspects of child custody and child kidnapping cases», *Recueil des Cours*, 214 (1989-I), p. 127-250, e Linda J. Silberman, «Co-operative Efforts in Private International Law on Behalf of Children: The Hague Children's Conventions», *Recueil des Cours*, 323 (2006), p. 261-478.

[37] Convenção de 5 de Outubro de 1961 relativa à competência das autoridades e à lei aplicável em matéria de protecção de menores, e Convenção de 19 de Outubro de 1996 sobre a competência, a lei aplicável, o reconhecimento e a execução de decisões e a cooperação em matéria de responsabilidade parental e de protecção de menores. A propósito destes textos, cfr. Moura Ramos, «A protecção das crianças no plano internacional. As novas normas convencionais da Haia aplicáveis à protecção das crianças em situações da vida jurídico-privada internacional», *Infância e Juventude*, N.º 2/98 (Abril – Junho), p. 9-38; e, sobre o último, Peter Mc Eleaavy, «The 1996 Hague Convention and the European Union: Connection and disconnection», *in A Commitment to Private International Law. Essays in honour of Hans van Loon* (*cit. supra*, nota 12), p. 371-380.

[38] Convenção de 15 de Novembro de 1965 sobre a competência, a lei aplicável e o reconhecimento em matéria de adopção, e Convenção de 29 de Maio de 1993 relativa à protecção das crianças e à cooperação em matéria de adopção internacional. Sobre este último instrumento, cfr., J.H.A. van Loon, «International co-operation and protection of children with regard to intercountry adoption», *Recueil des Cours*, 244 (1994-V), p. 191-456, e, recentemente, Laura Martínez-Mora/Hannah Baker/ Emmanuelle Harang, «The 1993 Hague Intercountry Adoption Convention and subsidiarity: Is subsidiarity principle still "fit for purpose"?», *in A Commitment to Private International Law. Essays in honour of Hans van Loon* (*cit. supra*, nota 12), p. 343-356, e William Duncan, «Adoptive parents and the 1993 Hague Convention», *in Entre Bruselas y La Haya. Estudios sobre la unificación internacional y regional del Derecho internacional privado. Liber Amicorum Alegria Borràs* (*cit. supra*, nota 7), p. 323-328.

[39] Convenção de 24 de Outubro de 1956 sobre a Lei Aplicável às Obrigações Alimentares Relativas a Menores, Convenção de 15 de Abril de 1958 relativa ao reconhecimento e à execução das decisões em matéria de obrigações alimentares para com os menores, Convenções de 2 de Outubro de 1973 sobre a Lei Aplicável às Obrigações Alimentares (sobre este instrumento, cfr., entre nós, Fernando A. Ferreira Pinto, *Do Conflito de Leis em matéria de Obrigação de Alimentos (Estudo de DIP convencional)*, Lisboa, 1992, Livraria Petrony) e sobre o reconhecimento e a execução das decisões relativas às obrigações alimentares e Protocolo de 23 de Novembro de 2007 sobre a lei aplicável às obrigações alimentares. Sobre o regime deste último texto, cfr. Moura Ramos, «As obrigações alimentares no direito interna-

brança de alimentos[40], e a convenção sobre o rapto internacional de crianças[41]. E, quanto à segunda, os textos relativos ao casamento[42], ao divórcio[43], aos regimes matrimoniais[44], os dois textos quanto às obrigações de alimentos[45], para além do protocolo já referido[46] e da mencionada convenção sobre a cobrança de alimentos[47]. Tudo isto sem esquecer o relevo que lhe mereceu igualmente a questão da protecção dos adultos[48].

Por outro lado, também a obra da Comissão Internacional do Estado Civil haveria de abranger, em grande medida, matérias próximas das que nos interessam, ao ocupar-se de questões como o nome, o apelido e as respectivas alterações[49], o reconhecimento dos

cional privado da União Europeia», *in* 144.º *Revista de Legislação e de Jurisprudência* (Novembro/Dezembro de 2014), N.º 3989, p. 82-103.

[40] Convenção de 23 de Novembro de 2007 sobre a cobrança de alimentos destinados a menores e a outros membros da família. Sobre esta problemática, e para um panorama geral, veja-se, por último, *The Recovery of Maintenance in the EU and Worldwide* (Edited by Paul Beaumont/Burckard Hess/Lara Walker/Stephanie Spancken), Oxford, 2014, Hart Publishing.

[41] Cfr. *supra*, nota 18.

[42] Convenção de 14 de Março de 1978 sobre a celebração e o reconhecimento da validade do casamento.

[43] Convenção de 1 de Junho de 1970 dobre o reconhecimento do divórcio e da separação judicial.

[44] Convenção de 14 de Março de 1978 sobre a lei aplicável aos regimes matrimoniais.

[45] Convenções de 2 de Outubro de 1973 sobre a Lei Aplicável às Obrigações Alimentares e sobre o reconhecimento e a execução das decisões relativas às obrigações alimentares.

[46] *Cit. supra*, nota 39.

[47] *Cit. supra*, nota 40.

[48] Convenção de 13 de Janeiro de 2000 sobre a protecção internacional dos adultos. Cfr., a propósito, Mariel Revillard, «La Convention de La Haye sur la protection internationale des adultes et la pratique du mandat d'inaptitude», *in Le droit international privé: esprit et méthodes. Mélanges en l'honneur de Paul Lagarde* (*cit. supra*, nota 12), p. 725-735.

[49] Convenção de Istambul, de 4 de Setembro de 1958, sobre as alterações ao nome e apelido, e Convenção de Munique, de 5 de Setembro de 1980, sobre a lei aplicável ao nome e ao apelido, e Convenção de Antalya, de 16 de Setembro de 2005, sobre o reconhecimento do nome.

filhos nascidos fora do casamento[50], a constituição da filiação materna em relação aos filhos naturais[51], a facilitação da celebração do casamento no estrangeiro[52], o reconhecimento de decisões relativas ao vínculo conjugal[53], a legitimação por casamento[54], a criação de um livro de família internacional[55], a entrega de um certificado de capacidade matrimonial[56], de um certificado relativo à diversidade do nome de família[57], e de um certificado de nacionalidade[58], e o reconhecimento das decisões relativas às uniões estáveis registadas[59]. Isto para além de todo o seu restante trabalho no plano da cooperação internacional em matéria de estado civil[60] e da troca

---

[50] Convenção de Munique, de 5 de Setembro de 1980, sobre o reconhecimento voluntário dos filhos nascidos fora do casamento.

[51] Convenção de Bruxelas, de 12 de Setembro de 1972, sobre a constituição da filiação materna em relação aos filhos naturais.

[52] Convenção de Paris, de 10 de Setembro de 1964, tendente a facilitar o casamento no estrangeiro.

[53] Convenção do Paris, de 8 de Setembro de 1967, sobre o reconhecimento de decisões relativas ao vínculo conjugal.

[54] Convenção de Roma, de 10 de Setembro de 1970, sobre a legitimação por casamento.

[55] Convenção de Paris, de 12 de Setembro de 1974, sobre a criação de um livro de família internacional, e Convenção de Madrid, de 5 de Setembro de 1990, relativa ao reconhecimento e à actualização dos livros de estado civil.

[56] Convenção de Munique, de 5 de Setembro de 1980, relativa à entrega de um certificado de capacidade matrimonial.

[57] Convenção de Haia, de 8 de Setembro de 1982, sobre a entrega de um certificado relativo à diversidade do nome de família.

[58] Convenção de Lisboa, de 14 de Setembro de 1999, relativa à entrega de um certificado de nacionalidade.

[59] Convenção de Munique, de 5 de Setembro de 2007, sobre o reconhecimento das decisões relativas às uniões estáveis registadas. Sobre este instrumento, cfr. Gerald Goldstein/Horatia Muir Watt, «La méthode de la reconnaissance à la lueur de la Convention de Munique du 5 septembre 2007 sur la reconnaissance des partenariats enregistrés», 137 *JDI* (2010), p. 1085-1122, e Franco Mosconi, «La Convenzione CIEC del 5 setttembre 2007 sui partenariati registrati», *in Nuovi Strumenti del Diritto Internazionale Privato. Liber Fausto Pocar* (*cit. supra*, nota 7), p. 735-755.

[60] Convenção de Paris, de 27 de Setembro de 1956, relativa à passagem de certas certidões de estado civil destinadas ao estrangeiro, de Luxemburgo, de 26 de Setembro de 1957, relativa à passagem e à dispensa de legalização da expedição de actos do estado civil, Convenção de Roma de 14 de Setembro de 1961, relativa à extensão da competência das autoridades qualificadas para receber o reconheci-

de informações entre os oficiais do estado civil[61], que constituem o seu objecto.

E, como adiantámos, o mesmo interesse pelo direito internacional privado da família existe por parte de organizações internacionais de carácter mundial ou regional. É assim que a Organização das Nações Unidas se ocupou da cobrança de alimentos no estrangeiro[62], da nacionalidade da mulher casada[63], do consentimento, da

---

mento de filhos naturais, Convenção de Paris, de 10 de Setembro de 1964, relativa às decisões de rectificação de actos de estado civil, Convenção de Atenas, de 14 de Setembro de 1966, relativa à constatação de certos óbitos, Convenção de Berna, de 13 de Setembro de 1973, relativa à indicação dos nomes e apelidos nos registos de estado civil, Convenção de Viena, de 8 de Setembro de 1976 relativa à passagem de extractos plurilingues de estado civil, Convenção de Atenas, de 15 de Setembro de 1977, relativa à dispensa de legalização de certos documentos, Convenção de Bruxelas, de 5 de Setembro de 1995, sobre a codificação das menções constantes dos documentos de estado civil, Convenção de Atenas, de 17 de Setembro de 2001, relativa à comunicação internacional por via electrónica, e Convenção de Roma, de 19 de Setembro de 2012, sobre a utilização da Plataforma da Comissão Internacional do Estado Civil sobra a comunicação internacional de dados por via electrónica, e Convenção de Estrasburgo, de 14 de Março de 2014, relativa à passagem de certidões e certificados plurilingues e codificados de actos de estado civil.

[61] Convenção de Istambul, de 4 de Setembro de 1958 (e Protocolo de Paris, de 6 de Setembro de 1989), relativa à troca internacional de informações em matéria de estado civil, Convenção de Paris, de 10 de Setembro de 1964, relativa à troca de informações em matéria de aquisição da nacionalidade, e Convenção de Neuchatel, de 12 de Setembro de 1997, relativa à troca internacional de informações em matéria de estado civil.

Em geral sobre os instrumentos adoptados por esta organização, cfr. Jacques Massip, «La commission internationale de l'état civil», *Rev. crit. DIP*, 64 (1975), p. 215-229, Bertrand Ancel, «Le Bilan des conventions de la Commission Internationale de l'État Civil: l'expérience française», *in España y la codificación internacional del Derecho Internacional Privado*, Madrid, 1993, Eurolex, p. 157-170, Sergio Marchisio, «Les conventions de la Commission internationale de l'Etat civil», *in Nuovi Strumenti del Diritto Internazionale Privato. Liber Fausto Pocar* (*cit. supra*, nota 7), p. 659-672, e Jacques Massip/ Frits Hondius/ Chantal Nast, *La Commission Internationale de l'État Civil (CIEC)*, The Hague, 2014, Kluwer. E sobre a atenção dada recentemente a estas questões, no plano da União Europeia, cfr. Paul Lagarde, «The movement of civil-status records in Europe, and the European Commission's proposal of 24 April 2013», 15 *Yearbook of Private International Law* (2013/2014), p. 1-12, e Christian Kohler, «Towards the recognition of civil status in the European Union», *ibidem*, p. 13-29.

[62] Convenção de Nova Yorque, de 20 de Junho de 1956, sobre a cobrança de alimentos no estrangeiro.

[63] Convenção de 29 de Janeiro de 1957, sobre a nacionalidade da mulher casada.

idade mínima e do registo do casamento[64], da eliminação de todas as formas de discriminação em relação à mulher[65], e dos direitos das crianças[66]. E que o Conselho da Europa promoveria textos sobre a adopção de crianças[67], a situação dos filhos nascidos fora do casamento[68], o reconhecimento e a execução de decisões relativas à guarda de menores[69], o exercício dos direitos das crianças[70], e o contacto com as crianças[71].

Mas não foi apenas a «legislação internacional» que se ocupou largamente de matérias integrantes do direito internacional privado da família. O mesmo aconteceria com a jurisprudência internacional[72],

---

[64] Convenção de 7 de Novembro de 1962 sobre o consentimento, a idade mínima e o registo do casamento.

[65] Convenção de 18 de Setembro de 1979, sobre a eliminação de todas as formas de discriminação em relação à mulher.

[66] Convenção de 20 de Novembro de 1989, relativa aos direitos da criança. Sobre a problemática a que se dirige este texto, cfr., na doutrina de língua portuguesa, Gustavo Ferraz Campos Monaco, *A Declaração Universal dos Direitos da Criança e seus sucedâneos internacionais (Tentativa de sistematização)*, Coimbra, 2004, Coimbra Editora.

[67] Convenção europeia de 24 de Abril de 1967 relativa à adopção de crianças.

[68] Convenção europeia de 15 de Outubro de 1975 sobre o estatuto jurídico das crianças nascidas fora do casamento.

[69] Convenção europeia de 20 de Maio de 1980 sobre o reconhecimento e a execução de decisões relativas à guarda de menores e ao seu restabelecimento. Sobre este texto, cfr., na nossa doutrina, Nuno Ascensão e Silva, «Algumas considerações sobre os trabalhos do Conselho da Europa no contexto do movimento de internacionalização do direito de menores – O rapto de crianças e os direitos de guarda e visita nas relações privadas internacionais», *cit. supra*, nota 17, 2, *Lex Familiae* (2005), N.º 4, p. 59-83.

[70] Convenção europeia de 25 de Janeiro de 1986 sobre o exercício dos direitos das crianças.

[71] Convenção europeia de 15 de Maio de 2003 sobre as relações pessoais relativas às crianças. Sobre este instrumento, entre nós, cfr. Nuno Ascensão e Silva, «Algumas considerações sobre os trabalhos do Conselho da Europa no contexto do movimento de internacionalização do direito de menores – O rapto de crianças e os direitos de guarda e visita nas relações privadas internacionais» (*cit. supra*, nota 17), p. 83-88.

[72] Lembre-se, desde logo, a decisão do Tribunal Internacional de Justiça, de 28 de Novembro de 1958, no caso *Boll*. Cfr., a propósito, Henri Batiffol/Ph. Francescakis, «L'arrêt Boll de la Cour Internationale de Justice et sa contribution à la théorie du droit international privé», *Rev. Crit. DIP*, 48 (1959), p. 259-276. Sobre a acção deste tribunal, no que se refere à nossa disciplina, cfr. Benedetta Ubertazzi, «Private

nomeadamente a jurisprudência do Tribunal Europeu dos Direitos Humanos, que, densificando os direitos previstos nos artigos 8.º (direito ao respeito pela vida privada e familiar), 12.º (direito ao casamento) e 14.º (proibição de discriminação) da Convenção Europeia dos Direitos Humanos, e no artigo 5.º (igualdade entre os cônjuges) do seu Protocolo n.º 7, como no artigo 1.º (proibição geral de discriminação) do Protocolo n.º 12, desenvolveria por igual o conteúdo destes direitos em situações internacionais[73]. Por esta forma, prosseguindo num bem distinto contexto a atenção dada pela suprema jurisdição internacional ao direito internacional privado da família, se estabeleceram *standards* mínimos que não deixariam de produzir uma profunda influência na evolução dos direitos nacionais.

O ponto que pretendemos sublinhar neste contexto é o da realidade desta internacionalização do direito internacional privado da família. Não é nosso propósito avaliá-la criticamente[74], mas apenas

---

international law before the International Court of Justice», 15 *Yearbook of Private International Law* (2013/2014), p. 57-86.

[73] Sobre o ponto, cfr. Michel Clapié, «Le droit de mener une vie familiale normale à l'épreuve du temps», *in Mélanges Christian Mouly* (*cit. supra*, nota 18), p. 267-280, Philippe Frumer, «La discrimination fondée sur l'orientation sexuelle dans les relations de partenariat ou de cohabitation: Une question d'intérêt général devant la Cour Européenne des Droits de l'Homme (L'arrêt *Karner c. Autriche* du 14 juillet 2013)», 15 *Revue Trimestrielle des Droits de l'Homme* (2004), p. 663-687, Patrick Kinsch, «Private international law topics before the European Court of European Rights – Selected judgements and decisions (2010-2011), 13 *Yearbook of Private International Law* (2011), p. 37-49, e «*Harroudj v. France*: Indications from the European Court of Human Rights on the nature of choice of law rules and on their potentially discriminatory effct», *ibidem*, 15 (2013/2014), p. 39-44, Bea Verschraegen, «The right to private and family life, the right to marry and to found a family, and the prohibition of discrimination», *in Legal Recognition of Same-sex Relationships in Europe. National, Cross-border and European Perspectives* (*cit. supra*, nota 15), p. 255-270, e, na nossa doutrina, Susana Almeida, *O Respeito pela Vida (Privada e) Familiar na Jurisprudência do Tribunal Europeu dos Direitos do Homem: A Tutela das Novas Formas de Família*, Coimbra, 2009, Coimbra Editora.

Para um confronto dos textos convencionais nesta matéria vigentes nos continentes europeu e americano, cfr. H. Gros Espiell, «La Convention américaine et la Convention européenne des droits de l'homme. Analyse comparative», *Recueil des Cours*, 218 (1989-VI), p. 167-412.

[74] Com este alcance, mas com uma ambição mais global, ultrapassando as fronteiras do direito da família, cfr. Stanislas Lecuyer, *Appréciation critique du droit*

sublinhar o seu relevo. Não se esquece, no entanto, que a multiplicação das iniciativas a que acabamos de aludir e a diversidade de *fora* em que se desenvolvem são susceptíveis de gerar efeitos perversos, desde logo por não raro darem lugar a novas situações de conflito (os conflitos de convenções) que se vêm acrescentar aos conflitos de normas que o direito internacional privado em si procura resolver[75]. Depois, em alguns dos universos mencionados a obra de unificação legislativa empreendida apresenta não raro várias deficiências, resultado afinal da circunstância de tal sede não ser verdadeiramente a mais adequada para um trabalho deste tipo. E note-se que à crítica a este respeito formulada não escapam sequer os organismos mais especializados[76], e cuja obra é em geral merecedora de um juízo particularmente positivo[77]. Alguns autores têm de facto salientado

---

international privé conventionnel. Pour une autre approche de l'harmonisation des relations privées internationales, Paris, 2007, L.G.D.J.

[75] Para um quadro revelador da sua variedade e a apresentação de propostas de solução, cfr. a cuidada investigação de Paul Volken, *Konventionskonflitke im internationalen Privatrecht*, Zurich, 1977, Schulthess Polygraphischer Verlag, o monumental trabalho de Ferenc Majoros, *Les conventions internationales en matière de droit prive. Abrégé théorique et traité pratique* (em particular o I volume da parte especial, dedicado aos conflitos de convenções), Paris, 1980, Éditions A. Pedone, e, mais perto de nós, Alexandre Malan, *La Concurrence des conventions internationales dans le droit des conflits de lois*, 2002, Presses Universitaires d'Aix-Marseille. E, para a consideração do problema do ponto de vista do direito internacional público, *vide* Emmanuel Roucounas, «Engagements Parallèles et Contradictoires», *Recueil des Cours*, 206 (1987-VI), p. 9-287.

[76] Assim, em relação à obra da Conferência da Haia, cfr. Th. M. De Boer, «The Hague Conference and Dutch Choice of Law: Some criticism and a suggestion», 40 *Netherlands International Law Review* (1993), N.º 1, p. 1-13.

[77] Cfr., entre outros, M. H. Van Hoogsstraten, «La codification par traités en droit international privé dans le cadre de la Conférence de La Haye», *Recueil des Cours*, 122 (1967-III), p. 337-426, Georges A. L. Droz/Michel Pélichet/Adair Dyer, «La Conférence de La Haye de Droit International Privé vingt-cinq ans après la création de son Bureau Permanent: Bilan et Perspectives», *Recueil des Cours* 168 (1980-III), p. 123-268, *The Influence of the Hague Conference on Private International Law. Selected essays to celebrate the 100th anniversary of the Hague Conference on Private International Law*, Dordrecht, 1993, Martinus Nijhoff Publishers, António Boggiano, *La Conferencia de La Haya y el Derecho Internacional Privado en Latinoamerica*, Tucumán, 1993, La Ley, A. E. Von Overbeck, «La contribution de la Conférence de La Haye au développement du droit international privé», *Recueil des Cours*, 233 (1992-II), p. 9-98, J. D. McClean, «The contribution of the Hague Conference to the

o carácter acrítico de algumas análises, e avançado a este propósito com um balanço globalmente negativo[78]. Adianta-se, na verdade, que a metodologia escolhida, e tida por responsável pelos sucessos obtidos – definição como objectivo dos textos convencionais da regulação de questões limitadas, para as quais se procura obter soluções próprias – encerra riscos particulares, como o da ruptura da coerência dos sistemas nacionais, levando por vezes a um triunfo do acessório[79] que não seria justificado pela obtenção do resultado material procurado. Na verdade, a finalidade material da norma, em si mesma, não poderia expressar a superioridade de uma dada solução conflitual, do mesmo modo que tal superioridade não re-

---

development of private international law in the common law countries», *ibidem*, p. 267-304, *Conferência da Haia de Direito Internacional Privado: A Participação do Brasil* (Organizadores: João Grandino Rodas/Gustavo Ferraz de Campos Monaco), Brasília, 2007, Fundação Alexandre de Gusmão, e, mais recentemente, Fernando Paulino Pereira, «La Conférence de La Haye de Droit International Privé: Vers une coopération judiciaire dans les matières civiles et comerciales à l'échelle universelle», *in A Commitment to Private International Law. Essays in honour of Hans van Loon* (*cit. supra*, nota 12), p. 443-452, Adair Dyer, «Strategic vision and common sense in The Hague Conventions since 1950 (Mid-Twentieth Century)», *ibidem*, p. 157-168, Elisa Perez Vera, «La Conferencia de La Haya hoy, vista desde ayer», *in Entre Bruselas y La Haya. Estudios sobre la unificación internacional y regional del Derecho internacional privado. Liber Amicorum Alegria Borràs* (*cit. supra*, nota 7), p. 711-726, e F. Pocar/H. Van Loon, «The 120th Anniversary of The Hague Conference of Private International Law», 50 *Rivista di Diritto Internazionale Privato e Processuale* (2014), p. 517-528.

[78] Assim, em relação à Conferência da Haia de Direito Internacional Privado, todavia geralmente objecto, como referimos (*supra*, na nota anterior), de uma apreciação particularmente favorável, cfr. Yves Lequette, «Le droit international privé de la famille à l'épreuve des conventions internationales», *Recueil des Cours*, 246 (1994-II), p. 2-234, a p. 226.

[79] Yves Lequette («De l'utilitarisme dans le droit international privé conventionnel de la famille», *in L'Internationalisation du Droit. Mélanges en l'honneur d'Yvon Loussouarn*, Paris, 1994, Dalloz, p. 245-263) ilustra esta afirmação com o facto de enquanto num estádio anterior se fixava o estatuto pessoal do indivíduo para dele deduzir em seguida as consequências daí decorrentes, se ter passado a apreender este estatuto a partir da lei que rege o efeito em causa (p. 250). Veja-se, do mesmo autor, mais desenvolvidamente, «Le droit international privé de la famille à l'épreuve des conventions internationales» (*cit. supra*, nota 78), p. 105-108, e ainda, a propósito do que chama de utilitarismo (p. 51-135), a crítica que faz à inadequação dos meios ao dispor do processo de unificação e ao desconhecimento, por ele revelado (em seu entender) dos verdadeiros fins da nossa disciplina.

sultaria necessariamente da sua natureza convencional[80]. Pelo que haveria de ter em conta os riscos de destruição da própria noção de estatuto pessoal daqui resultantes, que não seriam de resto sequer compensados pela obtenção de certos resultados quando estes não pudessem ser circunscritos a um domínio limitado, e por isso insusceptível de pôr em causa a coerência das ordens jurídicas onde as soluções convencionais se destinam a ser integradas[81].

Enfim, uma última linha de força tem caracterizado o direito internacional privado da família no plano das suas fontes, a do processo de *europeização*[82] a que estas foram sujeitas. Referimo-nos, a este propósito, e no seio das ordens jurídicas nacionais a que limitámos o nosso campo de observação, ao surgimento de um corpo de normas

---

[80] Assim Yves Lequette, «De l'utilitarisme dans le droit international privé conventionnel de la famille» (*cit. supra* na nota anterior), p. 245-263 (254-258).

Sublinhando o papel da materialização do direito internacional privado convencional, cfr. Hélène Gaudemet-Tallon, «L'utilisation des règles de conflit à caractère substantiel dans les conventions internationales (l'exemple des Conventions de La Haye)», *in L'Internationalisation du Droit. Mélanges en l'honneur d'Yvon Loussouarn* (*cit. supra*, nota 79), p. 181-192.

[81] Salientando em particular o risco de a análise de questões concretas conduzir a uma desintegração do estado das pessoas e da família, que passa a ser considerado consoante o particular problema tratado, recebendo respostas diferentes segundo o contexto em que é analisado, cfr. Yves Lequette, «Le droit international privé de la famille à l'épreuve des conventions internationales» (*cit. supra*, nota 78), p. 119.

[82] A este propósito, cfr. N.A.Baarsma, *The Europeanisation of International Family Law*, The Hague, 2011, T. M. C. Asser Press, p. 79-143. E sobre o contexto em que ele se insere e o seu sentido, vejam-se, por último, Eva-Maria Kieninger, «Das Europaische IPR vor der Kodifikation», *in Grenzen uberwinden – Prinzipien bewahren. Festschrift fur Bernd von Hoffman* (Herausgegeben von Herbert Kronke/ Karsten Thorn), Bielefeld, 2011, Verlag Ernst und Werner Gieseking, p. 184-197, Jurgen Basedow, «Das fakultativUnionsprivatrecht und das internationale Privatrecht», *ibidem*, p. 50-62, e Hélène Gaudemet-Tallon, «Unité et diversité: quelques mots de droit international privé européen», *in Le Droit des rapports internationaux économiques et privés, Mélanges en l'honneur du Professeur Jean Michel Jacquet*, Paris, 2013, LexisNexis, p. 401-415.

É sabido que idêntico processo ocorre não só com sectores da ordem jurídica mas com ordenamentos jurídicos estaduais no seu conjunto. Para uma ilustração deste fenómeno, cfr., por exemplo, Anna Katharina Mangold, *Gemeinschaftsrecht und deutsches Recht*, Tubingen, 2011, Mohr Siebeck. E para uma forma distinta de o encarar, cfr. Armin von Bogdandy, «L'europeizzazione dell'ordinamento giuridico come minacia per il consenso sociale ?», *in Diritti e Costituzione nell'Unione Europea* (a cura di Gustavo Zagrebelsky), Roma, 2003, Editori Laterza, p. 272-298.

de direito da União Europeia, visando disciplinar a matéria objecto do direito internacional privado da família, e que, nos termos da construção deste último sistema jurídico, determinam a inaplicabilidade das soluções nacionais que as contrariem. Tais soluções, contidas em actos aprovados pelo legislador da União, têm-se desenvolvido, a partir de 1999, a coberto da competência, atribuída à União pelo artigo 65.º do Tratado da União Europeia (introduzido pelo artigo 73.º-M do Tratado de Amesterdão), de «na medida do necessário ao bom funcionamento do mercado interno (...) promover a compatibilidade das normas aplicáveis nos Estados-Membros em matéria de conflitos de leis e de jurisdição» [alínea b)[83] – hoje, artigo 81.º do Tratado sobre o Funcionamento da União Europeia. Aqueles actos abrangeram, até ao presente, quer a matéria dos conflitos de jurisdições quer a dos conflitos de leis. Em sede de relações familiares, devem mencionar--se, na actualidade, o Regulamento (CE) n.º 2201/2003 do Conselho, de 27 de Novembro de 2003 (Regulamento *Bruxelas II bis*) relativo ao reconhecimento e execução de decisões em matéria matrimonial e em matéria de responsabilidade parental[84], que introduziu, neste

---

[83] Em geral sobre esta competência e a situação anterior à sua consagração, cfr., para um confronto, Georges Badiali, «Le Droit International Privé des Communautés Européennes», *Recueil des Cours*, 191 (1985-II), p. 9-181, A. V. M. Struycken, «Les conséquences de l'intégration européenne sur le développement du droit international privé, *Recueil des Cours*, 232 (1992-I), p. 257-383, Marc Fallon, «Les conflits de lois et de jurisdictions dans un espace économique intégré. L'expérience de la Communauté européenne», *Recueil des Cours*, 253 (1995-III), p. 9-282, Alegria Borràs, «Le Droit International Privé Communautaire: Réalités, Problèmes et Perspectives d'Avenir», *Recueil des Cours*, 317 (2005), p. 313-536, Jeremy Heymann, *Le Droit international privé à l'épreuve du fédéralisme européen*, Paris, 2010, Economica, e «The relationship between EU law and private international law revisited: Of diagonal conflicts and the means to resolve them», 13 *Yearbook of Private International Law* (2011), p. 557-588, Michael Bogdan, *Concise Introduction to EU Private International Law*, 2nd edition, Groningen, 2012, Europa Law Publishing, e, entre nós, Moura Ramos, «Direito Internacional Privado e Direito Comunitário. Termos de uma interacção», *in Estudos de Direito Internacional Privado e de Direito Processual Civil Internacional*, II, Coimbra, 2009, Coimbra Editora, p. 145-202.

[84] Cfr., entre nós, Maria Helena Brito, «O Regulamento (CE) N.º 2201/2003 do Conselho, de 27 de Novembro de 2003, relativo à competência, ao reconhecimento e à execução de decisões em matéria matrimonial e em matéria de responsabilidade

âmbito temático, regras comuns em matéria de competência judicial e de reconhecimento das decisões, enquanto a questão dos conflitos de leis seria abordada, quanto ao divórcio, pelo Regulamento (UE) n.º 1259/2010, do Conselho, de 20 de Dezembro de 2010, que cria uma cooperação reforçada no domínio da lei aplicável em matéria de divórcio e separação judicial[85], no que diz respeito às obrigações de alimentos, pelo Regulamento (CE) n.º 4/2009 do Conselho, de 18 de Dezembro de 2008, relativo à competência, à lei aplicável, ao reconhecimento e execução das decisões e à cooperação em matéria de obrigações alimentares[86], que conteria uma regulação integral quer das questões de conflito de leis quer de conflitos de jurisdições, e, no que tange às medidas de protecção, pelo Regulamento (UE) n.º 606/2013, do Parlamento Europeu e do Conselho, de 12 de Junho de 2013, relativo ao reconhecimento mútuo de medidas de protecção em matéria civil.

A extensão ao domínio do direito da família do exercício da competência da União Europeia, em particular em matéria de conflitos de leis, implicou a assunção, indiscutida no que se referia ao domínio do conflito de jurisdições, mas que não deixou de se revelar de algum modo problemática naquela sede, de que não era contrariada nem pelo princípio da subsidiariedade nem pelo respeito das iden-

---

parental», *in Estudos em Memória do Professor Doutor António Marques dos Santos* (*cit. supra*, nota 18), p. 305-356, e Lima Pinheiro, «O Reconhecimento de Decisões Estrangeiras em matéria matrimonial e de responsabilidade parental. Regulamento (CE) n.º 2201/2003, do Conselho, de 27 de Novembro de 2003», 66 *Revista da Ordem dos Advogados* (2006), II, p. 517-546.

[85] Sobre este texto, cfr. Moura Ramos, «Um novo regime do divórcio internacional na União Europeia», 62 *Scientia Ivridica* (Maio/Agosto de 2013), p. 413-461; e, numa perspectiva mais geral, María Ángeles Sánchez Jiménez, «Reglamentación comunitária relativa a las crisis matrimoniales y la particular "crisis" entre los reglamentos que la integran», *in Entre Bruselas y La Haya. Estudios sobre la unificación internacional y regional del Derecho internacional privado. Liber Amicorum Alegría Borràs* (*cit. supra*, nota 7), p. 799-820.

[86] Sobre este instrumento, vide Moura Ramos, «As obrigações alimentares no direito internacional privado da União Europeia» (*cit. supra,* nota 39).

tidades nacionais, a que a acção do legislador da União se encontra vinculada. O que nem sempre se impôs com límpida clareza[87].

Mas a europeização, a que nos referimos, do direito internacional privado da família não se ficou pelo desenvolvimento da competência da União a que acabamos de nos referir. Ela incluiu ainda, em domínios exteriores aos da competência da União propriamente dita, um desenvolvimento jurisprudencial da noção de cidadania da União[88], entendida como o «estatuto fundamental dos nacionais dos Estados-Membros que permite aos que entre estes se encontrem na mesma situação obter, independentemente da sua nacionalidade e sem prejuízo das excepções expressamente previstas a este respeito, o mesmo tratamento jurídico»[89]. Na verdade, partindo do princípio de que «o facto de ser obrigado a usar, no Estado-Membro de que o interessado tem a nacionalidade, um nome diferente do que foi atribuído e registado no Estado-Membro de nascimento e residência pode

---

[87] Veja-se Hélène Gaudemet-Tallon, «De l'utilité d'une unification du droit international privé de la famille dans l'Union Européenne?», *in Estudos em Homenagem à Professora Doutora Isabel de Magalhães Collaço*, v. I, Coimbra, 2002, Almedina, p. 161-185. Sobre o ponto, cfr. ainda Mário Tenreiro/Monika Ekstrom, «Unification of private international law in family law matters within the European Union», *in Perspectives for the Unification and Harmonisation of Family Law in Europe (cit. supra*, nota 15), p. 194-216, e Maarit Jantera-Jareborg, «Unification of international family law in Europe – A critical perspective», *ibidem*, p. 194-216.

Para os particularismos desta construção, cfr. Alain Devers, «La matière matrimoniale en quête de cohérence (du règlement Bruxelles II *bis* au règlement Rome III)», 21 *Revue des Affaires Européennes* (2014), p. 319-325, e Hugues Fulchiron, «La construction d'un droit européen de la famille: entre coordination, harmonisation et uniformisation», *ibidem*, p. 309-317.

[88] Sobre esta noção, cfr. Moura Ramos, «A Cidadania da União: Caracterização, conteúdo e desenvolvimento», *in Estudos Jurídicos e Económicos em Homenagem ao Prof. Doutor António de Sousa Franco*, v. III, Lisboa, 2006, Coimbra Editora, p. 895-921.

[89] Ver o acórdão de 20 de Setembro de 2001, *Grzelczyk*, C-184/99, Colectânea, p. I-6193-6249, ponto 31. Para a densificação desse estatuto, cfr. Hélène Gaudemet-Tallon/Paul Lagarde, «Histoires de Famille du Citoyen Européen», *in Entre Bruselas y La Haya. Estudios sobre la unificación internacional y regional del Derecho internacional privado. Liber Amicorum Alegria Borràs (cit. supra*, nota 7), p. 475-489, e Diana Marín Consarnau, «La evolución de la protección que brinda el estatuto de ciudadanía de la Unión vs. El fenómeno de la discriminación inversa», *ibidem*, p. 587-600.

entravar o exercício do direito de circular e permanecer livremente no território dos Estados-Membros, consagrado no artigo 18.º do Tratado CE»[90], e de que «embora, no estado actual do direito comunitário, as normas que regulam o apelido de uma pessoa sejam da competência dos Estados-Membros, estes últimos devem, não obstante, no exercício dessa competência, respeitar o direito comunitário»[91], o Tribunal de Justiça sublinharia que, nos casos em que exista uma vinculação com o direito da União, aquela regra se opõe «a que as autoridades de um Estado-Membro, em aplicação do direito nacional, recusem o reconhecimento do apelido de um menor, tal como determinado e

---

[90] Assim o acórdão de 14 de Outubro de 2008, *Grunkin/Paul*, C-353/06, *Colectânea*, p. I-7639-7680, ponto 22.

[91] *Idem, ibidem*, ponto 16. No mesmo sentido, já o acórdão de 2 de Outubro de 2003, *Garcia Avello*, C-148/02, *Colectânea*, p. I-11613-11652; sobre esta decisão, cfr. Moura Ramos, «O Tribunal de Justiça das Comunidades Europeias e a regulamentação do direito ao nome nas relações privadas internacionais», *in Estudos em Memória do Professor Doutor António Marques dos Santos* (*cit. supra*, nota 18), p. 607-635. E para a análise da séria de decisões que se sucederam nesta matéria até ao momento (*Konstantinidis, Dafeki, Garcia Avello, Grunkin-Paul, Sayn-Wittgenstein* e *Runevic-Vardyn/Wardyn*), cfr. Costanza Honorati, «La legge applicabile al nome tra diritto internazionale privato e diritto comunitario nelle conclusioni degli avvocati generali», *in Nuovi Strumenti del Diritto Internazionale Privato. Liber Fausto Pocar* (*cit. supra*, nota 7), p. 473-487, e «Free circulation of names for EU Citizens?», *Il Diritto dell'Unione Europea*, 2/2009, p. 379-401, e, por último, Volker Lipp, «Die "Anerkennung" des auslandischen Namens eines Burgers der Europaischen Union – Von "Konstantinidis" bis "Runevic-Vardyn/Wardyn"», *in Mélanges en l'honneur de Spyridon Vl. Vrellis* (*cit. supra*, nota 12), p. 539-556, e Kurt Siehr, «Right of personality in European private international law: The law of personal names», *in Studi in onore di Laura Picchio Forlati*, Torino, 2014, G. Giappichelli Editore, p. 251-263. E, para os desenvolvimentos a que esta jurisprudência pode dar origem, cfr. Laura Tomasi, *La tutela degli status familiari nel diritto dell'Unione europea tra mercato interno e spazio di liberta, sicurezza e giustizia*, Padova, 2007, Cedam, e Etienne Pataut, «Vers un état civil européen?», *in Mélanges en l'honneur de Spyridon Vl. Vrellis* (*cit.* nesta nota), p. 750-762.

Sobre a problemática do direito ao nome, cfr. Maxi Scherer, *Le Nom en Droit International Privé. Étude de Droit Comparé Français et Allemand*, Paris, 2004, L.G.D.J., J. A Frowein, «Die menschen- und verfassungsrechtswidrige Praxis bei Namen von Auslandsdeutschen», *in Festschrift fur Erik Jayme* (*cit. supra*, nota 15), p. 197-203, Paul Lagarde, «L'oeuvre de la Commission Internationale de l'État Civil en matière de nom des personnes», *ibidem*, p. 1291-1305, e, por último, Walter Pintens, «Quelques observations sur la détermination du nom en droit international privé comparé», *in Mélanges en l'honneur de Spyridon Vl. Vrellis* (*cit.* nesta nota), p. 787-798.

registado noutro Estado-Membro onde esse menor nasceu e reside desde essa data, que, como os seus pais, tem unicamente a nacionalidade do primeiro Estado-Membro»[92]. As decisões referidas consagram claramente um entendimento da liberdade de circulação de pessoas que supera quaisquer contextos puramente económicos[93], atribuindo um carácter central ao princípio do reconhecimento mútuo[94] e enfatizando a necessidade de proteger o interesse (das pessoas portadoras do estatuto de cidadania da União) na estabilidade da posição jurídica daqueles que fizeram uso da liberdade de circulação. Mas, para além disso, o Tribunal reconhece uma dimensão paramétrica aos princípios

---

[92] *Idem, ibidem*, ponto 39.

Saliente-se que, mais perto de nós, o Tribunal Europeu dos Direitos Humanos (acórdão *Kismoun c. França*, de 5 de Dezembro de 2013) universalizaria esta doutrina, desprendendo-a da fundamentação específica do direito da União e fundando-a directamente no direito à identidade pessoal, ao declarar, que, segundo a sua jurisprudência, e citando também os referidos acórdãos *Garcia Avello* e *Grunkin e Paul*, «le nom, en tant qu'élément d'individualisation principal d'une personne au sein de la société, appartient au noyau dur des considérations relatives au droit au respect de la vie privée et familiale» (ponto 36). Sobre esta decisão, cfr. Arianna Vettorel, «La continuità transnazionale dell'identità personale: riflessioni a margine della sentenza *Henry Kismoun*», 50 *Rivista di Diritto Internazionale Privato e Processuale* (2014), p. 341-358, e, como que antecipando a tendência que nela se revelou, cfr. Giulia Rossolillo, «Personal identity at a crossroad between private international law, international protection of human rights and EU law», 11 *Yearbook of Private International Law* (2009), p. 143-156.

Sobre os últimos desenvolvimentos nesta área, cfr. Working Group of the Federal Association of German Civil Status Registrars, «One name throughout Europe – Draft for a European Regulation on the law applicable to names», 15 *Yearbook of Private International Law* (2013/2014), p. 31-37.

[93] Sobre este entendimento, cfr. Moura Ramos, «Les Aspects Nouveaux de la Libre Circulation des Personnes: Vers une Citoyenneté Européenne -- Rapport Général», *in XV Congrès FIDE, III -- Les Aspects Nouveaux de la Libre Circulation des Personnes: Vers une Citoyenneté Européenne*, Lisbonne, 1992, p. 397-453 (408-409).

[94] Sobre este princípio, cfr. Miguel Gardeñes Santiago, *La Aplicación de la regla de reconocimiento mutuo y sua incidencia en el comercio de mercancías y servicios en el ámbito comunitario e internacional*, Madrid, 1999, Eurolex, Monica Guzmán Zapater, «Un elemento federalizador para Europa: reconocimiento mutuo en el ámbito del reconocimiento de decisiones judiciales», 5 *Revista de Derecho Comunitario Europeo* (2001), p. 405-434, Jurgen Basedow, «Le principe de la reconnaissance mutuelle – Sa portée en droit des affaires», *in Mélanges en l'honneur de Spyridon Vl. Vrellis* (*cit. supra*, nota 12), p. 19-30, e, na doutrina portuguesa, Lima Pinheiro, «O reconhecimento mútuo de decisões judiciais e extrajudiciais», 52 *Revista da Faculdade de Direito da Universidade de Lisboa* (2011), p. 65-79.

fundamentais de direito da União, como o princípio da não discriminação[95], e erige os direitos integrados na cidadania da União numa *supreme law*[96] que obsta à aplicação das medidas nacionais que tenham o efeito de privar os cidadãos do gozo efectivo do essencial dos direitos conferidos por este estatuto. O que vem conferir um alcance potencialmente bem mais amplo à referida europeização.

4. Os métodos

A dimensão de mudança a que acabamos de nos referir atinge ainda um outro aspecto: o dos métodos utilizados na regulamentação

---

[95] Sobre este princípio, cfr. Marie-Paule Puljak, *Le Droit International Privé à l'épreuve du principe communautaire de non-discrimination en raison de la nationalité*, 2003, Presses Universitaires d'Aix-Marseille, e Johan Meeusen, «Le droit international privé et le principe de non-discrimination», *Recueil des Cours*, 353 (2011), p. 11-183, e, na doutrina portuguesa, António Frada de Sousa, *A Europeização do Direito Internacional Privado*, Porto, 2012, Universidade Católica Portuguesa (Faculdade de Direito – Escola do Porto) (dissertação dactilografada), p. 327-536.

Recorde-se que o Tribunal de Justiça começou por afirmar (acórdão de 10 de Junho de 1999, *Johannes*, C-430/97, *Colectânea*, p. I-3486-3497) que «a proibição de qualquer discriminação exercida em razão da nacionalidade (...) se limita ao âmbito de aplicação do Tratado» (ponto 26) e que «nem as normas nacionais de direito internacional privado que determinam o direito substantivo nacional aplicável aos efeitos do divórcio entre cônjuges nem os preceitos nacionais de direito civil que regulam em termos de direito substantivo esses efeitos se incluem no âmbito de aplicação do Tratado» (ponto 27). Sobre esta decisão, cfr. Ana Quiñones Escámez, «Compatibilidad de la norma de conflicto relativa a los efectos del divorcio con el derecho comunitário», 5 *Revista de Derecho Comunitario Europeo* (2001), p. 645-661.

[96] Contestando em particular a situação daí resultante (como em geral o recurso aos direitos fundamentais, quer se encontrem consagrados nas Constituições, quer resultem das liberdades comunitárias, quer dos princípios gerais de direito ou das regras da Convenção Europeia dos Direitos Humanos), e vendo no direito internacional privado e nas suas técnicas uma forma de neutralizar a hierarquia de normas, cfr. Léna Gannagé, *La Hiérarchie des normes et les méthodes du droit international privé. Étude de droit international privé de la famille*, Paris, 2001, L.G.D.J.

Para uma visão crítica da intervenção do Tribunal de Justiça na nossa disciplina, cfr. Julio Diego Gonzalez Campos, «La Cour de Justice des Communautés Européennes et le non-Droit international privé», *in Festschrift fur Erik Jayme* (*cit. supra*, nota 15), p. 263-275, e Tristan Azzi, «La Cour de Justice et le droit international privé ou l'art de dire parfois tout et son contraire», *in Mélanges en l'honneur du Professeur Bernard Audit. Les relations privées internationales* (*cit. supra*, nota 21), p. 43-58.

das situações privadas internacionais, se bem que se trate também aqui de um problema que se reveste de carácter geral, e que não deixa de se encontrar igualmente ligado a outros a que nos referimos já nesta breve exposição.

Começará por se referir, neste enquadramento, que o ponto de partida continua ainda aqui a ser a regra de conflitos de natureza bilateral de inspiração savigniana[97], pela qual se determina a competência do ordenamento que se tem por mais adequado a fornecer a regulamentação jurídica de um dado instituto. Porém, também em matéria de relações familiares, a hipótese legal destas regras (o conceito quadro ou *Rahmenbegriff,* para utilizar a terminologia adoptada na nossa disciplina) tem vindo a ser progressivamente definida em termos mais especializados[98], operando a lei cuja competência é reconhecida para um domínio crescentemente mais circunscrito. Tal é visível, desde logo, nas codificações nacionais, em que ao artigo 3, n.º 3, do *Code Civil* francês, de 1804, segundo o qual «les lois concernant l'état et la capacité des personnes régissent les Français, même résidant en pays étranger» correspondem, por exemplo na lei

---

[97] Sobre esta influência, cfr. Andreas Bucher, *Grundfragen des Anknupfungsgerechtigkeit im internationalen Privatrecht (aus Kontinentaleuropaischen Sicht)*, Basel, 1975, Helbing & Lichtenhahn, e Moura Ramos, *Da Lei aplicável ao contrato de trabalho internacional*, Coimbra, 1990, Almedina, p. 218-263.

E, para o processo da sua modelação em concreto, cfr. Boris Schinkels, «Das internationalprivatrechtliche Interesse. Gedanken zur Zweckmassigkeit eines Begriff», *in Grenzen uberwinden – Prinzipien bewahren. Festschrift fur Bernd von Hoffman* (*cit. supra*, nota 82), p. 390-404, e, em especial no domínio que nos ocupa, A.P.M.J. Vonken, «Balancing Processes in International Family Law. On the determination and weighing of interests in the conflict of laws and the "openness" of the choice of law system», *in Forty Years On: The Evolution of postwar private international law in Europe*, Deventer, 1990, Kluwer, p. 171-194.

[98] Sobre a especialização, como uma das características do método conflitual, cfr. Moura Ramos, *Da Lei aplicável ao contrato de trabalho internacional* (*cit.* na nota anterior), p. 373-379, e Julio Gonzalez Campos, «Diversification, spécialisation, flexibilisation et matérialisation des règles de droit international privé. Cours général», *Recueil des Cours*, 287 (2000), p. 11-426, *maxime* p. 156-213.

checa de 25 de Janeiro de 2012[99] (a última a ser adoptada que no universo considerado pudémos tomar em consideração), os §§ 47 a 66, apenas para as relações de família (aí incluídas as questões de competência internacional, lei aplicável e reconhecimento de decisões estrangeiras)[100]. O mesmo ocorre, de resto, com as convenções internacionais, na sequência da já referida tendência para tratar de aspectos mais circunscritos (a celebração do casamento; o divórcio)[101], e não já dos institutos da parte especial do direito privado, e com os regulamentos comunitários, cujo objecto pode apenas ser constituído, como vimos, por uma questão, como o divórcio, ou as obrigações de alimentos. Este movimento conduz à fragmentação do estatuto pessoal (podendo inclusivamente questionar-se a permanência desta noção, ou, ao menos, da realidade que lhe correspondia)[102], quando o legislador trata de forma diferenciada a constituição e os efeitos (e dentre estes, de forma diversa, quer os pessoais quer os patrimoniais) das relações matrimoniais, e ainda, o divórcio e as obrigações de alimentos, para não falar da filiação e das suas modalidades, como a adopção.

---

[99] Cfr, para uma apresentação deste texto, Monika Pauknerova/Magdalena Pfeiffer, «The new act on private international law in the Czech Republic; Starting points and perspectives within the European Union», 10 *Journal of Private International Law* (August 2014), N.º 2, p. 205-226.

[100] Para uma enumeração dos diplomas que têm optado por esta abordagem global ao problema da codificação, cfr. os exemplos recenseados em Moura Ramos, «O direito processual civil internacional no novo Código de Processo Civil», 143 *Revista de Legislação e de Jurisprudência* (Novembro-Dezembro 2013), N.º 3983, p. 82-106 (83-85), e, agora, ainda a nova lei albanesa (veja-se Aida Gugu Bushati, «The Albanian private international law of 2011», 15 *Yearbook of Private International Law* (2013/2014), p. 509-528.

[101] Assim Yves Lequette, *in* «Le droit international privé de la famille à l'épreuve des conventions internationales» (*cit. supra*, nota 78), que se refere a um utilitarismo, presente nesta escolha de questões limitadas, em que alegadamente existe uma manifesta necessidade de soluções próprias (p. 35 e 39).

[102] Sobre o ponto, na doutrina portuguesa, cfr. Nuno Gonçalo da Ascensão e Silva, «Do Estatuto Pessoal – Unidade e Dispersão (Algumas notas a propósito da comemoração dos 35 Anos do Código Civil)», *in Comemorações dos 35 Anos do Código Civil e dos 25 Anos da Reforma de 1977* (*cit. supra*, nota 20), p. 549-649.

Por outro lado, a regra de conflitos aqui considerada (e quer o seu domínio de aplicação seja geral quer, pelo contrário, seja definido em termos mais circunscritos) não é forçosamente (é-o cada vez menos, dir-se-ia) uma regra de conteúdo rígido, uma *hard and fast rule*, tal como aparecia criticamente denominada na doutrina norte-americana, mas uma regra de conflitos progressivamente aberta à modelação judicial, dotada da flexibilidade que lhe permita a adaptação da realização da justiça conflitual às especiais particularidades de cada situação concreta[103]. Flexibilidade que resulta quer da utilização de conceitos indeterminados, como acontece com o recurso, ainda que na nossa matéria quase sempre em via subsidiária, à ideia de conexão mais estreita, quer da utilização de cláusulas de excepção[104], que permitem ao julgador o afastamento da lei cuja competência havia sido determinada em primeira linha, quando o conjunto de elementos atendíveis no caso concreto revele que não era ela a que exprimia com a concreta questão a resolver uma relação mais estreita. Sendo todavia certo que a flexibilidade das regras de conflitos aparenta ser tanto maior quanto mais largo é o objecto de cada categoria de conexão.

---

[103] Para maiores desenvolvimentos, Moura Ramos, *Da Lei aplicável ao contrato de trabalho internacional* (*cit. supra*, nota 97), p. 379-410, e Julio Gonzalez Campos, «Diversification, spécialisation, flexibilisation et matérialisation des règles de droit international privé. Cours général» (*cit. supra*, nota 98), p. 214-308.

[104] Sobre esta figura, cfr. Claus Dubler, *Les Clauses d'exception en droit international privé*, Genève, 1983, Georg, Pauline Rémy-Corlay, «Mise en oeuvre et regime procédural de la clause d'exception dans les conflits de lois», 92 *Rev. crit. DIP* (2003), p. 37-76, Johan Meeusen, «Exception clauses and conflict of laws: new legislation, same issues», *in Mélanges en l'honneur de Spyridon Vl. Vrellis* (*cit. supra*, nota 12), p. 569-578, e, entre nós, Moura Ramos, por último em «Previsão normativa e modelação judicial nas convenções comunitárias relativas ao direito internacional privado», *in O Direito Comunitário e a Construção Europeia* (Stvdia Ivridica, 38. Colloquia – 1), Coimbra, 1999, Coimbra Editora, p. 93-124 (109-117), e Maria João Matias Fernandes, *A Cláusula de Desvio no Direito de Conflitos. Das condições de acolhimento da cláusula de desvio geral implícita no direito português*, Coimbra, 2007, Almedina.

Ademais, e isso parece surgir ainda com maior incidência no direito de natureza convencional, as regras de conflitos aqui consideradas são cada vez menos regras puramente *localizadoras*[105], aparecendo progressivamente impregnadas de finalidades materiais que o legislador visa atingir (regras de conflitos *de conexão material*, tal a designação que a este propósito se impôs), estreitando assim a área de separação classicamente reconhecida como existente entre a justiça material e a justiça conflitual. A regra de conflitos perde assim a neutralidade valorativa que no pensamento savigniano como que lhe era conatural, para prosseguir políticas de direito material como a protecção de categorias de pessoas tidas por mais frágeis ou o favorecimento (ou desfavorecimento) da constituição (ou extinção) de certos estados ou situações[106].

Num outro plano, recorde-se que mesmo a *summa divisio* que constitui a própria razão de ser do direito internacional privado, a que separa a *litis ordinatio* da *litis decisio*, acaba por ser de algum modo atenuada com a opção por vezes tomada, sobretudo no plano convencional, de concentrar as atenções essenciais para a resolução

---

[105] Para a dicotomia que em texto se estabelece, cfr. Paolo Michele Patocchi, *Règles de rattachement localisatrices et règles de rattachement à caractère substantiel. De quelques aspects récents de la diversification de la méthode conflictuelle en Europe*, Genève, 1985, Georg.

[106] Sobre esta materialização do direito internacional privado, cfr. Júlio Gonzalez Campos, «Diversification, spécialisation, flexibilisation et matérialisation des règles de droit international privé. Cours général» (*cit. supra*, nota 98), p. 309-411, Paloma Abarca Junco, «Un ejemplo de materialización en el derecho internacional privado español. La reforma del art. 107 del Código Civil», *in Pacis Artes. Obra Homenaje al Professor Júlio D. González Campos* (*cit. supra*, nota 31), p. 1095-1115, Alegria Borras, «La proteccion internacional del niño y del adulto como expresion de la materializacion del derecho internacional privado: Similitudes y contrastes», *ibidem*, p. 1287-1308, Marc Fallon, «La matérialisation du nouveau droit international privé projeté en Belgique», *ibidem*, p. 1493-1511, Mª Elena Zabalo Escudero, «Mecanismos de flexibilazion y materializacion en la regulacion del contrato internacional de trabajo», *ibidem*, p. 1815-1835, e, entre nós, Moura Ramos, *Da Lei aplicável ao contrato de trabalho internacional* (*cit. supra*, nota 97), p. 364-373, e Eugénia Galvão Teles, «Sobre o critério da "lei mais favorável" nas normas de conflitos», *in Estudos em Memória do Professor Doutor António Marques dos Santos* (*cit. supra*, nota 18), p. 193-238.

de determinada questão na determinação da competência jurisdicional, adoptando em seguida a perspectiva de uma concordância *forum-ius*[107]. É verdade que esta opção foi sobretudo seguida a propósito da problemática das medidas de protecção (dos menores, em primeiro lugar, mas logo também dos incapazes adultos), mas o certo é que não deixou de se traduzir igualmente numa redução significativa do alcance da metodologia tradicional da regra de conflitos, centrada na questão da determinação da lei aplicável. A atenção dada a esta problemática proporcionaria ainda, na nossa matéria, e através da intervenção da suprema jurisdição internacional[108], a descoberta da existência de uma categoria de normas cujo campo de aplicação espacial não se deixa represar totalmente no interior da lógica do método conflitual, resultando antes, como que reconhecendo algum fundamento a pressupostos que, na doutrina

---

[107] Sobre esta orientação metodológica, cfr. B. Nolde, «Andwendbares Recht und Gerichtstand im Internationalen Privatrecht», *Zeitschrift fur Vergleichende Rechtswissenschaft*, 54 (1941), p. 292-317, Graveson, «Choice of law and choice of jurisdiction in the english conflict of laws», 38 *B.Y.I.L.* (1951), p. 273-290, P. Neuhaus, «Internationales Zivilprozessrecht und Internationales Privatrecht. Eine Skizze», 20 *RabelsZ* (1955), p. 201-269, Henri Batiffol, «Observations sur les liens de la compétence judiciaire et de la compétence législative», 9 *Netherlands International Law Review* (1962), n.º 4 (Special Issue: *De Conflictu Legum. Essays presented to R.D.Kollewijn and J.Offerhaus*), p. 55-66, P. Hébraud, «De la corrélation entre la loi applicable à un litige et le juge compétent pour en connaître», *Revue critique de DIP,* 57 (1968), p. 205-258, Andreas Heldrich, *Internationales Zustandigkeit und andwendbares Recht*, Berlim, 1969, Walter de Gruyter, Gonzalez Campos, «Les liens entre la compétence judiciaire et la compétence législative en droit international privé», *Recueil des Cours*, 156 (1977-III), p. 225-376, P. Hay, «The interrelation of jurisdiction and choice-of-law in United States conflict law», 28 *I.C.L.Q.* (1979), p. 161-183, J. Kropholler, «Internationales Zustandigkeit», *in Handbuch des Internationales Zivilverfahrensrecht,* v. I, Tubingen, 1982, J.C.B. Mohr (Paul Siebeck), p. 183-533 (239-250), Evangelos Vassilakakis, *Orientations méthodologiques dans les codifications récentes du droit international privé en Europe*, Paris, 1987, L.G.D.J., p. 48-77, Moura Ramos, *Da Lei aplicável ao contrato de trabalho internacional (cit. supra*, nota 97), p. 165-194, e Th. M. de Boer, «Forum preferences in contemporary european conflicts law: The myth of a «neutral choice», *in Festschrift fur Erik Jayme (cit. supra*, nota 15), p. 39-55 (48-53).

[108] Cfr. a decisão citada *supra*, na nota 72.

norte-americana, fundaram a posição de Brainerd Currie[109], da expressa vontade de aplicação de certos comandos jurídicos, dedutível da finalidade que preside à sua formulação. Trata-se das normas de aplicação necessária e imediata[110] ou *overriding statutes*, teorizadas especialmente na doutrina continental por Francescakis[111], e que no direito internacional privado da família se veriam amplamente justificadas pela protecção de interesses gerais ou de categorias de pessoas especialmente vulneráveis.

---

[109] Sobre o pensamento deste autor, cfr. Moura Ramos, *Da Lei aplicável ao contrato de trabalho internacional* (*cit. supra*, nota 97), p. 596-613, Herma Hill Kay, «A Defence of Currie's governmental interest analysis», *Recueil des Cours*, 215 (1989-III), p. 9-204, e Lea Brilmayer, «Interest analysis and the myth of legislative intent», 78 *Michigan Law Review* (1979-1980), p. 392-431, «Legitimate interests in multistate problems: As betwen state and federal law», *ibidem*, 79 (1980-1981), p. 1315-1349, e «The role of substantive and choice of law policies in the formation and application of choice of law rules», *Recueil des Cours*, 252 (1995-III), p. 9-112.

[110] Sobre esta figura, cfr. Allan Philip, «Mandatory rules, public law (political rules) and choice of law in the E.E.C. Convention on the law applicable to contractual obligations», *in Contract Conflicts* (P.M.North (editor)), 1982, North-Holland Publishing Company, p. 81-110, T. C. Hartley, «Mandatory rules in international contracts: The common law approach», *Recueil des Cours*, 266 (1997-IV), p. 337-426, Andrea Bonomi, *Le norme imperative nel diritto internazionale privato*, Zurich, 1998, Schulthess Polygraphischer Verlag, Sylvaine Poillot Peruzzetto, «European public policy and other restrictions on the normal operation of the choice-of-law and choice-of-jurisdiction rules», *in Enforcement of International Contracts in the European Union. Convergence and divergence between Brussels I and Rome I* [Johan Meeusen/Marta Pertegàs and Gert Straemans (eds.)], Antwerp, 2004, Intersentia, p. 343-361, Pascal De Vareilles-Sommières, «Lois de police et politiques législatives», *Rev. crit. DIP*, 100 (2011), p. 207-290, Jacques Foyer, «Lois de police et principe de souveraineté», *in Mélanges en l'honneur du Professeur Bernard Audit. Les relations privées internationales* (*cit. supra*, nota 21), p. 339-358, e, na nossa doutrina, Isabel de Magalhães Collaço, *Da Compra e Venda em Direito Internacional Privado. Aspectos Fundamentais*, Lisboa, 1954, Editorial Império, p. 311-332, Moura Ramos, *Da Lei Aplicável ao Contrato de Trabalho Internacional* (*cit. supra*, nota 97), p. 631-720, e António Marques dos Santos, *As Normas de Aplicação Imediata no Direito Internacional Privado. Esboço de uma Teoria Geral*, Lisboa, 1990.

[111] Cfr., deste autor, «Quelques précisions sur les "lois d'application immédiate" et leurs rapports avec les règles de conflits de lois», 55 *Rev. Crit. de DIP* (1966), p. 1-18, «Lois d'application immédiate et règles de conflit», *Rivista di Diritto Internazionale Privato e Processuale* (1967), p. 691-698, e «Lois d'application immédiate et droit du travail. L'affaire du comité d'entreprise de la "Compagnie des Wagons-lits"», 63 *Rev. Crit. de DIP* (1974), p. 273-296.

Finalmente, e sem pretender esgotar o elenco das variações metodológicas que no direito internacional privado das relações familiares se fizeram sentir, não pode deixar de se mencionar o eco obtido por uma metodologia que centra a atenção não já na determinação da lei aplicável mas no reconhecimento das situações plurilocalizadas constituídas no estrangeiro[112]. Encontrando precedentes ilustres na construção doutrinal da nossa disciplina[113], e não sendo estranha a preocupações que marcaram a teorização de outros métodos de

---

[112] Sobre este método do reconhecimento, cfr. Erik Jayme/Cristian Kohler, «Europaisches Kollisionsrecht 2001: Anerkennungsprinzip statt IPR?», 21 *IPRax* (2001), Nr. 6, p. 501-514 (501-503), Giulia Rossolillo, *Mutuo riconoscimento e techniche conflittuali*, Padova, 2002, Cedam, especialmente p. 223-278, Paul Lagarde, «Développements futurs du droit international privé dans une Europe en voie d'unification: quelques conjectures», *RabelsZ*, 68 (2004), p. 225-243 (229-235), e «La Reconnaissance. Mode d'emploi», *in Vers de nouveaux équilibres entre ordres juridiques. Mélanges en l'honneur d'Hélène Gaudemet-Tallon (cit. supra*, nota 7), p. 481-501, Pierre Mayer, «Les méthodes de la reconnaissance en droit international privé», *in Le droit international privé: esprit et méthodes. Mélanges en l'honneur de Paul Lagarde (cit. supra*, nota 12), p. 547-573, Gian Paolo Romano, «La bilatéralité éclipsée par l'autorité. Développements récents en matière d'état des personnes», *Rev. Crit. DIP*, 95 (2006), p. 457-519, Heinz-Peter Mansel, «Anerkennung als Grundprinzip des Europaischen Rechtsraums. Zur Herausbildung eines europaischen Anerkennungs-Kollisionsrechts: Anerkernnung statt Verweisung als neues Strukturprinzip des Europaischen Internationalen Privatrechts?», *RabelsZ* 70 (2006), pp. 651-731, Sylvaine Bolée, «L'extension du domaine de la méthode de la reconnaissance unilatérale», *Rev. Crit. DIP*, 96 (2007), p. 307-355, Charalambos Pamboukis, «La reconnaissance – métamorphose de la méthode de la reconnaissance», *Rev. Crit. DIP*, 97 (2008), p. 513-560, Janis Leifeld, *Das Anerkennungsprinzip im Kollisionsrechtssystem des internationalen Privatrechts*, Tubingen, 2010, Mohr Siebeck, Roberto Baratta, «La reconnaissance internationale des situations juridiques personnelles et familiales», *Recueil des Cours*, 348 (2010), p. 253-500, e as actas do colóquio *La Reconnaissance des situations en droit international privé* (sous la direction de Paul Lagarde), Paris, 2013, Éditions A. Pedone.

[113] Veja-se a construção de Antoine Pillet [*in* «La théorie générale des droits acquis», *Recueil des Cours*, 8 (1925-III), p. 489-537], seguida entre nós por Machado Villela (*in Tratado Elementar (teórico e prático) de Direito Internacional Privado*, Livro I – Princípios Gerais, Coimbra, 1921, Coimbra Editora, p. 610-623), e sobre a qual se pronuncia também Pierre Arminjon [«La notion des droits acquis en droit international privé», *Recueil des Cours*, 44 (1933-II), p. 5-109], asssim como a leitura que dela nos oferece, entre nós, Baptista Machado, em «Autonomia do problema do reconhecimento dos direitos adquiridos em Machado Vilela e suas implicações», 20 *Scientia Iuridica* (Setembro/Dezembro de 1971), Nºs 112/113, p. 398-409.

abordagem das situações privadas internacionais[114], esta tendência, que alguns viam destinada a um largo futuro no universo convencional[115], caracteriza-se sobretudo, na pluralidade das variantes que se lhe podem reconhecer, pelo abandono do controlo necessário da regra de conflitos sobre as situações que, porque constituídas e cristalizadas à luz de uma determinada ordem jurídica, se impõem, fora dela, ao reconhecimento das demais[116]. Tal abandono constitui na verdade a característica essencial deste procedimento, que pode no entanto ser concebido sob distintas formas e graus[117]. Assim, ele

---

[114] Estamos a pensar na construção da referência ao ordenamento competente, elaborada por Paolo Picone. Cfr., do autor, entre outros trabalhos recolhidos nos seus *Studi di Diritto Internazionale Privato* (Napoli, 2003, Jovene Edítore), essencialmente, «La méthode de la référence à l'ordre juridique compétent en droit international privé», 197 *Recueil des Cours* (1986- ll), p. 231-419, *Ordinamento Competente e Diritto Internazionale Privato,* Padova, 1986, Cedam, «Les méthodes de coordination entre ordres juridiques en droit intemational privé. Cours général de droit international privé», 276 *Recueil des Cours* (1999), p. 11-296 (119-142), *La Riforma Italiana del Diritto intemazionale Privato,* Nápoles, 1998, Cedam, p. 3-53 e 477-514, e «Diritto internazionale privato comunitario e pluralità dei metodi di coordinamento tra ordinamenti», *in Diritto lnternazionale Privato e Diritto Comunitário* (*cit. supra,* nota 7), p. 485-525.

[115] Veja-se o exemplo citado *supra,* na nota 59.

[116] Neste sentido, recentemente, Jean-Pierre Laborde [«Retour sur la pluralité du point de rattachement en droit international prive français des personnes et de la famille», *in Mélanges en l'honneur du Professeur Jean Hauser*, Paris, 2012, Dalloz, p. 207-226, a p. 215, sublinha (p. 215)], que ao remeter-se apenas às regras da ordem jurídica da criação da situação em causa, o recurso ao método do reconhecimento é sobretudo defendido «dans un souci de respect et de continuité de l'état et des droits des personnes dès lors que la situation nouvelle a été créée ou s'est cristalisée dans un pays avec lequel les personnes concernées ont un lien sérieux». Fazendo-nos eco desta mesma preocupação defendemos, no primeiro dos nossos trabalhos [Moura Ramos, «Dos Direitos Adquiridos em Direito Internacional Privado», *in Boletim da Faculdade de Direito,* 50 (1974), p. 175-217, a p. 216] que «devem ser reconhecidos no Estado do foro os direitos ou situações jurídicas que no estrangeiro produziram os seus efeitos típicos, à luz de um sistema legal que apresente, na óptica do DIP do foro, uma conexão suficientemente forte com a situação da vida a regular, e se repute aplicável, quer de um outro a quem o primeiro considere competente».

[117] Assim Sylvaine Bolée, «L'extension du domaine de la méthode de la reconnaissance unilatérale» (*cit. supra,* nota 112). Esta autora sublinha que o método começou por ser aplicado às decisões, para ser depois estendido aos actos públicos de carácter não decisional, deixando assim o objecto do reconhecimento de ser constituído por actos, para se referir às regras por obediência às quais a ordem jurídica prevê a produção de consequências no mundo do direito (cfr. já a obra

pode implicar o reconhecimento da sujeição de tais situações à lei à luz da qual elas foram constituídas (a *lex auctoris*)[118], o que se afigura ser a regra naqueles casos em que tal situação reveste uma particular especificidade, não podendo assim reclamar um conteúdo universal, mas surgindo antes como modelada em função do particular conteúdo que lhe é dado numa específica ordem jurídica. Mas pode assumir uma versão mais moderada, ensaiada de resto nalgumas legislações, que passa pela existência de regras próprias que, em relação a certas situações e em particulares condicionalismos, asseguram o reconhecimento *in foro domestico* de determinadas situações, independentemente da não observância, à respectiva constituição, da lei designada por competente pelas regras de conflitos respectivas[119]. Trata-se assim da existência de verdadeiras regras

---

capital de Pierre Mayer, *La distinction entre règles et décisions et le droit international privé*, Paris, 1973, Dalloz). Trata-se assim, nas suas palavras, de «dar efeitos às regras, independentemente de qualquer designação, por uma regra de conflitos bilateral, da ordem jurídica cuja autoridade interveio» (p. 323).

[118] Cfr. Gian Paolo Romano, «La bilatéralité éclipsée par l'autorité. Développements récents en matière d'état des personnes» (*cit. supra*, nota 112). O autor indica que tal ocorre sobretudo quando a situação é constituída através da intervenção de uma autoridade, assim se negligenciando a regra de conflitos bilateral clássica. Em tais casos, a existir uma ligação com o Estado do foro, como que a situação fica colocada sob a sua autoridade, o que se traduz no reconhecimento de uma vocação da *lex fori* para reger aquelas situações que apresentem com este Estado uma ligação suficiente.

[119] É o que acontece, designadamente, com o artigo 31.º, n.º 2, do Código Civil Português, que, mau grado a competência reconhecida (no n.º 1) à *lex patriae* em matéria de estatuto pessoal, assegura em Portugal o reconhecimento dos «negócios jurídicos celebrados no país da residência habitual do declarante, em conformidade com a lei desse país, desde que esta se considere competente». Sobre esta disposição e o seu enquadramento, cfr. Moura Ramos, «Dos Direitos Adquiridos em Direito Internacional Privado» (*cit. supra*, nota 116). Saliente-se que esta específica regra de reconhecimento apenas vale para negócios jurídicos, diferentemente das situações analisadas pelo autor referido na nota anterior, que centra a sua atenção naquelas que supõem a intervenção (constitutiva) de uma autoridade pública.

A consagração de tais regras parece traduzir a assumpção de que «a regra de conflitos constitui um procedimento inapropriado para o reconhecimento de relações de direito efectivamente criadas», evidenciando uma «distinção irredutível e fundamental entre a criação e o reconhecimento de uma relação jurídica» [Charalambos Pamboukis, «La reconnaissance – métamorphose de la méthode de la reconnaissance» (*op. cit.* nota 112), p. 522 e 531].

de reconhecimento, semelhantes no fundo àquelas a que o direito internacional privado recorre já para assegurar a eficácia *in foro* das decisões e outros actos, públicos[120] ou privados, estrangeiros, regras que podem ser expressão de um princípio geral de estabilidade e confiança na manutenção das situações jurídicas legalmente constituídas[121], ou resultar, também, de imperativos próprios cuja consideração não pode deixar de se impor, como os decorrentes dos princípios do direito da União Europeia, na medida em que estes sejam *in specie*, aplicáveis[122]. E anotar-se-á que esta linha de força veio a lograr uma particular incidência no plano das relações familiares[123], quer pelas particulares exigências de estabilidade que marcam estas relações (e que se traduzem na preocupação com a

---

[120] Sobre o ponto, cfr. Charalambos Pamboukis, *L'Acte Public Étranger en droit International privé*, Paris, 1993, L.G.D.J., e Pierre Callé, *L'Acte Public en droit International privé*, Paris, 224, Economica, e «L'acte authentique établi à l'étranger. Validité et exécution en France», *Rev. crit. DIP*, 94 (2005), p. 377-412.

[121] Sobre a importância deste princípio, cfr. Baptista Machado, «Contribuição da Escola de Coimbra para a teoria do direito internacional privado», *in Boletim da Faculdade de Direito*, 61 (1985), p. 159-176.

[122] Vejam-se, para a exemplificação do que fica dito, as espécies jurisprudenciais referidas *supra*, nas notas 90 e 91. E ainda, em matéria de direito das sociedades, também do Tribunal de Justiça da União Europeia, a jurisprudência *Centros*. A este respeito, cfr., por último, Jeremy Heymann, «De la mobilité des sociétés de l'Union. Réflexions sur le droit d'établissement», *in Mélanges en l'honneur du Professeur Bernard Audit. Les relations privées internationales (cit. supra*, nota 21), p. 425-445, e, entre nós, Moura Ramos, «Direito Internacional Privado e Direito Comunitário. Termos de uma Interacção» *(cit. supra,* nota 79), p. 182-185, e, ainda entre nós, os trabalhos de Maria Ângela Bento Soares («A Liberdade de Estabelecimento das Sociedades na União Europeia», 15-16 *Temas de integração* (1° e 2° Semestres de 2003), p. 283-321, «O Acórdão *Inspire Art LDT.*: Novo Incentivo Jurisprudencial à Mobilidade das Sociedades na União Europeia», *ibidem,* 17 (1° Semestre de 2004), p. 123-159, e «A transferência internacional da sede social no âmbito comunitário», *in Temas Societários,* 2006, e Alexandre Mota Pinto, "Apontamentos sobre a Liberdade de Estabelecimento das Sociedades", *Temas de Integração,* 17 (1° Semestre de 2004), p. 59-120, e 18 (2° Semestre de 2004), p. 141-156, e *The Europeanization of Legal Capital: Searching for new ways of protecting creditors in limited liability companies,* 2006, European University Institute-Department of Law, *maxime,* p. 157-298.

[123] Cfr. por exemplo, Bettina Heiderhoff, «Ist das Anerkennungsprinzip schon geltendes internationales Familienrecht in der EU?», *in Grenzen uberwinden – Prinzipien bewahren. Festschrift fur Bernd von Hoffman (cit. supra*, nota 82), p. 127-138. Cfr. ainda o Regulamento 606/2013 citado *supra*, no n.° 3.

permanência do estatuto pessoal, categoria à qual aquelas relações tradicionalmente são reconduzidas)[124], quer pela proliferação recente de instituições cujos contornos dificilmente se podem dissociar do conteúdo que lhes é dado por uma particular ordem jurídica[125].

5. Os critérios de solução

Uma vez que no ponto anterior sublinhámos a existência de tendências que levam ao abandono da referência a uma ordem jurídica que caracteriza o método clássico do direito internacional privado, deixando nesse caso livre curso ao reconhecimento da situação tal como construída face à lei que lhe deu vida e à luz da qual produziu os seus efeitos[126] (*lex auctoris*), será fazendo abstracção desta hipótese, particularmente na sua forma mais extrema, que consideraremos a questão seguinte.

Neste contexto, e partindo da metodologia clássica que dava preferência à determinação da lei aplicável, importará referir que a linha de desenvolvimento que por excelência se tem vindo a

---

[124] Enfatizando a necessidade social de continuidade e estabilidade do estado das pessoas, cfr. Roberto Baratta, «La reconnaissance internationale des situations juridiques personnelles et familiales» (*cit. supra*, nota 112), p. 272.

[125] O que pode resultar, desde logo, de a seu respeito faltar «uma comunidade mínima de objecto» como escreve, a propósito do casamento de pessoas do mesmo sexo, Hugues Fulchiron. Cfr. deste autor, «La reconnaissance au service de la libre circulation des personnes et de leur statut familial dans l'espace européen», *in Mélanges en l'honneur du Professeur Bernard Audit. Les relations privées internationales* (*cit. supra*, nota 21), p. 137-154

[126] Encontramos um exemplo da consagração desta posição no artigo 78 do Anteprojecto de uma Lei de Aplicação das Normas Jurídicas, de Haroldo Valladão, em que se escreve que «São reconhecidos no Brasil direitos adquiridos no estrangeiro, de boa fé, em virtude de ato ou julgamento ali realizados, de acordo com o direito estrangeiro vigorante, salvo se for caso de competência exclusiva do direito brasileiro, e observadas sempre as reservas estabelecidas no art. 79 [ofensa da soberania nacional, da ordem pública, da equidade, da moral e dos bons costumes]» (Cfr., para este documento, Jacob Dolinger/Carmen Tiburcio, *Vademecum de Direito Internacional Privado*, Rio de Janeiro, 1994, Renovar, p. 45-62).

afirmar é a do abandono da clássica referência à lei nacional (*lex patriae*) que caracterizava o direito da família, como de resto o direito das pessoas em geral[127]. Este abandono decorre, por um lado, de dificuldades de aplicação deste conceito, e, por outro lado, do sentimento de que ele não seria já expressão da existência de uma estreita ligação da pessoa às situações a regular.

A primeira dessas dificuldades é potenciada pelo incremento das situações de plurinacionalidade, que se impuseram de forma crescente na vida internacional, colocando problemas à aplicação das regras de conflitos que visavam ultrapassar situações em que urgia optar entre leis pessoais de diferentes sujeitos[128]. A consciência do carácter diverso das situações em análise conduziu o legislador a aceitar uma destruição da unidade do estatuto pessoal, fazendo prevalecer distintas opções conflituais para o casamento (quer para

---

[127] Sobre esta tendência, cfr. L. J. De Winter, «Le principe de la nationalité s'effrite-t-il peu à peu?», 9 *Netherlands International Law Review* (1962), n.º 4 (*cit. supra*, nota 107), p. 514-528, e, mais perto de nós, Friedrich K. Juenger, «The national law principle», *in Mélanges Fritz Sturm*, v. II, 1999, Éditions Juridiques de l'Université de Liège, p. 1519-1537, Franco Mosconi, «A Few Questions on the Matter of International Uniformity of Solutions and Nationality as a Connecting Factor», *in Private Law in International Arena. From National Conflict Rules Towards Harmonization and Unification. Liber Amicorum Kurt Siehr*, The Hague, 2000, T. M. C. Asser Press, p. 467-480, e Alegria Borrás/Julio D. Gonzalez Campos, «La loi nationale à l'heure de la réforme du droit international privé espagnol», *in Le droit international privé: esprit et méthodes, Mélanges en l'honneur de Paul Lagarde* (*cit. supra*, nota 12), p. 137-153. Em particular em sede de direito da família internacional, veja-se François Boulanger, «De la Convention de La Haye de 1961 à celle de 1996 sur la loi applicable à la responsabilité parentale et la protection des enfants. Requiem pour la loi nationale?», *in Mélanges Fritz Sturm* (*cit. supra*, nesta nota), p. 1399-1408, e Pilar Rodriguez Mateos, «La nacionalidad en el contexto del Derecho internacional privado y del Derecho europeo», *in Nuevas Fronteras del Derecho de la Unión Europea. Liber amicorum José Luis Iglesias Buhigues* [Carlos Esplugues Mota/Guillermo Palao Moreno (eds.)], Valência, 2012, tirant lo blanch, p. 677-697.

Para uma visão algo contrastada, cfr. Hélène Gaudemet-Tallon, «Nationalité, statut personnel et droits de l'homme», *in Festschrift fur Erik Jayme* (*cit. supra*, nota 15), p. 205-221, e Thomas Rauscher, «Heimatlos in Europa? – Gedanken gegen eine Aufgabe des Staatsangehorigkeitsprinzips im IPR», *ibidem*, p. 719-745.

[128] Ilustrando as dificuldades daí decorrentes, cfr., recentemente, Stefania Bariatti, «Multiple nationalities and EU private international law: Many questions and some tentative answers», 13 *Yearbook of Private International Law* (2011), p. 1-19.

a sua constituição[129], aqui distinguindo as condições de fundo como as de forma, quer para os efeitos[130], e aqui também dissociando os efeitos pessoais dos patrimoniais, e, de algum modo, para a extinção do vínculo[131]), como para a filiação (e distinguindo aqui quer a filiação biológica[132] quer a adoptiva[133], considerando também em relação a uma como a outra, de forma diversa, quer a constituição quer os efeitos, e quanto àquele primeiro momento, tratando em termos diferentes o estabelecimento do vínculo em relação a uma ou mais pessoas, com ou sem dependência, neste último caso, da existência, entre elas, de uma relação de casamento). Nestes termos, a fragmentação do estatuto pessoal a que desta forma se é conduzido é de algum modo tolerável, uma vez que é afinal consequência de uma preocupação de especialização da conexão, procurando assim estabelecer uma relação de maior adequação com a lei em cada caso escolhida[134]. E mantém-se independente do elemento de conexão propriamente dito que venha a ser eleito, isto é, quer se conserve a opção clássica pela nacionalidade, quer a ela se prefira o domicílio ou, como mais recentemente se tem vindo crescentemente a impor,

---

[129] Vejam-se, já em 1966, os artigos 49.º e 50.º do Código Civil Português.

[130] Cfr. ainda os artigos 52.º e 53.º e 54.º do Código Civil Português.

[131] Veja-se o Regulamento (UE) n.º 1259/2010, do Conselho, de 20 de Dezembro de 2010, que cria uma cooperação reforçada no domínio da lei aplicável em matéria de divórcio e separação judicial, a que nos referimos *supra*, na nota 85.

[132] Cfr. ainda os artigos 56.º e 57.º do Código Civil Português, tal como ficaram depois da Reforma de 1977. Sobre o ponto, Moura Ramos, «A reforma de 1977 e o direito internacional privado da família» (*cit. supra*, nota 28), p. 734-741.

[133] Cfr. também o artigo 60.º do Código Civil Português.

[134] Diríamos que é assim expressão do princípio de proximidade, teorizado por Paul Lagarde. A este respeito, cfr. o seu «Le principe de proximité dans le droit international privé contemporain. Cours général de droit international privé», *Recueil des Cours*, 196 (1986-I), p. 9-237, e ainda Tito Ballarino/Gian Paolo Romano, «Le principe de proximité chez Paul Lagarde. Quelques précisions et problèmes récents», *in Le droit international privé: esprit et méthodes. Mélanges en l'honneur de Paul Lagarde* (*cit. supra*, nota 12), p. 37-54, Marc Fallon, «Le principe de proximité dans le droit de l'Union Européenne», *ibidem*, p. 241-262, e Catherine Kessedjian, «Le principe de proximité vingt ans après», *ibidem*, p. 507-521.

a residência habitual[135]. Em tais casos, a especialização (atendendo às diferenças entre as várias situações) pode conduzir a diferenciá-las de acordo com o suporte da conexão ou o momento da sua relevância[136], mas sempre se pode considerar que o paradigma que presidia ao funcionamento do mecanismo da conexão não se altera.

As coisas podem passar-se, contudo, de forma diversa, em certos casos em que a opção se faça em favor da lei nacional. E isto porque esta deixou de ser um elemento de conexão caracterizado pela unidade, sendo cada vez mais frequentes na actualidade as situações de plurinacionalidade[137]. Estas situações deixaram de algum modo de ser acidentais para se revestirem de natureza estrutural[138]. E, face a esta nova situação, os remédios tradicionalmente utilizados para lhe fazer face revelaram-se insuficientes, quer se traduzam na opção (arbitrária, afinal) pela nacionalidade do Estado do foro[139], quer envolvam a preferência (que de algum modo prolonga a incerteza a que a escolha da conexão visava pôr termo) por uma nacionalidade efectiva, que de resto é susceptível de, ao menos no contexto da

---

[135] Cfr. os trabalhos citados *supra*, na nota 127.

[136] Para utilizar a terminologia de Jean-Pierre Laborde, no seu estudo «Retour sur la pluralité du point de rattachement en droit international privé français des personnes et de la famille» (*cit. supra*, nota 116), p. 209.

[137] Sobre o seu tratamento, cfr., e para um confronto, Pierre Louis-Lucas, «Les conflits de nationalités», *Recueil des Cours*, 64 (1938-II), p. 1-70, e Michel Verwilghen, «Conflits de nationalités. Plurinationalité et apatridie», *ibidem*, 277 (1999-II), p. 9-484.

[138] Como bem o sublinha Jean-Pierre Laborde (*op. cit.* na nota 116, p. 206), a plurinacionalidade individual deixou de ser vista como uma anomalia a combater, para ser considerada «une situation relativement courante qui appelle un traitement adapté bien davantage que des efforts de prévention ou d'éradication». Nesta linha já Moura Ramos, «La double nationalité en droit portugais», *Boletim da Faculdade de Direito*, 69 (1983), p. 181-211.

[139] Ainda a solução consagrada no artigo 27.º da Lei da Nacionalidade Portuguesa. Cfr. Moura Ramos, *Estudos de Direito Português da Nacionalidade*, Coimbra, 2013, Coimbra Editora.
Para os problemas que esta solução suscita, cfr. a esgotante investigação de Heiz-Peter Mansel, *Personalstatut, Staatsangeborigkeit und Effektivitat. Internationalprivat- und verfahrensrechtliche Untersuchung zu Mehrstaatern, einer Ausweichklausel fur die Staatsangeborigkeitsanknupfung und zum innerdeutschen Kollisionsrecht*, Munchen, 1988, C. H. Beck.

União Europeia, suscitar problemas de legitimidade[140]. O que tem conduzido a uma crescente substituição do critério da nacionalidade pelo da residência habitual (sendo que a opção pelo domicílio tem vindo igualmente a ser preterida, pela ausência de garantia de ligação permanente ao seu titular, tida como essencial em muitas das matérias pertinentes ao direito da família).

Por outro lado, também a conexão nacionalidade deixou de ser vista como uma conexão que traduzia necessariamente uma ligação estável da pessoa (que dela constitui o suporte) ao sistema jurídico que a contava no elenco dos seus nacionais, e isto pelo efeito conjugado do incremento da circulação internacional das pessoas[141] como das alterações nos últimos tempos introduzidas ao direito da nacionalidade[142]; ao não ser expressão dessa ligação estreita que

---

[140] Cfr. o acórdão *Michelletti*, e, entre nós, Marques dos Santos, «Nacionalidade e Efectividade», *in Estudos de Direito da Nacionalidade*, Coimbra, 1998, Almedina, p. 279-310, e Moura Ramos, «Conflitos positivos (concursos) de nacionalidade e direito comunitário (Anotação ao acórdão do Tribunal de Justiça de 11 de Novembro de 1999)», *in* 134 *Revista de Legislação e de Jurisprudência* (2001-2002), p. 146-160.

[141] Sobre o relevo crescente dos fenómenos migratórios e as suas repercussões na área que nos interessa, cfr. Hans van Loon, «Vers un nouveau modéle de gouvernance multilatérale de la migration internationale», *in Vers de nouveaux équilibres entre ordres juridiques. Mélanges en l'honneur d'Hélène Gaudemet-Tallon* (*cit. supra*, nota 7), p. 419-434, K. Meziou, «Migrations et relations familiales», *Recueil des Cours*, 345 (2009), p. 9-386, e Andreas Bucher, «La migration de l'état civil», *in A Commitment to Private International Law. Essays in honour of Hans van Loon* (*cit. supra*, nota 12), p. 101-112. Numa perspectiva mais geral, veja-se ainda T. Ansay, «Legal problems of migrant workers», *Recueil des Cours*, 156 (1977-III), p. 1-77, e *A Europa e os seus Imigrantes no Século XXI* (coordenação de Demetrios G. Papademetriou), Lisboa, 2008, Fundação Luso-Americana para o Desenvolvimento.
Para um reflexo específico desta problemática na matéria que nos ocupa, cfr. Hans Ulrich Jessurun d'Oliveira, «The Artifact of "Sham Marriages"», 1 *Yearbook of Private International Law* (1999), p. 49-83, e Sabine Corneloup, «"Maitrise de l'immigration" et célébration du mariage», *in Le droit international privé: esprit et méthodes. Mélanges en l'honneur de Paul Lagarde* (*cit. supra*, nota 12), p. 207-226.

[142] Traduzidas numa crescente consagração da plurinacionalidade. Cfr. o nosso trabalho citado *supra*, na nota 138, e ainda Moura Ramos, «Nacionalidade, plurinacionalidade e supranacionalidade na União Europeia e na Comunidade dos Países de Língua Portuguesa», *in Cidadania e Nacionalidade. Efeitos e perspectivas nacionais – regionais -- globais* [Arno Dal Ri Júnior/Odete Maria de Oliveira (Organizadores)], Ijuí, 2002, Editora Unijuí, p. 279-298.

constitui o cerne do princípio da proximidade, a nacionalidade perdeu assim as virtualidades localizadoras que tinham justificado o favor de que havia inicialmente gozado como elemento de conexão em sede de relações familiares.

A consequência deste movimento na paisagem apresentada pelo direito internacional privado da família contemporâneo é assim, além da já referida fragmentação da antiga noção de estatuto pessoal[143], por um lado, a multiplicação dos suportes (o pai, a mãe, o filho) da conexão a que se reconhece esta natureza[144], por outro a crescente substituição da residência habitual à nacionalidade (como, de resto, também ao domicílio), e, finalmente, o cada vez maior relevo nesta sede reconhecido à autonomia das partes[145]. Autonomia que surge assim, a um tempo, como consequência do carácter insatisfatório das outras conexões enquanto revelação de uma estreita ligação da questão jurídica a regular a um dado ordenamento, mas também como resultado do reconhecimento do poder modelador reconhecido

---

[143] Cfr.o trabalho citado *supra*, na nota 102.

[144] Cfr. Jean-Pierre Laborde, «Retour sur la pluralité du point de rattachement en droit international prive français des personnes et de la famille» (*loc. cit. supra*, nota 116).

[145] Sobre este ponto, cfr., quanto à matéria de estatuto pessoal, cfr. Jean-Yves Carlier, *Autonomie de la volonté et statut personnel. Étude prospective de droit international privé*, Bruxelles, 1992, Bruylant, Javier Carrascosa Gonzalez, *Matrimonio y elección de Ley. Estudio de Derecho Internacional Privado*, Granada, 2000, Comares, especialmente p. 181-231, Erik Jayme, «Party autonomy in International Family and Succession Law: New tendencies», 11 *Yearbook of Private International Law* (2009), p. 1-10, e Béatrice Bourdelois, «Relations familiales internationales et *professio iuris*», *in Mélanges en l'honneur du Professeur Bernard Audit. Les relations privées internationales* (*cit. supra*, nota 21), p. 137-154. E para o seu acolhimento no domínio do direito internacional privado convencional cfr. Mariel Revillard, «L'autonomie de la volonté dans les relations de famille internationales: Regards sur les récents instruments internationaux», *in A Commitment to Private International Law. Essays in honour of Hans van Loon* (*cit. supra*, nota 12), p. 487-502; e no direito internacional privado da União, cfr. Beatriz Añoveros Terradas, «La autonomia de la voluntad como principio rector de las normas de derecho internacional privado comunitario de la familia», *in Entre Bruselas y La Haya. Estudios sobre la unificación internacional y regional del Derecho Internacional Privado. Liber amicorum Alegria Borràs* (*cit. supra*, nota 7), p. 119-131.

à vontade individual nestas matérias[146], reflexo afinal de uma "de-sinstitucionalização" do direito da família que se tem acentuado nos últimos tempos e que não deixa de estar ligada aos valores de que algumas jurisdições internacionais se converteram em garantes[147].

É certo que a relevância da autonomia das partes se apresenta aqui em termos particularmente distintos dos que presidiram à sua consagração sobretudo em matéria contratual (e, posteriormente, extracontratual), surgindo essencialmente como uma possibilidade de escolha entre diversas leis ligadas à situação a regular por cone-xões de carácter pessoal[148], e já não como consagrando um poder incondicionado de designação da lei competente[149]. De todo o modo,

---

[146] Sobre o ponto, veja-se Hélène Gaudemet-Tallon, «Individualisme et mondialisation: Aspects de droit international privé de la famille», *in A Commitment to Private International Law. Essays in honour of Hans van Loon* (*cit. supra*, nota 12), p. 181-194.

[147] Sobre esses valores, cfr. Erik Jayme, «Pós-modernismo e direito da família», *Boletim da Faculdade de Direito*, 78 (2002), p. 209-221. Em particular sobre a sua refração na ordem jurídica italiana, cfr. Michele Sesta, «As transformações do direito de família italiano no quadro da evolução dos ordenamentos europeus», *Boletim da Faculdade de Direito*, 78 (2002), p. 223-284.

[148] Cfr. já Ellen Mostermans, «Party Autonomy: Why and When?», *in Forty Years On: The Evolution of postwar private international law in Europe* (*cit. supra*, nota 97), p. 123-141.

[149] Para a sua fundamentação, cfr. A. Curti-Gialdino, «La volonté des parties en droit international privé», *Recueil des Cours*, 137 (1972-III), p. 743-914, Alfred von Overbeck, «L'irréséstible extension de l'autonomie en droit international privé», *in Nouveaux itinéraires en droit. Hommage à François Rigaux*, Bruxelles, 1993, Bruylant, p. 619-636, Moura Ramos, *Da Lei Aplicável ao Contrato de Trabalho Internacional* (*cit. supra*, nota 97), p. 429-453, António Marques dos Santos, «Algumas considerações sobre a autonomia da vontade no direito internacional privado em Portugal e no Brasil», *in Estudos em Homenagem à Professora Doutora Isabel de Magalhães Collaço* (*cit. supra*, nota 87), p. 379-429, Dieter Henrich, «Parteiautonomie, Privatautonomie und kulturelle Identität», *in Festschrift fur Erik Jayme* (*cit. supra*, nota 15), p. 320-329, Stefan Leible, «Parteiautonomie im IPR – Allgemeines Anknupfungsprinzip oder Verlegensheitslosung ?», *ibidem*, p. 484-503, Jean-Michel Jacquet, «Le principe d'autonomie entre consolidation et évolution», *in Vers de nouveaux équilibres entre ordres juridiques. Mélanges en l'honneur d'Hélène Gaudemet-Tallon* (*cit. supra*, nota 7), p. 727-745, e, mais perto de nós, Jurgen Basedow, «Theorie der Rechtswahl oder Parteiautonomie als Grundlage des Internationalen Privatrechts», *RabelsZ 75* (2011), p. 32-59, Pilar Blanco-Morales Limones, «La autonomia de la voluntad en las relaciones plurilocalizadas. Autonomia de la voluntad. Elección de ley aplicable: Consentimiento y forma de los actos», *in Autonomia de la Voluntad en el Derecho*

não é menos verdade que a afirmação da possibilidade de escolha da lei no domínio das relações de família deixou de ser vista apenas como uma forma de ultrapassar os disfuncionamentos da regra de conflitos que utilizava as conexões clássicas na matéria que nos ocupa[150] para ser cada vez mais considerada como a forma privilegiada de atingir objectivos, entre os quais o da protecção de certos direitos fundamentais da pessoa, que se têm vindo a impor cada vez mais, no direito substancial como em sede de conflitos de leis[151]. O que de algum modo, como já se sublinhou, terá transformado o que aparecera como uma resposta a uma debilidade do sistema conflitual numa nova oportunidade de lhe permitir corresponder aos valores e princípios que presidem à ordenação do sistema de direito internacional privado[152].

Privado. Estudios en conmemoración del 150 aniversario de la Ley del Notariado, t. V – Derecho internacional privado e interregional, 2012, Consejo General del Notariado, p. 1-166, Alfonso-Luis Calvo Caravaca, «La autonomia de la voluntad como princípio informador del derecho internacional privado en la sociedad global», *ibidem*, p. 167-301, Guillermo Palao Moreno, «La autonomia de la voluntad y la resolución de las controvérsias privadas internacionales», *ibidem*, p. 817-956, Christian Kohler, «L'Autonomie de la Volonté en Droit International Privé: Un Principe universel entre libéralisme et étatisme», *Recueil des Cours*, 359 (2013), p. 285-478, Sergio M. Carbone, «Autonomia privata nel diritto sostanziale e nel diritto internazionale privato : diverse technische e un'unica funzione», 49 *Rivista di diritto internazionale privato e processuale* (2013), p. 569-592, e Symeon C. Symeonides, «Party autonomy and the *lex limitativa*», in *Mélanges en l'honneur de Spyridon Vl. Vrellis* (*cit. supra*, nota 12), p. 909-924.

[150] Sobre a procura desta regra, cfr., por último, Louis d'Avout, «La *lex personalis* entre nationalité, domicile et résidence habituelle», *in Mélanges en l'honneur du Professeur Bernard Audit. Les relations privées internationales* (*cit. supra*, nota 21), p. 15-41.

[151] Cfr. por exemplo, Patrick Kinsch, «Droits de l'homme, droits fondamentaux et droit international privé», *Recueil des Cours*, 318 (2005), p. 9-332, e Bernard Dutoit, «Le droit international privé de la famille et les droits fondamentaux de l'enfant: le choc qui fait chic?», *in A Commitment to Private International Law. Essays in honour of Hans van Loon* (*cit. supra*, nota 12), p. 143-156. Neste sentido ia já o *leit-motiv* do estudo de Erik Jayme, «Identité culturelle et intégration: Le droit international privé postmoderne. Cours général de droit international privé», *Recueil des Cours*, 251 (1995), p. 9-267.

[152] Neste sentido Jean-Pierre Laborde, «Retour sur la pluralité du point de rattachement en droit international prive français des personnes et de la famille» (*cit. supra*, nota 116), p. 226.

De todo o modo, cumpre assinalar que à fragmentação do universo tradicionalmente conhecido como girando em volta da noção de estatuto pessoal e ao aparecimento de novas realidades às quais se reconheceu uma natureza para-familiar tem vindo a corresponder um menor reconhecimento das conexões tradicionalmente consideradas como de carácter pessoal (como o domicílio, e, sobretudo, a nacionalidade), a crescente importância da residência habitual, entendida como centro dos interesses da pessoa ou pessoas consideradas[153], a diversidade de suportes a que tais conexões se referem e dos momentos caracterizadores da sua relevância, e a afirmação lenta e paulatina da possibilidade (ainda que limitada) de os indivíduos se manifestarem a propósito da determinação da lei aplicável às relações de carácter familiar que entre si constituam.

6. As estruturas de que depende a sua efectivação

O último aspecto para que queremos chamar a atenção está na progressiva importância que têm assumido, na efectivação prática do direito da família na actualidade, as estruturas de cooperação entre autoridades (judiciárias e outras). Trata-se de um ponto que não é exclusivo deste ramo de direito, tendo-se de algum modo afirmado inicialmente no domínio do processo civil, mas que se viria a impor na matéria que nos interessa, reflexo de algum modo da importância que é atribuída à efectivação prática das soluções legais e à circunstância de esta não ser necessariamente assegurada pela actuação dos sistemas de aplicação do direito a que os particulares podem recorrer na defesa e garantia dos seus direitos.

---

[153] Sobre as dificuldades na sua determinação na actualidade, cfr. Ester Di Napoli, «A place called Home: Il principio della territorialità e la localizzazione dei rapporti familiari nel diritto internazionale post-moderno», 49 *Rivista di diritto internazionale privato e processuale* (2013), p. 899-922.

Com efeito, a realização do direito nas situações plurilocalizadas impõe não poucas vezes o recurso a autoridades (judiciárias mas também administrativas) a quem compete a tomada de decisões que dirimem os litígios entre os particulares, afirmando os direitos cuja definição suscitara diferendos entre estes. Simplesmente, também esses órgãos de decisão vêem, em princípio, a eficácia dessas decisões (como a sua própria autoridade) circunscrita ao domínio nacional, pelo que a sua efectivação extra-fronteiras passa afinal pelo recurso às estruturas do Estado onde a autoridade da decisão se pretenda afirmar. Circunstância que acaba afinal, não poucas vezes, por conduzir a uma renovação dos litígios, que agora se reproduzem a propósito da execução de decisões de autoridades que são desprovidas de *imperium* fora do Estado no seio de cuja organização foram produzidas[154].

Sendo esta uma característica do presente estado de organização da sociedade internacional, ela não deixa de condicionar em termos particularmente relevantes a realização do direito, uma vez que a efectividade dos actos de *iurisdictio* não se encontra assim, sem mais assegurada. Mas também é verdade que, enquanto a estrutura da sociedade internacional for a que hoje conhecemos[155], não se vê que a situação possa obter remédio sem recurso a instrumentos de

---

[154] Cfr. a propósito Reinhold Geimer, «Uber die Vollstreckungsgewalt der Staaten in Zivil- und Handelssachen», *in Essays in honour of Konstantinos D. Kerameus*, I, Athens, 2009, Ant. N. Sakkoulas, p. 379-408.

[155] Ver, a propósito, Muriel Josselin-Gall, «La place de l'État dans les relations internationales et son incidence sur les relations privées internationales», *in Le droit international privé: esprit et méthodes. Mélanges en l'honneur de Paul Lagarde* (*cit. supra*, nota 12), p. 493-505.

Note-se que esta estrutura de base tem de algum modo vindo a ser objecto de alguma erosão no contexto da União Europeia, sendo a este respeito paradigmático o relevo dado, desde o Tratado de Amesterdão, à ideia de reconhecimento mútuo das decisões. Cfr., sobre o ponto, Rolf Wagner, «Die politischen Leitlinien zur justiziellen Zusammenarbeit in Zivilsachen im Stockholmer Programm», 30 *IPRax* (2010), p. 97-100, e, entre nós, Lima Pinheiro, «O reconhecimento mútuo de decisões judiciais e extrajudiciais» (*cit. supra*, nota 94).

cooperação internacional. Tem sido essa cooperação internacional que os Estados têm cuidado cada vez mais de organizar e assegurar, instituindo mecanismos de execução dos actos estaduais, que passam pelo comprometimento das instâncias dos demais Estados na efectivação dos actos e decisões produzidos além-fronteiras. Tudo isto, que não é novo, tem sido objecto de aperfeiçoamento nos tempos mais recentes, estendendo-se à intervenção de autoridades judiciárias e administrativas do Estado em que haja de ter lugar a execução[156]. A novidade está, contudo, na introdução de mecanismos de cooperação entre as autoridades, que ultrapassaram já o estádio inicial da comunicação por via diplomática, para se articularem através de redes de autoridades centrais que asseguram o contacto entre as instituições dos diversos Estados[157], e que em certos casos, chegam a funcionar através de mecanismos de contacto directo entre as instituições interessadas[158].

Esta linha de actuação iniciou-se no domínio processual, caracterizado pela proximidade estrutural entre as instâncias entre as quais a cooperação devia ser estabelecida e pela natureza adjectiva e instrumental da área que dela constituía objecto. Mas viria a estender-se, através de mecanismos de natureza convencional, mas também, decisivamente, de actos unilaterais da União Europeia, a matérias incluídas no domínio das relações familiares, da protec-

---

[156] Cfr. Schlosser, «Jurisdiction and International Judicial and Administrative Cooperation», *Recueil des Cours*, 284 (2000-III), p. 9-328, e Andreas Bucher, «La Dimension sociale du droit international privé. Cours général» (*cit. supra*, nota 26), p. 477-523.

[157] Cfr. a propósito Georges A. L. Droz, «Évolution du rôle des autorités administratives dans les conventions de droit international privé au cours du premier siècle de la Conférence de La Haye», *in Études offertes à Pierre Bellet*, Paris, Litec, p. 129-147.

[158] Estamos a pensar na recém-estabelecida Rede Judicial Europeia. A este propósito, cfr. Georgina Garriga Suau, «La creciente potencialidad de la Red Judicial Europea en matéria civil y mercantil en la construcción del espacio judicial europeo», 8 *AEDIPr* (2008), p. 237-255.

ção de menores[159] e adultos[160] ao exercício dos direitos de guarda e visita[161], ao rapto internacional de crianças[162], à adopção[163] e às obrigações de alimentos[164]. Se procurarmos um traço comum a estes diferentes domínios, poderemos dizer que se trata de matérias em que estão em causa direitos essenciais das pessoas, e em que, também por isso, a realização do interesse geral não é compatível com a não execução das decisões que a este respeito possam ser produzidas pelos órgãos estaduais para o efeito competentes[165]. Urge por isso instituir os mecanismos de efectiva participação das autoridades estaduais na execução do decidido pelos órgãos homólogos estrangeiros, o que implica, para além da definição de critérios comuns quanto às condições em que é reconhecida a cada entidade estatal a competência para agir, a fixação das regras que por ela deverão ser aplicadas, como dos termos em que as decisões assim proferidas serão objecto de reconhecimento extraterritorial, e

---

[159] Cfr. os artigos 29 a 39 da Convenção de 19 de Outubro de 1996 sobre a competência, a lei aplicável, o reconhecimento e a execução de decisões e a cooperação em matéria de responsabilidade parental e de protecção de menores (*cit. supra*, nota 37).

[160] Cfr. os artigos 28 a 37 da Convenção de 13 de Janeiro de 2000 sobre a protecção internacional dos adultos (*cit. supra*, nota 48).

[161] Cfr. os artigos 53 a 58 do Regulamento (CE) N.º 2201/2003 do Conselho, de 27 de Novembro de 2003, relativo à competência, ao reconhecimento e à execução de decisões em matéria matrimonial e em matéria de responsabilidade parental (*cit. supra*, nota 84).

[162] Cfr. os artigos 9 a 21 da Convenção de 25 de Outubro de 1980 sobre ao Aspectos Civis do Rapto Internacional de Crianças (*cit. supra*, nota 18).

[163] Cfr. os artigos 6 a 22 da Convenção de 29 de Maio de 1993 relativa à protecção das crianças e à cooperação em matéria de adopção internacional (*cit. supra*, nota 38).

[164] Cfr. os artigos 4 a 17 da Convenção de 23 de Novembro de 2007 sobre a cobrança de alimentos destinados a menores e a outros membros da família (*cit. supra*, nota 40) e 49 a 63 do Regulamento (CE) n.º 4/2009, do Conselho, de 18 de Dezembro de 2008, relativo à competência, à lei aplicável, ao reconhecimento e execução das decisões e à cooperação em matéria de obrigações alimentares (*cit. supra*, nota 86).

[165] No sentido de que também em matéria de cooperação o valor da identidade e da protecção das pessoas em contacto com diversas ordens jurídicas assume carácter paradigmático, cfr. Andreas Bucher, «La Dimension sociale du droit international privé. Cours général» (*cit. supra*, nota 26), p. 523.

a concretização dos modos por que cada entidade estadual munida de *imperium* pode assegurar a realização efectiva do decidido noutros sistemas jurídicos e judiciários diferentes do que é obedecido no território em causa.

Trata-se naturalmente de um estádio mais avançado da cooperação internacional, cuja simples existência e intervenção no domínio das relações familiares dá testemunho evidente da importância assumida pelos direitos cuja efectivação é lograda no seio destas relações na cena internacional e da progressiva extensão do direito e dos mecanismos da ordem internacional a instituições que até há pouco a ela se manifestavam em grande medida imunes.

7. Conclusão

O breve retrato que acabámos de fazer do direito internacional privado da família nos tempos que vivemos permite-nos salientar alguns dos traços que presentemente o caracterizam.

O primeiro será talvez o da perda da unidade do instituto, unidade que permitia a inserção clara das relações de família no domínio do estatuto pessoal e a sujeição delas, como um todo, a uma lei única[166], ligada à pessoa por uma relação de carácter permanente ou pelo menos particularmente estável, por isso designada por lei pessoal. Na verdade, a situação actual caracteriza-se, ao contrário, precisamente pela diversidade de leis aplicáveis às distintas questões jurídicas suscitadas pelas relações de família nas relações plurilocalizadas, questões progressivamente mais especializadas e em que a ponderação se faz em termos diversos. Por outro lado, à perda de

---

[166] No sentido de que a própria ideia de estatuto pessoa impõe a unicidade deste, cfr., na doutrina portuguesa, Ferrer Correia, «Unidade do estatuto pessoal», *in Estudos Jurídicos – III. Direito Internacional Privado*, Coimbra, 1970, Atlântida Editora, p. 291-321, a p. 297.

unidade do instituto acrescenta-se também agora uma outra forma de perda de unidade da respectiva regulamentação. Com efeito, e como mais atrás se referiu, com a regulação de origem estadual concorre hoje, na matéria de que nos ocupamos, além das normas de fonte internacional, a de outros ordenamentos, como o direito da União Europeia, que progressivamente se vai dotando de um corpo de regras de direito internacional privado que vão pouco a pouco substituindo capítulos mais ou menos inteiros da regulamentação nacional. Mas a compressão dos ordenamentos nacionais não se limita a estas áreas do direito que, na sua aplicação às relações familiares, são substituídas pelas regras de direito da União. Ela atinge as próprias regras da parte geral dos sistemas nacionais de direito internacional privado, que deixam de ser tomadas em consideração quando se aplicam normas de direito internacional privado da União, que muitas vezes trazem consigo a aplicação de preceitos próprios (e possivelmente distintos dos de fonte estadual) no que toca às questões da parte geral[167]. E, para além disso, atinge a própria ideia de parte geral do direito internacional privado, enquanto conjunto de regras que presidem à aplicação das singulares normas de conflitos de um sistema, na medida em que essa aplicação deixa de ser objecto de regras comuns, dependendo em cada caso de qual a fonte da específica norma de conflitos (do ordenamento estadual ou do da União Europeia) considerada.

Para além desta característica de ordem sistémica, digamos, a concreta disciplina das relações familiares plurilocalizadas tem-se caracterizado pela sua acomodação à diversidade. Diversidade de institutos, desde logo, na medida em que novas formas de relações familiares se têm vindo acrescentar às anteriores, ao passo que nes-

---

[167] Veja-se, quanto aos instrumentos citados supra, nas notas 85 e 86, os artigos 11, 12, e 14-16, e 15 (na medida em que remete para os artigos 12, 13 e 15 a 17 do Protocolo da Haia de 2007), respectivamente, quanto ao reenvio (que é objecto de exclusão), a ordem pública e a referência a ordenamentos plurilegislativos.

tas assistimos a uma renovação de algumas delas e à modificação substancial de outras. Mas também dos olhares que se projectam na regulamentação respectiva, sendo progressivamente marcada a diferença entre as opções que a este respeito são feitas pelos legisladores nacionais, e isto independentemente dos esforços de unificação internacional que vêm sendo desenvolvidos. E diversidade de ordens de regulação, uma vez que ao nível estadual, que aparecia como o quadro essencial da regulamentação na matéria que nos ocupa, se acrescenta, e de forma crescente, no espaço geográfico e cultural que consideramos, também o nível do direito da União Europeia[168], que faz interceder com o anterior relações de substituição e de coordenação. O que, afinal, está na linha de uma construção dogmática que caracterizava a nossa disciplina como o direito da tolerância[169] (face a novos institutos, a distintas formas de pensar, a diferentes ordens de regulação).

---

[168] Sobre o perfil que assume a intervenção desta ordem jurídica, cfr. Isabelle Barrière Brousse, «Le droit international privé de la famille à l'heure européenne», *in Le Droit des rapports internationaux économiques et privés. Mélanges en l'honneur du Professeur Jean Michel Jacquet* (*cit. supra*, nota 82), p. 347-365. E, em particular para uma referência às implicações dela resultantes quanto ao mecanismo da ordem pública internacional, cfr. Kurt Siehr, «Der ordre public im Zeichen der Europaischen Integration. Die Vorbehaltsklausel und die EU-Binnenbeziehung», *in Grenzen uberwinden – Prinzipien bewahren. Festschrift fur Bernd von Hoffman* (*cit. supra*, nota 82), p. 424-436, e Michael Sturner, «Europaisierung des (Kollisions-) Rechts und nationaler ordre public», *ibidem*, p. 463-482.

[169] Para retomar a imagem de Werner Goldschmidt.
Atente-se, a este propósito, no tratamento dado a certas instituições de direito muçulmano [ver, a propósito, Alegria Borràs, «The protection of the rights of children and the recognition of *Kafala*», *in A Commitment to Private International Law. Essays in honour of Hans van Loon* (*cit. supra*, nota 12), p. 77-87], a progressiva erosão da excepção de ordem pública internacional [cfr. Simone Marinai, «Matrimonial matters and the harmonization of conflict of laws: A way to reduce the role of public policy as a ground for non-recognition of judgments», 13 *Yearboook of Private International Law* (2011), p. 255-272], e o desaparecimento ou limitação do mecanismo do exequatur [a este respeito, cfr. Andrea Schulz, «The abolition of exequatur and State liability for human rights violations through the enforcement of judgments in european family law», *in A Commitment to Private International Law. Essays in honour of Hans van Loon* (*cit.* nesta nota), p. 515-527]

Enfim, a alteração da estrutura da ordem jurídica como a modificação operada nos seus comandos têm vindo crescentemente a acreditar o direito da família[170], e também, de algum modo nele, o direito internacional privado das relações familiares, como o laboratório de uma realidade social em acelerada mutação.

---

[170] Para uma síntese, cfr. Katharina Boele-Woelki, «European Challenges in contemporary family law: some final observations», *in European Challenges in Contemporary Family Law* [Katharina Boele-Woelki/Tone Sverdrup (eds)], Antwerp, 2008, Intersentia, p. 413-423.

EM TORNO DAS RELAÇÕES ENTRE O DIREITO DA FAMÍLIA E O DIREITO DAS SUCESSÕES – O CASO PARTICULAR DOS PACTOS SUCESSÓRIOS NO DIREITO INTERNACIONAL PRIVADO[1]

Nuno Ascensão Silva
Assistente Convidado na Faculdade de Direito da Universidade de Coimbra

I – Introdução

1. Se o direito é, como há muito aprendemos com CASTANHEIRA NEVES, "apenas uma *solução possível* para um *problema necessário*"[2],

---

[1] Tendo em consideração as limitações de espaço que rodeiam uma publicação desta índole, omitimos aqui parte significativa das reflexões complementares e das referências bibliográficas a que fomos conduzidos no decurso da presente investigação. Todavia, muitas destas encontram-se contidas em N. ASCENSÃO SILVA, "A sucessão testamentária no direito internacional privado – Algumas considerações", *Cadernos do Cenor*, n.º 4 (em publicação), pelo que, desde já, para aí remetemos *in toto*, ali podendo procurar-se, por conseguinte, tanto o fundamento de muito daquilo que aqui secamente afirmamos como a explicitação das soluções gerais (materiais e conflituais) mais relevantes concernentes à sucessão – mormente, à sucessão voluntária – e que aqui, por economia de linhas, apenas podemos sumariamente convocar.

Acresce ainda que a referência a qualquer disposição legal sem a menção da sua origem deverá considerar-se feita aos preceitos do Código Civil português, salvo se outra coisa resultar com evidência do contexto em que alguma delas se encontre inserida.

[2] A. CASTANHEIRA NEVES, "O direito como alternativa humana. Notas sobre o problema actual do direito", *Digesta (Escritos acerca do Direito, do Pensamento Jurídico, da sua Metodologia e Outros)*, Coimbra: Coimbra Editora, 1995, v. I, p. 299.

Para uma interpelante e cuidada reflexão sobre as alternativas ao direito, e considerando o *distinguo* da juridicidade no mundo contemporâneo, cf.: A. CASTANHEIRA

DOI: http://dx.doi.org/10.14195/978-989-26-1113-6_13

também se afigura seguro que qualquer sistema de regulamentação social que pretenda assumir-se, no contexto do nosso horizonte civilizacional, como um autêntico ordenamento jurídico haverá de predicar-se por uma específica unidade de sentido[3] e que, *hic et nunc*, e independentemente da diversidade muitas vezes incidental dos critérios legais acolhidos nos distintos corpos jurídicos nacionais, se vai densificando num lastro significativo de princípios normativos[4].

Todavia, e para além da unidade do direito *qua tale* (*the unity of law*), são incontáveis as convergências, sobreposições e espaços de contacto que, de um modo mais ou menos notório, e em termos

NEVES, "O direito como validade", *RLJ* [*Revista de Legislação e de Jurisprudência*], ano 143.º (2013-2014), p. 154 ss.; *IDEM*, "O direito como alternativa humana...", cit., p. 287 ss.; *IDEM*, "O Direito hoje: uma sobrevivência ou uma renovada exigência", *RLJ*, ano 139.º (2009-2010), p. 202 ss.; *IDEM*, "O problema da universalidade do Direito – ou o Direito hoje, na diferença e no encontro humano-dialogante das culturas", *Internacionalização do direito no novo século*, Jorge de Figueiredo Dias (org.), Coimbra: Coimbra Editora, 2009, p. 45 ss.; e F. PINTO BRONZE, *Lições de introdução ao direito*, 2.ª ed., Coimbra: Coimbra Editora, 2010 (reimpressão), p. 572 ss.

[3] Sobre o sentido específico do direito e a unidade intencional que, no contexto do nosso espaço civilizacional, o constitui, *vide*, entre nós: A. CASTANHEIRA NEVES, *Curso de introdução ao estudo do direito*, Coimbra: [s.n.], 1971-1972, p. 44 ss.; *IDEM*, "Justiça e direito", *Digesta*, v. I, cit., p. 273 ss.; F. PINTO BRONZE, *op. cit.*, p. 459 ss. E, para o modo como tal problema foi assumido tanto na época pré-moderna como sob a égide do positivismo jurídico, cf. ainda F. PINTO BRONZE, *op. cit.*, p. 307 ss. e elementos bibliográficos aí indicados.
Por fim, para mais desenvolvimentos sobre a unidade do sistema jurídico e com uma ampla reflexão sobre a sua composição e relevância metodológica, cf. ainda: A. CASTANHEIRA NEVES, "A unidade do sistema jurídico: o seu problema e o seu sentido (Diálogo com Kelsen)", *Estudos em Homenagem ao Prof. Doutor J. J. Teixeira Ribeiro*, v. II, Coimbra: [s.n.], 1979, p. 73 ss.; *IDEM*, *Curso...*, cit., pp. 265 ss., 331 ss.; F. PINTO BRONZE, *op. cit.*, p. 607 ss.

[4] Particularmente sobre os princípios normativos e com o esclarecimento cabal da sua função fundamentante no contexto de um constituendo sistema jurídico, *vide*, entre nós: A. CASTANHEIRA NEVES, *Curso...*, cit., esp. p. 331 ss.; *IDEM*, "O sentido actual da metodologia jurídica", *Digesta (Escritos acerca do Direito, do Pensamento Jurídico, da sua Metodologia e Outros)*, v. III, Coimbra: Coimbra Editora, 2008, esp. pp. 394 ss. e 410 s.; *IDEM*, *Metodologia jurídica: problemas fundamentais*, Coimbra: Coimbra Editora, 1993, p. 188 ss.; F. PINTO BRONZE, *op. cit.*, p. 627 ss.; e, ainda, J. J. GOMES CANOTILHO, "Princípios. Entre a sabedoria e a aprendizagem", *Ars iudicandi. Estudos em Homenagem ao Prof. Doutor António Castanheira Neves*, Jorge de Figueiredo Dias, José J. Gomes Canotilho e José de Faria Costa (org.), v. I (Filosofia, Teoria e Metodologia), Coimbra: Coimbra Editora, 2008, p. 375 ss.

mais particulares, entretecem os diversos sectores que a dogmática jurídica, atendendo às particulares e devenientes exigências que materialmente os constituem, foi paulatinamente autonomizando no contexto do *corpus iuris.*

É certo que tais fenómenos, e que são o eco, na verdade, de uma comunhão intencional mais ou menos cristalina, vêm à epifania nos diversos momentos históricos de um modo diferenciado e nem sempre a sua cabal amplitude consegue ser apreendida pelos juristas, pelo menos pelos mais desatentos. Realmente, a empresa de tentar compreender a fenomenologia, mas, sobretudo, o sentido das mutáveis tendências de confluência, justaposição, dependência e osmose que convocamos nem sempre se revela fácil, tudo dependendo, desde logo, dos específicos domínios jurídicos tidos em vista, resultando até especialmente espinhosa quando o olhar comparatístico ousa perfilar ordenamentos jurídicos internos diversos.

2. Em qualquer caso, a dificuldade da análise que alvitrámos nunca impediu de se traçarem inúmeras ligações ou afinidades entre o direito da família e o direito das sucessões[5].

---

[5] Sobre as relações entre o direito da família e o das sucessões (e *vice-versa*), *vide,* por exemplo, e com ampla demonstração de tais interdependências no seio do nosso direito positivo: D. LEITE DE CAMPOS, *Lições de direito da família e das sucessões,* 2.ª ed., Coimbra: Almedina, 1997, p. 28 s.; J. DUARTE PINHEIRO, *O direito das sucessões contemporâneo,* Lisboa: AAFDL, 2011, p. 47 ss.; C. PAMPLONA CORTE-REAL, *Direito da Família e das Sucessões (relatório apresentado no concurso para professor associado da Faculdade de Direito de Lisboa (DR, II série, n.º 235, de 11/10/94), nos termos do artigo 44.º, n.º 2, do Estatuto da Carreira docente Universitária e relativo ao programa, conteúdo e métodos de ensino da disciplina de Direito da Família e das Sucessões),* Lisboa: Lex, 1995, pp. 35 ss., 48 ss.; R. CAPELO DE SOUSA, "As Partes Especiais dos Direitos da Família e das Sucessões, a Parte Geral e as Partes Especiais no Código Civil", *Comemorações dos 35 anos do Código Civil e dos 25 anos da Reforma de 1977,* v. I (Direito da família e das sucessões), Coimbra: Coimbra Editora, 2004, p. 901 ss.

Por outro lado, e considerando as relações destas duas disciplinas com a Parte Geral do Código Civil, o direito das obrigações e o direito das coisas, veja-se também R. CAPELO DE SOUSA, "As Partes Especiais ...", cit., p. 894 ss. (ainda para uma ilustração de tais interdependências intra-sistemáticas, embora tendo em vista apenas o direito da família, M. R. LOBO XAVIER, "Das relações entre o Direito comum e

Com efeito, e não obstante as diferenças que ditam a multisecular independência destes dois domínios jurídicos e que fundamentam, por isso, a sua emancipação, conseguimos perscrutar quase espontaneamente a existência de um espaço referencial comum, consubstanciado em multiformes e recíprocas dependências, o que nos faz crer na existência de um fio condutor que os entrelaça e que desde logo se demonstra na proeminência de um "modelo familiar" do direito das sucessões[6]. E isto, na verdade, independentemente de se concordar com a autonomia científica das disciplinas que ao seu estudo se dedicam ou, ao invés, o que pode justificar a recente evolução do plano curricular de muitos estudos universitários, se sugerir a tendencial dissolução do direito das sucessões no direito patrimonial da família[7] – privilegiando desta maneira um ponto de

o Direito matrimonial – a propósito de atribuições patrimoniais entre cônjuges", *Comemorações dos 35 anos...*, v. I, cit. p. 487 ss.).

[6] Cf. F. PEREIRA COELHO, *Direito das sucessões*, Coimbra: [s.n.], 1992, p. 29 s. Para uma síntese dos sistemas sucessórios, cf. ainda, e para a caracterização do paradigma sucessório português, F. PEREIRA COELHO, *op. cit.*, p. 28 ss.; R. CAPELO DE SOUSA, *Direito da família e das sucessões: relatório sobre o programa, o conteúdo e os métodos de ensino de tal disciplina*, Coimbra: [s.n.], 1999, p. 33 ss.; IDEM, *Lições de direito das sucessões*, 4.ª ed. renovada, Coimbra: Coimbra Editora, 2013, v. I, p. 98 ss.; L. CARVALHO FERNANDES, *Teoria geral do direito civil*, 6.ª ed. revista e actualizada, v. I (Introdução. Pressupostos da relação jurídica), Lisboa: Universidade Católica Portuguesa, 2012, p. 103 ss.; IDEM, *Lições de direito das sucessões*, 4.ª ed. rev. e actual., Lisboa: Quid Juris, 2012, p. 31 ss.; C. PAMPLONA CORTE-REAL, *Curso de direito das sucessões*, Lisboa: Quid Juris, 2012, p. 168 ss.

[7] Se é conhecida a tendência para o estudo do direito (patrimonial) da família e das sucessões constituir o conteúdo de uma única disciplina universitária, ainda que muitas vezes por motivações aparentemente conjunturais, certo é que se tem procurado apresentar razões de fundo para tal junção e que não se apartam significativamente daquelas a que aludimos no texto. Sobre esta questão, vejam-se, por exemplo: C. PAMPLONA CORTE-REAL, *Direito da Família...*, cit., pp. 12 s., 19 s., 28 ss., 167 s.; R. CAPELO DE SOUSA, *Direito da família...*, cit., p. 50 s.
Na verdade, e partindo da observação segundo a qual "... o Direito das Sucessões é, em grande parte, elemento integrante do estatuto patrimonial da família, dado que os bens, por morte do seu titular, circulam pelos canais do casamento e do parentesco" (D. LEITE DE CAMPOS, *Direito da família e das sucessões (relatório)*, Coimbra: Almedina, 1998, p. 111), a referida dissolução do direito das sucessões no âmbito do direito patrimonial da família tem sido defendida entre nós por D. LEITE DE CAMPOS (por exemplo, *Lições...*, cit., esp. p. 377 ss.), uma vez que, situando-o no quadro da regulamentação das relações de família, tem sustentado que o regime

vista que pressente no regime da sucessão *mortis causa* o fundamental desiderato de prover, à semelhança daquilo que acontece com o regime patrimonial do casamento, à organização das relações de cariz pecuniário no espaço familiar – ou, pelo menos, a sua primacial consideração como um dos múltiplos instrumentos de programação patrimonial dos sujeitos individuais – estudado a par, por isso, das doações e dos regimes de bens do casamento[8]. Neste mesmo sen-

---

das relações patrimoniais da família deve abranger o regime de bens do casamento e a sucessão *mortis causa*.

Todavia, tal perspectiva tem sido contrariada por parte significativa da nossa doutrina, que sublinha, desde logo, a especificidade da regulamentação sucessória relativamente ao direito da família (por exemplo, C. PAMPLONA CORTE-REAL, *Direito da Família...*, cit., esp. pp. 20, 32 ss.; J. DUARTE PINHEIRO, *op. cit.*, p. 49 ss.), questionando-se mesmo, atendendo à sua relativa autonomia científica e didáctica, a possibilidade de logradamente se efectuar um estudo simultâneo (e não meramente sucessivo ou acoplado) das matérias que integram as referidas disciplinas (assim, por exemplo, R. CAPELO DE SOUSA, *Direito da família...*, cit., p. 53 ss.; C. PAMPLONA CORTE-REAL, *Direito da família...*, cit., p. 167).

[8] Com efeito, tal perspectiva, e que se centra no carácter patrimonial de todos os factos jurídicos a que aludimos, encontra claro acolhimento na civilística francesa. Na verdade, o tratamento jurídico conjunto das matérias relativas à sucessão legal (Título I), às doações (liberalidades *inter vivos*) e testamentos (Título II) e aos regimes de bens do casamento (Título V) corresponde afinal à sistematização do Código Napoleónico, uma vez que todas elas são reguladas, conquanto em títulos diversos, e ganhando por isso autonomia, no seu Livro III (*Des différentes manières dont on acquiert la propriété*).

Por sua vez, no Código civil português de 1867, todas as matérias a que nos referimos eram tratadas na Parte II (*Da aquisição de direitos*), embora com uma cisão clara entre "os direitos originários que se adquirem por vontade própria e de outrem conjunctamente" – aqui se incluindo o regime de bens de casamento, as doações aos esposados (feitas entre si ou por terceiros) e as doações entre cônjuges [Livro II, Título II (Dos contratos em particular), Capítulo I (Do casamento)] e "os direitos que se adquirem por mero facto de outrem e dos que se adquirem por simples disposição da lei" – e onde se encontrava estabelecido o regime das sucessões (legal e testamentária) (Livro III, Título II) –, pelo que não se poderá afirmar com inteira propriedade, como o faz EDUARDO DOS SANTOS (*Direito das sucessões*, 2.ª ed., Lisboa: AAFDL, 2002, p. 22), que "o CC Português de 1867 adoptou a sistematização do CC francês".

Em suma, o Código de Seabra, embora assumindo um critério fundamentalmente antropocêntrico, conquanto marcadamente patrimonialista, não sancionou por inteiro a sistemática do *Code civil – Des personnes, Des biens et des différentes modifications de la propriété* e *Des différentes manières dont on acquiert la propriété* –, tanto mais que não decalcou a clássica trilogia das *Institutiones*, se bem que, no tangente ao conteúdo das soluções, haja bebido na codificação gaulesa tanto o princípio da

tido, e sem que tal implique a negação da autonomia dos sectores normativos a que nos referimos, são ainda de destacar as vozes de todos aqueles que, da proximidade do regime jurídico das sucessões e das doações (*inter vivos* e *mortis causa*), apontam a imprescindível mobilização de um aparato jurídico-dogmático comum e, portanto, a conveniência na construção de uma teoria geral das liberalidades[9].

Seja como for, e mesmo no âmbito da tradicional dicotomia – direito da família *versus* direito das sucessões –, sempre os civilistas mais ilustres, cultivando até concomitantemente as duas disciplinas – é o caso do Professor PEREIRA COELHO, que assumiu tal encargo durante largos anos na Faculdade de Direito da Universidade de Coimbra –, nunca renunciaram, perspicazmente e à medida da evolução jurídica, à inacabada tarefa de ir reconstituindo o fio de Ariadne que perpassa os mencionados sectores normativos – função que abraçam, ao contrário de Sísifo, não por punição dos deuses, mas antes pelo propósito voluntariamente assumido de tornar o mundo do direito (normativamente) inteligível – só assim se podendo dar cumprimento ao *munus* eminentemente prático de que o jurista se encontra investido –, e cujo fruto decerto não se assemelha aos trabalhos do ofensor dos deuses e manhoso enganador de Hades, condenado *ad aeternum*, no Tártaro, a um labor rotineiro, interminável e destituído de proveito.

3. Obviamente, não temos a pretensão de buscar aqui as múltiplas conexões que em geral existem entre o direito da família e o direito

---

imutabilidade dos regimes de bens do casamento como a proibição, que até levou mais longe, dos pactos sobre sucessão futura.

[9] Assim, J. DUARTE PINHEIRO, *op. cit.*, p. 501 ss., e que defende tudo aconselhar a um tratamento "global e unitário" dos negócios jurídicos gratuitos, ou seja, dos testamentos e das doações *inter vivos* – e cuja relevância sucessória se manifesta, desde logo, na necessidade de estas serem tidas em conta por ocasião do cálculo do montante da herança legitimária e contratual – e *mortis causa* – de natureza predominantemente sucessória –, convocando para isso o exemplo da sistemática adoptada no *Code civil* e no Código Civil italiano.

das sucessões, nem muito menos tentar a sua fundamentação ou apontar as consequências perniciosas que a exclusiva consideração das soluções em que se corporiza cada uma dessas disciplinas – tantas vezes resultado de uma visão imediatista, desconhecedora das "coerências invisíveis" e das silenciosas forças motrizes que, sem embargo de ímpetos contrários, centripetamente as enleiam, e consumada frequentemente através de reformas legislativas parciais – acaba por desencadear[10]. Caso contrário, e se nos envolvêssemos por agora em tal tarefa, impor-se-ia arcar o estudo de um vasto leque de complexos problemas jurídicos que a articulação do regime sucessório com o direito da família suscita, passando naturalmente, desde logo, por exemplo, pela consideração crítica do modo como a tutela dos elementos da família *do de cuius* determina os critérios legais acolhidos no âmbito da sucessão legítima e legitimária[11] – e a que

---

[10] Pensamos, por exemplo, no modo como a tutela sucessória excessiva do cônjuge sobrevivo, a demonstrar uma inequívoca valorização da família conjugal por ocasião das transmissões *mortis causa*, acabará ora por travar o casamento em segundas núpcias do cônjuge supérstite ora por se tornar no motivo, caso exista um segundo matrimónio, da perturbação da paz da vida familiar e do surgimento de litígios com os descendentes.

E, na verdade, na nossa doutrina tem-se defendido estarmos face a uma protecção "exagerada" (por exemplo, D. LEITE DE CAMPOS, *Lições...*, cit., p. 604 ss.; IDEM, *Direito da família e das sucessões (relatório)*, cit., p. 130) e até "obstinada" (assim, C. PAMPLONA CORTE-REAL, "Os efeitos sucessórios do casamento", *Direito da família e política social [actas do Congresso Internacional organizado de 1 a 3 de Outubro de 1998 pela Faculdade de Direito da Universidade Católica Portuguesa (Porto)]*, Maria Clara Sottomayor e Maria João Tomé (org.), Porto: Publicações Universidade Católica, 2001, p. 63), desadequação que, efectivamente, a evolução da realidade sociológica da família tem vindo a confirmar [*vide*, por exemplo, embora sem incidir directamente sobre o direito português, F. AMATO, *Crisi del matrimonio e coniuge superstite: gli assegni spettanti al coniuge superstite nella crisi del rapporto matrimoniale*, Napoli: Edizioni Scientifiche Italiane, 1999, *passim*; e, entre nós, recentemente, e acompanhando a nossa melhor doutrina, P. TÁVORA VÍTOR/R. CÂNDIDO MARTINS, "Depois de a morte nos separar – a protecção do cônjuge sobrevivo da perspectiva da responsabilidade", *Estudos em homenagem ao Prof. Doutor José Joaquim Gomes Canotilho*, Fernando Alves Correia... [*et al.*] (org.), Coimbra: Coimbra Editora, 2012, v. I, p. 753 ss.], solicitando-se, por conseguinte, uma revisão do estatuto sucessório do supérstite.

[11] Uma vez que, esclarece C. PAMPLONA CORTE-REAL, "Os efeitos sucessórios...", cit., p. 55 ss. (ver também IDEM, *Direito da Família...*, cit., p. 145 s.), "a *tutela qualitativa* das quotas hereditárias, e em especial dos legitimários e da quota di-

correspondem inelutáveis constrições ao princípio da livre disposição *mortis causa* dos bens –, pela apreciação do sentido jus-familiar dos mecanismos de protecção sucessória do cônjuge supérstite[12] ou, até, e agora tendo em mente problemas técnico-jurídicos mais específicos, pela análise das incidências sucessórias de institutos – como é o caso das doações *propter nuptias* e das doações entre os cônjuges – que obtêm no seio do direito da família um tratamento muito particular[13]. Labor que, na verdade, e alargando o âmbito da nossa tarefa à regulamentação das situações da vida privada transfronteiriça, se tornaria por agora ainda mais insuportável, caso ambicionássemos perscrutar as possíveis irradiações de todas estas sinapses no seio do funcionamento do método conflitual[14].

---

sponível, afectam o giro patrimonial *mortis causa,* determinando eventuais situações de *pulverização* do património do causante."

[12] Com efeito, o reforço da posição sucessória do cônjuge supérstite tem o inequívoco significado de uma valorização da família conjugal no contexto do regime jurídico geral das relações de família (para mais desenvolvimentos, veja-se, particularmente, C. PAMPLONA CORTE-REAL, *Direito da Família...*, cit., p. 135 ss.). Por outro lado, aspecto a que voltaremos, o equilíbrio do sistema passa pela consideração conjunta do estatuto sucessório do cônjuge sobrevivo e dos regimes de bens do casamento, mormente do regime supletivo (*vide infra*, n. 14).

[13] Seja como for, se a relevância sucessória das doações é particularmente evidente no caso das liberalidades *mortis causa* (por exemplo, os pactos sucessórios), ou seja, naquelas que, "produzindo efeitos só após a morte do autor, encontram nela a sua causa" (para mais desenvolvimentos sobre esta distinção, *vide* M. C. PIMENTA COELHO, "A imputação de liberalidades feitas ao cônjuge do autor da sucessão", *Estudos em Homenagem ao Professor Doutor Inocêncio Galvão Telles*, António Menezes Cordeiro, Luís Menezes Leitão e Januário da Costa Gomes (org.), Coimbra: Almedina, v. IV, 2003, p. 527 ss.), também as liberalidades feitas *inter vivos* por um dos cônjuges ao outro têm uma inquestionável incidência do ponto de vista do direito das sucessões (pense-se, por exemplo, no problema da colação, caso se entenda que também o cônjuge está obrigado a conferir os bens que haja recebido a título gratuito, ou na sua redução por inoficiosidade).

[14] O problema da conservação das "sinapses" entre o direito da família e o direito das sucessões é particularmente visível quando debatemos no plano do direito internacional privado a sucessão legitimária ou a protecção do cônjuge sobrevivo.

Quanto à primeira questão, e partindo do princípio segundo o qual os limites emergentes para a autonomia individual da sucessão legitimária decorrem da mobilização da *lex successionis*, sempre se poderá dizer que nem sempre esta deverá, quando implique a denegação de uma quota indisponível a certos herdeiros, ser automaticamente considerada contrária à ordem pública internacional, impondo-se

Ao invés, cingir-nos-emos antes à questão da sucessão contratual e às relações que podem discernir-se entre o seu regime jurídico e a organização patrimonial da família, mais especificamente, o regime

---

na aferição da existência de uma postergação insuportável dos valores fundamentais do ordenamento jurídico do foro atender ao disposto pela *lex familiae*. Com efeito, afigura-se-nos que esta deverá ser ponderada aquando da determinação dos deveres de solidariedade familiar que vinculam o *de cuius* a certos herdeiros – e cujo cumprimento não passa pelo necessário reconhecimento de uma quota indisponível, bastando, por exemplo, como acontece no Reino Unido, ao abrigo do *Inheritance (Provision for Family and Dependants) Act 1975* (entretanto modificado pelo *Inheritance and Trustees' Powers Act 2014*, em vigor desde 1 de Outubro de 2014), que o cônjuge ou os descendentes possam obter da herança *a reasonable financial provision* (para uma análise aprofundada, cf. M. TRULSEN, *Pflichtteilsrecht und englische family provision im Vergleich*, Tübingen: Mohr Siebeck, 2004; L. WOLFF, *Pflichtteilsrecht, Forced Heirship, Family Provision: Österreich, Louisiana, Schweiz, England und Wales; ein Rechtsvergleich*, Frankfurt am Main... [etc.]: Lang, 2011) –, funcionando como importante elemento coadjuvante por ocasião da concretização da excepção de ordem pública internacional.

Para mais desenvolvimentos, e não olvidando que o alastramento do princípio da autonomia da vontade no domínio do direito internacional privado sucessório, para além de constituir um importante instrumento de planificação sucessória, permite amiúde, ao facultar ao *de cuius* a escolha da *lex successionis*, a frustração das expectativas hereditárias daqueles que potencialmente – isto é , caso não houvesse escolha de lei – seriam legitimários, cf., por exemplo, P. LOKIN, "Freedom of Testation and the Protection of the Family in Private International Law", *The Future of Family Property in Europe*, Katharina Boele-Woelki, Jo Miles and Jens M. Scherpe (ed.), Cambridge... [etc.]: Intersentia, 2011, p. 369 ss.; T. PFUNDSTEIN, *Pflichtteil und ordre public: Angehörigenschutz im internationalen Erbrecht*, München: Beck, 2010; N. WATTÉ, "La réserve dans les successions internationales", *De erfrechtelijke reserve in vraag gesteld: Koninklijke Federatie van Belgische Notarissen, Comite voor Studie en Wetgeving: Notarieel Congres, Dendermonde, 1997 = Examen critique de la réserve successorale: Fédération royale des notaires de Belgique, Comité d'études et de législation: Congrès notarial, Termonde, 1997*, Fédération royale des notaires de Belgique (*éd.*), Bruxelles: Bruylant, 1997, Deel I (Rechsvergelijking)/Tome I (Droit comparé), p. 367 ss.; S. LORENZ, "Internationaler Pflichtteilsschutz und Reaktionen des Erbstatuts auf lebzeitige Zuwendungen", *Die Europäische Erbrechtsverordnung: Tagungsband zum wissenschaftlichen Symposium anlässlich des 20-jährigen Bestehens des Deutschen Notarinstituts am 11. Oktober 2013 in Würzburg*, Anatol Dutta und Sebastian Herrler (Hrsg.), München: Beck, 2014, p. 113 ss.; P. LAGARDE, "Les principes de base du nouveau règlement européen sur les successions", *Revue Critique de Droit International Privé*, v. 101 (2012), p. 709 ss.

No que concerne à protecção do cônjuge sobrevivo – e não esquecendo que, mesmo no exclusivo âmbito do direito civil, a sua tutela não se esgota no reconhecimento de direitos sucessórios, havendo igualmente que considerar os específicos direitos que decorrem do funcionamento do regime patrimonial do casamento –, também o problema da sua articulação com o regime matrimonial assume particular importância por ocasião da regulamentação das situações jurídicas dotadas de elementos internacionais relevantes.

económico do casamento, atendendo de modo particular ao nosso ordenamento jurídico, sem que isto impeça considerações pontuais

Na verdade, se é claro que existe no direito material uma particular ligação entre as soluções legais relativas ao regime matrimonial (mormente, o regime supletivo) e o estatuto sucessório do cônjuge supérstite e cuja ponderação se considera imperiosa por ocasião da formulação dos critérios legais, prevalecendo até o entendimento segundo o qual a protecção sucessória do cônjuge sobrevivo deverá ser reforçada nos regimes de separação e, ao invés, reduzida quando vigorar o regime da comunhão geral ou de adquiridos (reflectindo sobre esta interdependência, C. PAMPLONA CORTE-REAL, *Direito da Família...*, cit., esp. pp. 51 s., 144 s., J. FERNANDO NOGUEIRA, "A Reforma de 1977 e a posição sucessória do cônjuge sobrevivo", *Revista da Ordem dos Advogados*, ano 40 (1980), pp. 671, 688 ss.; A. de SOUSA LEAL, *A legítima do cônjuge sobrevivo. Estudo comparado hispano-português*, Coimbra: Almedina, 2004, p. 113 ss.) – conquanto, entre nós, e ao contrário daquilo que acontece noutros sistemas jurídicos, a posição de meeiro e de herdeiro se encontrem autonomizadas, não dependendo os direitos sucessórios do supérstite do específico regime de bens que haja vigorado na constância do casamento –, tal coerência poderá resultar particularmente afectada pela submissão de tais questões a ordenamentos jurídicos diversos, nem sempre se revelando transparente a natureza dos concretos preceitos jurídico-materiais que em cada sistema legal organizam a tutela do cônjuge sobrevivo no momento da dissolução por morte do regime matrimonial.

Assim será, por exemplo, como acontece face ao Código Civil brasileiro, quando o chamamento sucessório do cônjuge varie em função do regime matrimonial, não concorrendo ele com os descendentes do *de cuius* sempre que o casamento tenha sido celebrado no regime da comunhão geral, da separação obrigatória e da comunhão parcial de bens, aqui, apenas quando a herança não integre bens particulares (cf., para uma apreciação crítica das recentes soluções brasileiras, V. MACEDO SANTOS, "A *nebulosa* concorrência sucessória do cônjuge com descendentes e os regimes de bens", *Temas controvertidos de direito das sucessões: o cônjuge e o companheiro*, Adisson Leal, Carlos Pamplona Corte-Real, Victor Macedo dos Santos (coord.), Lisboa: AAFDL, 2015, p. 89 ss.; e L. NASCIMENTO PORTUGAL, "O direito de concorrência do cônjuge casado em separação convencional", *Temas controvertidos...*, cit., p. 131 ss.).

Por seu turno, também no direito alemão podemos achar lugar para as dificuldades a que aludimos, sendo suficiente para o comprovar atender desde logo ao regime jurídico da *Versorgunsausgleich* [a compensação dos direitos à pensão de reforma, prevista no § 1587 do *Bürgerliches Gesetzbuch* [BGB] e regulada no *Versorgungsausgleichsgesetz* [VersAusglG], de 3 de Abril de 2009, com alterações], uma vez que existe um tratamento diferenciado das situações em que a liquidação do regime matrimonial ocorra por divórcio [§ 20 ss., VersAusglG] daquelas em que esta venha a suceder por morte de um dos cônjuges, caso em que a pretensão do supérstite se dirige contra os herdeiros (§ 31, I, VersAusglG). Para uma exposição do regime da *Versorgunsausgleich* no direito teutónico, *vide*, por exemplo, F. RULAND, *Versorgungsausgleich*, 3. Aufl., München: Beck, 2011; *Versorgungsausgleich*, Rolf Sethe, Armin Höland und Notarkammer Sachsen-Anhalt (Hrsg.), Baden-Baden: Nomos Verlagsgesellschaft, 2011; N. DETHLOFF, *Familienrecht*, 29. Aufl., München: Beck, 2009, p. 216 ss.; D. SCHWAB, *Familienrecht*, 17. Aufl., München: Beck, 2009, p. 449 ss.; versando a questão do ponto de vista do direito internacional privado alemão, vejam-se ainda: R. WAGNER, *Versorgungsausgleich mit Auslandsberührung*, a propósito de sistemas jurídicos estrangeiros, tendo em vista a cabal explicitação do significado das soluções entre nós sancionadas.

Bielefeld: Verlag Ernst und Werner Gieseking, 1996; A. DÖRFLER, *Durchführung des Versorgungsausgleichs in Auslandsfällen unter besonderer Berücksichtigung des New Yorker Equitable Distribution Law von* 1980, Heidelberg: [s.n.], 1995; D. HOCHHEIM, *Versorgungsausgleich und IPR: Der Versorgungsausgleich in der gesetzlichen Rentenversicherung vor und nach dem Beitritt Polens zur EU*, Hamburg: Verlag Dr. Kovac, 2004; W. KRETSCHMANN, *Versorgungsausgleich auf der Grundlage eines ausländischen Rechts: die völker- und kollisionsrechtliche Problematik des Art. 17 Abs. 3 EGBGB und ihre Bewältigung, dargestellt am Beispiel des Schweizer Rechts*, Aachen: Shaker, 2005; C. NOLTE-SCHWARTING, *Der Versorgungsausgleich in Fällen mit Auslandsberührungen*, Berlin: Duncker & Humblot, 1984; H. J. SONNENBERGER, "Der Versorgungsausgleich im Internationalen Privatrecht", *Festschrift für Günther Beitzke zum 70. Geburtstag am 26. April 1979*, Otto Sandrock (Hrsg.), Berlin/New-York: Walter de Gruyter, 1979, p. 739 ss.; G. SCHOTTEN/C. SCHMELLENKAMP, *Das Internationale Privatrecht in der notariellen Praxis*, 2., neu bearb. Aufl., München: Beck, 2007, p. 210 ss.; K. SIEHR, "Vermögensstatut und Geldausgleich im IPR – Gilt Art. 3 Abs. 3 EGBGB auch für den Pflichtteil, den Zugewinnausgleich und den Versorgungsausgleich?", *Balancing of Interests: Liber amicorum Peter Hay zum 70. Geburtstag*, Hans-Eric Rasmussen-Bonne... [*et al.*] (Hrsg.), Frankfurt am Main: Verl. Recht und Wirtschaft, 2005, p. 389 ss., esp. p. 398 ss. Sobre o problema da titularidade do direito à pensão de reforma em geral, cf., entre nós, F. PEREIRA COELHO/GUILHERME DE OLIVEIRA, *Curso de direito da família*, 4.ª ed., v. I (Introdução. Direito matrimonial), Coimbra: Coimbra Editora, 2008, p. 544, e ainda, com ampla informação comparatística, M. J. VAZ TOMÉ, *O direito à pensão de reforma enquanto bem comum do casal*, Coimbra: Coimbra Editora, 1997, *passim*.

Por outro lado, ainda no direito alemão, se a quota hereditária do cônjuge sobrevivo corresponde, quando concorre com descendentes, a ¼ da herança (§ 1931, I, BGB), o § 1371, I, estabelece ainda o aumento automático de ¼ no quadro do regime matrimonial supletivo (§ 1363), a *Zugewinngemeinschaf* [e que consiste num regime híbrido, uma vez que, se na constância do casamento vigora a separação, na sua dissolução por morte é reconhecido a cada um dos cônjuges um crédito de participação no enriquecimento ou ganhos obtidos pelo outro (*Ausgleichanspruch*)], sendo de realçar que este ¼ acresce aos direitos sucessórios do cônjuge *ab intestato* determinados de acordo com o § 1931 e é independente da existência efectiva de tais ganhos, uma vez que é calculado de acordo com o valor da herança. De qualquer forma, e para além desta "legítima grande", que opera somente nos casos em que o supérstite é efectivamente herdeiro ou legatário, reconhece-se na *Zugewinngemeinschaf* uma "legítima pequena", correspondente à legítima normal (§§ 2303 e 1931), a que acresce o *Zugewinnausgleich* (caso isso decorra das regras do regime matrimonial, por força do § 1373 ss.), e aplicável em caso de preterição do legitimário (§ 1371, II) ou de repúdio da herança (§ 1371, III) [cf., para a caracterização do regime supletivo alemão, N. DETHLOFF, *op. cit.*, p. 115 ss.; D. SCHWAB, *op. cit.*, pp. 104 ss., 126 ss.; F. STURM, "La *Zugewinngemeinschaf*i et les régimes conventionnels du droit allemand", *Les régimes matrimoniaux en droit comparé et en droit international privé (Actes du Colloque de Lausanne du 30 septembre 2005)*, Andrea Bonomi et Marco Steiner (*éd.*), Genève: Droz, 2006, p. 79 ss.; e, entre nós, C. PAMPLONA CORTE-REAL, *Direito da Família...*, cit., p. 136 s.; discutindo as

Por conseguinte, no feixe das situações em que o facto designativo sucessório é constituído por uma ou mais manifestações de vontade negocial (sucessão voluntária), atenderemos apenas aos pactos suces-

virtualidades de tal sistema do ponto de vista da harmonização do direito matrimonial europeu, *vide* ainda G. BRUDERMÜLLER, "Zugewinngemeinschaft: Struktur und Reform", *Die Zugewinngemeinschaft- ein europäisches Modell?*, Volker Lipp, Eva Schumann und Barbara Veit (Hrsg.), Göttingen: Universitätsverlag Göttingen, 2009, p. 3 ss.; J. SEEVOGEL, *Der Wahlgüterstand der Gütertrennung für die Europäische Ehe: Eine rechtsvergleichende Betrachtung der Zugewinngemeinschaft des deutschen Rechts und der ehelichen Güterstände der Gütertrennung in Spanien unter besonderer Berücksichtigung der Ausgleichsansprüche bei Beendigung der Ehe*, Bielefeld: Gieseking, 2012). Deste modo, ao discernirmos no direito alemão duas vias – a "erbrechtilche Lösung", decorrente do § 1371, I, e consistente num aumento *a forfait* da legítima do cônjuge sobrevivo, e a "güterrechtliche Lösung", caso em que, por conseguinte, não sendo o supérstite herdeiro, não há lugar ao regime sucessório do *Zugewinnausgleichs*, cabendo-lhe apenas os direitos decorrentes do regime de bens, nos termos do § 1372 ss. –, evidencia-se também aqui a íntima ligação entre o regime matrimonial e a tutela sucessória do supérstite (D. SCHWAB, *op. cit.*, p. 152 s.; N. DETHLOFF, *op. cit.*, p. 140 ss.), problema que tem suscitado do ponto do direito internacional privado alemão particular interesse, dando lugar a uma farta jurisprudência [sobre o problema da qualificação do § 1731, I, do BGB, e numa bibliografia extensíssima, cf. K. SIEHR, *op. cit.*, esp. p. 395 ss.; G. KEGEL/K. SCHURIG, *Internationales Privatrecht*, 9. Aufl., München: C. H. Beck, 2004, p. 1006; D. LOOSCHELDERS, *Internationales Privatrecht — Art. 3-46 EGBGB*, Berlin/Heidelberg: Springer, 2004, p. 233; C. VON BAR, *Internationales Privatrecht*, München, C. H. Beck, Bd. II (Besonderer Teil), 1991, p. 162 ss.; G. SCHOTTEN/C. SCHMELLENKAMP, *op. cit.*, pp. 189, 301 ss.; e, tendo em vista o novo regime europeu das sucessões internacionais, B. KOWALCZYK, "Die Zukunfstperspektiven der Anwendung des § 1371 I BGB unter der Geltung des europäischen Kollisionsrechts", *Zeitschrift für Rechtsvergleichung, Internationales Privatrecht und Europarecht* [*ZfRV*], v. 54 (2013), p. 126 ss.]. E, para um tratamento aprofundado dos problemas suscitados pela tutela sucessória do cônjuge supérstite no contexto da vida privada internacional, destacamos ainda: M. ZABALO ESCUDERO, *La situación jurídica del cónyuge viudo. Estudio en el derecho internacional privado y derecho interregional*, Pamplona: Aranzadi, 1993; W. HERING, *Die gesetzlichen Rechte des überlebenden Ehegatten in deutsch-kanadischen Erbfallen: eine Untersuchung zur gesetzlichen Regelung der Rechte des überlebenden Ehegatten im kanadischen Recht und zur internationalprivatrechtlichen Lösung deutsch-kanadischer Erbfälle*, München: C.H. Beck, 1984; M. CLAUSNITZER, *Die güter- und erbrechtliche Stellung des überlebenden Ehegatten nach den Kollisionsrechten der Bundesrepublik Deutschland und der USA – Eine rechtsvergleichende Untersuchung zu Normenwiderspruch und Anpassung im Internationalen Privatrecht*, Konstanz: Hartung-Gorre Verlag, 1986; D. HENRICH, "Ehegattenerbrecht und IPR (2000)", *Deutsches, ausländisches und internationales Familien- und Erbrecht: ausgewählte Beiträge*, Bielefeld: Gieseking, 2006, p. 327 ss.; B. KOWALCZYK, *Die gesetzlichen Rechte des überlebenden Ehegatten im deutsch-polnischen Rechtsverkehr unter Berücksichtigung des europäischen Rechts*, Hamburg: Kovač, 2013.

sórios e que são, na definição lata de COELHO DA ROCHA[15], "todos aquelles, que têm por objecto a herança de uma pessoa ainda viva, ou seja a de algum dos contractantes, ou seja a de terceiro". Assim, trataremos exclusivamente da sucessão pactícia (os «contratos de he-

De resto, os conflitos de qualificações entre "regime matrimonial" e "regime sucessório" são igualmente uma boa demonstração das dificuldades que convocamos, constituindo a orientação doutrinária no sentido da prevalência do primeiro uma clara indicação do *favor matrimonii* que teremos ocasião de referir (sobre estes conflitos, vejam-se, por exemplo, na nossa doutrina, A. FERRER CORREIA, *Lições de Direito Internacional Privado*, Coimbra: Almedina, 2000, pp. 236 ss., 240 ss.; e A. MARQUES DOS SANTOS, "Breves considerações sobre a adaptação em Direito Internacional Privado", *Estudos de Direito Internacional Privado e de Direito Processual Civil Internacional*, Coimbra: Almedina, 1998, p. 69 ss.), concitando, na verdade, agravados esforços interpretativos e abrindo-se caminho a passos largos à intervenção do expediente metodológico da adaptação [sobre esta, *vide*, por exemplo, A. MARQUES DOS SANTOS; "Breves considerações sobre a adaptação...", cit., p. 51 ss.; L. de LIMA PINHEIRO, *Direito Internacional Privado [DIP]*, v. I (Introdução e Direito de Conflitos. Parte Geral), 3.ª ed. refundida, Coimbra: Almedina, 2014, p. 600 ss.; e, na doutrina estrangeira, D. LOOSCHELDERS, *Die Anpassung im internationalen Privatrecht: zur Methodik der Rechtsanwendung in Fällen mit wesentlicher Verbindung zu mehreren nicht miteinander harmonierenden Rechtsordnungen*, Heidelberg: Müller, 1995].

[15] *Instituições de Direito Civil Portuguez*, 3.ª edição, Coimbra: Imprensa da Universidade, 1852, t. II, p. 577.

Sobre a sucessão contratual, e para mais desenvolvimentos sobre o conceito de pacto sucessório (*hoc sensu*), modalidades e a sua distinção relativamente a outros institutos onde a designação sucessória, e deixando por agora de parte a sucessão testamentária, acaba por ser determinada pela existência de outros factos jurídicos negociais, *vide*: A. COELHO DA ROCHA, *op. cit.*, p. 577; EDUARDO CORREIA, *Lições de direitos sucessórios*, António Manuel da Veiga; de harmonia com as prelecções do Professor Doutor Eduardo Correia, ao curso do 4º ano jurídico de 1948-49, Coimbra: [s.n.], 1949, p. 57 ss.; J. BOTELHO MONIZ, "A sucessão pactícia na lei portuguesa", *O Direito*, ano 78.º (1946), p. 310 s.; J. DUARTE PINHEIRO, *op. cit.*, p. 182 ss.; C. ARAÚJO DIAS, *Lições de direito das sucessões*, Coimbra: Almedina, 2010, pp. 35, 42 s.; I. GALVÃO TELLES, *Sucessões: Parte Geral*, Coimbra: Coimbra Editora, 2004, p. 19 ss.; J. de OLIVEIRA ASCENSÃO, *Direito Civil – Sucessões*, 5.ª ed. revista, Coimbra: Coimbra Editora, 2000, p. 92 ss.; EDUARDO DOS SANTOS, *op. cit.*, pp. 76 s., 557; L. CARVALHO FERNANDES, *Lições...*, cit., p. 555 ss.;C. PAMPLONA CORTE-REAL, *Curso...*, cit., p. 80 ss.

De qualquer modo, e sempre considerando a distinção entre negócios jurídicos *inter vivos e mortis causa* [sobre esta classificação, cf., por exemplo, M. DOMINGUES DE ANDRADE, *Teoria geral da relação jurídica*, v. II (Facto jurídico, em especial negócio jurídico), Coimbra: Almedina, 1964 (reimpressão), p. 44 ss.; L. CARVALHO FERNANDES, *Teoria geral do direito civil*, 5.ª ed. revista e actualizada, v. II (Fontes. Conteúdo e garantia da relação jurídica), Lisboa: Universidade Católica Portuguesa, 2010, p. 77 ss.; C. da MOTA PINTO, *Teoria geral do direito civil*, 4.ª ed. por António Pinto Monteiro e Paulo Mota Pinto, Coimbra: Coimbra Editora, 2012 (2.ª reimpressão),

rança»), concentrando-nos mais propriamente nos pactos institutivos (*de succedendo*), ou seja, nos casos em que, mediante uma convenção, o *dante causa* constitui alguém como seu herdeiro ou legatário, e que são, afinal, aqueles que verdadeiramente são admitidos no Código Civil, deixando de banda tanto os acordos *de successione tertii*[16] – o que acontece quando alguém, com a expectativa de vir a ser chamado, aliena uma futura herança ou um futuro legado de pessoa viva, não havendo, por isso, uma qualquer intervenção do causante da sucessão (o *de cuius*) – como os factos sucessórios *renunciativos* (*de non succedendo*)[17] – uma vez que, quando alguém renuncia à herança de pessoa viva ou antecipadamente se repudia, poder-se-á concordar que não se opera positivamente sobre a devolução sucessória, não se tratando, por isso, de um verdadeiro acto jurídico designativo ou de uma verdadeira disposição por morte[18]

---

p. 389 ss.; J. de OLIVEIRA ASCENSÃO, *Direito Civil – Teoria Geral*, v. II (Acções e factos jurídicos), 2.ª ed., Coimbra: Coimbra Editora, 2003, p. 99 ss.; J. de CASTRO MENDES, *Direito civil: teoria geral*, Lisboa: AAFDL, v. II, 1979 (revisto em 1985), p. 310], urge aqui lembrar, para além dos negócios jurídicos *mortis causa* (*proprio sensu*), e seguindo a sistematização de J. de OLIVEIRA ASCENSÃO, *Direito Civil – Sucessões*, cit., p. 39 ss., tanto a existência de negócios jurídicos *inter vivos* que produzem efeitos depois da morte (*v.g.,* uma dívida que onera a herança e obriga os herdeiros), sendo, por isso, fruto de uma vinculação assumida pelo *de cuius* e que só afectam os herdeiros na medida em que alteram o objecto da própria herança, como de actos *inter vivos* destinados a originar efeitos apenas por morte (*v.g.*, as situações previstas nos artigos 962.º, 1231.º ss, 1719.º e 2029.º).

[16] Nos pactos dispositivos, "a pessoa convicta de que sucederá a outra, dispõe, *ainda em vida desta*, da referida sucessão ou de parte dela a favor de alguém" (I. GALVÃO TELLES, *Sucessões: Parte Geral*, cit., p. 21).

[17] Nesta hipótese, há um "contrato entre autor da sucessão e um seu sucessível, pelo qual este renuncia à sucessão, i.e., antecipadamente a repudia." (neste sentido, I. GALVÃO TELLES, *ibidem).*

[18] Nestes termos, tende a sublinhar-se a dissemelhança entre sucessão pactícia e pacto sucessório, uma vez que, como escreve J. de OLIVEIRA ASCENSÃO, *Direito Civil – Sucessões*, cit., p. 93, "de entre os pactos sobre sucessão de pessoa viva, só os designativos dão origem a uma sucessão fundada num contrato". Aliás, de acordo I. GALVÃO TELLES, *Direito das sucessões: noções fundamentais*, 6.ª ed, Coimbra: Coimbra Editora, 1991, p. 121 ss., orientação que seguimos no texto, apenas estes últimos serão verdadeiros pactos sucessórios, constituindo as outras figuras previstas no artigo 2028.º unicamente "actos relativos a sucessões futuras" e que, nos termos da lei, são até inválidos. Com efeito, escreve (a p. 127), "só é acto *mortis*

–, conquanto disto não resulte que, do ponto de vista do direito internacional privado, tais situações que excluímos do âmbito da nossa apreciação não mereçam um tratamento conflitual análogo ao que é dado aos pactos *de succedendo*[19]. Aliás, do mesmo modo, deixaremos fora da nossa análise outros actos ou negócios jurídicos *inter vivos* com repercussões sucessórias, eventualmente submetidos ainda, pelo menos no plano do direito de conflitos, ao regime da instituição contratual de herdeiro ou da nomeação de legatário[20].

---

causa o pacto *de succedendo*. Só ele é um acto de regulamentação sucessória como o testamento. Só ele visa, como este, marcar o destino *post obitum* dos bens, instituir herdeiros ou legatários. Só ele é fonte de vocação sucessória". E, mais adiante, continua (a p. 129): "Os actos *mortis causa* versam sobre a sucessão *própria,* que visam regular, designando os seus destinatários; ao passo que aqueles outros actos [os pactos renunciativos e os designativos] versam sobre sucessão *alheia."*

[19] Assim, por exemplo, as regras de conflitos uniformes contidas no Regulamento (UE) n.º 650/2012 têm em vista, nos termos do artigo 3.º, n.º 1, *alínea b),* um conceito amplo de pacto sucessório e que retoma, afinal, em larga medida, a definição constante do artigo 8.º da *Convenção da Haia de 1 de Agosto de 1989 sobre a lei aplicável às sucessões por morte.* Todavia, uma vez que nos pactos *de successione tertii* não se acha em causa a sucessão de nenhum dos contraentes – efectivamente, o de *cuius* não intervém no acordo –, também eles não se deverão considerar abrangidos pelo Regulamento. Para mais desenvolvimentos sobre a noção de pacto sucessório acolhida no Regulamento, *vide infra,* n. 76, *in fine.*

Por outro lado, e no tangente aos pactos *de non sucedendo,* mesmo de acordo com as soluções do Código Civil – uma vez que não se trata de uma autêntica disposição por morte, e estando antes em causa a exclusão da vocação sucessória, poder-se-ia apontar à primeira vista para a competência da *lex successions* –, sempre se tem entendido que a tutela das expectativas do hereditando aconselha a sua equiparação aos pactos *de succedendo,* sendo por isso de aplicar a *alínea c)* do artigo 64.º. Por conseguinte, será a lei pessoal do autor da herança ao tempo da declaração a regular a admissibilidade de tais convenções, bem como as questões de capacidade, representação, falta e vícios da vontade e efeito e medida da renúncia [neste sentido, J. BAPTISTA MACHADO, *Lições de Direito Internacional Privado,* 3.ª ed., Coimbra: Almedina, 1985, p. 447 s.; e, aceitando também a aplicação do artigo 64.º, L. de LIMA PINHEIRO, *Direito Internacional Privado [DIP],* v. II (Direito de Conflitos. Parte especial), 3.ª ed., Coimbra: Almedina, 2009, p. 552].

[20] Referimo-nos às convenções em que as possíveis incidências da sua violação sobre os interesses dos herdeiros e dos credores da herança justificam a sua não submissão integral ao regime geral dos contratos, designadamente às doações *inter vivos* e às convenções sobre testamento futuro, este último, reconhecido no horizonte do *Common Law* e igualmente regulado nos direitos dinamarquês e norueguês.

Neste último caso (os *will substitutes*), o autor, embora não fazendo qualquer instituição (ou nomeação), e conservando, por conseguinte, e em ampla medida, a liberdade de testar, obriga-se a dispor ou a não dispor de certa maneira, havendo

De resto, tal excurso terá necessariamente um cariz perfunctório, uma vez que, ao avocarmos como desiderato fundamental o estudo do regime internacional privatístico dos pactos sucessórios, circunscrevendo-nos até, mais especificamente, aos problemas suscitados pela determinação da lei aplicável, a explicitação do regime material da sucessão contratual não pode deixar de revestir um valor caracteristicamente ancilar.

4. Aqui chegados, e ainda antes de encetarmos tal tarefa, acrescente-se que o trajecto que propomos radica num determinado pressuposto que importa claramente assumir. Na verdade, e para além de desde já se dever advertir que o funcionamento do método conflitual poderá conduzir à perturbação das forças de sinergia e de equilíbrio que antes convocámos e que reciprocamente atraem ou apartam o direito da família e o direito das sucessões – uma vez que, ao assentar na técnica do desmembramento ou *dépeçage*, podemos ser conduzidos na regulação das situações privadas internacionais ao chamamento simultâneo de (eventualmente contraditórias) ordens jurídicas diversas para reger questões que se integram nos dois sectores normativos de que nos ocupamos –, com sério risco para o princípio da harmonia material ou interna e que exprime, nas palavras de FERRER CORREIA, "... a ideia de que no seio do ordenamento jurídico as contradições ou *antinomias normativas* são intoleráveis"[21] –, urge igualmente sublinhar agora, como noutro lado já escrevemos, que não entendemos o direito de conflitos como um sistema fechado e autopoiético, sob pena, aliás, de ele se achar

---

lugar apenas a um direito a indemnização a exercer contra a herança sempre que se verifique uma estipulação *mortis causa* feita em violação do *contract to make a will*. Neste caso, efectivamente, a nossa doutrina tem propugnado a sua submissão ao regime conflitual dos pactos sucessórios, e, por isso, ao artigo 64.º, *alínea c)* (assim, J. BAPTISTA MACHADO, *op. cit.*, p. 448 ss., e, por analogia, L. de LIMA PINHEIRO, *DIP*, v. II, cit., p. 552).

[21] *Direito Internacional Privado – Alguns problemas*, Coimbra: [s.n.], 1985, p. 113.

destinado a estiolar-se radical e narcisisticamente numa hermética e estéril auto-fundamentação[22].

Ora, e se isto nos permite apreender o sentido da contemporânea renovação do direito de conflitos – inelutavelmente condenado, ao absorver a emergência de novos valores no âmbito do direito material e ao acomodar-se aos desafios lançados pelos direitos do Homem e pelo ordenamento jurídico da União Europeia, a uma funambular reconstituição das exigências e objectivos que tradicionalmente o predicavam e, por conseguinte, forçado, na busca de novos méto-dos, a uma exigente *ars inveniendi*[23] –, também nestas premissas desvelamos a utilidade da análise do direito material relativo à sucessão contratual, uma vez que, como procuraremos elucidar, só através dela as soluções de direito internacional privado vigentes nessa matéria podem ser cabalmente entendidas.

5. No que respeita à *sucessão mortis causa*, a diversidade dos ordenamentos jurídico-materiais constitui, ainda hoje, uma crua realidade[24].

---

[22] Para a justificação da convicção que retomamos no texto, veja-se o que disse-mos em "«Desenvolvimentos recentes do direito europeu da família e das sucessões» – Algumas notas", *Lex Familiae*, ano 4, n.º 7 (2007), p. 51 s.

[23] Ilustrando o pluralismo de finalidades – e, também por isso mesmo, das formas de regulamentação – do direito internacional privado actual, veja-se H. GAUDEMET-TALLON, "Le pluralisme en droit international privé: richesses et faiblesses (Le funambule et l'arc-en-ciel)", *Recueil des Cours de l'Académie de Droit International de La Haye* [*Recueil des Cours*], t. 312 (2005), esp. p. 171 ss.
Por outro lado, e como acentua assim, L. GANNAGÉ, *Les méthodes du droit inter-national privé à l'épreuve des conflits de cultures*, La Haye: Adi-Poche, 2013, face à contemporânea mutação dos interesses, dos valores e dos objectivos – e que acabou desde logo por ditar a insuficiência dos métodos do direito internacional privado existentes para fazer face aos conflitos de culturas –, impõe-se a necessária procura de uma comunidade de métodos (a p. 242 ss.), mas também de valores (a p. 314 ss).

[24] Para além da inúmera literatura onde podem ser colhidas amplas informações de direito comparado relativamente ao direito material das sucessões em geral, vejam-se ainda, especificamente no respeitante à sucessão contratual: Y. H. LELEU, "Les pactes successoraux en droit comparé", *Internationale contractuele relaties. De rol van de notaris*, Koninklijke Federatie van Belgische Notarissen (ed.), Antwerpen: Maklu, 1995, p. 545 ss.; *Les pactes successoraux en droit comparé et en droit interna-*

Na verdade, e para além de casos esporádicos e que, de resto, não relevam no contexto da matéria de que nos ocupamos – pensamos especificamente na *Convenção de Washington de 1973 relativa à Lei Uniforme sobre a forma de um testamento internacional* (UNIDROIT) –, não são de assinalar particulares trabalhos convencionais de unificação (*hoc sensu*), uniformização e harmonização do direito material sucessório, nem sequer são expectáveis num futuro próximo, e malgrado o empenho de todos aqueles que vêm sugerindo a sua necessidade e viabilidade, esforços de concertação interestadual determinados a promover a unidade do regime jurídico-material da transmissão *mortis causa*.

É certo, todavia, que, e apesar das vozes de todos aqueles que se opõem à unificação do direito material das sucessões, importa assinalar a convergência espontânea de muitos ordenamentos jurídicos, mormente europeus, o que corresponde, afinal, à existência de um *standard of living* comum que determina o nivelamento das aspirações dos cidadãos e que a intervenção das organizações internacionais e a ampla difusão dos instrumentos relativos aos direitos do Homem tem favorecido. Neste sentido, a aproximação do direito da família dos diversos Estados, fruto da sedimentação de um conjunto de princípios comuns relativos à organização pessoal e patrimonial das relações familiares, mormente no respeitante ao casamento e à filiação, tem constituído um importante catalisador da evolução do direito das sucessões. Com efeito, pode até dizer-se que, pelo menos em grande medida, as transformações que este conheceu nas últimas décadas alicerçam-se, mais do que propriamente em razões jus-sucessórias – atinentes, por isso, a uma recompreensão dos institutos jurídicos fundamentais que entretecem o regime da

---

tional privé: nouveautés en droit français, italien ainsi qu'espagnol et implications pratiques pour la Suisse; actes de la Journée d'Etude de Lausanne du 5 mars 2007, Andrea Bonomi... [et al.], (ed.), Genève: Droz, 2008.

transmissão patrimonial *mortis causa* –, nas profundas alterações que a disciplina jurídica da família sofreu na generalidade dos ordenamentos jurídicos ao longo dos últimos decénios, mormente por força do princípio da igualdade entre os sexos, da reivindicação de uma efectiva justiça comutativa no seio da organização patrimonial do casamento, da proibição da discriminação dos filhos nascidos fora do casamento e do alargamento dos efeitos das uniões não matrimoniais, exigências que, verdadeiramente, acabaram por ditar ora o alargamento do leque dos beneficiários da tutela sucessória legítima e/ou legitimária – é conhecida a tendência para nalguns ordenamentos jurídicos ser reconhecida tutela sucessória às uniões de facto e, sobretudo, aos partenariados registados, designadamente, direitos de sucessão legal (legítima ou legitimária), sendo previsível que esta tendência venha a generalizar-se – ora o reforço dos direitos sucessórios daqueles membros da família a quem já antes tinha sido concedida tal protecção[25]. Daí que se imponha até aceitar, com PAMPLONA CORTE-REAL[26], embora referindo-se especificamente ao direito português, que, e sem que isto permita contrariar a autonomia do direito das sucessões, mesmo do ponto de vista dos princípios constitucionais que o fundamentam[27], "não fora a repercussão dos tópicos familiares inspiradores da Reforma de 77/78, e o direito sucessório continuaria preso dum *imobilismo* legislativo que o tem

---

[25] Com efeito, foi esse o sentido fundamental das alterações introduzidas no Código Civil em matéria sucessória pelo Decreto-Lei n.º 496/77, de 25 de Novembro, e que consistiram fundamentalmente na abolição da discriminação negativa que antes existia, no âmbito da sucessão legítima e legitimária, relativamente aos filhos nascidos fora do casamento e que não houvessem sido legitimados (artigos 2139.º, n.º 2, e 2140.º, n.º 2, e 2158.º, n.º 2) e no reforço da posição sucessória do cônjuge sobrevivo que, até então, não era herdeiro legitimário, aparecia somente em 4.º lugar na classe dos sucessíveis (artigo 2133.º), beneficiando apenas, caso a sucessão fosse deferida aos irmãos (ou seus descendentes) do *de cuius*, de um direito de usufruto vitalício da herança (artigo 2146.º).

[26] *Direito da Família*..., cit., p. 145.

[27] Sobre o elenco e sentido dos princípios de direito constitucional em matéria sucessória, cf., por todos, R. CAPELO DE SOUSA, *Lições*..., v. I, cit., p. 122 ss.

feito necessariamente distanciar da realidade sócio-económica que lhe subjaz", conclusão que, na verdade, as mais recentes alterações legislativas no âmbito do regime jurídico das sucessões não permitem desmentir[28].

Sendo assim, podemos então reconhecer que o direito das sucessões de muitos Estados tem conhecido um caminho em muito convergente, sendo de destacar *inter alia*, e para além da assunção dos novos princípios do direito da família que antes convocámos, o alargamento da protecção do cônjuge supérstite, a generalização do princípio romanista da universalidade – segundo o qual, a transmissão sucessória se deve fazer de modo unitário e independentemente da natureza dos bens que integram a massa hereditária – e o reforço das exigências de solidariedade intrafamiliar, se bem que não se deva omitir a difusão de um pensamento crescente que reclama o alargamento da esfera de autonomia do autor da herança, a impor uma maior liberdade de testar – o que terá efeitos irrecusáveis no âmbito da sucessão legitimária – e a sugerir a remoção dos obstáculos que em muitos sistemas jurídicos continuam a travar o desenvolvimento da sucessão contratual. Acresce ainda que, para além da assumida contratualização do direito das sucessões, a evolução jurídica tem demonstrado a diminuição do recurso aos institutos tipicamente sucessórios (ou familiares, como é o caso do regime de bens do casamento) para estabelecer a organização e transmissão patrimonial no seio da família, ganhando fôlego, afinal, por exemplo, a utilização do *trust* ou a constituição de sociedades familiares[29] – neste sentido,

---

[28] Para uma súmula destas alterações, nomeadamente em sede de inventário, cf. R. CAPELO DE SOUSA, "Recentes alterações em Direito da família, Direito dos menores e Direito das sucessões", *Boletim da Faculdade de Direito da Universidade de Coimbra [BFDUC]*, v. LXXXIX, t. I (2013), p. 137 ss.

[29] Cf., para a ilustração de tal afirmação, *Doing Succession in Europe: Generational Transfers in Familiy Businesses in Comparative Perspective*, Isabell Stamm, Peter Breitschmid, Martin Kohli, Zurich... [etc.]: Budrich Unipress... [etc.], 2011.

a existência das chamadas "sucessões anómalas"[30] parece evidenciar um acusado fenómeno de crise do direito das sucessões e que, na sua inércia, se revela incapaz para responder às exigências hodiernas de institucionalização da transmissão patrimonial *mortis causa*[31].

Porém, e no que tange especificamente à sucessão contratual, são abissais ainda hoje as divergências que existem entre os diversos ordenamentos jurídicos. Na verdade, se há Estados que rejeitam liminarmente a existência de pactos sucessórios[32] ou, pelo contrário, os

---

[30] Com mais desenvolvimentos sobre as "sucessões anómalas", aqui se podendo referir tanto as doações *inter vivos* como os "institutos alternativos ao testamento" (v.g., o *trust* ou as contas solidárias), *vide*, por exemplo, F. PADOVINI, "Fenomeno successorio e strumenti di programmazione patrimoniale alternativi al testamento", *Rivista del Notariato*, 2008, p. 1007 e ss.; e, entre nós, J. DUARTE PINHEIRO, *op. cit.*, p. 193 ss.

[31] Sobre esta convocada crise, cf. J. DUARTE PINHEIRO, *op. cit.*, p. 40 ss., e, insistindo também no "imobilismo jus-sucessório", C. PAMPLONA CORTE-REAL, *Direito da Família...*, cit., p. 121 ss.

[32] Era esta a posição tradicionalmente adoptada na Itália (artigo 458.°, *Codice civile*), embora o alcance de tal proibição tenha diminuído com a introdução, em 2006, do "patto di famiglia" (artigo 68.°bis e ss. do *Codice civile*). Sobre o "pacto de família" instituído no direito italiano, cf. A. ZOPPINI, "Profili sistematici della successione «anticipata» (note sul patto di famiglia)", *Studi in onore di Giorgio Cian*, Giovanni De Cristofaro... [*et al.*] [comitato promotore], Padova: Cedam, 2010, t. II, p. 2547 ss.; E. L. GUASTALLA, "Gli strumenti negoziali di trasmissione della ricchezza familiare: dalla donazione si praemoriar al patto di famiglia", *Studi in onore di Giorgio Cian*, cit., t. II, p. 1471 ss.; F. DELFINI, "Struttura e patologia del «patto di famiglia»", *Studi in onore di Giorgio Cian*, cit., t. I, p. 749 ss.; H. DÖRNER/E. FERRANTE, "Der neue italienische «Patto di famiglia»", *Zeitschrift für Erbrecht und Vermögensnachfolge*, v. 15 (2008), p. 53 ss.; G. OPPO, "Patto di famiglia e «diritti della famiglia»", *Studi in onore di Nicolò Lipari*, Milano: Giuffrè, v. II, 2008, p. 1955 ss.; F. PADOVINI, "Der Familienvertrag ("patto di famiglia")", *ZfRV*, v. 49 (2008), p. 42 ss.; A. DI SAPIO, "Osservazioni sul patto di famiglia (brogliaccio per una lettura disincantata)", *Il Diritto di Famiglia e delle Persone*, v. XXXVI (2007), p. 289 ss.; F. TASSINARI, "Interdiction des pactes successoraux en droit positif italien et perspectives de réforme", *Les pactes successoraux en droit comparé...*, cit., p. 65 ss.; e, monograficamente, F. VOLPE, *Patto di famiglia*, Milano: Giuffrè, 2012.

Aliás, também na Argentina vigorava uma proibição absoluta dos pactos sucessórios, se bem que o novo *Codigo Civil y Comercial Unificado de la Nación Argentina*, destinado a vigorar a partir de 1 de Agosto de 2015, embora fiel a tal tradição (artigos 1010.°, 1546.°, 2286.° e 2449.°), e com o claro intento de promover a continuidade da exploração empresarial – aliás, em termos mais amplos que no *patto di famiglia* –, veio desviar-se de tal princípio, ao estabelecer no artigo 1010.°, n.° 2, que "Los pactos relativos a una explotación productiva o a participaciones societarias de cualquier tipo, con miras a la conservación de la unidad de la gestión empresaria o a la prevención o solución de conflictos, pueden incluir disposiciones referidas a futuros derechos hereditarios y establecer compensaciones en favor de otros legitimarios. Estos pactos son válidos, sean o no parte el futuro causante y su cónyuge, si no afectan la legítima hereditaria, los derechos del cónyuge, ni los derechos de terceros" (sobre o direito argentino, veja-se J. OSVALDO MAFFÍA, *Tratado de las sucesiones*, 3ª ed., Buenos Aires: Abeledo-Perrot, 2012, v. I, p. 19 ss.).

Também na Bélgica se ultrapassou a proibição genérica de dispor sobre herança futura consagrada no artigo 791.º do *Code civil* e a evolução legislativa tem sido no sentido de permitir a sucessão contratual, malgrado a manutenção da interdição da modificação da ordem legal da sucessão através do regime matrimonial (artigo 1388.º, n.º 1, *Code civil*): assim, a Lei de 22 de Abril de 2003 veio autorizar a qualquer um dos (futuros) cônjuges a renúncia antecipada aos direitos sucessórios relativamente à herança do outro (artigo 1388.º, n.º 2, *Code civil*), na convenção antenupcial ou no pacto que modifique o regime de bens, se no momento em que ela ocorre existirem filhos de qualquer um deles nascidos, ou adoptados, antes do casamento ou seus descendentes [*vide*, por exemplo, P. DELNOY, *Les libéralités et les successions: précis de droit civil*, 3ᵉ éd., Bruxelles: Larcier, 2010, p. 194 ss.; *IDEM*, "Une nouvelle possibilité de priver le conjoint de ses droits successoraux supplétifs et de sa réserve héréditaire 'abstraite'", *Revue du Notariat Belge*, 2004, p. 226 ss.; F. TAINMONT, "Le droit successoral belge", *Electronic Journal of Comparative Law*, v. 14.2 (October 2010), p. 1 ss.; *IDEM*, "La loi du 22 avril 2003 relative aux droits successoraux du conjoint survivant", *Revue Trimestrielle de Droit Familial*, 2003, p. 735 ss.; M. GRÉGOIRE, "À propos des effets du pacte successoral permis par l'article 1388 C. Civ. Effets de la modification ultérieure du pacte", *Liber amicorum Paul Delnoy*, Christine Biquet-Mathieu... [*et al.*] (éd.), Bruxelles: De Boeck & Larcier, 2005, p. 247 ss.].

Por outro lado, no direito comum espanhol vigora uma proibição genérica de sucessão contratual (artigos 658.º e 1271.º, 2, *Código Civil*), conquanto tal solução não tenha impedido o desenvolvimento de mecanismos alternativos aos pactos sucessórios e aquela seja afastada nalguns ordenamentos regionais, ora em geral (por exemplo, em Navarra e no País Basco) ora desde que estabelecida em favor dos cônjuges e/ou dos descendentes (é o caso da Catalunha e da Galiza) (*vide* I. HERRERO ALONSO, "Le principe de la prohibition des pactes successoraux et les instruments alternatifs du Code civil espagnol", *Les pactes successoraux en droit comparé*..., cit., p. 99 ss.; M. MARTÍNEZ MARTÍNEZ, "Les pactes successoraux dans les droits régionaux de l'Espagne", *Les pactes successoraux en droit comparé*..., cit., p. 107 ss.).

Por fim, na França, não obstante a conhecida proibição dos pactos sucessórios (artigos 722.º e 1130.º, *Code civil*), e que teve origem na hostilidade revolucionária perante um mecanismo que tinha, no *Ancien Régime,* como função "manter intacto o património familiar e, com ele, o lustre das casas nobres" (as palavras são de EDUARDO CORREIA, *op. cit.,* p. 71), a *Loi* **nº 2006-728** *du 23 juin 2006 portant réforme des successions et des libéralités* introduziu novos e importantes desvios a este princípio, que, na verdade, mesmo antes não era absoluto. Com efeito, já desde 1965, era admitida a "cláusula comercial" contida no pacto nupcial e que permitia ao supérstite manter "les fonds de commerce" ou uma exploração civil ou rural que os cônjuges explorassem em comum e que constituíssem a fonte do seu sustento, podendo por isso o sobrevivo adquirir ou ver ser-lhe atribuído um bem próprio do *de cuius* (artigo 1390.º ss., *Code civil*); por outro lado, a reforma do direito do divórcio, em 1975, estabeleceu a possibilidade de se renunciar por acordo e ante-cipadamente à sucessão do cônjuge em caso de separação ("séparation de corps") (artigo 301.º, *Code civil*); também, desde 1978, se permite a celebração de pactos sobre sucessões futuras tendo em vista o princípio da continuidade das sociedades comerciais (com excepção das sociedades anónimas) pelos herdeiros; de resto, já antes se aceitava, no contexto matrimonial, e tendo em vista compensar a fragilidade da tutela sucessória do cônjuge sobrevivo, a existência de "donations au dernier vi-vant", sendo por conseguinte autorizada a instituição contratual ou a doação de bens futuros, tanto nas convenções antenupciais como depois da celebração do casamento, feitas pelos cônjuges ou por um terceiro a um dos cônjuges. Seja, como for, através da *Loi* nº 2006-728, foi alargado significativamente o leque de sucessão pactícia, sendo de referir, por exemplo, a extensão das hipóteses em que são admissíveis as "libéralités-partages" (artigo 1075.º, ss., *Code civil*), classicamente apenas admitidas quando feitas pelo *de cuius* a favor dos seus descendentes (cf., por exemplo, sobre o direito francês, A.-M. LEROYER, *Droit des successions*, 3ᵉ éd., Paris: Dalloz, 2014, p. 226 ss.; F. TERRÉ/Y. LEQUETTE/S. GAUDEMET, *Les successions, les libéralités*, 4ᵉ éd., Paris: Dalloz, 2014, p. 601 ss.; Y. FAVIER, "Le principe de la prohibition des pactes successoraux en droit français", *Les pactes successoraux en droit comparé et en droit international privé...*, cit., p. 29 ss.; M. PEREÑA VICENTE, "Nuevo marco legal de los pactos sucesorios en el Derecho francés", *Revista Crítica de Derecho Inmobiliario [RCDI]*, n.º 710 (2008), pp. 2485 ss.).

De qualquer forma, ainda hoje são hostis à admissibilidade dos pactos sucessórios inúmeros Estados, designadamente, todos aqueles que sofreram mais intensamente a influência do Código Napoleónico, directa ou indirectamente (por exemplo, através do direito espanhol ou português), os antigos Estados comunistas (com excepção dos Estados Bálticos e a Hungria), bem como a Suécia [Cap. 17.º, I, do Código das Sucessões (*Ärvdabalken)*] e a Finlândia [Lei das Sucessões, 10, § 5 (*Perintökaari)*]. No que diz respeito ao primeiro grupo de casos, resulta tal solução dos artigos 1130.º, 791.º, 1389.º e 600.º do Código civil luxemburguês, conquanto, todavia, e à semelhança do direito francês, se admita a *donation partage* e a instituição contratual feita pelos nubentes ou pelos cônjuges; do mesmo modo, não obstante a proibição genérica de pactos sucessórios, são expressamente admitidas as doações *mortis causa* nos Países Baixos [artigos 4:42, e 4:4, 2, *al.b)*, *Burgerlijk Wetboek*]; por fim, decorre igualmente do artigo 426.º do Código Civil brasileiro tal interdição geral dos *pactos de corvina* (a norma referida dispõe que "não pode ser objeto de contrato a herança de pessoa viva"), conquanto alguns autores vejam na partilha antecipada dos bens do *de cuius* realizada *inter vivos* pelos ascendentes (art. 2.018, Código Civil) um desvio a tal impedimento, embora para muitos um mero adiantamento de legítima, do mesmo modo que alguma doutrina vem aceitando que, na convenção antenupcial, e apesar do artigo 1655.º (que dispõe que será nula a convenção ou cláusula aí estipulada que contravenha disposição absoluta de lei), os nubentes possam dispor acerca da recíproca e futura sucessão, desde que não ultrapasse a metade dos bens [para mais desenvolvimentos, cf. PONTES DE MIRANDA, *Tratado de direito privado – Parte especial. Direito das sucessões. Sucessão em geral, sucessão legítima*, Giselda Hironaka, Paulo Lôbo (act.), São Paulo: Ed. Revista dos Tribunais, 2012, pp. 53 ss, 229 ss.; M. BERENICE DIAS, *Manual das Sucessões.*, 2 ª. ed. São Paulo: Revista dos Tribunais, 2011, esp. n.º 11.7].

admitem em larga medida[33], noutros, a admissibilidade da instituição contratual de herdeiro apenas é reconhecida no contexto da organização patrimonial do casamento, exigindo-se que tais estipulações sucessórias sejam incluídas nas convenções antenupciais[34] ou, pelo menos, o que acontece nos ordenamentos jurídicos não vinculados

---

[33] Assim acontece na Alemanha (§ 2274, ss., *BGB*) (*vide*, por exemplo, D. LEIPOLD, *Erbrecht: ein Lehrbuch mit Fällen und Kontrollfragen*, 20., neubearb. Aufl., Tübingen: Mohr Siebeck, 2014, p. 491 ss.; WOLF-DIETRICH WALKER, *Erbrecht*, begr. von Hans Brox, 25., vollst. neu bearb. Aufl., München: Vahlen, 2012, p. 85 ss.) e na Suíça (artigo 494.°, ss., Código Civil) (cf. P.-H. STEINAUER, *Le droit des successions*, Berne: Stämpfli, 2006, p. 309 ss.; *Erbrecht*, Peter Breitschmid... [*et al.*], 2. Aufl., Zürich... [etc.]: Schulthess, 2012, p. 90 ss.) e onde os pactos sucessórios designativos e, desde logo, as doações *mortis causa,* são em geral admitidos, bem como nalguns sistemas jurídicos que por estes foram amplamente influenciados, como é o caso do direito turco (artigo 485.°, ss., Código Civil) [cf. N. KESEN, "Besonderer Teil", *Internationales Erbrecht Türkei*, Hans-Peter Schömmer, Nebi Kesen, München: Beck, 2004, p. 98 s.].

Todavia, embora reconhecendo ali a influência do *BGB*, os pactos sucessórios não são admitidos, por exemplo, nem na Grécia [artigo 368.°, Código Civil, embora sejam admitidas as doações *mortis causa,* conquanto revogáveis, e algumas partilhas em vida; de resto, e de acordo com o Decreto-legislativo 472/1974, a designada, por Gerhard Kegel (G. KEGEL/K. SCHURIG, *op. cit.*, p. 1015), *Lei Onassis*, sempre que um cidadão grego seja casado com um estrangeiro, este pode renunciar à herança daquele, incluindo a legítima, através de um contrato celebrado no país estrangeiro do domicílio ao tempo de tal renúncia) [*vide* A. GRAMMATICAKI-ALEXIOU, "The Law of Succession", *Introduction to Greek Law*, Konstantinos D. Kerameus... [*et al.*] (ed.), 3rd, rev. ed., Alphen aan den Rijn... [etc.]: Kluwer Law International... [etc.], 2008, p. 206; S. VRELLIS, *Private International Law in Greece,* Alphen aan den Rijn: Kluwer Law Internat., 2011, p. 141 s.] nem em Taiwan, conquanto aqui seja possível a instituição do trust, *inter vivos* ou *mortis causa* (*Taiwan's Trust Act*) [*vide* WAN WEN-YEU/WANG CHIH-CHENG/SHIEH JER-SHENQ, "Trust Law in Taiwan: History, Current Features and Future Prospects", *Trust Law in Asian Civil Law Jurisdictions: a Comparative Analysis*, Lusina Ho and Rebecca Lee (ed.), Cambridge: Cambridge Univ. Press, 2013, p. 63 ss.].

Acresce ainda que também no direito dos países do *Common Law*, embora os pactos sucessórios sejam ignorados, o *trust*, na sua inultrapassável plasticidade, permite a organização da transmissão *mortis causa* por força do contrato (cf. J. PERRIN, *Le trust à l'épreuve du droit successoral en Suisse, en France et Luxembourg: Étude de droit comparé et de droit international privé*, Genève: Droz, 2006, p. 151 ss.). Ao invés, há Estados onde, embora os pactos sucessórios sejam em geral desconhecidos, são admitidos tanto os testamentos irrevogáveis como as doações *mortis causa* [assim acontece, por exemplo, na Dinamarca (*Arveloven*)].

[34] Como vimos, é esse o caso português e onde, como é sabido, não é permitido aos cônjuges modificar o regime de bens do casamento (artigo 1714.°).

ao princípio da imutabilidade do regime de bens do casamento, acordadas entre os cônjuges[35].

6. Especificamente no que diz respeito ao direito português, e ao tratamento que aqui é dado às sucessões não abertas, convém lembrar que o artigo 2028.º, n.º 2, dispõe que os contratos sucessórios – seja quando alguém renuncia à sucessão de pessoa viva ou dispõe da sua própria sucessão ou da sucessão de terceiro ainda não aberta – apenas são admitidos nos casos previstos na lei, sendo nulos todos os demais – sem prejuízo, todavia, da possibilidade de, nos termos do artigo 946.º, n.º 2, se converter a doação por morte em disposição testamentária, o que apenas acontecerá se tiverem sido observados os requisitos de forma extrínseca dos testamentos – [36], não se tendo o legislador apartado significativamente dos

---

[35] Para além dos ordenamentos referidos *supra*, n. 32, lembre-se, por exemplo, o caso da codificação austríaca, onde só são admitidos os pactos sucessórios desde que realizados entre cônjuges, apenas em seu favor (logo, não pode existir a instituição contratual feita pelos cônjuges em favor dos seus descendentes comuns) e desde que não disponham de mais de 3/4 do seu património [§ 1249.º, ss., *Allgemeines Bürgerliches Gesetzbuch* (para uma exposição do regime legal austríaco, cf. *Kurzkommentar zum ABGB: Allgemeines bürgerliches Gesetzbuch, Ehegesetz, Konsumentenschutzgesetz, IPR-Gesetz, Rom I- und Rom II-VO*, Helmut Koziol, Peter Bydlinski, Raimund Bollenberger (Hrsg.), 4., überarb. Aufl., Wien: Verl. Österreich, 2014, p. 39 ss.; F. HAUNSCHMIDT, *Erbschaft und Testament: Erb- und Testamentsrecht, Verlassenschaftsverfahren, Anfechtung letztwilliger Anordnungen, internationales Erbrecht; [inkl. EU-Erbrechtsverordnung]*, 4., aktualisierte Aufl., Wien: LexisNexis ARD Orac, 2013, p. 67 s.].

[36] Para a exposição das soluções que entre nós vigoram no âmbito da sucessão contratual, *vide*: J. RODRIGUES BASTOS, *Direito da família: segundo o código civil de 1966*, v. II, Lisboa: Petrony, 1977, p. 194 ss.; F. PEREIRA COELHO, *op. cit.*, pp. 104 ss., 234 s.; J. DUARTE PINHEIRO, *op. cit.*, p. 183 ss.; C. ARAÚJO DIAS, *op. cit.*, p. 212 ss.; I. GALVÃO TELLES, *Sucessões: Parte Geral*, cit., p. 19 ss.; J. de OLIVEIRA ASCENSÃO, *Direito Civil – Sucessões*, cit., p. 92 ss.; C. da MOTA PINTO, *op. cit.*, p. 390 ss.; EDUARDO DOS SANTOS, *op. cit.*, p. 557 ss.; L. CARVALHO FERNANDES, *Lições...*, cit., p. 569 ss.; C. PAMPLONA CORTE-REAL, *Curso...*, cit., p. 81 s.
Seja como for, não é pacífica a admissibilidade da conversão legal estatuída no artigo 946.º, n.º 2 (assim, contestando a razoabilidade de tal solução, I. GALVÃO TELLES, *Sucessões: Parte Geral*, cit., p. 20), dando a norma em causa a inúmeras dificuldades interpretativas (por todos, L. CARVALHO FERNANDES, *Lições...*, cit., p. 562 ss.). Por outro lado, e como teremos ocasião de ver mais adiante (*infra*,

princípios relativos aos contratos de herança futura vigentes à luz do Código de Seabra[37].

n. 73), não é pacífica a caracterização das doações *mortis causa* como autênticos pactos sucessórios.

[37] Efectivamente, a proibição alargada dos pactos sucessórios constava já do Código de Seabra e onde se havia retomado uma hostilidade que, aliás, para além de em consonância com os ventos contrários da Revolução que tinham dado lugar ao *Code Napoléon*, já vinha do direito anterior, malgrado a circunstância de, na prática, e apesar das Ordenações, ser usual antes da nossa codificação civil oitocentista a existência nas convenções antenupciais de cláusulas sobre o destino *post mortem* dos bens dos esposados (de modo que, escreve M. J. de ALMEIDA COSTA, *Noções fundamentais de direito civil*, 5.ª ed. revista e actualizada com a colaboração de António Alberto Vieira Cura, Coimbra: Almedina, 2009, p. 557, [t]ais pactos sucessórios eram largamente admitidos e praticados no direito anterior ao Código Civil de 1867"), de resto, situação que viria a ser expressamente autorizada pela Lei de 17 de Agosto de 1761 quanto aos filhos das casas nobres – afinal, mais uma das rupturas setecentistas do nosso direito das sucessões e a que se refere R. DE FIGUEIREDO MARCOS? [R. DE FIGUEIREDO MARCOS "Rupturas setecentistas no direito sucessório português", *O direito das sucessões: do direito romano ao direito actual*, António Santos Justo... [*et al.*], Coimbra: Coimbra Editora, 2006, p. 295 ss.].

Para o estudo da sucessão contratual na vigência do Código Civil de 1867, *vide*, por exemplo: J. BOTELHO MONIZ, "A sucessão pactícia na lei portuguesa", *O Direito*, ano 78.º (1946), p. 311 ss.; M. DOMINGUES DE ANDRADE, *Teoria...*, v. II, cit., p. 45 s.; M. FERREIRA PIMENTEL, *Pactos sucessórios: casos que são admitidos no direito português*, [s.l.]: [s.n], 1935 (texto dactilografado); EDUARDO CORREIA, *op. cit.*, p. 81 ss.; EDUARDO DOS SANTOS, *op. cit.*, p. 80 s. Sobre os pactos sucessórios na história do direito português, e onde se descobre, afinal, a intíma interdependência e quase osmose que marca a evolução dos regimes de bens do casamento e da sucessão contratual, *vide* ainda A. COELHO DA ROCHA, *op. cit.*, p. 577; EDUARDO DOS SANTOS, *op. cit.*, p. 78 ss.; EDUARDO CORREIA, *op. cit.*, p. 80 ss.; e, sobretudo, G. BRAGA DA CRUZ, "Les pactes successoraux dans l'ancien droit portugais", *Annales de la Faculté de Droit de Toulouse*, v. XI (1963), p. 195 ss.; *IDEM*, "Os pactos sucessórios na História do direito português", *Revista da Faculdade de Direito da Universidade de São Paulo*, v. LX (1965), p. 93 ss.

Ora, tal desconfiança relativamente à sucessão contratual perduraria, no Século XX, por ocasião da preparação do novo Código Civil. Com efeito, e apesar da ressalva dos pactos contidos em convenções antenupciais, e que constituíram objecto de outra proposta, da autoria de F. PESSOA JORGE ["Doações para casamento. Doações entre casados (Anteprojecto de dois capítulos do futuro Código Civil)", *Boletim do Ministério da Justiça* [*BMJ*] 124 (1963), p. 287 ss.], já o artigo 3.º do Anteprojecto de I. GALVÃO TELLES continha uma proibição genérica da sucessão contratual [*vide* "Direito das Sucessões", *BMJ* 54 (1956), p. 19 ss., e ainda, para a discussão das regras então formuladas, "Actas da Comissão Revisora do Anteprojecto do Direito das Sucessões do futuro Código Civil Português" *BMJ* 133 (1964), p. 57 ss., esp. pp. 61 s., 79 s., 83 ss.], seguindo, na verdade, as linhas já antes traçadas no sentido do não alargamento dos contratos de herança futura, restringidos, por conseguinte, aos contratos de doação para casamento e com exclusão, por isso, da situação expressamente contemplada no Assento do Supremo Tribunal de Justiça, de 16 de Dezembro

Neste sentido, pode afirmar-se que o nosso legislador, e de acordo com uma tradição bem arraigada, foi particularmente sensível às razões que fundamentam a proibição em geral dos pactos sucessórios: primeiro, por se entender que o autor da herança deve preservar até ao fim o poder de autonomamente determinar a transmissão *mortis causa* do seu património; depois, porque só após aberta a sucessão parecem estar reunidas as condições para que com esclarecimento, e até por respeito ao *de cuius* – e sob pena de um repugnante *votum captandae mortis aliena* – se possa aceitar, repudiar ou dispor da herança[38].

Contudo, o Código Civil de 1966 consentiu que tais razões perdessem o seu fulgor em hipóteses contadas, pelo que a proibição dos *pacta corvina*, enquanto manifestação do princípio segundo o qual não é legítima, fora dos casos expressamente previstos na lei, a celebração em vida do *de cuius* de quaisquer negócios jurídicos que regulem a sucessão, não é completa[39]. Efectivamente, e num claro *favor matrimonii*[40], que depois acaba por contagiar, nas condições

---

de 1927 (doações *mortis causa* feitas pelos esposados a terceiros) (cf. "Directrizes do trabalho da Comissão do Código civil e comentários do respectivo Presidente", *Direito das sucessões – Trabalhos preparatórios do Código Civil*, Lisboa: Centro de Estudos de Direito Civil da Faculdade de Direito da Universidade de Lisboa, 1972, p. 3 ss., esp. p. 12 ss.).

[38] Para mais desenvolvimentos sobre os fundamentos da rejeição dos pactos sucessórios, cf., por exemplo: J. DUARTE PINHEIRO, *op. cit.*, p. 183; J. de OLIVEIRA ASCENSÃO, *Direito Civil – Sucessões*, cit., p. 93; I. GALVÃO TELLES, *Direito das sucessões: noções...*, cit., p. 127 s.; L. CARVALHO FERNANDES, *Lições...*, cit., p. 558 ss.; e ainda, considerando, respectivamente, o direito romano, o *Code civil* de 1804 e o direito português, EDUARDO CORREIA, *op. cit.*, pp. 70, 74 e 81 s.

[39] Neste sentido, J. de OLIVEIRA ASCENSÃO, *Direito Civil – Sucessões*, cit., p. 94, recorda-nos que o artigo 2170.º constitui um afloramento de tal princípio, conquanto, na verdade, não caiba nas hipóteses contempladas no artigo 2028.º, uma vez que a renúncia ao direito de reduzir liberalidades não implica verdadeiramente uma renúncia à herança.

[40] Assumindo claramente este propósito aquando da formulação do regime excepcional relativamente aos pactos sucessórios contidos nas convenções antenupciais, *vide* I. GALVÃO TELLES, *Direito das sucessões: noções...*, cit., p. 126 s.; L. CARVALHO FERNANDES, *Lições...*, cit., p. 570; do mesmo modo, escreve C. PAMPLONA CORTE-REAL, *Direito da Família...*, cit., p. 153: "*Em suma, uma apertada teia de medidas*

que veremos, as nossas regras de conflitos de leis, e não obstante a proibição geral de nas convenções antenupciais serem insertas cláusulas destinadas a organizar a sucessão hereditária dos cônjuges ou de terceiro [*vide* o artigo 1699.º, n.º 1, *alínea a)*], o artigo 1700.º, n.º 1, *alínea a)*, expressamente prescreve que as convenções ante-nupciais poderão conter uma instituição (contratual) de herdeiro ou a nomeação de legatário em favor de qualquer dos esposados, feita pelo outro esposado ou por terceiro[41], acrescentando ainda o artigo 1701.º, n.º 1, que tais disposições não poderão ser unilateralmente revogadas depois da aceitação, não sendo lícito ao doador prejudicar o donatário por actos gratuitos de disposição, salvo nas liberalidades feitas por terceiro, caso em que poderá ocorrer a revogação a todo o tempo por mútuo acordo dos contraentes[42]. Para além disso, e tendo em vista a salvaguarda das expectativas do donatário, a caducidade destes pactos sucessórios apenas ocorrerá em casos contados, desig-nadamente sempre que se verifiquem as circunstâncias previstas no artigo 1760.º para as doações para casamento ou caso aquele faleça antes do doador (artigo 1703.º, n.º 1)[43]. Com o mesmo propósito, determina-se ainda que, quando a instituição contratual em favor de qualquer dos esposados consista numa quota da herança, esta

---

tutelares da situação patrimonial e sucessória do cônjuge sobrevivo, expressiva, talvez mesmo, de uma "prevalência sucessória" da família conjugal sobre a nuclear (?), que vai inclusive ao ponto de excepcionalmente [...], se inserirem pactos sucessórios inseridos em convenções antenupciais (art. 1700 e ss.)". E, na vigência do Código de Seabra, EDUARDO CORREIA, *op. cit.*, p. 84, igualmente exprimia o pensamento segundo o qual "[a] lei não pode deixar de permitir e até encorajar, as iniciativas particulares que tendam a favorecer e a estimular o matrimónio", permitindo a sucessão contratual , incluindo as doações *mortis causa*, obviar aos inconvenientes decorrentes ora de uma insegura (pois, revogável) designação testamentária ora do excessivo sacrifício que a doação *inter vivos* implica para o disponente.

[41] De acordo com o artigo 1700.º, n.º 1, *alínea b)*, qualquer um dos esposados poderá ainda proceder à instituição de herdeiro ou à nomeação de legatário em favor de terceiro.

[42] Cf. ainda o artigo 1701.º, n.ºs 2 e 3.

[43] Solução diversa, por isso, da especificamente consagrada quanto às doações por morte feitas por terceiros (artigo 1703.º, n.º 2).

deverá ser calculada conferindo-se os bens de que o doador haja disposto gratuitamente depois da doação (artigo 1702.º, n.º 1), da mesma forma que, nas situações em que o objecto da instituição haja sido a totalidade da herança, o doador apenas poderá dispor gratuitamente (*inter vivos* ou *mortis causa*) da sua terça parte, havendo igualmente lugar à conferência dos bens de que se haja disposto gratuitamente depois da doação (artigo 1702.º, n.º 2)[44].

De resto, note-se ainda que, se a instituição de herdeiro e a nomeação de legatário feitas em favor de terceiro, mas sem que este tenha intervindo como aceitante na outorga da convenção antenupcial, valerão apenas como disposição testamentária e não terão efeitos caso a convenção venha a caducar (artigo 1704.º), pelo contrário, e sempre que tenha ocorrido a referida aceitação por parte do terceiro-beneficiário, será aplicável o regime estatuído nos artigos 1701.º e 1702.º, sem prejuízo, todavia, de a disposição *mortis causa* se tornar ineficaz por caducidade da convenção ou de ser possível a reserva da faculdade de livremente a revogar (artigo 1705.º, n.ºs 1 e 2)[45]. Seja como for, não é despiciendo que, nestes casos, o beneficiário seja muitas vezes um descendente do ou dos esposados, desvelando-se também por aqui o sentido jusfamiliar da sucessão contratual.

7. Em suma, se o direito português manifesta por tradição uma clara hostilidade à sucessão contratual, esta esvanece-se sempre que

---

[44] De qualquer forma, é lícito ao doador, por ocasião do acto de disposição, renunciar, no todo ou em parte, ao direito de dispor da terça parte da herança (artigo 1702.º, n.º 3).

[45] Aliás, mesmo quando irrevogáveis, tais liberalidades caducarão, se o donatário falecer antes do doador (artigo 1705.º, n.º 4), e encontram-se submetidas ao regime geral da revogação das doações por ingratidão do donatário e à redução por inoficiosidade (artigo 1705.º, n.º 3), do mesmo modo que, sempre que ambos os esposados tenham procedido à referida instituição ou nomeação e conste da convenção antenupcial o seu carácter correspectivo, a invalidade ou revogação de uma das disposições determinará a ineficácia da outra (artigo 1706.º).

as disposições por morte se encontram inseridas numa convenção antenupcial. Efectivamente, a sua vinculatividade é até particularmente notória quando tais estipulações *mortis causa* tenham sido feitas em favor de um dos esposados, ora pelo outro esposado, ora por terceiro, revelando-se, deste modo, um claro favor ao casamento, sendo a sucessão contratual entre nós, afinal, um instrumento predominantemente destinado a acudir à programação económica da vida matrimonial e a organizar as relações patrimoniais do casamento, desempenhando uma função que concomitantemente é levada a cabo tanto pelo regime patrimonial primário (ou seja, os efeitos económicos do casamento independentes do específico regime de bens que nele vigore) como pelos regimes de bens do casamento (*stricto sensu*). Aliás, e considerando a ampla autonomia que, no que toca a esta última matéria, é reservada aos nubentes (*vide* os artigos 1698.º e 1699.º), pode até discernir-se no regime jurídico relativo às disposições *mortis causa* contidas nas convenções antenupciais o firme propósito de assegurar a tutela da autodeterminação da vida patrimonial no contexto das relações de família.

Na verdade, entre os beneficiários das doações *mortis causa* feitas por terceiros nem sempre se encontra, pelo menos directamente, um dos cônjuges, uma vez que, como decorre do prescrito no artigo 1703.º n.º 2, e apesar de o donatário falecer antes do doador, não resultará a caducidade das liberalidades em questão, sempre que sobrevivam a este descendentes legítimos do donatário. Por conseguinte, manter-se-á o dever jurídico de cumprimento de tais estipulações sucessórias, apesar da ocasional e prévia dissolução do casamento por morte do cônjuge em benefício do qual hajam sido feitas. Ainda aqui, todavia, ao reconhecer-se tal direito apenas aos descendentes nascidos do casamento por ocasião do qual haja sido outorgada a convenção antenupcial, se encontra indiciada a existência de uma íntima ligação entre o regime patrimonial do casamento e as soluções legais relativas aos pactos sucessórios[46], podendo até dizer-se que a assunção pelos descendentes da posição jurídica do donatário antes falecido viabiliza a conservação das disposições sucessórias, sem prejuízo para o equilíbrio contratual e a justa ordenação das relações patrimoniais do casamento.

Por outro lado, a circunstância de entre nós os pactos sucessórios constituírem fundamentalmente um instrumento de organização das relações patrimoniais do casamento resulta ainda particularmente evidente na preocupação manifestada em manter a intangibilidade do património que com a sua celebração se teve em vista transmitir, tutelando-se dessa forma as expectativas do ou dos esposados em favor de quem haja sido estabelecida uma instituição ou um legado contratuais. Deste modo, às soluções constantes do artigo 1702.º, e que asseguram, afinal, a estabilidade patrimonial dos cônjuges – pense-se, por exemplo, na obrigação de conferência dos bens transmitidos gratuitamente pelo disponente após a doação *mortis causa* –, encontram-se subjacentes as razões que, na verdade, inspiraram o legislador no momento da consagração do princípio da imutabilidade do regime de bens do casamento (artigo 1714.º). Efectivamente, o referido paralelismo resulta tanto mais evidente quanto o Código Civil sentiu a necessidade de expressamente abraçar no elenco dos desvios ao princípio da imutabilidade os casos em que ocorre a revogação ou caducidade das disposições *mortis causa* [artigo 1715.º, n.º 1, *alínea a)*].

---

[46] Com efeito, a protecção dos filhos nem sequer constitui um desiderato de que o legislador se alheia quando estabelece os critérios legais relativos aos regimes de bens do casamento. Na verdade, não parece que também esse objectivo não tenha sido ponderado quando se estabeleceu a solução constante do artigo 1720.º, n.º 1, *alínea b)* – mesmo considerando que o regime imperativo de separação não supõe aqui a existência de descendentes legítimos daquele que, tendo mais de sessenta anos, contrai matrimónio em segundas núpcias, será sobretudo nesse caso que se evitarão atribuições patrimoniais indevidas em favor de quem se case com alguém que reúna os pressupostos de tal proibição legal –, assim como ele resulta perfeitamente claro quando se estabelece a proibição da celebração do casamento no regime da comunhão geral de bens por quem tenha filhos, ainda que maiores ou emancipados (artigo 1699.º, n.º 2).

8. Comprovado assim o íntimo elo que existe no nosso direito material entre a regulamentação dos pactos sucessórios e a organização patrimonial do casamento, urge então dedicarmo-nos às soluções de direito internacional privado que valem neste matéria, procurando expor de uma forma sucinta os critérios de resolução dos conflitos de leis plasmados no Código Civil de 1966 – com efeito, e contrariamente ao que ocorreu no âmbito das relações de família, não foi sentida, por ocasião da Reforma de 1977, a necessidade da sua modificação – e no *Regulamento (UE) n.º 650/2012 do Parlamento Europeu e do Conselho de 4 de Julho de 2012 relativo à competência, à lei aplicável, ao reconhecimento e execução das decisões, e à aceitação e execução dos atos autênticos em matéria de sucessões e à criação de um Certificado Sucessório Europeu*, tentando perscrutar o sentido das mutações, mas também das constâncias, que marcam a recente transformação do regime conflitual das sucessões internacionais e, mais propriamente, explicitar se, e em que medida, o legislador europeu se afastou das preocupações que justificaram no Código Civil de 1966 os particulares critérios conflituais relativos aos pactos sucessórios que mais abaixo adiantaremos.

II – Os pactos sucessórios no direito internacional privado – do Código Civil de 1966 ao Regulamento (UE) n.º 650/2012 do Parlamento Europeu e do Conselho, relativo à competência, à lei aplicável, ao reconhecimento e execução das decisões, e à aceitação e execução dos atos autênticos em matéria de sucessões e à criação de um Certificado Sucessório Europeu

9. Ao debruçarmo-nos sobre o regime conflitual dos pactos sucessórios sancionado no Código Civil de 1966 e tendo em vista a explicitação do modo como o regime material português da sucessão contratual se encontra aí cristalinamente espelhado, impõe-se que aludamos às

orientações que caracterizam o nosso sistema de resolução do concurso de normas no espaço naquilo que diz respeito tanto às sucessões em geral como às matérias que, pelo menos de acordo com o paradigma que inspirou o nosso legislador, delas não podem ser dissociadas.

9.1. Na verdade, e embora distante da tendência que mais tarde se viria a acentuar, também entre nós não se rejeitou o método do "picking-and-choosing", podendo dizer-se, e parafraseando as palavras de WILLIS REESE, embora referindo-se particularmente à situação existente nos Estados Unidos da América, que "[a]midst the chaos and tumult of choice of law there is at least one point on which there seems to be general agreement... [and] [t]his is that choice of the applicable law should frequently depend upon the issue involved"[47].

Todavia, urge relembrar que o Código Civil perfilhou uma concepção muito ampla do estatuto pessoal, havendo claramente acreditado nos encantos da ideia segundo a qual existe um conjunto unitário e vasto de matérias ou questões – as profundamente ligadas ao indivíduo – que deverão ser submetidas à aplicação de uma lei constante, única e que os sujeitos individuais sintam como sua, de modo a assegurar a constância do seu estatuto individual e relacional no contexto das situações jurídicas transfronteiriças, pressentindo-se aqui tanto a irradiação das exigências da igualdade do direito como sobretudo a convicção de que apenas uma solução unitária poderia acautelar o princípio da harmonia material (ou da harmonia jurídica interna) e prevenir a perturbação das "coerências invisíveis", a que aludia WILHELM WENGLER[48], e que inarredavelmente entretecem cada um dos ordenamentos jurídicos internos[49].

---

[47] "Dépeçage: A Common Phenomenon in Choice of Law", *Columbia Law Review*, v. 73 (1973), p. 58.

[48] "The General Principles of International Private Law", *Recueil des Cours,* t. 104 (1961), p. 399.

[49] Para mais desenvolvimentos sobre a noção de estatuto pessoal e o significado da ampla extensão que este viria a receber no nosso direito, veja-se, com mais referências, N. ASCENSÃO SILVA, "Do estatuto pessoal – Unidade e dispersão (Algumas

Acresce ainda que, se em geral o valor da unidade de regulamentação implicou tanto a preferência por um estatuto pessoal de grande extensão – este abarca, nos termos do artigo 25.º, "o estado dos indivíduos, a capacidade das pessoas, as relações de família e as sucessões por morte" – como a perpetuação da tradição manciniana de preponderância da lei da nacionalidade (artigo 31.º, n.º 1) – tendencialmente mais estável que a lei do domicílio ou a lei da residência habitual –, também no que concerne especificamente à transmissão *mortis causa*, tal exigência – que subjaz à concepção da herança como uma universalidade, reinante, aliás, no direito material das sucessões da generalidade dos Estados – se aclara[50]. Neste sentido, compreende-se que, nos termos do artigo 62.º, toda a sucessão seja regida pela lei nacional do *de cuius*, incluindo os poderes do administrador da herança e do executor testamentário, rejeitando-se por conseguinte o desmembramento do estatuto sucessório e que ocorreria caso ele fosse feito depender ora do lugar da situação dos bens que integram a massa da herança ora, mais inverosímil, da lei pessoal de cada um dos (presumíveis) herdeiros ou legatários[51]. Deste modo, se ao juízo conflitual feito mediante a

---

notas a propósito da comemoração dos 35 anos do Código Civil)", *Comemorações dos 35 anos do Código Civil e dos 25 anos da Reforma de 1977*, v. II (a Parte Geral do Código e a teoria geral do direito civil), Coimbra: Coimbra Editora, 2006, p. 549 ss.

[50] Para uma exposição das regras de conflitos relativas à sucessão *mortis causa* contidas no Código Civil, *vide*: J. BAPTISTA MACHADO, *op. cit.*, p. 433 ss.; L. de LIMA PINHEIRO, *DIP*, v. II, cit., p. 545 ss.; F. de ALMEIDA PIRES, *Conflitos de leis: comentário aos artigos 14.º a 65.º do Código Civil*, Coimbra: Coimbra Editora, 2009, p. 146 ss.; A. MARQUES DOS SANTOS, "Testamento público", *Colectânea de Jurisprudência*, 1995, t. 2, p. 5 ss.; IDEM, "Lei aplicável a uma sucessão por morte aberta em Hong Kong", *Revista da Faculdade de Direito da Universidade de Lisboa*, v. XXXIX (1998), p. 115 ss.; J. GOMES DE ALMEIDA, *Direito de conflitos sucessórios: alguns problemas*, Coimbra, Almedina, 2012, *passim*.

[51] Ainda assim, o artigo 17.º, n.º 3, derrogando o preceituado no artigo 17.º, n.º 2, e dando abrigo à acepção conflitual do princípio da maior proximidade (cf. A. FERRER CORREIA, *Lições...*, 2000, cit., pp. 357, 359 ss.), o que se consubstancia, no tangente à sucessão nos bens imóveis, na aplicação da *lex rei sitae*, pode conduzir-nos ao chamamento de leis diferentes.

referência ao causante da sucessão não é seguramente alheia uma específica ponderação do valor relativo de cada um dos interesses (conflituais) que confluem no fenómeno da transmissão patrimonial *mortis causa*[52], há que reconhecer nesta solução o ingente propósito de, por essa via, se assegurar a unidade de regulamentação de toda a sucessão e para que, na verdade, o facto de submetermos à *lex successionis* um amplo leque de matérias decerto contribui[53].

9.2. Ainda que continuemos a olhar exclusivamente para as soluções plasmadas no Código Civil – e deixando, por isso, de remissa os ventos contrários que, desde há décadas, foram soprando por força da intensificação dos esforços de unificação do direito internacional privado levados a cabo através das convenções internacionais e, depois, também, pelo desenvolvimento daquilo que é hoje o direito internacional privado da União Europeia –, haverá sempre que consentir que tal desiderato de unidade nem sempre foi conseguido, bastando para o corroborar atender tanto às múltiplas situações em que a lei da nacionalidade acaba por decair – para além da hipótese particular dos apólides, assim acontece nos conflitos de leis pessoais, uma vez que, sempre que os sujeitos das relações familiares em causa não tenham uma nacionalidade comum, *a lex patriae* acaba por dar lugar, por exemplo, ora à lei da residência habitual comum ora à lei do país com o qual a vida familiar se ache mais estreitamente conexa – como aos casos em que, fruto da alteração da nacionalidade do sujeito a quem a conexão se refere, e ressalvadas as situações particulares em que o estatuto se encontra legalmente petrificado,

---

[52] Para uma súmula das exigências que confluem na determinação do estatuto regulador das sucessões, *vide*, por exemplo: A. FERRER CORREIA, *Direito Internacional Privado – Alguns problemas*, cit., p. 122 ss.; N. ASCENSÃO SILVA, "O reconhecimento e a eficácia dos testamentos no Direito internacional privado", *Boletim do IRIB*, n.º 349 (2014), p. 163.; e, na doutrina estrangeira, por exemplo, E. CASTELLANOS RUIZ, *Unidad vs. Pluralidad legal de la sucesión internacional*, Granada: Comares, 2001, p. 70 ss.

[53] Sobre o âmbito da *lex successionis* na vigência do Código Civil, cf., por todos, J. BAPTISTA MACHADO, *op. cit.*, p. 435 ss.

o conflito móvel resultará afinal na competência sucessiva de ordenamentos jurídicos diversos[54].

Ora, se o primeiro dos fenómenos de pulverização do estatuto pessoal que referimos não adquire naturalmente interesse de relevo no âmbito da sucessão em geral[55] – e o mesmo não se poderia já dizer se o nosso legislador tivesse optado pelo sistema do desmembramento ou cisão do tratamento conflitual da sucessão por morte, uma vez que tanto o critério realista como a escolha da lei pessoal dos herdeiros sempre poderiam abicar no chamamento simultâneo de ordenamentos jurídicos diversos e de conteúdo incompatível –, o mesmo já não poderá dizer-se nas hipóteses em que a nacionalidade do *de cuius* mude após a verificação de um acto voluntário de disposição *mortis causa* – ocorrendo a vocação sucessória por força de contrato ou de testamento – ou, ainda, de qualquer acto *inter vivos*, ainda que regido pela lei pessoal, cuja validade e eficácia possam ser constrangidas por aplicação da lei pessoal do autor da herança ao tempo da morte.

Decorre então daquilo que já dissemos que o tratamento conflitual das sucessões não é unitário, pese embora a circunstância de tal matéria ser incluída no âmbito do estatuto pessoal – e como tal regida primariamente pela *lex patriae*. Com efeito, no âmbito da sucessão voluntária, e para além das razões que ditam a autonomização conflitual de certas dimensões da conduta declarativa (*vg.*, a capacidade, as formalidades externas), urge aceitar que, malgrado a igual presença das exigências de protecção individual do causante e dos seus familiares – o que reforça os méritos da submissão de

---

[54] *Vide*, monograficamente, T. SCHEUERMANN, *Statutenwechsel im internationalen Erbrecht*, München: Beck, 1969.

[55] porém, e no que respeita aos pactos sucessórios, a relevância da *lex familiae*, como adiante esclareceremos, pode comprometer a aplicação da *lex patriae* (*vide* artigo 53.º, n.º 2), embora também neste caso não se abdique da competência de uma lei única.

toda a sucessão a uma lei, a lei pessoal do *avante causa* –, sempre a existência de um negócio jurídico sucessório, unilateral ou bilateral, haverá de condicionar a escolha da lei competente para reger a sua admissibilidade, validade e efeitos, atribuindo-se relevo ao tempo da sua verificação[56]. De resto, e para além da pertinência das exigências que, no âmbito da sucessão voluntária, ditam a autonomização do "estatuto da disposição" relativamente à *lex successionis,* a diversificação do regime conflitual – e, portanto, a quebra da unidade da lei aplicável – é tanto mais patente nesta matéria quanto se propende a aceitar que aos pactos sucessórios, e uma vez que não será inteiramente rigoroso dizer que produzem efeitos exclusivamente *mortis causa,* deverá ser dado um tratamento conflitual diverso do estatuído para os testamentos[57].

9.3. Para além do valor da coerência material da regulamentação a que acabamos de aludir, interessa igualmente rememorar que o estatuto pessoal constitui um instituto cujo propósito se destina caracteristicamente a propiciar a estabilidade internacional das situações jurídicas individuais, tanto mais que as qualidades que predicam cada um dos indivíduos, e nas palavras de ANTÓNIO FERRER CORREIA[58], "não devem ser coisas que o seu portador corra o perigo de ver confiscadas numa fronteira, como artigos de contrabando", devendo antes apresentar-se como "algo de permanente, um foro inviolável".

---

[56] Assim, J. BAPTISTA MACHADO, *op. cit.,* p. 438.

[57] Com efeito, ao invés do testamento, e continuando a acompanhar J. BAPTISTA MACHADO, *op. cit.,* p. 443, "o pacto sucessório, como instituição *contratual* que é*, entra em vigor,* e vincula, como qualquer outro contrato, a partir da sua celebração". Deste modo, e apesar da aparente semelhança entre os pactos sucessórios recíprocos e os testamentos de mão comum, apenas *improprio sensu* podemos ver nestes últimos "pactos sucessórios sob a forma de testamento" (assim, EDUARDO CORREIA, *op. cit.,* p. 61 s.).

[58] "Unidade do estatuto pessoal", *BFDUC,* v. XXX (1954), p. 105.

De qualquer modo, para além deste genérico fundamento do estatuto pessoal, convém ainda considerar que a aspiração da coerência internacional das soluções ganhou entre nós particular alento quando se enfrentou o problema dos conflitos de sistemas de direito internacional privado, bastando para o demonstrar que atendamos às soluções particulares que o legislador perfilhou no âmbito do reenvio e dos direitos adquiridos e onde, pelo reconhecimento do carácter subordinado das normas de conflitos relativamente à "teleologia imanente" de todo o sistema de determinação da lei aplicável[59], discernimos o firme desígnio de garantir, ainda que de diferentes maneiras, a referida continuidade internacional das situações regidas pela lei pessoal[60].

10. Havendo apresentado os contornos do estatuto pessoal tal como ele se encontra erigido no Código Civil de 1966 e as exigências normativas em que este se enucleia – afinal, os valores da igualdade, unidade e estabilidade do *status* dos indivíduos –, e depois de termos sugerido os termos em que o estatuto pessoal tende, mesmo entre nós, e por razões várias, a conhecer momentos de dispersão, mormente em matéria sucessória, centremo-nos agora na determinação do estatuto regulador dos pactos sucessórios à luz dos critérios ali sancionados[61].

---

[59] Ora, verdadeiramente, a orientação que referimos – e que, afinal, não é pacífica na nossa doutrina – é a que nos parece em consonância com uma adequada compreensão do sistema jurídico e do papel que cada um dos seus diferentes *strati* é chamado, no plano metodológico, a cumprir (para mais desenvolvimentos, cf. os elementos citados, *supra*, n. 3); aliás, parece-nos, aquela compreensão constitui, afinal, uma congruente e lograda concretização da lição metodológica que convocámos.

[60] Para uma explicitação mais demorada sobre o modo como o Código Civil enfrentou o problema dos conflitos de sistemas de direito internacional privado no âmbito do estatuto pessoal, aí se podendo colher as referências bibliográficas pertinentes, *vide* N. ASCENSÃO SILVA, "Do estatuto pessoal...", cit., p. 601 ss.

[61] Sobre o regime conflitual sucessório na vigência do Código de Seabra, *vide*: L. FERNANDES FALCÃO, *Do Direito Internacional Privado – Dissertação Inaugural para o Acto de Conclusões Magnas na Faculdade de Direito da Universidade de*

10.1. Efectivamente, também no âmbito da sucessão contratual não pôde o legislador alhear-se do velho princípio (designadamente, de direito intertemporal) segundo o qual *tempus regit actum*, impondo-se por isso assegurar, na medida possível, as expectativas na validade e eficácia dos actos sucessórios que não sofram de qualquer vício à luz da lei que lhes é aplicável no momento da sua prática. Destarte, assim se compreende que se haja entendido como necessário, e apesar da competência de princípio da lei pessoal do *de cuius* no momento da morte para reger todo o fenómeno sucessório, atribuir relevo ao "estatuto da disposição", ou seja, à lei pessoal do autor da herança ao tempo da declaração negocial[62]. Sendo assim, caso existam estipulações *mortis causa* feitas concomitantemente

---

Coimbra, Coimbra: Imprensa da Universidade, 1868, p. 341 s.; A. MACHADO VILLELA, *Tratado elementar (teórico e prático) de Direito Internacional Privado*, v. I (Princípios gerais) Coimbra, Coimbra Editora, Lda., 1921, p. 442 ss.; V. TABORDA FERREIRA, *Sistema do Direito Internacional Privado segundo a lei e a jurisprudência*, Lisboa: Ática, 1957, p. 127 ss.; e J. ALBERTO DOS REIS, *op. cit.*, p. 92 ss.. Especificamente sobre a sucessão contratual no anterior Código Civil, cf. A. MACHADO VILLELA, *op. cit.*, p. 446 ss., que sustentava, uma vez que decorria do artigo 1457.º do Código Civil a natureza estritamente testamentária das doações *mortis causa*, a aplicação do regime dos testamentos, devendo, por conseguinte, ser regidas pela lei nacional do autor da herança.

[62] Assim, de acordo com os artigos 63.º, n.º 1, e 64.º, comportará ao estatuto da disposição, e não ao "estatuto sucessório primário", determinar a capacidade para fazer, modificar ou revogar uma disposição por morte, bem como as exigências da forma especial das disposições por virtude da idade do disponente, do mesmo modo que a interpretação das respectivas cláusulas e disposições, salvo se houver referência expressa ou implícita a outra lei [o que lembra as *construction clauses* tão frequentes no âmbito do comércio internacional (sobre o sentido desta ressalva e que seguramente não parece contemplar uma verdadeira escolha de lei, cf. F. de ALMEIDA PIRES, *op. cit.*, p. 150], a falta e vícios da vontade e a admissibilidade de testamentos de mão comum ou de pactos sucessórios, sem prejuízo, quanto a estes, do disposto no artigo 53º.

Acresce ainda que, segundo o artigo 63.º, n.º 2, e tendo em vista um eventual conflito móvel e os resultados nefastos que poderiam decorrer da estrita relevância do estatuto actual, aquele que, depois de ter feito a disposição, adquirir nova lei pessoal conservará a capacidade necessária para revogar a disposição validamente feita à luz da lei aplicável no momento da sua verificação.

Sobre o regime da sucessão contratual no direito de conflitos do Código Civil, cf.; J. BAPTISTA MACHADO, *op. cit.*, p. 443 ss.; L. de LIMA PINHEIRO, *DIP*, v. II, cit., p. 550 ss.; F. de ALMEIDA PIRES, *op. cit.*, p. 148 ss.; J: GOMES DE ALMEIDA, *op. cit.*, p. 150 ss.

por distintas pessoas, cada uma delas será regida pela lei pessoal do respectivo autor[63].

Naquilo que diz respeito à determinação das questões que relevam exclusivamente do "estatuto da disposição", diga-se que este incide particularmente sobre a admissibilidade dos pactos sucessórios bem como sobre o reconhecimento do seu efeito vinculativo, traduzido, desde logo, no afastamento da livre revogabilidade das disposições por morte[64], o mesmo acontecendo com os limites à liberdade de disposição especificamente impostos no âmbito da sucessão contratual (por exemplo, se a lei limitar o montante máximo da quota da herança que pode ser objecto de um vocação sucessória contratual)[65].

---

[63] J. BAPTISTA MACHADO, *op. cit.*, p. 444.

[64] Se a irrevogabilidade constitui um elemento característico dos pactos sucessórios, ele não é definitório (como lembrava, EDUARDO CORREIA, *op. cit.*, p. 57 s.): com efeito, nada impede, como acontece à luz do § 2293.º do *BGB,* que o disponente reserve o direito de revogação (similarmente, posto que no respeitante às disposições por morte a favor de terceiros e com carácter contratual, cf. o artigo 1705.º, n.º, 2, do nosso Código Civil).

[65] Quer isto dizer, por isso, que, ao invés, será a lei determinada nos termos do artigo 62.º que fixará, desde logo, o âmbito da liberdade de disposição em geral, ou seja, será à luz da lei nacional do *de cuius* ao tempo da morte que deveremos apreciar os limites decorrentes da existência de uma quota legitimária ou as restrições estabelecidas em função das qualidades pessoais do autor da herança. Deste modo, a eficácia dos pactos sucessórias ficará em grande medida dependente da *lex successionis*, apenas por ocasião da abertura da sucessão podendo decidir-se a possibilidade do estrito cumprimento e a plena eficácia do convencionado.

Seja como for, e apesar da circunstância de, pelo menos para alguma doutrina, as doações entre cônjuges não estarem no nosso ordenamento jurídico sujeitas a colação (artigo 2104.º ss.), ainda assim, nada neutraliza a necessidade de acautelar em termos conflituais os interesses dos donatários, tanto mais que a sucessão contratual poderá consistir na instituição de herdeiro ou na nomeação de legatário, feita por qualquer um dos esposados, em favor de terceiro que seja, afinal, presuntivo herdeiro legitimário do doador. Nestes casos, e como ensina J. BAPTISTA MACHADO (*op. cit.,* p. 437, n. 1), deverá atender-se a um "estatuto sucessório hipotético", uma vez que deverá caber, pelo menos, à lei pessoal do doador ao tempo da doação indicar quais os presuntivos herdeiros sujeitos à colação ou as condições em que esta se presume dispensada.

Paralelamente, se a obrigação do co-herdeiro levar à colação os bens doados ou a fixação do seu valor decorre da lei da sucessão, que determina assim a legítima, a necessidade de redução por inoficiosidade e a ordem da redução das disposições inoficiosas, no caso de uma doação *inter vivos* que não seja inoficiosa de acordo com

Por outra banda, se a instituição contratual não for legítima à luz da lei designada nos termos do artigo 63.º, tem-se defendido que não poderá ocorrer a sua convalidação à luz do "estatuto sucessório primário", conquanto, na verdade, se afigure razoável admitir, atendendo ao disposto no artigo 946.º, n.º 2, poder ter lugar a conversão do pacto sucessório numa disposição testamentária, sempre que cumpridos os requisitos de validade (substancial e formal) das disposições testamentárias e desde que o autor da herança não haja já disposto do seu património de modo contrário[66].

10.2. Acresce ainda que o artigo 64.º, *alínea c)*, embora submetendo a admissibilidade dos pactos sucessórios ao estatuto da disposição *mortis causa*, acautela expressamente o disposto no artigo 53.º e onde se regula a questão da substância e efeitos das convenções antenupciais e do regime de bens do casamento (o chamado estatuto patrimonial secundário do casamento). Conquanto se reconheça tanto o carácter pouco "transparente" desta formulação legal ou até se possa questionar o mérito da solução aí sancionada, tudo leva a crer que o legislador pretendeu excluir a questão da admissibilidade dos pactos sucessórios contidos em convenções antenupciais do âmbito de aplicação da lei pessoal do ou dos seu autores ao tempo da declaração, tendo entendido preferível sujeitá-las à lei reguladora do regime patrimonial secundário[67]. Assim, e independentemente do prescrito pelo "estatuto da disposição", o pacto sucessório será

---

um suposto (hipotético) estatuto sucessório – a lei pessoal do doador ao tempo da doação –, não deverá proceder-se à sua redução de acordo com o estatuto definitivo.

Sobre o âmbito do "estatuto da disposição" nos pactos sucessórios, *vide* J BAPTISTA MACHADO, *op. cit.,* p. 444 s.

[66] Neste sentido, J. BAPTISTA MACHADO, *op. cit.,* p. 445 s., que defende a admissibilidade de tal conversão, se o estatuto regulador da sucessão a consentir e conquanto não resultem prejudicadas as exigências que levaram o legislador, nos artigos 63.º e 64.º, a estabelecer a relevância do estatuto da disposição (no mesmo sentido, cf. L. de LIMA PINHEIRO, *DIP*, v. II, cit., p. 552).

[67] Sustentando tal entendimento, cf. J. BAPTISTA MACHADO, *op. cit.,* p. 444, e L. de LIMA PINHEIRO, *DIP*, v. II, cit., p. 551.

admissível (e vinculativo), desde que tal resulte da lei reguladora das relações patrimoniais secundárias do casamento (lei da nacionalidade comum dos nubentes ou, na falta, lei da residência habitual comum ao tempo do casamento, ou, na sua falta, lei do primeiro domicílio conjugal)[68].

Seguramente, testemunha-se desta maneira, e agora no plano do direito de conflitos, a união entre o direito da família e o direito das sucessões que desde o início temos estado a convocar e tem-se mesmo assinalado nesta solução a presença de um inquestionável *favor matrimonii,* que, de modo convergente, justifica, no plano do direito material português, o desvio à proibição geral dos pactos sucessórios, sempre que estes sejam inseridos numa convenção antenupcial, e conquanto algum dos esposados seja instituidor/nomeador ou instituído/legatário[69].

Ora, ainda que assentando tanto numa interpretação da ressalva feita na parte final do artigo 64.º, *alínea c)* alheada de um qualquer

---

[68] Na verdade, e do mesmo modo que a convalidação poderá ocorrer sempre que esteja em causa um vício formal, nos termos em que mais adiante referiremos (*infra*, n. 86 e texto correspondente), *de iure condendo,* poder-se-ia dizer não existirem razões bastantes para rejeitar um pacto sucessório reconhecido pela lei da disposição, ainda que constante de uma convenção antenupcial e inadmissível ou ineficaz à luz da lei designada nos termos do artigo 53.º, pelo menos, sempre que o instituidor *mortis causa* não houvesse disposto de outro modo dos bens sobre o qual aquele incide.

Ora, se existem soluções que correm nesse sentido – por exemplo, a Convenção da Haia de 1989 admite, nos termos do artigo 9.º, n.º 2, o efeito convalidante da aplicação da *lex successionis* (por conseguinte, determinada ao tempo da morte), que regerá então tanto os efeitos vinculativos da convenção como a sua extinção, conquanto apenas nos pactos sucessórios em que apenas uma pessoa disponha da sua sucessão –, sempre será compreensível defender que, se o *favor matrimonii* parece constituir o fundamento da excepção constante do artigo 64.º, *alínea c),* o certo é que a ressalva do previsto no artigo 53.º, ao fazer prevalecer um regime especial sobre um regime geral, se afigura visar prevenir a perturbação do equilíbrio da organização patrimonial do casamento e até das expectativas dos esposados, propósitos que seguramente foram tidos em vista ao estabelecer-se o regime (material e conflitual) dos pactos sucessórios e que, caso fosse admitida tal convalidação, poderiam aparentemente ser prejudicados.

[69] Neste sentido, e com menção do referido *favor matrimonii,* J. BAPTISTA MACHADO, *op. cit.,* p. 444.

favor negotii – uma vez que se tem sustentado, como vimos, que não deverá ocorrer a convalidação de um pacto sucessório entre esposados contido na convenção antenupcial, se tal não for admitido pela lei aplicável nos termos do artigo 53.º, ainda que a outra solução fôssemos conduzidos por aplicação da "lei da disposição" – como admitindo até que o legislador se norteou aqui por um indisfarçável *favor matrimonii*, impõe-se mesmo assim tecer sobre este aspecto algumas considerações complementares.

Por um lado, o favor aqui subjacente não se reconduz a uma qualquer ideia de aplicação da lei mais favorável, não estando em causa, por conseguinte, o interesse material dos esposados na validade das disposições *mortis causa* contidas nas convenções antenupciais. De facto, só assim não seria se o espírito de tutela da família conjugal tivesse conduzido o legislador por caminhos mais ousados e a lei designada nos termos do artigo 53.º se aplicasse alternativamente à lei pessoal do ou dos disponentes. De facto, e em consonância com tal propósito, teria sido até razoável que o Código Civil se tivesse deixado aliciar aqui por uma solução mais permissiva e claramente inspirada pelo *favor negotti*, o que, isso sim, se consumaria num arrojado *favor matrimonii*, facilitando-se a validade das disposições sucessórias contidas nas convenções antenupciais. E isto sem que, na verdade, e sobretudo quando apenas um dos esposados institua contratualmente o outro esposado como herdeiro ou o nomeie como legatário[70], se pudessem opor

---

[70] Na verdade, no caso das convenções antenupciais em que ambos os esposados disponham *mortis causa* do seu património, a aplicação de leis diferentes poderá suscitar problemas acrescidos, atendendo ao nexo de sinalagmaticidade (*improprio sensu*) que provavelmente existirá entre as referidas cláusulas sucessórias, malgrado a sua feição, ainda assim, caracteristicamente gratuita.

Seja como for, a ruptura do nexo de dependência decorrente de uma aplicação distributiva de leis é, afinal, um problema que também em geral se coloca no funcionamento das regras de conflitos relativas aos pactos sucessórios que não constem de convenções antenupciais, mesmo no contexto das soluções plasmadas no nosso Código Civil. E isto, porque, nos casos em que várias pessoas disponham

nesta matéria razões conflituais de relevo que fundamentassem a
formulação de um cúmulo de conexões, isto é, a exclusiva aplicação

---

num mesmo acto, a admissibilidade e efeitos da instituição contratual (ou nomeação de legatário) feita por cada uma delas, ou, pelo menos, a sua admissibilidade, como acontece no Regulamento (UE) n.º 650/2012, será apreciada à luz da respectiva lei pessoal ao tempo da conduta declarativa (como veremos mais adiante, o Regulamento não deixou de estabelecer um tratamento conflitual diferenciado consoante o pacto sucessório se refira à sucessão de uma ou de várias pessoas, se bem que, neste último caso, e no tangente à admissibilidade da sucessão contratual, se sancione um sistema de aplicação cumulativa de leis).

Destarte, em qualquer dos casos, e partindo do princípio segundo o qual não nos encontramos dentro da álea que certamente reveste a celebração de tais pactos sucessórios, deverá o desequilíbrio contratual daí decorrente ser sanado pela mobilização dos institutos de direito civil (específicos ou gerais) previstos pelo ordenamento jurídico competente para reger a instituição contratual em causa ou, se assim não for, por recurso à adaptação.

Com efeito, embora partindo da ideia segundo a qual o pacto sucessório em sentido próprio, ou seja, o *pacto de succedendo*, é, por definição, "um negócio jurídico bilateral, gratuito e *mortis causa*" (assim, L. CARVALHO FERNANDES, *Lições...*, cit., p. 556) e considerando o carácter tendencialmente límpido da distinção entre negócios (e contratos) jurídicos gratuitos e onerosos [cf., por exemplo, M. DOMINGUES DE ANDRADE, *Teoria...*, v. II, cit., p. 54 ss.; L. CARVALHO FERNANDES, *Teoria...*, v. II, cit., p. 82 ss.; C. da MOTA PINTO, *op. cit.*, p. 400 ss.; J. de CASTRO MENDES, *Direito civil...*, v. II, cit., p. 315 ss.; P. PAIS DE VASCONCELOS, *Teoria geral do direito civil*, 6.ª ed., Coimbra: Almedina, 2010, p. 447 ss.; M. J. de ALMEIDA COSTA, *Direito das obrigações*, 12.ª edição revista e actualizada, Coimbra: Almedina, 2013 (reimpressão), p. 367 ss.; L. M. de MENEZES LEITÃO, *op. cit.*, p. 183 ss.; J. ANTUNES VARELA, *Das obrigações em geral*, 10.ª ed., v. I, Coimbra: Almedina, 2015 (reimpressão), p. 404 ss.; I. GALVÃO TELLES, *Direito das obrigações*, 7.ª ed. revista e actualizada, Coimbra: Coimbra Editora, 1997, p. 96 ss.], há desde logo que reconhecer que "[a] gratuidade e a onerosidade não são qualidades impermeáveis, são dois pólos numa série infinitamente graduável, na qual se inserem negócios mais ou menos gratuitos, como a doação modal, e mais ou menos gratuitos, como as vendas por preços baixos, ou mesmo por preços vis" (P. PAIS DE VASCONCELOS, *Teoria...*, cit., p. 448).

Ora, parece certo que não podemos ver na simultânea (e até recíproca) instituição contratual feita por vários disponentes num mesmo acto um verdadeiro nexo de sinalagmaticidade genética e funcional, característica dos contratos bilaterais [para mais esclarecimentos, e tendo em mente que as distinções contratos bilaterais (ou sinalagmáticos) *versus* contratos unilaterais e negócios onerosos *versus* negócios gratuitos não são coincidentes, *vide*: M. DOMINGUES DE ANDRADE, *Teoria...*, v. II, cit., p. 43 s.; L. CARVALHO FERNANDES, *Teoria...*, v. II, cit., p. 83 s.; C. da MOTA PINTO, *op. cit.*, p. 388 s.; J. de CASTRO MENDES, *Direito civil...*, v. II, cit., p. 320 ss.; P. PAIS DE VASCONCELOS, *Teoria...*, cit., p. 445 ss.; M. J. de ALMEIDA COSTA, *Direito das obrigações*, cit., p. 360 ss.; M. de MENEZES LEITÃO, *op. cit.*, p. 180 ss.; J. ANTUNES VARELA, *Das obrigações em geral*, v. I, cit., p. 395 ss.; I. GALVÃO TELLES, *Direito das obrigações*, cit., p. 95 s.; A. MENEZES CORDEIRO, *Direito das obrigações*, v, I, Lisboa: AAFDL, 1986, p. 422 ss.; J. DE OLIVEIRA ASCENSÃO, *Direito Civil – Teoria Geral*, v. III (Relações e situações jurídicas), Coimbra: Coimbra Editora,

de uma lei comum aos dois esposados, bastando para o comprovar que, na falta de uma *professio iuris,* tanto na vigência do Código

2002, p 313 s.]. Aliás, e independentemente de a própria natureza *mortis causa*, ainda que recíproca, da instituição contratual feita por vários causantes parecer dificilmente compaginável com tal classificação, se tal nexo de sinalagmaticidade existisse, não se compreenderia até que em geral a lei previsse a caducidade dos pactos sucessórios quando o donatário faleça antes do doador (cf. o artigo 1703.º, n.º 1; porém, os artigos 1703.º, n.º 2, e 1706.º). Sobre a questão, em geral, cf. D. ROTHE, *Erbvertrag und Synallagma*, Berlin: Duncker & Humblot, 2008.

Todavia, não se pode ignorar que, no plano da representação das partes, poderá subjazer a tais situações uma expectativa de correspectividade, conquanto, na verdade, se possa dizer não tratar-se aqui de um único contrato oneroso, muito menos comutativo, mas antes, e apenas, de uma união de contratos (sobre a união, junção ou coligação de contratos, cf: M. J. de ALMEIDA COSTA, *Direito das obrigações*, cit., p. 377 ss.; P. PAIS DE VASCONCELOS, *Teoria...*, cit., p. 540 ss.; *IDEM, Contratos atípicos*, 2.ª ed., Coimbra: Almedina, 2009, esp. p. 218 ss.; M. de MENEZES LEITÃO, *Direito das obrigações*, 11.ª edição, v. I, Coimbra: Almedina, 2014, p. 190 s.; J. ANTUNES VARELA, *Das obrigações em geral*, v. I, cit., p. 281 ss.; I. GALVÃO TELLES, *Direito das obrigações*, cit., p. 87 ss.; A. MENEZES CORDEIRO, *op. cit.*, p. 429 s.; J. de OLIVEIRA ASCENSÃO, *Direito Civil – Teoria Geral*, v. III, cit., p. 303 s.), existindo entre eles um nexo de dependência funcional (ou interna) de índole bilateral, conquanto se mantenha a sua "autonomia formal" (*vide* P. PAIS DE VASCONCELOS, *ibidem*).

Sendo assim – e não se enquadrando tal hipótese numa estrita alteração superveniente das circunstâncias (artigo 437.º), uma vez que usualmente o facto (vício) que inquina a disposição *mortis causa* é contemporâneo às estipulações dos contraentes, não se tratando, por conseguinte, da não verificação da pressuposição cuja relevância decorre do artigo 437.º –, sempre parece que a "vinculação sobrevivente" poderá ser contestada ao abrigo da lei que a regula, caso a outra venha a ser considerada ineficaz (*lato sensu*) ao abrigo do respectivo estatuto, por mobilização do preceituado para os casos de erro, tendo lugar o funcionamento do regime disposto no artigo 252.º, designadamente o relativo ao erro sobre a base do negócio [para uma explicação detida das hipóteses tidas em vista pelo erro sobre os motivos (*lato sensu*) aí regulado, *vide, por* exemplo, M. DOMINGUES DE ANDRADE, *Teoria...*, v. II, cit., p. 242 ss.; L. CARVALHO FERNANDES, *Teoria...*, v. II, cit., p. 217 ss.; C. da MOTA PINTO, *op. cit.*, p. 512 ss.; J. de CASTRO MENDES, *Direito civil...*, v. II, cit., pp. 97 ss., 102 ss.; P. PAIS DE VASCONCELOS, *Teoria...*, cit., p. 661 ss.; J. de OLIVEIRA ASCENSÃO, *Direito Civil – Teoria Geral*, v. II, cit., p. 147 ss.; e v. III, cit., p. 184 ss.], caso a nossa ordem jurídica seja a competente, ou o de soluções congéneres previstas pela *lex causae* estrangeira.

De resto, e sempre que (excepcionalmente) não seja possível assegurar o cumprimento do equilíbrio pressuposto pelos contraentes mediante a mobilização do estatuto regulador da "disposição sobrevivente" – ora através do regime do erro, ora através de outros institutos de direito privado intencionalmente destinados a prosseguir, *inter alia*, a justiça comutativa nas relações contratuais, designadamente, a redução dos negócios jurídicos ou até mesmo o enriquecimento sem causa –, poder-se-á impor uma maior intervenção constitutiva, *maxime*, correctiva, do decidente, tratando-se, por conseguinte, de um terreno fértil para a mobilização do mecanismo da adaptação.

Civil (artigo 42.º)[71] como de acordo com os critérios decorrentes do *Regulamento (CE) 593/2008, do Parlamento Europeu e do Conselho, de 17 de Junho de 2008, sobre a lei aplicável às obrigações contratuais (Roma I)* (artigo 4.º)[72], a determinação da lei aplicável aos

---

[71] Com efeito, de acordo com o artigo 42.º, sempre que os contraentes não tenham uma residência habitual comum, será competente a lei da residência habitual da parte que atribui o benefício. Sobre a lei reguladora dos contratos gratuitos à luz do artigo 42.º, do Código Civil, *vide:* J. BAPTISTA MACHADO, *op. cit.*, cit., p. 358 ss.; L. de LIMA PINHEIRO, *DIP*, v. II, cit., p. 330 ss.

[72] Na falta de escolha de lei, o Regulamento Roma I submete as doações à lei do país em que o contraente que deve efectuar a prestação característica do contrato tem a sua residência habitual (artigo 4.º, n.º 2) – ou seja, do doador –, sem prejuízo de, caso resulte claramente do conjunto das circunstâncias do caso que o contrato apresenta uma conexão manifestamente mais estreita com um outro país, se venha a considerar aplicável a lei desse outro país (artigo 4.º, n.º 3). Para a exposição da lei aplicável às doações de acordo com o referido instrumento europeu (ou segundo a Convenção de Roma de 1980), *vide*, por exemplo, J. CARRASCOSA GONZÁLEZ, "Apuntes sobre la competencia judicial internacional y la ley aplicable a las donaciones: antes y después del Reglamento Roma I", *Cuadernos de Derecho Transnacional [CDT]*, v. 1, n.º 2 (2009), p. 323 ss.; L. FUMAGALLI, "La Convenzione di Roma e la legge regolatrice delle donazioni", *Rivista di Diritto Internazionale Privato e Processuale*, v. XXIX (1993), p. 589 ss.; P. JIMÉNEZ BLANCO, "El derecho aplicable a las donaciones", *Revista Española de Derecho Internacional*, v. XLIX (1997), p. 63 ss.

Ademais, impõe-se considerar que o artigo 1.º, n.º 2, *alíneas b)* e *c)*, do Regulamento (CE) 593/2008 exclui do seu âmbito de aplicação material as obrigações que decorram de relações de família (ou de relações que a lei que lhes é aplicável considere produzirem efeitos equiparados), incluindo as obrigações de alimentos, bem como as obrigações que resultem dos regimes de bens do casamento (ou de relações que a lei que lhes é aplicável considera produzirem efeitos análogos ao do casamento) e as sucessões. Assim, o regime internacional privatístico das doações para casamento, das doações entre cônjuges e, mais especificamente, das doações *mortis causa* **não se encontra** *prima facie* plasmado no referido instrumento, resultando por isso das regras de conflitos internas ou contidas noutros instrumentos internacionais ou europeus (as designadas "doações residuais").

Todavia, na verdade, nada impede que certo negócio jurídico constitua num determinado ordenamento jurídico um negócio familiar e noutro se encontre submetido ao regime geral dos contratos, acusando-se aqui a emergência de um verdadeiro *circulus inextricabilis*. Nestes casos, parte significativa da doutrina tem apontado a necessidade de recorrer primeiramente ao direito de conflitos interno, havendo que lançar mão, caso a *lex causae* assim determinada considerar não estarmos em presença de um negócio familiar, das regras de conflitos do Regulamento, desde que estejamos face a uma doação que gere doações contratuais (para mais desenvolvimentos, e concordando com tal orientação J. CARRASCOSA GONZÁLEZ, "Apuntes...", cit., p. 325). Seja como for, e se parece claro que as doações *mortis causa* estão claramente excluídas do âmbito de aplicação do Regulamento Roma I, o procedimento que referimos parece-nos discutível – não deixamos de percepcionar **aí os indícios de uma criticável modalidade de qualificação** –, havendo antes

contratos gratuitos em geral – e, afinal, as doações *mortis causa* são (ou podem ser) pactos sucessórios[73] –, acaba por se fazer pelo

que mobilizar o pensamento plasmado no artigo 15.º do Código Civil, devendo em princípio os concursos de normas e, por conseguinte, os eventuais conflitos de qualificações, ser resolvidos por prevalência dos regimes especiais e, logo, das regras de conflitos que conduzem à designação do ordenamento jurídico em que estes se inserem. E isto, cremos, sem a perturbação do princípio da interpretação autónoma dos conceitos contidos nos instrumentos europeus [*vide* ainda, A. RODRÍGUEZ BENOT, "La exclusión de las obligaciones derivadas del Derecho de familia y sucesiones del **ámbito** material de aplicación del Reglamento Roma I", *CDT*, v. 1, n.º 1 (2009), p. 112 ss., referindo-se especificamente aos alimentos, aos regimes de bens do casamento e à sucessão].

Para a circunscrição do estatuto sucessório face ao estatuto contratual, designadamente face ao estatuto regulador das liberalidades ou de outros modos de criação ou transferência de bens ou direitos fora da sucessão (por exemplo, os *will substitutes*) [artigo 1.º, n.º 2, *alínea g)*], vejam-se: A. BONOMI/P. WAUTELET, *Le droit européen des successions: commentaire du Règlement no. 650/2012 du 4 juillet 2012*, Bruxelles: Bruylant, 2013, p. 90 ss.; J. CARRASCOSA GONZÁLEZ, *El Reglamento Sucesorio Europeo 650/2012 de 4 de julio 2012: análisis crítico*, Granada: Comares, 2014, p. 38 ss.

De qualquer modo, atendendo à diversa configuração que as doações *mortis causa* assumem nos distintos ordenamentos jurídicos, e que já antes convocámos, não é certo que tais doações se encontrem abrangidas pelo Regulamento (UE) n.º 650/2012, nomeadamente, quando não constituam, de acordo com a sua lei reguladora, um verdadeiro pacto sucessório. Para mais desenvolvimentos quanto às doações *mortis causa*, vide A. BONOMI/P. WAUTELET, *op. cit.*, p. 96 ss., que defendem a mobilização do regime das doações entre vivos, logo, a sua exclusão do âmbito do Regulamento (EU) n.º 650/2012, sempre que, de acordo com a lei designada nos termos do seu artigo 25.º, o contrato em causa não seja qualificado como uma verdadeira doação *mortis causa* ou não se estabeleça aí um regime especial (sucessório) relativamente ao das doações em geral, sendo de rejeitar, por conseguinte, uma inadmissível qualificação *lege fori* e devendo percorrer-se um *iter* que é, afinal, e em grande medida, o sugerido pelo artigo 15.º do nosso Código Civil (em sentido contrário, excluindo as doações *mortis causa* do âmbito do Regulamento, *vide*: J. CARRASCOSA GONZÁLEZ, *El Reglamento...*, cit., p. 41). Assim, o regime material português relativo às doações *mortis causa* apenas será mobilizável sempre que a competência da nossa ordem jurídica seja reconhecida pelo artigo 25.º do Regulamento.

Finalmente, e apesar da exclusão enunciada no artigo 1.º, n.º 2, *alínea g)*, sempre a *lex successionis* relevará quanto a alguns aspectos de tais "transmissões fora da sucessão", designadamente, no concernente à sucessão legitimária e aos mecanismos de protecção dos "herdeiros forçosos" (cf. A. BONOMI/P. WAUTELET, *op. cit.*, p. 93, e, em termos mais gerais, S. LORENZ, *op. cit.*, p. 113 ss).

[73] Atendendo desde logo à natureza supostamente híbrida das doações mortis causa (assim, M. DOMINGUES DE ANDRADE, Teoria geral..., v. II, cit., p. 45 s.; e, na vigência do actual direito, também F. PEREIRA COELHO, op. cit., p. 24 s.; C. da MOTA PINTO, op. cit., p. 392; e L. CARVALHO FERNANDES, Teoria geral..., v. II, cit., p. 81). importa ainda acrescentar que não é pacífica a sua identificação com os

predomínio do "interesse conflitual" de apenas um dos contraentes – designadamente, do doador ou beneficiante –, não se levantando contra esta solução obstáculos de monta.

Por outro lado, e se o favor ao casamento, ainda que apenas conflitualmente prosseguido, parece indesmentível – tendo o legis-

---

pactos sucessórios, aliás, como resulta já dos apontamentos de direito comparado que fizémos supra, n. 32. De resto, e contribuindo para tal incerteza, a circunstância de o legislador se referir às doações por ocasião da regulamentação dos casos de sucessão contratual parece justificar-se até pela influência que o Código civil francês teve no Código Civil de 1867 e pela hostilidade que aquele demonstrou face a uma designação (pacto sucessório) de sabor aristocrático e intimamente ligada ao direito sucessório do Ancien Régime (aspectos sublinhados por EDUARDO CORREIA, op. cit., p. 81).

Com efeito, se é comum aparecer-nos a afirmação segundo a qual tais doações mortis causa constituem pactos sucessórios (por exemplo, J. BAPTISTA MACHADO, op. cit., p. 445), o problema das relações entre tais tipos contratuais não se apresenta de um modo evidente, tanto mais que o legislador, à semelhança daquilo que acontecia já no Código de Seabra, acabou por deslocar a disciplina da sucessão contratual, ressalvada a sua genérica proscrição contida no artigo 2028.º, para o âmbito do regime jurídico de cada uma das situações em que ela legalmente pode ter lugar (é o caso das convenções antenupciais). Ora, e malgrado tal sistematização, o que poderia sugerir a distinta natureza das duas figuras, o que é certo é que muitos autores tendem a assumir que tais liberalidades constituem de iure condito autênticos pactos sucessórios (e, com efeito, também nesse sentido poderíamos compreender a remissão contida no artigo 946.º, n.º 1, in fine) (por exemplo, L. CARVALHO FERNANDES, Lições..., cit., p. p. 560 ss.; I. GALVÃO TELLES, Sucessões: Parte Geral, cit., p. 19; C. PAMPLONA CORTE-REAL, Curso..., cit., p. 79; PAULA BARBOSA, Doações entre cônjuges: enquadramento jus-sucessório, Coimbra: Coimbra Editora, 2008, p. 131 s.), razão pela qual o seu regime internacional-privatístico não é habitualmente diferenciado, se bem que seja incerto se o Regulamento (EU) n.º 650/2012 abrangerá, ou não, as doações mortis causa (vide supra, n. 72). Ora, se assim não for, é provável que as regras de conflitos do Código Civil relativas aos pactos sucessórios continuem a aplicar-se a tais doações, mesmo após a entrada em vigor do Regulamento, solução que, na verdade, não nos parece a mais ajustada.

Ao invés, alguma doutrina, embora reconhecendo tratar-se de uma questão cuja resposta depende dos critérios legais sancionados em cada um dos concretos ordenamentos jurídicos e vislumbrando, de qualquer forma, as dificuldades práticas de monta que a sua distinção acarreta, tem sublinhado a diversa natureza das duas figuras, sustentando o entendimento segundo o qual tais liberalidades não serão verdadeiros actos de direito hereditário – mas antes, e apenas, actos entre vivos, uma vez que consideram que o donatário adquire, posto que sub conditione, no momento da doação, podendo dispor dos direitos adquiridos, também condicionalmente –, se bem que estejam conscientes de que alguns dos seus efeitos se acham deveras próximos dos que emergem dos pactos sucessórios (assim, EDUARDO CORREIA, op. cit., p. 61, conquanto a p. 81, se refira às doações para casamento, "que têm a natureza exacta de pactos sucessórios").

lador entendido que urgia acautelar a organização das transmissões *mortis causa* operada por ocasião da fixação do regime patrimonial do casamento ao abrigo da lei que a regula –, discernimos aqui, e sobretudo, a inclusão no âmbito da *lex familiae* da regulamentação dos pactos sucessórios contidos em convenções antenupciais, distraindo tal questão do domínio de aplicação da lei que normalmente lhe seria aplicável, ou seja, a lei pessoal do instituidor ou de cada um deles, podendo até aí achar-se a intenção de o nosso legislador resolver afinal um problema específico de qualificação – designadamente, a qualificação da questão jurídica da admissibilidade (e efeito vinculativo) das disposições sucessórias contratuais contidas nas convenções antenupciais. Outrossim, e ao reger os pactos sucessórios contidos nestas convenções por esta lei única, privilegiando-se, por conseguinte, uma "solução de integração"[74] – e não descurando que

---

De outro modo, outros autores, embora vendo em tais doações (as mortis causa) verdadeiros pactos sucessórios, aceitam que nem todas as doações por morte configurarão verdadeiras hipóteses de sucessão contratual – uma vez que a morte poderá não constituir a "causa da devolução dos bens" e tão só uma mera condição (ou até um termo incerto) da atribuição patrimonial –, só assim se compreendendo que o legislador, a par da proibição enunciada no artigo 2028.º, haja achado necessário proibir expressamente as doações por morte e que não se confundirão, assim, com as doações mortis causa (proprio sensu) (artigo 946.º, n.º 1) [neste sentido, vide F. PIRES DE LIMA/J. ANTUNES VARELA, Código civil anotado, v. II, 6.ª ed., Coimbra: Coimbra Editora, 1997, p. 248 s.; e, igualmente ancorado nos diferentes termos em que a morte pode funcionar como causa, condição ou termo, F. PEREIRA COELHO, op. cit., p. 26 s.]. De resto, também o artigo 2170.º demonstra afinal que o disposto no artigo 2028.º não consome a proibição geral da existência de negócios jurídicos feitos em vida e destinados a regular a sucessão, apenas admitidos nos casos expressamente estabelecidos na lei (assim, J. de OLIVEIRA ASCENSÃO, Direito Civil – Sucessões, cit., p. 94).

Seja como for, e face à nossa lei, nos casos excepcionais em que as doações que hajam de produzir os seus efeitos por morte do doador são admitidas, estas beneficiam em geral do regime da sucessão contratual, podendo dizer-se serem verdadeiros pactos sucessórios (artigo 1755.º, n.º 2) (F. PIRES DE LIMA/J. ANTUNES VARELA, Código civil anotado, v. IV, 2.ª ed., Coimbra: Coimbra Editora, Lda., 1992, v. IV, p. 465 s.).

[74] Na verdade, e parafraseando H. VALLADÃO ["Développement et intégration du droit international privé, notamment dans les rapports de famille. Cours général de droit international privé", *Recueil des Cours*, t. 133 (1971), p. 413 ss.], não deixamos de encontrar aqui o eco do princípio segundo o qual a unidade da família exige "un élément de connexion situé audessus des éléments de connexion propres à chacun

não se admitiu aqui o exercício de qualquer autonomia conflitual, ainda que limitada –, demonstra-se afinal a sobreposição do valor institucional da família e do casamento por oposição à aceitação de um critério de raiz assumidamente individualista e a que, ao sancionar a exclusiva aplicabilidade da lei pessoal do disponente (ou de cada um deles), não deixaria de subjazer uma inegável resignação pulverizadora do regime patrimonial da família.

De qualquer maneira, se parece irrefutável que o Código Civil, ao formular os critérios destinados a dirimir os conflitos de leis relativos aos pactos sucessórios, não se conseguiu desprender do regime material interno – e onde a sucessão pactícia se apresenta primacialmente como um instrumento de programação patrimonial do casamento, sendo a sua admissibilidade recusada fora desse propósito –, embora assumindo que o *favor matrimonii* **é afinal, nada mais,** do que um *favor legis familiae*, também é certo que não se abjurou aqui o princípio da autonomia do direito internacional privado[75]: verdadeiramente, é a assunção desta exigência que torna compreensível o facto de se ter tido em vista o problema da lei aplicável aos pactos sucessórios celebrados fora das convenções antenupciais, porquanto, no que diz respeito a estas disposições contratuais *mortis causa*, se aceitou a aplicação da lei pessoal do ou dos causantes.

Ademais, tendo isto em conta, parece até que, mais do que na particular situação em que a lei competente é designada por força

---

de ses membres" (p. 509), traduzindo-se a referida integração, por oposição à atomização, na "recomposition unitaire, la réunion en une unité de ce qui était séparé en fractions autonomes, souvent minimes et toujours antagonistes" e representando por conseguinte, no contexto de uma visão certamente institucional do casamento, "la synthèse des activités pour le bien commun, la victoire de l'esprit de solidarité, de vraie communauté, altruiste, d'amour, sur l'individualisme, égoïste, expression d'une lutte permanente et agressive".

[75] Sobre este princípio, veja-se, por todos, A. FERRER CORREIA, "O princípio da autonomia do Direito internacional privado no sistema jurídico português", *Revista de Direito e Economia*, v. 12 (1986), p. 3 ss.

do artigo 53.º (instituição contratual de herdeiro e nomeação de legatário contidas nos pactos antenupciais), a especificidade do nosso regime conflitual relativo aos pactos sucessórios se encontra antes na sua geral submissão à lei pessoal do autor da herança ao tempo da declaração, com clara independência, na verdade, relativamente à proibição genérica dos pactos sucessórios contida no nosso direito material.

11. Relativamente à lei aplicável aos pactos sucessórios de acordo com o Regulamento (UE) n.º 650/2012[76], o regime instituído atende desde logo à circunstância de o pacto sucessório se referir apenas

---

[76] Lembre-se que o legislador europeu adoptou um conceito amplo de pacto sucessório [artigo 3.º, n.º 1, *alínea b)*], pelo que, na verdade, se submetem às regras de conflitos consagradas no artigo 25.º figuras que, *ab initio*, excluímos do âmbito deste trabalho (por exemplo, os pactos renunciativos ou *de non succedendo*). E se, na verdade, muita doutrina sublinha a conveniência de uma interpretação lata da noção de pacto sucessório, aqui abrangendo, *inter alia*, os testamentos de mão comum, os pactos de tipo germânico, as doações entre cônjuges de bens futuros, as doações-partilha, a renúncia antecipada ao direito de redução por inoficiosidade (é o caso de G. KHAIRALLAH, "La détermination de la loi applicable à la succession", *Droit européen des successions internationales: le règlement du 4 juillet 2012*, G. Khairallah, M. Revillard (dir.), Paris: Defrénois, 2013, p. 61 s.), outros autores apontam para um sentido mais restritivo, excluindo do seu âmbito, designadamente, as referidas doações entre cônjuges de bens futuros, os testamentos de mão comum, os testamentos-partilha ou a renúncia à acção de redução, sugerindo antes a sua regulamentação de acordo com o artigo 24.º (neste sentido, M. REVILLARD, "Portée de la loi applicable", *Droit européen des successions internationales...*, cit., p. 83).
Especificamente sobre a noção de pacto sucessório aí acolhida, cf., por exemplo: A. BONOMI/P. WAUTELET, *op. cit.*, p. 141 ss.; J. CARRASCOSA GONZÁLEZ, *El Reglamento...*, cit., p. 227; A. DAVÌ/A. ZANOBETTI, *Il nuovo diritto internazionale privato europeo delle successioni*, Torino: Giappichelli, 2014, p. 105 ss.; B. BAREL, "La disciplina dei patti successori", *Il diritto internazionale privato europeo delle successioni mortis causa*, Pietro Franzina e Antonio Leandro (a cura di), Milano: Giuffrè, 2013, p. 109 ss.
Para desenvolvimentos aprofundados sobre os critérios que, em matéria de sucessão contratual, foram sancionados no Regulamento (UE) n.º 650/2012, *vide*, para além da bibliografia geral a ele relativa: I. RODRÍGUEZ-URÍA SUÁREZ, "La propuesta de reglamento sobre sucesiones y testamentos y su posible aplicación al derecho interrregional: especial consideración de los pactos sucessorios", *Anuario Español de Derecho Internacional Privado*, v. X (2010), p. 639 ss.; A. FONT Y SEGURA, "La ley aplicable a los pactos sucesorios", *InDret: Revista para el Análisis del Derecho*, 2/2009, p. 1 ss.

à sucessão de uma ou de várias pessoas, sancionando-se, por conseguinte, um desmembramento já acolhido na *Convenção da Haia sobre a lei aplicável às sucessões mortis causa* (artigos 9.º, n.º 1, e 10.º, n.º 1) e que, na verdade, também vale no Código Civil relativamente aos pactos *de succedendo* celebrados fora das convenções antenupciais.

11. 1. Assim, de acordo com o artigo 25.º, n.º 1, os pactos sucessórios relativos à sucessão de uma só pessoa são regidos, no que respeita à sua admissibilidade, à sua validade material e aos seus efeitos vinculativos entre as partes, incluindo as condições da sua dissolução, pela lei que seria aplicável à sucessão do disponente se este tivesse falecido no dia em que o pacto foi celebrado, ou seja, e por remissão para o artigo 21.º, pela lei do Estado da residência habitual do autor da herança[77], a não ser que, excepcionalmente, resulte claramente do conjunto da factualidade que, nesse momento, este apresentava uma ligação manifestamente mais estreita com um Estado diferente do da residência habitual[78].

---

[77] A solução coincide com a sancionada no artigo 9.º, n.º 1, da Convenção da Haia de 1989.

[78] Embora sem que o Regulamento defina aquilo que haverá de ser entendido por residência habitual, o seu *Considerando* 24 dá-nos uma ideia clara dos termos em que se deverá operar a difícil concretização de tal conceito.

De qualquer forma, é provável que a referida definição venha a constar de uma futura codificação do direito internacional privado europeu, que retomará muito provavelmente a interpretação que tal noção ganhou na jurisprudência do Tribunal de Justiça, ou seja, entendida como o "local onde o interessado fixou, com a vontade de lhe conferir um carácter estável, o centro permanente ou habitual dos seus interesses" [acórdão do Tribunal de Justiça (Terceira Secção), 15 de Setembro de 1994, proc. C-452/93 P, *Pedro Magdalena Fernández contra Comissão das Comunidades Europeias* (*CJTJ*, 1994, I-4295 ss., esp. § 22)], tratando-se, por conseguinte, de um conceito com um sentido consolidado no direito internacional privado da União (cf. D. BAETGE, "Auf dem Weg zu einem gemeinsamen europäischen Verständnis des gewöhnlichen Aufenthalts. Ein Beitrag zur Europäisierung des Internationalen Privat- und Verfahrensrechts", *Die richtige Ordnung. Festschrift für Jan Kropholler zum 70. Geburtstag*, Dietmar Baetge, Jan von Hein und Michael von Hinden (Hrsg.), Tübingen: Mohr Siebeck, 2008, p. 77 ss.).

Pelo contrário, tratando-se de um pacto sucessório relativo à sucessão de várias pessoas, preferiu-se estabelecer uma conexão múltipla cumulativa, ainda que de cunho limitado, uma vez que a sua admissibilidade depende da concordância de todos os ordenamentos jurídicos que, por força das regras de conflitos gerais, teriam regido a sucessão das pessoas em causa se estas tivessem falecido no dia em que o pacto foi celebrado[79]. Contudo, e a que não é alheio, ainda que abstractamente, um claro *favor validitatis*[80], uma vez determinada assim a sua admissibilidade, a validade material, os efeitos vinculativos entre as partes e as condições de dissolução do pacto sucessório serão regidos por uma única lei, designadamente, por aquela, de entre as cumulativamente designadas para apreciar a admissibilidade do pacto, com a qual ele tenha uma ligação mais significativa[81].

Não obstante, em qualquer destas hipóteses, destaca-se ainda a consagração do princípio da autonomia da vontade[82], uma vez que, no que respeita a qualquer uma das questões jurídicas a que nos referimos (admissibilidade, validade material, efeitos vinculativos entre as partes e condições de dissolução dos pactos sucessórios), as

---

[79] Posto isto, o legislador europeu acolheu uma solução diversa daquela que vimos vigorar por força do Código Civil, e onde, efectivamente, se sancionou um critério de cariz distributivo.

[80] E dizemos abstractamente, uma vez que esta solução sempre será menos restritiva do que aquela que resultaria de uma estrita aplicação cumulativa de leis.

[81] Contrariamente, nestes casos, o artigo 9.º n.º 2, da Convenção da Haia determina que os efeitos dos pactos sucessórios relativos à sucessão de várias pessoas bem como as circunstâncias que ditam a sua extinção serão submetidos cumulativamente às leis competentes para reger a sua admissibilidade.

Seja como for, e por oposição ao critério de índole distributiva sancionado no nosso Código Civil, tanto a designação de uma lei única, nos termos do Regulamento, como a aplicação cumulativa de leis, segundo a Convenção da Haia, parecem ter a clara vantagem de viabilizar uma regulamentação coerente das disposições contratuais *mortis causa* feitas por várias pessoas ou, pelo menos, o justo equilíbro da posição jurídica dos vários disponentes.

[82] A aceitação do princípio da autonomia consta igualmente do artigo 11.º da Convenção da Haia.

partes podem escolher a lei que a pessoa ou uma das pessoas cuja herança esteja em causa teria podido eleger nos termos do artigo 22.º e nas condições neste previstas[83].

11.2. Importa ainda referir que, segundo o artigo 26.º, n.º 1, se integra na questão da validade material dos pactos sucessórios um leque bastante alargado de matérias, designadamente, a capacidade do autor da disposição por morte para a fazer, as causas concretas que o impedem de dispor a favor de determinadas pessoas ou que proscrevem que uma determinada pessoa possa receber bens da sucessão do autor da disposição, a admissibilidade da representação voluntária, a interpretação da disposição e, por fim, a falta e os vícios da vontade[84]. Para tudo o resto – e também aqui é notória a semelhança com as soluções do nosso Código Civil –, a *lex sucessionis,* determinada de acordo com os critérios gerais, será a aplicável, cabendo-lhe, desde logo, regular todas as matérias enumeradas no artigo 23.º[85].

---

[83] Para além de tudo isto, nos termos do artigo 26.º, n.º 2, do Regulamento, e num claro paralelismo com a solução sancionada no artigo 63.º, n.º 2, do Código Civil, caso uma pessoa tenha capacidade para fazer uma disposição por morte ao abrigo da lei aplicável nos termos dos artigo 25.º (pactos sucessórios), a posterior alteração da lei aplicável não prejudicará a sua capacidade para a alterar ou revogar (sobre esta solução relativa ao conflito móvel, cf. A. BONOMI/P. WAUTELET, *op. cit.,* p. 420 s.; J. CARRASCOSA GONZÁLEZ, *El Reglamento...,* cit., p., p. 233 s.).

[84] Sobre o artigo 26.º, n.º 1, cf.: A. BONOMI/P. WAUTELET, *op. cit.,* p. 415 ss.; e J. CARRASCOSA GONZÁLEZ, *El Reglamento...,* cit., p. 233 ss.

[85] Também na *Convenção da Haia sobre a lei aplicável às sucessões por morte* se sanciona o princípio segundo o qual a validade de um pacto sucessório que se encontre conforme à lei que lhe é aplicável (a lei do tempo da disposição) não poderá ser posta em causa pela *lex successionis* (artigo 12.º, n.º 1), se bem que tal pacto não possa comprometer nem a legítima de quem não tenha intervindo no pacto nem qualquer outro direito de alguém que dele não possa ser privado pelo *de cuius,* por força da aplicação do estatuto regulador da sucessão (artigo 12.º, n.º 2).
Para uma exposição mais pormenorizada do domínio da *lex successionis,* tal como ele resulta circunscrito no artigo 23.º, n.º 2, do Regulamento, *vide,* por exemplo: M. REVILLARD, *op. cit.,* p. 67 s.; A. BONOMI/P. WAUTELET, *op. cit.,* p. 337 ss.; T. BALLARINO, "Il nuovo regolamento europeo sulle successione", *Rivista di Diritto Internazionale,* v. XCVI (2013), p. 1124 ss.; J. CARRASCOSA GONZÁLEZ, *El Reglamento...,* cit., p. 165 ss.; R. MOURA RAMOS, "O Direito internacional pri-

12. Para além dos termos em que o "estatuto da disposição" tende a concorrer com a *lex successionis*, dando lugar à possível designação de vários ordenamentos jurídicos para regerem os pactos sucessórios, interessa ainda realçar que a questão da forma ganha por força de uma tradição multicentenária um tratamento conflitual autónomo, tendo em vista a assunção de um claro *favor negotii*, claramente patente a partir do momento que a regra *locus regit actum* foi perdendo o seu carácter imperativo. Com efeito, a matéria da forma externa das disposições por morte, incluindo a dos pactos sucessórios, beneficia no seio do direito de conflitos de um tratamento particular relativamente àquele que é dado à generalidade da matéria sucessória – designadamente, às questões da substância –, razão pela qual pode ocorrer, desde logo, a convalidação de um facto jurídico que seria inválido face à lei aplicável no momento da sua prática, demonstrando-se deste modo que nem sempre lhe será aplicada a lei da disposição[86].

Efectivamente, assim acontece no regime estatuído no Código Civil relativamente à forma das disposições *mortis causa*, bem como à da sua modificação ou revogação, e onde o *favor validitatis* se consubstancia numa aplicação alternativa de leis (artigo 65.º, n.º 1)[87], se bem que, na verdade, procurando solucionar o problema da qualificação das chamadas formalidades *ad substantiam*, o legislador haja

---

vado das sucessões na União Europeia. Primeiras reflexões", *BFDUC*, v. LXXXIX, t. I (2013), p. 95.

[86] Seja como for, e acompanhando J. BAPTISTA MACHADO, *op. cit.*, p. 451 s., também aqui a solução a adoptar no âmbito dos pactos sucessórios deverá ser diversa da relativa à sucessão testamentária. Com efeito, a mencionada convalidação apenas deverá ter lugar caso o *de cuius*, ao notar a invalidade formal à luz da lei reguladora no momento da celebração do pacto sucessório, não haja aproveitado para dispor através de testamento ou de um outro pacto sucessório, porquanto "seria absurdo considerar o hereditando vinculado por um pacto nulo e não reconhecer por isso validade a uma disposição sua posterior àquele" (J. BAPTISTA MACHADO, *op. cit.*, p. 452).

[87] Cf. J. BAPTISTA MACHADO, *op. cit.*, p. 451; L. de LIMA PINHEIRO, *DIP*, v. II, cit., p. 235 ss.

esclarecido que, se a lei pessoal do autor da herança no momento da declaração impuser, sob pena de nulidade ou ineficácia, a observância de determinada forma, ainda que o acto seja praticado no estrangeiro, terá tal exigência de ser respeitada (artigo 65.º, n.º 2)[88].

Por outro lado, também nesta matéria o Regulamento (UE) n.º 650/2012 ganhou inspiração no *favor validitatis*, uma vez que a validade formal dos pactos sucessórios depende alternativamente do cumprimento das formalidades extrínsecas previstas pela *lex celebrationis*, pela lei do Estado da nacionalidade, do domicílio ou da residência habitual de, pelo menos, uma das pessoas cuja sucessão constitua objecto de vocação contratual, quer no momento em que a disposição haja sido feita, quer no momento da morte – para determinar se o disponente tinha ou não o seu domicílio num determinado Estado aplicar-se-á a lei desse Estado (artigo 27.º, n.º 1, *in fine*) –, ou, por fim, caso se trate de um bem imóvel, pela *lex rei sitae* (artigo 27.º)[89]. Ainda neste contexto, importa mencionar que,

---

[88] Sobre o sentido desta restrição ao critério da estrita aplicação alternativa de leis, *vide*: A. FERRER CORREIA, *Lições...*, cit., 2000, p. 228 ss.; J. BAPTISTA MACHADO, *op. cit.*, p. 450 ss.; e L. de LIMA PINHEIRO, *DIP*, v. II, cit., p. 235 s.; F. de ALMEIDA PIRES, *op. cit.*, p. 151 s. Para mais desenvolvimentos sobre a evolução histórica que conduziu ao carácter subordinado da forma relativamente à substância, podendo entrever-se na solução do artigo 65.º que apontamos a confirmação da feição incompleta da autonomia do estatuto da forma, logo, o seu carácter subordinado, A. FERRER CORREIA, *Lições de Direito Internacional Privado*, Coimbra: Universidade de Coimbra, 1973, p. 330 ss., que, expressamente, se recusa a ver tanto no artigo 36.º, n.º 1, *in fine*, como no artigo 65.º uma hipótese de conflito de qualificações. Seja como for, e chegados aos conflitos entre a «qualificação forma» e a «qualificação substância", não deixa tal evolução de pesar no sentido da prevalência desta última (assim, A. FERRER CORREIA, *Lições...*, cit., 2000, p. 228 ss).

[89] Acontece ainda que este leque de conexões alternativas é também aplicável às disposições *mortis causa* que alterem ou revoguem manifestações de vontade já antes predispostas, sendo estas ainda igualmente válidas quanto à forma se respeitarem uma das leis nos termos da qual, de acordo com o n.º 1 do artigo 27.º, a disposição por morte que foi alterada ou revogada era válida (artigo 27.º, n.º 2).

Relembre-se, ainda que, e de acordo com o artigo 1.º, n.º 2, *alínea f)*, do Regulamento, a questão da validade formal das disposições por morte feitas oralmente encontra-se fora do seu âmbito de aplicação material, conservando por isso, neste casos, as regras de conflitos internas relativas à forma dos testamentos pleno interesse.

ao contrário do critério sancionado no nosso Código Civil, e também aí se desvelando o propósito de conservação dos negócios jurídicos, o artigo 27.º, n.º 3, do Regulamento expressamente reconduz ao estatuto da forma todos os preceitos que estabeleçam soluções específicas quanto à forma atendendo à idade, nacionalidade ou outras características pessoais daqueles cuja sucessão seja objecto de um pacto sucessório, o mesmo valendo relativamente às soluções legais que imponham o preenchimento de determinadas qualidades das testemunhas exigidas para a validade de uma qualquer disposição por morte, havendo, por isso, sido retomada a solução acolhida na *Convenção da Haia de 5 de Outubro de 1961 sobre a lei aplicável à forma das disposições testamentárias* (artigo 5.º).

13. A complexidade dos problemas relativos à determinação da lei aplicável à sucessão *mortis causa* não decorre apenas da autonomização da questão da forma externa nem sequer do tratamento conflitual diferenciado dos diversos modos de designação sucessória ou dos variados tipos contratuais em que a sucessão pactícia se consubstancia – e isto de modo a atender à específica forma como cada uma dessas vocações se opera e à função de cada uma das modalidades negociais, respeitando as exigências normativas que

_____

Acresce ainda que as regras do Regulamento (UE) n.º 650/2012, nos termos do seu artigo 75.º, não afastam, nos Estados vinculados à Convenção da Haia de 1961, as soluções aqui sancionadas relativamente à forma dos testamentos e dos testamentos de mão comum. Porém, a Convenção da Haia não abrange os pactos sucessórios, razão pela qual, mesmo nos Estados em que ela vigora, o artigo 27.º do Regulamento encontra plena aplicação no âmbito da sucessão contratual (*vide*, por todos, J. CARRASCOSA GONZÁLEZ, *El Reglamento...*, cit., p. 235 ss.). Sobre o artigo 27.º do Regulamento, cf.: A. BONOMI/P. WAUTELET, *op. cit.*, p. 423 ss.; A. BONOMI/A. ÖZTÜRK, "Das Statut der Verfügung von Todes wegen (Art. 24 ff. EuErbVO)", *Die Europäische Erbrechtsverordnung...*, cit., p. 64 ss.; M. REVILLARD, *op. cit.*, p. 79 s.; B. BAREL, *op. cit.*, p. 133 ss.; C. FISCHER-CZERMAK, "Anwendbares Recht", *Europäische Erbrechtsverordnung: (2012/650/EU vom 4. Juli 2012)*, Martin Schauer und Elisabeth Scheuba (Hrsg.), Wien: Manz, 2012, p. 52 s.; T. BALLARINO, *op. cit.*, p. 1144; R. MOURA RAMOS, *op. cit.*, p. 93 ss; A. DAVÌ/A. PAGNETTI, *op. cit.*, p. 123 ss.

em cada uma delas sobressai e que dita a sua individualidade –, uma vez que o próprio modo-de-ser do método conflitual, ao impor o fracionamento da vida privada internacional em numerosas questões jurídicas, não deixa de provocar delicados problemas de delimitação recíproca do âmbito normativo de cada uma das regras de conflitos de leis e até o surgimento de inúmeras e espinhosas antinomias e de que os conflitos de qualificações constituem um acabado exemplo[90].

Por conseguinte, a finalizar este breve excurso relativamente aos conflitos de leis no âmbito dos pactos sucessórios, evidencia-se assim a necessidade de aludir, ainda que muito brevemente, ao modo como o chamamento da lei ou das leis reguladoras da sucessão se haverá de compaginar com outros estatutos que de um modo mais ou menos forte, consoante o tipo de devolução *mortis causa* em causa, tangenciam a regulamentação do fenómeno sucessório.

Na verdade, e no contexto da linha argumentativa que seguimos, não devem ser omissas, desde logo, mormente nos casos em que a vocação sucessória radica num título negocial, as relações da *lex successionis* com, por exemplo, o estatuto regulador da personalidade jurídica e da capacidade (genérica), das obrigações contratuais, das coisas, do regime matrimonial, das sociedades comerciais, dos alimentos ou do *trust*, o que, na verdade, supõe uma fina cautela na delimitação do âmbito normativo dos conceitos-quadro das normas de conflitos que especificamente assimilam cada uma das matérias que mencionámos ou algum dos aspectos particulares que se aí integram.

Ora, posto que assim seja, nem sempre o funcionamento do referido *dépeçage* ocorrerá sem embaraços, bastando para o corroborar atender à possibilidade de surgimento de conflitos de qualificações,

---

[90] Sobre os conflitos de qualificações no contexto do sistema português, veja-se, por todos, A. FERRER CORREIA, *Lições...*, 2000, cit., p. 225 ss.

que, desde há muito, a nossa doutrina tem identificado, designada-mente, entre a "qualificação pessoal" e a "qualificação real", entre a "qualificação forma" e a "qualificação substância" ou entre a "qualifi-cação regime matrimonial" e a "qualificação sucessória", procurando sanar as contradições que daí emergem.

Seja como for, e sendo impossível aqui tanto assumir o encargo de tal tarefa interpretativa como nos demorarmos nos critérios de resolução dos referidos conflitos de qualificações e nos expedientes metodológicos do direito internacional privado – como é o caso da adaptação – que propiciam a boa coordenação dos estatutos e a erradicação das incoerências eventualmente resultantes do chama-mento de leis diversas para reger tais relações jurídicas vizinhas, haverá sempre que assentir que o estatuto sucessório poderá sofrer constrições importantes. E é bastante para o esclarecermos lembrar as inúmeras hipóteses em que, na vigência do nosso Código Civil, e por força do estatuto regulador das coisas, a aplicação da *lex successionis* é coarctada[91].

De resto, e malgrado a aparente clarividência da forma como o artigo 1.º, n.º 2, do Regulamento (UE) n.º 650/2012 demarca negati-

---

[91] Com efeito, já antes vimos que, em nome da acepção conflitual do princípio da maior proximidade, e nos termos do artigo 17.º, n.º 3, *a lex successionis* poderá ser a *lex rei sitae* (*supra*, n. 51).

Ora, ainda que assim não seja, existem inúmeros casos em que o estatuto real condiciona a aplicação da lei da sucessão. Na verdade, embora caiba a esta estabe-lecer o elenco dos direitos transmissíveis *mortis causa*, a partilha, a admissibilidade e regime do fideicomisso, o dever de colação ou a redução por inoficiosidade, será de acordo com o estatuto das coisas que se regerá um leque importante de questões intimamente ligadas à organização dominial. Assim, por exemplo, este determinará, para além do elenco dos direitos reais admissíveis, a sua transmissibilidade *mortis causa*, a duração da indivisão sucessória, a existência de um direito de pedir a partilha, a licitude das convenções de manutenção de indivisão, as proibições que tenham em vista prevenir o parcelamento fundiário ou a eficácia de uma substituição fideicomissária (neste sentido, J. BAPTISTA MACHADO, *op. cit.*, pp. 436, 437, 442; e, no que respeita à partilha, ainda, L. de LIMA PINHEIRO, *DIP*, v. II, cit., p. 550). Paralelamente, e no âmbito da colação e da inoficiosidade, haverá que rejeitar a conferência ou a redução *in natura* sempre que a *lex rei sitae* se lhe oponha (J. BAPTISTA MACHADO, *op. cit.*, p. 437, n. 1).

vamente o seu âmbito de aplicação *ratione materiae*, as orientações que encontramos aí tanto a propósito do regime matrimonial como do regime dos direitos reais – matérias que o artigo 1.º, n.º 2, *alíneas d) e k)*, expressamente arredam – constituem afinal um exemplo demonstrativo daquilo que temos estado a afirmar.

Com efeito, e se quanto ao primeiro dos casos o legislador europeu, para além de excluir do âmbito de aplicação do Regulamento todas as questões relacionadas com o regime de bens do casamento, incluindo as convenções antenupciais, "na medida em que tais convenções não tratem de matérias sucessórias", apenas sentiu a necessidade de esclarecer que "[a]s autoridades que tratem de determinada sucessão [...] deverão, no entanto, em função da situação, ter em conta a liquidação de um eventual regime de bens no casamento ou regime de bens semelhante do falecido ao determinarem a herança do falecido e as quotas-partes dos beneficiários"[92], ao invés, no que respeita aos direitos reais foi-se mais longe, aceitando-se expressamente afinal a força cerceadora da *lex rei sitae* que antes referimos e que assume, na verdade, em termos que não podem aqui se explicitados, uma amplitude diversa daquela que lhe foi sendo atribuída, ao abrigo do Código Civil, pela nossa doutrina.

---

[92] *Considerando* 12. E, sobre o significado da exclusão contida no artigo 1.º, n.º 2, *alínea d)*, do Regulamento, e versando os problemas de delimitação e qualificação aqui implicados, cf. A. BONOMI/P. WAUTELET, *op. cit.*, p. 82 ss.; J. CARRASCOSA GONZÁLEZ, *El Reglamento Sucesorio...*, cit., p. 40; G. BIAGIONI, "L'ambito di applicazione del regolamento sulle successioni", *Il diritto internazionale privato europeo...*, cit., p. 49 ss.; H. DÖRNER, "Die Abgrenzung des Erbstatus vom Güterstatut", *Die Europäische Erbrechtsverordnung...*, cit., p. 73 ss. Em termos gerais, *vide* ainda, para além das referências contidas na n. 14, a propósito da interdependência entre o regime matrimonial e sucessório e dos direitos dos privados reconhecidos ao cônjuge supérstite, W. MÜLLER-FREIENFELS, "Zur kollisionsrechtlichen Abgrenzung von Ehegüterrecht und Erbrecht", *Vorschläge und Gutachten zur Reform des deutschen internationalen Erbrechts*, Wolfgang Lauterbach (Hrsg.), Tübingen/Berlin: J. C. B. Mohr (Paul Siebeck)/Walter de Gruyter & Co., 1969, p. 42 ss.; P. NEY, *Das Spannungsverhältnis zwischen dem Güter- und dem Erbstatut*, Frankfurt am Main: Peter Lang, 1993.

III – Conclusão – O sentido de uma evolução:

14. Aqui chegados, e pensando nas não despiciendas alterações acarretadas pelo Regulamento (UE) n.º 650/2012 e nos laboriosos esforços e severos escolhos interpretativos que a sua *mise en ouvre* não deixará de albergar, poderíamos ser tentados a retornar aos cuidados de BERNARDO SOARES, o ajudante de guarda-livros da cidade de Lisboa, e sempre frisando que a evolução no mundo da *praxis* e, também por isso, do sistema jurídico, não se faz pela mera sobreposição de *tabulae rasae*[93]: "A historia nega as coisas certas. Ha periodos de ordem em que tudo é vil e periodos de desordem em que tudo é alto. As decadencias são ferteis em virilidade mental; as epochas de força em fraqueza do espirito. Tudo se mixtura e se cruza, e não ha verdade senão no suppol-la./Tantos nobres ideaes cahidos entre o estrume, tantas ansias verdadeiras extraviadas entre o enxurro!"[94].

Ao invés, para além da manutenção dos velhos e intrincados problemas ligados à delimitação e coordenação dos estatutos e até do facto de as novas soluções legais, mais ou menos inovadoras, serem afinal a consagração de velhas ideias e até o decalque de muitas das orientações já concretizadas na *Convenção da Haia sobre a lei aplicável às sucessões por morte*, podemos ainda assim discernir fortes linhas de continuidade no regime internacional privatístico das sucessões e mais particularmente dos pactos sucessórios, sendo de imediato de destacar a conservação do princípio da unidade da sucessão e a determinação da *lex successionis* atendendo a elementos de conexão de índole pessoal relativos ao causante da transmissão *mortis causa* (a residência habitual e a vontade).

---

[93] Para o cabal esclarecimento do modo como o desenvolvimento do sistema jurídico se opera por uma "reconstituição regressiva *a posteriori*", *vide*: A. CASTANHEIRA NEVES, *Curso...*, cit., esp. pp. 210 s., 328 ss.; F. PINTO BRONZE, *op. cit.*, p. 678 ss.

[94] FERNANDO PESSOA, *Livro do desassossego*, prefácio e organização de Jacinto do Prado Coelho, 2.ª ed. v. II, Lisboa: Ática, 1997, p. 155, 410.

Com efeito, e para além destes vectores de permanência que em geral se manifestam, é de sublinhar, agora no âmbito da sucessão voluntária, a subsistência do espírito que em muito incitou o legislador civil português de 1966, designadamente, o intento de preservação, no âmbito da vida transfronteiriça, da validade e eficácia dos negócios jurídicos, o objectivo de tutela das expectativas das partes e, por conseguinte, a assunção do desígnio de tentar fazer cumprir o mais possível a vontade do *de cuius*. Efectivamente, é disto que se trata quando nos deparamos com as soluções relativas às formalidades extrínsecas fundamentalmente construídas tendo em vista o *favor validitatis*, sendo igualmente tais *desiderata* que permitem compreender a autonomização de uma lei da disposição por contraposição à *lex successionis*.

15. Todavia, são muitas as diferenças que em matéria de sucessão contratual apartam o Regulamento (UE) n.º 650/2012 do Código Civil, sendo de assinalar, desde logo, tanto a geral substituição da *lex patriae* pela lei da residência habitual como, sobretudo, a consagração da possibilidade da *electio iuris* e que, na verdade, acaba por não comprometer a raiz personalista do sistema da lei aplicável às sucessões, uma vez que a escolha da lei apenas poderá recair sobre a lei da nacionalidade[95].

Em termos mais particulares, refira-se ainda o alargamento do estatuto da forma imposto pelo artigo 27.º, n.º 3, a que já aludimos, bem como o diferente critério adoptado quanto aos pactos sucessórios que incluam disposições relativamente à sucessão de várias

---

[95] Pelo contrário, embora sem que isso possa implicar o afastamento das normas imperativas do ordenamento jurídico competente para reger a sucessão, determinado ora pela escolha da lei da nacionalidade ou da residência habitual ora pelo funcionamento dos critérios supletivos, o artigo 6.º da Convenção da Haia sobre a lei aplicável às sucessões *mortis causa* admite ainda a escolha da *lex rei sitae*, permitindo, por isso, e apesar da sua fidelidade de princípio a um tratamento unitário da sucessão, o seu fracionamento.

pessoas. Com efeito, ao contrário do critério distributivo resultante da aplicação das disposições do Código Civil, a sua admissibilidade é feita depender da aplicação cumulativa das leis de todos aqueles que no referido contrato disponham *mortis causa*, se bem que, no que tange à sua validade material e aos efeitos vinculativos entre as partes, incluindo os requisitos da sua dissolução, se haja optado pela aplicação de uma lei única – o que decerto poderá atender de melhor forma às relações de dependência que entrelaçam as atribuições patrimoniais *mortis causa* feitas simultaneamente pelos vários estipulantes –, conquanto, na verdade, a flexibilidade do critério sancionado – afinal, e uma vez verificada a admissibilidade do pacto relativo à sucessão de várias pessoas por aplicação cumulativa de todas as leis que regeriam a sucessão dos vários disponentes, a *proper law* do contrato será apenas uma dessas leis, designadamente aquela que tenha com o caso a conexão mais estreita – se encontre longe da rigidez que caracteriza, no Código Civil, os elementos de conexão no âmbito do estatuto patrimonial secundário e das sucessões. Por fim, e por razões a que ainda voltaremos, as regras europeias desconhecem o *favor matrimonii* que preside, nos termos que vimos, às regras de conflitos relativas aos pactos sucessórios contidas no Código Civil português, não havendo lugar por isso no novo regime, e no respeitante às disposições *mortis causa* contidas nas convenções antenupciais, à mobilização da lei que as rege.

16. A jeito de conclusão, evidencia-se agora a necessidade de, ainda que sinteticamente, ponderar os termos em que os valores da unidade de regulamentação e de estabilidade internacional que começámos por convocar perpassam ainda o regime europeu conflitual dos pactos sucessórios.

16.1. *Primo conspectu*, e no que diz respeito ao valor da coerência material das soluções, poderíamos ser desde logo tentados a pensar que os tempos que vivemos são propícios à desarticulação dos sistemas e à dispersão, e mesmo dissolução, do estatuto pessoal. Realmente, a mera verificação da tendência de especialização das soluções de direito internacional privado, em muito decorrente do progresso dos esforços convencionais[96], bem como o carácter francamente evolutivo e ainda fragmentário que caracteriza o direito de conflitos nascido no seio da União Europeia permitem até confortar tal suposição, posto que não esteja longe do espírito de muitos, *als Beruf unserer Zeit,* a elaboração de um código de direito internacional privado europeu ou, pelo menos, a adopção de um Regulamento Roma 0 destinado a condensar a parte geral do direito de conflitos, tendo em vista tanto a ambiciosa regulamentação das matérias ainda tendencialmente conformadas pelos diversos regimes conflituais (internos e convencionais) vigentes nos Estados-membros como, mais modestamente, a resolução dos conflitos horizontais e verticais das normas de conflitos e a integração das lacunas existentes nos instrumentos já adoptados. Aliás, a própria preferência pela conexão residência habitual, atendendo ao carácter instável desta, pelo menos quando confrontada com a nacionalidade, permite igualmente vaticinar a referida quebra da unidade do direito por força da aplicação sucessiva de variados ordenamentos jurídicos às diversas questões jurídicas que, de acordo com o artigo 25.º do Código Civil, se encontram reconduzidas ao estatuto pessoal[97]. Por fim, também

---

[96] Para mais desenvolvimentos, *vide* N. ASCENSÃO SILVA, "Do estatuto pessoal...", cit., p. 629 ss.

[97] Com efeito, e numa evolução cunhada por inúmeras incertezas quanto aos diferenciados níveis de relacionamento entre os sistemas jurídicos nacionais e a ordem jurídica daquilo que viria a tornar-se na União Europeia, desde cedo lucidamente se prognosticaram as sérias dificuldades que a conexão «nacionalidade» viria a enfrentar no seio do processo de integração europeia perante o princípio da proibição de tratamento discriminatório e as exigências decorrentes da liberdade de circulação.

Seja como for, e não esquecendo as diferentes soluções que decorrem actualmente dos Tratados quanto à legitimidade e pressupostos de intervenção da União Europeia no domínio do direito internacional privado da família e das sucessões – designadamente, a partir do Tratado de Lisboa –, seguro é que se sedimentou o propósito de promoção da integração dos cidadãos europeus no país da sua

na circunstância de a lei reguladora das convenções antenupciais nada ter a dizer relativamente à admissibilidade e vinculatividade das estipulações contratuais *mortis causa* nelas contidas poderíamos ver a demonstração do risco da quebra das sinergias que dentro de cada um dos ordenamentos jurídicos entretece o regime patrimonial do casamento e a regulamentação das sucessões[98].

Ainda que tais receios não devam ser menoscabados, a convergência no que respeita à lei aplicável ao regime matrimonial do casamento (ou aos efeitos patrimoniais das uniões registadas) e aos pactos sucessórios não constitui hoje uma enganosa miragem[99]. Com

---

residência habitual (aludindo ao carácter "federativo" do domicílio e da residência habitual, por contraposição à nacionalidade, cf., recentemente, L. D'AVOUT, "La *lex personalis* entre nationalité, domicile et résidence habituelle", *Mélanges en l'honneur du Professeur Bernard Audit – Les relations privées internationales,* Paris: LGDJ, Lexextenso *éditions,* 2014, p. 30 ss.), razão pela qual assistimos nos instrumentos europeus de direito internacional privado entretanto elaborados ao triunfo quase incondicional da «residência habitual», confirmando-se a suposição dos observadores mais atentos da chamada comunitarização da disciplina da relações privadas internacionais e que ainda prematuramente logo vaticinaram o retrocesso da lei da nacionalidade, nomeadamente, nas situações em que não viesse a ser reconhecida às partes a faculdade *electio iuris* ou, de todo o modo, quando, embora esta fosse estabelecida, os interessados acabassem por não a exercer [neste sentido, P. LAGARDE, "Développements futurs du droit international privé dans une Europe en voie d'unification: quelques conjectures", *Rabels Zeitschrift für ausländisches und internationales Privatrecht,* v. 68 (2004), pp. 236 ss., 243].

[98] Na verdade, a solução conflitual portuguesa é perfeitamente compreensível num sistema que seja, por princípio, hostil à admissibilidade dos pactos sucessórios, pelo que, no contexto do Regulamento, e atendendo à tradição liberal de muitos Estados europeus que antes lembrámos, não se afigurou razoável sancionar um desvio à aplicação da lei da disposição em nome de um não unânime predomínio da funcionalidade familiar dos pactos sucessórios.

[99] Temos em mente a *Proposta de regulamento do Conselho relativo à competência, à lei aplicável, ao reconhecimento e à execução de decisões em matéria de regimes matrimoniais* [Bruxelas, 16.3.2011 – COM (2011) 126 final, 2011/0059 (CNS)] e a *Proposta de um regulamento do Conselho relativo à competência, à lei aplicável, ao reconhecimento e à execução de decisões em matéria de efeitos patrimoniais das parcerias registadas* [Bruxelas, 16.3.2011 – COM (2011) 127 final, 2011/0060 (CNS)] (sobre estas iniciativas, *vide*, monograficamente, K. DENGEL, *Die europäische Vereinheitlichung des Internationalen Ehegüterrechts und des Internationalen Güterrechts für eingetragene Partnerschaften*, Tübingen: Mohr Siebeck, 2014). No concernente à primeira destas iniciativas, o artigo 1.º, n.º 3, aparta do seu âmbito de aplicação os direitos sucessórios do cônjuge sobrevivo, do mesmo modo que o Regulamento (UE) n.º 650/2012 não rege as questões relacionadas com os

efeito, tal coincidência, que será apenas eventual, ainda que provável, nas situações em que venham a operar em tais domínios os critérios supletivos de determinação da lei competente, poderá deliberadamente ser prosseguida pelos interessados pela possibilidade que

---

regimes matrimoniais e com os regimes patrimoniais no âmbito das relações que a lei aplicável considere produzirem efeitos comparáveis ao casamento [artigo 1.º, n.º 2, *alínea d)*]. Ainda assim, a preocupação em garantir a coerência das soluções não foi ignorada. Com efeito, e deixando de parte os casos em que nas duas matérias em causa se reconhece a admissibilidade dos pactos de eleição do foro (*vide* o artigo 5.º e ss. do Regulamento (UE) n.º 650/2012 e o artigo 5.º, n.º 2, da Proposta), a *Proposta de regulamento do Conselho relativo à competência, à lei aplicável, ao reconhecimento e à execução de decisões em matéria de regimes matrimoniais* acolhe no artigo 3.º a regra segundo a qual, nos casos de dissolução do regime matrimonial por força da morte de um dos cônjuges, sempre que as autoridades de um Estado assumam competência ao abrigo do Regulamento (UE) n.º 650/2012, elas serão igualmente competentes para decidir as questões ligadas ao regime matrimonial relacionadas com o pedido. No mesmo sentido, e para além desta particular situação da extensão da competência das autoridades chamadas a decidir um pedido sucessório, destaca-se ainda a probabilidade de uma mesma lei determinar o regime matrimonial e a sucessão, atendendo desde logo à possibilidade de uma *electio iuris* que a Proposta reconhece (cf. os artigos 16.º e 18.º), à semelhança, por isso, daquilo que acontece em matéria sucessória [artigo 22.º do Regulamento (UE) n.º 650/2012].

Por outro lado, também na *Proposta de um regulamento do Conselho relativo à competência, à lei aplicável, ao reconhecimento e à execução de decisões em matéria de efeitos patrimoniais das parcerias registadas* proscreve do seu âmbito as obrigações de alimentos, as liberalidades e as sociedades entre parceiros e os direitos sucessórios do parceiro sobrevivo, mantendo-se, todavia, os esforços para evitar em caso de sucessão por morte a existência de procedimentos paralelos (artigo 3.º, n.º 1), conquanto se reconheça, todavia, a possibilidade de as autoridades competentes ao abrigo do Regulamento (UE) n.º 650/2012 se recusarem a assumir jurisdição no respeitante aos efeitos das uniões registadas, sempre que estas sejam desconhecidas do direito interno (artigo 3.º, n.º 2). De resto, e no que concerne à lei competente, a estrita aceitação de uma conexão territorial – o território do Estado onde a parceria haja sido registada – compromete a unicidade da lei aplicável que, em matéria de regime de bens do casamento, é desde logo viabilizada pela possibilidade de os nubentes ou cônjuges poderem exercer a sua autonomia conflitual.

Por fim, e deixando de parte a comprovação do modo como a cláusula de excepção consagrada no artigo 21.º, n.º 2, do Regulamento (UE) n.º 650/2012 poderá potenciar – e acreditamos que sim –, ou não, a coerência da regulamentação da sucessão e do regime patrimonial relativo ao casamento ou às uniões registadas, não é despicienda a exclusão do reenvio nas duas Propostas a que nos referimos (cf., respectivamente, o artigo 24.º e o artigo 19.º), ao contrário do que acontece em matéria sucessória (*vide* o artigo 34.º, Regulamento (UE) n.º 650/2012). Com efeito, também por aqui, e no chamamento de ordenamentos jurídicos diversos para reger os referidos estatutos, e que apresentam entre si inegáveis pontos de contacto, podemos desembocar em contradições ou desarticulações materiais que o método do *dépeçage* por si só já potencia.

lhes é reconhecida pelo direito internacional privado europeu – e temos agora em vista a solução constante do artigo 16.º da *Proposta de regulamento do Conselho relativo à competência, à lei aplicável, ao reconhecimento e à execução de decisões em matéria de regimes matrimoniais* – de operarem uma *professio iuris*. Finalmente, e atendendo à abertura conferida pelo artigo 26.º, n.º 2, do Regulamento (UE) n.º 650/2012, estamos convictos de que, na concretização do princípio da conexão mais estreita que aí se encontra plasmado, o intérprete será conduzido a ponderar a particular conexão dos pactos sucessórios com o estatuto matrimonial, permitindo-se dessa maneira proceder a uma regulamentação equilibrada da organização patrimonial no seio do casamento, ainda que, na verdade, apenas quando aqueles contenham instituições contratuais feitas por várias pessoas.

Acresce também que, se à primeira vista seria razoável supor que o *favor matrimonii* que nesta matéria supostamente fundamenta o regime conflitual dos pactos sucessórios do Código Civil português esteve longe dos propósitos do legislador europeu e que tal facto se justificou pelo facto de se ter procurado no Regulamento, e como se isso fosse possível, construir um regime de direito de conflitos tendencialmente afastado das tradições jus-sucessórias dos Estados-Membros, na verdade, este situa-se antes num universo jurídico predominantemente receptivo à sucessão pactícia – e que até a consagração do princípio da autonomia da vontade, nos termos do seu artigo 25.º, n.º 3, evidencia –, de modo que, atendendo a tal amplo acolhimento, as restrições que no nosso direito material valem ainda em tal domínio se arriscam afinal a tornar-se despropositadas e anacrónicas. Aliás, e nesta óptica, é até provável que o funcionamento do regime conflitual europeu venha também nesta matéria a propulsionar a evolução convergente dos sistemas jus-sucessórios internos, mormente os daqueles Estados que se lhe encontram vinculados, desde logo, se considerarmos o modo como o desenvolvimento do *acquis* europeu tende a constranger a invocação da tradicional excepção de ordem pública internacional[100].

Seja como for, ao afirmar-se o predomínio da autonomia dos sujeitos individuais no tangente ao modo como organizam a transmissão sucessória do seu património – ora pela quebra das limitações que os ordenamentos materiais elevam à admissibilidade dos "contratos de herança" ora pela extensão do princípio da autonomia da vontade ao direito de conflitos da sucessão voluntária, mormente contratual –, não nos achamos longe das tendências gerais da evolução contemporânea do direito matrimonial, matéria onde, como é sabido, são notórios os sinais da força crescente da autodeterminação individual a originar o afrouxamento do valor institucional do casamento e que, no direito internacional privado da família se espelha, afinal, numa certa decadência da *lex familiae*. De tal modo que, verdadeiramente, as soluções do Regulamento (UE) n.º 650/2012 relativas à sucessão contratual refletem afinal a situação presente do direito da família e o peso que as pulsões individualistas ganharam no seio da vida matrimonial e que o direito não pôde deixar de assimilar.

16.2. Voltando agora a nossa atenção para o valor da continuidade transfronteiriça das situações privadas internacionais, também não nos parece que tal exigência se encontre em perigo no contexto do desenvolvimento actual do direito internacional privado das sucessões, a despeito da circunstância de à regulamentação do reenvio constante do Regulamento (UE) n.º 650/2012 serem alheias as preocupações de harmonia jurídica internacional (simples ou qualificada) subjacentes às soluções que nesta matéria foram albergadas no nosso

---

[100] Se é verdade que no Regulamento (UE) n.º 650/2012 não se abdicou da consagração da cláusula de excepção de ordem pública internacional (artigo 35.º), não devem ser olvidados os ventos que levam à afirmação de uma ordem pública europeia e que tenderá certamente a constranger, cada vez mais, a função nacionalista que preside tradicionalmente ao funcionamento de tal mecanismo de evicção da *lex causae*.

Código Civil[101] ou de, apesar de algumas soluções pontuais que têm uma cariz validante – como antes referimos, a validade das disposições *mortis causa* acaba por ser promovida tanto pela negação do carácter substantivo de algumas exigências de forma especial[102] como pela alternatividade dos elementos de conexão relativos à forma –, não se achar aí previsto, ao contrário daquilo que sucede por força do artigo 31.º, n.º 2, do Código Civil, um instituto especificamente destinado a assegurar o reconhecimento das situações constituídas no estrangeiro.

Com efeito, a uniformidade da lei aplicável encontra-se garantida, pelo menos no seio dos Estados vinculados ao Regulamento, pela existência de critérios idênticos de determinação da lei aplicável. Aliás, e independentemente disto, atendendo ao carácter automático do reconhecimento das decisões que aí se estabelece (artigo 39.º, n.º 1), à aceitação dos actos autênticos, a que é atribuída a mesma força probatória, ou efeitos o mais próximos possível, que lhes é dada no Estado-Membro onde hajam sido exarados (artigo 59.º), e à susceptibilidade da declaração de executoriedade das decisões e dos actos autênticos ou transacções judiciais que sejam executórios no país de origem (*vide,* respectivamente, os artigos 43.º e ss., 60.º e 61.º), tudo indica, na verdade, que, no contexto das relações dos Estados obrigados ao Regulamento, a questão da lei aplicável tende a perder muito do seu relevo, constituindo seguramente o princípio do reconhecimento mútuo um instrumento privilegiado de garantia da continuidade internacional da vida jurídica.

Ademais, e ainda que não se descure que o corpo uniforme de regras de conflitos contidas no Regulamento (UE) n.º 650/2012, ao

---

[101] Assinale-se, mais uma vez, que o reenvio é rejeitado em geral tanto na Proposta de regulamento relativo aos regimes matrimoniais (artigo 24.º) como na Proposta de um regulamento relativo a efeitos patrimoniais das parcerias registadas (artigo 19.º).

[102] Comparem-se, mais uma vez, o artigo 63.º, n.º 1, do Código Civil e o artigo 27.º, n.º 3, do Regulamento.

permitir "uma regulamentação harmónica e completa da sucessão *mortis causa*" no seio países da União Europeia, constitui afinal, ainda nas palavras de CARRASCOSA GONZÁLEZ[103], o seu "corazón vitalizante", se a isto acrescentarmos os termos em que o referido princípio (o *Annerkennungsprinzip*) tem dado lugar, no âmbito do direito das pessoas e da família, a um alargado reconhecimento das situações jurídicas constituídas à luz de um dos ordenamentos dos Estados da União – decorrente da construção de um "espaço de liberdade, segurança e justiça" e enucleado tanto nas liberdades europeias como nas exigências de garantia do estatuto da cidadania europeia e de tutela dos direitos fundamentais –, e ainda que sem Roma 0, tudo leva a crer que não estaremos longe do sopro de alma que encaminhou, em matéria de estatuto pessoal, os autores do Código Civil de 1966.

Sabedora da complexidade da teia das acções intersubjectivamente significativas que compõem a existência do Homem, observava AGUSTINA BESSA LUÍS[104], na sua notável lucidez, que "[a]s relações humanas são assim: fios interrompidos e retomados até que a morte venha fechar o anel em que pousaram em vão esperanças e vontades".

Ora, também no específico domínio da juridicidade, e como não poderia deixar de ser, encontramos um "fantástico rosário" de fundamentos e critérios, um enleado e de não linear desenvolvimento corpo de "elementos de um «puzzle» variável ao infinito"[105]. Verdadeiramente, também isto o demonstra a evolução que procu-

---

[103] *El Reglamento...*, cit, p. 24.

[104] *As relações humanas – I - Os quatro rios (1964)*, Lisboa: Guimarães Editores, 2001, p. 27.

[105] E as palavras são de EDUARDO LOURENÇO, exactamente tendo em vista a obra que referimos ("Des-concertante Agustina: a propósito de Os Quatro Rios", *O Tempo e o Modo*, n.º 22, 1964, p. 112).

rámos desenhar do regime dos pactos sucessórios e das soluções conflituais que a eles respeitam e onde se desvela que, afinal, apenas aparentemente a sucessão pactícia se libertou dos "grilhões" do direito da família. Afinal, tal como todos nós, e sem que a isso possamos assacar radicalmente um sentido pejorativo, também o direito das sucessões tem intransponíveis cárceres invisíveis.

ABUSO SEXUAL DE CRIANÇAS POR ADOLESCENTES INIMPUTÁVEIS EM RAZÃO DA IDADE: UM DESAFIO AO PROCESSO TUTELAR EDUCATIVO[1]

Maria Clara Sottomayor
Juíza Conselheira do Supremo Tribunal de Justiça
Doutorada em Direito Civil pela Universidade Católica Portuguesa
Centro de Investigação em Direito da Universidade Católica Portuguesa

Sumário

Introdução; 1. Abuso sexual de crianças por jovens entre 12 e 16 anos de idade; 2. O testemunho da criança vítima; 3. A audição para memória futura; 4. Medidas tutelares educativas; Conclusão.

Introdução

A criminalidade sexual caraterizou-se sempre e ainda hoje por uma acentuada invisibilidade e por ser uma área fortemente marcada por preconceitos que prejudicam as vítimas e dificultam a denúncia. Contudo, ser vítima de um crime sexual durante a infância é uma experiência comum a um número muito elevado de pessoas[2].

---

[1] Aproveito a oportunidade para agradecer à minha amiga Amélia Andrade, docente no ISMAI, a colaboração prestada na revisão do texto e no debate de ideias.

[2] Nos EUA, em 1988, 38% das 930 mulheres inquiridas revelaram ter sido vítimas de pelo menos um crime de abuso sexual antes dos 18 anos

DOI: http://dx.doi.org/10.14195/978-989-26-1113-6_14

A investigação científica estima que cerca de uma em cada quatro crianças do sexo feminino e uma em cada sete do sexo masculino já foram sexualmente abusadas e que um terço destas crianças é vítima de adolescentes, sendo a esmagadora maioria dos agressores de sexo masculino[3]. Na União Europeia, num inquérito a 42000 mulheres, verificou-se que cerca de 12% foi vítima, antes dos 15 anos de idade, de alguma forma de abuso ou incidente sexual perpetrado por um adulto[4].

No sistema jurídico português, os menores entre os 12 e os 16 anos não são imputáveis penalmente e os ilícitos criminais que praticam são julgados pelos Tribunais de Família num processo designado por processo tutelar educativo.

Estes jovens são maioritariamente denunciados pela prática de crimes patrimoniais: furtos simples e furtos qualificados[5].

Mas o sistema intervém também nos casos de jovens denunciados por abuso sexual ou violação de crianças mais novas, ou de outros/as adolescentes.

A prática judiciária, nos processos tutelares educativos, revela que na realidade social se verificam casos de crianças sexualmente abusadas ou violadas por adolescentes mais velhos, mas que ainda não atingiram a idade de imputabilidade penal.

Cf. DIANA E. H. RUSSELL, «The Incidence and Prevalence of Intrafamilial and Extrafamilial Sexual Abuse of Female Children», *Handbook of Sexual Abuse of Children*, LENORE E. A. WALKER (ed.), New York, 1988, p. 35.

[3] Cf. MICHAEL FREEMAN, «The End Of The Century Of The Child?», *Current Legal Problems,* 2000, p. 533. Para dados estatísticos referentes a condenações de agressores sexuais menores de idade em Portugal, e para um estudo sobre as variáveis relacionadas com este tipo de criminalidade e sobre as caraterísticas sociais, familiares, psicológicas e de personalidade destes jovens, *vide* RICARDO BARROSO, *Características e especificidades de jovens agressores sexuais*, Universidade de Aveiro, Departamento de Educação, 2012, disponível para consulta in *http://ria.ua.pt/bitstream/10773/10282/1/Tese.pdf.*

[4] Cf. *Violência contra as mulheres: um inquérito à escala da União Europeia, Síntese dos resultados*, European Union Agency for Fundamental Rights, 2014, p. 13.

[5] Cf. BOAVENTURA DE SOUSA SANTOS, *Entre a Lei e a Prática, Subsídios para uma Reforma da Lei Tutelar Educativa,* 2010.

Se o fenómeno do abuso sexual de crianças ainda não é compreendido e devidamente censurado na sociedade e nos tribunais, o grau de displicência aumenta consideravelmente quando estamos perante ofensas sexuais praticadas por adolescentes contra crianças mais jovens ou crimes sexuais praticados entre adolescentes nas escolas, nas famílias ou nas relações de vizinhança, em que as meninas aparecem como as principais vítimas, estimando-se um predomínio das violações cometidas em grupo por adolescentes do sexo masculino[6].

Nesta reflexão sobre crimes sexuais cometidos por jovens que não atingiram a idade da imputabilidade penal, vou focar-me nas situações em que a vítima é impúbere ou pré-púbere, deixando de lado os crimes sexuais praticados nas relações entre pares.

É decisivo para compreender o fenómeno que se tenha consciência de que a menoridade não é um estado monolítico e que as crianças passam por diferentes estádios de desenvolvimento, nos quais vão adquirindo progressivamente capacidades.

Os discursos em torno da noção de criança são conflituantes e dependem do contexto.

A noção de infância como fragilidade e necessidade de proteção não se aplica de modo uniforme a todas as crianças qualquer que seja o seu estado de desenvolvimento. Para além do reconhecimento de uma margem de autodeterminação mínima em qualquer idade, a qual se vai alargando progressivamente ao longo do processo de crescimento, nas relações das crianças entre si destaca-se a fragilidade de umas em face da autonomia de outras, pelo facto de se encontrarem em distintas fases de desenvolvimento e/ou pelo facto de se estabelecerem entre elas relações de poder.

---

[6] No estudo de Ricardo Barroso, 60 % das violações cometidas por adolescentes foram praticadas em grupo. RICARDO BARROSO, *ob. cit.*, p. 239.

O adolescente entre 12 e 16 anos que pratique um ilícito criminal está sujeito a um processo tutelar educativo destinado não a puni-lo mas a educá-lo para o Direito. Desrespeitado o direito à autodeterminação sexual da criança mais nova, estamos perante um ilícito criminal que interessa à ordem jurídica reprimir e perante uma vítima que interessa à ordem jurídica proteger. Contudo, o paradigma de intervenção, em relação a jovens inimputáveis em razão da idade, não é a repressão penal, mas a educação do jovem para que conforme a sua conduta aos ditames da ordem jurídica e ao dever de respeito pelos bens jurídicos fundamentais. Não se aplicam ao processo tutelar educativo as regras do processo penal nem lhe preside uma lógica sancionatória ou de defesa social. Neste quadro ideológico, poderá entender-se que também os direitos da vítima de crime contra a autodeterminação sexual, reconhecidos pela lei processual penal, devem ceder perante o objetivo de educar o jovem infrator para o Direito? Beneficia ou não a criança vítima dos direitos previstos na lei processual penal e na LPT, como por exemplo, o direito à audição para memória futura (art. 271.º do CPP); o direito a distorção da voz e da imagem e a depor por teleconferência (arts. 4.º e 5.º da LPT[7]) o direito a não se encontrar com o arguido aquando das diligências probatórias ou do julgamento (art. 29.º da LPT e art. 352.º, n.º 1, al. b) do CPP); o direito a ser acompanhada por um técnico de serviço social ou por pessoa especialmente habilitada para o efeito e o direito a apoio psicológico (arts. 271.º, n.º 4 do CPP e 27.º da LPT)?

Deve questionar-se, ainda, qual a medida tutelar educativa a aplicar, de acordo com o princípio segundo o qual as medidas privativas da liberdade constituem uma *ultima ratio*, mas ponderando-se, também, a eficácia das medidas que mantêm o jovem no seu ambiente natural de vida.

---

[7] Lei de proteção de testemunhas (Lei n.º 93/99, de 14 de julho com as subsequentes alterações).

Neste artigo trataremos destas três questões: o abuso sexual de crianças cometido por adolescentes entre 12 e 16 anos, o testemunho da vítima e os seus direitos, a audição para memória futura e os critérios de determinação das medidas tutelares educativas aplicáveis ao caso.

1. Abuso sexual de crianças por jovens entre 12 e 16 anos

O sistema tende a ver os jovens agressores, na fase da adolescência, como crianças sem maturidade psicológica para compreenderem os seus atos, esquecendo que uma criança impúbere e um adolescente se encontram em fases distintas do seu desenvolvimento e que estas diferenças impedem, de um ponto de vista físico e psicológico, a equiparação de todos os menores. A desvalorização deste fenómeno do abuso de crianças por outras crianças, em estádios de desenvolvimento mais avançados, está relacionada com um conceito pré-concebido e universal de criança que equipara vítimas e agressores. Este conceito afinal não existe e é desmentido pela realidade biológica e psicológica da menoridade, fase da vida humana de natureza marcadamente evolutiva.

Em virtude das diferenças etárias e de desenvolvimento, os menores não são iguais entre si nem têm idêntica capacidade de domínio da sexualidade nem de participação em atos sexuais. Neste contexto, a prática de atos sexuais por jovens adolescentes em crianças não pode ser vista como um jogo sexual ou como uma «brincadeira», mas como um abuso sexual em que o eventual consentimento das crianças impúberes é inválido e irrelevante como seria se o agressor fosse um adulto. A criança mais nova submete-se à atividade sexual, o que é diferente de consentir. O consentimento requer igualdade de opções, de compreensão e de conhecimento.

Na hipótese de oposição ou recusa da criança, estamos perante a prática de um crime de violação (art. 164.º, n.º 1 do CP) ou de coação sexual (art. 163.º, n.º 1 do CP), embora o Ministério Público, por se tratar de crimes de execução vinculada, que exigem para o preenchimento do tipo a prova da violência ou da ameaça grave, opte, normalmente, por fazer a acusação por abuso sexual de crianças, ficando assim dispensado de um ónus da prova mais gravoso[8].

A ciência jurídica evoluiu para se adequar aos dados das outras ciências sociais, nomeadamente da psicologia. Aceita-se, hoje, que a menoridade não é um conceito monolítico[9]. O sistema de aquisição da maioridade, no direito português, é um sistema de fixação normativa e automática num limite etário rígido, mas mitigado, que admite espaços de autodeterminação aos adolescentes, de acordo com a sua maturidade, as chamadas maioridades antecipadas, com a atribuição de capacidades aos menores para atos jurídicos específicos[10]. No direito comparado, por exemplo no direito alemão e austríaco, já se adota um sistema gradativo baseado na evolução progressiva da pessoa e acompanhado, no plano jurídico, pelo alargamento da capacidade à medida do desenvolvimento, por fases ou escalões de idade.

As crianças são seres humanos que passam por etapas distintas de desenvolvimento, durante a menoridade, adquirindo capacidades específicas em cada etapa. A própria lei o reconhece, afirmando esferas de autonomia e de maturidade para os menores a partir dos 12

---

[8] Em face da nova redação dos arts 163.º, n.º 2 e 164.º, n.º 2 do CP, introduzida pela Lei n.º 83/2015, de 5 de agosto, os tipos legais de crime de coação sexual e de violação passam a abranger também os casos em que não se verificam os meios de execução vinculada previstos nos arts. 163.º, n.º 1 e 164.º, n.º1, embora com moldura penal mais leve.

[9] ROSA MARTINS, *Menoridade, (In)capacidade e Cuidado Parental,* Centro de Direito da Família da Universidade de Coimbra, Coimbra Editora, 2008, pp. 29-33; CARVALHO FERNANDES, *Teoria Geral do Direito Civil,* Vol. I, *Introdução Pressupostos da Relação Jurídica,* 5ª edição revista e actualizada, Universidade Católica Editora, Lisboa, 2009, pp. 256-257

[10] Cf. MARIA CLARA SOTTOMAYOR, *Temas de Direito das Crianças,* Almedina, Coimbra, 2014, p. 14.

anos, reconhecendo-lhes os direitos de intentar uma ação de apadrinhamento civil (art. 10.º, n.º 1, al. e) e n.º 2 da lei n.º 103/2009, de 11 de setembro), de se pronunciarem sobre a sua guarda em casos de divórcio e de solicitarem a nomeação de advogado quando tenham maturidade (arts. 5.º e 18.º da lei n.º 141/2015, de 1 de setembro), de se oporem à intervenção das comissões de proteção de crianças e jovens em perigo (art. 10.º da lei n.º 147/99, de 1 de setembro) e de consentirem ou não na sua adoção (art. 1981.º, n.º 1, *a)* do CC).

No plano do desenvolvimento sexual, os adolescentes já atingiram a puberdade, adquiriram conhecimentos sobre sexualidade e têm capacidade biológica para uma sexualidade ativa, embora capacidade biológica não coincida com capacidade psíquica e mental, devendo atender-se a esta.

A autodeterminação sexual das crianças é protegida até aos 14 anos, idade até à qual a lei presume *iuris et de iure* a incapacidade das crianças para prestarem consentimento (art. 171.º do CP). A partir dos 14 anos, a lei reconhece, em princípio, aos jovens capacidade para prestarem consentimento válido, mas entre os 14 e os 16 protege os adolescentes contra abusos da sua inexperiência praticados por pessoas maiores de idade (art. 173.º do CP).

Contudo, pode acontecer que um adolescente, mesmo que com idade inferior a 14 anos, esteja numa situação de poder perante uma criança impúbere e que dela abuse sexualmente. Neste caso, a criança vítima de agressão sexual não tem um desenvolvimento que lhe permita compreender e dominar a sexualidade, nem o seu corpo está sexualizado ou biologicamente preparado para a prática de qualquer ato sexual. Os especialistas afirmam que basta haver entre duas crianças uma diferença de idade de 4-5 anos, para estarmos perante um abuso sexual da criança mais nova[11].

---

[11] Cf. FINKELHOR, 1984 *apud* MARISALVA FÁVERO, *Sexualidade infantil e abusos sexuais a menores,* Climepsi, 2003, p. 72.

CANTWELL utilizou o conceito de «criança sexualmente agressiva» para designar as crianças que agridem sexualmente outras crianças[12]. A investigação científica, através de estudos em que se verificou que muitos agressores sexuais agrediram pela primeira vez antes dos 16 anos, demonstrou que crianças mais velhas podem agredir sexualmente outras crianças[13].

Os menores não se encontram em situações de igualdade face ao domínio do corpo e da sexualidade, como se todos tivessem a mesma idade e tivessem capacidade para manter contactos sexuais de livre vontade uns com os outros. É do conhecimento comum que não é assim: os menores, na adolescência, têm capacidade biológica para sexualidade ativa; uma criança impúbere não tem essa capacidade, não só de um ponto de vista psicológico e mental, mas também de um ponto de vista biológico.

2. O testemunho da criança vítima

Nos processos tutelares educativos, caraterizados, mesmo após a reforma de 1999 (lei n.º 166/99, de 14 de setembro), por alguma informalidade, coloca-se a questão de saber como se faz a prova de um crime sexual e como se recolhe e valora o testemunho da vítima, verificando-se o perigo de as necessidades especiais das crianças vítimas serem apagadas ou obscurecidas pelo estatuto de menoridade do agressor, também fonte de preocupação para o Estado, no domínio da educação e da reinserção social.

---

[12] Cf. CANTWELL, 1995, *apud* MARISALVA FÁVERO, *Sexualidade infantil...ob. cit.*, p. 72.

[13] Cf. O'DONOHUE E GEER, 1992; MORRISON ET AL., 1994; FORD E LINNEY, 1995, WEINROTT ET AL., 1997 e RENVOIZE, 1993, *apud* MARISALVA FÁVERO, *Sexualidade infantil ... ob. cit.*, p. 73.

O testemunho da criança vítima é decisivo para a descoberta da verdade, funcionando como a prova-rainha do processo[14]. Daí que deva ser recolhido com as mesmas cautelas e rigor previstos na lei processual penal e respeitados os direitos da vítima, como exige a legislação de proteção de testemunhas e as diretivas comunitárias.

A circunstância de os exames médico-legais não fornecerem prova positiva não é relevante para efeitos probatórios. A maior parte dos abusos sexuais não deixa marcas físicas e mesmo quando praticados atos de penetração, as crianças recuperam rapidamente das lesões e decorridas 72 horas sobre os factos normalmente já não se encontram vestígios físicos do abuso sexual, conforme indicam os especialistas[15].

A investigação científica demonstra que a partir dos 4 anos as crianças têm capacidade de discernimento para distinguirem a fantasia da realidade, a verdade da mentira, e para testemunhar validamente em Tribunal[16].

Em casos de violência sexual, temática que uma criança não domina, deve presumir-se a veracidade do testemunho, pois não é possível que a criança invente realidades que desconhece. Uma criança não tem conhecimentos de sexualidade para fazer estas narrativas nem para reproduzir narrativas de outrem, a não ser que tenha vivido situações de abuso.

A investigação científica afirma que as regras de produção e de apreciação da prova, nos casos de abuso sexual de crianças, são

---

[14] Cf. Acórdão da Relação de Guimarães, de 12-04-2010, processo n.º 42/06.2TAMLG. G1, disponível para consulta *in* http://www.trg.pt/jurisprudencia/acordaostrg.html).

[15] Cf. PATRÍCIA JARDIM, *O abuso sexual na criança*, Contributo para a sua caracterização na perspetiva da intervenção médico-legal e forense, Porto, 2011, pp.17-20; TERESA MAGALHÃES/CATARINA RIBEIRO, «A colheita de informação a vítimas de crimes sexuais», *Acta Med Port* 2007, 20: p. 437, disponível para consulta *in* http://www.eas.pt/wp-content/uploads/2014/01/A-colheita-de-informa%C3%A7_o- -ABS_tmagalhaes-e-cribeiro1.pdf

[16] Cf. CATARINA RIBEIRO, *A Criança na Justiça, Trajectórias e Significados do processo Judicial de Crianças Vítimas de Abuso Sexual Intrafamiliar*, Coimbra, 2009, pp. 115-117.

distintas dos outros crimes, sendo importante notar que imprecisões ou contradições nas afirmações da criança não constituem sinais de mentira e que a erosão das lembranças e as dificuldades em estabelecer a sequência cronológica dos factos são normais nas crianças vítimas de abusos sexuais[17].

3. Audição da vítima para memória futura

Tem-se entendido que nos processo tutelares educativos não é necessário haver audição para memória futura da criança vítima de crime contra a autodeterminação sexual, pois com base no art. 106.º, n.º 2 da LTE, as declarações reduzidas a escrito da criança vítima podem ser lidas em audiência de julgamento e valem como meio de prova.

Discordo desta interpretação da lei, por entender que priva as crianças vítimas de crimes sexuais, praticados por adolescentes entre os 12 e os 16 anos, dos seus direitos fundamentais e porque a mera leitura das declarações da criança reduzidas a escrito provoca a perda da espontaneidade do testemunho e dos efeitos da imediação da prova.

O Tribunal da Relação de Lisboa, no acórdão de 30-06-2011 (Proc. 4752/10.1T3AMD-A.L1-9), já fixou jurisprudência no sentido da aplicação do art. 271.º do CPP aos processos tutelares educativos:

«I.º A admissão de declarações para memória futura, no caso previsto no n°2, do art.271, do Código de Processo Penal, visa a protecção do menor vítima de crime contra a liberdade e autodeterminação sexual, poupando-o ao trauma de reviver vezes sem

---

[17] Cf. SOMERS/VANDERMEERSCH, «O registo das audições das crianças vítimas de abusos sexuais», *Infância e Juventude*, 1998, n.º 1, pp. 124-125.

conta os acontecimentos e ao constrangimento inerente à solenidade e formalismo de uma audiência de julgamento;

II.º Aquela norma, por força do art. 128, n°1, da Lei Tutelar Educativa, é subsidiariamente aplicável ao inquérito tutelar educativo, devendo a vítima de menoridade ser ouvida pelo juiz nesta fase processual».

O artigo 271.º, n.º 2 do CPP, sobre a epígrafe "Declarações para memória futura", ao determinar que nos processos por crime contra a liberdade e autodeterminação sexual de menor se procede sempre à inquirição do ofendido no decurso do inquérito, consagra, não apenas um dever de proteção do Estado, mas um direito fundamental da criança cuja efetivação é exigível ao Estado em qualquer processo em que a criança vítima de crime sexual tenha de testemunhar, designadamente nos processos tutelares educativos.

A razão de ser desta disposição legal (art. 271.º, n.º 2 do CPP) foi a de evitar a vitimização secundária, ou seja, os danos psíquicos resultantes da participação da criança no processo, nomeadamente os decorrentes da repetição das audições e do encontro com o arguido em audiência de julgamento, os quais podem ser uma fonte de *stress* tão intensa, ou mais, do que o crime que deu origem ao processo.

A vitimização secundária da criança existe também nos processos tutelares educativos em que a criança tem de testemunhar sobre o abuso cometido por jovens entre os 12 e os 16 anos, justificando-se, assim, a aplicação analógica do art. 271.º do CPP à audição da criança vítima de crime sexual no processo tutelar educativo.

A audição para memória futura deve ser gravada com o recurso à vídeoconferência conforme prevê a lei de protecção de testemunhas vulneráveis (arts 4.º, 5.º e 28.º da LPT), para evitar que a criança tenha de depor em audiência de julgamento. O recurso à vídeoconferência permite registar a linguagem não verbal da criança, as suas emoções, silêncios, choros e expressões faciais de medo, conferindo ao depoimento fiabilidade, como meio probatório, garantindo a genuidade do seu testemunho e evitando as repetições das entrevistas à criança muitas vezes acompanhadas da recusa desta ou da alteração de factos devido a intervenções de terceiros ou à erosão da memória.

O Protocolo Facultativo à Convenção sobre os Direitos da Criança relativo à venda de crianças, prostituição e pornografia infantis, introduziu no processo penal, destinado a apurar a responsabilidade do autor de crime sexual contra menores, preocupações com as necessidades especiais das crianças e com a defesa do seu interesse. No mesmo sentido, a Diretiva 2011/93/UE do Parlamento Europeu e do Conselho, de 13 de Dezembro de 2011, prevê regras relativas à audição das crianças, no seu art. 20.º, onde se estipula que a audição da criança vítima do crime se realize sem demoras injustificadas logo após a denúncia dos factos às autoridades competentes, em instalações concebidas ou adaptadas para o efeito, seja feita por profissionais qualificados para o efeito ou por seu intermédio; o número de inquirições seja o mais reduzido possível; a criança vítima do crime seja acompanhada pelo seu representante legal ou, se for caso disso, por um adulto à sua escolha. Os Estados-Membros devem tomar as medidas necessárias para garantir que, no inquérito, todas as audições da criança vítima do crime ou, se for caso disso, da criança que testemunhou os atos, possam ser gravadas por meios audiovisuais, e que as gravações possam ser utilizadas como prova no processo penal, de acordo com as regras previstas na legislação nacional.

Este procedimento deve ser aplicável, não só aos processos penais, mas também aos processos tutelares educativos. As normas internacionais, que consagram direitos fundamentais das crianças análogos aos direitos, liberdades e garantias previstos na Constituição (art. 17.º da CRP), são diretamente aplicáveis a todas as entidades públicas e privadas, nos termos do art. 18.º, n.º 1 da CRP, e portanto, também aos tribunais de família, quando instaurado um processo tutelar educativo.

A audição para memória futura da criança vítima de abuso sexual e a gravação da mesma por vídeoconferência devem ser obrigatórias nos processos tutelares educativos.

O facto de a LTE não prever expressamente estes direitos e diligências não significa o afastamento das normas que se destinam a proteger as crianças vítimas de crimes sexuais.

Deve entender-se que os direitos do jovem infrator devem ceder perante os direitos das crianças vítimas, mais vulneráveis e em perigo de sofrerem os danos psíquicos da vitimização secundária. Por outro lado, estas medidas de proteção não limitam a finalidade do processo tutelar educativo centrada na educação do jovem infrator para o Direito.

Se é certo que nestes processos não preside uma lógica de repressão penal nem de defesa social, também é certo que as crianças vítimas de crimes sexuais praticados por adolescentes não podem ver os seus direitos fundamentais restringidos nem o Estado fica dispensado de lhes fornecer a proteção prevista na lei processual penal.

A consciência de que o agressor menor terá sido muitas vezes vítima de maus tratos ou de abandono e que necessita do apoio da sociedade não nos pode fazer esquecer o sentimento de justiça e as necessidades de proteção das crianças vítimas, que em nada contribuíram para a sociedade criminógena em que vivemos.

4. Medida tutelar educativa

Conforme se afirmou no acórdão do Supremo Tribunal de Justiça, de 08-10-2008, processo n.º 07P2030, o processo tutelar educativo obedece a uma lógica distinta do processo penal e por isso as regras aplicáveis são também diversas, tal como a filosofia que preside às decisões. No processo penal prevalece a garantia do arguido perante o poder punitivo do Estado, mas o objetivo do processo penal é sancionatório, através da prevenção especial e geral. No processo tutelar educativo, como o objetivo é educar para o Direito, não está em causa o poder punitivo mas as necessidades educativas dos menores. Todavia, segundo o artigo 128.º, n.º 1 da LTE, o Código de Processo Penal aplica-se subsidiariamente.

A jurisprudência tem aceite este princípio da aplicação subsidiária das normas processuais penais, no que diz respeito às garantias de defesa e de contraditório. Veja-se, a título de exemplo, o acórdão da Relação de Lisboa, de 10-12-2002 (Proc. 0025865):

«I - Ao Processo Tutelar Educativo previsto na Lei n° 166/99, de 14/09, aplica-se subsidiariamente o regime estabelecido no CPP. II - Consequentemente, instaurada em tal processo, a fase jurisdicional, nos termos do art. 89° e segs., nela devem respeitar--se o princípio do contraditório e do acusatório».

Contudo, esta regra da aplicação subsidiária do direito processual penal cede perante a consideração das especificidades do processo tutelar educativo e pela resolução do caso não previsto expressamente na LTE à luz da teleologia inerente ao processo, como demonstra o acórdão do Supremo Tribunal de Justiça, de 08-10-2008, que recusou a aplicação da regra do processo penal que manda descontar, no cumprimento da pena de prisão, o período em que o arguido esteve em prisão preventiva.

Afirma o acórdão citado que:

«Não sendo o direito tutelar um direito punitivo penal, em sintonia, de resto, com o pensamento corrente europeu, muito menos com a finalidade retributiva do mal do crime com o mal de uma pena, a intervenção do Estado para a conformação ao direito é ditada por imperiosa necessidade (princípio da necessidade

- art. 3.°) de remediar um *deficit* de conformação ao dever-ser jurídico mínimo e essencial socialmente reinante».

(...)

«Numa linha de plena congruência com os princípios aplicáveis ao direito tutelar de menores cumpre ter presente que a teleologia das penas criminais se situa num plano quantitativa e qualitativa diferenciado do processo tutelar educativo, aquela orientada, em primeira linha, numa feição pragmática ou utilitarista, para a protecção de bens jurídicos de relevância comunitária, em vista da defesa da sociedade, ou, na impressiva formulação de Jakobs, empenhada na estabilização contrafáctica das expectativas comunitárias na vigência da norma jurídica, postas em crise pela prática de um crime, acentuando o seu carácter público, como preocupação primeira, sem erigir o interesse de ressocialização do condenado como meta primordial, mas como meta desejável, frustrada se o condenado se mostrar incorrigível, ou seja incapaz de emenda cívica».

A prevalência das necessidades educativas do menor infrator sobre a finalidade punitiva do processo penal, esta última ausente no processo tutelar educativo, não significa qualquer lógica desculpabilizante, pois a intervenção educativa deve ser tanto mais intensa quanto mais graves forem os factos praticados pelo menor e quanto maior for a sua insensibilidade aos bens jurídicos violados.

Dada a gravidade dos factos ilícitos criminais, quando consistentes em agressões sexuais de crianças ou de outros(as) adolescentes, os adolescentes agressores revelam uma necessidade elevada de educação para o direito, parente a qual o Estado não se pode abster, sob pena de facilitar a continuação de uma atividade criminosa altamente lesiva das crianças vítimas e de toda a sociedade.

Caso não haja uma intervenção precoce e eficaz do Estado na educação destes jovens, a sociedade corre o risco que sigam carreiras criminosas na área da violência sexual contra crianças e pessoas vulneráveis. Sabe-se que 50% dos agressores sexuais cometeram a sua primeira agressão na adolescência[18].

A medida aplicada, em regra, deve ser o internamento em estabelecimento educativo e não o acompanhamento educativo com obrigação de frequência de programa de educação sexual, pois esta mantém o jovem em ambiente natural de vida e permite-lhe continuar a atividade criminosa.

A relevância do bem jurídico ofendido – o direito à liberdade e autodeterminação sexual, ao livre desenvolvimento da personalidade e à integridade pessoal, direitos consagrados nos artigos 25.º e 26.º da CRP – e os direitos da vítima à recuperação psicológica e à reinserção social, consagrados no art. 39.º da Convenção dos Direitos das Crianças, assim o exigem.

A escolha da medida a aplicar deve ser orientada pelo interesse do menor infrator (art. 6.º, n.º 3 da LTE), ser adequada e suficiente a obter a sua socialização e implicar uma menor intervenção na autonomia de decisão e de condução da sua vida (art. 6.º, n.º 1 da LTE), obtendo-se, assim, uma maior adesão do menor e dos seus representantes.

Apesar de o valor do bem jurídico em causa e a proteção da vítima não estarem expressamente previstos na lei como critérios de escolha da medida tutelar educativa, o respeito pela criança vítima e pelos seus direitos insere-se no art. 7.º, n.º 1 da LTE, que indica como critérios de determinação da duração das medidas a gravidade do facto e a necessidade de educação do menor para o direito.

Para a determinação da gravidade do facto, deve ter-se em conta os danos morais e psíquicos causados à vítima, a espécie e o modo de execução do facto ou o grau de conhecimento ou a intensidade

---

[18] Cf. MARISALVA FÁVERO, *Sexualidade infantil e abusos sexuais a menores*, Climepsi, 2003, p. 73.

da vontade[19], aqui se devendo ponderar o caráter premeditado e repetido dos crimes sexuais e o grau de violência que os acompanhou.

Para aferir das necessidades educativas dos menores, deve ponderar-se que estas são mais prementes quando os menores cometem crimes sexuais do que quando cometem crimes contra a propriedade, pois, no primeiro caso, o valor do bem jurídico, numa sociedade que erotiza a violência sexual e desvaloriza a sua gravidade, é mais difícil de assimilar do que o valor do bem jurídico propriedade. Por outro lado, o sistema tutelar educativo aplica medidas de internamento dos jovens quando estes praticam crimes de furto qualificado, não se compreendendo que, quando o bem jurídico ofendido é a autodeterminação sexual, a medida aplicada seja mais leve, por tal entrar em contradição com a hierarquia de valores da Constituição e da ordem jurídica, que assentam no primado da dignidade da pessoa humana e dos seus direitos fundamentais.

O crime de abuso sexual de crianças deixa nas vítimas danos psicológicos de grande gravidade, que alteram o seu equilíbrio biopsicológico para sempre, ficando estas com a dor gravada no seu cérebro e revivendo-a ciclicamente ao longo da vida como os veteranos da guerra, as vítimas de tortura ou de campos de concentração[20].

Os menores agressores têm de se consciencializar da gravidade dos factos praticados e da sua inaceitabilidade pela sociedade e pela ordem jurídica.

O processo tutelar educativo é distinto do processo-crime. Visa educar e não punir. Educar passa por incutir nos jovens infratores as normas pelas quais deve ser regulado o seu comportamento e a aquisição de recursos que lhes permitam, no futuro, conduzir a sua vida de modo social e juridicamente responsável (art. 17.º, n.º 1 da

---

[19] Cf. ANABELA MIRANDA RODRIGUES/ANTÓNIO CARLOS DUARTE FONSECA, *Comentário da Lei Tutelar Educativa,* Coimbra Editora, 2003, p. 72.

[20] Cf. JUDITH HERMAN, *Trauma and Recovery*, Basic Books, 1992, pp. 86-95.

LTE), objetivo que, nos casos de maior indiferença pelos valores da ordem jurídica como o caso da criminalidade violenta, só se garante em regime de internamento. A medida privativa da liberdade cria um ambiente mais propício à reflexão e à interiorização do valor da dignidade da pessoa humana, a base do Estado de Direito. Por outro lado, como demonstra a investigação científica, estando a prática de crimes sexuais muitas vezes associada ao consumo de pornografia[21], comum entre os jovens agressores sexuais, há que garantir que cessa esta prática, o que só será possível através de uma medida de internamento, em que o jovem seja afastado do seu meio natural de vida.

O acompanhamento educativo para frequência de programa de educação sexual (art. 16.º, n.º 1 e n.º 6 da LTE) não é uma medida adequada e suficiente para realizar as necessidades dos menores infratores de educação para o direito, no caso da criminalidade sexual contra crianças. A medida tem um elevado potencial educativo, pois o seu conteúdo pode ser muito amplo, combinando-se com outras medidas tutelares, e o seu limite máximo de duração pode atingir um período de 2 anos. Contudo, a sua eficácia é questionável. O acompanhamento educativo exige uma regulamentação adequada dos programas formativos e profissionais especializados para fornecer essa formação, sendo estes objetivos prejudicados pelo pouco investimento do Estado nestas questões. O acompanhamento educativo pode, a título excecional, ser aplicado com a imposição de uma obrigação de residência ao menor junto de pessoa idónea ou em instituição de regime aberto, como condição para a respetiva execução (art. 15.º, n.º 3 da LTE). Esta possibilidade é, todavia muito rara, na prática, e depende de regulamentação para a sua

---

[21] Cf. DIANA RUSSELL AND PURCELL, 2011, «Exposure to Pornography as a Causa of Child Sexual Victimization», disponível para consulta *in* http://www.dianarussell. com/exposure_to_porn_cause_child_sexual_victimization.html.

concretização. Por outro lado, a manutenção do menor em ambiente natural de vida pode não ser suficiente para o inibir da prática do ilícito, sobretudo, nos casos em que já repetiu o crime e revelou nos factos crueldade e indiferença pelo outro, como sucede na criminalidade sexual.

A medida alternativa ao internamento não garante, nestes casos mais graves, que os menores efetivamente frequentem o programa e que cessem o comportamento ilícito, pois a vigilância do seu cumprimento pelas equipas técnicas de reinserção social tem-se revelado ineficaz. A possibilidade introduzida pela lei n.º 4/2015, de 15 de janeiro de a medida não institucional, em processo de revisão, ser substituída por uma de internamento semiaberto, nos casos em que o facto qualificado como crime praticado pelo menor admita a aplicação de medida de internamento em regime semiaberto ou fechado (art. 138.º, n.º 2, al. d) da LTE), constitui uma forma de fazer face ao incumprimento das medidas de acompanhamento educativo, sendo, no entanto, ainda assim, insuficiente, pois não permite a aplicação do internamento em regime fechado que entretanto se revele necessário para a educação do menor em face do incumprimento das medidas não institucionais decretadas e da violação grosseira ou persistente dos deveres inerentes ao cumprimento da medida, nos casos em que se verifiquem os pressupostos do art. 17.º, n.º 4 da LTE.

O internamento em centro educativo garante que os menores frequentam, de facto, o programa e permite a avaliação da personalidade dos menores no dia-a-dia, bem como a sua educação quotidiana, promovendo uma intervenção educativa específica e mais intensa do que a frequência de um programa formativo em meio natural de vida. Nos casos de crimes sexuais ou outros crimes violentos contra as pessoas, o internamento tem finalidades pedagógicas e evita também a sensação de impunidade em que vivem os agressores sexuais numa cultura que desvaloriza e até legitima e incentiva a violência sexual. Por outro lado, pertencendo agressor e vítima à mesma comunidade, como normalmente sucede, há que proteger a vítima da repetição do crime e do trauma do reencontro com o agressor. A vítima também é criança e mais vulnerável do que o jovem agressor. Deve, por isso, ver os seus direitos ao livre desenvolvimento da personalidade, à integridade psíquica e moral, bem como à recuperação psicológica protegidos com a aplicação da medida. A interiorização dos valores e bens jurídicos violados pelo jovem infrator é um objetivo que se promove de forma mais adequada se a medida aplicável promover também a proteção da vítima.

Conclusão

Não existe uma noção universal e monolítica de infância. A menoridade divide-se em fases representativas de cada estádio de desenvolvimento das crianças e tem em conta a capacidade natural das crianças para a prática de certos atos de acordo com escalões etários. Em virtude das diferenças etárias, os menores não são iguais entre si nem têm idêntica capacidade de domínio da sexualidade nem de participação em atos sexuais. Neste contexto, a prática de atos sexuais por jovens adolescentes em crianças não pode ser vista como um jogo sexual ou como uma «brincadeira», mas como um abuso sexual em que o eventual consentimento das crianças impúberes ou pré-púberes é inválido e irrelevante como seria se o agressor fosse um adulto.

O sistema de justiça de menores assentou sempre na convicção, fundada nos dados estatísticos, de que a maioria dos menores autores de factos ilícitos criminais são jovens carenciados economicamente que praticam pequenos furtos, e que estas situações são fruto de injustiças sociais, carecendo de medidas assistenciais e não de medidas de internamento em centro educativo. Contudo, o discurso proferido para os crimes patrimoniais não pode ser generalizado aos crimes que envolvem violência sexual contra crianças e pessoas vulneráveis. Os estudos sobre delinquência juvenil devem frisar a especificidade dos crimes sexuais de adolescentes contra crianças mais jovens e o seu carácter traumatizante para as vítimas, que não são menos vítimas nem sofrem menos pelo facto de o agressor ser menor de idade, devendo os seus direitos e necessidades de proteção ser salvaguardados no processo tutelar educativo tal como no processo penal.

AS ALTERAÇÕES LEGISLATIVAS FAMILIARES RECENTES E A SOCIEDADE PORTUGUESA[1]

Rabindranath Capelo de Sousa
Professor Catedrático Jubilado da Faculdade de Direito de Coimbra

Sumário

1. Introdução

Cruzam-se, nos diferentes institutos do Direito da Família, os instintos (*maxime* de propagação da espécie, no casamento), os sentimentos (*v.g.* de paixão, amor, ternura, indiferença ou ódio no acto e no estado matrimonial, bem como no respectivo divórcio), as

---

[1] Nota do Coordenador: o texto foi escrito antes da aprovação, pela Assembleia da República, da adoção por casais do mesmo sexo.

DOI: http://dx.doi.org/10.14195/978-989-26-1113-6_15

cognições (*p. ex.* sãs ou erradas nos actos de casamento, perfilhação e adopção), as volições (*v.g.* com relevância do dolo e da coacção física e moral, nos mesmos institutos) e as finalidades (*maxime* de vida em comum e/ou entreajuda, no casamento, parentesco e adopção) mais profundos, transcendentes, egoístas e solidários do ser humano com os mais relevantes interesses públicos da boa harmonia na constituição e dinâmica da família, enquanto célula básica da sociedade, tanto no inter-relacionamento pessoal primário como na organização patrimonial fundante.

Simplesmente, a articulação destes cruzamentos e as soluções jurídicas finais podem processar-se de modos bem diferentes, *v.g.*, consoante a natureza de cada Estado, dos tipos de propriedade por ele impostos e das suas relações com as Igrejas.

Daí que o Direito da Família, ao invés do Direito das Obrigações e dos Direitos Reais, seja um ramo jurídico muito permeável às incursões ideológico-políticas do partido dominante, bem como às modificações políticas, económicas e sociais, sobretudo quando revolucionárias[2]. Todavia, a delicadeza dos equilíbrios comunitários, classistas e geracionais impõe, normalmente, que as alterações legais familiares se façam com adequada investigação sociológica e científica e com projecções o mais possível consensuais.

Foi o que aconteceu com o Dec.-Lei n.º 496/77, de 27.11, que, em primeira linha[3], visou adaptar o direito ordinário familiar à

---

[2] Cfr. PEREIRA COELHO e GUILHERME DE OLIVEIRA, *Curso de Direito da Família*, I, Coimbra Ed., 2008, 4ª ed., págs. 147 e segs; CAPELO DE SOUSA, R., *Lições de Direito das Sucessões*, I, Coimbra Ed., 2000, 4ª ed., págs.99 e seg., e FACULTÉ DE DROIT DE L'UNIVERSITÉ CATHOLIQUE DE LOUVAIN, *Famille, Droit et Changement Social dans les Sociétés Contemporaines, Travaux*, XI, Paris, LGDJ, 1978, págs. 4 e segs.

[3] Como refere MAGALHÃES COLLAÇO, Isabel, *A Reforma de 1977 do Código Civil de 1966. Um olhar vinte e cinco anos depois*, in «Comemorações dos 35 anos do Código Civil e dos 25 anos da Reforma de 1977», vol. I, «Direito da Família e das Sucessões», Coimbra Ed., 2004, p. 22, «foram os novos princípios consagrados na Constituição em matéria de família, casamento e filiação (artigo 36º) que constituíram a fonte do maior número de alterações introduzidas no Código de 66 pela Reforma de 1977.»

Constituição de 76. Nomeadamente, em matérias tão fundamentais como as do direito de constituir família e de contrair casamento em condições de plena igualdade; da regulação pela lei dos requisitos e dos efeitos do casamento e da sua dissolução por morte ou divórcio[4], independentemente da forma de celebração; do princípio da igualdade de direitos e deveres entre os cônjuges quanto à capacidade civil e política e à manutenção e educação dos filhos; da proibição de qualquer discriminação dos filhos nascidos fora do casamento, por este motivo, e da igualdade dos pais no direito e no dever de educação dos filhos.

Por outro lado, a Reforma de 1977, sob a égide sábia dos ilustres Professores Isabel Magalhães Collaço e Francisco Pereira Coelho, soube alargar o programa prescrito nos n.ºs 1 e 3 do art.º 293.º Const. a normas adjacentes e envolventes, actualizando o Direito da Família à modernidade. Particularmente, no que toca à idade da maioridade, emancipação, direitos hereditários e de habitação da casa de morada de família pelo cônjuge sobrevivo, alimentos na união de facto, adopção, etc.

Ou seja, tal Reforma, num todo coerente, expurgou de inconstitucionalidades o Livro do Direito da Família do Código Civil de 1966, implementou-o e modernizou-o, mantendo-lhe o rigor filológico, o

---

[4] A última tendência da nossa lei tem sido a de regular subsidiariamente a separação de pessoas e bens face ao divórcio (art.º 1794º CC), ou seja, desde a redacção do Dec.-Lei 496/77, de 27.11. Assim, o termo "divórcio" vale neste estudo para ambos os institutos e só faremos específica referência a essa separação quando tal se justificar. Também as referências aos artigos sem indicação de diploma reportam-se ao Código Civil de 1966 actualizado.

Finalmente, na epígrafe da sec. II do tít. II do liv. IV bem como em outros artigos do Código Civil, o nosso legislador continua a manter indevidamente a tradicional expressão "separação *judicial* de pessoas e bens", quando, nos termos dos arts.º 1773º., n.º 2, 1775º e 1776º *ex vi* do art.º 1794º do Código Civil, esta "separação", quando por mútuo consentimento, pode ser declarada pelo Tribunal ou pela Conservatória do Registo Civil. Assim, impõe-se a supressão, num grande número de hipóteses, do correlativo termo "judicial" ou o emprego da expressão «separação jurídica de pessoas e bens», de forma a poder abranger aquelas duas vias ora institucionais.

acerto da sua sistematização e o mérito de muitas das suas soluções, particularmente patrimoniais.

Salvo pequenas alterações, até 2003, o Código Reformado foi objecto de importantes modificações jusfamiliares, *v.g.*, quanto à adopção[5], aos pressupostos e processo de divórcio por mútuo

---

[5] Assim, o DL 185/93, de 22.5, alterou as idades para adoptar e ser adoptado, de modo a favorecer a adopção criou o instituto da confiança do menor com vista à adopção e regulou nesta a intervenção dos organismos da segurança social (sobre a necessidade e meios dos Serviços de Adopção, cfr. CAPELO DE SOUSA, *A Adopção. Constituição da Relação Adoptiva*, Coimbra, sep. do vol. XVIII, do Supl. BFDUC, 1973, págs. 133 e segs.), bem como regulamentou a adopção transnacional.

Por sua vez, o DL 120/98, de 8.5, aperfeiçoou o regime dos consentimentos privados para a adopção e criou, finalmente, um regime transitório (como o que vínhamos reclamando, desde *A adopção no Código Civil Português, Propostas de Alteração*, Scientia Ivridica, XXVI, 148/149, 1977, págs. 451 e seg.), para permitir a adopção plena a pessoas que *não* tivessem 60 anos de idade à data em que passaram a ter o menor a seu cargo mas já os tivessem à data de entrada em vigor do Código Civil de 1966, do DL 496/77, de 25/11, e do DL 185/93 de 22.5, sendo certo que este código retomou a adopção em Portugal, em termos muito restritos e sem regime transitório. O Código Civil de Seabra tinha-a interrompido, quando a generalidade dos países a consagrava.

Finalmente, em termos de alterações globais, a Lei n.º 31/2003 de 22.8, estabeleceu no art.º 1974.º, n.º 1, que prioritariamente «a adopção visa realizar o superior interesse da criança» (o que confirmou, nomeadamente, no n.º 2 do art.º 1978º, a propósito dos critérios de confiança do menor com vista a futura adopção). Também, *v.g.*, o novo art.º 1978.º-A estabelece que a confiança judicial do menor inibe automaticamente os pais do exercício do poder paternal; o n.º 3 do art.º 1979º voltou a repor a idade máxima da adopção nos 60 anos, favorecendo-a, e a nova red. do n.º 1 do art.º 1983º eliminou a possibilidade de o consentimento para a adopção dos pais biológicos, independentemente da instauração do processo de adopção, poder ser revogado no prazo de dois meses, embora tenha mantido a caducidade de tal consentimento nos termos do art.º 1983º.

Ou seja, também a Lei n.º 31/2003 visou *alargar* o campo de aplicação da adopção, mas não vamos até ao ponto de afirmar, como PEREIRA COELHO e GUILHERME DE OLIVEIRA, *Curso de Direito da Família*, I, 3ª ed., Coimbra Ed., 2003, pág. 54, que «a Lei n.º 31/2003, de 22.8, pelas soluções que consagrou, parece ter levado quase até ao limite, no conflito entre o interesse da família adoptiva e o dos pais biológicos, a *prevalência* do primeiro interesse sobre o segundo». Não; o que prevalece é o *superior interesse do menor* e este, face ao circunstancialismo concreto, tanto pode ancorar na manutenção do menor na família biológica como na adopção, tal como presentemente está desenhada. Mas toda esta panóplia de alterações foi pouco eficaz no aumento das adopções, apesar de os diversos partidos políticos governantes, face aos problemas da infância e da juventude desvalidas, numerosas (mais de 13.000 menores em institutos de solidariedade social) e/ou criminogenéticas, propagandearem os seus esforços legislativos (no papel...) em matéria de adopção como panaceia para

consentimento[6], as causas de divórcio litigioso[7] e ao direito de filiação[8].

Nos tempos mais recentes, as alterações legislativas familiares têm-se multiplicado, na sua generalidade, com grande desacerto, como veremos de seguida.

---

os respectivos males. Mas o número de adopções plenas não ultrapassou 374 casos, no ano de 2.000, e as adopções restritas quase que caíram em desuso. Cfr., a este respeito, ELIANA GERSÃO, *Adopção – Mudar o quê?* «Comemorações...», Direito da Família, *cit.*, págs 833 e segs., e P. COELHO e G. OLIVEIRA, *Curso...*, *cit.*, 3ª ed., 2003, págs 55 e segs, que se interrogam sobre quais as alterações a introduzir para aumentar as adopções. Parece-nos, além do mais, que a adopção plena deve ser decretada entre os 3 e 4 anos de idade do adoptando, período de formação da personalidade humana, essencial e decisiva, da criança, e que os assistentes sociais dos serviços de adopção, os funcionários administrativos e judiciais e os magistrados sejam mais responsáveis, sabedores e céleres no processo de adopção plena. Por exemplo, os perfis sociais, económicos, psicológicos e comportamentais dos adoptantes e do adoptando devem ser imediata e antecipadamente estudados, sem prejuízo do posterior *match* entre eles para apurar da viabilidade da adopção.

[6] O DL 163/95, de 13.6, começou por atribuir às conservatórias do registo civil, paralelamente aos tribunais, competência para decretarem o divórcio por mútuo consentimento. O que não é inconstitucional, sempre que não haja litígios entre os particulares, que atribuiriam a competência apenas aos Tribunais (art.º 202.º, n.º 2, Const.).

Já a Lei nº 47/98, de 10.8, veio permitir o divórcio por mútuo consentimento «a todo o tempo», sem dependência de limite mínimo de idade dos divorciandos e de qualquer duração do casamento (art.º 1775º, n.º 1).

Por sua vez, o DL 272/2001, de 13.10, concedeu competência *exclusiva* às conservatórias do registo civil nos processos de divórcio por mútuo consentimento que «*não* consubstanciem verdadeiros litígios» (arts. 1775.º, n.º 1, e 1773.º, n.º 2, 2ª parte), bem como aboliu a 2ª conferência no processo de divórcio. Assim, poderá administrativamente casar-se e divorciar-se no mesmo dia. Cfr. H. HÖRSTER, «Comemorações...» I. *Direito da Família, cit., Evoluções legislativas no Direito da Família depois da Reforma de 1977*, págs. 67, n (24), 68, n (29), e 69, que bem aponta ainda diversas falhas redaccionais nestes diplomas.

[7] Quanto ao divórcio litigioso, a Lei nº 47/98, de 10.8, reduziu para metade todos os prazos de duração das causas objectivas desses divórcio previstas na Reforma de 1977 (art.º 1781.º). Por outro lado, o legislador de 1998 acrescentou ao então art.º 1781.º, como nova causa de divórcio, «a separação de facto por 1 ano se o divórcio for requerido por um dos cônjuges sem oposição do outro».

[8] Cfr. HÖRSTER, *ob. cit.*, págs. 69 e segs.

2. Novo regime do divórcio e da separação de pessoas e bens litigiosos

A Lei n.º 61/2008, de 31-10, alterou muito diversa, profunda e polemicamente tal regime[9], nas suas causas, efeitos e procedimentos.

a) A fundamentação do novo regime.

Para tentar a justificação do alargamento e da celeridade das causas de divórcio, renegando compromissos pessoais e patrimoniais conjugais anteriores e deveres solidários de criação e educação dos filhos menores comuns, o n.º I da Exposição de Motivos da Lei n.º 61/2008 proclama que também nas transformações familiares dos portugueses se identificaram "três grandes movimentos que foram ocorrendo no decurso do século XX e, mais particularmente, nos seus últimos quarenta anos: sentimentalização, individuação e secularização".

A sentimentalização traduzir-se-ia num predomínio dos "afectos" no "núcleo fundador e central da vida conjugal", tais afectos seriam decisivos «para o bem estar dos indivíduos» e inerente "conjugalidade" e "sendo esta decisiva para a felicidade individual, tolera-se mal o casamento que se tornou fonte persistente de mal estar". A partir daí pretendem, no divórcio, a substituição do princípio da culpa pelo da ruptura do casamento e unificar ou harmonizar o Direito da Família.

Estas ideias provêm de alguns dos autores coordenados por BOELE-WOELKI, Katharina, (ed.), (Chair of Comission – Utrecht), na Comission on European Family Law, com diversas publicações pela *Intersentia* de Antuérpia.

---

[9] Na origem da Lei n.º 61/2008 esteve o Projecto de Lei n.º 509/X, de 10-4-2008, subscrito por diversos deputados do Partido Socialista, aprovado por Decreto n.º 232/X da Assembleia da República e alvo de veto "político" pelo Presidente da República de 20-08-2008 (art.136º, n.º 1, CRP), com a respectiva mensagem. Mas o texto legal foi reafirmado, por maioria absoluta, pela Assembleia da República.

Porém, como vem ensinando PEREIRA COELHO (*v. g.* em *Direito da Família*, Coimbra, Atlântida, 1965, págs. 15 e segs.), o Direito da Família, ao invés do Direito das Obrigações, é «muito permeável às modificações das estruturas políticas, sociais, económicas», «o seu carácter *nacional*» é uma «ideia exacta» e está «condenada a um seguro malogro a unificação deste Direito», sem prejuízo de o Mestre ter vindo a acentuar que os tempos recentes, e a consequente globalização, nos trouxeram alguns princípios comuns. Aliás, nos Estados federais (*v.g.* nos Estados Unidos da América) e até regionais (p. ex. em Espanha, com o Código Civil espanhol e o Código de Família da Catalunha) tende-se a especializar em boa medida as relações jurídicas familiares próprias de cada comunidade.

Assim, é manifesta a adolescência da Exposição de Motivos da Lei nº 61/2008 que, sem prejuízo do cabimento de uma certa *fruição* subjectiva conjugal, esqueceu as ideias de *responsabilidade*, de *valores* e mesmo de *sacrifício* no casamento e ratificou o atirar da toalha ao chão por qualquer dos cônjuges, mesmo que unilateral e culposamente, à primeira dificuldade, não importando que haja filhos recém-nascidos. Todavia, em situações críticas de ditadura ou de capitalismo selvagem, como o que vivemos, comprova-se ser a família a célula social básica ou o último e mais seguro porto de abrigo, nomeadamente perante os filhos menores ou maiores desempregados, face a um dos cônjuges mais carenciado, perante o próximo e a sociedade envolvente, as necessidades do país que nos deve organizar e ajudar a desenvolver e até face ao próprio mundo que só solidariamente terá futuro.

b) As causas do divórcio litigioso e por mútuo consentimento.

Saliente-se, desde logo, no divórcio e na separação de pessoas e bens *litigiosos*, que, pela Lei n.º 61/2008, há uma total substituição do princípio e da cláusula geral da *culpa,* como causa de decretação de tais institutos, por uma remanescente e geral cláusula de *ruptura* do casamento, independentemente de culpa, que tem como objectivo facilitar ainda mais o divórcio e erradicar as consequências jurídicas patrimoniais ligadas à culpa do cônjuge lesante ou principal lesante.

Com efeito, na redacção equilibrada da Reforma de 1977 dizia-se no n.º 1 do art.º 1779º, como *cláusula geral*, que "qualquer dos cônjuges pode requerer o divórcio se o outro violar *culposamente* os *deveres conjugais* (art.º 1672º), quando a violação, pela sua *gravidade* ou *reiteração*, comprometa a possibilidade de vida em comum". Acrescentando-se no então art.º 1781º como causas *específicas* de divórcio por *"ruptura da vida em comum"* (ver epígrafe deste artigo):

"a *separação de facto* por *seis* anos consecutivos" (que com a Lei n.º 47/98, de 10-08, baixou para *três* anos e, injustificadamente, para *um* ano se o divórcio fosse *requerido* (sem se saber se ia ou não haver oposição) por um dos cônjuges sem *oposição* do outro (sem curar dos motivos da não oposição e do não recurso ao divórcio por mútuo consentimento);

"a *ausência*, sem que do ausente se saiba notícia, por tempo não inferior a *quatro* anos" (que com a Lei nº 47/98, desceu para *dois* anos) e *"a alteração das faculdades mentais* do outro cônjuge quando dure há mais de *seis* anos (e há mais de *três* anos, por força da mesma lei de 1998) e, pela sua gravidade, comprometa a possibilidade de vida em comum".

No caso de divórcio por violação dos deveres conjugais, a anterior redacção do n.º 1 do art.º 1787º impunha, para diversos efeitos patrimoniais, que o juiz declarasse na respectiva sentença se havia culpa de apenas *um* dos cônjuges ou de *ambos* e, nesta última hipótese, sendo a culpa de um deles *consideravelmente superior* à do outro, qual o *principal* culpado. Declarações estas que também tinham lugar no divórcio com fundamento em separação de facto, caso houvesse culpa de um ou de ambos os cônjuges (ant. red. do n.º 2 do art.º 1782º) e que valiam para diversos efeitos pessoais e patrimoniais.

Diferentemente, a Lei n.º 61/2008, de 31-10, após elencar com *mínimos de duração* aquelas três causas de *ruptura* específicas de divórcio litigioso: "*a separação de facto* por *um* ano consecutivo"; "a *alteração das faculdades mentais* do outro cônjuge, quando dure há mais de *um* ano e, pela sua gravidade, comprometa a possibilidade de vida em comum" e "a *ausência,* sem que do ausente haja notícias, por tempo não inferior a *um* ano", acrescenta, em *cláusula geral substitutiva,* enquanto actual redacção do art.º 1781º, al. d), como final fundamento do divórcio litigioso: "*quaisquer* outros *factos* que, *independentemente da culpa dos cônjuges,* mostrem a *ruptura definitiva* do casamento".

Nestes termos, o art.º 8º da Lei n.º 61/2008 revogou as anteriores redacções dos arts. 1787º, n.º 1, e 1782º, n.º 2, eliminando as declarações de culpa nas sentenças de divórcio litigioso e, assim, as consequências a elas ligadas, como veremos.

c) Apreciação.

Em matéria do ora denominado (como se fosse uma inevitabilidade) divórcio «sem consentimento do outro cônjuge»[10], a Lei n.º 61/2008 é extremamente imprudente. Afasta totalmente o sistema puro do divórcio-sanção ou o sistema compromissório deste divórcio

---

[10] Na Lei n.º 61/2008 substituiu-se a clássica expressão «divórcio litigioso» pela equívoca, incompleta e longa denominação «divórcio sem consentimento de um dos cônjuges». Com efeito, este último tipo de divórcio tem carácter litigioso e só é decretado pelo tribunal após alegação, prova e valoração da matéria de facto dada como provada (cfr. art.º 1773º, n.º 3, e 342º, n.ºs 1 e 2, Código Civil).

Tal lei baniu de todo a relevância da culpa na declaração do divórcio e substituiu-a pela ideia, sempre pretensamente objectiva, de constatação da ruptura do casamento. Só que esta opção e a denominação usada não reflectem, e desvirtuam mesmo, aqueles caracteres de divórcio litigioso, que permanecem, bem como as respectivas causas culposas. Neste sentido, LOBO XAVIER, Rita, *Recentes alterações ao regime jurídico do divórcio e das responsabilidades paternais,* Almedina, 2009, págs. 24 e ss.

com o divórcio-remédio ou o divórcio-constatação da ruptura do casamento. Ou seja, arreda a necessidade, exclusiva ou em geral, de um facto ilícito *culposo* grave ou reiterado comprometedor da vida em comum para se decretar o divórcio e adere absoluta e exclusivamente ao sistema excepcional (em termos de direito comparado) do divórcio – constatação da ruptura do casamento (art.º 1781º)[11]. De um modo *radical*, através de uma ampla cláusula geral (art.º 1781º, al. d)), sem nos dar critérios identificadores de «quaisquer outros factos, (que)..., mostrem a ruptura definitiva do casamento» (ao contrário dos §§ 1565, n.º 1, 2ª parte, a 1567 do BGB), permitindo nesta hipótese que qualquer dos cônjuges requeira o divórcio (art. 1785º, n.º 1). Tudo o que levanta muitas interrogações: p. ex. uma difamação grave e pública ou uma agressão física muito danosa são, de per si, causas objectivas do divórcio? Ou há que ter em conta o comportamento do difamado ou do agredido e o tempo após tais factos? Terão o difamante ou o agressor legitimidade para requerer o divórcio? Só o recurso, sem medo, ao abuso do direito (art.º 334º),

---

[11] Quando P. COELHO – G. OLIVEIRA, *Curso de Direito da Família*, I, *cit.*, 4ª ed., pág. 617 s. só nos apresentam como único modelo puro de divórcio-constatação da ruptura do casamento o sistema alemão (§ 1565, n.º 1, 1º per., BGB). Mas mesmo aí, para além dos diversos critérios identificadores da ruptura definitiva (assim, nos § 1565, n.ºs 1, 2.º per., e 2, 1566 e 1567, nomeadamente a separação de facto que dure por *um ano* só valerá quando o prolongamento do casamento não seja exigível para o cônjuge solicitante do divórcio, e só será irrefutável a separação por *três* anos), apresenta excepções à possibilidade de divórcio mesmo havendo ruptura, quando a manutenção do casamento resulte excepcionalmente necessária por razões de especial interesse para os filhos menores do casal ou quando o divórcio suporia, por causa de circunstâncias extraordinárias, um encargo tão grave para o outro cônjuge, que se oponha ao divórcio, que a subsistência do matrimónio resulte excepcionalmente imprescindível, inclusive tendo em conta os interesses do cônjuge solicitante do divórcio (§ 1568, BGB).

Mesmo na generalidade dos direitos europeus, em exclusão ou compromissoriamente, continua a vigorar o sistema da culpa e até da cláusula *geral* de culpa (que não de *taxativas* cláusulas de culpa). Assim acontece no direito francês (art.º 242.º CCfr.), onde aliás se exigem *seis* anos para a relevância das separações de facto conducentes ao divórcio (art.º 238.º, n.º 1, CCfr.). O direito italiano também supõe a violação culposa dos deveres conjugais (arts. 151.º e 143.º do CC ital.), assim como o direito suíço (arts. 137.º a 142.º CC suíço).

v. g., na modalidade de *venire contra factum proprio*, pelo julgador poderá trazer alguma sensatez à decisão de muitos casos.

O casamento é o acto nuclear da constituição da sociedade civil embora a sua continuidade com o necessário desenvolvimento seja extremamente bela mas complexa, pois é o modo mais seguro e socialmente melhor organizado para a felicidade dos cônjuges e dos filhos, face aos seus instintos, também humanos, de sobrevivência e de propagação e educação da espécie.

Todavia, em Portugal, o divórcio liberalizou-se de forma exagerada, a nosso ver, por força sobretudo da Lei n.º 61/2008, de 31 de Outubro, como vimos. A ponto de um dos cônjuges, que não se queira divorciar litigiosamente e tenha esperança na reconciliação, se ver obrigado a divorciar-se por mútuo consentimento, dadas as despesas com advogado e as custas judiciais, dado, na maior parte das vezes, nunca ter entrado num tribunal e ter horror a isso, nunca ter pedido a testemunhas para depor sobre a sua vida íntima e nem a queira ver exposta e dado ainda o facto de ao cônjuge culpado na situação familiar lhe bastar afastar-se de casa *um ano* ou passar a viver com outro/a parceiro/a, para poder, *ele próprio*, vir a pedir o divórcio (arts. 1781º, als. a) e d), 1782º e 1785º, n.º 1). Por isso, mesmo com quarentenas de separação maiores, os divórcios litigiosos passaram gradualmente a uma minoria ínfima e os divórcios por mútuo consentimento tornaram-se a quase totalidade dessas extinções do casamento, quando, antes da entrada em vigor da causa de «separação de facto», sucedia precisamente o contrário. Agora com *um* ano apenas de separação de facto e o pedido de divórcio acessível ao cônjuge causante, ou outras pretensas causas de ruptura mínimas, o casamento perdeu toda a estabilidade.

Enfim, vem-se alegre e irresponsavelmente destruindo famílias, as mais das vezes com meras crises conjugais, sem o mínimo cuidado, até com filhos de tenra idade, e desagregando o núcleo da sociedade, em nome de uma quimérica e egoísta felicidade individual.

As recentes anteriores alterações levam a incertezas na aplicação do direito, a al. d) do art.º 1781º é uma cláusula geral sem núcleo, sem conceitos de género bem definidos e circunscritos e sem linhas mestras, que indevidamente outorga ao cônjuge causante, em geral, da ruptura legitimidade para requerer o divórcio (arts. 1785º, n.º 1, e 1781º, al. d)). O que permite, em muitos casos, que tal cônjuge beneficie patrimonialmente da sua própria ruptura (arts. 1790º, 1791º e 2016º, n.º 2), que conduz a uma multiplicação de acções judiciais em sedes, tempos e pressupostos diversos, e que admite a relevância da *culpa* para outros *efeitos legais*, como a reparação (nos termos gerais do art.º 483º, n.º 1) dos danos causados ao cônjuge lesado pelo outro (art.º 1792º, n.º 1) e a outorga do direito ao arrendamento da casa de morada (art.º 1793º, n.ᵒˢ 1 e 3[12]). Tal obriga à instauração de *nova* ou *novas* acções, noutro tribunal, com produção independente de prova e fora da acção de divórcio, onde imediatamente e melhor se poderia apreciar tal culpa (red. ant. do art.º 1787º).

Além do que, o art.º 8º da Lei n.º 61/2008 revogou descuidadamente o art.º 1786º, que estabelecia um prazo de caducidade de *dois anos* para a instauração da acção de divórcio (e, subsequentemente, da acção de separação de pessoas e bens). Assim, estas acções podem ser instauradas *a todo o tempo*, sem prejuízo da aplicação do prazo ordinário da prescrição («extintiva») de 20 anos após os factos conducentes ao divórcio (art.º 309º). O que não garante exigências mínimas de certeza e de segurança no vínculo conjugal, introduzindo uma espada de Dâmocles sobre o casamento e desvanecendo os elementos probatórios.

É plausível e constitucional, fora a questão das funcionalidades administrativas, que o divórcio e a separação jurídica de pessoas e

---

[12] Dado o carácter não taxativo dos vectores do n°1 do art.º 1793.º, a culpa de um dos cônjuges na ruptura do casamento (inescamoteável como realidade onto-axiológico-jurídica) terá de valer para efeitos de atribuição do dito arrendamento, até por razões de justiça material.

bens, *por mútuo consentimento*, possam ser decretados pelo conservador do registo civil (art.º 1773º, n.º 2), quando não haja lugar a um *conflito* a dirimir, cuja competência pertenceria apenas aos tribunais (art.º 202º, n.º 2, Const.)[13].

Discutível é que o divórcio e a separação por mútuo consentimento possam ser requeridos «a todo o tempo», *maxime* imediatamente, a seguir à cerimónia do casamento, porque não estão dependentes nem de um prazo de idade dos cônjuges nem do decurso de um qualquer prazo de duração do casamento (art.º 1775º). Mais, do ponto de vista processual, as duas anteriores conferências prévias

---

[13] Todavia, há que dizer, em matéria de processo de inventário, que a Lei nº 23/2013, de 5.3., é *inconstitucional*, ao atribuir aos notários, não só actos básicos da estrutura e da decisão do processo de inventário (*maxime* nos arts. 3º, n.º 4; 60º, 75º, 79º e 81º desta Lei), mas também ao delegar nos notários a efectivação do processamento dos actos e termos do processo de inventário ... de uma pessoa como sucessora por morte de outra, isto é, a *generalidade* de tais actos e termos (art.º 3º, nºs 1 e 4, da Lei n.º 23/2013). Sendo certo que no inventário há um *conflito* de interesses privados. Na verdade, toda a competência nesta matéria cabe aos tribunais, no exercício da sua função jurisdicional (n.ºs 1 e 2 do art.º 202º Const.). O juiz teria agora uma mera competência para *certos* e *especiais actos expressamente* referidos no processo de inventário (art. 3º, nºs 4 e 6) e determinadas competências de recurso (*v. g.* dos arts. 72º e 73º da mesma Lei). O processo está inquinado. Este deve ser inteiramente conduzido e decidido pelo juiz e só por ele. Os notários não têm a mesma independência, não são órgãos de soberania, não têm o mesmo saber jurídico-jurisdicional, não lhes cabe «dirimir conflitos de interesses públicos e privados» e têm outras tarefas relevantes. Os conflitos sucessórios levantam sentimentos profundos interfamiliares e desencadeiam interesses patrimoniais, normalmente avultados e complexos, entre familiares muito próximos. Daí a ciência, o rigor, a sabedoria e a perspicácia com que tais conflitos devem ser tratados e solucionados.

A Lei n.º 23/2013 não simplifica o processo de inventário, faz dele até uma bola de ping-pong entre os serviços administrativos e o juiz. Por outro lado, não pode haver «descongestionamento dos tribunais» ferido de inconstitucionalidade, quer por incompetência dos órgãos, mesmo que só parcialmente, dirimentes dos conflitos de interesses públicos e privados (art.º 202º, n.º 2, Const.), quer por diminuição da qualidade do acesso ao direito e aos tribunais, bem como dos respectivos procedimentos judiciais (nºs 1 e 5 do art.º 20º Const.). Tanto mais que os processos de inventário exigem estudo profundo e alta ponderação, dados os elevados quantitativos e bens normalmente em causa, bem como as normais complexidades e dificuldades das questões jurídicas sucessórias nele inerentes.

E o certo é que a Lei n.º 23/2013 concedeu ainda mais poderes, na sua generalidade, aos notários, do que a Lei n.º 29/2009 concedia aos conservadores, sujeitos a um apertado *controlo* dos Tribunais. Isto é, para «descongestionar os Tribunais», acentuou-se a inconstitucionalidade...

de conciliação dos cônjuges foram substituídas por uma só conferência, dirigida fundamentalmente ao decretamento do divórcio ou da separação (art.º 1776º, n.º 1). Acresce que, a pressa de decretar o divórcio é tal que o art.º 8º da Lei n.º 61/2008 revogou o n.º 1 do art.º 1422º CPC, proibindo a suspensão da conferência já iniciada por período não superior a 30 dias, se houvesse fundada razão para crer que tal suspensão facilitaria a *desistência* do pedido. Faltam, pois, maturidade e reflexão a tão importantes actos que são levianamente substituídos por uma pretensa celeridade processual.

3. Nulidade do casamento católico e regime e anulabilidade dos casamentos civis não católicos.

Embora o conhecimento das causas respeitantes à nulidade do casamento católico continue reservado aos tribunais eclesiásticos, as respectivas decisões deixaram de produzir efeitos automaticamente na ordem civil portuguesa, carecendo de ser revistas e confirmadas (art.º 1625.º, n.ºs 1 e 2, conforme decorre expressamente da Lei n.º 100/2009, de 11.05, e já era defensável face ao art.º 16.º na alteração da Concordata de 2004).

Por sua vez, os casamentos civis celebrados sob forma religiosa não católica, já previstos no art.º 1615.º (na red. dada pela Lei da Liberdade Religiosa n.º 16/2001, de 22-07), só foram regulados pela Lei n.º 324/2007, de 28-09, quanto ao processo preliminar do casamento (arts. 135º, n.º 4; 136.º, n.º 2, e 137.º, n.ºs 6 e 7, CRC), ao certificado para casamento (arts. 146º, n.º 1, e 147º, n.º 1, al. f), CRC) e ao assento e registo por transcrição (arts. 187º-A a 187º-C CRC). Estes casamentos quanto aos seus *efeitos* civis, têm o mesmo regime dos casamentos civis sob a forma civil, diferentemente do que acontece em casos pontuais com o casamento católico, como é sabido.

4. Registo dos casamentos.

Insensata no Dec. Lei n.º 324/2007, de 28-09, que fundamentalmente se dirigiu a adaptar o Código de Registo Civil, foi a revogação dos arts. 1654º a 1668º do Código Civil e a sua incorporação na globalidade das disposições registrais dos arts. 167º a 187º-C do CRC. Com efeito, aquelas disposições do Código Civil são normas substantivas ou de direito material pois regem os direitos basilares dos cidadãos em matéria de transcrição matrimonial e permitiam-nos fazer a ponte entre a celebração do casamento, as disposições gerais do registo matrimonial e os efeitos de tal registo. A sua revogação no Código Civil quebra a unidade e a essencial compreensão da constituição e inerente registo do casamento.

O Código do Registo Civil é um diploma fundamentalmente administrativo, composto maioritariamente por normas instrumentais, sem prejuízo de nele se acolherem, por razões práticas, as normas dos arts. 1654º a 1668º CC. Mas revogando-se estas normas no Código Civil, há uma inversão de valorações normativas.

Nem se diga que a solução do ora legislador evita duplicações. Ele próprio duplica, total ou parcialmente, as mesmas normas no Código do Registo Civil e no Código Civil. Nomeadamente nos arts. 1614º CC e 145º, n.º 1, CRC (prazo para a celebração de casamento); arts. 1613º CC e 144º, n.º 1, CRC (despacho final do processo preliminar do casamento); arts. 1611º CC e 142º, n.º 1, CRC (declaração de impedimentos neste processo preliminar); 1670º CC e 188º CRC (retroactividade dos efeitos do registo do casamento).

5. Responsabilidades parentais e poder paternal.

A Lei n.º 61/2008, para além de alterar expressamente nos arts. 1776º-A e 1901º a 1912º, a clássica expressão «poder paternal» pela difusa frase «responsabilidades parentais», estabeleceu, genericamente, no seu art.º 3º a mesma substituição nas epígrafes e disposições da secção II do capítulo II do título III do livro IV do Código Civil.

Apesar de a expressão «responsabilidades parentais» constar de recomendação do Conselho da Europa (Recomendação n.º R (84) 4, de 28-02-1984), tal expressão é utilizada numa linguagem *corrente* e tal órgão não será o mais indicado para definir a *natureza jurídica* dos institutos jurídicos.

Com efeito, a expressão «poder paternal» vem-nos dando conta de um «poder funcional» ou de um «poder-dever», englobável na ideia de «direito subjectivo em sentido *amplo»* (que não na concepção de um direito subjectivo em *sentido estrito)* (cfr. CASTRO MENDES, *Teoria,* II, 1979, págs. 135 e segs., ORLANDO DE CARVALHO, *Teoria. Sumários,* 1981, págs. 81 e segs. e CAPELO DE SOUSA, *Teoria, cit.,* I, 2003, págs. 185 e segs.). Na expressão «poder paternal» há, pois, «deveres» (equivalentes *grosso modo* às «responsabilidades»), mas a par de «poderes», a maioria dos quais constituem direitos em sentido lato quer relativamente aos filhos (prioritariamente em benefício destes mas também no exercício do direito geral de personalidade dos pais - *v.g.* no art.º 1887º), quer relativamente a terceiros *(maxime* em matéria de direito da educação dos filhos pelos pais face ao Estado nos termos do art.º 36º, n.º 5, Const.). Vejam-se P. COELHO e G. OLIVEIRA, *Curso de Direito da Família,* 4ª ed., págs. 127 e seg. e ANTUNES VARELA, *Direito da Família,* 1,4ª ed., págs. 76 e segs.

Além do que, a expressão «responsabilidades parentais» é um neologismo comum, sem a juridicidade das expressões «responsabilidade negocial ou contratual» e «responsabilidade extranegocial ou extracontratual».

Por último, o ora legislador, com confusão de critérios, manteve a designação de «poder paternal» na epígrafe e em diversas disposições da secção III do capítulo II do título III do livro IV do Código Civil; no art.º 124º (suprimento da incapacidade dos menores); no art.º 144º (exercício do poder paternal na interdição); no art.º 318º, al. b) (suspensão da prescrição); no art.º 1981º, n.º1, al. c) (consentimento para a adopção) e no art.º 1997º (poder paternal na adopção restrita). É que o «poder paternal» na sua acepção clássico-jurídica é uma realidade mais abrangente do que «responsabilidades parentais», não se confundido aquela expressão com uma acepção meramente naturalística, ultrapassada e politicamente incorrecta.

6. A afinidade

A partir da entrada em vigor a 01-12-2008 da Lei n.º 61/2008, a afinidade passou a cessar pela dissolução do casamento por *divórcio,* continuando a não cessar por morte.

A solução é incorrecta. A favor dela pode invocar-se no divórcio um certo esbatimento dos laços afectivos entre cada um dos ex--cônjuges e os parentes do outro (neste sentido, P. COELHO e G. OLIVEIRA, *ob. cit.,* 4ª ed., pág. 47; minorando-o A. VARELA, *ob. cit.,* pág.104). Todavia, em matéria de sentimentos a família nuclear e pós-nuclear vêm tornando ténues esses e outros laços (v. *g.* no parentesco), tanto em caso de morte como de divórcio e mesmo na constância do casamento. Tais sentimentos estão muitos ligados à emocionalidade e à educação individuais. A título de exemplos, em sentido contrário, a presença de ex-cônjuge no funeral do ex-sogro, até enquanto avô de seus filhos, ou o tratamento de "tio" ao ex--cônjuge da tia biológica.

Mas, parece-nos que a questão deve ser vista pelos seus principais vectores jurídicos. Ora, a afinidade releva sobretudo, quando em linha recta, como impedimento dirimente relativo à celebração do casamento (art.º 1602º, al. c)). Como bem salientam P. COELHO e G. OLIVEIRA, *ob. cit.,* pág. 262, «são aqui as decisivas *razões de moral familiar,* além do *respeito devido às convenções sociais que censurariam fortemente* casamentos celebrados entre as pessoas que aqueles impedimentos abrangem».

Sendo assim, a cessação da afinidade por divórcio abre as portas ao casamento de ex-afins em linha recta, até quando estes tenham provocado o divórcio com vista a ulterior casamento entre eles. Situação esta que já não ocorre em caso de morte de um dos cônjuges, até porque se mantém a afinidade e consequente impedimento matrimonial. Pelo que, dada a voluntariedade da maioria das causas de divórcio e as possíveis interferências dos respectivos afins, do ponto de vista dos impedimentos matrimoniais, justifica-se mais a não cessação da afinidade em caso de divórcio do que em caso de morte.

Aliás, no direito canónico, releva não só a afinidade fundada no *casamento* como a derivada de *concubinato* público ou notório (can. 1093 CD Can.).

Por outro lado, não se compreende que as proibições dos arts. 1809º, al. a), e 1866º, al. a) (face às averiguações oficiosas da maternidade e da paternidade, quando a pretensa mãe e o perfilhante, no 1º caso, ou a mãe e o pretenso pai, no 2º caso, sejam afins em linha recta) se mantenham quando a afinidade não cessar por morte e se levantem no caso da afinidade cessar por divórcio.

7. O casamento entre pessoas do mesmo sexo.

Não temos dúvidas em afirmar que, face à nossa *actual* Constituição, o *casamento* entre pessoas do *mesmo* sexo constitui uma clara violação dos n.ºs. 1, 3, 5 e 6 do art.º 36º e dos n.ºs. 1 e 2, als. b), c), d) e e), do art. 67º, todos da Constituição, que ligam o casamento à constituição da família, enquanto elemento fundamental e estruturante da sociedade e à procriação, manutenção e educação dos filhos, com base na união do homem e da mulher[14]. Aliás, o casamento entre o homem e a mulher é o único historicamente institucionalizado, independentemente das raças e das religiões, e o único emergente do direito «suprapositivo» (valores jurídicos fundamentais), obrigando também o legislador constitucional (cfr. OTTO BACHOF, *Normas constitucionais inconstitucionais?*, trad. Cardoso da Costa, Atlântida Ed., Coimbra, 1977, pág. 3). Tal casamento é o único antropologicamente justificado por uma unidade bio-químico-crossomática de dois seres distintos mas complementares, sendo só através dela possível garantir o instinto básico da propagação da espécie humana.

Nem se diga que assim se infringe o art. 13º, n.ºs. 1 e 2, Const. É que a igualdade perante a lei implica que se tratem igualmente situações de interesses iguais e que se tratem diferentemente situações de interesses diversos, em correspondência com a sua particularidade. Por sua vez, para indagar qual o critério para sabermos se estamos perante uma situação de igualdade ou de desigualdade, parece-nos, com CASTANHEIRA NEVES (*O instituto dos «assentos» e a função jurídica dos Supremos Tribunais*, Coimbra Ed., 1983, págs. 173 e 176), que tal critério decorre da «intenção material específica do direito» (ou seja, da «intenção de justiça material» que não apenas da mera proibição de arbítrio), havendo que saber, não só se a teleologia da norma, acto ou decisão em causa oferecem «fundamentos materiais suficientes» ou assentam em «considerações razoáveis», mas também se o conteúdo concreto da norma ou decisão jurídica nos surge referido a «fundamentos, normativas *ab extra*, que a ele próprio e à sua teleologia autonomamente os justifiquem».

---

[14] No sentido da inconstitucionalidade dos casamentos entre pessoas do mesmo sexo, cfr., desenvolvidamente, Ivo Miguel BARROSO, "O casamento civil de pessoas do mesmo sexo...", Coimbra, *Lex Familia*, 7/13 (2010), 57 s. e «A heterossexualidade como característica *sine qua non* do conceito de casamento, à luz do *ius cogens*», Lex Familia, 10/19 (2013), 27 ss.

Assim, os homossexuais têm os mesmos direitos e deveres subjectivos públicos e privados (políticos, penais, civis, económicos, etc.) que os heterossexuais, *v. g.* em matéria de direito de acesso a cargos públicos (art.º 50º Const.) e de direito ao trabalho (art. 58º, n.º 1, Const.). Um ou uma homossexual com mais de 35 anos, cidadãos eleitores e portugueses de origem podem ser Presidente da República.

Mais, o princípio da igualdade estende-se, e muito bem, à generalidade das relações jurídicas bilaterais e douradoras entre homossexuais ou entre heterossexuais, como a união de facto (Lei n.º 7/2001, de 11-05). Todavia, nesta, já cessa o princípio da igualdade, por intenção material específica do direito, nos casos de adopção (art.º 7º da Lei n.º 7/2001) ou de procriação médica assistida (art.º 6º da Lei n.º 32/2006, de 26-07), porque aqui é predominante o interesse da criança (art.º 1874º, n.º 1) e esta necessita da imagem, temperamento, carácter e sensibilidade do homem e da mulher (enquanto portadores de específicas masculinidade e feminilidade complementares e solidárias).

No caso do casamento, por maioria de razão e pela sua natureza atrás referida, há limites internos e externos (cfr. C. NEVES, *ob. cit.*, pág. 176) do princípio da igualdade, impeditivos da sua extensão às uniões homossexuais. Do fundo dos tempos e do relevo da sua natureza, o casamento vem sendo universal e claramente definido como «união matrimonial, celebrada perante a lei, entre duas pessoas de sexo diferente que passam a constituir uma família» (ACADEMIA DAS CIÊNCIAS DE LISBOA, *Dicionário da* Língua Portuguesa Contemporânea, I, Verbo, 2011, pág. 721).

O Direito impede, pois, que o legislador subverta este valor jurídico básico.

Nestes termos, a inconstitucionalidade do casamento de pessoas do mesmo sexo é declarável em sede de fiscalização abstracta sucessiva (art.º 281º, n.º 1, al. a), e n.º 3 Const.) e de fiscalização concreta (art.º 280º, n.º 1, Const.).

Por outro lado, como demonstrámos, o casamento entre pessoas do mesmo sexo não decorre do art.º 13º Const.[15]. Assim, a todo o tempo, a Lei n.º 9/2010, de 31-05, pode ser revogada, por via ordinária.

8. A Adopção, A Inseminação Artificial E A Chamada «Co--Adopção», Por Homossexuais.

O art.º 3º da Lei n.º 9/2010, de 31.05, e o art.º 7º da Lei n.º 7/2001, de 11.05, proíbem a adopção a pessoas do mesmo sexo, respectivamente, «casadas» e em união de facto. Por sua vez, o art.º 6º da Lei n.º 32/2006, de 26.07, proíbe a procriação medicamente assistida às mesmas pessoas. O que é natural e óbvio, uma vez que, como já dissemos, a adopção «*visa realizar o supremo interesse da criança*», não se destinando a «salvar» casamentos em risco, a realizar interesses de celibatários frustrados, nem muito menos interesses de pessoas do mesmo sexo, que não assegurem, como referimos *supra*, sob o n.º 7, as imagens solidárias do homem e da mulher, essenciais para o desenvolvimento das crianças, e «reais *vantagens* do adoptando», exigidas também pelo art. 1974º, n.º 1, do Código Civil.

---

[15] Inicialmente, houve quem argumentasse a favor do casamento por homossexuais com a expressão do art. 36.º, n.º 1, Const. «*todos* têm o direito de... contrair *casamento*». Mas esta expressão demonstra o contrário. Com efeito, aquilo a que «*todos*» têm direito é a contrair «*casamento*» e o conceito deste era indubitável e expressamente o do art. 1577.º do Código Civil, ou seja, «o contrato entre duas pessoas de *sexo diferente* que pretendam *constituir família* mediante uma *plena comunhão de vida, nos termos das disposições deste Código (v.g.* dos arts. 1603.º, n.º 1, 1605.º, red. inic. 1628.º, al. e), reds. inics. arts. 1674.º e 1675.º, etc)». Ou seja, o casamento, aquando da entrada em vigor da Constituição de 1976, pressupunha sempre e exclusivamente um contrato entre um homem e uma mulher. Toda e qualquer pessoa tem um sexo definido ou definível e os fins civis do casamento apontam também para a união de um homem e de uma mulher (*maxime* a propagação da espécie, que também é um instinto básico). Por outro lado, já existe, e bem, a união de facto entre os homossexuais e os seus efeitos podem ser alargados legalmente.

Aliás, a adopção por homossexuais é *inconstitucional*, dado o disposto no n.º 7 do art.º 36º da Const., que, no seu espírito e sistematização, tem de se enquadrar em todo o contexto daquele artigo, ou seja, como vimos *supra* no n.º 7, que visa a família naturalisticamente heterossexual, constituída na base da união, sobretudo, do casamento entre o homem e a mulher (*maxime*, face aos nºs 1, 3, 4 e 5 do art.º 36º da Const.). Por outro lado, também do ponto de vista do «*superior interesse da criança*» e das «*reais vantagens do adoptado*» (art.º 1974º, n.º 1, CC), há uma *muito maior procura* de crianças adoptáveis plenamente por casais heterossexuais do que uma *oferta* dessas crianças, sendo certo que a adopção restrita é rara, excepcional e entra em conflito, muitas vezes, com a família biológica, que mantém o maior acervo de direitos e obrigações sobre as crianças e os jovens. Tudo o que, estendendo-se a adopção às uniões homossexuais levaria a um maior rapto de crianças adoptáveis, à sua compra e, sobretudo, à gravidez ilícita de mães de aluguer e à adopção internacional ilegal[16].

Todas estas razões são, por maioria de razão, válidas para a procriação medicamente assistida ou para as relações sexuais entre um dos membros dos unidos homossexuais e terceiro de sexo diferente, unicamente para fins de procriação a favor do casal homossexual (nos E.U.A., num dos seus Estados, onde aliás existem diferenças abissais de regimes, duas unidas de facto homossexuais surdo-mudas combinaram e conseguiram que uma delas tivesse relações sexuais com um surdo-mudo para daí nascer, com maiores probabilidades, um filho também surdo-mudo, o que veio a acontecer)! Para onde caminhamos?

Apesar de o Partido Socialista ser co-autor das propostas da união de facto e do casamento entre pessoas do mesmo sexo, res-

---

[16] Para maiores desenvolvimentos, cfr. CAPELO DE SOUSA, *A Adopção. Constituição da Relação Adoptiva*, *ob. cit.*, 133 s. e 197 s.

salvou desses regimes a extensão da adopção, como vimos, bem como na procriação medicamente assistida reservou-a aos casais heterossexuais.

Todavia, no que parece uma táctica de pequenos passos, vem agora defender-se uma «co-adopção» para casais homossexuais, em que um dos seus membros tenha um filho biológico, pretendendo ver nisso uma similitude com o que se passa com os casais heterossexuais em que um deles tenha um filho biológico ou adoptado e se facilita a adopção *plena* pelo outro cônjuge (art.º 1979º, n.º 2, 2ª parte).

Nada de mais errado. Primeiro, era preciso demonstrar que a adopção *plena* (a adopção *restrita*, com menores efeitos, não é neste caso facilitada ao outro cônjuge heterossexual – cfr. art.º 1993º, n.º 1, por causa da protecção da família biológica) por casais homosse-xuais seria constitucional, visaria o superior interesse da criança e apresentaria reais vantagens para o adoptando pleno[17], tudo o que, como vimos, não acontece. Assim, a expressão «co-adopção» é um eufemismo, desde logo porque não existe adopção singular pelo outro cônjuge homossexual. Aliás, as adopções plenas *singulares* são alvo de oposição[18], a não ser que o outro cônjuge seja o progenitor biológico e haja adopção plena pelo outro cônjuge heterossexual ou tenha havido um processo de adopção plena conjunta heterossexual e, na pendência do mesmo, um dos cônjuges adoptantes tenha fale-cido, mas sempre com o juiz a aferir o interesse superior do menor e as suas reais vantagens.

Na alegada «co-adopção» homossexual plena acresce ainda uma importante desvantagem para o menor, que perderia toda a ligação com a família biológica, com as respectivas imagens masculina e feminina, e provocaria o recurso àquelas práticas condenáveis, atrás referidas. Nem se diga que é melhor a «co-adopção» homossexual

---

[17] Ver CAPELO DE SOUSA, *A Adopção. Constituição...*, *cit.,* 114 ss., e 125 ss.

[18] CAPELO DE SOUSA, *ob. ant. cit.,* 173 s. e 119 s.

do que o internamento dos menores nos institutos. Desde logo, porque, dada sobretudo a idade dos interessados, a única alternativa ao internamento é normalmente a adopção restrita (e esta, como vimos, não é aplicável aqui). Mesmo a adopção restrita heterossexual é rara, entra normalmente em conflito com a família biológica e há várias instituições a funcionar bem. A única solução melhor nesses e noutros casos idênticos, face aos interesses dos menores, os únicos relevantes, é a adopção plena por heterossexuais, quando essa adopção é feita no máximo até aos 5 anos, uma vez que a personalidade da criança se forma, essencialmente, entre os 3 e os 4 anos.

Muito menos se diga que aqui há discriminação dos homossexuais, por maioria das razões indicadas *supra*, sob o n.º 7.

Os adeptos destas «co-adoções» têm vindo, por último, a dizer que o povo português, no passado, ainda não estava preparado para a adopção por «casais» do mesmo sexo. Não seria, porém, tempo de os homossexuais, detentores da generalidade dos direitos no sistema português, e bem, olharem agora para a real natureza do casamento e para o superior interesse da criança, que nada têm a ver com a sua justa afirmação? E de eles, bem como os políticos que lhes formulam os pontos de vista, porem de lado o eleitoralismo fácil e entreajudar-mo-nos na resolução dos verdadeiros problemas dos portugueses?

9. Alimentos

O n.º 2 do art.º 2016º-A, aditado pela Lei nº 61/2008, de 31-10, estabelece que «o Tribunal deve dar prevalência a qualquer obrigação de alimentos relativamente a um filho do cônjuge devedor sobre a obrigação emergente do *divórcio*[19] em favor do ex-cônjuge».

---

[19] Este termo «divórcio» só faz sentido reportado ao divórcio litigioso, uma vez que no divórcio por mútuo consentimento se exige como condição prévia «acordo

Há aqui, no divórcio litigioso, uma discriminação à regra geral do art.º 2009º, com prejuízo sobretudo do ex-cônjuge não causador do divórcio ou causador em menor medida. A razão de ser do nº 2 do art.º 2016º-A está nas contradições e sequelas derivadas da substituição integral e atrabiliária do princípio da culpa pelo princípio da ruptura matrimonial no divórcio litigioso. Assim, desfavorecem-se, na mesma medida, o cônjuge causador do divórcio e o cônjuge não causador do divórcio ou causador em menor grau (com os sofismas de que não há ex-cônjuges causadores de divórcio ou de que ambos o causaram em igual proporção). Por sua vez, já existia e existe garantia para a obrigação de alimentos relativos a filhos do cônjuge devedor, na medida em que, na sua base, «os alimentos serão proporcionais aos *meios* daquele que houver de prestá-los (art. 2004º, nº 1) e ter-se-á neles em conta *«todas as circunstâncias* que influam sobre... as *possibilidades* do (cônjuge) que os presta» (art.º 2016º-A, nº 2). Assim, a existência de filhos do ex-cônjuge devedor deve ser um elemento de ponderação da fixação de alimentos e não uma causa, *ipso iure,* de prevalência da obrigação alimentar filial.

A Lei nº 61/2008, de 31-10, teve um nítido propósito de desvalorizar o direito a alimentos do ex-cônjuge, fazendo ainda tábua rasa de este não ser o causador da ruptura matrimonial ou de ser o causador em menor grau. Além do já referido no n.º 2 do art.º 2016º-A, o n.º 3 do art.º 2016º (negação do *direito* a alimentos por «razões manifestas de *equidade»)* é uma contradição nos próprios termos face às condições estreitíssimas em que é concedido tal direito (arts. 2003º, n.º 1; 2004º e 2016-A, n.ºs 1 a 3)). Assim, o pretendido efeito dissuasor da propositura de acções de alimentos entre ex-cônjuges

---

sobre a prestação de alimentos ao cônjuge que deles careça» (art.º 1775º, n.º 1, al. c)). Ou seja, é aplicável aqui o art.º 2004º e inaplicável o n.º 2 do art.º 2016º-A, por não caber na letra nem no espírito daquela al. c). Nem um pensamento legislativo em sentido contrário encontraria nesta alínea um mínimo de correspondência verbal (art.º 9º, n.º2).

não se compadece com a necessidade de afirmar substantivamente o Direito.

10. A partilha dos bens comuns no caso de divórcio litigioso.

Piorando mais o regime do divórcio litigioso, a Lei n.º 61/2008 manteve o art. 1790º mas substituiu nele a expressão «o cônjuge declarado único ou principal culpado» por *«nenhum* dos cônjuges» e impôs a estes o regime da *comunhão de adquiridos*. Ora, sabe-se que tal artigo, relativo à partilha em caso de divórcio litigioso, só é aplicável quando vigora entre os cônjuges o regime da comunhão geral de bens, pois no regime da separação de bens não há «partilha» (porque esta pressupõe bens *comuns*, inexistentes neste regime – art.º 1735º) e no regime de comunhão de adquiridos é irrelevante o art. 1790º, tanto na anterior como na nova redacção. Todavia, enquanto a anterior redacção se justificava para não prejudicar o cônjuge inocente, a nova redacção, abstraindo da culpa, permite ao cônjuge «rico» ou «menos pobre» (*v. g.*, que levou mais bens para o casamento ou que herda mais), casado no regime de comunhão geral, poder estar interessado em causar e requerer o divórcio, porque então, aplicando-se o regime da comunhão de adquiridos, são mais os bens que receberá e menos os bens que irão para o cônjuge «pobre» ou «menos rico» (*maxime* que levou menos bens para o casamento ou que herda menos), mas cumpridor dos seus deveres conjugais e inclusive vítima de violência doméstica ou de outros maus tratos, resultantes da violação dos deveres conjugais pelo cônjuge causador da ruptura e nela interessado[20].

---

[20] No n.º II.4 da «Exposição de Motivos» da Lei n.º 61/2008 argumenta-se para justificar a actual redacção do art.º 1790º que assim se «evita que o divórcio se torne um meio de adquirir bens» e que o sistema da culpa era um «ensejo para *premiar* um inocente e *castigar* um culpado». Não é exacto. O regime anterior era, como vimos, um meio de *não desfavorecer* o cônjuge *inocente*, nomeadamente quando alvo de violência doméstica. O regime actual é que, em certos casos, é um meio de *premiar*

Acresce que, PEREIRA COELHO e GUILHERME DE OLIVEIRA, *Curso de Direito da Família, ob. cit.*, 2008, pág. 671 e seg., defendendo a anterior redacção do art. 1790º, frisam que «particularmente injusto seria que, dissolvendo-se o casamento por divórcio, o cônjuge declarado único ou principal culpado recebesse na partilha metade dos bens que o outro cônjuge já tinha ao tempo do casamento ou depois lhe adviesse por herança ou doação. *O art.º 1790º quererá evitar essa injustiça*». Não se compreende agora o ataque de GUILHERME DE OLIVEIRA, na Exposição de Motivos que originou a Lei n.º 61/2008, ao antigo art.º 1790º e a formulação de um artigo nesta Lei que, por imposição do regime de comunhão de adquiridos, desfavorece o cônjuge inocente em benefício do causador da ruptura. Não. O casamento é um contrato que deve ser pontualmente cumprido, salvo excepções legais juridico-eticamente defensáveis, até porque estão em causa os instintos básicos da sobrevivência e da propagação da espécie humana. Não é uma festa ou uma paródia que só valem enquanto duram. Com esta lei voltámos ao repúdio do outro cônjuge, próprio da Antiguidade, quando normalmente o que se pretende é fazer um projecto de união e desenvolvimento a dois para toda a vida. A liberdade de um dos cônjuges acaba onde

---

o cônjuge *culpado* e de o *incentivar ao divórcio*. Justifica-se ainda o legislador de 2008 com o sistema alemão. Ora este assenta em pressupostos muito diferentes do nosso. Em primeiro lugar, o BGB opta por uma prestação de alimentos reforçada entre os cônjuges (§§ 1569 a 1586b), que normalmente favorecerá o cônjuge mais carenciado, enquanto, como vimos, no n.º 9, pela Lei n.º 61/2008 prejudica-se o cônjuge inocente. Em segundo lugar, há no sistema alemão uma pensão compensatória entre os cônjuges divorciados que dissuade os divórcios interesseiros ou irresponsáveis (§§ 1585 a 1585e). Finalmente, como também vimos, as causas de divórcio do sistema alemão não têm o radicalismo e a ligeireza da Lei n.º 61/2008.

Notável é que, em Portugal, apesar das mensagens do Presidente da República de 20.8.2008 e de 21.10.2008, do comunicado do mesmo de 21.10.2008 e do reconhecimento de erros cometidos pela própria Comissão que originou a Lei n.º 61/2008, tudo continue na mesma, num Código e numa Reforma de 1977, que levaram dezenas de anos a elaborar. Mas, enfim, há prioridades em expoliar os pensionistas, os reformados e os funcionários públicos e em criar e exportar desempregados.

começa a liberdade do outro e ambas as liberdades, em princípio, fundiram-se num compromisso livre e num ser-a-dois[21].

Por outro lado, o enquadramento sistemático do art. 1790° numa subsecção IV dos «efeitos do divórcio» *em geral* (diferente, pois, da subsecção III, intitulada «divórcio litigioso»), e a expressão inicial ampla «em caso de divórcio» deste artigo conduziriam a aplicar também o respectivo regime ao divórcio por mútuo consentimento. Dada, porém, a natureza deste divórcio e o carácter imperativo do art. 1790°, parece-nos que esta disposição deve ser objecto de interpretação restritiva e valer apenas para o divórcio litigioso. Por fim, a Lei n.º 61/2008 não contém, como dissemos, qualquer cláusula atenuante, particularmente se e durante a constância do casamento a *não* dissolução for excepcionalmente necessária, por motivos especiais, no interesse de filhos menores provindos do casamento ou quando o divórcio suponha, por causa de circunstâncias extraordinárias, um encargo tão grave para o cônjuge que se opõe a ele que faça com que a subsistência do matrimónio resulte excepcionalmente imprescindível, inclusive tendo em conta os interesses do cônjuge que pediu o divórcio (cfr. § 1568, n.º 1, do BGB).

Assim, os mais recentes diplomas portugueses vêm alargando as causas de divórcio e irrelevando a culpa, em efeito de bola de neve com a provocação de mutações sociais da conjugalidade, esquecendo que o divórcio é normalmente um mal menor. Pelo que, mesmo sem complexos de culpa, nem «tudo correrá no melhor dos

---

[21] Um exemplo: João e Maria casaram em 2005, no regime de comunhão geral de bens, tendo Maria levado para o casamento um terreno no valor 100.000 Euros e João recebido por doação dos pais um andar no valor de 200.000 Euros. João, em 30-1-2014, espanca violentamente Maria, deixa o domicílio conjugal, não mais regressa e, em 3-2-2015, vem requerer o divórcio litigioso (arts. 1781°, als. a) e d), e 1785°, n.º 1).

De acordo com a aplicação dos actuais arts. 1790.° e 1722.°, n.º 1, al. b), João receberá na partilha 200.000 Euros e Maria 100.000 Euros (arts. 1790.° e 1722.°, n.º 1, al. a)). Bela justiça... que promove mais divórcios com injustos benefícios para os deles culpados!!!

mundos possíveis». Cândido não o sentiria, apesar de Pangloss não o ter feito passar pelas teias do casamento e do divórcio.

11. O apadrinhamento civil

Finalmente, o Estado ensaiou através da Lei n.º 103/2009, de 11-09, o instituto do *apadrinhamento civil*. Trata-se de uma relação jurídica para-familiar, tendencialmente de carácter permanente, entre uma criança ou jovem e uma pessoa singular ou uma família que exerça os poderes e deveres próprios dos pais (*maxime*, o poder paternal) e que com ele estabeleça vínculos afectivos que permitam o seu bem-estar e desenvolvimento, relação essa constituída por homologação ou decisão judicial e sujeita a registo. O apadrinhamento civil é menos consistente, nos seus efeitos jurídicos, do que a adopção restrita. O seu processo de constituição é complexo e moroso e pode dificultar a constituição da adopção plena. Mas suplanta, como vínculo jurídico, a tutela (arts. 1921º, n.º 3, e 1961º, al. g)) e o acolhimento familiar[22].

---

[22] No acolhimento familiar não há transferência do poder paternal e as famílias de acolhimento recebem apoio monetário do Estado, o que não acontece com os padrinhos civis. Talvez por isso apenas havia até ao presente dois padrinhos civis.

DO DIREITO DA FAMÍLIA
AOS DIREITOS FAMILIARES

Miguel Teixeira de Sousa
Professor Catedrático da Faculdade de Direito de Lisboa, Advogado

1. Enquadramento geral

1.1. Aspeto histórico

Tal como a família, também o direito da família tem sofrido significativas alterações na sua já longa história[1]. Muito frequentemente, essas alterações são o reflexo de modificações sociais, culturais e políticas; noutras vezes, é o legislador que, através de ruturas legislativas, pretende fomentar modificações sociais ou culturais.

A evolução do direito da família mostra as seguintes grandes linhas:

– A laicização (ou secularização) do direito da família, no duplo sentido de substituição das fontes canónicas pelas fontes estaduais e da sua aplicação universal, ou seja, independente da orientação religiosa dos seus destinatários; esta evolução atingiu particularmente o casamento, que, independentemente do caráter sacramental que a Igreja Católica lhe atribui (cf.

---

[1] Cf., por exemplo, GOODY, Família e Casamento na Europa, *passim*; GOODY, The European Family (1999).

DOI: http://dx.doi.org/10.14195/978-989-26-1113-6_16

cân. 1055, § 1.º, CIC), ficou subordinado ao direito estadual, nomeadamente no que respeita à sua dissolução pelo divórcio;

– A orientação do direito da família mais para a proteção do indivíduo dentro do grupo familiar do que para a proteção da família como grupo ("desinstitucionalização" e "individualização" da família)[2]: "em vez de ser o indivíduo que «pertence» a uma família, é a família que se coloca ao serviço do indivíduo"[3], o que pode ser visto como consequência de um deslocamento do "sentimento do «nós» da comunidade familiar [...] para o sentimento do «eu» livre e solitário"[4]; é significativo que, a par dos múltiplos preceitos que se referem aos interesses dos membros da família (cf., por exemplo, art. 1673.º, n.º 1, 1676.º, n.º 2, 1875.º, n.º 2, 1878.º, n.º 1, 1978.º, n.º 2, e 1988.º, n.º 2[5]), apenas um preceito – o art. 1671.º, n.º 2 – se refira ao bem da família (ainda assim devendo o mesmo ser ponderado em conjunto com os interesses de cada um dos cônjuges) e um outro preceito – o art. 1677.º-C – aos

---

[2] Cf. BECK/BECK-GERNSHEIM, Das ganz normale Chaos der Liebe (1990), 13: "O que é, significa, deveria ser ou poderia ser a família, o casamento, a paternidade, a sexualidade, o erotismo, o amor não pode mais ser pressuposto, interrogado, enunciado de forma vinculativa, antes varia em conteúdos, fronteiras, normas, moral, possibilidade, por fim, eventualmente de indivíduo para indivíduo, de relação para relação, devendo ser desvendado, negociado, acordado, fundamentado em todas as particularidades do como, do quê, do porquê, do porque não, mesmo quando desta maneira os conflitos e os diabos, que devem estar adormecidos e sossegados em todos os detalhes, são despertados e desencadeados"; cf. também BECK-GERNSHEIM, Theoretical Inq. L. 13 (2012), 1 ss.; sobre a matéria, cf. também SCHWAB, FamRZ 1995, 514 e 516 ss.; WAGENITZ/BARTH, FamRZ 1996, 577 s.; EEKELAAR, IJJF 1 (2010), 17 ss. ("[...] in order to be justified, family-related normative expressions should enhance the well-being of individual in the family"); críticos perante esta evolução, cf. ERHARDT SOARES/LEITE DE CAMPOS, ROA 50 (1990), 5 ss.; LEITE DE CAMPOS, ROA 54 (1994), 920 ss.; construindo uma alternativa ao liberalismo, cf. LIFSHITZ, Theoretical Inq. L. 13 (2012), 44 ss.

[3] BÉNABENT, Rev. trim. dr. civ. 71 (1973), 495.

[4] MEULDERS-KLEIN, Droit e Société 23/24 (1993), 170.

[5] Pertencem ao Código Civil os artigos citados sem indicação do diploma de origem.

interesses morais da família do ex-cônjuge; esta orientação conduz ao abandono da *welfare thesis*, ou seja, da orientação segundo a qual as restrições impostas aos membros da família são justificadas pelo bem da família (ou por aquilo que se pode entender corresponder a esse bem)[6]; mesmo o critério do superior interesse da criança (cf. art. 3.º, n.º 1, CDirCr) destina-se, além do mais, a proteger a criança de outros membros da família, o que justifica o crescente intervencionismo estadual na área da proteção dos menores;

– O alargamento do espaço de autorregulamentação que é concedido aos membros da família, pelo que se pode dizer que o direito da família assume, de forma intencional, uma *"purposive abstention"*[7]; esta característica do direito da família é coerente com o "individualismo institucionalizado" que é próprio das sociedades modernas e que, aliado a um processo de autodeterminação, decorre do "desequilíbrio institucionalizado entre o indivíduo desinserido e os problemas globais numa sociedade de risco global"[8];

– A submissão do direito da família aos princípios da igualdade entre os cônjuges (cf. art. 36.º, n.º 3, CRP) – que é uma consequência da emancipação da mulher verificada no decurso do século XX –, da não discriminação entre filhos legítimos

---

[6] Cf. EEKELAAR, Family Law and Personal Life (2006), 9 ss.; EEKELAAR, *in* KATZ/EEKELAAR/MACLEAN (Eds.), Cross Currents/Family Law and Policy in the US and in England (2000), 637 ss.

[7] EEKELAAR, Theoretical Inq. L. 13 (2012), 91.

[8] BECK/BECK-GERNSHEIM, Das ganz normale Chaos der Liebe, 11 ss.; BECK/BECK-GERNSHEIM, Individualization/Institutionalized Individualism and Its Social and Political Consequences (2002), xxi e xxii; numa análise mais pormenorizada, BECK, Risikogesellschaft/Auf dem Weg in eine andere Moderne (1986), 206, afirma que a individualização comporta uma tríplice dimensão: uma "dimensão de libertação", relativa à dissociação das formas e vinculações sociais preexistentes, uma "dimensão de desmitificação", respeitante à perda das garantias tradicionais em matéria de conhecimento de ação, de crenças e de normas orientadoras, e uma "dimensão de reintegração", relativa à nova forma de laço social que resulta da individualização.

(nascidos de pais casados) e ilegítimos (nascidos fora do casamento) (cf. art. 36.º, n.º 4, CRP) e da prevalência do interesse do filho menor; esta prevalência é uma decorrência do reconhecimento de direitos à criança e traduz-se tanto no abandono de uma relação hierárquica entre pais e filhos, como na orientação das responsabilidades parentais para a realização dos interesses dos filhos (sobre o conteúdo destas responsabilidades, cf. art. 1878.º, n.º 1);

– A dissociação entre a comunhão de vida conjugal e o casamento, isto é, a aceitação tanto de uma comunhão de vida fundada no casamento, como de uma comunhão de vida não matrimonial; a evolução desta dissociação mostra que ela comportou duas fases distintas: numa primeira, verificou-se o mero reconhecimento de uma situação de facto; numa segunda, passou a aceitar-se a constituição de uma comunhão de vida não matrimonial (como é o caso da união de facto (cf. art. 1.º, n.º 2, LUF);

– A progressiva diminuição da importância do *status* familiar e a crescente relevância do contrato[9] ou da mera situação de facto, como se comprova pela construção quer de institutos de base contratual com influência no *status* (como, por exemplo, o divórcio por mútuo consentimento (cf. art. 1773.º, n.º 1)), quer de institutos de base contratual que não implicam nenhum *status* (como, por exemplo, o apadrinhamento civil (cf. art. 2.º LAC)), quer ainda de institutos a que a lei se limita a reconhecer os seus efeitos (como é o caso da união de facto (cf. art. 1.º, n.º 2, LUF));

– A neutralização do género, no sentido de que os regimes jurídico-familiares tendem a abstrair do sexo dos membros da família; exemplo típico desta neutralização é a admissibi-

---

[9] Cf. SCHWENZER, Eur. L. Reform 3 (2001), 200.

lidade de casamentos entre pessoas do mesmo sexo (cf. art. 1577.º)[10];

– A "judicialização" da solução dos conflitos familiares, ou seja, a solução dos conflitos entre os membros da família através da decisão de um juiz, e a aceitação da mediação familiar em matérias que cabem no âmbito da autorregulamentação permitida aos membros da família (o que, num certo sentido, diminui essa "judicialização").

1.2. Política legislativa

O regime jurídico da família é o resultado de três opções fundamentais. Uma delas respeita à dicotomia entre o público e o privado: trata-se de saber se a proteção deve ser dada à família *qua tale* ou aos seus membros. Uma outra opção fundamental refere-se à dicotomia entre a intervenção e a autonomia: o que se procura saber é se a família deve ser regulada apenas pelo direito da família ou se esta mantém um espaço de autonomia para a aplicação de regras não jurídicas (nomeadamente, ético-sociais) ou até para a não aplicação de nenhumas regras. Finalmente, uma outra opção situa-se igualmente no plano da política legislativa, mas relaciona-se com a finalidade do direito da família: trata-se de saber se o direito da família se deve orientar por objetivos ou por direitos.

Para o primeiro termo desta última alternativa, o direito da família deve fomentar certos propósitos (como, por exemplo, o bem-estar da criança) e avalia os seus institutos pela sua capacidade para atingir esses propósitos; para o segundo, o direito da família deve atribuir direitos, sem se preocupar com as consequências[11].

---

[10] Cf. HERRING, LF 11 (2009), 5 ss.

[11] Cf. PARKER, Mod. L. Rev. 55 (1992), 319 ss., referindo-se a uma dicotomia entre *"utility"* e *"rights"*; cf. também DEWAR, Mod. L. Rev. 61 (1998), 470 ss., concluindo, aliás, que este "pluralismo normativo" se insere num mais amplo *"normal chaos of family law"*; cf. também DEWAR/PARKER, *in* KATZ/EEKELAAR/MACLEAN (Eds.),

O significativo é que o atual direito da família balança entre uma orientação utilitarista ou (consequencialista) e uma perspetiva deontologista:

- A orientação utilitarista não se compromete com a atribuição de direitos aos membros da família e serve-se da discricionariedade como critério de escolha ou de composição de interesses; esta orientação é prevalecente na vasta área da proteção da criança;

- A perspetiva deontologista opera com direitos e deveres e utiliza critérios normativos de decisão na defesa desses direitos; esta perspetiva é dominante nas igualmente vastas áreas das relações entre cônjuges e do estabelecimento da filiação.

Relevante é igualmente que, mesmo em áreas nas quais predomina tradicionalmente uma perspetiva utilitarista e um critério de discricionariedade, a posição dos direitos tem vindo a ser reforçada: pense-se, por exemplo, na área do direito dos menores e nos direitos atribuídos à criança[12]. A tendência inversa também se tem verificado, pois que se suprimiram direitos em zonas do direito da família tradicionalmente dominadas pela perspetiva deontologista: basta pensar na supressão das causas subjetivas do divórcio (assentes na violação culposa dos deveres conjugais) e na sua substituição por causas objetivas assentes na rutura da vida em comum (cf. art. 1781.º, al. d)) e atentar na consequente desvalorização dos deveres conjugais – ainda enumerados no art. 1672.º – que é implicada por esta alteração legislativa.

Cross Currents/Family Law and Policy in the United States and England (2000), 123 ss.; EEKELAAR, *in* MACLEAN (Ed.), Family Law and Family Values (2005), 19 ss., distinguindo, como possíveis fontes de *"personal obligations"*, *"rule-based duties"* e *"duties associated with virtue"*.

[12] Cf. DEWAR, Int'l J.L. Pol. & Fam. 14 (2000), 66 ss.

2. Âmbito da regulação

2.1. Generalidades

A família é uma realidade multifacetada, assentando, entre outros, em fatores biológicos, morais, afetivos e sociais. O direito da família não pode constituir um sistema autónomo perante o seu meio envolvente. No direito da família, a oposição entre o legal e o ilegal não pode deixar de considerar a contraposição entre o biológico e o não biológico, entre o moral e o imoral, entre o afeto e o desafeto ou entre o socialmente aceitável e o socialmente censurável[13].

A família é, pela sua natureza, um espaço de autorregulação e de autonomia, o que tem importantes implicações para o papel reservado ao direito da família. Na verdade, o direito da família regula, em grande medida, o que está autorregulado e intervém para limitar a autonomia dos membros da família, o que significa que esse direito só releva nas situações de crise em que, nomeadamente, seja necessário proteger um desses membros ou resolver conflitos entre esses membros. Em suma: o direito da família é, fundamentalmente, o direito das crises familiares.

2.2. Espaço ajurídico

Na família há necessariamente um espaço de intimidade e de privacidade que o direito não pode pretender regular: esse espaço tem de ser igualmente um espaço ajurídico ou livre de direito. Basta pensar, por exemplo, no tipo de relacionamento íntimo que os cônjuges adotam, nos valores que os pais querem transmitir aos filhos ou na educação que lhes pretendem dar.

---

[13] Sobre alguns princípios ético-jurídicos do direito da família, cf. DIEDERICHSEN, FS Karl Larenz (1983), 145 ss.

3. Características do regime

3.1. Caráter pluralista

O direito da família não deve ser utilizado como um instrumento de imposição de uma certa ideologia social ou moral, mas, pelo contrário, espelhar as conceções sociais e morais dominantes numa determinada sociedade – incluindo, como é próprio das sociedades pluralistas, o valor da tolerância. Na atualidade, uma conceção liberal do direito da família é a única aceitável: um direito da família liberal não tem de ser neutral perante todas as formas possíveis de família[14] – isso corresponderia, não a uma conceção liberal, mas uma conceção anarquista –, mas não pode impor nenhuma forma de vida familiar, nem restringir as várias alternativas possíveis para alcançar a "vida boa" (no sentido da *eudaimonia* aristotélica)[15]. O liberalismo é incompatível com a imposição de qualquer mundividência, pelo que tem de aceitar como admissível – também em termos políticos – qualquer divergência socialmente aceitável sobre as formas de vida dos cidadãos[16].

O direito da família não deve – nem pode – impor um determinado modelo de relação matrimonial ou paramatrimonial ou de relação entre pais e filhos. O que se espera do direito da família é uma "«supportive *neutrality*»", dado que ele "deve ser um apoio nas escolhas individuais respeitantes a acordos familiares e estilos de vida, mas esforçar-se por ser neutral perante pessoas que fazem

---

[14] Cf., na perspetiva de defesa dos "*liberal goods*", GALSTON, Liberal Purposes/Goods, virtues, and diversity in the liberal state (1991), 78 ss.

[15] ARISTÓTELES, Etica a Neucómico (trad. port., 2004), 1095a 15 a 22, onde se refere a *eudaimonia* ao "viver bem e comportar-se bem" (melhor do que o "viver bem e passar bem" proposto na tradução portuguesa).

[16] Cf., com base numa *public reason*, isto é, numa razão que pode ser reconhecida por diferentes conceções morais ou políticas, RAWLS, Political Liberalism (1993), 213 ss.; cf. também RAWLS, U. Chi. L. Rev. 64 (1997), 765 ss. e 787 ss.

diferentes escolhas"[17]. Não é possível construir um sistema de direito da família sem atender ao meio social e cultural em que ele se insere e também não é possível fechar o direito da família a esse meio envolvente, pelo que, embora seja inevitável que o direito da família legislado (o *family law of the books*) seja frequentemente desestabilizado pelas mudanças ocorridas nesse meio ambiente, há que procurar evitar as discrepâncias entre o direito legislado e as práticas sociais realmente vividas (o *family law in action*). Dito de outro modo: o direito da família deve ser compatível com uma "*pluralisation*", pois que só esta permite uma "*individualisation*" dos modos de vida familiar[18].

3.2. Caráter individualista

a) A função realizada pelo direito da família tem vindo a modificar-se substancialmente nos tempos mais recentes. Em substituição de uma tradicional função de regulamentação próxima da realidade institucional familiar, no moderno direito da família é particularmente evidente a "pulverização do direito em direitos subjetivos"[19], já que, em nome da proteção de um "hiperindividualismo"[20], esse direito tem vindo a acentuar a posição de cada um dos membros no âmbito da família e, consequentemente, a preocupar-se em definir os direitos de cada um deles perante os outros membros e, inclusivamente, em proteger cada um dos membros da família dos poderes que qualquer outro membro reivindique em nome da comunidade

---

[17] CHAMBERS, U. Mich. J.L. Reform 18 (1984/1985), 814 s.; cf. também GLENDON, State, Law and Family/Family Law in Transition in the United States and Western Europe (1977), 122.

[18] Cf. ROTHENBACHER, *in* EEKELAAR/NHLAPO (Eds.), The Changing Family/Family Forms & Family Law (1998), 10.

[19] Cf. CARBONNIER, Droit et passion du droit sous la Vème République (1966), 121.

[20] Cf. THÉRY, Le démariage (1993), 378.

familiar[21]. A família deixou de ser vista como um intermediário (isto é, como um dos conhecidos *corps intermédiaires*) entre o Estado e o indivíduo[22].

b) A este propósito é interessante procurar fazer um breve relance histórico. Durante muitos séculos, a família foi, num certo sentido, um espaço livre de direito, dado que, durante todo esse tempo, o direito deixava que a instituição familiar se regulasse a ela própria. As obrigações familiares eram criadas pela própria família e eram assumidas (ou consideradas como assumidas) pelos seus membros como uma autovinculação destes perante os outros membros.

A situação não se alterou radicalmente com as primeiras codificações oitocentistas, dado que estas, se é certo que deixaram de conceber a família como um espaço livre de direito, receberam, no essencial, o regime institucional da família, nomeadamente na atribuição do papel de chefe de família ao cônjuge marido e à distinção (e discriminação) entre filhos nascidos no casamento e fora do casamento. Se é certo que as obrigações familiares passaram a ser obrigações jurídicas, também é verdade que essas obrigações não eram mais do que a reprodução das obrigações institucionais[23]. Tratou-se, portanto, de uma fase essencialmente caracterizada pela receção do regime institucional da família pelo direito.

---

[21] Cf. EEKELAAR, Family Law and Personal Life, 195: "*It is in protecting individuals* against the power individuals hold in *communities (including families) where law, or legal-type institutions can have a primary role*"; cf. também BECK-GERNSHEIM, *in* BECK/BECK-GERNSHEIM (Eds.), Riskante Freiheiten (1994), 115, reportando-se à "*postfamiliale Familie*" e à passagem "*Von der Notgemeinschaft zur Wahlverwandtschaft*"; FRANK, FamRZ 2004, 846 s.

[22] Cf. GLENDON, The Transformation of Family Law (1989), 298 ss.; sobre a "*Individualisierungsthese*" – isto é, sobre a tese da progressiva dissolução das relações pessoais nas sociedades modernas –, cf. HILL/KOPP, Familiensoziologie/ Grundlagen und theoretische Perspektiven [5] (2013), 261 ss.

[23] ENNECCERUS/NIPPERDEY, Allgemeiner Teil des bürgerlichen Rechts[15] (1959), 454, ainda referiam que os direitos familiares são atribuídos aos respetivos titulares como contrapartida dos "deveres éticos" (*sittliche Pflichten*) que cabem a outros membros da família.

O panorama só se começou a alterar no segundo pós-guerra, fundamentalmente na sequência da proibição da discriminação da mulher perante o marido (algo que, pelo menos em alguns aspetos, o direito canónico ambicionava desde a Idade Média). Esta proibição levou a atribuir à mulher os mesmos direitos reconhecidos ao marido e favoreceu a construção de um direito da família baseado em direitos tanto de cada um dos cônjuges, como dos filhos, o que levou, por vezes, a esquecer completamente a dimensão institucional (ou, se se preferir, supraindividual) da família.

O direito português contém atualmente dois excelentes exemplos desta tendência. Um deles é a possibilidade de o direito à compensação de um dos cônjuges pela sua contribuição acima do exigível e com sacrifício profissional para os encargos da vida familiar ser exigido, se os cônjuges estiverem casados no regime da separação, durante a constância do casamento (art. 1676.º, n.º 2 e 3). Um outro exemplo é a separação entre o decretamento do divórcio (aliás, baseado apenas em causas objetivas) e a reparação dos danos causados por um dos cônjuges ao outro (art. 1792.º, n.º 2): para não "perturbar" o direito ao divórcio de um dos cônjuges, qualquer pedido de reparação contra ele tem de ser formulado fora da ação de divórcio.

3.3. Caráter imperativo

a) O direito da família é um ramo jurídico no qual predominam as normas imperativas e inderrogáveis, o que se compreende facilmente atendendo a que, como os membros da família tendem a regulamentar as suas relações e a deixar-se influenciar nessa regulamentação pela importância da família e pelas tradições sociais a ela ligadas, para o direito legislado restam apenas as matérias que o legislador pretende subtrair à vontade desses membros. No direito da família, a autonomia privada caracteriza-se, não tanto pelo poder de substituir os regimes legais, como pela faculdade de escolher entre diferentes regimes legais (como acontece, por exemplo, quanto ao regime de bens: cf. art. 1698.º) ou de regular, de maneira informal, aquilo que não está coberto pelo direito.

b) Esta situação justifica algumas restrições significativas à liberdade negocial no domínio do direito da família[24]. Algumas restrições respeitam à exclusão do papel da vontade nalguns aspetos regulados pelo direito da família. Assim, em concreto:

- Os direitos e os negócios familiares estão submetidos a um *numerus clausus* e a um princípio de tipicidade (cf., por exemplo, art. 1714.º, n.º 1, quanto à imutabilidade do regime de bens, mesmo se resultante de uma convenção antenupcial);

- O conteúdo dos estados familiares e dos direitos e deveres familiares está fixado legalmente, não podendo ser alterado *ex voluntate* (cf., por exemplo, art. 1672.º, quanto aos deveres conjugais; art. 1852.º, quanto à perfilhação; art. 1878.º, quanto às responsabilidades parentais; art. 2003.º, quanto ao direito a alimentos);

- A vontade é irrelevante para produzir determinados efeitos; assim, por exemplo, os pactos sucessórios constantes da convenção antenupcial são irrevogáveis (art. 1701.º, n.º 1); o regime de separação de bens é imperativo em certas circunstâncias (art. 1720.º); a doação entre casados é nula se entre os cônjuges vigorar imperativamente o regime de separação de bens (art. 1762.º e 1720.º); as doações entre esposados não são revogáveis por mútuo consentimento (art. 1758.º); a separação judicial de bens é irrevogável (art. 1771.º); a perfilhação é irrevogável (art. 1858.º); as responsabilidades parentais são irrenunciáveis (art. 1882.º); a adoção plena é

---

[24] Cf. P. ALBUQUERQUE, Autonomia da vontade e negócio jurídico em Direito da Família (1986), 20 ss. e 32 ss.; sobre as caraterísticas dos negócios familiares, cf., ainda com interesse, BEITZKE, FS Werner Flume I (1978), 317 ss.

irrevogável (art. 1989.º); o direito a alimentos é irrenunciável e não pode ser cedido (art. 2008.º, n.º 1);

– Os acordos entre os membros da família (cf., por exemplo, art. 1673.º, n.º 1, 1770.º, n.º 2, 1773.º, n.º 2, 1775.º, n.º 1, al. a) e b), c) e d), 1779.º, n.º 2, 1793.º, n.º 2, 1875.º, n.º 2, 1901.º, n.º 2, 1903.º, 1905.º, 1906.º, n.º 5 e 7, 1907.º, n.º 1, 2005.º, n.º 1, e 2006.º) não têm caráter contratual; trata-se antes de uma convergência de vontades que não se fundem numa vontade comum e, portanto, de uma convergência de dois atos jurídicos para uma determinada finalidade.

c) Outras restrições à relevância da autonomia da vontade no âmbito do direito da família referem-se ao regime dos negócios jurídicos familiares. Em concreto:

– A lei define os requisitos dos negócios familiares, nomeadamente os requisitos atinentes aos pressupostos (como o regime dos impedimentos matrimoniais (art. 1600.º a 1609.º)), os requisitos respeitantes à forma (cf., v. g., art. 1615.º e 1616.º (forma do casamento)), e ainda os requisitos referidos ao conteúdo (cf., por exemplo, art. 1698.º (conteúdo da convenção antenupcial));

– A lei determina os efeitos dos negócios familiares, em especial, os efeitos pessoais; assim, por exemplo, conforme resulta do art. 1618.º, os cônjuges não podem alterar os deveres conjugais emergentes do casamento (art. 1672.º), nem sequer por convenção antenupcial (art. 1699.º, n.º 1, al. b));

– A lei define o regime de extinção e de modificação voluntária dos negócios familiares; por exemplo: não são voluntariamente revogáveis nem as convenções antenupciais (art. 1714.º), nem as doações entre esposados (art. 1758.º), nem o casamento, cuja dissolução, ainda que obtida por mútuo consentimento, exige uma sentença do tribunal ou uma decisão do conservador do registo civil (art. 1773.º).

d) Por fim, importa considerar as hipóteses em que a lei fornece determinados parâmetros para o exercício da autonomia privada pelos membros da família. É o que sucede, por exemplo, quanto à escolha pelos cônjuges da residência da família: esta escolha deve atender, entre outros aspetos, às exigências da vida profissional dos cônjuges e aos interesses dos filhos e deve procurar salvaguardar a unidade da vida familiar (cf. art. 1673.º, n.º 1).

3.4. Caráter indeterminado

O direito da família deve construir um sistema que possa ser constantemente adaptado ao meio envolvente. Isso pode ser facilitado pela técnica legal do recurso a conceitos indeterminados[25]. Lembre-se, por exemplo, o conceito de "bem da família" (cf. art. 1671.º, n.º 2), de "encargos da vida familiar" (cf. art. 1675.º, n.º 1), de "contribuição [...] consideravelmente superior" de um dos cônjuges (cf. art. 1676.º, n.º 3), de "rutura definitiva do casamento" (cf. art. 1781.º, al. d)), de "condições análogas às dos cônjuges" (cf. art. 1871.º, n.º 1, al. c)), de "interesse dos filhos" (cf. art. 1673.º, n.º 1, e 1878.º, n.º 1), de "superior interesse da criança" (cf. art. 1974.º, n.º 1), de "desenvolvimento físico, intelectual e moral dos filhos" (cf. art. 1885.º, n.º 1), de "questões de particular importância para a vida do filho" (art. 1906.º, n.º 1 e 2), de "perigo para a segurança, saúde, formação moral e educação do filho" (cf. art. 1918.º) e de "tudo o que é indispensável ao sustento, habitação e vestuário" (cf. art. 2003.º, n.º 1).

Os conceitos indeterminados têm de ser concretizados[26]. O interessante é verificar que, em certas áreas do direito da família, a lei

---

[25] Cf. H. ROQUE, LF 4 (2005), 93 ss.

[26] Interessante é a afirmação de MNOOKIN/KORNHAUSER, Yale L. J. 88 (1978-1979), 979 s., de que os conceitos indeterminados criam situações de desigualdade entre as partes, porque a sua disponibilidade para assumir o risco e a sua capacidade para chegar a um acordo podem diferir substancialmente.

estabelece um critério para essa concretização: sempre que a questão seja apreciada num processo de jurisdição voluntária (como acontece, por exemplo, quanto a várias questões relativas a menores: cf. art. 150.º OTM), essa concretização é realizada segundo um critério de conveniência e oportunidade (cf. art. 987.º CPC), ou seja, de acordo com um critério de discricionariedade.

3.5. Caráter formal

A fim de garantir a certeza e a segurança jurídicas, os negócios e demais atos jurídicos familiares são formais. É o que sucede, por exemplo, com o casamento (cf. art. 1615.º), a convenção antenupcial (cf. art. 1710.º), a reconciliação entre cônjuges separados de pessoas e bens (cf. art. 1795.º-C, n.º 2 e 3), a perfilhação (cf. art. 1853.º) e a designação de tutor pelos pais (cf. art. 1928.º, n.º 3).

4. Relações familiares

As relações jurídicas familiares correspondem a estruturas e a comportamentos sociais assentes na realidade sociológica da família, pelo que elas não apresentam uma função constitutiva, mas tão só reguladora dessa mesma realidade. As relações familiares estão submetidas a um *numerus clausus*, pelo que não é possível constituir direitos e celebrar negócios familiares distintos dos previstos na lei.

As relações familiares são por natureza duradouras, pelo que não se extinguem com o decurso do tempo, e definem os chamados estados pessoais (como o de filho, solteiro, casado, divorciado ou viúvo). O estado pessoal corresponde a uma situação relativamente estável que é definida em função das relações familiares decorrentes do parentesco e do casamento (ou não casamento). Diferentemente do que sucede com a generalidade das relações duradouras, as relações familiares não podem ser denunciadas, o que, naturalmente, também vale para os correspondentes estados pessoais.

5. Direitos familiares

5.1. Estados pessoais

Os estados pessoais são eficazes *erga omnes*, isto é, têm de ser respeitados por todos. É nesta base que assenta a indivisibilidade ou unidade dos estados pessoais (que encontra uma exceção, por exemplo, no disposto no art. 1856.º quanto à eficácia da perfilhação de filho pré-defunto).

Da oponibilidade absoluta dos estados pessoais é reflexo a eficácia *erga omnes* do caso julgado das ações referidas a esses estados (art. 622.º CPC), embora com algumas exceções tanto nas ações de investigação de maternidade (art. 1819.º, n.º 2) e de paternidade (art. 1873.º), como nas ações de impugnação da paternidade (art. 1846.º, n.º 2 2.ª parte): em todos estas hipóteses, o caso julgado não é oponível aos herdeiros e legatários que não tenham sido demandados.

A referida eficácia *erga omnes* restringe-se ao estado pessoal, não abrangendo os fundamentos da decisão. Assim, por exemplo, o que adquire eficácia *erga omnes* é o estado pessoal decorrente do divórcio, do estabelecimento da maternidade ou da impugnação da paternidade, não os fundamentos pelos quais o divórcio foi decretado, a maternidade foi reconhecida ou a paternidade foi impugnada. É por isso que, por exemplo, após a impugnação da paternidade nada impede que se volte a estabelecer a paternidade no mesmo progenitor: todos estão obrigados a respeitar o resultado da impugnação – o de que *A* não possui o estado de filho de *B* –, mas não estão todos obrigados a respeitar que *A* não seja filho de *B*.

5.2. Direitos pessoais

a) Os direitos familiares pessoais podem pertencer a um de dois tipos: esses direitos podem ser originários, quando são atribuídos diretamente ao seu titular (como, por exemplo, o direito ao divórcio ou o direito a estabelecer a filiação), ou derivados, quando são recíprocos de deveres impostos a outrem (como, por exemplo, os direitos recíprocos dos deveres conjugais: cf. art. 1672.º).

Os direitos familiares pessoais decorrem dos estados pessoais e, por isso, comungam das características destes mesmos estados. Assim, aqueles direitos são duradouros, tal como o são os estados familiares a que se prendem e dos quais são expressão. Os direitos familiares perduram enquanto se mantiverem os estados familiares que os originam, pelo que, por exemplo os direitos do cônjuge ou do filho mantêm-se enquanto permanecer o casamento ou se conservar estabelecida a filiação.

Os direitos familiares pessoais, ao contrário do que acontece com os estados pessoais, não são eficazes *erga omnes*, pois que a correspondente conduta só pode ser exigida a um determinado membro familiar. Os direitos familiares pessoais possuem um caráter relativo e não são oponíveis a terceiros, pelo que a estes não pode ser exigido o cumprimento de nenhum direito familiar pessoal[27]. Por exemplo: os deveres dos cônjuges (cf. art. 1672.º) não são eficazes perante terceiros, pelo que nenhum terceiro está obrigado a respeitá--los e nenhum dos cônjuges tem direito a exigir a sua observância por um terceiro ou exigir deste uma indemnização pela sua violação. Os deveres conjugais são deveres dos cônjuges entre si, não são deveres que possam ser exigidos pelos cônjuges a terceiros e, por isso, não são deveres que possam ser oponíveis pelos cônjuges

---

[27] Cf. LEITE DE CAMPOS, Lições de Direito da Família e das Sucessões[2] (1997), 144; PEREIRA COELHO/G. DE OLIVEIRA, Curso de Direito da Família I[4] (2008), 158; diferentemente, ANTUNES VARELA, Direito da Família I[5] (1999), 369 s.; C. A. DIAS, ScI 49 (2000), 353; C. A. DIAS, ScI 50 (2001), 203 ss.

a terceiros. Isto é certamente indiscutível quanto, por exemplo, aos deveres de respeito, coabitação ou cooperação, mas também vale para o dever de fidelidade: o cônjuge tem direito à fidelidade do outro cônjuge, mas não tem direito à cooperação de um terceiro na observância do dever de fidelidade do seu cônjuge.

b) O cumprimento dos direitos pessoais não é, em regra, suscetível de ser exigida judicialmente e, menos ainda, suscetível de ser executada. A lei exclui expressamente a execução específica da promessa de casamento (cf. art. 1591.º) e a exigibilidade judicial da compensação devida ao menor pelo seu trabalho (cf. art. 1895.º, n.º 2), mas a regra não pode deixar de ser a inexigibilidade judicial dos direitos de caráter pessoal. A ordem jurídica sanciona a violação dos correspondentes deveres – permitindo, por exemplo, a dissolução do casamento por divórcio (cf. art. 1779.º, n.º 1) ou a inibição das responsabilidades parentais (cf. art. 1915.º, n.º 1) –, mas, atendendo ao caráter estritamente pessoal desses direitos, não permite a imposição do seu cumprimento através dos tribunais.

Os direitos familiares pessoais devem ser respeitados pelos membros da família, não havendo qualquer motivo para entender que, quanto a eles, vigora uma regra de "fragilidade da garantia" que deixa sem sanção a sua violação[28]. O que sucede é que alguns direitos familiares não contêm o poder de exigir o seu cumprimento (pense-se, por exemplo, no direito do cônjuge à fidelidade do outro cônjuge (cf. art. 1672.º) ou no direito de respeito entre pais e filhos (cf. art. 1874.º. n.º 1)), mas isso não significa que a violação desses direitos não seja sancionada (a violação do dever de fidelidade atribui ao cônjuge ofendido o direito a uma indemnização (cf. art. 483.º,

---

[28] No mesmo sentido, HÖSTER, ScI 44 (1995), 113 ss.; C. A. DIAS, ScI 49 (2000), 351 ss.; SILVA CERDEIRA, Da Responsabilidade Civil dos Cônjuges Entre Si (2000), 80 ss.; PEREIRA COELHO/G. OLIVEIRA, Curso de Direito da Família I[4], 155 ss.; DUARTE PINHEIRO, O Direito da Família Contemporâneo[4] (2013), 95 ss.; cf. também BIANCHINI, Dir. fam. 39 (2010), 963 ss.; diferentemente LEITE DE CAMPOS, Lições de Direito da Família e das Sucessões[2], 141.

n.º 1, e 1792.º, n.º 1) e a violação do dever de respeito dos progenitores em relação ao filho pode conduzir à inibição do exercício das responsabilidades parentais (cf. art. 1915.º, n.º 1)). Portanto, a inexigibilidade do cumprimento do direito não significa qualquer enfraquecimento daquele direito, porque, mesmo quando a sua violação não constitui um dever de indemnização, esse incumprimento acaba sempre por ser sancionado.

Nesta mesma perspetiva, nada obsta a que, sempre que se trate de uma prestação de facto infungível, possa ser imposta ao membro da família uma sanção pecuniária compulsória por cada dia de atraso no cumprimento ou por cada infração (cf. art. 829.º-A, n.º 1). Trata-se de uma forma de compelir o membro infrator a cumprir o que deve (impondo, por exemplo, ao progenitor que deve entregar o menor ao outro progenitor para que este possa exercer a guarda partilhada uma sanção pecuniária compulsória por cada dia de atraso nessa entrega).

5.3. Direitos patrimoniais

Os direitos familiares de caráter patrimonial não possuem o caráter pessoal dos direitos pessoais, pelo que o seu cumprimento pode ser exigido judicialmente. É o caso, por exemplo, do direito a alimentos (cf. art. 933.º a 937.º CPC).

Também quanto aos direitos de caráter patrimonial não há razões para lhes impor qualquer "fragilidade da garantia". Importa referir, no entanto, que, quanto a alguns direitos de caráter patrimonial, a responsabilidade do membro da família é atenuada e que, quanto a alguns outros, a sua violação nem sequer pode preencher os requisitos da responsabilidade civil. Por exemplo: (i) o cônjuge que administra bens do outro só responde pelos atos intencionalmente praticados em prejuízo do casal ou do outro cônjuge (cf. art. 1681.º, n.º 1), o que exclui a responsabilidade pelos atos meramente negligentes; (ii) se um dos cônjuges, sem consentimento do outro, doar um bem comum, a consequência é apenas a de que o valor do bem é levado em conta na sua meação (art. 1982.º, n.º 4), isto é, é integrado nessa meação no momento da partilha (cf. art. 1689.º, n.º 1); (iii) a administração dos bens do filho integra o conteúdo das responsabilidades parentais (cf. art. 1878.º, n.º 1); a má administração destes bens origina diversas consequências (cf. art. 1915.º, n.º 1, e 1920.º), mas nenhuma delas comporta a responsabilidade civil dos progenitores encarregados do exercício das responsabilidades parentais.

5.4. Aspetos comuns

O caráter estritamente pessoal dos direitos familiares implica que, em regra, eles não podem ser cedidos ou transmitidos (*inter vivos* ou *mortis causa*) (cf., por exemplo, art. 1785.º, n.º 3) e não podem ser renunciados (cf. art. 1882.º e 2008.º, n.º 1), o que é um corolário da estreita ligação daqueles direitos com os respetivos estados pessoais, também eles naturalmente intransmissíveis e irrenunciáveis. Como bem se compreende, a qualidade de cônjuge, de pai ou mãe, ou de filho não pode ser nem cedida, nem transmitida, nem renunciada. Aquela mesma característica dos direitos familiares implica que eles só podem ser exercidos pelos próprios membros, não admitindo situações de representação. Existe, no entanto, uma exceção quanto ao casamento por procuração (cf. art. 1620.º) e outra quanto à perfilhação por intermédio de procurador (cf. art. 1849.º).

REFLEXÕES SOBRE A OBRIGAÇÃO DE ALIMENTOS ENTRE EX-CÔNJUGES[1]

Maria João Romão Carreiro Vaz Tomé
Faculdade de Direito da Universidade Católica Portuguesa, Porto

Sumário

1. Introdução

Toda e qualquer sociedade se depara com a necessidade de assegurar a existência dos seus membros. A construção jurídico-familiar da segurança de existência da mulher divorciada constitui o objecto

---

[1] Neste texto de comemoração do nonagésimo aniversário do insigne Professor Doutor Francisco Manuel Pereira Coelho, não posso deixar de evocar a imagem de excelência que, como Professor, cultor daquela liberdade de pensamento característica da *Universitas* e de uma construção humanista do Direito, assim como de inteireza que, como Homem, deixou na memória de todos os que se sentaram nos bancos da sua Escola.

Revisito, neste estudo, o tema do relatório que apresentei na disciplina de Direito da Família, por si lecionada no Mestrado em Ciências Jurídico-Civilísticas.

DOI: http://dx.doi.org/10.14195/978-989-26-1113-6_17

deste estudo. O tema é tratado apenas à luz da obrigação de alimentos do direito civil da família, não se levando em linha de conta a ordem jurídica na sua globalidade. O direito civil e o direito da segurança social representam sistemas essenciais da segurança de existência[2]. Não se aborda a questão de se saber se a segurança de existência é melhor assegurada no direito civil ou no direito da segurança social, assim como não se visa identificar, no universo de normas vigentes, a presença de princípios unificadores e sistematizadores – ou a sua ausência. A construção sistemática e dogmática apresentam uma dificuldade especial no direito da segurança social, sobretudo em virtude das características das matérias reguladas. Escassas têm sido as preocupações sobre a relação entre o direito civil e o direito social.

O direito vigente parece responder mais a exigências de uma política para os indivíduos que integram o grupo familiar, mesmo que em crise, por motivos relacionais (pense-se nas patologias da relação conjugal) ou por condições pessoais (refiram-se os idosos), do que a imposições de uma política da família, destinada a promover, juntamente com os interesses do grupo familiar, a pessoa de cada um dos indivíduos que a compõem.

A evolução do direito civil da família tem sido no sentido de uma progressiva emancipação do indivíduo no seio do grupo familiar, com as consequentes permeabilidade do direito a volições individuais e compressão das exigências da família enquanto formação social. Refira-se, a este propósito, a afirmação do primado da liberdade do indivíduo. Assim, a afectividade e a desinstitucionalização como que representaram "revoluções copérnicas" do direito civil da família. Uma pretensão de incremento de autenticidade e de felicidade con-

---

[2] Cfr. FUCHS, M., *Zivilrecht und Sozialrecht, Recht und Dogmatik materieller Existenzsicherung in der modernen Gesellschaft*, C.H. Beck'sche Verlagsbuchhandlung, Muenchen, 1992, p. 2.

duziram como que a uma absolutização da afectividade, como que a uma redução do vínculo jurídico a um *aliquid voluntatis*[3].

A tarefa do legislador consiste agora, sobretudo, na articulação das consequências do divórcio, de modo a assegurar, tanto quanto possível, o máximo de protecção dos sujeitos considerados merecedores de especial tutela, com o mínimo de sacrifício de tal liberdade. Compete-lhe também conformar aquela solidariedade patrimonial que encontra na comunhão conjugal a sua mais forte afirmação. Tal como no passado, o direito da família é visivelmente influenciado por preocupações de ordem económica, agora, porém, tendencialmente em torno do indivíduo e não tanto da unidade familiar[4].

---

[3] A debilitação dos vínculos e das relações de autoridade desembocou num certo contratualismo: a direcção da família é atribuída à autonomia dos cônjuges (o exercício das responsabilidades parentais, a fixação do nível de vida familiar, o domicílio, etc.). Em geral, este movimento é caracterizado pela substituição gradual da imposições estandardizadas do Estado pela escolha individual no que toca à natureza, à duração e aos termos da relação conjugal (o que não se verifica na ordem jurídica portuguesa, em que o casamento continua a ser objecto de estrita regulamentação legal no que respeita aos seus requisitos de fundo e de forma, assim como aos seus efeitos pessoais e patrimoniais, não podendo os direitos e deveres pessoais dos cônjuges ser objecto de convenção antenupcial – art. 1699.º, n.º 1, al. *a)*, do Cód. Civil). Cfr. FRANCISCO MANUEL PEREIRA COELHO, *Casamento e Família no Direito Português*, in *Temas de Direito da Família*, Coimbra, 1986, p. 24; GUILHERME DE OLIVEIRA, *Observações sobre os regimes de bens*, in *Temas de Direito da Família*, Coimbra, 1986, p. 254; MARTHA ALBERTSON FINEMAN, *The Illusion of Equality – the Rethoric and Reality of Divorce Reform*, Chicago – London, 1991, p. 16 e ss.; HEINRICH EWALD HÖRSTER, *Direito da Família*, in *Polis – Direito Económico – Direito da Família*, c. 448; JOÃO PAULO REMÉDIO MARQUES, *Algumas notas sobre alimentos (devidos a menores) "versus" o dever de assistência dos pais para com os filhos (em especial filhos menores)*, Faculdade de Direito da Universidade de Coimbra, Centro de Direito da Família, Coimbra Editora, Coimbra, 2000, p. 13; MARIA JOÃO VAZ TOMÉ, *O direito à pensão de reforma enquanto bem comum do casal*, Coimbra Editora, Coimbra, 1997, p. 128 e ss.; Cfr. MARIA JOÃO VAZ TOMÉ, *O direito à pensão de reforma (por velhice) no divórcio – algumas considerações*, Tribunal de Contas, Seminário "Direito da Segurança Social", Lisboa, 2000, p. 150 e ss.

[4] A instabilidade da família conjugal refere-se à facilidade com que os indivíduos podem entrar e sair dela e não tanto à qualidade dos seus laços afectivos (enquanto duram). A instabilidade e a fluidez que caracterizam as relações pessoais mais próximas resultam, principalmente, não da morte, mas antes do exercício da escolha agora possível em virtude das oportunidades que os indivíduos têm de encontrar apoio económico fora da família.

Por seu turno, o divórcio igualitário como que gera um paradxo: o cônjuge economicamente mais vulnerável, que aderiu a um ideal de paridade no casamento, no momento em que este se dissolve

---

O vínculo conjugal era relativamente duradouro (qual *consortium omnis vitae*) quando a família funcionava simultaneamente como unidade de trabalho, de produção e de consumo. A perda de funções políticas e económicas sofrida pela família parece ser uma consequência da passagem de uma sociedade agrícola para uma sociedade industrial dotada de enorme desenvolvimento do sector terciário e, assim, da intensificação da divisão social do trabalho e da transição da grande para a pequena família. Demitida das suas funções tradicionais, reduzida na sua consistência numérica e limitada ao papel educativo e cultural, a família tem, como principal função o suporte afectivo dos seus membros. Cfr. FRANCISCO MANUEL PEREIRA COELHO, *Curso de Direito da Família,* Coimbra, 1986, p. 60; JOÃO DE MATOS ANTUNES VARELA, *Evolução histórica da sociedade familiar,* in *Direito e Justiça,* 1981/1986, 2, p. 40-42; DIOGO LEITE DE CAMPOS, *Lições de Direito da Família e de Direito das Sucessões,* Coimbra, Almedina, 1990, p. 55; Cfr. MARIA JOÃO VAZ TOMÉ, *O direito* à *pensão de reforma (por velhice) no divórcio — algumas considerações,* Tribunal de Contas, Seminário "Direito da Segurança Social", Lisboa, 2000, p. 150 e ss.

O direito da segurança social penetrou no grupo familiar, pois que na época contemporânea e nas sociedades industrializadas a família não consegue assegurar cabalmente a segurança dos seus membros. O direito da segurança social desonera a família da tarefa de assegurar a sobrevivência dos seus componentes, permitindo-lhes procurar a "felicidade" (individual, antes de tudo) e tornar-se o "lugar da felicidade". Aumentou a dependência do indivíduo perante o Estado ao mesmo tempo que diminuiu a dependência do indivíduo perante a família. Compreendendo funções que a família exercia antes em benefício dos seus membros, as instituições da segurança social substituíram-se ao grupo familiar, transformando a estrutura deste grupo assim como as relações jurídicas que unem entre si os membros da família. Todavia, mesmo na hipótese de uma plena concretização do desenho constitucional da segurança social, deve reconhecer-se que a intervenção do Estado ou de outras entidades não pode ocupar o espaço destinado às várias formas de solidariedade familiar. A tal obsta o reconhecimento formal dos direitos da família (arts. 36.º, n.ºs 1-6, e 67.º da Constituição) que, apesar de limitado à "família nuclear", não consente perspectivar a solidariedade familiar numa relação de alternatividade ou de subsidariedade com as formas de solidariedade realizadas pela colectividade no sistema da segurança social. A separação entre vida profissional e vida familiar desenvolveu-se em simbiose com a privatização da família. Esta privatização constitui, em larga medida, a contrapartida da socialização das funções de segurança. A segurança passou de familiar a social. Cfr. JOÃO PAULO REMÉDIO MARQUES, *Algumas notas sobre alimentos (devidos a menores) "versus" o dever de assistência dos pais para com os filhos (em especial filhos menores),* Faculdade de Direito da Universidade de Coimbra, Centro de Direito da Família, Coimbra Editora, Coimbra, 2000, p. 11 e e ss.; MARIA JOÃO VAZ TOMÉ, *O direito* à *pensão de reforma enquanto bem comum do casal,* Coimbra Editora, Coimbra, 1997, p. 137 e ss.; MARIA JOÃO VAZ TOMÉ, *O direito* à *pensão de reforma (por velhice) no divórcio — algumas considerações,* Tribunal de Contas, Seminário "Direito da Segurança Social", Lisboa, 2000, p. 150 e ss.

poderá ver-se confrontado com a necessidade de apresentar preten-sões baseadas no seu papel tradicional de sujeito economicamente dependente[5].

A partir do momento em que se pretende depurar a regulamen-tação do divórcio – quer nos seus pressupostos, quer nos seus efeitos – de qualquer elemento sancionatório, o legislador depara-se com a necessidade de resolver o problema da tutela existencial do ex-côn-juge economicamente mais vulnerável no âmbito da solidariedade social, como consequência radical da extinção da relação conjugal, ou mediante o recurso a uma solidariedade pós-conjugal. Na medida em que a adopção da primeira proposta se afigura, pelo menos, de praticabilidade muito difícil – porque extremamente gravosa para a colectividade –, resta lançar mão de uma espécie de ultra-actividade da solidariedade conjugal como fundamento da atribuição do direito a alimentos. Acresce que a crise – e consequente metamorfose – do Estado Social demonstra que o Estado não tem capacidade para se substituir à família[6] que é, em si mesma, também uma comunidade de solidariedade.

No direito da família, em geral e, em particular, no que toca às crises familiares, o legislador depara-se com a dificuldade represen-tada pelas delicadas mediações ideológicas e sociais que lhe são exigidas numa sociedade complexa e caracterizada por fenómenos de permanente e célere alteração. Verificou-se assim a sucessão de várias intervenções legislativas. Aqui se manifesta também o emba-raço do intérprete chamado a descortinar, a interpretar e a conformar

---

[5] Cfr. ANNA ROSA FAVRETTO, *Diritto e Famiglie in Itália: una Convivenza Problematica,* in *Come il Diritto Trata le Famiglie,* a cura di Guido Maggioni, Collana de Centro Universitario di Ricerche e Studi Sulle Famiglie, QuatroVenti, Urbino, 1996, p. 210.

[6] Cfr. FRANCESCO D'AGOSTINO, *Linee de una Filosofia della Famiglia* nella Prospettiva della Filosofia des Diritto, Milano, Giuffrè Editore, 1991, p. 53. Aliás, esse fenómeno de substituição nunca poderia verifica-se, pois que, segundo o mesmo autor, a experiência familiar é constitutiva do *humanum.*

segundo a ideia de Direito a dinâmica dos dados institucionais face aos movimentos da realidade social[7].

A sociedade hodierna não aceita facilmente aquelas restrições à autonomia tradicionalmente implicadas pela celebração do casamento. A adopção do sistema de divórcio pura constatação da ruptura do casamento – o direito de livremente sair do casamento de que cada um dos cônjuges é titular – realça claramente a tentativa de protecção da autonomia no seio da relação conjugal.

Entre os sistemas de divórcio-sanção, divórcio-remédio e divórcio pura constatação da ruptura do casamento, o legislador optou claramente pelo último. Eliminou-se, consequentemente, o ilícito culposo como fundamento do divórcio sem o consentimento do outro cônjuge e alargaram-se os fundamentos objectivos da ruptura conjugal relevando qualquer causa que demonstre a ruptura definitiva do casamento (art. 1781.º, al d), do Cód. Civil).

Privilegiou-se o mútuo acordo. O divórcio por mútuo consentimento é da competência do tribunal no caso de os cônjuges não alcançarem os acordos complementares do divórcio respeitantes à atribuição da casa de morada da família, aos alimentos entre si e ao exercício das responsabilidades parentais (art. 1775.º n.º 1, do Cód. Civil). Daqui decorre que a celebração destes acordos traduz apenas e tão somente um requisito de competência da conservatória do registo civil. O divórcio por mútuo consentimento poderá também ser decretado pelo tribunal na hipótese de algum dos acordos

---

[7] Cfr. JOÃO BAPTISTA MACHADO, *Introdução ao Direito e ao Discurso Legitimador,* Almedina, Coimbra, 1987, p. 120.

Pode dizer-se que a história recente do direito da família é a história do modo como o ordenamento jurídico tem vindo a regular a família "not as an organic unit bound by ties of relationship, but as a loose association of separate individuals". Cfr. ELIZABETH SCOTT, *Rehabilitating Liberalism in Modern Divorce Law,* in *1994 Utah Law Review 687,* 1994, p. 687.

O direito da família contempla actualmente relações familiares e parafamiliares cuja composição flexível decorre de critérios funcionais. A prevalência da função sobre a forma não deixa de colocar, contudo, algumas questões de política legislativa.

apresentados pelos interessados não ser homologado ou quando se obtenha acordo no âmbito de processo de divórcio sem consentimento do outro cônjuge.

Com base na alteração do próprio sistema de divórcio, e também da concepção do casamento, o divórcio passou a ser causa de cessação das relações familiares de afinidade (art. 1585.º do Cód. Civil)[8]. Do mesmo modo, nenhum dos cônjuges pode agora na partilha receber mais do que perceberia se o casamento tivesse sido celebrado segundo o regime da comunhão de adquiridos, ainda que o regime convencionado seja o da comunhão geral, ou um outro regime misto mais próximo da comunhão geral do que da comunhão de adquiridos (art. 1790.º do Cód. Civil)[9].

A transição para o sistema de divórcio pura constatação da ruptura do casamento implicou uma mudança de perspectiva na regulamentação das consequências da crise conjugal, desvanecendo-se também eventuais juízos de responsabilidade de cada um dos cônjuges por essa mesma ruptura. Acresce que a cada sistema de divórcio corresponde uma determinada concepção do casamento no respectivo ordenamento jurídico.

No debate sobre a potencial tensão entre comunhão, autonomia e igualdade, tende a eleger-se um desses valores em detrimento dos restantes. Alguns, exaltando a dimensão da comunhão do casamento, negligenciam a igualdade e a autonomia[10]. Por seu turno, os que

---

[8] Trata-se do recurso ao argumento *a contrario*. Na verdade, precisamente porque o legislador, no art. 1585.º do Cód. Civil, ligou a consequência jurídica (persistência das relações de afinidade) à previsão (dissolução do casamento por morte de um dos cônjuges), aquela não vale para a dissolução do casamento por divórcio. A subsistência do vínculo de afinidade foi querida claramente pelo legislador justamente para a dissolução do casamento por morte de um dos cônjuges.

[9] A partilha continua a seguir o regime convencionado no caso de dissolução por morte.

[10] Cfr. LYNN D. WARDLE, *No-Fault Divorce and the Divorce Conundrum*, in *1991 Brigham Young University Law Review 79,* p. 121-124.

vêem no casamento um mero contrato, relevando a igualdade e a autonomia, ignoram o vector da comunhão[11].

O entendimento do casamento enquanto comunhão de vida baseada na liberdade e na igualdade consubstancia o fundamento normativo da regra da partilha do património comum do casal em partes iguais após o divórcio (art. 1730.º do Cód. Civil). Esta regra visa também, de algum modo, mitigar aquela vulnerabilidade inevitável que é intrínseca às relações duradouras de confiança e de cooperação[12]. Trata-se outrossim de valorizar as contribuições pessoais e o trabalho não remunerado para os encargos da vida familiar[13]. O casamento pós-moderno é considerado como uma associação económica inspirada num princípio de partilha. Os cônjuges, em conjunto, tomam decisões sobre o investimento na carreira profissional e no capital humano de cada um deles, resoluções estas que, em último termo, beneficiam a família conjugal.

---

[11] Cfr. LENORE J. WEITZMAN, *The Marriage Contract: Spouses, Lovers, and the Law*, p. 225-54, Free Press, New York, 1981, (chamando a atenção para a promoção de relações de igualdade ao preconizar a substituição do casamento por *intimate contracts*); MARTHA M. ERTMAN, *Marriage as a Trade: Bridging the Private/Public Distinction*, in 36 *Harvard Civil Rights-Civil Liberties Law Review* 79, 2001, p. 79-85 (propondo a redução da desigualdade nos modelos tradicionais do direito da família mediante a sua transformação em *business structures*); MARJORIE MAGUIRE SHULTZ, *Contractual Ordering of Marriage: A New Model for State Policy*, in 70 *California Law Review 207*, 1982, p. 250-253 (apontando a centralidade do individualismo enquanto base do respeito pela autonomia privada no âmbito matrimonial); CAROLYYN J. FRANTZ/HANOCH DAGAN, *Properties of Marriage*, in *104 Columbia Law Review 75*, 2004, p. 77-79.

[12] Cfr. CAROLYYN J. FRANTZ/HANOCH DAGAN, *Properties of Marriage*, in104 *Columbia Law Review 75*, 2004, p. 95-96.

[13] Cfr. FRANCISCO MANUEL PEREIRA COELHO/GUILHERME DE OLIVEIRA, *Curso de Direito da Família, Volume I*, Coimbra Editora, Coimbra, 2008, p. 506 e ss.; MARIA JOÃO VAZ TOMÉ, *O direito à pensão de reforma enquanto bem comum do casal*, Coimbra Editora, Coimbra, 1997, p. 153 e ss.; MARY ANN GLENDON, *The New Family and the New Property*, Butterworth's, London, 1981, p. 63; MARTHA ALBERT- SON FINEMAN, *Our Sacred Institution: The Ideal of the Family in American Law and Society*, in *1993 Utah Law Review 387*, p. 397; JANA B. SINGER, *Divorce Reform and Gender Justice*, in *67 North Carolina Law Review 1103*, 1989, p. 1114.

Desta concepção do casamento decorre, naturalmente, a aceitação do divórcio e a gestão responsabilizada das suas consequências. O princípio da liberdade de escolha dos cônjuges postula que ninguém deve permanecer casado contra sua vontade. A invocação da ruptura definitiva da vida em comum é fundamento suficiente para que o divórcio seja decretado. A metamorfose do sistema de divórcio em vista da auto-realização insere-se num *ethos* de autonomia pessoal no domínio das relações de intimidade. "A estabilidade da família está nas mãos dos cônjuges", não podendo o Direito garanti-la contra a vontade dos interessados. Na verdade, o significado jurídico do casamento mudou, especialmente neste século. O reconhecimento progressivo da individualidade humana resultou numa evolução do matrimónio de um estatuto virtualmente imutável para um facilmente dissolúvel[14].

O casamento encontra-se fundado na igualdade enquanto pressuposto da liberdade. A acentuação da liberdade individual não é incompatível, quando adequadamente dimensionada, com a realização de uma igualdade efectiva na hodierna sociedade dinâmica.

O legislador adoptou um modelo individualístico-associativo, baseado na plena igualdade dos cônjuges, um modelo que valoriza essencialmente a dimensão afectiva enquanto agregadora e legitimadora da sociedade conjugal, enquanto lugar de manifestação e de desenvolvimento da personalidade de cada um dos cônjuges e, consequentemente, mais exposto à eclosão de conflitos[15].

Procuram-se equilíbrios normativos, a conciliação entre a liberdade e a igualdade, a responsabilidade e a solidariedade. A tarefa do legislador é essencialmente delicada, pois que árdua é a tentativa de compor num equilíbrio harmonioso e estável a pluralidade

---

[14] Preconizando-se uma espécie de individualismo solitário.

[15] Cfr. MARIA JOÃO VAZ TOMÉ, *O direito* à *pensão de reforma (por velhice) no divórcio — algumas considerações*, Tribunal de Contas, Seminário "Direito da Segurança Social", Lisboa, 2000, p. 150 e ss.

dos interesses em jogo. Está em causa sobretudo a articulação das consequências do divórcio, de modo a assegurar, tanto quanto possível, o máximo de protecção dos sujeitos considerados merecedores de especial tutela, com o mínimo de sacrifício daquela liberdade. Compete-lhe também conformar aquela solidariedade patrimonial que encontra na comunhão conjugal a sua mais forte afirmação, regular os efeitos da interdependência e da osmose das dimensões económicas e não económicas da vida de cada um dos cônjuges implicada pelo *modus vivendi* em comunhão[16].

Tem-se em vista o equilíbrio entre a liberdade e a tutela do cônjuge economicamente mais vulnerável, entre a atenuação efectiva dos reflexos, também económicos, do vínculo conjugal e a protecção do cônjuge economicamente mais fraco. Em causa estão pois os princípios da igualdade dos cônjuges e da protecção do cônjuge economicamente mais fraco ou mais vulnerável. O legislador, por intermédio de normas de ordem pública de carácter essencialmente económico, tutela o cônjuge patrimonialmente mais frágil[17].

Da celebração do casamento resulta uma comunhão fundada na igualdade, devendo os custos e os benefícios ser partilhados, em partes iguais, em qualquer fase da vida da família matrimonial. Impõe-se a consagração de mecanismos idóneos para realizar o princípio da paridade entre cônjuges. Na dissolução do casamento, surge a exigência de redistribuir equitativamente os sacrifícios e os benefícios, de compensar os investimentos em capital humano e de garantir uma partilha equilibrada da riqueza. O princípio da igualdade dos cônjuges, que rege toda a vida matrimonial, postula que,

---

[16] Cfr. BENOIT MOORE, *Quelle Famille Pour Le XXIe Siécle?: Perspectives Quebecoises*, in *20 Canadian Journal of Family Law 57*, 2003, p. 92-93.

[17] O direito da família foi sempre um domínio de eleição da ordem pública. Cfr. CHRISTIANNE DUBREUIL, BRIGITTE LEFEBVRE, *L'ordre public et les rapports patrimoniaux dans les relations de couple*, in *40 Les Cahiers de Droit 345*, 1999, p. 346.

também na sua dissolução, os cônjuges tenham direitos iguais, não sendo admissível o enriquecimento de um e o prejuízo de outro.

Vigora o princípio da igualdade de direitos e de deveres entre cônjuges (art. 1671.º, n.º 1, do Cód. Civil). A afectividade encontra-se no centro da relação conjugal enquanto plena comunhão de vida, cooperação e auxílio mútuo na educação dos filhos, quando os houver. A natureza do casamento como que sofreu uma metamorfose em resultado de um processo de sentimentalização e de individualização, relegando-se para segundo plano as dimensões contratual, económica e patrimonial da conjugalidade.

Todavia, quase quatro décadas volvidas sobre a entrada em vigor da Reforma do Código Civil de 1977, é ainda evidente que à igualdade de direitos e de deveres dos cônjuges legalmente consagrada não corresponde a igualdade de facto[18].

Verifica-se, na verdade, uma desigualdade significativa de contributos para a vida familiar, apesar de a realidade portuguesa estar longe do modelo do "casamento da dona de casa". Não obstante a equiparação do trabalho doméstico ao trabalho remunerado, enquanto modalidades de cumprimento do dever de contribuição para os encargos da vida familiar (art. 1676.º, n.º 1, do Cód. Civil), esse trabalho realizado na família não é juridicamente valorizado de forma adequada. O reconhecimento do valor do cuidado dos dependentes e da gestão doméstica é recente. Por isso, a lei estabelece a possibilidade de atribuição de créditos de compensação sempre que se verificar uma assimetria entre os cônjuges nas contribuições para os encargos da vida familiar. A necessidade de conciliação entre a

---

[18] Cfr. MARIA JOÃO VAZ TOMÉ, "A esquecida conexão patrimonial entre o direito da família e o direito da segurança social", *Comemorações dos 35 Anos do Código Civil e dos 25 Anos da Reforma de 1977,* Volume I, *Direito da Família e das Sucessões,* Faculdade de Direito da Universidade de Coimbra, Coimbra Editora, Coimbra, 2004, p. 524 e ss.

família e a vida profissional conduz a mulher, muito frequentemente, a dar primazia à primeira em detrimento da segunda.

Considerando a importância dos contributos para a vida conjugal e familiar do cuidado dos filhos e do trabalho despendido no lar, estabelece-se que poderá haver lugar a um crédito de compensação em situação de desigualdade manifesta dessas contribuições (art. 1676.º, n.º 2, do Cód. Civil)[19]. Procura evitar-se o agravamento de

---

[19] Cfr. MARIA JOÃO VAZ TOMÉ, *Algumas reflexões sobre a obrigação de compensação e a obrigação de alimentos entre ex-cônjuges*, in *Estudos em Homenagem ao Professor Doutor Heinrich Ewald Hörster*, Almedina, Coimbra, 2012, p. 425 e ss. O legislador estabelece um regime patrimonial primário, de natureza imperativa, fundado nos princípios da igualdade e da solidariedade. Se muitas das normas que o compõem se aplicam na vigência da relação conjugal, outras apenas produzem efeitos após a sua dissolução, como é o caso da obrigação de compen- sação. Não é tarefa fácil estabelecer critérios suficientemente flexíveis para levar em linha de conta a diversidade de relações matrimoniais. A organização da família actual, nuclear ou não, é muito variável. O casamento do "ganha-pão/dona de casa" tende a ser raro, pois a maior parte das famílias necessita de dois rendimentos pecuniários para subsistir. Contudo, a distribuição da responsabilidade pela gestão da vida familiar não acompanhou essa evolução. Cfr. JENNIFER R. JOHNSON, *Preferred by Law: The Disappearance of the Traditional Family and Law's Refusal to Let It Go*, in *25 Women's Rights Law Reporter 125*, 2004, p. 129. Por via de regra, a contribuição do cônjuge mulher para os encargos da vida familiar ultrapassa consideravelmente o que lhe era exigível, sendo esta conduta considerada "eficiente" na vigência da relação matrimonial.

A gestão da vida familiar, na esmagadora maioria dos casos exercida predominantemente pelo cônjuge mulher, que permite o estatuto de trabalhador ideal ao cônjuge marido, foi considerada como digna da tutela do ordenamento jurídico. Na verdade, essa gestão tem um impacto adverso na capacidade aquisitiva do cônjuge que a ela se dedica, independentemente de se tratar de abandono temporário da carreira profissional, de ocupação profissional a tempo parcial ou de trabalho a tempo inteiro. Realiza, muito frequentemente, sacrifícios profissionais para dedicar mais tempo à educação dos filhos e ao cuidado do lar. O cônjuge mulher que concilia desta forma a vida profissional com a vida familiar depara com o fenómeno denominado como "*mommy track*" (abrandamento da evolução na carreira, menores oportunidades de progressão e de aumento salarial e, consequentemente, menor tutela pensionística). O conflito entre a responsabilidade profissional e a responsabilidade familiar tende, aliás, a intensificar-se na medida em que se generaliza o modelo do ganha-pão universal e em que aumenta o número de famílias monoparentais. Há inegáveis custos de mercado associados à gestão da vida familiar e ao cuidado dos dependentes. Cfr. MARIA JOÃO VAZ TOMÉ, *Considerações sobre alguns efeitos patrimoniais do divórcio na Lei n.º 61/2008, de 31 de Outubro: (in)adequação às realidades familiares do século XXI*, in *E foram felizes para sempre...?, Uma Análise Crítica do Novo Regime Jurídico do Divórcio*, Coordenação por Maria Clara Sottomayor/Maria Teresa Féria de Almeida, Walter Kluwer/ Coimbra Editora, Coimbra, 2010, p. 182 e ss.; CYNTHIA

situações de desigualdade e assimetria entre cônjuges, protegendo-
-se a parte mais fraca.

O sistema de tutela anterior à reforma de 2008 apresentava,
efectivamente, lacunas. Todavia, o cônjuge que na vigência do casamento sacrificou as suas aspirações profissionais para se dedicar à

LEE STARNES, *Mothers as Suckers: Pity, Partnership, and Divorce Discourse*, in *90
Iowa Law Review 1513*, 2005, p. 1516. Não se trata, todavia, da consideração das
mães como vítimas de acasos ou de decisões menos felizes (desinvestimento no
mercado de trabalho), mas antes como prestadoras de um bem necessário (cuidado
familiar). Contudo, mesmo beneficiando o cônjuge marido e os filhos desta conduta
na vigência da sociedade conjugal, é o cônjuge mulher que, no divórcio, arca com
os custos inerentes a estas decisões. Por via de regra, na dissolução do casamento
por divórcio, o cônjuge mulher suporta um declínio significativo no seu nível de
vida. Mesmo o cônjuge mulher que exerce uma actividade remunerada experimenta
essa perda económica. Apesar de ter permanecido no mercado de trabalho, sofre
a redução da sua capacidade aquisitiva como efeito do seu maior investimento, na
vigência do casamento, na gestão da vida familiar. No divórcio, o seu estatuto de
trabalhadora remunerada, esbatendo a situação de necessidade, é susceptível de não
lhe permitir ser credora de alimentos. Assim, ficaria claramente por compensar a perda de capacidade de aquisição por si sofrida. Não se trata, todavia, da consideração
das mães como vítimas de acasos ou de decisões menos felizes (desinvestimento no
mercado de trabalho), mas antes como prestadoras de um bem necessário (cui- dado
familiar). Cfr. TONYA L. BRITO, *Spousal Support Takes on the Mommy Track: Why the
ALI Proposal Is Good for Working Mothers*, in *8 Duke Journal of Gender Law & Policy
151*, 2001, p. 151; PENELOPE EILEEN BRYAN, *Vacant Promises?: The ALI Principles
of the Law of Family Dissolution and the Post-Divorce Financial Circumstances of
Women*, in *8 Duke Journal of Gender Law & Policy 167*, 2001, p. 172. À obrigação
de compensação parece estar subjacente a ideia de partilha equitativa de determinadas perdas. As alterações sofridas pela capacidade aquisitiva do cônjuge mulher,
na vigência do casamento, são merecedoras da tutela do ordenamento jurídico e,
por isso, de compensação no divórcio. Cfr. TONYA L. BRITO, *Spousal Support Takes
on the Mommy Track: Why the ALI Proposal Is Good for Working Mothers*, in *8 Duke
Journal of Gender Law & Policy 151*, 2001, p. 155-156. A direcção da família pertence a ambos os cônjuges, que devem acordar sobre a orientação da vida em comum
tendo em conta o bem da família e os interesses de um e outro (art. 1671.º, n.º 1,
do Cód. Civil). Cada um dos cônjuges toma decisões inspiradas mais no bem-estar
da família do que no seu interesse individual. A gestão da vida familiar compromete, em geral, a participação do cônjuge mulher no mercado de trabalho e, por isso,
aumenta o seu risco diferencial no divórcio. Por isso, o legislador não confina a
prestação compensatória a casamentos de determinada duração. Na verdade, também
num casamento de curta duração, o cônjuge mulher poderá sofrer um risco diferencial significativo no divórcio. Se abandona o mercado de trabalho, a sua capacidade
aquisitiva fica, em regra, definitivamente comprometida. Cfr. PENELOPE EILEEN
BRYAN, *Vacant Promises?: The ALI Principles of the Law of Family Dissolution and
the Post-Divorce Financial Circumstances of Women*, in *8 Duke Journal of Gender
Law & Policy 167*, 2001, p. 173, 176. Em qualquer caso, com o divórcio termina o
período de gestão do lar e de assistência relevante para o efeito da atribuição do

gestão doméstica e ao cuidado dos filhos não é ainda adequadamente protegido. Por outro lado, o legislador não levou em devida linha de conta a subsistência das exigências de organização da vida da família para além da dissolução do casamento.

2. A obrigação de alimentos entre ex-cônjuges

2.1. Fundamento

Questão essencial é a do fundamento da obrigação de alimentos entre ex-cônjuges no novo direito da família, num sistema de divórcio de pura constatação da ruptura do casamento (art. 1773.º do Cód. Civil), de igualdade dos géneros (art. 1671.º, n.º 1, do Cód. Civil) e de partilha em partes iguais do património comum do casal (art. 1730.º do Cód. Civil)[20].

As alterações sofridas pelo regime jurídico da obrigação de alimentos decorrem, em grande medida, da transição para o sistema do divórcio pura constatação da ruptura e correspondem à opção legislativa de permitir a livre saída do casamento. A possibilidade de sair não deve ser apenas formal, devendo também reflectir-se no direito patrimonial do divórcio. Não apenas e tão-somente a relação conjugal, mas também as consequências patrimoniais por si implica-

---

direito à compensação, não se reconhecendo a perda diferencial na capacidade aquisitiva que o cônjuge mulher experimenta após a dissolução do casamento em virtude do exercício das respectivas responsabilidades parentais. A figura primária de referência, após um casamento de curta duração, a quem é confiada a guarda de filhos de tenra idade, é susceptível de sofrer uma perda que continua a não ser devida e adequadamente tutelada.

O fundamento da obrigação prevista no art. 1676.º, n.º 2, do Cód. Civil, não se encontra numa ideia de titularidade ou de necessidade e independe da culpa pela ruptura da sociedade conjugal. Em causa está, essencialmente, a perda de capacidade aquisitiva decorrente de uma contribuição para os encargos da vida familiar consideravelmente superior às possibilidades de quem a realiza.

[20] Cfr. CAROL ROGERSON, *The Canadian Law of Spousal Support*, 38 *Family Law Quarterly* 69, 2004, p. 71.

das devem terminar no divórcio. Por conseguinte, aquelas mesmas razões que conduzem à adopção daquele sistema de divórcio levam à preconização de uma nova obrigação de alimentos.

Em todos os ordenamentos jurídicos em que se contempla a possibilidade de atribuição de um direito a alimentos pós-divórcio, a ideia central gira em torno do facto de, uma vez dissolvido o casamento e, consequentemente, desaparecidos os deveres recíprocos de cooperação e de assistência que vinculavam os cônjuges como efeito do matrimónio, um deles poder vir a encontrar-se em situação de necessidade. A questão essencial suscitada pela atribuição de um direito a alimentos consiste em saber se, na realidade, esse direito cumpre os requisitos próprios de toda e qualquer direito a alimentos, ou seja, até que ponto uma (não)relação derivada da dissolução do casamento se afigura idónea para dar origem a uma verdadeira relação alimentar entre as partes. Trata-se de saber se a qualidade de ex-cônjuge, se o *status* de divorciado, atribui àquele que se encontra em necessidade o direito de exigir do outro alimentos ou, pelo contrário, se se terá forçado a instituição alimentar conferindo-se-lhe uma função que desvirtua a sua própria natureza.

Poderia dizer-se que a diversidade entre as várias obrigações alimentares *lato sensu* não deve ser exacerbada ao ponto de eliminar aquele denominador comum que se traduz na solidariedade familiar. Esta solidariedade consubstancia o fundamento da atribuição *ex lege* da obrigação de alimentos. Consequentemente, o facto de a mesma solidariedade ser susceptível de assumir maior ou menor intensidade, conforme circunstâncias pré-ordenadas pela lei e inspiradas em exigências essenciais de equidade, explica como entre os diversos institutos, assim como no âmbito de cada um deles, quer os critérios de atribuição, quer aqueles que lhe determinam o montante possam variar em concreto[21].

---

[21] Cfr. GABRIELLA AUTORINO STANZIONE, *Diritto de Famiglia,* Torino, G. Giappichelli Editore, 1997, p. 181.

Ao regular o divórcio, o legislador muito dificilmente poderia esquecer o passado comum dos cônjuges e os futuros separados dos ex-cônjuges.

A obrigação de alimentos como efeito do divórcio foi sempre objecto de controvérsia, pois não se encontrou um fundamento consensualmente idóneo para obrigar um dos ex-cônjuges – em lugar dos membros da respectiva família ou da sociedade – a alimentar o outro[22]. Verifica-se a ausência de *consensus omnium* sobre o fundamento desta obrigação.

Em minha opinião, o fundamento último, ético e jurídico, da obrigação de alimentos entre ex-cônjuges encontra-se num princípio de solidariedade pós-conjugal. Não se pode, com efeito, tratar os ex-cônjuges como se nunca houvessem sido casados. É que o divórcio não pode apagar o passado nem obstar ao desenvolvimento actual de determinadas consequências do matrimónio. Trata-se como que de uma eficácia póstuma do vínculo matrimonial, de um efeito ultra-activo do casamento.

2.2. Natureza

Trata-se agora de se saber se obrigação de alimentos entre ex-cônjuges se reveste de natureza alimentar, indemnizatória ou compensatória.

Tal como na lei do casamento de 25 de Dezembro de 1910 e na lei do divórcio de 4 de Novembro de 1910, a culpa não releva, por via de regra, no âmbito da obrigação de alimentos como efeito do divórcio. A natureza alimentar da obrigação em apreço é clara. Não sendo determinado pelos danos sofridos pelo alimentando, o montante da prestação alimentar é fundamentalmente fixado aten-

---

[22] Cfr. JENNIFER L. McCOY, *Comment: Spousal Support Disorder: An Overview of Problems in Current Alimony Law*, in *33 Florida State University Law Review 501*, 2005, p. 506; IRA MARK ELLMAN, *The Theory of Alimony*, in *77 California Law Review 1*, 1989, p. 5.

dendo às necessidades do credor e aos recursos do devedor, pois que os alimentos devem ser prestados na proporção da necessidade do alimentando e das condições económicas do alimentante (art. 2004.º do Cód. Civil). Acresce que, de acordo com o art. 2008.º do Cód. Civil, o direito a alimentos é indisponível e impenhorável, pois está em causa a aplicação dos alimentos às necessidades do alimentando. Por isso mesmo, é também um direito irrenunciável e incompensável.

O carácter essencialmente alimentar deste direito é reforçado pela possibilidade de alteração dos alimentos fixados nos termos do art. 2012.º do Cód. Civil. Leve-se ainda em linha de conta que o direito a alimentos cessa se terminar a necessidade do seu titular, se o obrigado não tiver recursos e, também, com a morte do credor ou do devedor.

Elimina-se a apreciação da culpa na ruptura da sociedade conjugal, porque se quer reduzir a questão ao seu núcleo essencial: a assistência de quem precisa por quem tem possibilidades. Prevê-se, todavia, uma cláusula de equidade negativa ("razões manifestas de equidade"), na medida em que, em casos excepcionais, o direito de alimentos pode ser negado ao ex-cônjuge necessitado por ser chocante onerar o outro com a obrigação correspondente (art. 2016.º, n.º 3, do Cód. Civil). A lei não define "razões manifestas de equidade", tendo o legislador recorrido à técnica legislativa da cláusula geral e dos conceitos indeterminados. Trata-se da necessidade de permeabilidade e de adaptação da ordem jurídica aos seus fundamentos ético-sociais[23].

---

[23] O recurso às técnicas legislativas dos conceitos indeterminados e das cláusulas gerais justifica-se para permitir a adaptação da norma à complexidade da matéria a regular, às particularidades do caso ou à mudança das situações, ou para facultar uma espécie de osmose entre as máximas ético-sociais e o Direito, ou para permitir levar em conta os usos do tráfico ou uma individualização da solução. Cfr. JOÃO BAPTISTA MACHADO, *Introdução ao Direito e ao Discurso Legitimador*, Almedina, Coimbra, 1987, p. 114.

A culpa continua, por isso, através da implementação valorativa daqueles conceitos indeterminados, a desempenhar algum papel, ainda que nem sempre visível, no âmbito da obrigação de alimentos. A ideia de culpa ressurge assim tímida e palidamente, pois que o legislador se deparou com a dificuldade da sua total e absoluta erradicação da regulamentação dos efeitos do divórcio.

A obrigação de alimentos independe da culpa do alimentando na ruptura da sociedade conjugal. De acordo com a natureza alimentar da obrigação em apreço, a culpa assume um papel residual e, por conseguinte, a responsabilidade pela desagregação da vida conjugal é susceptível de produzir efeitos no *an* – e não no *quantum* – do direito correspondente (art. 2016.º, n.º 3, do Cód. Civil). Deste modo, com base em "razões manifestas de equidade", o ex-cônjuge necessitado não terá sequer direito a alimentos que lhe consintam o mínimo vital. O legislador não resolveu pois de forma plena o conflito entre o sistema de divórcio pura constatação da ruptura e a (des)consideração da culpa.

Penso que a natureza alimentar da obrigação em apreço resulta da lei. Quaisquer que sejam as circunstâncias dos cônjuges referenciadas no art. 2016.º-A, n.º 1, do Cód. Civil (a duração do casamento, a colaboração prestada à economia do casal, a idade e estado de saúde dos cônjuges, as suas qualificações profissionais e possibilidades de emprego, o tempo que terão de dedicar, eventualmente, à criação de filhos comuns, os seus rendimentos e proventos, um novo casamento ou união de facto e, de modo geral, todas as circunstâncias que influam sobre as necessidades do cônjuge que recebe os alimentos e as possibilidades do que os presta), a obrigação de alimentos apenas existe quando um dos cônjuges não tenha meios, e não possa tê-los por razões objectivas, para prover à sua subsistência. A falta de meios é o único pressuposto condicionante do reconhecimento do direito a alimentos. A obrigação de alimentos não reveste pois natureza indemnizatória. Poderia, todavia, reconhecer-se-lhe também natureza compensatória, dado que, na fixação do respectivo montante, importa levar em conta o critério da colaboração prestada pelo credor à economia do casal (art. 2016.°-A, n.° 1, do Cód. Civil).

A consideração da colaboração prestada à economia do casal em sede de obrigação de alimentos não duplica, necessariamente, a tutela prevista já para essa mesma colaboração em sede de obrigação de compensação (art. 1676.°, n.° 2, do Cód. Civil). De um lado, pode dizer-se que, em último recurso, não é a colaboração, em si mesma, enquanto causa da perda da capacidade aquisitiva, que releva em sede alimentar, mas antes as sequelas alimentares, a situação de necessidade a que poderá ter votado o cônjuge que a prestou e, de outro lado, essa colaboração poderá, no caso concreto, não cumprir, por não ser excessiva, os requisitos legalmente previstos para fundar o direito à compensação.

2.3. Modelo alimentar

O credor típico de alimentos é o cônjuge mulher que, no casamento, conforma a sua conduta a um modelo patriarcal: a mulher que altruisticamente devota décadas da sua vida ao cuidado do marido, dos filhos, muito frequentemente também de outros parentes ou afins, e à gestão doméstica e que, ao tempo do divórcio, tem filhos adultos, aptidões profissionais reduzidas e uma parca capacidade aquisitiva. Por seu turno, o cônjuge marido investe na sua carreira profissional e deixa o casamento com uma capacidade aquisitiva que não é entretanto negativamente afectada.

Porém, o modelo alimentar tradicional – a satisfação, após a dissolução por divórcio de um casamento de longa duração, das necessidades do cônjuge que, na vigência da relação conjugal, assumiu o papel de dona de casa e/ou mãe – já não encontra ressonância na maioria das relações matrimoniais. Os padrões do mercado de trabalho e da família sofreram grandes metamorfoses nas últimas quatro décadas. Em lugar do modelo do "casamento dona de casa/ ganha-pão" prevalece o modelo do "ganha-pão universal". Ambos os cônjuges têm, por via de regra, uma carreira profissional[24]. As investigações empíricas demonstram, todavia, que é o cônjuge mulher que realiza a maior parte do trabalho doméstico e de assistência aos dependentes[25].

---

[24] Cfr. TONYA L. BRITO, *Spousal Support Takes on the Mommy Track: Why the ALI Proposal Is Good for Working Mothers*, in *8 Duke Journal of Gender Law & Policy 151*, 2001, p. 153-154.

[25] Ignora-se, muito frequentemente, que o estado de dependência é inerente à condição humana, que é naturalmente desenvolvimental. Nesta perspectiva, a dependência desenvolvimental surge como universal e inevitável. Qualquer pessoa é dependente enquanto criança e poderá tornar-se dependente à medida do envelhecimento, enquanto doente ou padecendo de qualquer tipo de invalidez ou incapacidade. Por seu turno, cuidar de um dependente inevitável gera uma diferente forma de dependência no indivíduo que presta esse cuidado: uma dependência derivada ou consequencial. É derivada ou consequencial porquanto aquele que cuida dos outros depende, ele próprio, de recursos que lhe permitam prestar essa assistência. Esta modalidade de dependência é, muito frequentemente, descurada pelo ordenamento jurídico. Longe de acondicionar a função de cuidado, o mercado de trabalho parte de pressupostos que traduzem a incompatibilidade do trabalho de assistência familiar com as normas do trabalho remunerado. Para aqueles que assumem a responsabilidade dos dependentes, as normas e expectativas do local de trabalho competem com as da dependência e, nesta medida, a prestação de assistência interfere ou preclude até o desenvolvimento de trabalho remunerado. Cfr. MARTHA ALBERTSON FINEMAN, *Fatherhood, Feminism and Family Law,* 32 *McGeorge Law Review* 1030, 2001, p. 1032-1033. Os dependentes derivados, como resultado da necessidade de cuidado apresentada pela dependência natural ou desenvolvimental, precisam, eles próprios, de recursos económicos. Carecem de apoio institucional, assim como de alguns ajustamentos estruturais que lhes permitam realizar a prestação de cuidado. A assistência à dependência é exigente, pois que as normas de sacrifício e de altruísmo são claras e austeras. A dependência derivada ou consequencial, diferentemente da dependência natural ou desenvolvimental, não é uma experiência universal, pois nem todos os membros da sociedade desempenham esse papel. Cfr. MARTHA ALBERTSON FINEMAN, *Masking Dependency: The Political Role of Family Rhetoric*, 81 *Virginia Law Review* 2181, 1995, p. 2200. Pode afirmar-se que, actualmente, a dependência desenvolvimental ou inevitável, assim como a dependência derivada ou consequencial, por ela implicada, são, em grande medida, consideradas do foro privado e por isso atribuídas quase exclusivamente à responsabilidade da família. Assim, a instituição da família liberta o mercado para se organizar sem levar em linha de conta ou acomodar essas dependências. O Estado actua subsidiariamente como instituição que prevê como que uma assistência mínima para o caso de a família não cumprir a sua função de cuidado pelos dependentes. Cada família é idealmente considerada responsável pela dependência dos seus membros. Apenas a ausência de satisfação adequada

Em virtude de poucos postos de trabalho tradicionais permitirem a autonomia e a flexibilidade requeridas por uma conciliação efectiva entre a vida profissional e a vida familiar, as soluções encontradas

---

das necessidades dos seus membros é susceptível de transferir a família da esfera privada para a esfera pública, onde é então regulada e disciplinada.

A conferência da responsabilidade pela dependência inevitável ou desenvolvimental desde logo à família e, em segundo lugar, dentro da família, muito frequentemente ao cônjuge mulher, não se afigura justa. A satisfação das necessidades dos dependentes tem, para aquele que presta esse cuidado, consequências significativas. Um dos resultados da privatização da dependência desenvolvimental ou inevitável é de algum modo a frustração da aspiração à igualdade dos géneros e dos cônjuges. Não se assegura assim o interesse do Estado na justiça e na igualdade nas relações familiares.

De acordo com a privatização da dependência, a família é também considerada a fonte dos recursos económicos necessários para a prestação de cuidado aos dependentes pois que, numa perspectiva histórica, competia ao "ganha-pão" fornecer esses meios. Cfr. MARTHA ALBERTSON FINEMAN, *The Autonomy Myth, A Theory of Dependency,* The New Press, New York, London, 2004, p. 44 e ss. Espera-se que o dependente derivado ou consequencial encontre os recursos económicos e estruturais de que necessita no seio da própria comunidade familiar. O mercado de trabalho não assume qualquer tipo de responsabilidade, não se envolve. O Estado, por seu lado, conforme o princípio da subsidiariedade, é considerado como o último recurso para a obtenção dos respectivos meios materiais. Negligenciam-se os custos directamente decorrentes da assistência aos dependentes. Esquece-se que a prestação de cuidado é susceptível de dificultar o desenvolvimento de uma carreira profissional, a realização pessoal, de reduzir a compensação económica, de implicar perdas de oportunidades e de originar outros custos associados à prestação assistencial. Mesmo quando participa no mercado de trabalho, a vinculação à esfera pública do responsável pelos dependentes naturais ou inevitáveis é tipicamente mais ténue, pois tem de acomodar devidamente as exigências da esfera privada. Compromete outrossim, por isso mesmo, a aquisição e o conteúdo dos direitos sociais.

A atribuição da dependência à família compreendia-se quando o casamento assentava na estabilidade, em determinada divisão de papéis e os cônjuges se integravam na grande família. Existindo um prestador de assistência e um "ganha-pão", ambos realizando contribuições diferentes mas complementares – proporcionando, respectivamente, o cuidado e os recursos emocionais, por um lado e, por outro, a satisfação das necessidades materiais –, talvez a dependência fosse susceptível de acomodação na família. Cfr. MARTHA ALBERTSON FINEMAN, *Our Sacred Institution: The Ideal of the Family in American Law and Society,* 1993 *Utah Law Review* 387, 1993, p. 400. Na verdade, a teoria da família moderna – o desenvolvimento da teoria clássica da família moderna - deve-se, em grande medida, a Gary Becker. A sua perspectiva da especilização de cada um dos cônjuges/progenitores mantém alguma actualidade. Cfr. GARY STANELY BECKER, *A Treatise on the Family,* Harvard University Press, Cambridge, Massachusetts, London, 1981, p. 14-37 – via na divisão do trabalho de acordo com o género a principal vantagem da realidade familiar, assim como na interdependência entre

para o conflito entre a vida familiar e a vida profissional contribuem também para o fosso salarial que se verifica entre o cônjuge mulher e mãe e outros participantes no mercado de trabalho[26].

Note-se que a obrigação de compensação, prevista no art. 1676.º, n.º 2, do Cód. Civil, tem essencialmente por objecto a perda de capacidade aquisitiva e não a necessidade – decorrente de uma contribuição para os encargos da vida familiar consideravelmente superior às possibilidades de quem a realiza e que, em qualquer caso, com o divórcio termina o período de gestão do lar e de assistência relevante para o efeito da atribuição do direito à compensação. É agora o momento de lançar mão da obrigação de alimentos, atendendo às sequelas alimentares deixadas por esse perda de capacidade

marido e mulher ("complementaridade" por oposição a igualdade) um corolário necessário. Cfr. VIVIAN HAMILTON, *Mistaking Marriage for Social Policy*, 11 *Virginia Journal of Social Policy & the Law* 307, 2004, p. 314-315. O casamento pós-moderno é considerado uma associação económica de iguais inspirada num princípio de partilha. Cfr. GARY STANLEY BECKER, *A Treatise on the Family*, Harvard University Press, Cambridge, Massachusetts, London, 1981, p. 15-37. Os cônjuges, em conjunto, tomam decisões sobre o investimento na carreira profissional e no capital humano de cada um deles, resoluções estas que, em último recurso, beneficiam a família conjugal. Todavia, à medida que a sua capacidade aquisitiva diminui, em virtude da assistência prestada aos dependentes, o cônjuge mulher torna-se mais dependente do cônjuge marido. Esta manifesta-se com particular acuidade na dissolução do casamento por divórcio. Cfr. VIVIAN HAMILTON, *Mistaking Marriage for Social Policy*, 11 *Virginia Journal of Social Policy & the Law* 307, 2004, p. 362-365. Na verdade, a partilha em partes iguais da prestação de cuidado entre os cônjuges não tem, em geral, lugar. Cfr. MARTHA ALBERTSON FINEMAN, *The Neutered Mother, the Sexual Family and Other Twentieth Century Tragedies*, Routledge, New York, London, 1995, p. 164-166; VIVIAN HAMILTON, *Mistaking Marriage for Social Policy*, 11 *Virginia Journal of Social Policy & the Law* 307, 2004, p. 318; MARIA JOÃO VAZ TOMÉ, *Algumas considerações sobre a dependência*, in *Pessoa Humana e Direito*, coordenado por Diogo Leite de Campos/Silmara Juny de Abreu Chinellato, Almedina, Coimbra, 2009, p. 295 e ss.

[26] A família moderna e pós-moderna enfrenta um desafio difícil. Procura a conciliação entre as exigências do mercado de trabalho com as da gestão familiar. Tanto o bem estar económico como o não económico dependem de um equilíbrio que permita a máxima satisfação e felicidade possível para a família como grupo e, individualmente, para cada um dos seus membros. As escolhas são inevitáveis e devem ser feitas de acordo com os valores e interesses da família. Cfr. ALICIA BROKARS KELLY, *Rehabilitating Partnership Marriage as a Theory of Welath Distribution at Divorce: In Recognition of a Shared Life*, in *19 Wisconsin Women's Law Journal 141*, 2004, p. 185.

aquisitiva decorrente da prestação de uma contribuição considera-velmente superior às possibilidades do sujeito que a efectuou e que se encontra em necessidade.

Em virtude de o património comum do casal se revelar, na maio-ria dos casos, exíguo, a obrigação de alimentos como que vem complementar a partilha desse património. Muito frequentemente, esta obrigação reveste-se de maior importância económica para o alimentando do que a própria partilha dos bens comuns do casal.

2.4. Pressupostos[27]

A determinação do fundamento – princípio da solidariedade pós--conjugal – e da natureza jurídica – alimentar – da obrigação de alimentos entre divorciados afigura-se fundamental para implemen-tar o conceito de necessidade. Este conceito desempenha um papel absolutamente essencial em matéria de alimentos, pois que estes são devidos apenas a quem se encontre em necessidade. Trata-se de estabelecer as circunstâncias que o legislador considerou como de necessidade enquanto pressuposto da obrigação de alimentos e enquanto referente para a quantificação da mesma obrigação. O princípio de solidariedade pós-conjugal permite atender às necessi-dades de uma vida autónoma e digna, e não apenas às necessidades básicas de sobrevivência ou ao mínimo vital.

A adopção do sistema de divórcio pura constatação da ruptu-ra do casamento conduziu ao acolhimento da necessidade como pressuposto exclusivo da obrigação de alimentos[28]. A relação de

---

[27] Para maiores desenvolvimentos, cfr. MARIA JOÃO VAZ TOMÉ, *O direito* à *pensão de reforma enquanto bem comum do casal,* Coimbra Editora, Coimbra, 1997, p. 309 e ss.

[28] O sistema de divórcio pura constatação da ruptura do casamento tem em vista remover potenciais obstáculos ao exercício do direito de dissolver o casamento por divórcio. Porém, a obrigação de alimentos pode tornar o divórcio demasiado oneroso, contrariando a *ratio* subjacente a este sistema de divórcio. Cfr. JENNIFER L. MCCOY, *Comment: Spousal Support Disorder: An Overview of Problems in Current Alimony Law,* in 33 *Florida State University Law Review 501,* 2005, p. 507, 521-522;

consequencialidade entre a necessidade e o direito a alimentos reveste-se de carácter exclusivo no sentido de que para a atribuição deste direito como que nenhuma outra razão releva.

Como que importa agora apenas o carácter objectivo da necessidade. O ex-cônjuge necessitado tem direito a alimentos qualquer que seja a causa que produziu o seu estado de necessidade, desde que tal necessidade não seja susceptível de ser satisfeita mediante um empenhamento diligente.

Encontra-se em necessidade quem não consegue satisfazer adequadamente as necessidades de uma vida autónoma e digna, quer com o seu património, quer com a sua força de trabalho. Se a necessidade do alimentando for susceptível de cessar com o seu trabalho (de acordo com a as suas possibilidades físicas e intelectuais, o seu estado de saúde, etc.), com a abstenção da prática do jogo, da prodigalidade ou de outros vícios e condutas impeditivas do desenvolvimento de uma actividade profissional, não deve então ter direito a alimentos, pois que inexiste uma verdadeira e própria necessidade. Trata-se aqui de uma necessidade voluntariamente criada, independentemente de a conduta do credor criar directa ou tão só indirectamente essa necessidade.

Deve também atender-se aos bens do necessitado, não apenas aos rendimentos produzidos pelos mesmos, assim como à possibilidade de obter dinheiro a crédito, caso lhe seja possível restitui-lo num período de tempo razoável.

No que respeita a bens em princípio improdutivos, há que levar em linha de conta a possibilidade que o alimentando tem ou não de realizar o seu valor.

LARA LENZOTTI KAPALLA, *Some Assembly Required: Why States Should not Adopt the ALI'S System of Presumptive Alimony in its Current Form*, in *2004 Michigan State Law Review 207*, p. 212.

Por seu turno, na apreciação da sua capacidade de trabalho, relevam a sua formação, as suas aptidões, a sua idade, o seu estado de saúde, assim como o tempo requerido pelo cuidado dos filhos após o divórcio. Não basta a mera aptidão do alimentando para o trabalho, sendo necessária a possibilidade real de efectivo desempenho do mesmo, dada a dificuldade com que pode deparar em encontrar um posto de trabalho em virtude de crise económica e de desemprego[29]. Na verdade, no caso de o alimentando dispor de qualificações profissionais, mas sendo porém escassas ou até nenhumas as suas possibilidades de aplicação, deverá esta circunstância ser apreciada globalmente enquanto impossibilidade real e actual de satisfazer as suas próprias necessidades. O que não significa, todavia, que ao alimentando seja consentido abdicar do exercício de outra actividade remunerada em virtude de esta ser alheia às suas qualificações académicas ou profissionais.

Na apreciação da necessidade do alimentando, não deve levar-se em linha de conta o facto de este receber alimentos por parte da sua família de sangue, ou de ser por esta acolhido e sustentado. Parece não dever atribuir-se relevância a este apoio material ainda que seja prestado de forma estável, contínua e suficiente. É que este auxílio deriva da mera generosidade e solidariedade dos familiares, não devendo, por conseguinte, influenciar a determinação do direito a alimentos. Além do mais, nos termos do art. 2009.º, n.º 1, al *a)*, a obrigação do ex-cônjuge de prestar alimentos prevalece sobre a dessas outras pessoas.

As necessidades do alimentado podem não ser totalmente satisfeitas com a outorga de uma pensão de alimentos, pois importa levar em conta os recursos do obrigado. Este último tem também as suas próprias necessidades. É capaz de prestar alimentos que não põe

---

[29] Coloca-se, nesta sede, a questão de se saber se estaremos – ou não – perante uma desoneração ilegítima do Estado a expensas do outro ex-cônjuge.

em perigo os seus próprios alimentos com a prestação dos mesmos a terceiro. De acordo com o art. 2004.º, n.º 1, "os alimentos serão proporcionados aos meios daquele que houver de prestá-los...".

Há pois que considerar o património e a capacidade de trabalho do devedor de alimentos, os rendimentos da sua massa patrimonial, assim como o próprio capital (que eventualmente terá de alienar, na justa medida ditada por um princípio de razoabilidade) e, ainda, a viabilidade de obter dinheiro a crédito desde que lhe seja possível pagá-lo dentro de um período razoável. Há que levar em linha de conta as suas obrigações para com outras pessoas, mas já não receitas esporádicas, temporárias e não renováveis.

No que respeita a determinados bens, em princípio improdutivos, há que ponderar a possibilidade que o alimentante tem ou não de realizar o seu valor.

Não tendo como objectivo indemnizar ou compensar o alimentando, a obrigação de alimentos destina-se a auxiliar o cônjuge economicamente mais fraco na obtenção da sua auto-suficiência económica[30]. Deste modo, tem porventura direito a alimentos o ex--cônjuge que não teve a oportunidade de prosseguir a educação ou a carreira profissional em virtude da gestão da vida familiar. Uma vez que não se funda na continuação das obrigações conjugais de natureza económica para além do divórcio, a determinação do montante dos alimentos reabilitadores norteia-se pela necessidade de atribuir, ao ex-cônjuge necessitado, os instrumentos necessários para superar os obstáculos existentes no mercado de trabalho. Pode, pois, dizer-se

---

[30] Designadamente, na aquisição de aptidões ou competências que para o efeito se afigurem necessárias. Cfr. JENNIFER L. MCCOY, *Comment: Spousal Sup- port Disorder: An Overview of Problems in Current Alimony Law*, in 33 *Florida State University Law Review 501*, 2005, p. 502-503, 507, 511-512. Refira-se, contudo, a norma do art. 2003.º, n.º 2, do Cód. Civil, que estabelece que "os alimentos compreendem também a instrução e educação do alimentado no caso de este ser menor". Surge a questão de se saber se, os alimentos ao ex-cônjuge necessitado abrangem ou não a instrução ou educação que lhe permitiram ser auto-suficiente ao abrigo do art. 2016.º-A, n.º 1, do Cód. Civil.

que o *quantum* e a duração dos alimentos dependem da conciliação entre a necessidade de permitir ao alimentando um novo começo e a necessidade de limitar as vinculações do ex-cônjuge alimentante.

A obrigação de alimentos deve permitir ao alimentando a autonomia económica necessária a uma existência livre e digna, enquanto este, considerando nomeadamente as suas aptidões académicas e profissionais e as condições do mercado de trabalho, não se encontrar em condições de prover às suas necessidades. Trata-se de assegurar um nível de vida razoável e não apenas o que é indispensável para a sobrevivência[31] (30). Visa pois consentir ao alimentando um modelo de vida economicamente autónomo, livre e digno de acordo com a consciência social, dissociado das pregressas condições patrimoniais do casal, permitindo ao ex-cônjuge o desenvolvimento da sua personalidade.

2.5. Carácter temporário[32]

Introduziram-se, efectivamente, em 2008, modificações significativas no regime jurídico da obrigação de alimentos entre ex-cônjuges, estabelecendo-se, desde logo, expressamente o princípio da auto-suficiência de cada um deles, pois cada cônjuge deve prover à sua subsistência depois do divórcio (art. 2016.º, n.º 1, do Cód. Civil). O legislador consagrou assim claramente o dever de cada um dos ex-cônjuges prover à sua subsistência[33]. Este princípio de auto-su-

---

[31] Cfr. JORGE DUARTE PINHEIRO, *O Direito da Família Contemporâneo,* aafdl, Lisboa, 2010, p. 696.

[32] Para maiores desenvolvimentos, cfr. MARIA JOÃO VAZ TOMÉ, *Algumas reflexões sobre a obrigação de compensação e a obrigação de alimentos entre ex-cônjuges,* in *Estudos em Homenagem ao Professor Doutor Heinrich Ewald Hörster,* Almedina, Coimbra, 2012, p. 425 e ss.

[33] Este dever não resultava já do art. 2004.º, n.º 2 do Cód. Civil. Desta norma resulta apenas que, na determinação do *quantum* da obrigação de alimentos, se levará em linha de conta a possibilidade de o alimentando prover à sua subsistência. Assim, ao abrigo dessa norma geral do art. 2004.º, n.º 2, essa possibilidade não elimina forçosamente a necessidade enquanto pressuposto da obrigação de alimentos, diferentemente do que se verifica no âmbito da norma especial do art.

ficiência é uma consequência necessária da tese do *clean break* ou da concentração dos efeitos do divórcio. De resto, a sociedade hodierna tem como paradigma o indivíduo autónomo, independente e auto-suficiente. De acordo com a confiança depositada na igualdade (formal) de todos os cidadãos, pressupõe-se que essa autonomia está ao alcance de todos os indivíduos.

Deste princípio de auto-suficiência parece decorrer, ainda que implicitamente, o carácter temporário da obrigação de alimentos. Visando os alimentos permitir a transição para a independência económica, o carácter temporário da obrigação em apreço surge com alguma clareza.

O alimentando não verá as suas necessidades insatisfeitas e o alimentante não será responsável pelo seu futuro. A obrigação de alimentos subsiste pelo período de tempo suficientemente razoável para o alimentando se adaptar às suas novas circunstâncias de vida[34]. Procura-se uma harmonização prática entre as necessidades do alimentando e as vinculações do alimentante, tendo-se também em vista que os efeitos negativos do divórcio se devem repercutir igualmente na esfera de cada um dos cônjuges.

O carácter provisório da obrigação de alimentos parece ser implicado pela própria consagração do referido princípio da auto-suficiência, pela consideração da unidade e coerência jurídico-sistemáticas, pela compreensão da norma em função do seu contexto. Este parece ser o sentido que melhor satisfaz a concordância objectiva e congruência sistemático-prática das opções

---

2016.º, n.º 1. Em sentido diferente, cfr. RITA LOBO XAVIER, *Recentes Alterações ao Regime Jurídico do Divórcio e das Responsabilidades Parentais – Lei N.º 61/2008, de 31 de Outubro*, Almedina, Coimbra, 2009, p. 18.

[34] A determinação da duração – assim como também do *quantum* – da obrigação de alimentos, afigura-se especialmente difícil em casamentos de longevidade reduzida. Cfr. JENNIFER L. MCCOY, *Comment: Spousal Support Disorder: An Overview of Problems in Current Alimony Law,* 33 Florida State University Law Review 501, 2005, p. 523.

legislativas. Todavia, daquele mesmo princípio de auto-suficiência não resulta, necessariamente, uma duração determinada da obrigação de alimentos.

A norma jurídica, com efeito, como produto normativo-cultural, apenas pode ser compreendida se tivermos em conta a coordenada histórica da sua emergência. Ora tanto a realidade histórico-social como a consciência histórico-social, na sua dimensão cultural e ideológica, apontam no sentido do carácter temporário da obrigação de alimentos entre ex-cônjuges.

Na verdade, o sistema de divórcio pura constatação da ruptura do casamento e o princípio do *clean break* ou da concentração dos efeitos do divórcio reflectem uma concepção do casamento enquanto vínculo essencialmente fundado nos afectos e por eles condicionado na sua duração. Neste sistema de divórcio, o cônjuge economicamente dependente é titular de um direito a alimentos menos intenso do que aquele que lhe era conferido no sistema de divórcio por violação culposa dos deveres conjugais[35].

Depois, o aumento da taxa de divórcio de casamentos de breve duração conduziu à reconfiguração da obrigação de alimentos, inspirando a adopção de uma perspectiva reabilitadora, traduzida na duração temporalmente delimitada desta obrigação e no pagamento *una tantum*[36], quando possível, em detrimento da realização de prestações periódicas por tempo indeterminado.

Prevaleceu, assim, entre nós, a concepção reabilitadora ou do carácter temporário da obrigação de alimentos como efeito do divórcio, atendendo como que ao enfraquecimento do fundamento desta obrigação. Da conjugação da norma do art. 2009.º n.º 1, al

---

[35] Cfr. JENNIFER L. MCCOY, *Comment: Spousal Support Disorder: An Overview of Problems in Current Alimony Law*, in *33 Florida State University Law Review 501*, 2005, p. 516-518.

[36] No direito comparado, intensifica-se a tendência no sentido da inaplicabilidade da cláusula *rebus sic stantibus* à obrigação de alimentos que é cumprida *una tantum*.

a), com a do art. 2016.º, n.º 1, do Cód. Civil, resulta o carácter reabilitador da obrigação de alimentos como efeito do divórcio. Os alimentos reabilitadores visam espelhar a realidade social da participação da mulher no mercado de trabalho, tendo como objectivo a auto-suficiência do ex-cônjuge dependente. Com efeito, a duração limitada da obrigação em apreço surge como resposta às alterações sofridas pelos papéis económico, cultural e familiar da mulher e do homem. Os alimentos temporários propendem a ser a regra no direito do divórcio, tendo por fim o auxílio provisório do ex-cônjuge mulher desprovido das aptidões ou da experiência necessária para o exercício do trabalho remunerado. Tem-se em vista permitir ao alimentando tornar-se economicamente auto-suficiente. Atendendo aos recursos e às necessidades de cada um dos ex-cônjuges, conferindo apoio económico ao ex-cônjuge que se encontre em circunstâncias de maior vulnerabilidade, a sua justificação tende a ser exclusivamente a necessidade – mas uma necessidade que se pretende temporária.

Deve, contudo, conforme referido *supra*, adoptar-se uma perspectiva realística da auto-suficiência, não subvalorizando os efeitos da debilidade pós-matrimonial de um dos cônjuges, de um lado e, de outro, não sobreavaliando as perspectivas permitidas pelo mercado de trabalho. Por conseguinte, não releva a capacidade laboral genérica e abstracta, mas sim a possibilidade efectiva (atendendo à idade, ao estado de saúde e às competências profissionais do ex-cônjuge) de a concretizar numa actividade remunerada.

Se a obrigação de alimentos está temporalmente limitada, tendo como finalidade permitir ao alimentando alcançar a sua auto-suficiência, muitas frequentemente mediante a sua (re)inserção no mundo do trabalho, há que analisar a sanção para o incumprimento da obrigação de se tornar auto-suficiente, de trabalhar por parte do credor. Por um lado, poderá proceder-se à redução ou mesmo à exclusão dos alimentos, nos termos do art. 2012.º, considerando que se concederam alimentos ao necessitado no pressuposto de que este se iria empregar ulteriormente de acordo com a *ratio* do art. 2004.º, n.º 2 (verdadeira e própria necessidade). Se, *a posteriori,* se verifica uma inércia da sua parte, terá ocorrido uma alteração das circunstâncias, porquanto as circunstâncias vigentes ao tempo da fixação da obrigação de alimentos permitiam o seu ingresso no mercado de trabalho. Um verdadeiro e próprio estado de necessidade apenas existiu no momento imediatamente subsequente ao divórcio, quando ao credor não era possível encontrar um lugar no mercado de trabalho. A permanência numa situação de dependência não deve estar sujeita à inércia voluntária do interessado. Por outro lado, poderá dizer-se que quem, apesar de não possuir bens, tiver a possibilidade concreta e não apenas abstracta de se manter através do seu trabalho – excepto se o emprego for inadequado para a sua idade ou saúde, número e idade de filhos ou outras condições relevantes – não se encontra em verdadeira necessidade. Contudo, no caso de a remuneração auferida pelo alimentando se revelar insuficiente, a obrigação de alimentos, ainda que reduzida no seu montante, permanece (arts. 2004.º e 2016.º, n.º 2, e art. 2016.º-A, n.º 1, do Cód. Civil).

Em qualquer caso, a obrigação não deveria ter limites temporais no caso de idade já avançada do cônjuge necessitado e de casamento de longa duração[37].

A partilha, em partes iguais, do património comum do casal e a obrigação de alimentos de carácter temporário visam a realização do princípio do *clean break* entre os ex-cônjuges. Com efeito, esta ruptura dificilmente teria lugar se um dos ex-cônjuges ficasse indefinidamente obrigado a prestar alimentos ao outro.

---

[37] Cfr. *Maintenance Principles, Section 5.07 (1) (a).*

2.6. Art. 2016.º-A, n.º 3, do Cód. Civil[38]

O direito a alimentos é reconhecido apenas ao ex-cônjuge que se revele incapaz de alcançar a auto-suficiência. A obrigação de alimentos é objecto de limitação na sua duração, correspondendo ao período de tempo estritamente necessário para permitir ao alimentando alcançar a independência alimentar.

Os alimentos reabilitadores têm pois como objectivo conferir os recursos necessários, durante o período de tempo requerido, para que o alimentando se torne auto-suficiente.

A auto-suficiência não é, porém, apreciada no contexto do padrão de vida previamente gozado pelos cônjuges (art. 2016.º-A, n.º 3, do Cód. Civil), pois adopta-se o princípio de que o credor de alimentos não tem o direito de manter o trem de vida de que gozou enquanto esteve casado, independentemente da maior ou menor duração do casamento. O matrimónio que não durar para sempre não pode garantir um certo nível de vida para sempre, mesmo que haja tido uma longa duração. Trata-se de um modelo de alimentos temporários, baseado nas necessidades implicadas por uma vida autónoma e digna do alimentando[39].

Refutando-se a ultra-actividade de um acordo celebrado em vista da gestão de uma sociedade conjugal agora extinta, o ex-cônjuge alimentando não tem o direito de manter o trem de vida adoptado na vigência do casamento. Acresce a consideração das implicações económicas da existência, após a dissolução do casamento, de dois *ménages* distintos. Estabelece-se assim que a necessidade, enquanto conceito jurídico, não abrange o padrão de vida adoptado na vigên-

---

[38] Para maiores desenvolvimentos, cfr. MARIA JOÃO VAZ TOMÉ, *Algumas reflexões sobre a obrigação de compensação e a obrigação de alimentos entre ex-cônjuges*, in *Estudos em Homenagem ao Professor Doutor Heinrich Ewald Hörster*, Almedina, Coimbra, 2012, p. 425 e ss.

[39] Cfr. JENNIFER L. MCCOY, *Comment: Spousal Support Disorder: An Overview of Problems in Current Alimony Law*, in 33 *Florida State University Law Review* 501, 2005, p. 523.

cia do casamento (art. 2016.º-A, n.º 3, do Cód. Civil), ignorando-se, para este efeito, a maior ou menor duração do casamento, a idade do cônjuge necessitado e a discrepância de rendimentos entre os ex-cônjuges. Desconhece-se, de algum modo, que a idade afecta a aptidão para se ser auto-suficiente. Princípios de equidade justificariam, em determinadas circunstâncias, a manutenção do padrão de vida matrimonial. Num casamento de longa duração, o cônjuge que durante muito tempo foi exclusivamente dona de casa e/ou mãe, arca, em geral, com riscos económicos consideravelmente maiores do que o outro cônjuge aquando da dissolução do casamento.

O ex-cônjuge alimentante, por seu turno, tem o direito de manter o trem de vida de que gozava na vigência do casamento. Por isso, ao que parece, a obrigação de alimentos perante o ex-cônjuge não deve ameaçar o seu padrão de vida. Poderá, contudo, levantar-se a questão de se saber se o princípio da solidariedade pós-conjugal, enquanto fundamento da obrigação em apreço, não será susceptível de, em situações de grave desequilíbrio, permitir a limitação daquele mesmo direito.

2.7. Art. 2016.º-A, n.º 1, do Cód. Civil[40]

O art. 2016.º-A, n.º 1, do Cód. Civil, enquanto norma especial, consagra uma disciplina nova ou diferente para este círculo mais restrito de pessoas ou de relações, "especializando" a norma geral do art. 2004.º A enumeração ali feita das circunstâncias a levar em linha de conta é meramente exemplificativa, como resulta com toda a clareza do n.º 1, *in fine*, do mesmo preceito. Confere-se assim uma ampla margem de discricionaridade ao tribunal.

---

[40] Para maiores desenvolvimentos, cfr. MARIA JOÃO VAZ TOMÉ, "O direito à pensão de reforma enquanto bem comum do casal", Coimbra, Coimbra Editora, 1997, p. 329 e ss.; MARIA JOÃO VAZ TOMÉ, *Algumas reflexões sobre a obrigação de compensação e a obrigação de alimentos entre ex-cônjuges*, in *Estudos em Homenagem ao Professor Doutor Heinrich Ewald Hörster*, Almedina, Coimbra, 2012, p. 425 e ss.

A ausência de consenso sobre o fundamento e a natureza da obrigação de alimentos como efeito do divórcio conduz a que o legislador proceda a uma enumeração exemplificativa dos factores a ter em conta na sua determinação (art. 2016.º-A, n.º 1, do Cód. Civil)[41]. Assim, para a fixação do montante da pensão releva "a duração do casamento, a colaboração prestada à economia do casal, a idade e estado de saúde dos cônjuges, as suas qualificações profissionais e possibilidades de emprego, o tempo que terão de dedicar, eventualmente, à criação de filhos comuns, os seus rendimentos e proventos, um novo casamento ou união de facto e, de modo geral, todas as circunstâncias que influam sobre as necessidades do cônjuge que recebe os alimentos e as possibilidades do que os presta".

A referência à "colaboração à economia do casal" ilustra, de algum modo, que o legislador não terá pretendido desencorajar a assunção de tarefas domésticas e de cuidado dos filhos na vigência da sociedade conjugal.

A colaboração gratuita prestada por um cônjuge à actividade comercial, industrial ou profissional do outro cônjuge, enquanto elemento relevante da fixação do *quantum* da obrigação de alimentos suscita a dificuldade da sua delimitação face ao dever de cooperação, previsto nos arts. 1672.º e 1674.º, vigente na pendência do casmento. Poderá dizer-se que essa linha de fronteira se encontra no conceito de enriquecimento sem causa, cuja verificação se pretende evitar após a cessação da comunhão de vida característica do casamento. Aquela colaboração integrará pois o conceito de "colaboração à economia do casal" ou, então, a parte final do art. 2016.º-A, n.º 1.

O cuidado prestado a parentes durante o casamento e a filhos nascidos fora desse casamento parece caber no art. 2016.º-A, n.º 1, *in fine*.

---

[41] Cfr. AMERICAN LAW INSTITUTE, *Principles of the Law of Family Dissolution: Analysis and Recommendations* § 5.02 (2002).

Tal como na apreciação da necessidade do alimentando, também em sede de fixação do montante da pensão de alimentos não deve levar-se em linha de conta o facto de o alimentando receber alimentos por parte da sua família de sangue, ou de ser por esta acolhido e sustentado. Conforme referido *supra*, não deve atribuir-se relevância a este apoio material ainda que seja prestado de forma estável, contínua e suficiente, pois trata-se de generosidade e solidariedade dos familiares e que, por isso mesmo, não deve influenciar o montante da pensão de alimentos. Por outro lado, de acordo com o art. 2009.º, n.º 1, al *a)*, a obrigação do ex-cônjuge de prestar alimentos prevalece sobre a dessas outras pessoas.

A mesma norma refere também o tempo que os cônjuges terão de dedicar à criação de filhos comuns. Esta circunstância deve, *mutatis mutandis*, ser levada em linha de conta mesmo que os filhos já sejam maiores de idade. Na verdade, a dependência dos filhos perante os pais não termina, em geral, com a sua maioridade, conforme o demonstra o art. 1880.º Por outro lado, o legislador não estabeleceu a distinção entre filhos menores e maiores no âmbito da obrigação de alimentos como efeito do divórcio.

Ao que parece, o legislador tem aqui em vista o novo casamento entretanto celebrado pelo alimentante, quando o direito a alimentos é, porventura, exercido após o decurso do prazo internupcial ou quando se cure de alterar os alimentos fixados (art. 2012.º). Não se trata da celebração de novas núpcias pelo alimentando, porquanto esta é causa de cessação da obrigação de alimentos, conforme o art. 2019.º do Cód. Civil. O mesmo se refira a propósito da união de facto, que é aquela do devedor, pois a do credor, de acordo com a mesma norma do art. 2019.º, constitui causa de cessação da obrigação de alimentos[42]. Apesar de os unidos de facto não estarem

---

[42] Já antes da reforma de 2008, defendia, a propósito da união de facto do credor de alimentos, não ter sido certamente intenção do legislador favorecer a

reciprocamente obrigados à assistência e cooperação, as condições económicas de facto do alimentante deverão ser consideradas na fixação do montante da obrigação de alimentos. Como que se atende às expectativas de facto do unido de facto, não importando apenas as obrigações legais de alimentos perante outras pessoas de que o devedor seja titular.

Poderia dizer-se que as circunstâncias que o tribunal deve apreciar ao abrigo do art. 2016.º-A, n.º 1, do Cód. Civil, e cuja harmonização com a actual função da obrigação de alimentos suscita algumas dificuldades, não têm qualquer papel na fase de atribuição do direito (que é condicionado, como nas obrigações alimentares puras, pela falta de meios para se ser auto-suficiente), respeitando exclusivamente à quantificação da prestação alimentar. Todas aquelas circunstâncias, que dificilmente se conciliam com a função que esta obrigação é hoje chamada a desenvolver, não produziriam qualquer efeito na fase da atribuição do direito, influenciando apenas o respectivo *quantum*[43].

Surge, no entanto, uma qualquer contradição intrínseca entre a recusa de relevância aos critérios plasmados no art. 2016.º-A, n.º 1, do Cód. Civil em sede de determinação do direito a alimentos

---

união de facto em detrimento do matrimónio. A união de facto, não sendo embora fonte de relações familiares, não relevando assim do ponto de vista jurídico o que o credor aufere em virtude dessa união, recebendo por mero favor, importa em sede de obrigação de alimentos do ponto de vista material. A união de facto do credor de alimentos deveria então ser considerada como causa de cessação da obrigação de alimentos quer em virtude da interpretação extensiva da expressão "novo casamento" (art. 2019.º do Cód. Civil), quer por força da aplicação analógica da norma que prevê o novo casamento do credor como causa de extinção (art. 2019.º do Cód. Civil), quer por força do art. 2013.º, n.º 1, al *b*), do Cód. Civil (desnecessidade). MARIA JOÃO VAZ TOMÉ, *O direito à pensão de reforma enquanto bem comum do casal*, Coimbra Editora, Coimbra, 1997, p. 375 e ss.

[43] Cfr. CARLO G. TERRANOVA, *Contributo ad una teoria unitária delle prestazioni alimentari*, Edizioni Scientifiche Italiane, Napoli, 2004, p. 141-142.

A enunciação de um amplo leque de critérios, no art. 2016.º-A, n.º 1, do Cód. Civil, como que indicia alguma incerteza do legislador sobre o fundamento e a natureza da obrigação de alimentos entre ex-cônjuges.

(relativamente ao *an*) de um lado e, de outro, a consideração da sua importância para o não reconhecimento, em dadas condições, do mesmo direito (art. 2016.º, n.º 3, do Cód. Civil).

Na verdade, os critérios referidos no n.º 1 do art. 2016.º-A acabam por ter uma verdadeira e própria eficácia concausal, desempenhando aquela função causal concorrente, cuja admissibilidade substancial (ainda que implícita) conduz à consideração de todos esses critérios enquanto pressuposto do reconhecimento do direito a alimentos. Poderia assim dizer-se que os critérios constantes do art. 2016.º-A, n.º 1, são, em último recurso, também determinantes do próprio reconhecimento do direito a alimentos, com a consequência de que o juízo sobre o *an* da obrigação de alimentos perde a sua conotação autónoma e preliminar[44].

Esta conclusão afigura-se, contudo, incompatível com uma eventual intenção do legislador de eliminar, na atribuição do direito a alimentos, aspectos de natureza não exclusivamente alimentar.

Considerando o papel causal de apreciações de tipo contributivo, assim como a relevância de outros parâmetros quer na atribuição, quer na quantificação dos alimentos, pode afirmar-se insuperável o limite do estado de necessidade do ex-cônjuge e, por isso mesmo, nem a brevíssima duração do casamento seria susceptível de se traduzir num motivo de recusa do mínimo vital[45].

Deste modo se acaba por admitir, ainda que implicitamente, que decorre de uma concepção estritamente alimentar da obrigação em apreço – à luz da qual prevalece, coerentemente, de forma exclusiva, a apreciação da deterioração, em dependência do divórcio, das condições económicas do cônjuge e da exigência correspondente de restabelecer um certo equilíbrio – o risco de perduração daque-

---

[44] Cfr. ENRICO QUADRI, *Famiglia e Ordinamento civile*, G. Giappichelli Editore, Torino, 1999, p. 360-361.

[45] Cfr. MARCELLA FORTINO, *Diritto di Famiglia, I Valori, I Principi, Le Regole*, Giuffrè Editore, Milano, 1997, p. 331.

las posições de pura renda que o legislador pretendeu eliminar. Consequentemente, em ordem a evitar a verificação de um tal risco, a atribuição do direito a alimentos, longe de estar subordinada apenas à situação de necessidade de um dos cônjuges, encontra-se indissociavelmente ligada à consideração de todos os elementos indicados pelo legislador no art. 2016.º-A, do Cód. Civil[46]. A consideração destes critérios normativos é, efectivamente, susceptível de conduzir à exclusão da obrigação de alimentos, nos termos do art. 2016.º, n.º 3, do Cód. Civil.

Trata-se de uma ponderação complexa, elástica e global (inevitavelmente condicionada pela apreciação da duração do casamento, destinada a assumir, contra qualquer tentativa redutora, o papel fundamental de verdadeiro e próprio "filtro" da relevância concreta dos diversos critérios normativos) da ordem familiar real e do grau de interpenetração das esferas pessoais e patrimoniais dos cônjuges, ordem esta passível de criar expectativas cuja tutela se consubstancia no justo reconhecimento da participação numa verdadeira comunhão de vida – num *consortium omnis vitae* – enquanto fundamento da pretensão de autonomia e dignidade do cônjuge economicamente mais vulnerável. Por conseguinte, os critérios normativos consagrados no art. 2016.º-A, n.º 1, do Cód. Civil, não relevam apenas em sede de determinação da medida da obrigação de alimentos, podendo conduzir também a uma eventual exclusão da mesma (art. 2016.º, n.º 3, do Cód. Civil). Consubstanciam variáveis susceptíveis de actuarem em sentido negativo (exclusão do direito a alimentos)[47], mas dificilmente em sentido positivo. Com efeito, não se verificando a *facti-species* do art. 2016.º, n.º 3, do Cód. Civil, o ex-cônjuge necessitado terá sempre, independentemente de qualquer valoração,

---

[46] Cfr. ENRICO QUADRI, *Famiglia e Ordinamento civile,* G. Giappichelli Editore, Torino, 1999, p. 362-363.

[47] Cfr. GABRIELLA AUTORINO STANZIONE, *Diritto de Famiglia,* Torino, G. Giappichelli Editore, 1997, p. 182.

direito a alimentos que lhe permitam um padrão de vida autónomo e digno mas em caso algum terá direito à manutenção do trem de vida adoptado na vigência do casamento. Acresce que a medida dos alimentos deve ser proporcional aos rendimentos do alimentante, não podendo ultrapassar esta referência essencial, sob pena de limitar de modo inadmissível a esfera de liberdade pessoal do obrigado.

A existência de uma ampla margem de discricionaridade judicial surge como inevitável na disciplina vigente. Representa a contrapartida forçosa da preservação daquela característica do direito a alimentos enquanto resposta dúctil para os diversos modelos concretos de casamento. Esta vontade parece razoavelmente radicada na necessidade de levar em linha de conta a realidade representada pela variedade de modelos familiares difundidos numa sociedade rica em contrastes no plano económico-social.

O legislador muito dificilmente poderia ir para além de uma previsão pragmática de uma extensa enunciação de critérios a levar em conta no caso concreto.

1.8. Art. 2016.º-A, n.º 2, do Cód. Civil

Estabelece-se aqui a prevalência de qualquer obrigação de alimentos relativamente a filhos do devedor em detrimento da obrigação emergente do divórcio em favor do ex-cônjuge. Esta solução encontra-se em conformidade com o direito sucessório porquanto, diferentemente dos filhos, o ex-cônjuge alimentando não é herdeiro legal do alimentante. Nessa preferência atende-se a que, por via de regra, os filhos menores são naturalmente incapazes de criar a sua autosuficiência e de procurar os meios necessários à sua subsistência (art. 2009.º, n.º 1, al *c)*, e n.º 2, do Cód. Civil). O mesmo se poderá dizer a respeito dos filhos maiores que ainda não tenham completado vinte e cinco anos de idade, nem a sua educação ou formação profissional (arts. 1880.º e 1905.º, n.º 2, do Cód. Civil).

1.9. Alteração[48]

O princípio do *clean break* ou da concentração dos efeitos do divórcio no momento da dissolução do casamento foi sempre objecto de algumas rectificações.

De acordo com a sua natureza alimentar, a obrigação em apreço, encontra-se fatalmente sujeita a modificações. O princípio da solidariedade pós-conjugal, enquanto último reduto da vida vivida em comum, justifica uma certa permeabilidade entre as situações económicas dos ex-cônjuges.

O art. 2012.º do Cód. Civil não consagra, como requisito da sua aplicação, ao contrário do art. 437.º, o carácter substancial da alteração das circunstâncias.

A pensão de alimentos é, pela sua própria natureza, essencialmente variável. Independentemente da forma da fixação do seu *quantum* – judicial ou convencional –, ela é sempre provisória. Baseando-se essa determinação na situação actual (ou previsível) das partes, ela é passível de modificação em virtude de alteração daquela situação[49].

Já se sustentou que para se verificar a diminuição do montante da obrigação de alimentos basta que o obrigado piore de circunstâncias ou que o credor melhore. O aumento do mesmo montante, por seu turno, requer a verificação cumulativa da melhoria da situação do obrigado e o agravamento das condições do credor. Pensamos,

---

[48] Para maiores desenvolvimentos, cfr. MARIA JOÃO VAZ TOMÉ, *O direito à pensão de reforma enquanto bem comum do casal*, Coimbra Editora, Coimbra, 1997, p. 350 e ss, 366 e ss.
Não se cura aqui do aumento ou da redução das necessidades do alimentando decorrentes, respectivamente, da desvalorização ou da valorização da moeda. A obrigação de alimentos é uma dívida de valor e não uma dívida pecuniária em sentido estrito, sendo o dinheiro apenas o substituto ou sucedâneo do objecto inicial da prestação, porquanto é o valor que determina a quantidade. Trata-se de uma dívida que tem por objecto a atribuição de um determinado poder aquisitivo.

[49] Também o próprio modo de prestar os alimentos devidos é susceptível de modificação em virtude de alteração superveniente das circunstâncias.

contudo, que o aumento da pensão de alimentos não exige necessariamente que o obrigado melhore de circunstâncias. Com efeito, se este, já ao tempo da fixação inicial da obrigação de alimentos disfrutava de uma situação económica desafogada, havendo-a entretanto conservado, é suficiente para o aumento do *quantum* da obrigação de alimentos que as condições do credor piorem.

Em princípio, o aumento da pensão de alimentos tem lugar no caso de o credor piorar de circunstâncias e de o devedor dispor de recursos suficientes de um lado e, de outro, de as necessidades do credor não encontrarem satisfação cabal e o devedor entretanto beneficiar de um acréscimo patrimonial: trata-se de duas hipóteses autónomas. O aumento dos recursos do devedor não implica, por si mesmo, o acréscimo da pensão de alimentos, pois é a necessidade que essencialmente rege e justifica a obrigação de alimentos, constituindo os recursos apenas o meio idóneo de lhe fazer face.

Todo e qualquer incremento patrimonial sofrido pelo património do credor redunda na aplicação da norma do art. 2013.º, al *b)*, *in fine*, ou, pelo menos, na do art. 2012.º, no sentido da redução da pensão de alimentos.

Se o credor desenvolver entretanto uma actividade desordenada ou irregular, bastar-lhe-á abandoná-la para assegurar a sua subsistência. Talvez seja de reduzir, nesse caso, a pensão de alimentos ao mínimo vital. Se essas condutas são adoptadas pelo devedor, nem por isso deve reduzir-se o montante da pensão de alimentos. De facto, a abstenção do exercício de tais actividades revela-se suficiente para lhe permitir cumprir a obrigação a que se encontra adstrito.

Parece-nos que se a revisão da pensão de alimentos é susceptível de afectar para cima ou para baixo uma prestação já fixada, ela é também passível de atingir uma prestação igual a zero, ora porque foi recusada, devido à ausência dos requisitos do direito a alimentos, ora porque não foi requerida, tendo sempre em vista uma situação sujeita a evolução. Esta solução encontra-se em conformidade com a natureza alimentar da obrigação em apreço e com o seu fundamento num princípio de solidariedade pós-conjugal.

A consideração do novo casamento ou da união de facto do devedor – que não constitui causa de cessação da obrigação em apreço – no âmbito da revisão do montante dos alimentos, provavelmente em vista da sua redução, parece acertada[50]. O alimentante tem o direito, constitucionalmente tutelado de casar (art. 36.º, n.º 1, da Constituição) e, por conseguinte, de recasar. Não se aplicaria o princípio *priore in tempore potiore iure*. Tanto as novas núpcias como a união de facto do alimentante são susceptíveis de alterar as suas condições económicas e, assim, de afectar negativamente a sua capacidade de prestar alimentos ao ex-cônjuge. Muito em especial, esta conclusão encontra apoio no elemento sistemático da interpretação da lei[51], na consideração da unidade e coerência jurídico-sistemáticas, na compreensão da norma em função do seu contexto. Este parece ser o sentido que melhor satisfaz a concordância objectiva e congruência sistemático-prática das opções legislativas. Está em causa a consideração das outras disposições que formam o complexo normativo do instituto em que se integra a norma interpretanda, isto é, que regulam a mesma matéria (contexto da lei)[52], assim como a sua consonância com ou

---

[50] No caso de a obrigação de alimentos sobreviver ao novo casamento do devedor, o património comum dos cônjuges não responde pela dívida em causa, conforme decorre do art. 1692.º do Cód. Civil. Resta, contudo, a possibilidade de aplicação do art. 1696.º, do mesmo corpo de normas.

[51] Deve levar-se em linha de conta a norma enquanto harmonicamente integrada na unidade do sistema jurídico (art. 9.º, n.º 1, do Cód. Civil). A consideração deste elemento sempre derivaria do princípio da coerência valorativa ou axiológica da ordem jurídica. Pode, a este propósito, falar-se em "referência do sentido de cada norma ao ordenamento jurídico global". Cfr. KARL ENGISH, *Introdução ao Pensamento Jurídico*, Fundação Calouste Gulbenkian, Lisboa, 1988, p. 166 e ss.

[52] Assim como a consideração de disposições legais que regulam problemas normativos paralelos ou institutos afins (lugares paralelos) e o lugar sistemático que compete à norma intepretanda no ordenamento global.

espírito ou unidade intrínseca de todo o ordenamento jurídico. Baseia-se no postulado da coerência intrínseca do ordenamento, designadamente no facto de que as normas contidas numa codificação obedecem, por princípio, a um pensamento unitário[53]. Deve, assim, levar-se em linha de conta a norma do art. 2016.º-A, n.º 1, do Cód. Civil, que na fixação do montante dos alimentos, atribui relevância ao novo casamento ou união de facto do alimentante (contexto da lei). Por outro lado, o princípio da coerência valorativa da ordem jurídica implica a consideração do casamento enquanto vínculo essencialmente fundado nos afectos e, por isso, livremente dissolúvel, de acordo com o sistema de divórcio pura constatação da ruptura e o princípio da concentração dos efeitos do divórcio, assim como o princípio de auto-suficiência de cada um dos ex-cônjuges.

A alteração *in peiús* dos rendimentos do devedor, porque este decide abdicar ou reduzir a sua actividade remunerada, alterar o seu objecto ou a modalidade do seu exercício é provavelmente passível de conduzir à redução do montante da pensão de alimentos. Trata-se de escolha livre do ex-cônjuge, não prevalecendo o princípio de solidariedade pós-conjugal sobre a liberdade pessoal do sujeito no que toca à condução da sua própria vida, à realização das suas aspirações[54].

Por último, atendendo à sua *ratio*, pensamos que o art. 2012.º é aplicável tanto perante a ocorrência de eventos supervenientes como também perante o conhecimento superveniente de circunstâncias anteriores.

---

[53] Cfr. JOÃO BAPTISTA MACHADO, *Introdução ao Direito e ao Discurso Legitimador*, Almedina, Coimbra, 1994, p. 183.

[54] Cfr. MASSIMO ESCHER/CARMELO PALADINO, *Il Diritto ao Mantenimento, Aspetti patrimonial della crisi della famiglia*, Experta edizioni, Forli, 2010, p. 196-197.

1.10. Algumas causas de cessação[55]

O novo casamento ou união de facto do alimentante são susceptíveis de conduzir à cessação do vínculo alimentar que o liga ao seu ex-cônjuge por carência de recursos, em conformidade com o art. 2013.º, n.º 1, al. *b)*, do Cód. Civil. É que a obrigação de alimentos centra-se na necessidade, sendo os recursos do devedor apenas um meio de satisfazer essa necessidade. O novo casamento ou união de facto do obrigado não consubstanciam causa de cessação da obrigação de alimentos, pois não se encontram previstos nos arts. 2013.º e 2019.º Contudo, a extinção da dívida alimentar pode resultar do art. 2013.º, n.º 1, al. *b)*, ou seja, da falta de recursos do devedor para cumprir.

Exemplos de situações passíveis de preencherem o conceito indeterminado do art. 2019.º (se o alimentando "se tornar indigno do benefício pelo seu comportamento moral") são a violação do direito à honra, à liberdade ou à integridade física da outra parte, assim como a prática de delitos similares, a instigação nos filhos de sentimentos de desprezo e de rancor pelo alimentante, a utilização de dinheiro em campanha difamatória contra o devedor, a tentativa de homicídio, a denúncia caluniosa, etc. De resto, alguns destes factos seriam já subsumíveis à norma do art. 2013.º, n.º 1, al. *c)*, do Cód. Civil ("Quando o credor viole gravemente os seus deveres para com o obrigado"). O mesmo sucede quando o credor viola os interesses patrimoniais do devedor[56]. Da conjugação das normas dos arts. 2016.º, n.º 3, e do art. 2019.º, do Cód. Civil, parece

---

[55] Para maiores desenvolvimentos, cfr. MARIA JOÃO VAZ TOMÉ, *O direito à pensão de reforma enquanto bem comum do casal*, Coimbra Editora, Coimbra, 1997, p. 364, 378 e ss.

[56] Por exemplo, quando macula a imagem do devedor junto da sua entidade patronal e, assim, coloca em perigo o seu posto de trabalho. Uma tal conduta viola o dever de respeito bilateral que, tal como a obrigação de alimentos como efeito do divórcio, constitui expressão da solidariedade pós-conjugal. Parece que não deve requerer-se a existência de um dano concreto.

resultar que a conduta do alimentante, susceptível de extinguir a obrigação de alimentos, deve ser posterior e não contemporânea do divórcio[57]. Também a prática do jogo e o deboche poderão implementar o mesmo conceito indeterminado, sendo assim causa de cessação da obrigação de alimentos. O mesmo se refira a propósito da verificação de algumas das situações previstas nos arts. 2034.º e 2166.º do Cód. Civil[58].

Já se afirmou[59] que, em virtude de a obrigação de alimentos ser pessoal ao credor e ao devedor, ela não se transmite aos herdeiros de qualquer deles, tal como dispõe o art. 2013.º, n.º 1, al a), do Cód. Civil. De um lado, o direito a alimentos não se transmite aos herdeiros do credor porque se destina a satisfazer as necessidades do credor e não as dos seus herdeiros. De outro lado, a obrigação de alimentos não se transmite aos herdeiros do devedor porquanto estes podem não gozar da possibilidade de prestar alimentos. De mais a mais, a obrigação de alimentos está condicionada pelos recursos do seu devedor e não pelos dos seus herdeiros. Acresce que o vínculo especial que funda a obrigação em apreço pode não ter lugar entre os herdeiros do devedor e o credor.

Todavia, o Cód. Civil de 1867 consagrava, no art. 176.º, o carácter transmissível da obrigação de alimentos. Por outro lado, encontrava-se muito enraizada na doutrina e na jurisprudência a ideia da hereditabilidade dessa obrigação, podendo tal solução fundar-se no

---

[57] Salvo se essa conduta, contemporânea do divórcio, for considerada como "razão manifesta de equidade" para recusar *ab initio* o direito a alimentos ao alimentando.

[58] No direito anterior, as causas de deserdação eram igualmente causas de cessação da obrigação de alimentos. O facto de o legislador omitir agora qualquer referência à norma reguladora dos casos de deserdação não permite ao intérprete ignorá-la na implementação do conceito indeterminado em apreço. O legislador, mediante a técnica legislativa a que recorreu, teve em vista conceder uma ampla margem de discricionariedade ao tribunal, em virtude da natureza das situações em causa, não pretendendo afastar o eventual auxílio das normas do direito das sucessões.

[59] Cfr. ADRIANO VAZ SERRA, *Obrigação de Alimentos*, in *Boletim do Ministério da Justiça*, 108, 1961, p. 171.

art. 1231.º, segundo o qual o cônjuge que, por morte do outro, se achasse sem meios de subsistência, tinha o direito de ser alimentado pelos rendimentos dos bens deixados pelo *de cujus*[60].

Poderia, nesta sede, em vista a não prejudicar o carácter pessoal ao alimentante, aderir-se à tese que estabelece a distinção entre encargo da herança – onde se encontraria a solução para o problema da necessidade do ex-cônjuge que não se extingue com a morte do devedor[61] – e transmissibilidade por morte da obrigação de alimentos. Além disso, o art. 2020.º, concede ao membro sobrevivo da união de facto um direito a alimentos sobre a herança do *de cujus*, verificados os requisitos previstos nessa norma. O art. 2018.º atribui ao cônjuge sobrevivo o direito de apanágio que se traduz também num direito a alimentos a regular pelos princípios gerais nesta matéria.

3. Conclusão

Pode afirmar-se que a obrigação de alimentos como efeito do divórcio é uma espécie do género obrigação de alimentos. Está em causa a tutela existencial de um dos cônjuges que, após a extinção do vínculo conjugal, se encontra em situação de necessidade.

É devida quando um dos ex-cônjuges se encontra em necessidade. O pressuposto para o reconhecimento do direito a alimentos não é constituído pela falta absoluta de meios de sustento, mas pela ausência de meios adequados a consentir ao ex-cônjuge um teor de vida autónomo e digno.

---

[60] Manifestando opinião contrária, cfr. FRANCISCO MANUEL PEREIRA COELHO, *Curso de Direito da Família, I — Direito Matrimonial*, Coimbra, 1965, p. 538-539. Este autor afirma que "Tal obrigação funda-se na relação pessoal que liga os divorciados um ao outro, e deve, pois, logicamente, extinguir-se quando por morte de um deles essa relação se extingue...".

[61] Aliás, provavelmente na linha da solução adoptada no art. 2011.º, n.º 2, do Cód. Civil.

A análise das circunstâncias económicas dos cônjuges permite determinar o *an debeatur*. Por seu turno, a averiguação dos respectivos rendimentos e proventos consente a quantificação do conteúdo da prestação. Isto não obsta a que a apreciação dos recursos se encontre já compreendida naquela das circunstâncias, subsistindo entre ambos os juízos uma relação de moderação.

A eventual insuficiência dos alimentos para assegurar o sustento adequado ao necessitado pode dar lugar a que este peça alimentos a outros sujeitos, nos termos do art. 2009.º do Cód. Civil.

Preconiza-se, por outro lado, a preferência pela partilha do património comum do casal em detrimento da obrigação de alimentos como meio de satisfação das necessidades económicas do ex-cônjuge. Apenas no caso de insuficiência desse património e de o necessitado não encontrar actividade remunerada que lhe consinta alcançar a auto-suficiência, ou de se dedicar ao cuidado dos filhos no período subsequente ao divórcio, teria lugar a obrigação de alimentos[62].

---

[62] Havendo filhos menores, a desconsideração do padrão de vida gozado na vigência do casamento, susceptível de originar disparidades substanciais entre as condições de vida de cada um dos ex-cônjuges, repercute-se no seu *modus vivendi*. Estão em jogo as necessidades dos filhos cujo padrão de vida é, em ultimo recurso, determinado por aquele do progenitor com quem residem. Não se teve a preocupação de equiparar os rendimentos disponíveis dos ex-cônjuges após a consideração da obrigação de alimentos perante os filhos.

As teorias da "associação parental" fundam a obrigação de alimentos entre ex--cônjuges nos deveres parentais e não na relação matrimonial *per se*. De acordo com estas teorias, esta obrigação de alimentos encontra a sua justificação, não apenas na compensação do progenitor a quem a guarda dos filhos é atribuída, mas também no reconhecimento da obrigação de o progenitor proporcionar aos filhos um padrão de vida análogo ao seu.

Independentemente da aceitação das teorias da "associação parental" na sua plenitude, a necessidade de uma obrigação de alimentos mais generosa perante o alimentando a quem é confiada a guarda dos filhos menores, ainda que apenas provisoriamente, tem vindo a ser reconhecida na ordem jurídica canadiana. Cfr. CAROL ROGERSON, *The Canadian Law of Spousal Support*, 38 *Family Law Quarterly* 69, 2004, p. 104-105.

Poderia, todavia, dizer-se que as teorias da "associação parental" se servem da obrigação de alimentos entre ex-cônjuges para incrementar a obrigação de alimentos perante os filhos e permitem, por outro lado, o estabelecimento de obrigações de longa duração e de montante elevado em casamentos de longevidade reduzida.

Em suma, compreende-se a fragilidade da nova obrigação de alimentos entre ex-cônjuges numa cultura fundada na retórica da igualdade (formal) e na (pretensa) auto-suficiência[63].

A relação matrimonial é considerada como uma comunhão de afectos fundada na igualdade e na liberdade, como uma associação de iguais. Apesar da neutralidade formal do ponto de vista do género, o termo é, todavia, enganador na medida em que os cônjuges não são, em geral, economicamente iguais[64].

Surge a questão de se saber se os interesses presentes no divórcio são adequadamente tutelados e se os respectivos princípios traduzem uma base apropriada para o estabelecimento de compromissos entre posições aparentemente irreconciliáveis[65].

Há que ter em conta algumas distinções fundamentais. Desde logo, aquela entre a partilha do património comum do casal e a obrigação de compensação[66] e, depois, entre esta e a obrigação de alimentos.

A presença de filhos justifica o aspecto compensatório da obrigação de alimentos, reconhecendo-se as implicações económicas das responsabilidades parentais após a dissolução do casamento.

[63] fr. GAYTRI KACHROO, *Mapping Alimony: From Status to Contract and Beyond*, in 5 *Pierce Law Review* 163, 2007, p. 169.

[64] Cfr. JENNIFER L. MCCOY, *Comment: Spousal Support Disorder: An Overview of Problems in Current Alimony Law*, in *33 Florida State University Law Review 501*, 2005, p. 501.

[65] Cfr. JUNE CARBONE, *The Futility of Coherence: The ALI's Principles of The Law of Family Dissolution, Compensatory Spousal Payments*, in *4 Journal of Law & Family Studies 43*, 2002, p. 45.

[66] A separação entre a noção de titularidade e a ideia de compensação por perda não equivale à distinção entre partilha do património comum do casal e obrigação de alimentos, porquanto a diferenciação entre ambas muito frequentemente suscita duas questões distintas: partilha de diferentes tipos de bens (e.g., bens de natureza tangível *versus* capacidade aquisitiva) e fundamentos diversos (e.g., contribuição para a formação do património comum *versus* perda). O termo "perda" corresponde a interesses normalmente reconhecidos no domínio da responsabilidade civil contratual e extracontratual, etc. Cfr. Margaret F. BRINIG/JUNE CARBONE, *The Reliance Interest in Marriage and Divorce*, in *62 Tulane Law Review 855*, 1988; JUNE CARBONE, *Economics, Feminism and the Reinvention of Alimony: A Reply to Ira Ellman*, in *43 Vanderbilt Law Review 1463*, 1990, p. 1472-1476.

A lei separa a partilha do património comum do casal de outras questões patrimoniais, insiste na eliminação do conceito de culpa e desvaloriza a ideia de necessidade. Todavia, combina atribuições baseadas no conceito de contribuição com outras fundadas na noção de compensação e não suprime a ideia de culpa.

Enquanto a obrigação de compensação visa remover a perda de capacidade aquisitiva ou de capital humano sofrida por aquele cônjuge que, na vigência da sociedade conjugal, realizou uma contribuição para os encargos da vida familiar consideravelmente superior ao devido, a obrigação de alimentos visa remover a necessidade do cônjuge economicamente mais vulnerável. A irrelevância geral da culpa pela ruptura da sociedade conjugal no âmbito da obrigação de alimentos limita, necessariamente, o respectivo montante. Porém, a recuperação da ideia de culpa seria susceptível de implicar demasiados custos[67].

Os princípios subjacentes ao casamento enquanto comunhão de vida baseada na liberdade e na igualdade, celebrado no regime da comunhão de adquiridos, justificam a partilha de todas as formas de riqueza adquiridas na vigência da relação matrimonial, a partilha de toda a riqueza acumulada a título oneroso na vigência da relação matrimonial, independentemente da forma de que concretamente se revista. A capacidade aquisitiva ou capital humano adquirido na constância da relação matrimonial, revestindo-se também de natureza patrimonial, deveria ser qualificado como bem comum do casal[68]. Com efeito, enquanto numa economia agrícola ou industrial, a maior parte da riqueza se consubstancia em bens tangíveis, na economia

---

[67] Cfr. JUNE CARBONE, *The Futility of Coherence: The ALI's Principles of The Law of Family Dissolution, Compensatory Spousal Payments*, in *4 Journal of Law & Family Studies 43*, 2002, p. 45.

[68] Cfr. ALICIA BROKARS KELLY, *Rehabilitating Partnership Marriage as a Theory of Welath Distribution at Divorce: In Recognition of a Shared Life*, in *19 Wisconsin Women's Law Journal 141*, 2004, p. 143.

hodierna da informação e do conhecimento, a capacidade aquisitiva ou capital humano assume uma importância muito especial. Em virtude da metamorfose sofrida pelo património, o impacto da capacidade aquisitiva ou capital humano afigura-se particularmente relevante no âmbito das consequências patrimoniais do divórcio.

O respeito pela ideia do casamento enquanto comunhão pessoal e patrimonial fundada na liberdade e na igualdade pressupõe o tratamento da capacidade aquisitiva como bem comum do casal, adaptando as regras da partilha às especificidades do bem em causa. Em muitos casamentos, o capital humano constitui o único bem economicamente relevante adquirido na sua vigência[69]. O desenvolvimento da carreira profissional é, muito frequentemente, um dos projectos mais importantes empreendidos pelos cônjuges. A não inclusão da capacidade aquisitiva no património comum do casal distorce a regra da partilha em partes iguais. Acresce que, quando se trata do cônjuge mulher, a exclusão do capital humano do património comum do casal produz efeitos perversos na almejada igualdade dos géneros[70].

O paradigma do casamento como associação de iguais justifica pois a partilha de toda a riqueza acumulada na vigência da relação matrimonial, independentemente da respectiva forma[71]. Se assim

---

[69] Cfr. Carolyn J. FRANTZ/HANOCH DAGAN, *Properties of Marriage,* in *104 Columbia Law Review 75,* 2004, p. 108.

[70] Cfr. Allen M. PARKMAN, *No-Fault Divorce: What Went Wrong?,* Westview Press, Boulder, Colo, 1992, p. 7-28. A desconsideração do capital humano dos cônjuges pelo regime patrimonial do casamento contribui para a deterioração da situação económica do ex-cônjuge mulher e para a desigualdade dos cônjuges, cfr. Deborah L. RHODE/MARTHA MINOW, *Reforming the Questions, Questioning the Reforms: Feminist Perspectives on Divorce Law,* in *Divorce Reform at the Crossroads,* (edited by Stephen D. Sugarman/Herma Hill Kay), Yale University Press, New Haven, 1990, p. 200; JOAN C. WILLIMAS, *Women and Property,* in *A Property Anthology* (Richard H. Chused ed.), Anderson Publishing Company, Inc., Cincinnati, 1997, p. 258-59.

[71] Está em causa a possibilidade de gerar rendimento. Cfr. ALICIA BROKARS KELLY, *Rehabilitating Partnership Marriage as a Theory of Welath Distribution at Divorce: In Recognition of a Shared Life,* in *19 Wisconsin Women's Law Journal 141,* 2004, p. 165.

não for, do novo direito do divórcio não resulta uma igualdade económica para as mulheres.

Malogradamente, o legislador não aproveitou a oportunidade da reforma para redefinir os bens que integram o património comum do casal e, por isso, não leva em conta os efeitos do casamento na capacidade aquisitiva ou capital humano de cada um dos cônjuges[72]. Subsiste uma noção estática e monolítica de património, a assim denominada "mitologia do património"[73], apoiada porventura em fantasmas exegéticos, que ignora aqueles direitos patrimoniais que não se subsumem àquele paradigma de património[74].

Tão relevante como a regra da partilha do património comum em partes iguais é a da determinação dos bens sujeitos a essa regra. Está em jogo o objectivo prático da constituição do património comum do casal. A regra da partilha em partes iguais não cumpre o respectivo objectivo no caso de se excluírem bens relevantes dessa mesma partilha.

---

[72] Cfr. ALLEN M. PARKMAN, *Property Settlements as the Cornerstone of Financial Arrangements at Divorce*, in *4 Journal of Law & Family Studies 117*, 2002, p. 126.

[73] Cfr. MILTON C. REGAN, Jr., *Spouses and Strangers: Divorce Obligations and Property Rhetoric*, in *82 The Georgetown Law Journal 2303*, 1994, p. 2309-10. Aquela "mitologia do património" "projects... property rights as absolute, alienable, inheritable, and exchangeable on the open market". Cfr. JOAN WILLIAMS, *Is Coverture Dead? Beyond a New Theory of Alimony*, in *82 The Georgetown Law Journal 2227*, 1994, p. 2271.

[74] Cfr. MILTON C. REGAN, Jr., *Spouses and Strangers: Divorce Obligations and Property Rhetoric*, in *82 The Georgetown Law Journal 2303*, 1994, p. 2318-2319; JOAN WILLIAMS, *Is Coverture Dead? Beyond a New Theory of Alimony*, in *82 The Georgetown Law Journal 2227*, 1994, p. 2271.

A CARGA DO SUSTENTO E O "PAI SOCIAL"

Paula Távora Vítor
Assistente convidada da Faculdade de Direito de Coimbra

I. Introdução

Deparamo-nos actualmente com um número crescente de situações que colocam debaixo do mesmo tecto pessoas entre as quais não se estabelecem laços familiares ou pessoas que desempenham os papéis que, à partida, seriam entregues a outros membros da família. Na base do maior peso social desta realidade estará o facto de existir um número crescentes de divórcios ou de ruptura da união de facto e subsequentes casamentos ou novas uniões de facto[1]. Ora, poderão existir filhos nascidos destas relações que se encontram, portanto, inseridos nestas "famílias *patchwork*"[2] ou famílias recombinadas[3].

Neste contexto, há que ter em conta que um novo elemento surge ao lado dos que tradicionalmente cuidariam dos filhos – o padrasto ou madrasta ou o companheiro ou companheira da mãe ou do pai.

---

[1] Silvia Tamayo fala-nos de uma "poligamia sucessiva da sociedade actual". Silvia Tamayo Haya, *El Estatuto Jurídico de los Padrastos – Nuevas Perspectivas Jurídicas*, Madrid, Reus, 2009, p. 19.

[2] Silvia Tamayo Haya, El Estatuto Jurídico de los Padrastos, p. 17.

[3] Para uma leitura do significado da recomposição familiar, ver Marco Dell'Ultri, «Famiglie ricomposte e genitore "di fatto"», *Familia – Rivista di diritto della famiglia e delle successioni in Europa*, marzo-aprile, n. 2, 2005, p. 275 ss.

DOI: http://dx.doi.org/10.14195/978-989-26-1113-6_18

Todavia, e apesar de esta pessoa poder muitas vezes assumir a responsabilidade de facto pela criança, tal situação de "quase-parentalidade"[4] ou "parentalidade social" não foi, para a maior parte dos propósitos, reconhecida pela lei. Existe uma excepção relevante, todavia. A lei não ignora a relação quando se trata de velar pela subsistência da criança. Daí que seja relevante perceber os contornos do papel do padrasto, em particular, e do "pai social" em geral, enquanto responsável pelo sustento da criança, bem como equacionar a ligação entre o papel de provedor e o papel de cuidador.

II. A posição do "pai social" como responsável pelo sustento da criança

A. O padrasto
1. Relação entre padrasto e enteado – deveres de sustento

Entre padrasto e enteado estabelece-se uma relação familiar, já que, sendo o padrasto casado com um progenitor da criança, estão relacionados pelo "vínculo que liga cada um dos cônjuges aos parentes do outro" (artigo 1584.º CCiv).

Os efeitos jurídicos da afinidade são parcos[5], mas desta relação resulta a imposição de uma obrigação de alimentos de padrastos

---

[4] Na ausência de uma expressão neutra e cómoda em termos de género a que se possa lançar mão na língua portuguesa e porque a classificação técnica de afim no primeiro grau da linha recta ascendente seria impraticável em termos de texto, usarei o termo padrasto para me referir tanto à situação de madrasta como de padrasto. A expressão "pai social" será utilizada para abarcar quer a figura do padrasto quer a do companheiro do progenitor. Também utilizarei a expressão "progenitor" para me referir a qualquer dos dois géneros, mas as considerações tecidas a propósito do progenitor abrangem a mãe ou o pai adoptivo, uma vez que os filhos adoptados se integram com os seus descendentes na família do adoptante (artigo 1986.º CCiv).

[5] Cfr. Pereira Coelho e Guilherme de Oliveira, *Curso de Direito da Família*, 4.ª Ed., 2008, p. 48 e 49.

em relação aos enteados. Na verdade, no elenco daqueles que são legalmente obrigados a alimentos encontramos "[o] padrasto e a madrasta, relativamente a enteados menores que estejam, ou estivessem no momento da morte do cônjuge, a cargo deste" (artigo 2009.º, n.1, al. f) CCiv).

Ora, tal como relativamente aos obrigados das restantes alíneas do 2009.º, esta obrigação resulta de uma relação familiar. Na verdade, apesar de surgir apenas na eventualidade da morte do cônjuge-progenitor, a relação de afinidade subsiste. Isto porque, apesar da alteração operada pela Lei n. 61/2008, de 31 de Outubro, relativamente à cessação da relação da afinidade com o divórcio, a lei é clara e este vínculo "não cessa pela dissolução do casamento por morte" (artigo 1585.º CCiv).

Todavia, o padrasto não aparece numa posição destacada na ordem legal – ocupa o último lugar da lista. Só será chamado na ausência de resposta (por inexistência ou impossibilidade de prover ao seu sustento) de ascendentes, irmãos ou tios (artigo 2009.º, n.1, als. c), d) e e) CCiv).

Ao contrário dos restantes casos do artigo 2009.º do Código Civil, a obrigação não é recíproca. Vemos o padrasto ou a madrasta a serem chamados, ou seja, o afim no primeiro grau da linha recta ascendente, mas não o enteado, também ele afim no primeiro grau da linha recta, mas desta feita descendente[6]. É uma posição que bem se compreende, tendo em conta que, ao contrário destes outros obrigados, o seu dever está enquadrado por particulares circunstâncias: só existe em relação a enteados menores e apenas se estes estivessem a cargo do progenitor-cônjuge do padrasto no momento da sua morte[7].

---

[6] Ascendentes e descendeste (parentes) são chamados. Mas os termos em que o são podem ser diferentes, fora da obrigação alimentícia geral.

[7] A norma do ordenamento jurídico alemão que determina uma obrigação de alimentos a cargo do padrasto em caso de morte do progenitor não faz exigências

Esta solução de favor relativamente ao enteado é consistente com o tratamento privilegiado que a menoridade goza no campo dos alimentos. Ainda que seja verdade que a obrigação alimentícia geral que impende sobre os ascendentes e sobre os descendentes se pauta pelos mesmos termos, não podemos reconhecer esta reciprocidade[8] relativamente à obrigação de alimentos que pesa sobre os progenitores do menor, que foi já classificada doutrinalmente como uma obrigação unilateral[9]. Na verdade, este dever não se reconduz à mera obrigação geral de alimentos[10], não se basta com a satisfação das necessidades básicas do filho[11] e pode ser cumprido também através de "prestações de facto infungíveis" por parte dos progenitores, que garantem, também por esta via, todos os cuidados necessários ao pleno desenvolvimento da criança[12/13]. De facto, os

---

deste género. O § 1371 (4) BGB, enquadrado no regime da *Zugewinnausgleich*, determina uma obrigação do padrasto prestar alimentos para a formação adequada (*angemessenen Ausbildung*) do enteado, sem especificar requisitos de idade e de residência. Peschel-Gutzeit, Lore Maria – «Stiefkinder und ihre Familien in Deutschland - Rechtlicher Status und tatsächliche Situation», *Familie Partnerschaft Recht* (FPR) n. 2, 2004, p. 50.

[8] Quando muito, poderemos falar numa "reciprocidade assimétrica", como sustenta Moreno Mozos, face à lei espanhola, no contexto da qual, note-se, o Autor considera que os filhos são *sempre* obrigados à contribuição. Moreno Mozos, *Cargas del matrimonio*, p. 87. Mas não valorizemos em demasia a reciprocidade como "suposta característica da obrigação alimentar "comum". É Maria de Nazareth Lobato de Guimarães quem recusa esta nota como "fundante" e sustenta que não tem reflexos decisivos no regime. Maria de Nazareth Lobato de Guimarães, Alimentos, In *Reforma do Código Civil*, Lisboa, Ordem dos Advogados, Conselho Geral, Instituto da Conferência, p. 212.

[9] J. P. Remédio Marques, *Algumas Notas sobre Alimentos (Devidos a Menores)*, 2.ª Ed., Coimbra, Coimbra Editora, 2007, p. 83.

[10] Sobre a estrita obrigação de alimentos dos filhos face ao dever de manutenção dos filhos, v. Adriano Paes da Silva Vaz Serra, «Obrigação de alimentos», *Boletim do Ministério da Justiça*, Julho, n. 108, 1961, p. 30, J. P. Remédio Marques, *Algumas Notas*, p. 67 e 68, e, na doutrina espanhola, L. Diez-Picazo e A. Gullóz, *Sistema de Derecho Civil*, vol. IV, Madrid, Tecnos, 10 Ed., 2006, p. 260.

[11] Vaz Serra, *Obrigação de alimentos*, p. 30 e 32.

[12] J. P. Remédio Marques, *Algumas Notas*, p. 71.

[13] O que levou Rosa Martins, em consonância com as designações italiana (*obbligo di mantenimento*) e francesa (*obligation d'entretien*), a propor o termo "poder–dever de manutenção", ancorado na terminologia utilizada pelo artigo 36.º,

pais do menor estão obrigados a pagar alimentos de modo a irem ao encontro do seu próprio nível de vida, que devem proporcionar ao descendente[14]/[15], o que não acontece se as posições activa e passiva se alterarem e serem os pais os credores de alimentos[16]/[17].

---

n.º 3 da Constituição. Martins, Rosa, *Menoridade, (In)capacidade e Cuidado Parental*, Coimbra, Coimbra Editora, 2008, p. 203.

[14] J. P. Remédio Marques, *Algumas Notas*, p. 189.

[15] Assim, também diverge da obrigação alimentar comum por, em princípio, serem sempre devidos pelos progenitores, desligando-se de uma determinação ditada pela necessidade do que aufere alimentos e dos recursos daquele que os há-de prestar. J. P. Remédio Marques, *Algumas Notas,* p. 72, nota 96, Maria de Nazareth Lobato de Guimarães, Alimentos, p. 211 e 212, Maria Clara Sottomayor, *Regulação do Exercício das Responsabilidades Parentais nos Casos de Divórcio*, Coimbra, Almedina, 2011, p. 294 ss. V. também J. P. Remédio Marques, *Algumas Notas,* p. 73, que nota a importância da fixação de alimentos ainda que os progenitores não estejam empregados ou não tenham meios de subsistência, nomeadamente para efeitos de funcionamento do Fundo de Garantia de Alimentos devidos a Menor (FGADM). Note-se, no entanto, que tal não obsta a que a obrigação do FGADM seja classificada como uma "obrigação distinta e autónoma da obrigação do devedor de alimentos (...) uma obrigação nova que, baseada na solidariedade estadual, serve primacialmente uma função de garantia daquela outra obrigação familiar de alimentos", como resulta dos estudos de Remédio Marques. J. P. Remédio Marques, «O nascimento e o *dies a quo* da exigibilidade do dever de prestar por parte do Fundo de Garantia de Alimentos Devidos a Menores – Ac. de Uniformização de Jurisprudência n-.º 12/2009, de 7.7.2009, Proc. 0682/09», *in* Cadernos De Direito Privado*, 34, Abril/Junho, 2011, p. 32.

[16] De facto, os filhos menores também podem ser chamados a efectuar a sua contribuição. O artigo 1896.º, n.º 1, do Código Civil permite que os progenitores, no exercício da administração dos bens dos filhos, utilizem os rendimentos dos bens destes para satisfazerem as despesas com o seu sustento, segurança, saúde e educação, estendendo, "dentro dos justos limites", a possibilidade de dar resposta por esta via a "outras necessidades da vida familiar". Mas esta *possibilidade* (Cf. J. P. Remédio Marques, *Algumas Notas*, p. 88) não se sobrepõe à satisfação das necessidades do próprio filho e só pode ser exercida dentro de "justos limites". Ainda assim, a doutrina nacional sempre aconselha uma cautelosa aplicação, como já defenderam Maria de Nazareth Lobato de Guimarães (Maria de Nazareth Lobato de Guinarães, Alimentos, p. 198) e Pires de Lima e Antunes Varela, (Pires de Lima, Antunes Varela, Código Civil Anotado, vol. V, Arts. 1796.º-2023º, Coimbra, Coimbra Editora, 1995, p. 320). Na verdade, voltamos à ideia de que é aos pais que incumbe, em primeira linha, prover ao sustento e educação dos filhos menores. A obrigação dos filhos funciona de forma meramente subsidiária, quando especiais circunstâncias o imponham, não havendo que corresponder em termos de igualdade. Pires de Lima, Antunes Varela, *Código Civil Anotado*, vol. V, p. 319 e 320).

[17] Para Remédio Marques, esta obrigação deve pautar-se por um "minimalismo alimentar", que evite um "acentuado – porque chocante – desnível de vida" entre os membros da pequena família, sem que, em função da contribuição devida, o filho,

A menoridade do alimentando justifica também que só este bene-ficie da obrigação alimentar do padrasto e não se torne ele próprio um devedor.

1. Em vida do progenitor residente

Segundo os critérios do artigo 2009.º, n. 1, al. f), não pareceria que o padrasto tivesse o dever de prover à subsistência do enteado enquanto o progenitor residente fosse vivo. Todavia, há que consi-derar duas situações distintas.

1.1. Quando o padrasto é casado com o progenitor residente

Uma vez que o progenitor da criança e o padrasto são casados, encontram-se mutuamente obrigados por deveres conjugais, incluindo o dever de assistência. Uma das dimensões deste dever – aquela em que ele se precipita quando os cônjuges coabitam – é a obrigação de contribuir para os encargos da vida familiar (artigo 1675.º CCiv). Embora não se trate de um dever face ao enteado, mas antes face ao seu progenitor – o cônjuge[18] – podemos incluir nos "encargos normais da vida familiar" aquilo que diz respeito à criança ou ado-lescente[19]. De facto, só deste modo será possível a plena integração

---

titular do património, baixe ele mesmo o seu nível de vida de forma significativa. J. P. Remédio Marques, *Algumas Notas*, p. 91.

[18] Vaz Serra, *Obrigação de alimentos*, p. 131.

[19] Já Braga da Cruz defendia que "sob pena das mais lamentáveis e desagradáveis confusões" teriam de ser considerados encargos normais da vida familiar a satisfazer pelos "as despesas feitas com o passadio das pessoas que vivem com os cônjuges sob a mesma economia doméstica", ainda que tais pessoas não fossem titulares de um direito de alimentos. O autor defendia que a vida em comunhão de mesa e habitação com outros parentes (ou mesmo estranhos) justificava que não tivesse de ser especificado o peso de cada um na economia doméstica e o qual o cônjuge que suportava esse encargo. Assim, ambos os cônjuges seriam responsabilizados por estes "encargos normais da vida familiar", ainda que só derivassem de um deles, *"a menos que tenham acordado alguma coisa nesse sentido"*. Guilherme Braga da

do filho no ambiente familiar do progenitor que o tem à sua guarda, condição essencial para cultivar o livre desenvolvimento da personalidade da criança ou jovem.

Em princípio, na situação descrita, a criança coabita com o padrasto. Será assim porque era um filho de anterior relação do seu cônjuge e, portanto, uma presença familiar com a qual poderia contar aquando da celebração do casamento. Ou será um filho nascido na constância do matrimónio, que não seja filho do padrasto, e terá sido introduzido no lar conjugal com o consentimento deste (artigo 1883.º CCiv).

Mas é possível que não haja comunhão de habitação entre o cônjuge-padrasto e o cônjuge-progenitor residente e, ainda assim, não estarmos perante uma situação de separação de facto, continuando a haver, portanto, contribuição para os encargos da vida familiar de que o enteado faz parte. E é possível que o filho, à guarda do cônjuge do padrasto, não coabite com o casal, mas, ainda assim, veja as suas necessidades satisfeitas neste contexto. Na verdade, a noção de "convivência" ou de "vida em comum" que deve operar aqui deve ser entendida de forma flexível. Não parece exigir necessariamente a partilha do mesmo espaço físico, mas deve incluir situações em que os filhos residem habitualmente noutro local (porque, por exemplo, frequentam estabelecimento de ensino em regime de internato ou no estrangeiro)[20]. Importante será que não tenham adoptado uma existência autónoma[21]. Assim, os filhos menores não emancipados estarão inseridos no lar conjugal do progenitor que detém a sua

---

Cruz, Capacidade patrimonial dos cônjuges, *Boletim do Ministério da Justiça*, n.º 69, Outubro, 1957, p. 394.

[20] Cristina Dias considera que "[a] noção de encargos da vida familiar é mais lata que a mera relação entre os cônjuges (e as simples despesas domésticas, a que se referia a versão original do nosso Código Civil de 1966), podendo abranger os encargos com todos o que vivam *sujeitos às mesmas relações afectivas e económicas, mesmo que não sob o mesmo tecto* (por exemplo, se os filhos estão a estudar longe de casa)." (itálico nosso). Cristina M. Araújo Dias, *Uma Análise do Novo Regime Jurídico do Divórcio*, Coimbra, Almedina, 2009, p. 59.

[21] J. P. Remédio Marques, *Algumas Notas,* p. 155, nota 197.

guarda[22] e devem comungar do nível de vida deste núcleo familiar, ao lado do progenitor, do padrasto e de outro filhos, nomeadamente filhos comuns dos cônjuges, relativamente aos quais não poderá ser discriminado[23].

Tal não obsta a que o contributo do padrasto, diluído nos encargos da vida familiar, não afaste nem dispense o pagamento de alimentos por parte do progenitor não residente, esse sim obrigado a alimentos face ao filho, nos termos do artigo 1905.º[24]. E esta prestação alimentícia será mobilizada pelo seu progenitor residente para fazer face, indiscriminadamente, às necessidades do filho.

Há ainda que notar que as dívidas contraídas para ocorrer aos encargos normais da vida familiar são consideradas dívidas da responsabilidade de ambos os cônjuges (artigo 1691.º, n.1, b)). Daí que, relativamente a uma dívida desta natureza que vise responder a necessidades do filho de um dos cônjuges que com ele conviva, possam responder não só os bens comuns do casal, mas, na falta ou insuficiência deles, também os bens próprios de qualquer dos cônjuges, solidariamente (artigo 1695.º CCiv). Assim, o padrasto pode vir a responder, mesmo com os seus bens próprios, por dívidas contraídas para fazer face a despesas de subsistência do enteado[25], sem prejuízo do disposto no artigo 1697.º CCiv.

---

[22] Fernando Moreno Mozo, *Cargas del matrimonio y alimentos*, Granada, Comares, 2008, p. 163 e 164.

[23] No contexto do ordenamento jurídico italiano, Auletta considera problemático fazer derivar um dever face aos enteados dos deveres conjugais. Tommaso Auletta, *Obbligazioni di mantenimento e famiglia ricomposta. Crisi della famiglia e obblighi di mantenimento nell'Unione Europea (a cura di Vincenzo Roppo e Giovanna Savorani)*, Torino, Giapichelli, 2008, p. 59.

[24] Não vigoram entre nós disposições como encontramos no contexto dos Estados Unidos da América, em que se considera o rendimento do padrasto para determinar os alimentos que o progenitor não residente está obrigado a pagar. Jessica Troilo, «Stepfamilies and the Law: Legal Ambiguities and Suggestions for Reform», Journal of Divorce and *Remarriage* 52, 8, 2011, p. 613.

[25] Já neste sentido, vejam-se as observações de Braga da Cruz relativas à solução presente no anteprojeto de que as dívidas para ocorrer aos encargos da vida familiar seriam da responsabilidade comum dos cônjuges (artigo 11.º, §1.º, b)), num

1.2. Quando o padrasto é casado com o progenitor não residente

Nesta segunda situação, do ponto de vista técnico-jurídico, a mesma relação familiar de afinidade liga padrasto e enteado, mas não se estabelecem os pressupostos de convivência proporcionados pela vida em comum que permitem que o padrasto contribua para uma indiferenciada "vida familiar" de que o seu enteado também faça parte. Na verdade, este estará a cargo de outrem que não o seu progenitor casado com o padrasto – normalmente o outro progenitor.

Não tendo o filho à sua guarda, surge para o progenitor não residente um dever de prover ao seu sustento através do pagamento de uma prestação alimentícia (artigo 1905.º CCiv). Este é o titular desta obrigação, que surge integrada no conteúdo das responsabilidades parentais (artigo 1878.º CCiv), e que é, portanto, um dos efeitos da filiação[26]. Igual obrigação não surge, todavia, para o cônjuge deste progenitor. Mas será totalmente estranho ao destino económico do menor?

O facto de este filho não se encontrar inserido no quadro de vida familiar do casal exclui que o pagamento da sua pensão de alimentos caia no âmbito dos encargos normais da vida familiar dos cônjuges. E, na verdade, não encontramos sequer norma correspondente à solução original de 1966, que, relativamente à dimensão da responsabilidade de ambos os cônjuges pelas dívidas, previa no n.º 4 do

---

quadro em que assumia relevância a distinção entre filhos legítimos e ilegítimos. Ali, o Autor conclui que os alimentos devidos aos descendentes (fossem comuns, de anterior matrimónio de qualquer um ou ilegítimos perfilhados antes do casamento) seriam sempre considerados encargos normais da vida familiar, para efeitos do disposto na alínea b) do §1.º (...), uma vez que "o *outro cônjuge não está em condições de invocar o desconhecimento da prévia existência desse encargo*". Braga da Cruz, Capacidade patrimonial dos cônjuges, p. 395. Vaz Serra considera que aceitar a teoria de Braga da Cruz equivale a impor uma obrigação de alimentos para com os descendentes do outro (...) e para com quaisquer dos outros alimentandos que vivam em comunhão de mesa e habitação com os cônjuges. Vaz Serra, *Obrigação de alimentos*, p. 130.

[26] J. P. Remédio Marques, *Algumas Notas,* p. 132. Rosa Martins, *Menoridade, (In)capacidade,* p. 202-207.

artigo 1691.º, a inclusão "[d]os alimentos devidos aos descendentes (...) de anterior matrimónio de qualquer dos cônjuges, e aos filhos ilegítimos perfilhados ou reconhecidos judicialmente antes do casamento (...), ainda que o alimentado viva em economia separada." Assim, teremos de concluir, quanto aos alimentos devidos a filho menor por parte do progenitor não residente, na ausência de disposição que funde o carácter comum da responsabilidade pelo seu pagamento[27], que serão da responsabilidade exclusiva daquele – o único obrigado. Na verdade, não depõem em sentido diferente as razões que estiveram na base da responsabilidade estendida no caso do enteado convivente – a impossibilidade de fazer uma distinção em termos de repartição dos encargos do sustento, sob pena de não permitir uma plena inserção (não discriminatória relativamente a outros filhos) na vida familiar.

2. Em caso de morte progenitor residente

2.1. Quando o padrasto era casado com o progenitor residente

É esta a situação visada pela alínea f), do n. 1, do artigo 2009.º. O padrasto pode ser obrigado a pagar alimentos, quando o seu cônjuge, no momento da morte, tinha o enteado à sua guarda.

Esta obrigação de alimentos pode surgir para o padrasto, mesmo existindo o outro progenitor, outros ascendentes, irmãos ou tios (cf. artigo 2009.º CCiv). Tal acontecerá se estes, sucessivamente, não fizerem face à obrigação alimentícia.

Existe aqui uma proximidade existencial que encontramos nas situações em que o padrasto coabitou com o afilhado, assumindo muitas vezes o papel de cuidador, ou em que, mesmo não existindo coabitação, este se encontrava à guarda do seu cônjuge e em que,

---

[27] Cf., por exemplo, a norma do § 1604 BGB.

portanto, o dever de cooperação exigia uma co-responsabilização pelo grupo familiar (artigo 1674.º CCiv)[28], para além da contribuição para os encargos da vida familiar.

Ora, este dever de cooperação e a assunção de responsabilidades conjuntas continua a existir mesmo na eventualidade de separação de facto, durante a qual o vínculo conjugal permanece intocado. Mas também no caso de separação de pessoas e bens o facto de o dever de cooperação não ser afectado por esta modificação da relação matrimonial[29] faz com que o fundamento também subsista para apoiar a solução do artigo 2009.º, que se basta com a existência do vínculo conjugal. A obrigação do padrasto assumirá, todavia, contornos diversos da obrigação do progenitor, como veremos.

É certo que, com a morte, se extinguem os deveres conjugais e, portanto, também o dever de contribuição para os encargos da vida familiar e o dever de cooperação. Todavia, a obrigação do artigo 2009.º, n. 1, al. f) não depende do carácter actual desse dever, antes radica nos vínculos da relação anterior à dissolução do casamento, em virtude de um passado de cuidado e/ou de co-responsabilidade.

2.2. Quando o padrasto era casado com o progenitor não residente

Quem, à data da morte do progenitor com quem o padrasto era casado, não se encontrasse à guarda não preenche os pressupostos do artigo 2009.º, n. 1, al. f), e portanto não tem o direito de pedir alimento àquele seu afim com base nesta norma.

---

[28] Não deveremos entender num sentido muito estrito a expressão "vida da família que fundaram", no sentido de só abranger os filhos nascidos daquele casamento. Na verdade, será mais correcto incluir aqueles membros que integraram o projecto familiar assumido, e que pode contar com filhos de uma relação anterior de apenas um dos cônjuge ou até outros familiares, como ascendentes de um ou de outro. Vítor, Paula Távora, «O dever familiar de cuidar dos mais velhos», Lex Familiae - *Revista Portuguesa de Direito da Família*, Ano 5, n.º 10, Coimbra Editora, Coimbra, 2008, p. 52 e 53.

[29] Extinguem-se apenas os deveres de coabitação e assistência, sem prejuízo do direito a alimentos, nos termos do artigo 1795.º-A CCiv.

Na verdade, o futuro patrimonial do padrasto e do enteado não deixam de estar ligados – são, desde logo, ambos herdeiros (enquanto cônjuge e descendente) do progenitor. Mas não existe nem uma obrigação de alimentos a cargo do padrasto, nem sequer um direito a alimentos da herança, como o que poderia beneficiar o cônjuge sobrevivo, nos termos do 2018.º.

3. Extensão da obrigação alimentícia

Os alimentos são definidos no artigo 2003.º do CCiv como tudo aquilo que é "indispensável ao sustento, habitação e vestuário" do alimentando e o seu montante é determinado, em termos gerais, proporcionalmente às possibilidades daquele que houver de prestá-los e à necessidade daquele que houver de recebê-los (artigo 2004.º CCiv).

Esta noção minimalista aplica-se à obrigação alimentar geral, mas não a podemos pretender aplicar a todas as pretensões alimentícias que resultam da lei – não é certamente o que acontece no âmbito da obrigação que impende sobre os progenitores relativamente aos seus filhos menores.

Na verdade, no que diz respeito àquela situação, há que lembrar que a lei acrescenta uma categoria às despesas a que os alimentos devem fazer face – a da instrução e educação do alimentado (artigo 2003.º, n. 2, CCiv)[30].

Para além disso, quando estão em causa os alimentos devidos pelos pais aos seus filhos menores, entende-se que estes devem ser bastantes para garantir que o filho não goze de nível de vida inferior ao seu alimentante[31].

---

[30] Sobre a obrigação de alimentos a filho maior, com fundamento no artigo 1880.º e a sua vocação para responder às necessidades de instrução e formação do filho, ver J. P. Remédio Marques, *Algumas Notas,* p. 291 ss.

[31] Cf. Tribunal da Relação do Porto de 14.06.2010 (Guerra Banha) (proc. 148/09.6TBPFR.P1).

Quando tratamos da obrigação de alimentos do padrasto relativamente ao seu enteado menor, e adoptando uma perspectiva *pro infante,* poderíamos sucumbir à tentação de decalcar a obrigação parental. Na verdade, o padrasto parece ser apresentado como um *proxy* do progenitor – é devedor de alimentos porque estava ao lado do progenitor residente no momento da morte deste[32].

Mas, na verdade, não há fundamento técnico para fazer esta extensão. A obrigação do padrasto não decorre das responsabilidades parentais, nem sequer de um exercício de facto e funções análogas (que pode não existir), mas do vínculo com o progenitor da criança e, portanto, os seus efeitos são mediados por esta relação. A relação de afinidade que se estabelece com o padrasto suporta efeitos limitados e, não obstante o interesse da criança dever ser ponderado na aplicação das soluções legais e na criação destas (e o interesse desta está em aceder à maior medida dos alimentos), não justifica por si só esta solução.

B. O membro da união de facto

1. Relação da criança com aquele que vive em união de facto com o progenitor – a carga do sustento

Aquele que vive em união de facto com o progenitor não ostenta, em virtude dessa situação, qualquer relação de família com o filho do companheiro. Aliás, a própria natureza familiar ou parafamiliar da união de facto é controversa[33] e só existindo norma que sustente

---

[32] Sobre a percepção social das obrigações no âmbito do direito alimentar, ver Eekelaar, John – *Family Law and Personal Life*, Oxford, Oxford University Press, 2006, p. 25, que nota a invocação por parte das mães da justiça quanto aos filhos biológicos e por parte dos pais das suas novas obrigações para com segundas famílias.

[33] Pereira Coelho e Guilherme de Oliveira classificam a união de facto como relação parafamiliar, ou seja, uma relação que, não sendo propriamente de família, é com ela conexa e equiparada às relações familiares para determinados efeitos.

a equiparação da ligação entre pessoa que vive em união de facto com o progenitor e o filho deste à relação que se estabelece entre padrasto e enteado haverá fundamento legal, em princípio, para tal extensão.

A comunhão de vida em condições análogas às dos cônjuges que materializa a união de facto (artigo 1.º, n. 2, Lei 7/2001, de 11 de Maio - LUF) implica que os seus membros vivam segundo a fórmula triangular "comunhão de leito, mesa e habitação". Devem assim, no que em particular aqui nos interessa, viver em "economia comum", *i.e.* congregar os seus recursos para fazer face às suas despesas de manutenção. Deste modo, apesar de não existir um dever de assistência entre os membros da união de facto que se materialize numa obrigação de contribuir para os encargos da vida familiar, a contribuição existe (embora não necessariamente moldada pelos critérios legais que presidem ao dever conjugal), porque, na ausência de partilha de recursos, falha um dos elementos constitutivos da união de facto.

Ora, apesar da ausência de uma relação familiar do ponto de vista técnico-jurídico, a comunhão neste termos pode justificar que alguns efeitos do casamento se estendam à realidade descrita. A lei leva a cabo esta equiparação em vários pontos do regime, mas, mesmo quando se apresenta silente, há propostas de aplicar soluções do casamento à união de facto. Na verdade, a nossa Doutrina tem vindo

---

Pereira Coelho; Guilherme de Oliveira, *Curso,* p. 51. Em data mais recente, ver Jorge Duarte Pinheiro, *O Direito da Família Contemporâneo*, Lisboa, AAFDL, 2013, p. 38, que adere a esta classificação. Já entre os cultores do Direito Público, Gomes Canotilho e Vital Moreira, na anotação ao artigo 36.º da Constituição, consideram que o "direito a constituir família" representa a "abertura constitucional – se não mesmo obrigação – para conferir o devido relevo jurídico às uniões familiares "de facto"". Gomes Canotilho e Vital Moreira, *Constituição da República Portuguesa Anotada*, vol. I, Coimbra, Coimbra Editora, 2007, p. 561, anotação 2. Para uma súmula das posições da doutrina e da jurisprudência quanto à classificação ou rejeição da união de facto como relação jurídica familiar, ver Nuno de Salter Cid, A Comunhão de vida à margem do casamento: entre o facto e o direito, Coimbra, Almedina, 2005, p. 502 ss.

a equacionar a possibilidade de estender a aplicação do regime do artigo 1691°, n. 1, al. b) CCiv, que considera da responsabilidade comum do casal as dívidas contraídas para ocorrer aos encargos da vida familiar às dívidas similares contraídas pelo casal em união de facto[34]. De facto, avança-se o argumento de que a vida em condições análogas às dos cônjuges cria uma aparência de casamento em que os credores poderão confiar[35].

Assim, enveredando por esta posição[36], seria possível considerar como dívidas pelas quais ambos os companheiros respondessem as despesas para o sustento e educação de um menor, filho de apenas um membro da união de facto, mas que com ele resida, equiparadas às despesas para ocorrer aos encargos da vida familiar[37].

Esta é, no entanto, uma solução pensada para a protecção de terceiros, credores face aos quais se contraiu a dívida[38]. Mas qual a posição do membro da união de facto que contribuiu para o sustento

---

[34] F. M. Pereira Coelho; Guilherme de Oliveira, *Curso,* p. 75 e 76 H.E. Hörster também propõe esta solução *de iure condendo.* H. E. Hörster, Há necessidade de legislar em matéria de união de facto?, *Direito da Família e Política Social* (eds. Maria João Vaz Tomé and Maria Clara Sottomayor) Porto, Publicações Universidade Católica, 2001, p. 72. E Cristina Dias envereda também por esta proposta *de iure condendo,* embora recuse a analogia *de iure condito.* Cristina Dias, *Do Regime da* Responsabilidade por Dívidas dos Cônjuges. Problemas, Críticas e Sugestões, Coimbra, Coimbra Editora, 2009, p. 1025. Esta solução foi avançada na Proposta de lei n. 349/X, mas acabou por não ser acolhida pela Lei n. 23/2010, que introduziu altera-ções à lei da união de facto (Lei n. 7/2001, de 11 de Maio). Também França Pitão parece admitir esta solução apenas *de iure condendo.* José António de França Pitão, *Uniões de Facto e Economia Comum*, 3. Ed., Coimbra, Almedina, 2011, p. 163 e 164.

[35] Coelho, F. M. Pereira; Oliveira, Guilherme de, *Curso,* p. 76.

[36] Note-se, todavia, a recusa de aplicação analógica das normas do casamento à união de facto, explicada por Rita Lobo Xavier. V. Xavier, R. L. Novas sobre a união *more uxorio* em Portugal. Estudos dedicados ao Prof. Doutor Mário Júlio de Almeida Costa, 2002, Lisboa, Universidade Católica Editora, p. 1397 e 1405.

[37] Apresentando uma visão crítica desta opção, mas admitindo a sua aplicação, v. J. P. Remédio Marques, *Algumas Notas* p. 139 ss., nota 185.

[38] Aderindo a estes entendimento de Pereira Coelho e Guilherme de Oliveira, ver também Nuno de Salter Cid, *A Comunhão de Vida à Margem do Casamento,* p. 776, nota 37.

no quadro da vida familiar ou até para o pagamento de alimentos ao filho do companheiro no confronto com este, o verdadeiro obrigado? Diferentes focos têm sido utilizados para iluminar esta questão. Na verdade, quando alguém, dentro das suas possibilidades, contribui para o sustento do filho do seu companheiro, seja com os seus recursos patrimoniais seja com o seu trabalho, podemos considerar estar perante o cumprimento de uma obrigação natural (artigo 402.º CCiv) [39]. Ou seja, o membro da união de facto assegura o sustento do filho do companheiro porque o entende como dever de ordem moral ou social, que corresponde a um dever de justiça, ainda que não seja judicialmente exigível. Neste caso, o que foi pago não pode ser repetido (artigo 403.º CCiv).

Sempre que esta contribuição exceda tal medida e não possa ser considerada despesa gratuita ou doação[40], porque não houve espírito de liberalidade, deverá haver uma forma de obter o regresso sobre o obrigado[41]. Daí que tenham sido avançadas como enquadramento jurídico possível para esta questão as regras do enriquecimento sem causa[42] ou da gestão de negócios[43].

---

[39] Entre nós, equacionando esta posição, ver Vaz Serra, *Obrigação de Alimentos,* pp. 89, mas referindo-se não ao companheiro, mas às pessoas da família não civilmente obrigadas a alimentos e J. P. Remédio Marques, *Algumas Notas,* p. 145 e 147, nota 185, que se inclina neste sentido.

[40] J. P. Remédio Marques, *Algumas Notas,* p. 145, nota 185.

[41] Vaz Serra, p. 85. Note-se, todavia, que Remédio Marques afasta também o "direito de regresso" propriamente dito, porque o companheiro não pertence a nenhuma das classes dos obrigados a alimentos, bem como a sub-rogação, invocando que o membro da união de facto tem apenas um interesse moral ou afectivo na satisfação destas prestações pecuniárias – cf. 592.º, n. 1 CCiv. J. P. Remédio Marques, *Algumas Notas,* p. 148, nota 185.

[42] Vaz Serra, *Obrigação de Alimentos,* p. 89 e J. P. Remédio Marques, *Algumas Notas,* p. 146 e 147, nota 185, que também recusa a sua aplicação.

[43] Vaz Serra, *Obrigação de Alimentos*, p. 88. Segundo Vaz Serra, se um terceiro – no nosso caso, o companheiro – sabe que não é obrigado a pagar alimentos, mas os presta no lugar do obrigado – aqui o progenitor com quem vive em união de facto –, com intenção de gerir o negócio deste, haverá gestão de negócios propriamente dita. Todavia, se o fizer como se a obrigação fosse sua, tendo noção de que é alheia (do progenitor), estaremos perante uma gestão imprópria de negócios. O mesmo

2. O "pai social" e a responsabilidade pelo sustento da criança no âmbito do Fundo de Garantia de Alimentos devidos a Menores

A Constituição da República Portuguesa consagra, no seu artigo 69.º, o direito das crianças à protecção da sociedade e do Estado, com vista ao seu desenvolvimento integral. Uma das formas de precipitar este direito constitucional é a criação de mecanismos que garantam a satisfação das necessidades da criança sempre que aquele que é obrigado a alimentos não cumpre o seu dever. Entre nós, para o efeito, foi criado o Fundo de Garantia de Alimentos Devidos a Menor (FGADM), que assegura o pagamento dos alimentos ao menor, por ordem do tribunal.

São vários os pressupostos necessários para que o FGADM funcione. Em primeiro lugar, o Fundo só intervém quando o obrigado a alimentos, incumbido pelo tribunal e que é, por regra, o progenitor não-residente, não cumpre a sua obrigação (artigo 3.º, n. 1, a), do Decreto-Lei n. 164/99, de 13 de Maio).

Em segundo lugar, o menor não poderá beneficiar de rendimento ilíquido superior ao valor do indexante dos apoios sociais (IAS), nem de rendimentos a esse nível da pessoa de quem está à guarda (artigo 3.º, n. 1, al. b) do Decreto-Lei n. 164/99, de 13 de Maio).

Ora, este último pressuposto preenche-se "quando a capitação do rendimento do respetivo agregado familiar não seja superior àquele valor" (artigo 3.º, n. 2, do Decreto-Lei n. 164/99, de 13 de Maio).

Qual o significado de agregado familiar para este efeito?

A jurisprudência portuguesa já se debateu com esta questão e podem ser encontradas diversas definições. Todavia, todas se refe-

---

acontece se julga que a obrigação é sua. V. também J. P. Remédio Marques, *Algumas Notas* p. 147, nota 185, que todavia considera não ser esta a melhor solução para tratar da contribuição do companheiro.

rem às mesmas ideias fundamentais: o agregado familiar deve ser entendido em termos amplos, como uma "comunidade de interesses, motivações, finalidades, com comparticipação, não só de casa (mesa e habitação) mas, também, nas despesas daquele núcleo, ligado, não só por relações jurídico-familiares estritas, ou tecnicamente entendidas, mas por muito mais"[44].

Actualmente, o Decreto-Lei n. 164/99, de 13 de Maio (artigo 3.º, n. 3), remete-nos para o Decreto-Lei n. 70/2010, de 16 de Junho, que vem resolver o problema da definição do "agregado familiar". Nos termos deste diploma, integram o agregado familiar do requerente, entre outros, os "afins maiores, em linha recta" (artigo 4.º, n.1, al. b)), portanto, padrastos e madrastas também.

A inclusão do padrasto que coabite com o cônjuge-progenitor residente no conceito de agregado familiar do menor não poderá levantar controvérsia. Com efeito, além da condução da vida debaixo do mesmo tecto, entre padrasto e enteado estabelece-se uma relação familiar (de afinidade) e, embora não esteja obrigado a prestar alimentos ao enteado, na medida em que coabita com o progenitor residente tem um dever face a estes – a obrigação de contribuir para os encargos normais da vida familiar, nos quais se incluem o sustento e a educação e instrução do enteado.

Mas o Decreto-Lei n. 70/2010, de 16 de Junho, considera também equiparada à afinidade "a relação familiar resultante de situação de união de facto há mais de dois anos", o que, apesar da redacção deficiente da norma[45], parece também remeter para a figura do membro da união de facto na sua relação com o filho do seu companheiro.

---

[44] Ac. Tribunal da Relação do Porto de 03.11.2005 (Fernando Baptista) (proc. 0534922), www.dgsi.pt.

[45] Na verdade, ainda que a lei pudesse referir-se a uma "relação familiar", aquela que resultaria da união de facto há mais de dois anos seria a relação entre os companheiros. Parece antes que se quer referir à equiparação da relação entre membro da união de facto e parentes do companheiro à afinidade. No que diz respeito ao filho do seu companheiro, estaria em causa a equiparação a uma relação

Quanto ao membro da união de facto com o progenitor, este não está vinculado por qualquer dever de contribuir para as despesas da vida familiar, nem está obrigado a pagar alimentos ao filho do companheiro, o que poderia levantar dúvidas quanto ao encargo que assim lhe é imposto. Os nossos tribunais, todavia, e mesmo em data anterior ao diploma de 2010, já tinham tido oportunidade de se pronunciar sobre este assunto e de considerar aquele que vive em união de facto com o progenitor como parte do agregado familiar[46].

Esta apreciação foi levada a cabo no âmbito do Direito da Segurança Social, para o qual o "agregado familiar" se refere a um conceito mais amplo de família, que não se confina ao seu sentido técnico-jurídico[47], enquadrado pelo elenco das relações jurídicas enunciadas no artigo 1576.º CCiv (relações matrimonial, de filiação, de adopção e de afinidade)[48]. Na verdade, na limitada (mas hoje contestada[49]) enumeração do Código, não tem lugar nem a relação

---

de afinidade na linha recta. Todavia, tendo em conta as outras relações de afinidade consideradas no artigo 4.º, n.º 1, als. b) e c) do Decreto-Lei n. 70/2010, de 16 de Junho, aquela ligação entre membro da união de facto e filho do seu companheiro não parece ser a única abrangida.

[46] Cf. Acórdão do Supremo Tribunal de Justiça de 22 de Maio de 2003, in Colectânea de Jurisprudência, ano XI, Tomo II/2003, n. 168, Abril/Maio/Junho, Coimbra, 2003, p. 68; Acórdão do Tribunal da Relação de Coimbra de 26.11.2002, in Colectânea de Jurisprudência, Ano XXVII, Tomo V, 2002, p. 23, que se referem directamente à questão.

[47] Note-se que, mesmo Pereira Coelho, para quem a relação de união de facto assume apenas carácter familiar (cf. supra nota 31), já defendia anteriormente que "a questão não dev[ia] dogmatizar-se excessivamente. Se a união de facto não é relação de família para a generalidade dos efeitos, compreendendo-se, por isso, que o artigo 1576.º não lhe faça referência, a verdade é que há noções de família menos rigorosas." Pereira Coelho, «Casamento e Família no Direito Português», *in Temas de Direito da Família*, Coimbra, Almedina, 1986, p. 9.

[48] Acórdão do Supremo Tribunal de Justiça de 22 de Maio de 2003, in Colectânea de Jurisprudência, ano XI, Tomo II/2003, n. 168, Abril/Maio/Junho, Coimbra, 2003, p. 68-69, Acórdão do Tribunal da Relação de Coimbra de 26.11.2002, in Colectânea de Jurisprudência, Ano XXVII, Tomo V, 2002, p. 23, Acórdão do Tribunal da Relação do Porto 03.11.2005 (Fernando Baptista) (p.º 0534922) in www.dgsi.pt.

[49] Cfr. supra nota 31.

entre os membros da união de facto e muito menos a relação de um dos seus membros com os filhos do outro.

Assim, a noção de "agregado familiar" foi mais rápida a incorporar a evolução das formas de família e a sua compreensão social e individual, reconhecendo nesta área assistencial relações de facto que resultam de outra relação deste tipo - a união de facto[50,51].

Tal não se reflectiu, todavia, nas soluções de Direito da Família. Assim, os primeiros obrigados a prestar alimentos são os parentes da criança (nos termos e pela ordem do artigo 2009.º) e, em primeiro lugar, o progenitor não residente. Assim, apesar dos esquemas desenvolvidos em sede de Direito da Segurança Social, a obrigação primeira continua a ser deferida nestes termos, seja ou não cumprida[52].

Só que, de facto, quando não é cumprida, o Estado actuará através do FGADM e garante o pagamento da obrigação de alimentos. Todavia, o Estado apenas intervém dentro dos limites das suas possibilidades. E esta é a razão pela qual a protecção social avança de forma limitada – só nos casos em que a rede de apoio da criança ou o agregado da pessoa que a tem à sua guarda (um progenitor, geralmente) não pode garantir o seu sustento a um nível mínimo, que se identificou já com o salário mínimo nacional[53] e, desde as

---

[50] Acórdão do Supremo Tribunal de Justiça de 22 de Maio de 2003, in Colectânea de Jurisprudência, ano XI, Tomo II/2003, n. 168, Abril/Maio/Junho, Coimbra, 2003, p. 68, Acórdão do Tribunal da Relação do Porto de 03.11.2005 (Fernando Baptista) (p.º 0534922) in www.dgsi.pt. O Acórdão do Tribunal da Relação do Porto vem incluir o rendimento do companheiro da avó do menor no cálculo da capitação do rendimento do agregado familiar onde se insere.

[51] Ainda que esta atenção seja prestada com o fito de libertar o Estado destes encargos. Vítor, Paula Távora, Solidariedade familiar e solidariedade social – considerações em torno do novo "complemento solidário para idosos", in Estado, Sociedade Civil e Administração Pública - Para um Novo Paradigma do Serviço Público (José Manuel Moreira), Coimbra, Almedina, 2008, p. 177.

[52] Acórdão do Tribunal da Relação de Coimbra de 26.11.2002, in Colectânea de Jurisprudência, Ano XXVII, Tomo V, 2002.

[53] Acórdão do Tribunal da Relação de Coimbra de 26.11.2002, in Colectânea de Jurisprudência, Ano XXVII, Tomo V, 2002, p. 24.

alterações introduzidas pelo Decreto-Lei n. 70/2010, de 16 de Junho, passou a identificar-se com o indexante dos apoios sociais (cfr. artigo 3.º, n. 1, al. b) do Decreto-Lei n. 164/99, de 13 de Maio.

No caso do padrasto, este retorno à família, é sustentado pelas normas que regulam a relação conjugal com o progenitor e, portanto, no seu *status* conjugal, como vimos. Já no caso da união de facto, não existe um dever de o companheiro do progenitor sustentar o filho deste, nem o dever legal de contribuir para os encargos da vida familiar em que a criança se insere. E, apesar disso, o rendimento do membro da união de facto é tido em conta para avaliar os recursos disponíveis para o sustento do filho. Aqui, o fundamento já não é o estatuto familiar, mas a relação de facto ou, quando muito, um pseudo *status familiae*[54] inteiramente assente nesta materialidade.

O Direito da Segurança Social apoia-se numa presunção de normalidade: a de que existe uma comunidade de interesses e afectos[55] e que, nessas circunstâncias, as pessoas que vivem em tais comunidades partilham recursos, de forma a extrair consequências jurídicas desse facto.

Assim, começamos o nosso percurso legislativo para garantir o sustento da criança pelas normas que impõem aos familiares – e em primeiro lugar aos progenitores – a obrigação de o garantir, mas podemos acabar por ver quem não está legalmente obrigado a alimentos nestes termos (o padrasto) ou não ostenta sequer qualquer vínculo que imponha obrigações familiares (o companheiro do progenitor) a ser colocado, de facto, na posição de alimentante.

---

[54] Sílvia Díaz Alabart utiliza esta expressão – "pseudo *status familiae*" – e define-a como a produção de efeitos entre membros que pertencem a uma família, assente nesse facto e ainda que não exista vínculo de parentesco entre eles. Sílvia Díaz Alabart, «El Derecho de Relación Personal entre el Menor y sus Parientes y Allegados (Art. 160.2 C.C.)», *Revista de Derecho Privado*, Mayo, Junio, 2003, p. 353.

[55] Acórdão do Tribunal da Relação de Coimbra de 26.11.2002, in Colectânea de Jurisprudência, Ano XXVII, Tomo V, 2002 e Ac. Tribunal da Relação do Porto de 03.11.2005 (Fernando Baptista) (proc. 0534922), www.dgsi.pt.

E isto poderá acontecer em contextos em que o progenitor inadimplente continua a deter o exercício de responsabilidades parentais[56]. Na verdade, só quando o tribunal, ao regular o exercício das responsabilidades parentais, considerar que o exercício em comum das responsabilidades parentais relativas às questões de particular importância é contrário aos interesses do filho (artigos 1906.º, n. 2, 1909.º e 1911.º CCiv) ou quando se preenchem os pressupostos da inibição do exercício das responsabilidades parentais (artigos 1913.º e 1915.º CCiv) podemos afastá-lo deste exercício. Teremos, deste modo, um progenitor com uma palavra a dizer na esfera pessoal e um "pai social" sobre quem pesam as responsabilidades de natureza patrimonial.

III. A carga do sustento e a leveza do cuidado

Apesar de a figura do "pai social" ser onerada (ainda que indirectamente) com a responsabilidade patrimonial pelo sustento da criança, isto nem sempre se reflecte na valorização do papel do padrasto ou do companheiro do progenitor, cuja relação pessoal com o enteado ou o filho do companheiro recebe uma atenção desigual por parte da lei, não obstante os recentes desenvolvimentos operados pela Lei n.º 137/2015, de 7 de Setembro.

Até esta data, eram ainda mais limitados o reconhecimento pelo Direito da situação de proximidade existencial que o enteado e o padrasto ou o companheiro do progenitor experimentam e a consagração de uma posição privilegiada destes por referência à criança. É certo que, por exemplo, o padrasto gozava já do presente estatuto especial no que diz respeito à adopção. Na verdade, a idade limite

---

[56] Pelo menos quanto a questões de particular importância (cf. artigo 1906.º, n. 1 CCiv).

para o adoptante não se aplica quando este pretende adoptar o filho do cônjuge (artigo 1979.º, n.º 3 e 5 CCiv). Também na tutela, o tutor é nomeado pelo tribunal "de entre os parentes ou afins do menor" (nos quais podemos incluir o padrasto) e "de entre as pessoas que de facto tenham cuidado ou estejam a cuidar do menor ou tenham por ele demonstrado afeição" (o que pode compreender o companheiro do progenitor) (artigo 1931.º CCiv)[57].

Todavia, em caso de divórcio, separação ou morte do progenitor da criança, nem o padrasto nem aquele que vivia em união de facto tinham assento na lei como alguém que pudesse assumir o cuidado ou, pelo menos, manter contacto com a criança. No Código Civil, encontrávamos apenas o artigo 1887.º-A CCiv, que refere o direito ao convívio só com ascendentes e irmãos[58]. É certo que o contacto com outras pessoas já então não era totalmente ignorado pela lei. A Lei de Protecção de Crianças e Jovens em Perigo prevê desde 1999 que, no acordo de promoção e protecção em que se estabeleçam medidas de colocação, conste a previsão das visitas por parte da família ou das pessoas com quem a criança ou o jovem tenha especial ligação afectiva (artigo 57.º, n.º 1, b), LPCJ) e, no caso de colocação em instituição de acolhimento, consagra-se o direito da pessoa que tenha a guarda de facto visitar a criança ou o jovem (artigo 53.º, n.º3, LPCJ). Em ambas as situações podíamos já vir a incluir o "pai social". São, todavia, situações patológicas em que é convocada a intervenção do sistema de protecção de crianças e jovens em perigo.

Nos outros casos, e não obstante a abertura jurisprudencial para integrar novas figuras no espectro do contacto[59], na ausência de

---

[57] Note-se que a posição do padrasto é mais forte, uma vez que não pode escusar-se da tutela – 1934.º, 1, h), CCiv *a contrario*.

[58] Rosa Martins; Paula Távora Vítor, «O direito dos avós às relações pessoais com os netos na jurisprudência recente», *Revista Julgar*, 2010.

[59] V. Jorge Dias Duarte, «Direito de visita a menores (resposta a recurso)», Revista do Ministério Público, n. 132, Outubro-Dezembro de 2012, pp. 261-282.

reconhecimento do direito a manter este tipo de relação, a pretensão apresenta uma grande fragilidade. E tal poderá suceder em casos nos quais, concomitantemente, a relação entre a criança e o "pai social" é, sem reticências, invocada para reclamar a sua cooperação ao nível do sustento. Pense-se na obrigação do artigo 2009.º, n. 1, al. f), que pode impor-se em caso de morte do progenitor sem que ao padrasto seja reconhecido um direito de contacto pessoal com o enteado. É certo que, face à nova redacção do artigo 1904.º, assistimos à possibilidade, de ser atribuído, por decisão judicial, o exercício das responsabilidades parentais ao cônjuge ou ao unido de facto de qualquer dos pais, nos termos do artigo 1903.º. Mas pode existir a mencionada obrigação alimentícia sem que qualquer contacto ou posição especial relativamente à criança seja reconhecida. Para além disso, em caso de divórcio[60], e não obstante os anteriores contributos para o sustento e bem-estar da criança, com excepção do que está previsto no novo artigo 1904.º-A, n.º 5, não se encontra previsto expressamente um direito de contacto. Adicionalmente, no caso de dissolução do casamento por esta via, o reconhecimento de direitos de visita ao padrasto assentará agora numa base mais frágil, uma vez que, desde a reforma do regime jurídico do divórcio de 2008, a relação de afinidade passa a cessar pela dissolução do casamento por divórcio (artigo 1585.º CCiv, a.c.).

É, todavia, difícil não reconhecer o papel com especial visibilidade social e familiar que os padrastos têm vindo a reclamar. Na verdade, o padrasto (ou mesmo o companheiro do progenitor) pode ser muitas vezes considerado como *attachment figure* da criança e chega a assumir o papel de "pai psicológico" desta[61]. Na verdade,

---

[60] Mas também em caso de separação de pessoas e bens, declaração de nulidade ou anulação do casamento, separação de facto ou cessação da coabitação.

[61] Rebecca L. Scharf, «Psychological Parentage, *Troxel* and the Best Interest of the Child», *The Georgetown Journal of Gender and the Law*, vol. XIII, 2012, p. 632 e 633.

a *attachment figure* torna-se "pai psicológico" quando assume responsabilidades próprias dos pais[62].

No contexto norte-americano, foi desenvolvida a doutrina *in loco parentis* para acolher os casos em que a criança é recebida, sustentada e educada pelo padrasto e, assim, determinar o reconhecimento da relação entre padrasto e enteado. Todavia, esta doutrina enfrenta a crítica de que que se limita a observar o cumprimento de tarefas, não tendo em conta a qualidade da relação – aquilo que é relevante para a assunção do papel de "pai psicológico"[63].

Percebe-se que a precipitação legislativa do papel do padrasto (e ainda mais do "pai social", em geral) não seja uma tarefa fácil. Por um lado, não está socialmente definido exactamente o papel que o padrasto residente deve desempenhar. Por outro lado, há que preservar as esferas de actuação dos outros membros da família, e, em particular, do progenitor não residente, sob pena de criar espaços de potencial conflito. Ora, coube à Lei n.º 137/2015, de 7 de Setembro, aventurar-se neste meio e desenhar soluções de acolhimento destas figuras.

Na verdade, até esta data, mesmo durante o casamento ou a união de facto não era possível encontrar uma posição privilegiada do padrasto ou do companheiro do progenitor residente, no que diz respeito ao cuidado e educação da criança. É verdade que a anterior redacção do artigo 1903.º CCiv já permitia que, quando um dos pais não pudesse exercer "as responsabilidades parentais por ausência, incapacidade ou outro impedimento decretado pelo tribunal", no impedimento do outro progenitor, o exercício caberia a "alguém da família de qualquer deles, desde que [houvesse] um acordo prévio e com validação legal". Também é certo que nos termos do n. 4 do

---

[62] Rebecca L. Scharf, *Psychological Parentage*, p. 633.

[63] Jessica Troilo, «Stepfamilies and the Law: Legal Ambiguities and Suggestions for Reform», *Journal of Divorce and Remarriage* 52, 8, 2011, p. 611.

artigo 1906.º se admite a delegação de responsabilidades parentais relativas aos actos da vida corrente por parte progenitor a quem cabe o seu exercício[64]. Ora, se na primeira situação, a figura do padrasto podia ser acolhida – na qualidade de familiar, por ser afim –, teríamos maiores dificuldades com o companheiro do progenitor, tendo em conta a sua controversa inserção da união de facto na categoria dos laços jurídicos familiares. Na segunda situação, o grupo-alvo era mais aberto. Todavia, a figura do "pai social" não era considerado autonomamente nem preferentemente relativamente a outros familiares que não convivessem com a criança, como, por exemplo, os avós.

Hoje, todavia, tal não acontece. No caso de impedimento acima referido, o novo artigo 1903.º, n.º 1, dá preferência "ao cônjuge ou unido de facto de qualquer dos pais" na atribuição do exercício das responsabilidades parentais, relativamente a "alguém da família de qualquer dos pais" e estende a solução aos casos de morte (artigo 1904.º). Para além disso, aditou-se um novo artigo ao Código Civil, o artigo 1904.º-A, que prevê a possibilidade de estender o exercício conjunto das responsabilidades parentais ao cônjuge ou unido de facto, no caso de a filiação da criança se encontrar estabelecida apenas quanto a um dos progenitores. E, neste caso, na eventualidade de "divórcio, separação de pessoas e bens, declaração de nulidade ou anulação do casamento, separação de facto ou cessação da coabitação entre os corresponsáveis parentais aplica-se o disposto nos artigos 1905.º e 1906.º". Tal significa a parificação relativamente à figura do progenitor, nomeadamente para efeitos de alimentos, mas também de exercício das responsabilidades parentais após a ruptura e, inclusivamente, direitos de contacto.

---

[64] Sobre esta norma como solução para as "famílias recombinadas". Guilherme de Oliveira, «A Nova Lei do Divórcio», Lex Familiae – *Revista Portuguesa de Direito da Família*, n.º 13, Ano 7, 2010, p. 25 e 26.

As novas soluções legais representam uma grande abertura, mas não resolvem de forma completa a questão das relações entre a criança e o padrasto ou o companheiro do progenitor. Ficam de fora, nomeadamente, aqueles que, tendo exercido o cuidado de facto durante o casamento e assumido o encargo do sustento, não exercessem as responsabilidades parentais (por não se encontrarem nas situações analisadas). Estes continuam sem poder invocar qualquer direito após a ruptura ou após a morte. São situações mais complexas, é certo, uma vez que existe ainda um outro progenitor que não abandonou a ordenação que se faz destes casos.

Reconhecer que os padrastos se encontram numa posição delicada e complexa não deve impedir, todavia, que se encare o seu estatuto de forma global e que se insista numa coordenação de dimensões patrimoniais e pessoais de responsabilidade e cuidado. Não pretendemos aqui defender, de modo algum, uma relação directa entre contributos de natureza patrimonial e direitos de ordem pessoal. A figura da criança e o seu interesse é e tem de ser central nesta avaliação e qualquer direito por parte do padrasto ou do companheiro do progenitor terá de ser funcionalizado à prossecução deste interesse. Este é um postulado irrenunciável. Mas, se é certo que não existe uma correspondência entre a assunção de encargos patrimoniais e o desempenho de papéis na esfera pessoal[65], estas dimensões não podem estar totalmente desligadas. Não o podem estar no contexto da união do progenitor e do pai social, no qual se invoca a necessidade de plena integração familiar para justificar o encargo patrimonial do sustento. Ora, esta plena integração implica que as dimensões pessoais de participação na educação e do contacto

---

[65] Veja-se isto a propósito do reconhecimento, já efectuado pela nossa jurisprudência, no âmbito das obrigações do progenitor, de que o estabelecimento de visitas e a obrigação de alimentos não apresentam uma relação de correspondência. E pense-se, por exemplo, na impressiva norma do artigo 1917.º CCiv, segundo a qual a inibição do exercício das responsabilidades parentais não isenta os pais do dever de alimentarem os filhos.

sejam também acolhidas. E também não podem estar desligadas em caso de morte do progenitor, caso em que o estatuto matrimonial que, em última análise, justifica a consagração de uma obrigação de alimentos deixou de existir e há que realicerçar a nova obrigação.

A UNIÃO DE FACTO E A LEI CIVIL NO ENSINO DE FRANCISCO MANUEL PEREIRA COELHO E NA LEGISLAÇÃO ATUAL[1]

Rita Lobo Xavier
Professora Associada da Faculdade de Direito
da Universidade Católica Portuguesa-Porto

Sumário

Introdução; 1. A união de facto no ensino de Francisco Manuel Pereira Coelho; 1.1 A consagração do termo "união de facto" pela Reforma de 1977; 1.2 A união de facto e a Constituição da República Portuguesa de 1976; 1.3 A inventariação dos efeitos reconhecidos pela lei à união de facto e a natureza jurídica desta; 1.4 A "institucionalização" da união de facto; 1.5 A noção de união de facto; 1.6 A prova da união de facto; 1.7 O destino da casa de morada comum no caso de dissolução da relação; 1.8 A cessação da pensão de alimentos devida por ex-cônjuge; 1.9 Os efeitos patrimoniais entre os membros da união de facto; 1.10 O direito a indemnização no caso de lesão de que proveio a morte de um dos membros da união de facto; 1.11 A reparação dos prejuízos causados em caso de injusta ruptura da união de facto; 1.12 Conclusões; 2. A união de facto na legislação atual; 2.1. A noção de união de facto; 2.2. A prova da união de facto; 2.3. O reconhecimento de uma forma de "economia doméstica" comum.

---

[1] Nota do Coordenador: o texto foi escrito antes da aprovação, pela Assembleia da República, da adoção por casais do mesmo sexo.

DOI: http://dx.doi.org/10.14195/978-989-26-1113-6_19

Introdução

Os escritos de PEREIRA COELHO sobre a união de facto começaram por ter como referência a comunhão de vida sem casamento, pressupondo a convivência entre um homem e uma mulher "em condições análogas às dos cônjuges", isto é, adotando a mesma residência e comportamentos semelhantes aos das pessoas casadas. Na verdade, era esta a situação abrangida pela designação *união de facto* na lei civil portuguesa, desde a sua consagração terminológica na norma do artigo 2020.º do Código Civil (CC), no contexto da chamada Reforma de 1977, até à Lei n.º 7/2001, de 11 de maio (Lei das Uniões de Facto - LUF), que passou a referir-se à situação "de duas pessoas, independentemente do sexo, que vivam em união de facto" (artigo 1.º, n.º 1).

As páginas de PEREIRA COELHO sobre a união de facto foram acompanhando as alterações legislativas. Em *Casamento e família no direito português* (1986), dedicou-se ao regime da união de facto na perspetiva constitucional, discordando quer da interpretação do artigo 36.º, n.º 1, da Constituição da República Portuguesa de 1976 (CRP) sustentada por CASTRO MENDES, quer da defendida por GOMES CANOTILHO e VITAL MOREIRA, e propondo uma leitura do referido preceito que viria a consolidar até à mais recente edição do *Curso de Direito da Família*, em 2008[2]. Nesse texto, também procedeu à inventariação dos efeitos então concedidos pela lei civil à união de facto. Na *Revista de Legislação e de Jurisprudência*, ficou registada a sua anotação à primeira pronúncia do Supremo Tribunal de Justiça sobre a aplicação do artigo 2020.º do CC, nove anos volvidos sobre a sua aprovação pelo Decreto-Lei n.º 496/77, de 25 de

---

[2] COELHO, Francisco Manuel Pereira e OLIVEIRA, Guilherme de (2008). MENDES, João de Castro (1977), p. 372. CANOTILHO, Joaquim Gomes e MOREIRA, Vital (2007), p. 561.

novembro. Nas versões policopiadas do *Curso de Direito da Família*, a menção à união de facto centrou-se na descrição dos seus efeitos legais, agrupados em *efeitos desfavoráveis* e *efeitos favoráveis* aos membros da união de facto. Nas versões de 1981 e de 1986, o elenco dos efeitos ocupa uma nota de rodapé, em mais de duas páginas[3].

A partir da 2ª Edição impressa, o Volume I do *Curso de Direito da Família – Direito Matrimonial*, já em co-autoria com GUILHERME DE OLIVEIRA, contém um capítulo autónomo sobre relações para-familiares, com uma divisão mais desenvolvida relativa à união de facto[4]. No prefácio a esta edição, PEREIRA COELHO identifica as contribuições de GUILHERME DE OLIVEIRA e de RUI MOURA RAMOS. Por exclusão de partes, será legítimo concluir que os textos relativos à união de facto são da sua principal responsabilidade. Nas edições subsequentes, as notas introdutórias mantêm a referência àquela distribuição, sendo mencionada, na *nota à 4ª edição*, a ajuda de NUNO DE SALTER CID (*"na parte que me diz respeito"*).

Em *Casamento e divórcio no ensino de Manuel de Andrade*[5], PEREIRA COELHO descreve o *processo de legalização* da união de facto no Direito português, focado no Direito Civil, sobretudo a partir da Reforma de 1977, e culminando na Lei n.º 135/99, de 28 de agosto, que pela primeira vez *institucionalizou* a união de facto num diploma legal[6]. Nesse texto, que registou a alocução proferida num ciclo de conferências ocorrido entre Dezembro de 1999 e Abril de 2000, PEREIRA COELHO aludiu à expetativa de vir

---

[3] Cfr. COELHO, Francisco Manuel Pereira (1981) pp. 11 e 12, nota (3), e (1986) pp. 11 a 13, nota (5). Na 4ª Edição da versão impressa, o elenco dos efeitos da união de facto ocupa já 30 páginas (pp. 63 a 93).

[4] Cfr. COELHO, Francisco Manuel Pereira e OLIVEIRA, Guilherme de, 2ª edição (2001), p. 83. As ulteriores edições seguem a mesma arrumação (3ª Edição (2003), p. 99; 4ª Edição (2008), p. 51.

[5] COELHO, Francisco Manuel Pereira (2001).

[6] Cfr. ob. cit., pp. 65-66. PEREIRA COELHO conclui que a lei procedeu apenas, em boa parte, a um sumário de medidas de proteção que já vinham de legislação precedente (ob. cit., p. 66).

a ser introduzido em Portugal um instituto destinado a legalizar *formas de organização da vida em comum* entre pessoas do mesmo sexo, mencionando legislação já existente nos direitos francês e belga com essa finalidade[7]. Nas duas últimas edições impressas do Volume I do *Curso de Direito da Família*, publicadas já na vigência da LUF, PEREIRA COELHO distingue entre a união de facto entre pessoas de sexo diferente e a união de facto entre pessoas do mesmo sexo[8].

No momento em que escrevo, a Lei n.º 9/2010, de 31 de maio, veio permitir o casamento civil entre pessoas do mesmo sexo; e o artigo 1.º, n.º 2, da LUF, na redação que lhe foi dada pela Lei n.º 23/ 2010, de 30 de agosto, contém uma noção de união de facto: "A união de facto é a situação jurídica de duas pessoas que, independentemente do sexo, vivam em condições análogas às dos cônjuges". Este diploma introduziu outras alterações na LUF, aguardando-se ainda o juízo que merecerão a PEREIRA COELHO nas páginas da próxima edição do *Curso de Direito da Família*.

Os escritos de PEREIRA COELHO sobre a união de facto deram frutos naqueles que ficaram para sempre seus alunos, GUILHERME DE OLIVEIRA[9], CAPELO DE SOUSA[10], FRANÇA PITÃO[11], eu própria[12], e noutros autores que investigaram a partir do seu ensino, sobretudo SALTER CID[13], mas também HEINRICH HÖRSTER[14] e CRISTINA

---

[7] Ob. cit., p. 68-70.

[8] Cfr. COELHO, Francisco Manuel Pereira, e OLIVEIRA, Guilherme de (2003), pp. 100-101, e 112-114; (2008), pp. 52-53, e 64-66. A vigência da Lei 135/99, de 28 de agosto, foi breve, sendo substituída pela Lei 7/2001, de 11 maio, não tendo por isso sido objeto de tratamento autónomo nas páginas das diferentes edições impressas do *Curso de Direito da Família*.

[9] OLIVEIRA, Guilherme de (2010).

[10] SOUSA, Rabindranath Capelo de (1995).

[11] PITÃO, António França (2000), (2011).

[12] XAVIER, Rita Lobo (2002), (2004), (2005).

[13] CID, Nuno de Salter (2005), (2010).

[14] HÖRSTER, Heinrich (2001).

DIAS[15]. A eles voltamos sempre, procurando imitar aquelas qualidades que tão bem foram resumidas por TEIXEIRA RIBEIRO e que repito porque não saberia dizê-lo melhor: "o saber de raiz, a clareza e elegância de expressão; a dedicação ao estudo; a seriedade na investigação e no ensino, que nada mais é, aliás, do que um aspecto da exemplar dignidade da sua vida"[16].

1. A união de facto no ensino de Francisco Pereira Coelho

1.1 A consagração do termo "união de facto" pela Reforma de 1977

A expressão" união de facto" foi utilizada pela primeira vez na epígrafe do artigo 2020.º do CC, que concedia àquele que vivesse "em condições análogas às dos cônjuges" com o falecido, o direito a alimentos em relação à herança do falecido. A expressão foi adotada por PEREIRA COELHO para designar a situação das pessoas que, não sendo casadas, vivem como se o fossem[17]. A partir do momento em que a LUF também fixou essa terminologia, PEREIRA COELHO passou a justificar o seu uso na coincidência com a opção legal[18]. Por terem em Portugal uma "conotação pejorativa", afastou também o termo "concubinos", que empregou ainda nas últimas versões policopiadas do *Curso de Direito da Família*, passando a

---

15 DIAS, Cristina Araújo (2005), (2012). Também será de referir a dissertação de NETO, Renato de Oliveira (2006), integrada na investigação promovida por GUILHERME DE OLIVEIRA.

16 Estas palavras foram escritas por TEIXEIRA RIBEIRO, que tinha assumido a direção da *Revista de Legislação e de Jurisprudência* em virtude do falecimento de PIRES DE LIMA, para saudar o início da participação de PEREIRA COELHO no corpo editorial da Revista, em Maio de 1971 (cfr. *Revista de Legislação e de Jurisprudência* (RLJ), Ano 104.º, 1971-1972).

17 Cfr. COELHO, Francisco Manuel Pereira (1981) pp. 11 e 12, nota (3)), e (1986) pp. 11 a 13, nota (5).

18 COELHO, Francisco Manuel Pereira e OLIVEIRA, Guilherme de (2001), p. 85; (2003), p. 101; (2008), p. 53.

referir-se aos sujeitos da relação preferencialmente como "membros da união de facto"[19].

1.2 A união de facto e a Constituição da República Portuguesa de 1976

A abordagem da união de facto numa perspetiva constitucional ocorre, em primeira linha, em face do n.º 1 do artigo 36.º da CRP, nos termos do qual "Todos têm o direito de constituir família e de contrair casamento". Alguns autores sustentaram que esta norma reconhecia implicitamente a união de facto como relação jurídica familiar. PEREIRA COELHO sempre considerou que tal conclusão não poderia ser retirada do texto constitucional, rejeitando a interpretação segundo a qual o legislador ordinário estaria obrigado a reconhecer a união de facto como relação jurídica familiar[20]. A leitura que propõe em face da norma constitucional ficou delineada desde a sua alocução de 1984, publicada em 1986[21], e foi sendo aprimorada até à mais recente edição do *Curso de Direito da Família* (2008). É este, em resumo, o seu entendimento:

– Em face do artigo 36.º, n.º 1, da CRP não pode tirar-se qualquer argumento no sentido da qualificação da união de facto como relação de família[22].

– A lei que equiparasse inteiramente a união de facto ao casamento seria inconstitucional, em face do "direito de não contrair casamento", por um lado, e em face do "direito de casar", por outro[23].

---

[19] Ob. e loc. cits. Sobre a dificuldade na escolha de palavras e expressões para designar a comunhão de vida à margem do casamento, exaustivamente, cfr. CID, Nuno de Salter (2005), pp. 37-53.

[20] Cfr. *Curso de Direito da Família* polic. (1981), pp. 11 e 62-63, (1986), pp. 65 e 67, *Curso de Direito da Família* (2008), pp. 55 e 117-119.

[21] Cfr. «Casamento e família» (1986), pp. 4 e 5; «Anotação...», RLJ, Ano 119.º, p. 375.

[22] *Curso...* (2008) pp. 55 e 118.

[23] *Curso ...* (2008) p. 58.

– Se os efeitos gerais do casamento fossem extensivos à união de facto, poderia considerar-se violado o princípio da "proteção do casamento"[24].

PEREIRA COELHO analisou ainda a questão considerando o princípio da proteção da família expresso no artigo 67.º da CRP: este princípio *não impõe* ao legislador ordinário a atribuição de efeitos favoráveis à união de facto, mas também *não proíbe* que lhe "conceda os efeitos que tenha por adequados e justificados"[25].

Depois de ter reconhecido o direito à vida e o direito à integridade física e moral, o artigo 26.º da CRP tipifica "outros direitos pessoais". A quarta revisão constitucional, ocorrida em 1997, acrescentou no n.º 1 do artigo 26.º a referência ao "direito ao desenvolvimento da personalidade". Na 2ª edição do *Curso de Direito da Família*, PEREIRA COELHO completou o enquadramento constitucional da união de facto com a referência ao princípio da proteção da união de facto decorrente do direito ao desenvolvimento da personalidade, reconhecido no artigo 26.º da CRP[26]. A "legislação que proibisse a união de facto ou a *penalizasse*, impondo sanções aos membros da relação e coarctando de modo intolerável o direito de as pessoas viverem em união de facto, seria pois manifestamente inconstitucional"[27]. Na verdade, viver em união de facto "é uma opção de vida, uma manifestação do direito ao livre desenvolvimento da personalidade"[28].

Finalmente, também é ponderado neste contexto o princípio da igualdade, consagrado no artigo 13.º da CRP. Tal princípio apenas proíbe discriminações arbitrárias, pelo que "um tratamento

---

[24] «Casamento e divórcio» (2001), pp. 67 e 68; *Curso...* (2008), pp. 58 e 113 e 114.

[25] «Anotação...», RLJ, Ano 120.º, p. 84.

[26] *Curso* ... (2001), p. 88.

[27] *Curso...* (2008) p. 56.

[28] *Curso* ... (2008) p. 77.

diferente das duas situações, em que as pessoas que vivam em união de facto, não tendo os mesmos deveres, não tenham em contrapartida os mesmos direitos das pessoas casadas, mostra-se assim conforme ao princípio da igualdade, que só quer tratar como igual o que é igual e não o que é diferente, não havendo base legal para estender à união de facto as disposições que ao casamento se referem"[29].

1.2. A inventariação dos efeitos reconhecidos pela lei à união de facto e a natureza jurídica desta

As primeiras referências de PEREIRA COELHO à união de facto consubstanciam uma inventariação dos efeitos que a lei lhe concede[30]. Esse inventário baseia-se numa arrumação segundo os efeitos *desfavoráveis* aos sujeitos da relação e os efeitos *favoráveis* aos mesmos[31], acabando com a conclusão de que, naquela fase do Direito português, a união de facto não devia considerar-se *"para a generalidade dos efeitos* como relação de família"*, sobretudo tendo em conta que as normas jurídicas civis que conferiam à união de facto "uma proteção específica eram em pequeno número"[32].

No entanto, entendia que a união de facto se deveria qualificar "como relação de família *para efeitos de locação,* tanto mais que o Código Civil conhecia no quadro das relações locatícias "uma outra noção de "família" mais ampla e menos técnica do que a do artigo 1576.º", que abrangia *"quaisquer parentes ou afins* e, inclusivamente

---

[29] *Curso...* 2008, p. 57.

[30] Cfr. *Curso...* polic. (1981), p. 11; cfr. «Casamento e família...» 1986; cfr. «Anotação...» RLJ Ano 120.º. Nestes textos procede ao recenseamento dos dados legais e jurisprudenciais em que se traduzia na altura a proteção da união de facto. Para uma descrição exaustiva das disposições legais dispersas que, no período ulterior à Constituição da República Portuguesa de 1976 e até finais de 2004, vieram atribuir efeitos à união de facto, cfr. CID, Nuno de Salter (2005) pp. 572- 696.

[31] «Anotação...», RLJ, Ano 120.º pp. 80-81.

[32] «Anotação...», cit. p. 82.

serviçais, que vivam habitualmente em comunhão de mesa e habitação com o locatário"[33].

É importante notar que, nos primeiros escritos, PEREIRA COELHO incluía no elenco dos efeitos favoráveis aos sujeitos da união de facto outras situações para além das expressamente referidas em normas legais. Assim, escreveu que, embora não havendo lugar a indemnização pelos danos provocados pela ruptura da relação, "poderá considerar-se como cumprimento de obrigação natural e sujeito ao respetivo regime jurídico tudo o que tenha sido voluntariamente prestado na sequência da rotura"[34]. No caso de lesão de que proveio a morte, o autor da lesão será igualmente obrigado a reparar ao outro os danos sofridos, sempre que possa entender-se, em face das circustâncias do caso, que o falecido prestava alimentos ao sobrevivo, no cumprimento de uma obrigação natural (art. 495.º, n.º 3, isto se se entender que se pode falar de uma obrigação natural). Ainda refere o problema da liquidação do património adquirido pelo esforço comum, dando notícia da jurisprudência francesa e brasileira que realizava tal liquidação segundo os princípios das sociedades de facto[35].

É igualmente de sublinhar que, a partir da edição de 2001 do *Curso de Direito da Família,* a arrumação dos efeitos da união de facto em efeitos favoráveis e efeitos desfavoráveis foi abandonada.

Importa assinalar a forma como, na ausência de definição legal, procedia à caracterização da união de facto. Na anotação publicada na *Revista de Legislação e de Jurisprudência,* adota a fórmula do artigo 2020.º ("comunhão de vida em condições análogas às dos

---

[33] «Anotação...», cit. p. 83.

[34] No *Curso de Direito da Família* de 2008, não exclui a possibilidade de a ruptura da união de facto, em determinadas circunstâncias poder originar a obrigação de reparar os prejuízos causados (p. 81).

[35] *Curso de Direito da Família,* polic. (1981) p. 12, em nota; *Curso de Direito da Família,* polic. (1986), p. 12 em nota; «Casamento e família», p. 17; «Anotação ...», RLJ, Ano 120.º, p. 81.

cônjuges") e caracteriza a união de facto como a relação em que "o homem e a mulher vivem como se fossem casados" sem o serem[36]. A vida em comum em união de facto será uma comunhão de vida *"materialmente e sociologicamente"* igual à comunhão conjugal, pelo que deveria compreender os três aspetos em que se desdobra a comunhão conjugal: comunhão de *leito*, comunhão de *mesa* e comunhão de *habitação*[37].

Será a partir da apreciação dos efeitos atribuídos pela lei à união de facto que PEREIRA COELHO concluirá que a relação entre os respetivos sujeitos não será uma relação familiar "para a generalidade dos efeitos", muito embora possa haver "domínios em que, excecionalmente, ela merece essa qualificação"[38]. Assim, em princípio, no ordenamento jurídico português, por opção do legislador ordinário, a união de facto não é uma relação familiar. PEREIRA COELHO integra a união de facto no grupo das relações que designa como "parafamiliares": aquelas relações em cuja regulação legal não se reconhecem as características típicas da disciplina das relações familiares, mas que são conexas com elas ou a que a lei reconhece alguns dos seus efeitos[39].

1. 3. A "institucionalização" da união de facto

A Lei n.º 135/99, de 28 de agosto, referia-se à "situação jurídica das pessoas de sexo diferente que vivem em união de facto" (art. 1.º, n.º 1), e representou para PEREIRA COELHO a "institucionalização" da união de facto em Portugal[40]. A expressão "institucionalização"

---

[36] «Anotação ..." pp. 85-86.

[37] «Anotação ..." p. 86.

[38] Cfr.; «Anotação ...», RLJ, Ano 120.º, p. 84; *Curso de Direito da Família* (2008), pp. 59 e 60.

[39] *Curso de Direito da Família* (2008), p. 51.

[40] Cfr. *Curso...* (2001), p. 92. PEREIRA COELHO apontava para algum "voluntarismo" da parte do legislador (cfr. «Casamento e divórcio» (1986), p. 66).

reporta-se ao facto de ter passado a haver um diploma legal a reunir medidas de proteção das uniões de facto que até então estavam dispersas por regulação avulsa. Esta lei teve um breve período de vigência, sendo substituída pela Lei n.º 7/2001, de 11 de maio, que veio dar relevância jurídica à união de facto entre pessoas do mesmo sexo.

PEREIRA COELHO, para quem a relevância jurídica da união de facto se fundava na analogia com a comunhão de vida conjugal e na aparência externa de casamento em que terceiros podem confiar, procedeu à distinção entre as diferentes uniões de facto. Com efeito, uma vez que a lei ainda não permitia o casamento entre pessoas do mesmo sexo, haveria que distinguir entre as uniões de facto heterossexuais e as uniões de facto entre pessoas do mesmo sexo, diferenciando a disciplina aplicável a umas e outras[41]. Tal distinção era plenamente justificável, uma vez que se podia afirmar que apenas os unidos de facto de sexo diferente viviam "em condições análogas às dos cônjuges", com uma aparência externa de casamento, não existindo tal analogia e aparência relativamente aos unidos de facto do mesmo sexo. A distinção implicava o entendimento segundo o qual só haveria equiparação entre a união de facto entre pessoas de sexo diferente e a união de facto entre pessoas do mesmo sexo para os efeitos previstos nos artigos 3.º e 5 º da Lei 7/2001[42]; "relativamente a todos os efeitos da união de facto não previstos nestes artigos, não existiria base legal para estender à união de facto entre pessoas do mesmo sexo disposições que foram pensadas apenas para a união de facto entre pessoas de sexo diferente"[43]. Nesta ordem de ideias, sustentou igualmente que não teria aplicação à união de

---

[41] Cfr. PEREIRA COELHO e GUILHERME DE OLIVEIRA, *Curso de Direito da Família* (2008), pp. 100, e 113 e 114.

[42] *Curso...* (2008), p. 53 e p. 65.

[43] *Curso...* (2008), p. 66.

facto entre pessoas do mesmo sexo o artigo 2020.º do CC, uma vez que o direito a exigir alimentos da herança do falecido não estava compreendido no artigo 3.º da Lei n.º 7/2001, de 11 de maio[44]. Por outro lado, a diversidade de sexos não podia deixar de exigir-se relativamente aos efeitos da união de facto que pressupõem essa diversidade, como seria o caso dos efeitos previstos nos artigos 1911.º, n.º 3, e 1871.º, n.º 1, c)[45].

1. 4. A noção de união de facto

Penso ser legítimo afirmar que, mesmo após a "institucionalização" da união de facto, PEREIRA COELHO continuou a ter em consideração uma noção geral dessa forma de comunhão de vida, mais abrangente do que a prevista nos dois diplomas legais que sucessivamente estabeleceram medidas de proteção para a mesma.

Na verdade, o primeiro título da *Divisão* dedicada à *União de Facto* no *Curso de Direito da Família* diz respeito à noção de união de facto, muito embora nem a Lei n.º 135/99, de 28 de agosto, nem a Lei n.º 7/2001, de 11 de maio, na primitiva redação, definissem essa situação[46]. Na ausência de uma definição legal, PEREIRA COELHO caracterizava a união de facto como "uma relação de vida em comum em condições análogas às dos cônjuges", tal como fazia antes do início da vigência dessas leis, na sequência de alguma legislação anterior[47]. No entanto, esta vida em comum de duas pessoas "como se fossem casadas" apenas se podia referir à relação entre duas pessoas de sexo diferente, que vivessem como marido e mulher[48].

---

[44] Ob. cit. p. 91.
[45] Ob. cit. p.65.
[46] Cfr. *Curso...* (2008), p. 52.
[47] Cfr. *Curso...* (2003) p. 100; *Curso...* (2008), p. 52.
[48] Cfr. *Curso...* (2003), p. 101; *Curso...* (2008), p. 53.

Esta noção geral está implicitamente presente noutras páginas. Assim acontece quando, ao mencionar a "constituição da relação", escreve que a união de facto se constitui "quando os sujeitos da relação se juntam"[49], acrescentando que não é fácil saber quando é que a "união de facto se inicia", embora esse facto seja importante, "pois só a partir dessa data se contam os dois anos que devem decorrer para que a união de facto produza os efeitos previstos na lei"[50]. Esta noção geral também está presente quando, refletindo sobre as formas que a união de facto pode revestir e as motivações que a determinam, indicava que, por vezes, existe um impedimento legal temporário à celebração do casamento, por exemplo, o facto de um dos sujeitos estar ligado por um vínculo matrimonial ainda não dissolvido. Com efeito, o casamento impede a relevância jurídica da união de facto, por disposição expressa da lei, pelo que PEREIRA COELHO tem em mente uma noção de união de facto não coincidente com a prevista na lei[51]. Esta questão tem importância sobretudo quando se trata de saber se os pressupostos previstos na LUF para a relevância jurídica da união de facto apenas devem estar presentes quando os seus membros pretendem beneficiar das medidas de proteção conferidas pela mesma lei, ou se também têm de verificar-se sempre que terceiros queiram opor-lhes efeitos *desfavoráveis*[52]. Para Pereira Coelho parece fundamental neste contexto a distinção entre efeitos *favoráveis* e efeitos *desfavoráveis* aos membros da união de facto[53]. Com efeito, apenas beneficiarão dos efeitos *favoráveis* atribuídos pela LUF as situações de vida em

---

[49] Cfr. *Curso*...(2001), p. 93; *Curso*... (2003), p. 110; *Curso* ... (2008), p. 62.

[50] *Curso* ... (2001), p. 94; *Curso* ... (2003), p. 110; *Curso*... (2008), p. 62.

[51] *Curso* ... (2001), p. 86; *Curso* ... (2003), p. 102; *Curso* ... (2008), p. 54; cfr. os artigos 2.º, *c)*, da Lei n.º 135/99, de 28 de agosto, e da Lei n.º 7/2001, de 11 de maio.

[52] Sobre este problema, veja-se CID, Nuno de Salter (2005), pp. 570-571, e *passim,* a propósito de "efeitos desfavoráveis".

[53] SALTER CID refere uma terceira categoria de efeitos, os efeitos "neutros", para indicar as "normas que, consoante as circunstâncias dos destinatários, podem

comum em condições análogas às dos cônjuges com duração superior a dois anos, em relação às quais não se verifiquem nenhuma das circunstâncias impeditivas dos efeitos referidas no artigo 2.º da mesma lei. Quando se tratar de terceiros que pretendam invocar a união de facto, para obter a produção de efeitos *desfavoráveis* aos unidos de facto, já não será necessária a verificação de todos aqueles pressupostos.

1.5. Destino da casa de morada comum no caso de dissolução da união de facto por ruptura ou por morte

A semelhança entre a união *more uxorio* e o casamento residirá sobretudo na coabitação entre o homem e a mulher, que compreende os três aspetos classicamente apontados para a coabitação conjugal: viver como as pessoas casadas envolve a comunhão de habitação, de mesa e de leito[54]. Por *comunhão de habitação* entende-se a adoção de uma residência comum, sendo o imóvel propriedade de um ou de ambos, ou sendo arrendado, por um ou por ambos. *Comunhão de mesa* significa que será possível "afirmar a existência de qualquer espécie de *economia doméstica* do «casal», isto é, o recurso à figura da sinédoque exprime a existência de uma economia comum, de um orçamento comum e de partilha de despesas. A *comunhão de leito* refere-se ao relacionamento íntimo entre ambos, designadamente às relações sexuais.

A questão do destino da casa de morada comum no caso de dissolução da união de facto apresenta assim um grande interesse prático. Os membros da união de facto adotam a mesma residência mas, ocorrendo a ruptura da relação, apenas um deles poderá permanecer na casa onde viviam, o que conduz a um conflito semelhante

---

ser apontadas como portadoras de vantagens ou de inconvenientes para pessoas unidas de facto" (2005), p. 624 e 687.

[54] Cfr. COELHO, Francisco Manuel Pereira, «Anotação...» cit., p. 85.

ao que surge em caso de separação conjugal ou de divórcio. Sendo a união de facto dissolvida por morte do membro que era titular exclusivo do direito de propriedade sobre o imóvel onde tinham fixado a residência comum, ou do direito de arrendamento sobre o mesmo, surge igualmente a questão de saber como tutelar o interesse que o membro sobrevivo terá em continuar a residir no local.

Todos os aspetos compreendidos na comunhão de vida dos unidos de facto apontam para a importância da residência comum. O que distingue a relação de união de facto de um relacionamento pontual ou de uma relação de namoro íntimo, será precisamente o facto de os sujeitos da relação viverem na mesma casa. Na verdade, para que se possa dizer que duas pessoas vivem em união de facto, não basta passarem férias ou fins de semana juntas, ou pernoitarem por vezes em casa uma da outra, mesmo que se trate de uma relação que dure muitos anos. "Relações sexuais fortuitas, passageiras, acidentais não configuram pois uma união de facto"[55].

Sendo a casa de morada o centro da vida em comum dos unidos de facto, PEREIRA COELHO foi sensível à necessidade de resolver o conflito sobre qual dos dois ficaria aí a viver após a ruptura, sustentando inclusivamente, em dado momento, a aplicação analógica de normas cujo teor literal se referia a pessoas ligadas pelo vínculo do casamento. Com efeito, no que dizia respeito ao direito ao arrendamento para habitação, além de sublinhar que a sucessão em tal direito constituía a proteção mais forte da união de facto[56], entendeu que se poderia transmitir eventualmente ao outro membro da relação, em caso de ruptura. Fundamentava esta solução na igualdade entre os filhos nascidos do casamento e fora do casamento, quando houvesse filhos da relação que tivessem sido

---

[55] *Curso de Direito da Família*, cit. (2008), p. 84.

[56] Esta verificação levava PEREIRA COELHO à conclusão de que a união de facto constituia uma relação familiar para efeitos de locação (cfr. «Anotação ...», cit., RLJ, Ano 120.º, p. 83).

confiados ao progenitor não arrendatário[57]. Assim, defendeu a aplicação analógica da antiga norma do artigo 1110.º, n.ºs 2 a 4 do CC, e discordou do Assento do STJ de 23 de abril de 1987, ainda antes de o Tribunal Constitucional o declarar inconstitucional[58]. Nessa medida, também acolheu com naturalidade o artigo 4.º da LUF que mandou aplicar à ruptura da união de facto as soluções normativas preconizadas para o destino da casa de morada comum em caso de divórcio, com as devidas adaptações[59]. A aplicação das referidas normas à união de facto envolve uma delicada atividade de adequação a esta realidade, uma vez que tais normas pressupõem um processo de divórcio a decorrer em Tribunal ou na Conservatória do Registo Civil, processo que não existe no caso da ruptura da união de facto. Assim, PEREIRA COELHO considerou que o pedido de constituição de um direito ao arrendamento, nos termos do artigo 1793.º do CC, ou de transmissão do direito ao arrendamento para o não arrendatário, de acordo com o artigo 1105.º do CC[60], devia cumular-se com o de declaração judicial de dissolução da união de facto, tendo em conta o disposto no artigo 8.º, n.º 2 da LUF[61]. Já quanto à hipótese de transmissão do direito ao arrendamento por acordo (artigo 1105.º, n.º 1, do CC), embora PEREIRA COELHO não o diga expressamente, não pode deixar de entender-se que tal acordo terá sempre de ser homologado por sentença para poder ser oposto ao senhorio. A LUF manteve a transmissão do direito ao arrendamento para habitação, por morte do arrendatário, à

---

[57] Cfr. ob. cit., p. 81.

[58] Cfr. ob. cit. p. 81, nota 6. Quanto à jurisprudência do Tribunal Constitucional, cfr. *Curso de Direito da Família* (2008), p. 82.

[59] Cfr. *Curso...*, (2001), p. 110, e (2003), p. 129, com referência à remissão para o artigo 84.º, n.º1, do RAU no que respeita ao direito ao arrendamento; (2008), p. 81, reportando à remissão para o artigo 1105.º do CC.

[60] Na edição do *Curso de Direito da Família* mais recente a remissão considerava-se feita para o artigo 1105.º do CC.

[61] Cfr. *Curso ...* (2008), p. 83.

pessoa que com ele vivia em união de facto há mais de dois anos, colocando-a, na opinião de PEREIRA COELHO, em posição mais favorável, logo a seguir ao cônjuge e aos descendentes, desde que à data da morte o arrendatário não fosse casado ou, sendo casado, estivesse separado de pessoas e bens[62]. A questão passou a estar regulada no n.º 1 do artigo 1106.º do CC, na redação dada pela Lei n.º 6/2006, de 27 de fevereiro (Novo Regime do Arrendamento Urbano), segundo o qual o arrendamento para habitação não caducava por morte do arrendatário quando lhe sobrevivesse "cônjuge com residência no locado ou pessoa que com o arrendatário vivesse no locado em união de facto e há mais de um ano" (alínea *a)*); ou "pessoa que com ele residisse em economia comum e há mais de um ano" (alinea *b)*). Esta norma suscitou a PEREIRA COELHO muitas dúvidas de interpretação relativamente à sua aplicação no contexto da união de facto, acabando por concluir que a transmissão do direito ao arrendamento para o membro sobrevivo dependeria não apenas da alegação e prova dos pressupostos exigidos para a relevância jurídica da união de facto na LUF - isto é, a vida em comum há mais de dois anos, nos termos do artigo 1.º, n.º 2, e a não ocorrência de nenhuma das circunstâncias previstas no artigo 2.º -, mas também seria necessário que pelo menos um ano tivesse sido vivido no local arrendado[63]. Sendo o falecido titular do direito

---

[62] *Curso...*, (2008), p. 113.

[63] Cfr. *Curso ...* (2008), pp. 85 e 86. A minha interpretação também tinha sido no sentido de que a referência à união de facto supunha a sua relevância jurídica nos termos da LUF (XAVIER, Rita Lobo (2008), p. 1040. Aliás, já tinha feito idêntica observação relativamente à proposta do Governo anterior ao que apresentou a proposta do NRAU (o chamado RNAU) (cfr. XAVIER, Rita Lobo (2004), pp. 332 e 333. No meu entendimento, contudo, deveria bastar a demonstração da comunhão de vida durante pelo menos um ano no locado, ou, que a união de facto durou mais de dois anos, mesmo que fora do locado. Na verdade, não se compreenderia que o membro sobrevivo de uma união que exista há dez anos, por exemplo, não beneficie da transmissão da posição de arrendatário pelo simples facto de ter mudado de casa há menos de um ano; além disso, o requisito da duração temporal previsto na lei em termos gerais existe como indício de alguma estabilidade da vida em co-

de propriedade sobre a casa de morada comum, a LUF concedeu ao sobrevivo o direito real de habitação pelo prazo de cinco anos, entendendo PEREIRA COELHO que o direito tinha "fraca proteção, pois as disposições que o reconheciam não se aplicariam se ao falecido sobrevivessem descendentes com menos de um ano ou que com ele vivessem há mais de um ano e pretendessem continuar a viver na casa, ou ainda se houvesse disposição testamentária em contrário[64]. PEREIRA COELHO qualificava este direito atribuído pela lei como um "legado legítimo", fazendo notar que a lei apenas concedia ao sobrevivo o direito real de habitação na casa e não o direito de uso do recheio, como acontecia em relação ao cônjuge sobrevivo, no caso previsto no artigo 2103.º - A [65]. A LUF conferiu ainda ao membro sobrevivo da união de facto o direito de preferência na venda da casa pelo prazo de cinco anos, o qual também não se aplicava quando ao falecido sobrevivessem descendentes com menos de um ano de idade ou que com ele vivessem há mais de um ano e pretendam continuar a viver na casa ou quando houvesse disposição testamentária em contrário[66].

1. 6. Os efeitos patrimoniais entre os membros da união de facto

Os membros da união de facto não estão vinculados por deveres recíprocos, nem as relações patrimoniais, entre ambos e em relação a terceiros, estão reguladas pela lei de forma especial, como acontece com os cônjuges. A legalização da união de facto em Portugal nunca envolveu normas sobre estas questões. No entanto, um dos aspetos

---

mum. Assim, o objetivo de dar continuidade ao gozo do local eleito como morada comum atinge-se relativamente a uma união que foi dissolvida por morte, mesmo que ainda não tenham decorrido dois anos, desde que tenha decorrido um ano no locado; pois, nesse caso, o projeto de vida em comum terá sido interrompido pela morte, não havendo indício de instabilidade (XAVIER, Rita Lobo, (2008), p. 1041).

[64] *Curso de Direito da Família*, (2001), p. 113

[65] Ob. cit., (2001), p. 113.

[66] Ob. cit. (2001), p. 113.

mais relevantes da vida "em condições análogas às dos cônjuges" é a existência de uma forma de "economia doméstica" comum[67]. Com efeito, entre as pessoas que vivem em união de facto estabelece-se uma comunhão de interesses patrimoniais, apesar da inexistência de um vínculo matrimonial, o que muitas vezes explica soluções da doutrina e da jurisprudência estrangeiras encontradas para resolver problemas relativos à divisão dos bens adquiridos durante a vida em comum, ou a pedidos de compensação pela colaboração prestada no contexto da relação, ou à responsabilidade de ambos por dívidas decorrentes de despesas com a vida do lar[68]. Muitas dessas soluções resultam da aplicação por via da analogia de normas previstas para a relação conjugal.

PEREIRA COELHO foi sensível ao facto de a coabitação em "condições análogas às dos cônjuges" compreender esta "espécie de economia doméstica". Assim, embora não chegue ao ponto de afirmar que existe entre os membros da união de facto um dever de assistência, admite que possam regular a contribuição de cada um para as despesas da casa, o que influirá no montante das suas despesas individuais[69]. Também conclui que os membros da união de facto são estranhos um ao outro, ficando as suas relações patrimoniais sujeitas ao regime geral das relações obrigacionais e reais[70]. No entanto, aceita que os companheiros possam regular os efeitos patrimoniais da sua relação através dos chamados "contratos de coabitação", incluindo, por exemplo, cláusulas a inventariar os bens levados para a união, a estabelecer regras de divisão dos bens adquiridos na vigência da união, a fixar presunções relativas à titularidade dos bens adquiridos ou às quantias depositadas em

---

[67] Ob.cit. (2008), p. 72.

[68] Cfr. XAVIER, Rita Lobo (2000), p. 475-478.

[69] Curso de Direito da Família, cit. (2008), p. 69.

[70] Ob. cit., pp. 72 e 80.

contas bancárias, a regular a contribuição de cada um dos conviventes para as despesas do lar[71]. Não encontrando razões para considerar inválidos tais contratos, PEREIRA COELHO sustentou que cada cláusula deveria ser apreciada segundo as regras do Direito comum[72]. Entendeu ainda ser razoável estender à união de facto o artigo 1691.º, al. *b*) do CC, em consideração da aparência de vida matrimonial criada pelos membros da união de facto, suscetível de suscitar a confiança de terceiros. Concluía assim que os sujeitos da relação poderiam ser considerados solidariamente responsáveis pelas dívidas contraídas por qualquer um deles para acorrer aos encargos da vida em comum[73]. No que diz respeito à divisão do património adquirido durante a vida em comum, PEREIRA COELHO refletia já em 1981 sobre este assunto, referindo a solução seguida pelas jurisprudência francesa e brasileira no sentido de proceder a uma liquidação segundo os princípios das sociedades de facto quando os respetivos pressupostos se verificassem[74]. Mencionava ainda a corrente jurisprudencial a invocar os princípios do enriquecimento sem causa para fundar a obrigação de restituição de um dos membros da união de facto, logrando desse modo a liquidação e divisão do património adquirido pelo esforço de ambos[75].

1. 7. A prova da união de facto

O casamento é um dos factos sujeitos a registo civil obrigatório (artigo 1.º, n.º1, *c*), do Código de Registo Civil (CRC), sendo o registo

---

[71] Ob. cit., pp. 72 e 80. Sobre estes contratos, cfr. NETO, Renato de Oliveira (2006).

[72] Ob. cit., p. 73.

[73] Ob. cit., pp. 75 e 76. Esta posição é sustentada já no *Curso de Direito da Família,* polic. (1981), p. 11, nota (3). Cfr. *Curso de Direito da Família* (2008), onde na página 409 se equaciona inclusivamente a hipótese de aplicação por analogia da alínea *c*) do artigo 1691.º do CC.

[74] Ob. cit. (1981), p. 12, em nota; *Curso de Direito da Família,* polic. (1986), p. 13, em nota; *Curso ...*(2008), p. 80.

[75] *Curso ...*(2008), p. 80.

o único meio de prova legalmente admitido para quem pretenda invocar os seus efeitos, tendo força probatória plena (artigos 2.º e 3.º do CRC, e artigo 371.º do CC). A celebração do casamento gera um estado pessoal, o que justifica a sua sujeição a registo civil obrigatório, determinando o estado civil de "casado". No ordenamento jurídico português, a opção do legislador ordinário tem sido sempre contrária à formalização da relação da união de facto, o que torna difícil a demonstração dos factos exigidos pela lei para a sua relevância jurídica, diversamente do que ocorre em outros ordenamentos jurídicos. A relevância jurídica da união de facto depende da sua invocação, em cada caso, pelos interessados. Os membros da união de facto não assumem qualquer compromisso jurídico duradouro, cada um deles podendo romper a relação quando quiser, unilateralmente e sem formalidades. Por isso, o regime legal da união de facto não importa um estado civil diferente e não integra cada um dos membros na família do outro, uma vez que não gera relações de afinidade.

PEREIRA COELHO refere-se à questão da prova da união de facto muito sumariamente, afirmando que, em princípio, se tratará de prova testemunhal, não havendo em regra uma prova preconstituída. Não exclui, no entanto, a prova documental, nomeadamente por meio de "atestados passados pela junta de freguesia da residência dos interessados". Afirma ainda que semelhante documento apenas provará o facto de que os interessados fizeram tal declaração, não provando que a afirmação corresponda à verdade[76].

---

[76] Cfr. *Curso ...* (2001), pp. 94-95; *Curso ...* (2003), pp. 110-111; *Curso ...* (2008), pp. 62-63. PEREIRA COELHO acrescenta a ressalva de que possa tratar-se de facto "atestado com base nas perceções da entidade documentadora", nos termos do artigo 371.º, n.º1 do CC, o que pode acontecer e realmente tem acontecido (cfr. CID, Nuno de Salter (2005), pp. 588, nota 153, 597, notas 174 a 176, onde se descrevem as competências legais atribuídas às juntas de freguesia para "atestar a residência, vida e situação económica dos cidadãos da freguesia"). Os artigos 34.º, 35.º e 38.º da Lei n.º 169/99, de 18 de setembro, foram, entretanto, revogadas pela Lei n.º

1. 8. A cessação da pensão de alimentos devida por ex-cônjuge

Uma questão importante, na altura não inteiramente resolvida pelos textos legais, suscitou o interesse de PEREIRA COELHO: saber se a união de facto impede a constituição de um direito a alimentos ou extingue a pensão ou o direito existentes. Por exemplo, poderá a pessoa que vive em união de facto com outra continuar a exigir alimentos ao ex-cônjuge de quem se divorciou, verificadas a necessidade daquele e a possibilidade deste[77]? A lei previa a extinção da obrigação alimentar a favor do ex-cônjuge no caso de este contrair novo casamento, mas não no caso de passar a viver em união de facto, e PEREIRA COELHO pronunciou-se no sentido de considerar justificada uma solução que equiparasse neste ponto a união de facto ao casamento[78].

1. 9. Direito a indemnização no caso de lesão de que proveio a morte de um dos membros da união de facto

PEREIRA COELHO admitia que, no caso de lesão de que proveio a morte de um dos membros da união de facto, pudesse proceder uma ação proposta pelo sobrevivo com vista a obter uma indemnização pelos danos patrimoniais sofridos, fundada na norma do artigo 495.º, n.º 3, do CC. Na verdade, poder-se-ia considerar que, no caso de o falecido prestar alimentos ao sobrevivo, a prestação, embora não judicialmente exigível, corresponderia ao cumprimento de uma obrigação natural[79]. No entanto, já não seria assim se estivesse em causa um pedido de indemnização pelos danos não patrimoniais so-

---

75/2013, de 12 de setembro. Nesta, cfr. artigos 16.º, n.º 1, rr) 17.º e 18.º, n.º 1, l), n.º 2, b) e n.º 3, c).

[77] Questão idêntica se pode pôr relativamente à pensão de alimentos fixada sobre a herança do unido de facto falecido, nos termos do artigo 2020.º do CC. Cfr. *Curso* (2001), pp. 106-107; *Curso ...* (2003), pp. 124-126; (2008), pp. 76-78.

[78] Cfr. *Curso de Direito da Família* (2008), p. 78.

[79] *Curso ...* (2008), p. 87.

fridos, uma vez que o artigo 496.º, n.º 2, indicava, de forma taxativa, as pessoas que teriam direito a ser indemnizadas no caso de morte do lesado, não estando incluído o membro sobrevivo da união de facto[80]. PEREIRA COELHO, em coerência com o seu entendimento sobre as implicações do princípio da igualdade nestas matérias, sustentou que também não seria legítima, neste caso, a equiparação do unido de facto sobrevivo ao cônjuge sobrevivo. Nesta ordem de ideias, também discordou de um acórdão do Tribunal Constitucional que "julgou inconstitucional por violação do artigo 36.º, n.º 1, conjugado com o princípio da proporcionalidade, a norma do n.º 2 do artigo 496.º do CC, na parte em que, em caso de morte da vítima de um crime doloso, exclui a atribuição de um direito de 'indemnização por danos não patrimoniais', pessoalmente sofridos pela pessoa que convivia com a vítima em situação de união de facto estável e duradoura, em condições análogas às dos cônjuges"[81].

1.10. Reparação dos prejuízos causados em caso de injusta ruptura da união de facto

Nos seus primeiros escritos sobre a união de facto, PEREIRA COELHO afirmou não haver lugar a indemnização pela ruptura da união de facto, mas que poderia, todavia, considerar-se cumprimento de obrigação natural, e sujeito como tal ao respetivo regime, o que tenha sido prestado voluntariamente na sequência da ruptura[82].

Nas edições impressas do *Curso de Direito da Família* não exclui contudo "a possibilidade de a ruptura da união de facto, em determinadas circunstâncias, se mostrar clamorosamente injusta,

---

[80] *Curso* ... (2008), p. 87.

[81] Acórdão n.º 275/2002 da 2ª Secção do Tribunal Constitucional de 19.06.2002 (Diário da República, II Série, de 24.07.2002, p. 12896-12902, com declaração de voto de vencido do Conselheiro Bravo Serra, acompanhado pelo Conselheiro Cardoso da Costa). Cfr. *Curso*... (2008), pp. 87-88.

[82] Cfr. «Anotação...», RLJ, Ano 120.º, p. 80. *Curso de Direito da Família*, polic. (1981), p. 11, em nota; (1986), p. 12, em nota.

com manifesto excesso dos limites impostos pela boa fé ou pelos bons costumes ao exercício do direito", admitindo que a proibição do abuso do direito possa obrigar aquele que rompe a relação a reparar os prejuízos causados ao outro[83].

1.11. Conclusões

Atrevo-me agora a resumir as posições assumidas por PEREIRA COELHO relativamente à união de facto:

1) "Casamento e união de facto são situações materialmente diferentes"[84]. "No casamento, as pessoas pretendem constituir família 'nos termos das disposições do Código Civil'; é isso que não acontece na união de facto em que, pelo contrário, querem manter-se à margem dessas disposições"[85]. Na verdade, "os casados assumem o compromisso de vida em comum; os membros da união de facto não assumem, não querem ou não podem assumir esse compromisso"[86].

Para PEREIRA COELHO, os membros da união de facto não estão vinculados pelos deveres assumidos pelos cônjuges[87]. O "tratamento diferente das duas situações, em que as pessoas que vivam em união de facto, não tendo os mesmos deveres, não tenham em contrapartida os mesmos direitos das pessoas casadas, mostra-se assim conforme ao princípio da igualdade, que só quer tratar como igual o que é igual e não o que é diferente, não havendo base legal para estender à união de facto as disposições que ao casamento se referem"[88].

---

[83] Cfr. *Curso de Direito da Família,* cit. (2001), p. 109; (2003), p. 129; (2008), p. 81.

[84] Ob. cit. (2008), p. 57.

[85] Ob. cit. (2003), pp. 213, nota 10, e 105.

[86] Ob. cit. (2008), p. 57.

[87] Ob. cit. (2008), p. 69.

[88] Ob. cit. (2008), p. 57.

2) "A união de facto só tem os efeitos que a lei lhe atribuir"[89].
PEREIRA COELHO é favorável ao reconhecimento de efeitos jurídicos à união de facto, entendendo, no entanto, que tais efeitos devem ser contados, não sendo "legítimo estender à união de facto as disposições referentes ao casamento", devendo evitar-se a equiparação dos efeitos do casamento e da união de facto. Assim, o estatuto da união de facto deve situar-se entre duas *balizas*, não permitindo a CRP nem a *penalização* da união de facto, nem a sua *equiparação* ao casamento[90].

3) A razão da atribuição de efeitos legais à união de facto reside no facto de um homem e uma mulher viverem em comum com aparência de casamento, isto é, em situação análoga à dos cônjuges. Assim, muito embora, em princípio sustentasse que a união de facto apenas teria os efeitos previstos na lei, aceitava a aplicação analógica de determinadas normas reguladoras de alguns aspectos da comunhão de vida conjugal, parecendo-lhe, por exemplo, "razoável estender à união de facto o artigo 1691.º, al. *b)*, Cciv", para considerar os sujeitos da relação "solidariamente responsáveis (artigo 1695.º, n.º1) pelas dívidas contraídas por qualquer um deles para acorrer aos encargos normais da vida em comum"[91].

4) "A união de facto não é relação de família para a generalidade dos efeitos", em face das disposições legais aplicáveis; PEREIRA COELHO reconhece, contudo, que poderá haver domínios em que, excepcionalmente, merecerá tal qualificação[92].

5) Os factos enunciados nas várias alíneas do n.º 1 do artigo 2.º da LUF apenas impedem a produção dos *efeitos favoráveis* da

---

[89] Ob. cit. (2008) p. 64.
[90] Ob. cit., p. 58
[91] Ob. cit., p. 76.
[92] Ob. cit., p. 60.

união de facto, pelo que a união de facto não deverá ser juridicamente irrelevante quando se tratar de salvaguardar interesses legítimos de terceiros ou quando se tirarem consequências *desfavoráveis*[93]. PEREIRA COELHO faz assim referência a uma noção de união de facto diferente da consagrada na LUF.

6) As disposições legais que protegem a união de facto são imperativas, embora os membros da união de facto possam exercer ou não os direitos que a lei lhes concede, não sendo permitida a renúncia antecipada a esses direitos[94].

7) Deve fazer-se uma distinção entre uniões de facto entre pessoas de sexo diferente e uniões de facto entre pessoas do mesmo sexo relativamente aos efeitos da união de facto que pressupõem essa diversidade[95].

8) As relações patrimoniais entre os membros da união de facto ficam sujeitas ao regime geral das relações obrigacionais ou reais, na falta de previsão legal sobre a matéria, não sendo de excluir que a divisão dos bens adquiridos durante a vida em comum se faça segundo os princípios das sociedades de facto, ou os princípios do enriquecimento sem causa[96].

9) Deve admitir-se o uso da liberdade contratual, nomeadamente para regular os aspetos patrimoniais da relação designadamente através da celebração de um "contrato de coabitação"[97].

10) A lei deve prever que a união de facto impede a constituição de um direito a alimentos ou extingue a pensão ou o direito existente, neste ponto equiparando neste ponto a união de facto e o casamento[98]

---

[93] Ob. cit., p. 68-69.

[94] Ob. cit. p. 58, nota 25.

[95] Ob. cit. p. 65.

[96] Ob. cit. pp. 72 e 80.

[97] Ob. cit. p. 72.

[98] Ob. cit. p. 78.

11) No caso de lesão de que proveio a morte, o membro sobrevivo terá direito a ser indemnizado pelos danos que sofreu na
medida em que demonstre que recebia alimentos do falecido
a título de obrigação natural[99].

2. A união de facto na legislação atual

2.1. A noção de união de facto

A Lei n.º 23/2010, de 30 de agosto (Alteração à Lei das Uniões de
Facto) introduziu mudanças relevantes na versão originária da Lei
n.º 7/2001, de 11 de maio[100], muitas das quais vieram responder a
dúvidas levantadas por PEREIRA COELHO, embora nem sempre no
sentido que propugnava. Não sendo possível, neste momento, proceder à apreciação de todas as alterações verificadas, vou restringir-me
às mais importantes.

De acordo com o atual n.º 2 do artigo 1.º da LUF, "A união de
facto é a situação jurídica de duas pessoas que, independentemente
do sexo, vivam em condições análogas às dos cônjuges há mais de
dois anos". Existe agora uma definição legal de união de facto, que
equipara as uniões de facto entre pessoas de sexo diferente e entre
pessoas do mesmo sexo, salvo para efeitos de adoção conjunta (cfr.
o artigo 7.º da mesma lei). Como vimos atrás, PEREIRA COELHO
distinguia entre estas duas situações, considerando como análoga
à dos cônjuges apenas a vida em comum entre um homem e uma
mulher. Os seus escritos, porém, ainda não tiveram em consideração
a Lei n.º 9/2010, de 31 de maio, que veio permitir o casamento civil
entre pessoas do mesmo sexo. Neste momento, o Código Civil designa pelo termo "cônjuges" quer o homem e a mulher casados, quer

---

[99] Ob cit. p. 88.
[100] Cfr. OLIVEIRA, Guilherme de, (2010).

as pessoas do mesmo sexo que contraíram "casamento" civil, muito embora esta opção do legislador ordinário não se compreenda no caso das normas que supõem a diferenciação sexual (como acontece nas que respeitam ao estabelecimento da filiação ou à regulação das responsabilidades parentais relativas a descendência comum). Caberá perguntar se, apesar de tecnicamente correta, a definição legal de união de facto não será excessiva, sobretudo para aqueles que entendem que o vínculo formal entre duas pessoas do mesmo sexo é apenas uma ficção de casamento, legislativamente imposta, mas não correspondente à realidade antropológica subjacente à instituição matrimonial. GUILHERME DE OLIVEIRA informa que se pretendeu tornar claro que todos os efeitos de proteção das uniões de facto devem ser aplicados independentemente de se tratar de uniões do mesmo sexo ou de sexo diferente, com a exceção da possibilidade da adoção conjunta e de serem beneficiários das técnicas de Procriação Medicamente Assistida[101]. A nova redação do artigo 2020.º do CC, adotando a expressão "membro sobrevivo da união de facto", confirma a opção legislativa no sentido de equiparar as uniões de facto do mesmo sexo ou de sexo diferente[102].

Por outro lado, tratando-se de uma definição que se restringe à "situação jurídica", continuará a ser importante distinguir entre as uniões de facto juridicamente relevantes para efeitos da aplicação da LUF e as uniões de facto em que não se verifiquem todos os pressupostos exigidos para a sua aplicação, tal como era preconizado por PEREIRA COELHO. A modificação operada no corpo do artigo 2.º aponta igualmente nesse sentido: "Impedem a atribuição de direitos ou benefícios, em vida ou por morte, fundados na união de facto...". Ficou agora claro que o elenco dos impedimentos previstos no artigo 2.º diz respeito apenas à produção dos efeitos *favoráveis*

---

[101] OLIVEIRA, Guilherme de (2010), p. 141.
[102] OLIVEIRA, Guilherme de (2010), p. 149.

à união de facto. Quando se tratar de retirar consequências *desfavoráveis* da união de facto, ou de salvaguardar interesses legítimos de terceiros, poderá ser invocada a união de facto, mesmo que se verifique algum desses impedimentos[103].

2.2. A prova da união de facto

Foi aditada à LUF uma nova disposição, o artigo 2.º - A, cuja epígrafe é "Prova da união de facto". Depois de o n.º 1 afirmar a possibilidade de ser demonstrada por qualquer meio a realidade dos factos que são pressupostos da relevância jurídica da união de facto, os números seguintes referem-se à prova documental preconstituída. Este artigo destina-se a facilitar a demonstração da realidade desses factos, uma vez que a lei continua sem prever "um registo oficial para as uniões de facto"[104]. Por outro lado, pretende-se libertar os membros da união de facto de terem de obter uma declaração judicial para certificar a sua relação. Repare-se contudo que a lei continua a fixar o princípio de que a dissolução da união de facto terá de ser judicialmente declarada quando se pretendam fazer valer direitos que dependam dela (artigo 8.º, n.º 2)[105].

A LUF refere agora expressamente a possibilidade de o resultado probatório poder ser obtido através da apresentação de um atestado da junta de freguesia competente, acompanhado de outros documentos, como a certidão de cópia integral do registo de nascimento e de declaração, sob compromisso de honra, de um ou de ambos, de que vivem em união de facto há mais de dois anos (artigo 2.º - A, n.ºs 2, 3 e 4).

---

[103] OLIVEIRA, Guilherme de (2010), p. 141.

[104] Ob. cit. p. 143.

[105] Quanto a este aspeto resulta agora do texto legal uma exceção relativa às prestações sociais por morte (artigo 6.º, n.º 2), de que falarei a seguir no texto.

Importa sublinhar que a previsão da lei traduz-se apenas na menção da possibilidade de apresentação de documentos para demonstração dos pressupostos da relevância jurídica da união de facto, não conferindo qualquer valor probatório acrescido aos documentos referidos. Continua a ser válida, portanto, a acima referida argumentação de PEREIRA COELHO respeitante aos factos abrangidos pela prova documental e ao seu valor probatório. Assim, a certidão de cópia integral do registo de nascimento de cada um dos interessados destina-se a demonstrar a realidade dos factos referidos no artigo 2.º, alíneas *a*), *b*) (exceto relativamente à "demência notória"), *c*) e *d*); a certidão do óbito do falecido demonstra a realidade do falecimento de um dos interessados; a declaração emitida pela junta de freguesia comprovará, em regra, apenas o facto de que os interessados fizeram tais afirmações, embora se possa admitir, como se viu atrás, que ateste igualmente, com base na perceção da entidade documentadora, a realidade dos factos por ela abrangidos. Note-se ainda que a declaração da junta de freguesia, em princípio, se referirá apenas ao facto de os interessados terem uma residência comum há mais de dois anos, não abrangendo a natureza do seu relacionamento (muito embora, repita-se, não seja de excluir a hipótese de serem atestados esses factos com base nas perceções da entidade documentadora). Nesta medida, o documento emitido pela junta de freguesia não seria suficiente para demonstrar a união de facto. Na verdade, a LUF não exige apenas a alegação e prova de que duas pessoas residem juntas há mais de dois anos e a falta de impedimentos à sua relevância jurídica; é necessário que se demonstre que vivem em "união de facto". Assim, aquele documento poderá ser proposto para demonstração de que duas pessoas vivem juntas e a duração da sua vida em comum, devendo ainda ser alegados e provados os factos relativos à natureza da sua relação (vida "em condições análogas às dos cônjuges"), factos que, na ausência de atestado respeitante a esses factos com base nas perceções da entidade documentadora, pareceria apenas poderem ser demonstrados por via de prova teste-munhal. A LUF prevê agora que os próprios interessados apresentem, para demonstração da natureza da sua relação, uma declaração de ambos (ou apenas uma declaração singular, se não for possível obter a de ambos), sob compromisso de honra, "de que vivem em união de facto há mais de dois anos" (art. 2.º - A, n.ºs 2, 3 e 4). O n.º 5 contém uma advertência sobre a sanção penal das falsas declarações. A referência às consequências penais da prestação de falsas declarações visa promover a correspondência entre as declarações e a realidade, através da ameaça da aplicação da sanção, na expectativa de que as declarações correspondam à verdade.

A previsão da LUF quanto às declarações dos interessados causa--me alguma estranheza. Como é sabido, reconhecida a veracidade deste documento, ele apenas provará que os seus autores fizeram as declarações que lhes são atribuídas, mas os factos que dele constam apenas se consideram exactos na medida em que forem contrárias aos interesses dos seus autores[106]. Tratando-se de declarações sobre factos *favoráveis*, na medida em que são em concreto idóneos a produzir consequências vantajosas para os declarantes, está sempre presente o risco da credibilidade que decorre do seu interesse em que tais consequências se produzam. O que torna premente a dúvida sobre a sua isenção, uma vez que a declaração é necessária para obter a sua pretensão. É manifesta a ligação entre a descredibilização da declaração e o interesse no desfecho, sendo mais credíveis as declarações feitas em detrimento dos próprios declarantes. São estas considerações que estão na base do regime legal sobre a declaração confessória e o seu valor probatório[107]. As declarações dos interessados que a LUF agora refere, na medida em que sejam favoráveis

---

[106] Cfr. LEBRE DE FREITAS (2013), p. 276.

[107] Cfr. VAZ SERRA, pp. 154 e ss e 219 e ss. Sobre a declaração confessória extrajudicial e respetivo valor probatório, cfr. LEBRE DE FREITAS (2013), pp. 261 e 276.

à sua pretensão, estarão sujeitas ao confronto com a demais prova e ao princípio da livre apreciação da prova. Ora, estes documentos serão elementos destinados à instrução de procedimentos em que os interessados pretendem beneficiar dos efeitos previstos nesta lei, por exemplo, em face dos herdeiros do falecido (artigo 2020.º do CC), do senhorio (artigos 1105.º e 1106.º do CC), das entidades responsáveis pelo pagamento das prestações por morte (art. 6.º, n.º 2). Apenas se poderá considerar como confissão extrajudicial, reconhecendo-lhe força probatória plena, quando a declaração confessória for feita por escrito à parte favorecida pela realidade do facto confessado, isto é, quando diga respeito a factos desfavoráveis ao declarante, em concreto idóneos a produzir consequências vantajosas para o declaratário[108].

A demonstração dos factos pressupostos pela relevância jurídica da união de facto foi facilitada no caso do acesso às prestações do Estado no caso de morte. Do n.º 2 do artigo 6.º da LUF parece resultar talvez a função mais importante que se pretendeu atribuir aos elementos probatórios preconstituídos que acabei de analisar. Ao prever que a entidade responsável pelo pagamento das prestações previstas nas alíneas e), f) e g) do artigo 3.º, caso entenda existirem "fundadas dúvidas sobre a existência da união de facto, deve promover a competente ação judicial com vista à sua comprovação", a LUF pressupõe que tais prestações não serão requeridas por meio de uma ação judicial e que o requerimento será acompanhado com documentos destinados a comprovar a situação que origina o benefício social. Como se viu atrás, a união de facto não tem de ser provada por meio de ação judicial nem a sua dissolução por vontade de um dos membros tem de ser judicialmente declarada (artigo 8.º, n.º2 da LUF); no entanto, quando se pretendam fazer valer direitos

---

[108] Cfr. os artigos 352.º, 355.º, n.º4, e 358.º, n..º 2. Cfr. LEBRE DE FREITAS (2013), p. 261.

que dependam dela, tem de haver uma ação judicial destinada a proferir a declaração judicial de que existiu uma união de facto e que esta se dissolveu (bem como a reconhecer os direitos que se pretendem fazer valer, se for esse o caso) (artigo 8.º, n.ºs 2 e 3). Tratando-se do acesso a prestações sociais por morte, excecionalmente, o procedimento será meramente documental. Contudo, na medida em que tais documentos não demonstram a realidade de todos os factos pressupostos pelo benefício, a entidade responsável, tendo "fundadas dúvidas sobre a existência da união de facto", deve propor a competente ação judicial. A meu ver tratar-se-á de uma ação de simples apreciação negativa, pelo que, embora o ónus da propositura da ação incumba à entidade responsável, competirá ao membro sobrevivo da união de facto comprovar os factos constitutivos do seu direito, nos termos do artigo 343.º, n.º 1, do CC.

O disposto no n.º 3 do art. 6.º suscita-me maiores dúvidas. Nos termos do n.º 1 do artigo 6.º, para aceder às prestações por morte a que tem direito, o membro sobrevivo da união de facto terá de requerer tal benefício à entidade responsável, instruindo o processo com os documentos necessários para provar a situação pressuposta pelo mesmo; de acordo com o n.º 2, se a entidade responsável tiver dúvidas fundadas sobre a existência da união de facto, deve promover a ação judicial destinada à sua comprovação; de acordo com o n.º 3, "Exceptuam-se do previsto no n.º2 as situações em que a união de facto tenha durado pelo menos dois anos após o decurso do prazo estipulado no n.º2 do artigo 1.º". O que significa "exceptuam-se do previsto no n.º 2"? Será que a entidade responsável *não pode* entender que existem fundadas dúvidas? Ou que *não deve* promover a competente ação judicial com vista à sua comprovação? Parece que se tratará desta última hipótese, o que apenas terá importância no caso das entidades de natureza pública. Por outro lado, não se percebe a relevância particular atribuída a uma união de facto com duração superior a quatro anos.

2.3. O reconhecimento de uma forma de "economia doméstica" comum

Mais uma vez, não ficaram consagradas na lei quaisquer soluções para os problemas que PEREIRA COELHO tem referido quanto à responsabilidade solidária por dívidas contraídas para acorrer aos encargos da vida do lar e à divisão do património adquirido durante a relação, muito embora apenas para as uniões de facto entre pessoas de sexo diferente[109]. As sugestões de PEREIRA COELHO e as decisões dos Tribunais enfrentam todavia duas objeções importantes. Por um lado, tratar-se-á de "advinhação judiciária", isto é, da construção de uma teoria *a posteriori* para justificar aquilo em que os membros da união de facto nem sequer pensaram; ou de "contorsões" do Direito comum, muitas vezes insatisfatórias[110]. Por outro lado, se as pessoas vivem em união de facto porque não querem casar, "seria uma violência impor-lhes o estatuto matrimonial, que elas deliberadamente rejeitaram"[111].

No entanto, não pode deixar de se reconhecer que serão precisamente os elementos caracterizadores da comunhão de vida patrimonial entre os unidos de facto que a aproximarão da comunhão de vida conjugal: o esforço conjunto, a contribuição para as despesas comuns e a colaboração na vida quotidiana e profissional geram expetativas de participação no património adquirido a merecer uma disciplina reguladora dos conflitos eventualmente suscitados por ocasião da ruptura[112].

Apesar de tudo, importa salientar que algumas das normas aprovadas pressupõem o reconhecimento da existência de alguma forma

---

[109] GUILHERME DE OLIVEIRA explica, as normas que previam soluções para estes problemas acabaram por não constar da Lei, na sequência de veto do Presidente da República cfr. (2010), pp. 150-152).

[110] XAVIER, Rita Lobo (2000), p. 475, em nota.

[111] *Curso...* (2008), p. 58.

[112] XAVIER, Rita Lobo, ob. e loc. cit..

de "economia doméstica" comum, tal como PEREIRA COELHO tem feito com referência às uniões de facto heterossexuais.

Em primeiro lugar, atribuiu-se ao membro sobrevivo da união de facto o direito a prestações sociais, "independentemente da necessidade de alimentos" (artigo 6.º, n.º1, da LUF). Para ter acesso às prestações sociais, o membro sobrevivo da união de facto tinha de demonstrar não existirem familiares obrigados a prestar-lhe alimentos que o pudessem fazer nem, as suas necessidades poderem ser satisfeitas à custa da herança do falecido. O texto legal encontrava a sua justificação no facto de os membros da união de facto não se terem vinculado a um dever de assistência recíproco, como acontece no casamento, pelo que não se poderia depreender da morte de um deles uma diminuição dos rendimentos disponíveis[113]. A atual redação do artigo 6.º, n.º1 da LUF reconhece assim a "assistência informal" que decorre da partilha de recursos que envolve a vida em comum[114].

Idêntica observação se pode fazer a propósito da atual versão do artigo 2020.º do CC. O artigo 2020.º reconhecia ao membro sobrevivo da união de facto o direito a exigir alimentos da herança do falecido com quem vivesse há mais de dois anos, se este não fosse casado ou, sendo casado, estivesse separado de pessoas e bens, caso não pudesse obtê-los do cônjuge ou ex-cônjuge, dos descendentes, dos ascendentes ou dos irmãos. Torna-se agora claro que os pressupostos da relevância jurídica da união de facto reportam-se à LUF, mas sobretudo que o direito do membro sobrevivo não depende da demonstração de que não pode obter alimentos dos seus familiares enunciados no artigo 2009.º do CC, cabendo em primeira linha a

---

[113] XAVIER, Rita Lobo (2007), p. 20. Sustentei que a diminuição de rendimentos do sobrevivo poderia ser demonstrada pela que no caso concreto a união de facto envolvia uma solidariedade patrimonial semelhante à que se estabelece entre os cônjuges (p. 23).

[114] OLIVEIRA, Guilherme de (2010) p. 148.

obrigação alimentar aos herdeiros do falecido, obviamente na medida das forças da herança[115].

A atual redação da norma do artigo 2019.º do CC, determinando a cessação da obrigação alimentar do ex-cônjuge se o alimentando "iniciar união de facto", corresponde às sugestões formuladas por PEREIRA COELHO, que considerou justificada uma solução neste sentido. GUILHERME DE OLIVEIRA fundamenta a nova redação no facto de a vida em comum supor uma partilha de recursos, o que envolve uma "assistência informal" e justifica que faça cessar prestações anteriores baseadas num casamento dissolvido"[116]. Na verdade, compreende-se o sentido da alteração, muito embora não possa deixar de se apontar algumas dificuldades à solução que ficou consagrada. Se o membro da união de facto credor da prestação de alimentos não se conformar com o facto de o seu ex-cônjuge deixar de pagar tal prestação, caberá a este último, na ação judicial eventualmente proposta, alegar e provar os factos extintivos da sua obrigação. Sendo a união de facto invocada por terceiro com a finalidade de produzir efeitos desfavoráveis a um dos membros daquela relação, parece que não será de exigir a verificação de todos os pressupostos necessários para a sua relevância jurídica, como se salientou atrás. O uso da expressão "início" da união de facto suportará também a interpretação no sentido de que não será necessário comprovar que tal relação dura há mais de dois anos. Contudo, repare-se que, sendo muito difícil a demonstração da existência de uma união de facto por parte de terceiros, o facto de se tratar de uma relação que pode dissolver-se a qualquer momento aumenta a sua dificuldade. Em qualquer altura pode o ex-cônjuge ver "renascida" a sua obrigação alimentar, podendo tal ocorrer mesmo no decurso da ação em que está a tentar comprovar

---

[115] Ob. cit. p. 149.
[116] Ob. cit., p. 149.

a extinção daquela obrigação[117]. Nesta medida, poderá continuar a afirmar-se que, neste aspeto, a união de facto é favorecida em relação ao casamento, podendo as pessoas ser dissuadidas de se casarem para tentarem não perder a pensão de alimentos que recebem do ex-cônjuge[118]. Estas observações têm cabimento no contexto da fixação da obrigação de alimentos a cargo da herança do falecido, na medida em que o n.º 3 do artigo 2020.º considera aplicável a esta situação o disposto no artigo 2019.º quanto à cessação da obrigação alimentar.

Finalmente, faço apenas referência a duas das alterações introduzidas no artigo 5.º, salientando que atualmente a LUF considera como "núcleo irredutível da proteção conferida ao membro sobrevivo da união de facto" a proteção da casa de morada comum, mesmo contra a vontade do falecido manifestada em testamento[119]. A LUF reconhece agora o direito do membro sobrevivo da união de facto ao uso do recheio da casa de morada comum[120]. Este direito, que não constava da versão anterior da LUF e cuja falta parecia ser sentida por PEREIRA COELHO, na medida em que é um direito reconhecido ao cônjuge sobrevivo, muito embora em termos diferentes, uma vez que este último é herdeiro legitimário, devendo o valor dos direitos de habitação da casa de morada da família e de uso do respetivo recheio ser imputados no respetivo quinhão hereditário, e podendo eventualmente ficar a dever tornas aos co-herdeiros (artigos 2003.º

---

[117] Com efeito, o ex-cônjuge aparece na primeira linha dos obrigados a alimentos na ordem indicada no artigo 2009.º do CC. Estão vinculados à prestação de alimentos, pela ordem indicada: *a*) O cônjuge ou ex-cônjuge.

[118] COELHO, Francisco Pereira e OLIVEIRA, Guilherme, Curso de Direito da Família (2008), p. 77.

[119] OLIVEIRA, Guilherme de (2010), p. 147. A redação anterior da LUF permitia o afastamento deste direito por disposição testamentária do falecido e daí resultava a sua "fraca proteção" (COELHO, Francisco Pereira e OLIVEIRA, Guilherme, ob. cit. p. 84).

[120] A redação do artigo 5.º sofreu grandes alterações e a sua análise detalhada excedia os limites impostos pelos objetivos do presente estudo.

- A e 2003.º B do CC). O membro sobrevivo da união de facto não é herdeiro legal, por isso esta questão apenas se colocará no caso de ser herdeiro testamentário.

Bibliografia

CANOTILHO, J. J. Gomes e MOREIRA, Vital, *Constituição da República Portuguesa Anotada*, Vol. I, 4ª Edição. Coimbra Editora, Coimbra, 2007

CID, Nuno de Salter, *A comunhão de vida à margem do casamento: entre o facto e o direito*. Almedina, Coimbra, 2005

«Sobre o direito de não contrair casamento» *in Família, consciência, secularismo e religião*. Coimbra Editora, Coimbra, 2010

COELHO, Francisco Manuel Pereira, *Curso de Direito da Família*, polic.. Coimbra, 1981

Curso de Direito da Família, polic. Coimbra, 1986

«Casamento e família no direito português» in *Temas de Direito da Família*. Almedina, Coimbra, 1986

«Anotação ao do Acórdão STJ de 05.06.1985» in *Revista de Legislação e Jurisprudência*, Ano 119.º (1986-1987), n.º 3753 (pp. 372-377) e Ano 120.º (1987-1988), n.º 3756 (pp. 79-86)

«Casamento e divórcio no ensino de Manuel de Andrade» in AA.VV., *Ciclo de Conferências em Homenagem Póstuma ao Professor Doutor Manuel de Andrade*. Almedina, Coimbra 2001

COELHO, Francisco Pereira e OLIVEIRA, Guilherme, *Curso de Direito da Família, I, Introdução e Direito Matrimonial*, 2ª Edição. Coimbra Editora, Coimbra, 2001

Curso de Direito da Família, I, Introdução e Direito Matrimonial, 3ª Edição. Coimbra Editora, Coimbra, 2003

Curso de Direito da Família, I, Introdução e Direito Matrimonial, 4ª Edição. Coimbra Editora, Coimbra, 2008

FREITAS, José Lebre de, *A ação declarativa comum, À Luz do Código De Processo Civil de 2013*, 3.ª Edição. Coimbra Editora, Coimbra, 2013

HÖRSTER, Heinrich, «Há necessidade de legislar em matéria de união de facto?» in AA.VV. , *Direito da Família e Política Social – Actas do Congresso Internacional organizado de 1 a 3 de outubro de 1998 pela Faculdade de Direito da Universidade Católica* (Porto) (Mª Clara Sottomayor e Mª João Tomé, Coords). Publicações Universidade Católica, Porto, 2001 (65-72)

OLIVEIRA, Guilherme de, «Nota sobre a Lei n.º 23/2010 de 30 de Agosto (Alteração à lei da união de facto)», in *Lex Familiae, Revista Portuguesa de Direito da Família*, Ano 7, n.º 14, 2010 (139 – 153).

DIAS, Cristina Araújo «Dissolução da união de facto – Anotação ao Acórdão do TRG de 29.9.2004, Proc. 1289/04», in *Cadernos de Direito Privado*, n.º 11, Julho/Setembro 2005

«Da Inclusão Constitucional da União de Facto: Nova Relação Familiar», in *Estudos em Homenagem ao Prof. Doutor Jorge Miranda, Vol. VI,* Faculdade de Direito da Universidade de Lisboa. Coimbra Editora, 2012

«Jurisprudência do Tribunal Europeu dos Direitos do Homem e as novas formas de família», in *Revista Jurídica da Universidade Portucalense,* n.°15, 2012

MENDES, João de Castro «Família e casamento», in AA.VV *Estudos sobre a Constituição,* 1.° Volume. Livraria Petrony, Lisboa, 1977

MIRANDA, Jorge e MEDEIROS, Rui, *Constituição Portuguesa Anotada,* Tomo I, 2ª edição. Coimbra Editora, Coimbra, 2010.

NETO, RENATO DE OLIVEIRA, *Contrato de Coabitação na União de Facto – Confronto entre o Direito Brasileiro e Português.* Almedina, Coimbra, 2006.

PITÃO, António França, *União de facto no direito português. A propósito da Lei n.° 135/99, de 28/08.* Almedina, Coimbra, 2000

Uniões de Facto e Economia Comum (Comentário crítico às Leis n.°s 6/2001 e 7/2001, ambas de 11.05). 3ª Edição. Almedina, Coimbra, 2011

SERRA, Adriano Paes da Silva Vaz, *Provas (Direito Probatório Material).* Lisboa, 1962

SOUSA, Rabindranath Capelo de, *O direito geral de personalidade.* Coimbra Editora, Coimbra, 1995

XAVIER, Rita Lobo, «Novas sobre a união "more uxorio" em Portugal», in *Estudos dedicados ao Professor Mário Júlio de Almeida Costa.* Universidade Católica Editora, Lisboa, 2002 (1393-1406)

«O Regime dos Novos Arrendamentos Urbanos e a perspectiva do Direito da Família», *in O Direito,* Ano 136°, II – III. Lisboa, 2004 (315-334)

«Concentração ou transmissão do direito ao arrendamento habitacional em caso de divórcio ou morte», *in Estudos em Homenagem ao Senhor Professor Doutor José de Oliveira Ascensão,* Vol. II. Almedina, Coimbra, 2008 (1016-1047)

«Acs. TC n.°s 195/2003 e 88/2004 (uniões de facto e pensão de sobrevivência)», (anotação), *Justiça Constitucional,* 3, 2005 (16-24)

Limites à autonomia privada na disciplina das relações patrimoniais entre os cônjuges. Almedina, Coimbra, 2000